삼효각(경남 거창군)

삼효각 내부 1

삼효각 내부 2

탁삼재(경남 밀양시)

김유부 충효각(경남 밀양시)

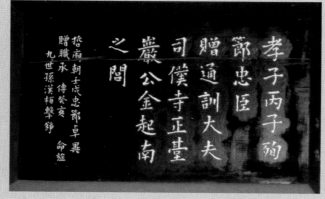

충효공 김유부 정려 편액

孝子丙子殉
節忠臣鄭卓異
贈通訓大夫
司僕寺正臺
巖公金起南
之閭

拾南 朝士戌忠鄭卓異
贈職承傳奏亥 命旌
九世孫漢栢擊錚

충신 김기남 정려 편액

김기남의 처 열녀 경주 최씨 정려 편액

충신 김난생 정려 편액

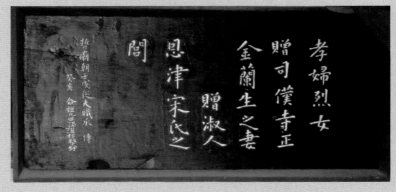

김난생의 처 열녀 은진 송씨 정려 편액

효열부 영양남씨 정려각(대구광역시 북구 서변동)

효열부 영양남씨 정려각 내부

열부 월성최씨 효열각(대구광역시 북구 서변동)

월성최씨 효열각 내부

열부 밀양박씨 창렬각(대구광역시 북구 서변동)

밀양박씨 창렬각 내부

효자 강순항 정려각(대구광역시 동구 평광동)

韓國史研究叢書 78

조선시대 읍지와 유교문화

박 주

韓國史硏究叢書 78

조선시대 읍지와 유교문화

박 주

국학자료원

머리말

　조선왕조 통치철학의 근간을 이루는 것이 유교임은 주지의 사실이다. 특히 유교에서도 효는 으뜸이 되는 덕목으로서, 모든 행동의 근본이 되는 백행지원(百行之源)으로서 시대에 따라 약간의 차이가 있을지언정 그 중요성은 말로 표현할 수 없을 정도이다. 그러므로 효를 통하여 조선시대를 살펴보는 작업은 유교윤리 뿐만 아니라 그 시대 전체상을 파악할 수 있는 매우 중요하고 의미 있는 것이라고 볼 수 있다. 이에 필자는 지금까지 조선시대의 효자, 효녀, 효부 그리고 열녀 등에 대하여 관심을 가져왔다. 그리하여 『신증동국여지승람』, 『조선시대의 사찬읍지』, 『여지도서』, 『경상도읍지』 등에 수록되어있는 경상도 지역의 효자, 효녀, 효부, 열녀 사례를 상세히 분석함으로써 조선시대 경상도지역의 유교윤리의 확산과정과 지역적 특성을 실증적으로 살펴보고자 하였다.

　이 책의 체제는 모두 네 부분으로 이루어져 있다. 제1편에서는 '사찬읍지에 나타난 경북지역의 효자, 열녀' 라는 제목 하에 성주 『성산지』의 편찬과 효자, 열녀, 청도 『오산지』의 편찬과 효자, 열녀에 대하여 알아보았다. 제2편에서는 '사찬읍지에 나타난 경남지역의 효자, 열녀' 라는 제목 하에 『단성지』의 편찬과 효자, 열녀, 『밀양지』의 편찬과 효자, 열녀, 『동래부지』의 편찬과 효자, 열녀에 대하여 고찰하였다. 제3편에서는 '『경상도읍지』에 나타난 효자, 열녀' 로서 경북지역의 효자, 효녀, 효부, 경남지역의 효자, 효녀, 효부, 경산지역의 효자, 열녀, 창녕지역의 효자, 효녀, 열녀에 대하여 분석하였다. 제4편에서는 '효자에 대한 사례연구'로서 밀양의 金寧金氏 집안의 충효각과 탁삼재, 경상도 거창군 효자 3형제의 여묘생활에 대하여 밝혀보았다.

이 책은 경상도지역의 효자, 열녀에 관한 일련의 연구성과들을 부분적으로 수정 보완하고, 김근추의『여묘일기』한문 필사본 원문과 번역문을 새로 실어 단행본 체제로 꾸민 것이다.

본서에서 필자는 두가지 점에 주목하고자 하였다. 첫째, 지역사 차원에서 특히 경상도 지역의 효자, 열녀사례를 심층적으로 분석함으로써 그동안 등한시되었던 지역사 연구 발전을 도모하고자 하였다. 이것은 그동안 중앙중심의 역사서술에 대한 반성과 아울러 지역사연구를 통하여 효자, 열녀 등에 대한 보다 입체적인 접근을 시도하고자 한 것이다.

둘째, 자료활용에 있어서 16세기의 관찬지리지인『신증동국여지승람』 외에, 16, 17세기에 현존하는 사찬읍지류, 18세기의 관찬지리지인『여지도서』, 19세기의 읍지인『경상도읍지』등 주로 관찬, 사찬지리지를 두루 활용하고자 하였다. 이를 통하여 조선왕조실록, 유교윤리교화서 등의 자료만으로 연구할 때 나타나는 부족한 점들을 보완하여 총체적인 접근을 시도하고자 하였다. 아울러 효자의 여묘일기와 문중 소장 고문서 자료들을 새로 발굴하여 소개함으로써 고문서 자료의 중요성과 의미를 새롭게 부각시키고자 노력하였다.

이 책이 출간되기까지 많은 분들의 도움이 있었다. 지금까지도 지도와 격려를 꾸준히 해주시고 계시는 은사이신 한영우 서울대학교 명예교수님께 깊은 감사를 드린다. 아울러 매월 발표와 토론을 함께 하고 있는 한국여성사학회 회원 여러분들께도 깊은 감사를 드리고 싶다. 그리고『여묘일기』한문 필사본 복사자료를 제공해주신 조원경 목사님과 자료해석에 도움을 주신 구본욱 선생님께도 고마움을 전하고 싶다.

병환 중이심에도 학문의 길을 걷는데 항상 적극적으로 격려해주시는 친정아버지 그리고 남동생 박환 교수에게도 고마움을 전한다. 끝으로 본 책의 출판을 흔쾌히 허락해 주신 국학자료원의 정찬용 원장님과 정진이 대표님, 그리고 우정민님을 비롯한 편집부 여러분들께도 감사 드린다.

2016년 2월 하양 연구실에서

박 주

목 차

머리말

제1편 사찬읍지에 나타난 경북지역의 효자, 열녀

제1장 조선후기 성주『성산지』의 편찬과 효자, 열녀 ‖ 15 ‖

1.『성산지』의 편찬과 내용 ｜ 16
2. 성주지역의 효자, 효녀, 효부 ｜ 21
3. 성주지역의 열녀 ｜ 37

제2장 조선후기 청도『오산지』의 편찬과 효자, 열녀 ‖ 46 ‖

1.『오산지』의 편찬과 내용 ｜ 47
2. 청도지역의 효자, 효녀, 효부 ｜ 54
3. 청도지역의 열녀 ｜ 59

제2편 사찬읍지에 나타난 경남지역의 효자, 열녀

제3장 조선후기『단성지』의 편찬과 효자, 열녀 ‖ 67 ‖

1.『단성지』편찬의 사회적 배경 ｜ 68
2.『단성지』에 나타난 효자, 열녀 ｜ 72

제4장 조선후기『밀양지』의 편찬과 효자, 열녀　∥89∥

1.『밀양지』의 편찬과 내용 ｜ 91
2. 밀양지역의 효자, 열녀 ｜ 94

제5장 조선후기『동래부지』의 편찬과 효자, 열녀　∥120∥

1.『동래부지』의 편찬과 내용 ｜ 121
2.『동래부지』에 나타난 효자와 열녀 ｜ 129

제3편　『경상도읍지』에 나타난 효자, 열녀

제6장 조선시대 경북지역의 효자ㆍ효녀ㆍ효부　∥141∥

1.『경상도읍지』인물조의 효자 사례분석 ｜ 144
2.『경상도읍지』인물조의 효녀, 효부 사례분석 ｜ 178
3. 조선시대 경북지역의 효자, 효녀, 효부 정려의 지역적 특성 ｜ 187

제7장 조선시대 경남지역의 효자ㆍ효녀ㆍ효부　∥226∥

1. 조선시대 경남지역의 효자 사례분석 ｜ 227
2. 조선시대 경남지역의 효녀, 효부 사례분석 ｜ 259
3. 조선시대 경남지역 효자, 효녀, 효부 정려의 지역적 특성 ｜ 266

제8장 조선시대 경산지역의 효자, 열녀 ‖ 324 ‖

1. 경산지역의 인물 분석 ｜ 326
2. 경산지역의 효자, 열녀 ｜ 328

제9장 조선시대 창녕지역의 효자, 효녀, 열녀 ‖ 348 ‖

1. 창녕지역의 인물분석 ｜ 350
2. 창녕지역의 효자, 효녀 ｜ 354
3. 창녕지역의 열녀 ｜ 361

제4편 **효자에 대한 사례연구**

제10장 18세기 후반 경상도 거창군 효자 3형제의 여묘생활 ‖ 373 ‖
   − 김근추의 『여묘일기』를 중심으로 −

1. 경주김씨 집안의 효자 3형제 −김원추 · 김극추 · 김근추 ｜ 375
2. 김근추의 여묘생활 ｜ 379
3. 김근추의 『여묘일기』 필사본 원문 ｜ 401
4. 김근추의 『여묘일기』 필사본 번역문 ｜ 438

제11장 조선후기 밀양부 金寧金氏 집안의 충효각과 탁삼재 ‖ 478 ‖

1. 김유부 일문의 삼강 사례 ∣ 481
2. 충효각과 탁삼재의 유래와 성격 ∣ 487
    1) 충효각 ∣ 487
    2) 탁삼재 ∣ 488
3. 김유부 일문의 정려, 추증급복 취득과정 ∣ 489

▌참고문헌   507
▌찾아보기   517

제1편

사찬읍지에 나타난 경북지역의 효자, 열녀

제1장 조선후기 성주『성산지』의 편찬과 효자, 열녀

머리말

조선후기에는 사족과 수령을 중심으로 한 사찬읍지(私撰邑誌)들이 각 지방에서 편찬되었다. 특히 경상도 지방에서 사찬읍지의 편찬이 활발하여 함안, 안동, 의성, 창녕, 진주, 상주, 선산, 단성, 함양, 경주, 청도, 성주, 동래, 울산, 문경 등에서 사찬읍지가 편찬되었는데,『성산지(星山誌)』(성주, 1677년, 현전)는 그 가운데 하나이다.

『성산지』는 경상도 성주의 사찬읍지로서 그 내용이 아주 상세하고 풍부하여 조선 후기 성주 지역의 향촌사회를 이해하는데 중요한 자료가 된다. 특히 임진왜란과 병자호란을 겪은 이후 당시의 사족들은 삼강윤리를 더욱 강조함으로써 실추된 양반의 권위를 회복하고 양란 이전 사족중심의 유교사회질서를 재건하고자 했던 것이다.

필자는 그동안 경상도 지역에서 편찬된 사찬읍지에 나타난 효자, 효녀, 효부, 열녀들의 사례에 대하여 검토를 해오고 있다.[1] 이번에 필자는 이러

---

1) 박 주,『조선시대의 효와 여성』, 국학자료원, 2000.
_____,『조선시대의 여성과 유교문화』, 국학자료원, 2008.

한 작업의 일환으로 우선『성산지』의 편찬과 내용에 대하여 살펴보고 이어서『성산지』에 나와있는 효자, 효녀, 효부, 열녀들을 상세히 검토함으로써 유교윤리의 교화적 성격을 고찰하고자 한다.

　　본고에서는『성산지』2) 이외에『조선왕조실록』,『신증동국여지승람』,『여지도서』,3)『경상도읍지』,4)『성주군읍지』(奎10837)5) 등의 자료를 참고하였다.

1.『성산지』의 편찬과 내용

　　먼저 성주의 연혁을 살펴보면 성주는 본래 신라의 본피현(本彼縣)이었다. 경덕왕 때 신안(新安)으로 고쳐 성산군(星山郡)에 소속시켰다가 뒤에 벽진군(碧珍郡)으로 고쳤다. 고려 태조 때 경산부(京山府)로 고치고 경종 때 광평군(廣平郡)으로 강등시켰다. 성종 때 대주도단련사(岱州都團練使)로 고치고, 현종 때 단련사를 폐지하여 다시 경산부로 만들었다. 충렬왕 때 흥안도호부(興安都護府)로 승격시켰다가 뒤에 지금의 이름인 성주로 고쳐 목으로 만들었으며, 충선왕 때 경산부로 강등시켰다. 조선에서도 그

　　　　,「조선 중기 단성지역의 효자, 열녀 -『단성지』를 중심으로-」,『한국사학보』13, 2002.

　　　　,「『동래부지』의 편찬과 효자, 열녀」,『조선사연구』16, 2007.

　　　　,「조선 중기『밀양지』의 편찬과 효자, 열녀」,『조선사연구』17, 2008.

　　　　,「조선시대 경산지역의 효자, 열녀」,『조선사연구』20, 2011.

　　　　,「조선시대 창녕지역의 효자, 효녀, 열녀」,『한국사상과 문화』67, 2013.
2) 본고에서는『조선시대 사찬읍지』20 경상도5 성산지, 한국인문과학원, 1989를 이용하였다.
3) 본고에서는 전주대학교 고전국역총서『여지도서』39 경상도 IV, 디자인흐름, 2009를 이용하였다.
4) 여기에서는 아세아문화사에서 간행한 한국지리지총서『경상도읍지』1책을 이용하였다.
5)『성주군읍지』(奎10837)는 1899년(광무 3)에 전국읍지편찬사업의 일환으로 편찬되었다.

대로 따랐다. 조선 태종 때 임금의 태(胎)를 고을의 조곡산(祖谷山)에 모셔 두고 목(牧)으로 승격시켰다. 광해군 6년(1614)에 고을사람 이창록(李昌祿)이 대역죄를 지었기 때문에 신안현으로 강등시켰다. 인조 때 다시 목으로 승격시켰다가 인조 9년(1631)에 고을사람 박흔(朴訢)이 처형되었기 때문에 성산현으로 강등시켰다. 인조 18년(1640)에 기한이 차서 다시 호칭이 복원되었다. 인조 22년(1644)에 또 이권(李綣)의 역모사건으로 인해 성산현으로 강등시켰다. 효종 4년(1653)에 기한이 차서 다시 호칭이 복원되었다. 영조 12년(1736)에 관아의 종과 여종 및 고을의 장교가 목사(牧使)를 독살했기 때문에 성산현으로 강등시켰다가 영조 21년(1745)에 기한이 차서 다시 목으로 승격시켰다. 6)

이상과 같은 건치연혁을 볼 때 성주지역은 본래 본피현이었으나 고려 충렬왕 때 지금의 이름인 성주가 되었음을 알 수 있다.

성주지역은 예로부터 유향(儒鄕)으로 잘 알려져 있다. 이 지역은 일찍이 회연서원(檜淵書院)을 거점으로 하는 한강(寒岡) 정구(鄭逑, 1543~1620)7)와 그 문도들이 활동하였던 곳이다. 그리고 조선 말에는 한주(寒州) 이진상(李震相, 1818~1866)과 그의 맥을 이은 한주학파의 인사들이 활동하였고, 사미헌(四未軒) 장복추(張福樞, 1815~1900)와 그 맥을 이은 사미헌학파의 인사들이 활동하였던 곳이다. 또한 문중으로는 성산 이씨, 야성 송씨, 성산 여씨, 의성 김씨와 청주 정씨 등 재지사족들이 반촌을 형성하

6) 『국역 신증동국여지승람』 권28 성주목 건치연혁, 민족문화추진위원회, 1982, 76쪽; 변주승, 『국역 여지도서』 34, 경상도IV 성주목 건치연혁, 디자인흐름, 2009, 108쪽: 『경상도읍지』 성주목읍지 건치연혁 189쪽; 『성주군읍지』(奎10837) 건치연혁 참조.
7) 정구는 정곤수의 아우이며 호는 한강(寒岡)이다. 김굉필의 외증손이다. 벼슬이 대사헌에 이르렀다. 영의정에 추증되었으며 시호는 문목(文穆)이다. 정구는 읍지 편찬에 남다른 관심을 기울여 강릉, 창녕, 동복, 통천, 충주, 안동, 평양, 함안 등 지역에서도 읍지를 편찬하여 10 여종을 남겼다. 김항수, 「한강 정구의 학문과 ≪歷代紀年≫」, 『한국학보』 45, 1986 참조

고 있는 지역이다.[8] 성주의 토성은 사족이거나 이족(吏族)이거나 족세가 강하였다.[9]

『성산지』(또는 京山誌)는 성주군의 읍지이다. 이 읍지는 동강(東岡) 김우옹(金宇顒, 1540~1620)[10], 서천부원군(西川府院君) 정곤수(鄭崑壽, 1538~1602)[11] 등에 의해 처음 편찬이 시도되었으나 정구가 수령으로 부임하면서 본격화되었다. 그러나 정구의 재임기간 동안에 성산지는 완성되지 못하였다. 그 후 인조 13년(1635)에 장현광(張顯光)이 향로(鄕老) 김주(金輳), 여찬(呂燦) 등에게 편찬을 의뢰하였으나 역시 완성하지 못하였다. 그 후 현종 9년(1668)에 이원정(李元禎, 한강의 제자, 1622~1680)[12]에 의해서 재편찬이 시도되어 숙종 3년(1677)에야 비로소 편찬이 완성되어 간행하였다. 순조 32년(1832, 임진본)에 지방 사림들에 의해서 증보되었으나

---

8) 권영배, 「성주지역의 3.1운동과 파리장서운동」, 『계명사학』23집, 2012. 11, 268쪽.

9) 김무진, 「조선전기 성주향촌사회의 구조와 지배층동향」, 『한국학논집』18, 계명대학교, 1991, 26쪽.

10) 『국역 여지도서』인물조 153~154쪽에 의하면 김우옹은 김희삼(金希參)의 아들이며 호는 동강(東岡)이다. 벼슬이 이조참판에 이르렀다. 이조판서에 추증되었으며 시호는 문정(文貞)이다. 부친 김희삼은 호가 七峯이며 벼슬이 玉堂에 이르렀으며 이조판서에 추증되었다.

11) 『국역 여지도서』인물조 154쪽에 의하면 정곤수는 서천군 정총(鄭摠)의 후손이며 호는 백곡(栢谷)이다. 벼슬이 좌찬성에 이르렀으며 영의정 서천부원군에 추증되었다. 시호는 충익(忠翼)이다.

12) 이원정(李元禎)의 본관은 광주(廣州). 자는 사징(士徵), 호는 귀암(歸巖). 아버지는 이도장(李道長)이다. 정구(鄭逑)의 문인이며, 큰 학자였던 할아버지 윤우(潤雨)에게도 수학하였다. 1648년(인조 26) 사마시를 거쳐 1652년(효종 3) 증광문과에 갑과로 급제, 검열·교리를 지내고 1660년(현종 1) 사은사의 서장관으로 청나라에 다녀와 이듬해 동래부사가 되었다. 1670년 청나라에 사은부사로 다녀왔으며, 1673년 도승지, 1677년(숙종 3) 대사간·형조판서를 지냈다. 1680년 이조판서로 있을 때에 경신대출척으로 초산에 유배가던 도중에 불려와 장살당하였다. 9년 뒤인 1689년 신원되었고, 영의정에 추증되었다. 신원된 뒤에도 여러 차례 정국의 변화에 따라 추탈(追奪)되기도 하였다. 저서로는 『귀암문집』이 있으며, 편저에는 『경산지 京山志』가 있다. 시호는 문익(文翼)이다.

간행되지는 못했다. 1933년에는 군수 조경하(趙鏡夏)가 중심이 되어 재편찬이 시작되어 1936년에 간행하였다.13)

　17세기에는 임진왜란을 경과하면서 무너진 사회질서의 복구와 안정을 위하여 읍지편찬이 이루어졌다.14)『성산지』는 항목에서 볼 수 있듯이 충·효·열 등 교화적 성격을 강조한 읍지임을 알 수 있다.

　『성산지』는 서문과 34개의 항목으로 구성되어 있다. 34개의 항목은 다음과 같다.

境界道里 建置沿革 姓氏 風俗 山川 土産 面洞 戶口 土地 城郭 公廨 樓亭
驛院 校院 祠廟 寺刹 塚墓 碑銘 古蹟 叢談 題詠 官案 人物 儒望 學行 名望
文科 武科 生進 蔭仕 官職 忠 孝 烈

<표 1> 성주지역 지리지의 항목비교

	『신증동국여지승람』 성주목(1531)	『성산지』 (1677)	『여지도서』 성주목 (1757~1765)	『경상도읍지』 성주목읍지 (1832)
자연환경	산천 형승	산천	산천 형승	산천 형승
행정	건치연혁 군명 속현 관원	경계도리 건치연혁 면동 관안 공해	방리 도로 건치연혁 속현 군명 성지 관직 공해	건치연혁 군명 관직 방리 도로
경제	토산 창고	토산 호구 토지	창고 제언 물산 목장 한전 수전 진공 糴糶 전세 대동 균세 俸廩	호구 전부 창고 제언 장시 목장 토산 진공 봉름
군사	성곽 봉수 역원	성곽 역원	봉수 역원 교량 關阨 鎭堡 군병	군액 성지 군기 關阨 진보 봉수 교량 역원

13) 이태진,『조선시대 사찬읍지』경상도편 해제, 한국인문과학원, 1989, 4쪽 참조.
14) 양보경,「조선시대 읍지의 성격과 지리적 인식에 관한 연구」, 서울대 대학원 박사학위논문, 1987.

사회 · 문화	성씨 궁실 누정 학교 사묘 불우 고적 인물 명환 우거 효자 열녀 제영	성씨 풍속 누정 교원 사묘 사찰 총묘 비명 고적 총담 인물 유망 학행 명망 문과 무과 생진 음사 관직충효 열제영	궁실 성씨 학교 풍속 누정 고적 인물 효자 충신 열녀 제영 우거 사찰 단묘 명환	성씨 풍속 학교 단묘 총묘 불우 공해 누정 고적 환적 과거 인물 제영 碑板 冊板
항목수	24	34	43	39

<표 1>에서 항목의 수를 비교할 때 『여지도서』의 항목수가 가장 많다. 좀 더 구체적으로 살펴보면 경제, 군사 부분에서는 『성산지』가 『여지도서』와 『경상도읍지』보다 항목수가 적으나 사회, 문화부분에서는 항목수가 더 많다. 즉 비명(碑銘), 총담(叢談), 유망(儒望), 학행, 명망, 문과, 무과, 생진, 음사(蔭仕), 관직 등이 더 신설되어 있기 때문이다. 따라서 『성산지』의 경우 다른 지리지에 비해 사회, 문화부분에서 내용이 더 상세하고 풍부함을 알 수 있다.

<표 2> 성주지역 지리지의 수록 인물 비교

	『신증동국여지승람』성주목 (1531)	『성산지』 (1677)	『여지도서』 성주목 (1757~1765)	『경상도읍지』 성주목읍지 (1832)
인물	고려10, 본조10	고려62,본조151	고려11, 본조22	고려15,본조55
효자 효녀 효부	본조 효자 8	본조 효자 117 효녀 2, 효부 3	본조효자17, 효녀2	본조효자20, 효녀2, 효부1
열녀	고려 2, 본조 2	고려 1,본조 77	고려 2,본조 11	고려 2,본조 23
계	32	413	66	118

위의 <표 2>를 볼 때 『성산지』에 실린 인물로는 고려 인물 62명, 본조 인물 151명으로 모두 213명이 수록되어 있다. 그리고 효자 117명, 효녀

2명, 효부 3명, 열녀 78명이 수록되어있어 다른 지리지에 비해『성산지』에 가장 많은 인물이 수록되었음을 알 수 있다.

2. 성주지역의 효자, 효녀, 효부

『신증동국여지승람』성주목 효자조에는 8명의 효자 사례가 나와있다. 『여지도서』에는 효자 17명, 효녀 2명,『경상도읍지』에는 효자 20명, 효녀 2명, 효부 1명 사례가 수록되어있다.『성산지』성주군 효자조에는 117명의 효자와 효녀 2명, 효부 3명의 사례가 수록되어있다. 따라서『성산지』에 조선시대 효자, 효부의 사례가 가장 많이 수록되어있음을 알 수 있다. 먼저 효자 행적을 유형별로 나누어 보면, 부모 사후 여묘를 3년 내지 6년, 9년까지 한 경우, 부모 사후 불교의식을 따르지 않고『주자가례』에 따라 상제를 행한 경우, 부모가 병이 들었을 때 단지(斷指), 할고(割股), 상분(嘗糞), 연종(吮腫), 시약(施藥), 득어(得魚), 득육(得肉) 등의 다양한 효행을 한 경우, 부모상에 추복(追服)한 경우, 효자의 지극한 효성에 하늘이 감응한 경우, 국상을 당하여 심상(心喪) 3년한 경우, 임진왜란 때 부모를 구하거나 공양한 경우, 호환(虎患)으로부터 아버지를 구한 경우, 형제간에 우애가 지극한 경우, 도적의 침입에 부모를 구하고 대신 죽은 경우, 여묘할 때 호랑이가 호위한 경우 등이 있다.[15] 여기에서 부모 사후 여묘를 지낸 유형이 가장 많은 비중을 차지하였다.

효자들은 부모 사후 불교의식을 따르지 않고『주자가례』에 따라 상제를 행하거나 여묘살이를 3년하였다. 여묘살이를 6년, 9년까지도 한 효자

---

15) 효행사례의 경우 서로 중복되어 나타나는 경우가 적지않다. 이런 경우 각각의 유형에 모두 포함시켰다.

도 있었다. 여묘살이를 할 때 3년동안 죽만 먹은 경우, 조석전, 삭망전을 드린 경우, 여묘하면서 집에 한번도 가지 않은 경우, 성묘를 비바람과 추위, 더위에도 그만두지 않은 경우, 상복과 허리띠를 벗지않은 경우, 호랑이가 효자 곁에서 지킨 경우 등의 다양한 효행이 이루어졌다.

몇가지 사례를 들면 김자강(金自强, 김승득의 자)과 대언(代言) 김승득(金承得, 金藏의 자), 김신환(金信還) 등은 부모상을 당하여 불교의식을 따르지 않고 한결같이『주자가례』에 따라 상제를 행하고 3년동안 여묘살이를 하였다.

부모 사후 여묘를 3년 내지 6년, 9년한 경우로는 김문상(金文尙), 김자강, 박구(朴矩), 김승득, 김방계(金邦啓), 김신환, 이식(李植), 성풍세(成豊世), 여창주(呂昌周), 서승운(徐勝雲), 이만경(李萬慶), 성서(成瑞) 등을 들 수 있다. 김방계는 연이어 부모의 상을 당하고 또 조부상을 당해서 모두 9년동안 여묘살이를 하면서 한번도 집에 가지 않았다. 이에 정려하였다.[16] 이식은 부모가 전염병에 걸려 함께 세상을 떠나자 조석으로 제사상을 올리고 정성을 다하며 6년을 마쳤다. 이에 정려하였다.[17] 도총제 박구는 공조참의(정3품) 박규(朴規)의 아우이다. 어머니의 상을 당하여 3년동안 여묘살이를 하면서 한번도 집에 가지 않았다. 이에 명종조에 정려하고 예조판서(정2품)를 증직하였다.[18]

김문상은 판서(정2품) 洙[19]의 아들이다. 부모의 상을 당하여 전후로 모두 6년동안 여묘살이를 하였다. 이에 세종 10년(1428)에 정려하였다.[20]

16)『국역 신증동국여지승람』권28 성주목 효자조 98쪽,『국역 여지도서』34, 경상도 IV 성주목 효자조 151쪽,『경상도읍지』성주목읍지 효자조 208쪽,『성주군읍지』(奎10837) 효자조에도 실려있다.

17) 위와 같음.

18) 위와 같음.

19)『국역 신증동국여지승람』권29 선산도호부 인물조를 보면 김수는 김훤술(金萱述)의 후손이며 집현전 직제학을 역임하였고, 여러차례 승진하여 개성윤에 이르렀다. 도은 이숭인과 벗이 되어 잘 사귀었다. 호는 松亭이다.

수군 성풍세는 문하시중(정1품) 성송국(成松國)의 후손이다. 부모상을 당하자 죽만 먹고 여막에서 지내면서 모두 6년 동안 여묘살이를 하였다. 이에 정려하였다.[21]

먼저 세상을 떠난 아버지를 위해 다시 상복을 입은 추복사례가 2건(김자강, 여사현) 보인다. 김자강은 김승득의 아들이다. 어려서 아버지를 여의고 어머니를 봉양함에 부족함이 없었다. 어머니가 세상을 떠나 장례를 치르는데 불교의식을 따르지 않고 한결같이『주자가례』에 따랐다. 장사를 지낼 때 아버지 무덤을 옮겨 합장하고 3년을 여묘살이를 하는데 신발을 신고 여막 밖으로 나간 적이 없었다. 3년상을 마치고 돌아가신 아버지를 위하여 다시 3년 동안 여묘살이를 하려고 하니 아내의 친정 가족들이 그를 끌고 길을 나서며 이어 그 여막을 불태워 버렸다. 自强이 뒤돌아 연기를 보고 하늘을 부르짖으며 땅을 두들겼다. 처갓집 식구를 힘껏 떠밀치고 다시 돌아가 무덤 아래에 엎드려서 3일 동안 일어나지 않았다. 처갓집 식구들이 그의 효성에 감동하여 다시 여막을 지어 주었다. 자강은 처음처럼 다시 3년 동안 여묘살이를 하였다.[22] 여사현(呂師賢)은 유복자로서 편모를 지극한 효성으로 공양하였다. 나이 13세에 아버지를 위해 추복하였고, 어머니가 병들었을 때는 단지효행하였다.

부모가 병이 들었을 때 행한 효행사례를 보면 단지, 할고, 상분, 연종, 시약, 득어, 득육 등의 다양한 효행사례가 보인다. 이 가운데 단지의 효행사례가 가장 많았다.

---

20)『국역 신증동국여지승람』권28 성주목 효자조 98쪽,『국역 여지도서』34, 경상도 IV 성주목 효자조 151쪽,『경상도읍지』성주목읍지 효자조 208쪽,『성주군읍지』(奎10837) 효자조에도 실려있다.
21)『국역 여지도서』34, 경상도IV 성주목 효자조 155~156쪽,『경상도읍지』성주목읍지 효자조 209쪽,『성주군읍지』(奎10837) 효자조에도 실려있다.
22)『국역 신증동국여지승람』권28 성주목 효자조 98쪽,『국역 여지도서』34, 경상도 IV 성주목 효자조 150~151쪽,『성주군읍지』(奎10837) 효자조에도 실려있다.

먼저 단지효행의 사례를 몇 가지 들면, 배경동(裵敬同)은 어머니가 몹쓸 병에 걸리자 손가락을 잘라 약에 타서 드리니 병이 곧 나았다. 이에 정려하였다.[23]

여중화(呂中和)는 지평 희림(希臨)[24]의 후손이다. 부모가 병에 걸리자 단지효행하여 정려하였다.[25] 사노 노문업(魯文業)은 13세 때 어머니가 병에 걸리자 단지출혈하여 어머니가 하루를 더 살도록 했다. 이에 복호하였다.[26] 순천인 박신손(朴信孫)은 호가 모헌(慕軒)이며 판윤(정2품) 박가권(朴可權)의 손자이다. 아버지가 객사에 있을 때 병이 들었는데 신손이 단지주혈하여 소생하였다. 그러나 세상을 떠나자 3년동안 여묘살이를 하였다. 이에 주부(主簿, 종6품)에 임명되었다.[27]

박광인(朴光仁)은 효자 박시귀의 아들이다. 어머니의 병에 단지효행을 하여 어머니가 소생하였다. 어머니가 병에 걸려 꿩고기탕을 생각하였는데 꿩이 스스로 들어왔다. 이에 정려하였다.

단지보다 더 어려운 효행으로 넓적다리의 살을 베어 약으로 쓰는 할고효행이 있다. 할고효행의 사례가 적지않게 보인다. 면양인 복종선(卜宗善), 감찰(정6품) 박안련(朴安連), 곽기견(郭基堅), 벽진인 이만응(李萬膺), 이관진(李寬鎭, 李達雲 현손), 이원구(李源九, 李廷賢 후손), 성산인 배문

---

23) 『국역 신증동국여지승람』 권28 성주목 효자조 98쪽, 『국역 여지도서』 34, 경상도 IV 성주목 효자조 151쪽, 『경상도읍지』 성주목읍지 효자조 208쪽, 『성주군읍지』 (奎10837) 효자조에도 실려있다.

24) 『국역 여지도서』성주목 인물조 153쪽에 보면 여희림은 전서 여극회(呂克誨)의 후손이다. 학문과 덕행으로 기묘년 현량과에 추천을 받아 음직으로 지평(持平)에 임명되었다.

25) 『국역 여지도서』34, 경상도IV 성주목 효자조 155쪽, 『경상도읍지』 성주목읍지 효자조 209쪽; 『성주군읍지』(奎10837) 효자조에도 실려있다.

26) 『국역 여지도서』34, 경상도IV 성주목 효자조 156쪽, 『경상도읍지』 성주목읍지 효자조 209쪽; 『성주군읍지』(奎10837) 효자조에도 실려있다.

27) 『국역 여지도서』34, 경상도IV 성주목 효자조 155쪽, 『경상도읍지』 성주목읍지 효자조 208쪽; 『성주군 읍지』(奎10837) 효자조에도 실려있다.

순(裵文淳) 등의 사례가 그것이다.

곽기건은 효자 곽현문(郭玄聞)의 증손이다. 나이 10세가 안되어서부터 사람들이 '효동'이라 칭하고 이름을 부르지않았다. 아버지가 기이한 병에 걸렸는데 좋은 약이 있다고 들으면 반드시 구해 드렸다. 나중에는 다리살을 베어 드리니 병에 차도가 있었다. 또 검은 고기를 잘라 드리니 완전히 병이 나았다. 헌종 13년(1847)에 정려를 명하고 동몽교관(종9품)을 증직하였다.

환자의 대변을 맛보아 병의 경중을 살피는 상분의 사례가 적지 않은데, 이 경우 단지효행을 함께 한 경우가 많다. 이이전(李爾銓), 곽현문(郭玄聞), 박시귀(朴蓍龜, 효자 감찰 朴安連 후손), 장사경(張思敬), 박해필(朴海弼, 박팽년의 후손), 여동재(呂東栽). 여동해(呂東楷). 여동보 3형제, 김성익(金聲益) 등이 그들이다. 이이전(李爾銓)은 이육(李堉)의 아들이다. 아버지가 병이 들었을 때 상분하고 단지하였다. 아버지가 세상을 떠나자 3년동안 죽을 먹었다. 현풍인 곽현문은 어버이 병에 상분하였으며 밤새도록 하늘에 빌었다. 그리고 단지를 세차례하였다. 이에 헌종 13년(1847)에 정려하고 동몽교관을 증직하였다.

김성익은 김치수(金致粹)의 후손이다. 그는 어버이 병에 상분과 단지효행을 하였다. 그리고 나이 60세 때 어린아이처럼 옷을 입고 춤추어 어버이를 기쁘게 하였다. 세상사람들이 오늘의 효자 노래자(老萊子)[28]라고 칭하였다.

학생 김윤도(金潤道)는 김여흡(金汝翕)의 후손이다. 아버지가 병에 걸리자 하늘에 빌어 대신하기를 원하였다. 또 단지하여 피를 드렸다. 의원이 어머니병에는 비둘기가 좋다고 하니 갑자기 날던 비둘기 한 마리가 스

---

28) 효자 노래자(老萊子)가 나이 70세 때 색동옷을 입고 어린아이처럼 춤추어 어버이를 기쁘게 한 고사가 있다.

스로 집에 떨어졌다. 비둘기를 구워서 드리니 어머니의 병이 나았다. 이에 정려하였다. 송병순(宋秉珣)이 정려 비문을 지었다.

신경휴(申景休)는 신해(申瀣)의 후손이다. 어머니의 병이 위독해지자 손가락을 잘게 부수어 수혈하여 마침내 조금 나았다. 어느 날 밤중에 호랑이가 나타나 이웃의 돼지를 물어갔는데 어디로 갔는지 알 수가 없었다. 다음날 아침에 보니 돼지가 경휴의 집 울타리 근처에 있었는데 털하나 상하지 않았고 다만 머리가 물려서 피가 나있었다. 곁의 사람이 병에 쓸 것을 권하여 그 피를 어머니께 드리니 과연 효험이 있었다. 향인과 선비는 성효가 감동한 바라 하여 관청에 글을 올렸다.

박해종(朴海宗)은 밀양인이다. 아버지가 병에 걸리자 꿩을 생각했는데 마침 꿩이 스스로 집에 들어왔다. 효감이 아니고 어찌 얻을 수 있는가 하였다.

여서규(呂瑞奎)는 호가 명천(明川)이고 여희림의 후손이다. 그는 계모 조씨를 모셨는데 계모가 병이 나자 단지(斷指)하였고 또 설순의 정성이 있었다. 향사림의 포창시(襃彰詩)가 있었고, 정종석(鄭宗錫)의 찬(撰)이 있었다.

이종렬(李種烈)은 이지화(李之華)의 후손이다. 어머니가 병석에서 어탕을 원하므로 얼음을 깨고 물고기를 잡았다. 또 오소리 고기를 원하여 종렬은 서리를 밟고 들에 들어가 구해 끓여드리니 어머니의 병이 거의 회복되었다. 묘가 20여리 떨어져 있었는데 그는 3년동안 매일 가서 곡하였고 그 후에는 매월 초하루와 보름에 성묘하였다. 이웃에서 모두 감탄하였다.

석조영(石祖榮)은 석종(石琮)의 후손이다, 나이 17세 때 어버이가 병에 걸렸다. 집이 가난하여 의술의 도움을 받을 수 없었다. 의원 집에 가서 울면서 영약을 구걸하니 의인이 어린나이에 성효로서 구호에 감동하였다. 곧이어 부친상을 당하니 슬퍼함이 성인같았다. 부모상에 조석으로 성묘하니 나무꾼들이 성효에 감동하여 여막을 만들어 주었다. 지금은 '여묘곡

(廬墓谷)'이라 일컬었다,

환자의 종기를 빨아 독을 빼는 연종의 사례가 가끔 보인다. 이춘맹(李春孟), 이의표(李儀標), 송인하(宋寅夏), 정원택(鄭元澤, 鄭種 후손), 윤태호(尹泰虎, 尹仁鏡 후손), 박해필(朴海弼, 박팽년 후손), 여동재. 여동해. 여동보 3형제 등의 사례가 그것이다. 성산인 이의표는 호가 차산(次山)이다. 어머니가 병으로 악창종기가 나자 7개월동안 고름을 빨아냈다, 그리고 어머니가 세상을 떠나자 3년동안 여묘살이를 하였다. 박해필은 박팽년의 후손이다. 어머니가 병이 들었을 때 상분하였다. 아버지가 60세가 되어 치질로 고통을 겪게되었으나 백약이 효험없었다. 10년동안 입으로 종기를 빨아 마침내 치질이 나았다. 사람들이 효감이라 칭찬하였다. 도백(道伯)으로부터 포상이 있었다. 정원택은 호가 가은(稼隱)이며 정종(鄭種)의 후손이다. 어머니가 풍병에 걸려 수족을 움직이지 못하였다. 의술을 다 동원했으나 효험이 없었다. 밤낮으로 곁에서 모셨다. 13년을 하루같이 병수발을 하였다. 오랜 병으로 종기의 고름이 생겨 문드러지고 갈라져 입으로 빨아냈는데 게으름이 조금도 없었다. 이웃마을에서 감탄하였다.

한편 효자의 지극한 효성으로 하늘이 감동한 사례가 상당히 많이 보인다. 효감으로 물고기, 잉어, 쏘가리, 꿩, 메추라기, 노루, 비둘기, 산삼, 약수, 영지버섯, 홍시, 설순, 오리, 거북, 오소리, 씀바귀, 영약 등을 얻는 다양한 사례가 보인다.

지극한 효성에 하늘이 감응한 경우로 홍계현(洪繼玄), 박시순(朴始淳), 여창주(呂昌周), 이진채(李晉彩), 이원룡(李元龍), 여동재(呂東栽). 여동해. 여동보 3형제, 이만식(李寓植), 여낙규(呂洛奎), 류세번(柳世藩), 도명화(都命華), 김경순(金坰順), 서필원(徐弼元), 이지명(李志明), 임석규(林錫圭) 등의 사례를 들 수 있다. 홍계현은 남양인으로 김맹성(金孟性)[29]의 외손이

---

29) 『국역 여지도서』 성주목 인물조에 보면 김맹성은 김수의 후손이다. 과거에 급제하

다. 어머니의 병에 산양을 맛보고자 했으나 얻지 못했는데, 갑자기 날아가던 꿩이 스스로 들어왔다. 모친상에 3년동안 상복을 벗지않고 몸소 제찬(祭饌)을 준비하여 그 정결을 다했다. 하루는 제사상에 올린 과일이 쥐로 인해 더럽혀지자 계현은 밤새도록 무릎 꿇고 앉아 반성하며 자신의 잘못을 꾸짖었다. 새벽이 되었을 때 두 마리의 쥐가 상 밑에 쓰러져 죽어있자 사람들은 모두 하늘을 감동시킨 그의 효성에 감탄하였다. 천곡서원(川谷書院)의 향현사(鄉賢祠)에 그의 위패를 모셨다.[30]

박시순은 효자 주부(主簿, 종6품) 박신손의 후손이다. 부모를 지극한 효성으로 섬겼다. 어느 날 날아가던 꿩이 부엌으로 스스로 들어오고, 겨울철에 새싹이 나오는 기이한 일이 벌어졌다. 이에 지평(정5품)을 증직하였다.[31]

여창주는 어려서부터 부모를 지극한 효성으로 섬겼다. 아버지의 병에 울며 물고기를 구하였는데, 갑자기 1척이나 되는 잉어가 얼음속에서 뛰어오르는 기이한 일이 벌어졌다. 그리하여 잉어를 공양하여 효험을 얻었다. 부친상을 당하자 여묘 3년하였다. 영조 때 지평에 증직하였다.[32]

이진채(李晉彩)는 이흥문(李興門)[33]의 후손이다. 어버이가 병이 났는데 추운 겨울에 살아있는 물고기를 찾으니 진채가 돌로 얼음을 깨뜨리자 물고기가 뛰어나왔다. 또 성묘하고 돌아오는데 해가 져서 급히 돌아올 때 호랑이가 보호하였다. 길가 거주하는 사람들이 냇물을 건너기 위험하다고 하여 외나무 다리를 만들었는데 사람들이 '효자다리'라고 일컬었다.[34]

여 벼슬이 이조정랑에 이르렀다.

30) 『국역 여지도서』 34, 경상도IV 성주목 효자조 155쪽, 『경상도읍지』 성주목읍지 효자조 208쪽, 『성주군읍지』(奎10837) 효자조에만 실려있다.

31) 『국역 여지도서』 34, 경상도IV 성주목 효자조 156쪽, 『경상도읍지』 성주목읍지 효자조 209쪽, 『성주군읍지』(奎10837) 효자조에만 실려있다.

32) 『국역 여지도서』 34, 경상도IV 성주목 효자조 156쪽, 『경상도읍지』 성주목읍지 효자조 209쪽, 『성주군읍지』(奎10837) 효자조에도 실려있다.

33) 『성주군읍지』(奎10837) 인물조에 의하면 이흥문은 고려조 蕃의 아들이다. 벼슬은 대사헌에 이르렀다. 곧은 절개로서 제주도안무사가 되었다.

이원룡(李元龍)은 호가 운헌(雲軒)이며 이중화(李重華)의 후손이다. 일찍이 어버이가 병에 걸렸는데 의원이 말하기를 산삼이 아니면 불가하다하였다. 이에 원룡이 곧 수도산으로 들어가 산삼 두 뿌리를 구했다. 어버이의 병이 드디어 나았다.

여동재·동해·동보 3형제는 여팔학(呂八學)의 아들이다. 어버이 병에 이들 3형제는 상분하고 단지주혈하여 어버이가 소생하였다. 또 눈덮인 산에서 고사리를 캐고 얼음구멍에서 새우를 얻었다. 두메마을에 불효자가 살고있었는데 이들 3형제의 효행을 듣고 감동하여 아버지에게 검은 닭을 드렸다. 또 아버지가 치질에 걸리자 이들 3형제가 교대로 빨았다. 이우식(李寅植)은 호가 송정(松亭)이며 이서35)의 현손이다. 그는 아버지가 병이 들어 쏘가리를 생각하자 때는 추운 겨울이었으나 얼음을 깨고 쏘가리를 잡아드렸다. 어머니병에는 단지효를 행하였으며 나중에 세상을 떠나자 여묘살이 3년을 하였다.

여낙규(呂洛奎)는 여효주(呂孝周)의 후손이다. 그는 어머니병에 손가락을 깨물어 피를 드리는 단지효행을 하였다. 어머니를 위해 물고기를 구하고자 했으나 때는 가물고 물이 말랐는데 갑자기 잉어 두 마리가 뛰어나왔다. 사람들이 효자 왕상(王祥)36)에 비유하였다.

류세번(柳世藩)은 류관(柳寬)의 후손이다. 아버지가 비둘기 구운 것을 생각했을 때 마침 눈비가 내리자 비둘기 한 마리가 스스로 집에 들어왔다. 또 노루고기를 생각하니 노루 한 마리가 숲에 엎드려있었다. 사람들이 효

---

34) 『성주군읍지』(奎10837) 효자조에도 실려있다.

35) 『경상도읍지』 성주목읍지 인물조와 『성주군읍지』(奎10837) 인물조에 의하면 이서는 호가 東湖이며 弘宇의 아들이다. 한강에게 사사받았으며 황산찰방에 제수되었으나 광해조를 만나 관직을 포기하고 돌아왔다.

36) 서진(西晉)시대에 태보(太保)를 지낸 왕상(王祥)이 어려서부터 효성이 지극하여 그의 계모가 생선을 먹고 싶어하였을 때 얼음 위에 누워 얼음이 녹는 것을 기다려 얼음을 깨고 잉어 두 마리를 얻은 왕상득리(王祥得鯉)의 고사를 말한다.

성에 감동한 바라 하였다. 그리하여 마을이름을 '孝子洞'이라 일컬었다.

도명화는 성산인이다. 그는 부모의 병에 단지효행을 하여 소생케하였다. 그리고 부모가 세상을 떠나자 여묘살이 3년을 하였는데, 묘에서 멀리까지 가서 샘물을 길어왔다. 호랑이가 묘곁에 와서 지키면서 발로 땅을 움켜 파니까 묘 아래에서 샘물이 저절로 솟아나왔다가 여막을 철거하니 즉시 말라버렸다.[37]

김경순은 어머니의 병이 심하자 밤마다 이마를 조아리고 북두칠성에 나를 대신하게 해달라고 빌었다. 꿈에 신인이 일러 말하기를 '너의 정성이 지극하니까 내가 영약(靈藥)을 주겠다' 하였는데, 잠에서 깨어보니 과연 약 세알이 있어 즉시 어머니께 드리니 병이 나았다.

서필원은 달성인이다. 그는 5세 때 아버지가 세상을 떠나자 애통해하며 어육을 가까이하지 않았다. 어머니가 밤에 씀바귀 채소를 생각하였는데 밤에 불을 켜고 눈을 쓸다가 한 움큼의 채소를 얻어 공양하였다. 어머니에게 종기가 있었는데 한 노인이 나타나 말하기를 "잉어 쓸개를 바르면 곧 나을 것이다"고 하니 과연 효험이 있었다.

이지명은 이유구(李悠久)의 후손이다. 그는 유복자로서 집이 가난했으나 어머니를 지극한 정성으로 봉양하였다. 어머니가 설사병에 걸리자 3개월 동안 산에서 기도하여 산삼을 얻어 병을 치료했다. 또 학질에 걸린지 4개월이 되었는데, 어머니가 추탕을 원하였으나 추운 겨울이라 얼음구멍에서 얻기 어려웠다. 못가에서 울며 오가며 여러 그릇의 미꾸라지를 모아 품어왔다. 어머니가 세상을 떠난 후 묘소가 집에서 10리 거리에 있었는데, 매달 초하루와 보름 두 차례 성묘함을 종신토록 그만두지 않았다. 사람들이 모두 감탄하였다.

임석규는 평택인이다. 그는 나이 겨우 9세 때 아버지가 병에 걸리자 3

---

37) 『성주군읍지』(奎10837) 효자조에도 실려있다.

개월동안 시탕하기를 성인과 같이 하였다. 6월 더위에도 한번도 옷을 벗지않았다. 아버지가 홍시를 원하므로 석규는 뜰앞 홍시나무 밑에서 울었다. 하루는 밤중에 홍시 3개가 나무밑에 떨어졌다. 당시 사람들이 그 나무를 '효자 감나무'라고 했다.

최병수(崔秉洙)는 호가 운초(雲樵)이며 최천강(崔天綱)의 후손이다. 어머니의 병이 위독하였는데 의원이 말하기를 "살아있는 영지뿌리가 아니면 낫기 어렵다"고 하였다. 마침 겨울이라 영축산(靈畜山)에서 맹아를 구별할 수 없었다. 7일간 기도하였으나 얻을 수 없어 장차 돌아가려는데 문득 넘어졌다. 넘어져서 보니 영지잎이 무성하였다. 드디어 큰 뿌리 1개를 가지고 돌아와 달여서 어머니께 올리니 어머니의 병이 곧 나았다. 사람들이 효감이라 하였다. 장석신(張錫藎)이 비갈(碑碣)을 찬하였다. 도적의 침입에 부모를 구하고 대신 죽은 경우가 있다. 정차주(鄭次周)는 한밤중에 도적의 무리들이 집으로 갑자기 쳐들어오자 밖으로 피신하여 화를 면했는데 졸지에 부모가 가신 곳을 잃어버렸다. 차주는 부모가 도적들에게 붙잡힌 것으로 의심하고 칼날을 무릅쓰고 곧장 나아가 먼저 어머니를 모시고 밖으로 피신했다. 다시 아버지를 모시고 탈출하다가 도적들에게 살해당했다. 이에 정려하였다.[38]

형제간에 우애가 지극한 경우로 사노 개돌형제를 들 수 있다. 사노 개돌(介乭)은 아우 개복(介卜)과 함께 산에 올라가 나무를 하였는데, 갑자기 큰 호랑이가 나타나 형 개돌을 잡아 먹으려고 하자 아우 개복이 낫을 휘둘러 호랑이와 싸웠다. 이에 호랑이가 형을 버리고 개복을 잡아 먹었다. 개돌은 거의 죽게 된 가운데 호랑이를 쳐서 아우의 시신을 빼앗아 돌아왔다. 영조 12년(1736)에 복호하였으며 사람들이 그 우애를 칭찬하였다.[39]

---

38) 『국역 여지도서』 34, 경상도IV 성주목 효자조 155쪽, 『경상도읍지』 성주목읍지 효자조, 208~209쪽, 『성주군읍지』(奎10837) 효자조에도 실려있다.

39) 『경상도읍지』 성주목읍지 효자조 209쪽, 『성주군읍지』(奎10837) 효자조에도 실

국상을 당하여 3년간 소식한 경우가 있다. 서승운(徐勝雲)은 어려서부터 부모 섬기기를 지극한 효성으로 하였다. 부모상을 당하자 3년 동안 여묘살이를 하는데 모든 행동이 자연스럽게 예의에 맞았다. 조석으로 부모의 무덤을 보살피는 일을 늙을 때 까지 그만두지 않았다. 숙종 국상에도 3년 동안 맛있는 반찬을 멀리하고 거친 밥만 먹었다. 이에 복호하였다.[40]

강선귀(姜選龜)는 일찍 아버지를 여의고 어머니를 효로서 섬겼다. 모친상을 당하자 여묘 3년을 하였다. 그리고 숙종, 경종 국상 때 집에 단을 설치하고 배곡(拜哭)하기를 3년하였다. 이에 재신이 연주(筵奏)하여 송라찰방(松羅察訪, 종6품)에 제수되었다.

여묘할 때 호랑이가 호위한 경우는 이만경과 성서의 사례를 들 수 있다. 이만경(李萬慶)은 청주인으로 증참의 정탁(廷鐸)의 아들이다. 천성이 어질고 효성스러웠다. 15세에 아버지의 상사를 만나 혼자된 노모를 모셨다. 노모의 병이 심해지자 주야로 울면서 기도하였다. 노모가 102세까지 사셨다. 여묘할 때 점이 하나 있는 호랑이가 호위하였다. 도신(道臣) 수의(繡衣)가 아뢰어 제직(除職)하였다.[41] 성서(成瑞)는 창녕인으로 현감 삼귀(三龜)의 손자이다. 어려서부터 어버이에게 효를 하였다. 어버이가 일찍이 생선을 좋아하자 얼음 속에서 생선을 구하여 항상 봉양하였다. 사람들이 칭찬하기를 성효자라 하였다. 어버이가 죽자 호랑이와 함께 여묘하였다. 이에 정려되었다.[42]

호환으로부터 아버지를 구한 경우로 김진순(金振順)의 사례를 들 수 있다. 김진순은 김해인이다. 어느 날 큰호랑이가 나타나 아버지를 물고 담을 넘어 달아났다. 진순이 울면서 뒤를 따라 가며 호랑이에게 말하기를,

---

려있다.
40)『국역 여지도서』 34, 경상도Ⅳ 성주목 효자조 156쪽,『경상도읍지』 성주목읍지 효자조 209쪽에도 실려있다.
41)『경상도읍지』 성주목읍지 효자조 209쪽에도 실려있다.
42)『경상도읍지』 성주목읍지 효자조 209쪽에도 실려있다.

"아버지 대신 나를 잡아먹고 나의 아버지를 해치지마라 "하니 이에 호랑이가 버리고 갔다. 이에 관청에서 쌀과 고기를 상으로 내려주었다.

임진왜란 때 부모를 구하거나 공양한 경우가 있다. 성풍세, 도세옹(都世雍, 均의 증손, 衡43)의 아우), 박환(渙, 潤卿의 증손), 이약여(李若汝, 良의 후손), 이계상(李戒相)의 경우가 그것이다. 박환은 호가 石川이며 윤경44)의 증손이다. 임진왜란을 만나자 어머니를 모시고 도고산(道古山) 동굴로 피난하였다. 호랑이가 감히 해치지 않은 까닭에 화를 면하였다. 이에 효행으로 천거하여 가선대부(종2품)를 제수하고 정려하였다.

이약여는 양의 후손이다. 임진왜란을 당하여 두 어버이를 모시고 골짜기 백리까지 들어갔다. 쌀을 등에 지고 가 화살이 날아오는데도 감지(甘旨)를 공양함에 부족함이 없었다. 왜적들은 그곳을 가리켜 '이효자집'이라 하며 서로 경계하며 침범하지않았다.

군자정지중추(軍資正知中樞, 정2품) 이계상은 호가 가은이며 언부(彦富)의 아들이다. 임진왜란 때 부모를 모시고 산 아래로 피난하였다. 때마침 추위로 공양하기 부족하자 산 밖으로 나가 쌀을 짊어지고 왔다.

한편 효녀 1건과 효부 3명의 사례가 보인다.

효녀 박씨자매(朴娘 兄弟)는 문헌공 원형(元亨)의 후손이며 수하(壽河)의 딸이다. 수하가 다른 사람과 산소 문제로 송사가 벌어졌는데 감영에서 곤장을 맞고 죽었다. 언니가 아버지의 죽음이 비명횡사라고 말하고는 상대편 소송당사자의 할아버지 무덤을 손수 파고서 그 사람이 오기를 기다렸다가 아버지의 원수를 갚으려고 했는데 도리어 흉기에 해를 당하였다. 동생이 북을 두드려 억울함을 호소하니 나라에서 특별히 어사를 파견해

---

43) 『국역 여지도서』 인물조에 의하면 도형은 진사 도맹녕(都孟寧)의 아들이다. 기묘년(1519) 현량과에 급제하여 벼슬이 좌랑에 이르렀다. 호는 행정(杏亭)이다.

44) 『성주군읍지』(규10837) 인물조에 의하면 박윤경은 진사 세연(世延)의 아들이다. 벼슬이 대사간부제학(大司諫副提學)에 이르렀다,

사실을 철저히 밝히도록 했다. 언니의 시신을 조사해보니 죽은 지 이미 1년이 지났는데도 얼굴이 마치 살아있는 듯 했다. 이 일이 나라에 알려져 언니에게는 정려를 명하고 동생에게는 복호를 명하였다.[45]

한편 효부의 사례를 살펴보면, 효부 김씨는 一善人으로 사인 김광윤(金光潤)의 처이다. 효양을 지극히 하였다. 마침 양식이 떨어졌을 때 날아가던 꿩이 저절로 채소밭에 들어왔으며, 1척이나 되는 잉어가 말라버린 우물속에서 뛰어 나왔다. 우물 위에 돌을 세워 '鯉出井'이라 새겼다. 세상 사람들이 그 남편에 그 아내 라고 칭송하였다.[46]

효부 권씨는 안동인으로 최련(崔鍊)의 처이다. 시아버지가 학질에 걸려 점점 위독해지자 권씨가 하늘에 빌었다. 꿈에 神人이 나타나 말하기를 인육이 가장 좋다고 하였다. 다음 날 새벽에 날아가던 비둘기가 부엌안으로 들어왔다. 권씨는 할고하여 비둘기고기와 섞어 드리니 시아버지의 병이 곧 나았다.

효부 오씨는 조규승(曺奎承)의 처이다. 시아버지가 학질에 걸린지 여러 해 되었는데 인육이 효험이 있다는 말을 듣고 자신의 양다리살을 베어 드리니 시아버지의 병이 곧 차도가 있었다. 어사와 예조판서 모두 찬탄하였다. 후에 급복(給復)의 포상이 주어졌다.

효자의 처로서 효부인 사례가 적지않게 보인다. 예를 들면 효자 이종하(李宗夏)의 처 최씨 또한 시어머니를 효로서 섬겼다. 시어머니의 병이 심해지자 상분하였다. 효자 박경하(朴景夏)의 처 申氏 또한 시아버지가 악성종기가 있자 자주 고름을 빨아내어 시아버지의 병이 7개월만에 완치되어 평상과 같아졌다.

효자 송인하(宋寅夏)의 처 이씨 또한 시어머니를 지성으로 봉양하였다.

---

45) 『국역 여지도서』34, 경상도IV 성주목 효자조 156~157쪽, 『경상도읍지』 성주목읍지 효자조 209쪽, 『성주군읍지』(奎10837) 효자조에도 실려있다.
46) 『경상도읍지』 성주목읍지 효자조 209쪽에도 실려있다.

시어머니가 병에 걸리자 매일 밤 하늘에 빌어 대신해달라고 청하였다. 어느 날 꿈에 노인이 나타나 자양산(紫陽山)에 영지가 있다고 해서 가니까 과연 있어 시어머니를 드리니 병이 곧 나았다. 효자 윤태호(尹泰虎)의 처 정씨는 시아버지를 지극한 효성으로 섬겨 시아버지의 종기를 빨아 완전히 회복시켰다.

이상에서 조선시대 성주지역 효행자들의 사례를 정리해보면, 부모 사후에 여묘를 한 경우가 가장 많았다. 그 다음으로 지극한 효성에 하늘이 감응한 경우로 물고기, 잉어, 쏘가리, 꿩, 메추라기, 노루, 비둘기, 산삼, 약수, 영지버섯, 홍시, 설순(雪筍), 오리, 씀바귀, 오소리, 샘물 등을 얻은 효감사례가 적지않았음이 주목된다. 그리고 부모가 병들었을 때 단지 뿐아니라 단지와 상분을 함께한 효행이 적지않게 보여 주목된다.

효자들의 거주지와 가계배경이 상세하였다. 즉 사족의 경우 자(字), 호(號), 본관(本貫), 모(某)의 자, 모의 손자, 모의 증손, 모의 현손, 모의 외손, 모의 후손 등으로 가계배경이 자세히 밝혀져 있다. 예컨대 판서 김수의 아들, 공조참의 박규의 아우, 이홍문의 후손, 박인손의 아들, 이중화(李重華)의 후손, 이육(李埼)의 아들, 판윤 박가권(朴可權)의 손자, 박기구(朴蓍龜)의 아들, 여팔학(呂八學)의 아들, 도처형(都處亨)의 아들, 이언부(李彦富)의 아들, 도영정(都永鼎)의 아들, 박류성의 손자, 여훈(呂燻)의 손자, 도균(都均)의 증손, 박윤경(朴潤卿)의 증손, 이양(李良)의 후손, 송계(宋啓)의 증손, 곽현문(郭玄聞)의 증손, 여빙거(呂聘擧)의 현손, 이달운(李達雲)의 현손, 박원형(朴元亨)의 현손, 송희규(宋希奎)의 후손, 이조년(李兆年)의 후손, 정구(鄭逑)의 후손, 윤인경(尹仁鏡)의 후손, 하득천(河得千)의 후손, 박팽년(朴彭年)의 후손, 박안련(朴安連)의 후손, 여효주(呂孝周)의 후손, 류관(柳寬)의 후손, 이석문(李碩文)의 후손, 김치수(金致粹)의 후손, 이정현(李廷賢)의 후손, 김여흡(金汝翕)의 후손, 김관석(金關石)의 후손, 신해(申瀣)

의 후손, 노덕현(魯德玄)의 후손, 백추(白鷲)의 후손, 홍언수(洪彦修)의 후손, 이경명(李景明)의 후손, 이사징(李士澄)의 후손, 여희림(呂希臨)의 후손, 이지화(李之華)의 후손, 석종(石琮)의 후손, 박심원(朴潘源)의 후손, 정종(鄭種)의 후손, 구일생(具逸生)의 후손, 이유구(李悠久)의 후손, 최천강(崔天綱)의 후손, 박수하(朴壽河) 딸 등이 그것이다. 본관도 자세히 밝혀져 있다. 즉 밀양인, 광주인, 순천인, 성산인, 김해인, 면양인, 경주인, 벽진인, 현풍인, 성주인, 죽산인, 청주인, 연안인, 창녕인, 일선인, 의성인, 달성인, 광산인, 사릉인, 완산인, 파평인 등이다.

효자가문에서 효자가 계속 나오고 있음을 알 수 있다. 예컨대 효자 곽현문의 증손 효자 곽기현, 효자 박안연의 후손 효자 박시귀, 효자 박시귀의 아들 효자 박광인, 효자 박신손의 후손 박시순 등이 그들이다.

효자들의 신분을 살펴보면, 신분이 밝혀진 효자들의 경우 대부분 사족이 차지하고 있다. 즉 판서(정2품)의 자, 공조참의(정3품)의 자, 대언(정3품), 판윤(정2품)의 손자, 감찰(정6품), 집의(정3품)의 후손, 군자정지중추(정2품), 대호군, 증지평(정5품), 증동몽교관(종9품), 송라찰방(종6품) 등이 보인다. 군인신분으로 수군과 천민신분으로는 사노 2명이 보인다. 그밖에 某의 후손이라는 것과 호가 밝혀진 경우가 대부분으로 벼슬하지 않은 선비인 사인의 신분이 많았음을 알 수 있다.

포상내용을 보면 정문 또는 정려 18명, 증직 3명, 제수 3명, 사물(賜物) 2명, 제수와 정려 1명, 복호 4명, 정려와 증직 4명, 포상불명 87명 등이다. 증직으로 지평(정5품), 동몽교관(종9품)이 주어졌음을 알 수 있다.

<표 3 > 조선시대 성주지역 효행자의 포상유형 분포

유형	정려 (정문)	증직	제수	사물	제수+ 정려	복호	정려+ 증직	불명	계
분포수	18	3	3	2	1	4	4	87	122

3. 성주지역의 열녀

『신증동국여지승람』성주목 열녀조에는 4명(고려 열녀 2명, 조선 열녀 2명)의 열녀 사례가 실려있다. 『여지도서』에는 13명, 『경상도읍지』에는 25명의 열녀 사례가 수록되어 있다. 『성산지』에는 열녀 77명이나 실려있다.

이들의 열행을 유형별로 나누어 보면, 남편 사후 목매어 죽은 경우, 남편 사후 굶어죽은 경우, 남편 사후 독주 또는 독약을 마시고 죽은 경우, 남편 사후 종신수절한 경우, 남편이 호랑이한테 물려가자 생명을 걸고 구하거나 시신을 빼앗아 돌아온 경우, 남편이 병들었을 때 단지, 할고, 상분, 연종한 경우, 전쟁 때 절개를 지키기위해 자결하거나 살해된 경우 등이 있다. 여기에서 남편 사후 목매어 죽은 경우가 가장 많은 비중을 차지하고 있다. 그 다음이 전쟁 때 절개를 지키려다 죽은 경우이다.

먼저 남편 사후 목매어 죽은 사례들을 보면, 정씨는 학생 정잠(鄭埁)의 딸이며 사인 박이응(朴以凝)의 처이다. 시집간 지 3년만에 남편이 죽었다. 주야로 애통해하며 젖먹이 아이 양육에 힘썼으나 아이 마저 죽자 곧바로 남편의 신주 아래로 가서 스스로 목매어 죽었다. 이에 정려하였다.[47]

곽씨는 포산인으로 인수(麟壽)의 딸이며 사인 이홍휴(李鴻休)의 처이다. 남편이 병에 걸려 죽자 장사 지내는 날 몰래 빈소에 들어가 허리띠로

---

47) 『국역 여지도서』34, 경상도IV 성주목 열녀조 157쪽, 『경상도읍지』성주목읍지 열녀조 209 쪽, 『성주군읍지』(奎10837) 열녀조에도 실려있다.

스스로 목매어 죽었다. 이에 정려하였다.[48]

盧氏는 光州人으로 경일(慶一)의 딸이며 사인 이안세(李安世)의 처이다. 문장에 능하고 여사풍이 있었다. 7세 때 아버지의 종기를 빨아 치료하였다. 남편 병에 구료하기를 정성을 다했으나 죽자 친정으로 돌아가 허리띠로 목을 매어 자살하였다. 의대 사이에 시아버지께 올리는 절명사(絕命詞)가 있었다. 영조 48년(1772)에 旌閭 給復하였다.[49]

나주 사인 조상벽(趙相璧)의 처 林氏는 남편의 병이 심해지자 밤낮으로 하늘에 기도하여 차도가 있었다. 모두 지극한 정성에 감동한 바라고 칭찬하였다. 남편이 죽자 남편 시신 곁에서 목매어 죽었다. 이에 정려하였다.

박씨는 집의(執義, 정3품) 이석구(李碩九)의 아들인 민성(敏省)의 처이다. 남편 병에 4년동안 옷을 벗지 않고 몸소 약을 달여 올리기를 하루같이 하였다. 남편이 죽자 그 다음날 따라 죽었다. 정조 7년(1783)에 정려하였다.[50]

송씨는 은진인으로 사인 이극명(李克明)의 처이다. 남편이 병에 걸리자 3년동안 옷을 벗지 않고 몸소 약으로 구환하기를 한결같이 하고 하늘에 기도하여 자기 몸으로 대신하기를 청하였다. 그리고 단지수혈하였으나 죽자 같은 날 따라 죽었다. 이에 정조 때 정려하였다.[51]

이씨는 학생 형희(亨禧)의 딸이며 사인 이명억(李命億)의 처로서 암포(巖浦)에 거주하였다. 시집간 지 반년만에 남편이 죽자 같은 날 스스로 목을 찔러 죽었다.[52]

여제강(呂齊綱)의 처 이씨는 시집간지 1년도 안되어 남편이 죽자 칼을

---

48) 『국역 여지도서』34, 경상도IV 성주목 열녀조 157~158쪽, 『경상도읍지』 성주목읍지 열녀조 209 쪽, 『성주군읍지』(奎10837) 열녀조에도 실려있다.

49) 『경상도읍지』 성주목읍지 열녀조, 209~210쪽, 『성주군읍지』(奎10837) 열녀조에도 실려있다.

50) 『경상도읍지』 성주목읍지 열녀조, 210쪽, 『성주군읍지』(奎10837) 열녀조에도 실려있다.

51) 위와 같음.

52) 『성주군읍지』(奎10837) 열녀조에도 실려있다.

꺼내 스스로 목을 찔렀으나 여종이 구하였다. 그러나 그 후에 결국 스스로 죽었다.

남편 사후 굶어죽은 경우로는 박씨와 이씨를 들 수 있다.

사인 박시평(朴始平)의 처 박씨는 남편이 세상을 떠나자 미음을 전폐한 지 7일만에 자진하였다. 이에 정려하였다.[53]

본관이 철성(鐵城)인 이견(李堅)의 처 이씨는 결혼한 지 얼마 안되어 남편이 중병에 걸려 7, 8개월 동안 몹시 앓았는데 이씨가 밤낮으로 병간호를 하였다. 남편이 죽자 곳간으로 나가서 눈을 감고 드러누워 물 한 모금 입에 넣지 않은 지 8일만에 죽었다. 이에 정려하였다.[54]

남편 사후 독주 또는 독약을 마시고 죽은 경우로 정씨와 하씨, 박씨, 여씨를 들 수 있다.

정씨는 진주인으로 士人 환(桓)의 딸이며 선비 박수원(朴壽遠)의 처이다. 시집간 지 얼마 안되어 남편이 병으로 죽자 주야로 슬퍼하여 자살하고자 하였다. 3년 후 두 아들 마저 병으로 모두 요절하였다. 이에 남몰래 침실로 들어가 독이 든 술을 마시고 죽었다. 이에 정려하고 복호(復戶)하였다.[55]

진주 士人 조정필(趙廷弼)의 처 河氏는 남편이 일찍 죽자 장사 마친 후 약을 먹고 자진하였다. 이에 정려하였다.[56]

장홍구(張洪矩)의 처 순천인 박씨는 남편 빈소에 약을 가지고 들어가 옷상자속에 감추었다. 남편을 따라 죽고자 했으나 시부모와 아이가 있어 차마 죽지를 못하였다. 그러나 그 후에 시부모가 돌아가시고 아이가 요절

---

53) 『국역 여지도서』34, 경상도IV 성주목 열녀조 158쪽, 『경상도읍지』 성주목읍지 열녀조 209쪽, 『성주군읍지』(奎10837) 열녀조에도 실려있다.
54) 『국역 여지도서』34, 경상도IV 성주목 열녀조 158쪽, 『경상도읍지』 성주목읍지 열녀조 209쪽, 『성주군읍지』(奎10837) 열녀조에도 실려있다.
55) 『국역 여지도서』34, 경상도IV 성주목 열녀조 157쪽, 『경상도읍지』 성주목읍지 열녀조 209쪽, 『성주군읍지』(奎10837) 효자조에도 실려있다.
56) 『경상도읍지』 성주목읍지 열녀조 210쪽에도 실려있다.

하자 준비한 약을 먹고 순절하였다. 박조수(朴祖壽)의 처 정씨는 남편이 죽자 장례하기 전날 약을 먹고 죽었다. 송계명의 처 여씨는 남편이 죽자 3년상을 마친 후 남편 죽은 날에 음독사하였다. 허씨는 분성의 선비 허륜(許綸)의 딸이며 선비 이도증(李道曾)의 처이다 남편이 죽자 3년 뒤에 자진했다. 이에 정려하였다[57]

남편 사후 종신수절한 경우로 박씨를 들 수 있다. 부사(종3품) 송광정(宋光廷)의 처이며 榮川 참판(종2품) 종룡(從龍)의 딸인 박씨는 장엄 제숙하고 규범이 있었다. 일찍 남편상을 당하여 어육을 먹지 않고 40년간 종신 수절하였다.[58] 書員 김계하(金戒河)의 처 문덕(文德)은 남편이 물에 빠져 죽자 곡읍을 끊지 않고 3년상을 마쳤다. 부모가 개가시키려 하자 곧 머리를 깎고 시부모의 집으로 가서 15년이 넘도록 마늘·파·술·고기를 먹지 않았다. 일찍이 사람들과 더불어 웃고 이야기하지 않았다. 이에 정려하였다.[59] 천녀 막덕(莫德)은 어려서 경성인에게 시집을 가서 신혼 후 이별하여 다시 보지 못하였는데, 남편이 서울에서 죽자 매우 슬퍼하였다. 또한 강폭한 자를 염려하여 밤에 반드시 패도(佩刀)를 가지고 잤다. 목사 노경린이 친히 그 묘에 제사하였다. 처사 홍계현의 이웃이다.[60]

남편이 호랑이한테 물려가자 생명을 걸고 구하거나 시신을 빼앗아 돌아온 경우로는 눌덕과 도랑, 이랑을 들 수 있다. 눌덕(訥德)은 남편 정수(鄭守)가 호랑이에게 잡혔는데 눌덕이 칼을 가지고 호랑이를 쳐서 남편이

---

57) 『국역 여지도서』34, 경상도IV 성주목 열녀조 158쪽, 『경상도읍지』 성주목읍지 열녀조 209쪽, 『성주군읍지』(奎10837) 열녀조에도 실려있다.
58) 『경상도읍지』 성주목읍지 열녀조 209 쪽, 『성주군읍지』(奎10837) 열녀조에도 실려있다.
59) 『국역 신증동국여지승람』권28 성주목 열녀조 99쪽, 『국역 여지도서』34, 경상도IV 성주목 열녀조 153쪽, 『경상도읍지』 성주목읍지 열녀조 209쪽, 『성주군읍지』(奎10837) 열녀조에도 실려있다.
60) 『경상도읍지』 성주목읍지 열녀조 209쪽, 『성주군읍지』(奎10837) 열녀조에도 실려있다.

벗어났다. 이에 정려하였다.[61] 도랑(都娘)은 남편 박상남(朴尙男)이 호랑이에게 물려가자 娘은 남편의 발을 붙잡고 호랑이를 따라 산에 올라가 남편 시신을 빼앗아 돌아왔다. 이에 정려하였다.[62]

전쟁(임진왜란, 정축난)때 절개를 지키기위해 자결하거나 살해된 경우로는 이종택의 처 박씨, 송발의 처 이씨, 곽희수의 처 이씨, 도성유의 처 김씨, 이심옥의 처 곽씨, 정유묵의 처 박씨, 홍현복의 딸 배씨 등을 들 수 있다.

참판 박팽년(朴彭年)의 증손녀이며 참봉(종9품) 이종택(李宗澤)의 처인 박씨는 임진왜란이 일어나자 배다른 여동생(庶弟妹) 후영(厚英)과 함께 대구 하산강(霞山江)가에 숨었다. 어느 날 왜적에게 들키자 박씨는 여동생 후영의 손을 잡고 강물에 몸을 던져 스스로 목숨을 끊었다. 이에 정려하였다.[63]

대사헌(종2품) 홍문의 6세손이며 만호(종4품) 송발(宋潑)의 처인 이씨는 18세에 임진왜란을 만나 적을 꾸짖고 굴하지 않았다. 적이 활을 가지고 겁탈하려 했으나 마침내 굴하지 않고 죽었다. 이에 정려하였다.[64]

수문장 곽희수(郭希壽)의 처 이씨는 정유재란 때 남편이 陣에 나가고 왜적이 갑자기 이르자 시부모와 함께 붙잡혔다. 왜적이 먼저 시부모를 죽이고 이어서 칼을 휘두르며 이씨를 겁탈하려고 하였다. 이씨는 굴하지 않고 왜적을 꾸짖다가 살해되었다. 이에 정려하였다.[65]

---

61)『국역 신증동국여지승람』권28 성주목 열녀조 99쪽, 『국역 여지도서』34, 경상도IV 성주목 열녀조 152쪽, 『경상도읍지』성주목읍지 열녀조 209쪽, 『성주군읍지』(奎10837) 열녀조에도 실려있다.

62)『경상도읍지』성주목읍지 열녀조 209쪽, 『성주군읍지』(奎10837) 열녀조에도 실려있다.

63)『국역 여지도서』34, 경상도IV 성주목 열녀조 157쪽, 『경상도읍지』성주목읍지 열녀조 209쪽, 『성주군읍지』(奎10837) 열녀조에도 실려있다.

64)『경상도읍지』성주목읍지 열녀조 209쪽, 『성주군읍지』(奎10837) 열녀조에도 실려있다.

65)『국역 여지도서』34, 경상도IV 성주목 열녀조 158쪽, 『경상도읍지』성주목읍지 열녀조 209쪽, 『성주군읍지』(奎10837) 열녀조에도 실려있다.

학생 도성유(都聖兪)의 처 김씨는 임란에 순절하여 정려하였다.[66]

권관(權管, 종9품) 이심옥(李心玉)의 처이며 곽헌의 딸 곽씨는 임진왜란에 적이 해치고자 하니 사절(死節)하였다. 이에 정려하였다.[67]

홍문정자(弘文正字, 정9품) 홍현복(洪玄福)의 딸 배씨는 북산리 도덕동에 거주하였는데 왜적한테 잡혀가다 신사동(新寺洞) 우물가에 이르렀다. 우물가에서 손가락을 깨물어 피로서 우물의 돌에 표시를 하고서 우물속으로 몸을 던져 죽었다. 사람들이 감동하여 그 우물을 '배씨정(裵氏井)'이라 하였다.

학생 곽영길(郭永吉)의 처 呂氏는 伐知에 거주하였다. 1594년(선조 27년)에 군사를 피해 숨었는데 적의 무리가 칼을 들고 갑자기 들이닥쳐 남편을 죽이려하자 여씨가 칼을 잡고 몸으로 남편을 가렸다. 적이 몽둥이로 여씨 머리를 쳤으나 죽지않았으나 1년 후에 결국 죽었다.

동지(同知, 종2품) 숭업(崇業)의 딸이며 通仕郎(정8품) 정유묵(鄭惟黙)의 처 박씨는 정축난(인조 15년, 1637)때 강화도로 피난을 가다가 적군과 마주치자 자결하였다. 이에 정려하였다.[68]

남편이 병들었을 때 단지 또는 할고, 상분한 경우가 많이 보인다. 그 가운데 단지 사례가 가장 많이 보인다. 예컨대 이극명(李克明)의 처 송씨(恩津人, 宋勛錫 후손), 류타춘(柳坨春)의 처 徐氏, 이건호(李建浩)의 처 姜氏, 설무성(薛武成)의 처 김씨, 이준희(李峻熙)의 처 서씨, 김정두(金定斗)의 처 이씨, 이정화(李貞和)의 처 都氏의 사례를 들 수 있다. 남편이 병들었을 때 다리살을 베는 할고(割股) 공양을 한 경우가 있다. 김종택의 처 조씨,

66)『경상도읍지』성주목읍지 열녀조 209쪽,『성주군읍지』(奎10837) 열녀조에도 실려있다.
67)『경상도읍지』성주목읍지 열녀조 210쪽,『성주군읍지』(奎10837) 열녀조에도 실려있다.
68)『국역 여지도서』34, 경상도Ⅳ 성주목 열녀조 157쪽,『경상도읍지』성주목읍지 열녀조 209쪽,『성주군읍지』(奎10837) 열녀조에도 실려있다.

권정호(權正浩)의 처 정씨, 여경회(呂景會)의 처 박씨, 이안한(李安漢)의 처 劉氏가 그들이다.

曹氏는 문정공 김우옹(金宇顒)의 후손인 종택(宗澤)의 처이다. 남편의 병에 혹자가 시신의 汁(물이름)이 양약이라 하였다. 조씨는 그것을 얻을 수 없다고 여기고, 살아있는 사람의 피를 오히려 대신할 수 있다고 생각하여 자신의 다리를 찔러 피를 내어 남편에게 속여서 마시게 하니 남편의 병이 조금 나았다. 또 다리살을 베어 공양을 하였다. 드디어 남편의 병이 나았고, 조씨의 다리 또한 회복되었다. 정조 때 정려하였다. [69]

권정호의 처 정씨는 남편이 병에 걸리자 스스로 몰래 다리살을 베어 먹이니 남편의 병이 곧 회복되었다.

상분(嘗糞)한 사례로는 이건희(李乾熙)의 처 박씨(박팽년 후손)가 있다.

한편 열녀의 가계배경과 신분, 거주지가 분명하였다. 열녀의 신분을 살펴보면 양반의 처로서 문정공 김우옹 후손의 처, 참관(종2품)의 증손녀, 부사(종3품)의 처, 만호(종4품)의 처, 판관(종5품)의 첩, 직집현전(정6품)의 처, 현감(종6품)의 딸, 통사랑(정8품)의 처, 홍문정자(정9품)의 딸, 수문장(종6품~종9품)의 처, 권관(종9품)의 처, 권관의 딸, 참봉(종9품)의 처, 학생의 처, 학생의 딸, 사인의 처가 보인다. 중인의 처로서 서리의 처 1명이 보이고, 군인의 처로서 정병의 처 1명이 보인다. 천민으로는 천녀, 사비(私婢), 기생이 보이고 첩(妾)이 보인다. 따라서 士人의 처가 가장 많은 비중을 차지하고 있음을 알 수 있다. 포상의 대상이 되는 신분은 양반의 처로부터 천민에 이르기까지 사회신분의 귀천, 고하를 막론하고 포상되었으나 열녀로 포상된 신분의 대부분은 사족의 처였음을 알 수 있다.

포상내용을 보면 정려, 정문만이 보일 뿐으로 26건(약 34%)에 불과하다. 포상이 안된 경우가 더 많은 비중을 차지하였다.

---

69) 『경상도읍지』 성주목읍지 열녀조 209쪽, 『성주군읍지』(奎10837) 열녀조에도 실려있다.

맺음말

　지금까지『성산지』의 편찬내용과 성주지역의 효자, 효녀 효부 그리고 열녀에 대하여 살펴보았다. 이제 그 내용을 요약함으로써 맺음말에 대신하고자 한다.

　『성산지』는 경상도 성주의 사찬읍지로서 동강 김우옹과 서천부원군 정곤수 등에 의해 처음 편찬이 시도되었다. 그리고 한강 정구가 수령으로 부임하면서 본격화되었으나 완성되지 못하였다. 그 후 현종 9년(1668)에 한강 정구의 제자 이원정에 의해서 재편찬이 시도되어 숙종 3년(1677)에야 바로소 편찬이 완성되어 간행하였다.『성산지』는 충, 효, 열 등 교화적 성격을 강조한 읍지임을 알 수 있으며 그 서술내용이 아주 자세하고 풍부하다.

　『성산지』에 나와있는 조선시대 성주지역의 효자들의 사례유형을 보면, 부모 사후 여묘한 경우가 가장 많았다. 그 다음으로 단지 효행과 하늘이 효성 지극함에 감응한 경우이다. 특히 효감으로 물고기, 잉어, 쏘가리, 꿩, 메추라기, 노루, 비둘기, 산삼, 약수, 영지버섯, 홍시, 설순, 오리, 오소리, 샘물 등을 얻는 효감동천(孝感動天)의 다양한 사례가 주목된다. 그 밖에 부모상에 추복(追服)한 경우, 국상을 당하여 소식(素食)한 경우, 임진왜란 때 부모를 구하거나 공양한 경우, 호환(虎患)으로부터 아버지를 구한 경우, 형제간에 우애가 지극한 경우, 도적의 침입에 부모를 구하고 대신 죽은 경우, 여묘할 때 호랑이가 호위한 경우 등이 있다.

　효자들의 가계배경이 분명하였다. 즉 사족의 경우 본관, 자, 호, 모의 자, 모의 손자, 모의 증손, 모의 외손, 모의 현손, 모의 후손 등으로 가계배경이 지세히 밝혀져있다. 그리고 효자 가문에서 효자가 계속 나왔음을 알 수 있다.

효녀에 대한 기록은 1건에 불과하나 효부에 대한 기록은 7건으로 효녀보다 훨씬 많이 보여 주목된다.

효자들의 신분을 살펴보면 대부분 사족이 차지하고 있다. 군인신분으로 수군이 보이고 천민신분으로 私奴가 있다.

포상내용으로는 정문 또는 정려, 증직, 제수, 賜物, 제수와 정려, 복호, 정려와 증직 등이 보인다. 증직으로는 동몽교관(종9품), 지평(정5품)이 주어졌음을 알 수 있다.

한편 성주지역의 열녀 사례들을 정리해 보면, 남편 사후 목매어 따라 죽은 경우가 가장 많았다. 그 밖에 남편 사후 종신수절한 경우, 남편이 호랑이한테 물려가자 생명을 걸고 구하거나 시신을 빼앗아 돌아온 경우, 남편이 병들었을 때 단지, 할고, 상분, 연종한 경우, 임진왜란 때 절개를 지키기위해 자결하거나 살해된 경우 등이 있다.

신분이 밝혀진 열녀의 신분으로는 사족의 처로서 문정공 김우옹 후손의 처, 참판(종2품)의 증손녀, 부사(종3품)의 처, 만호(종4품)의 처, 判官(종5품)의 첩, 직집현전(정6품)의 처, 현감(종6품)의 여, 통사랑(정8품)의 처, 홍문정자(정9품)의 여, 수문장의 처, 권관(종9품)의 처, 권관(權管)의 여, 참봉(종9품)의 처, 학생의 처, 학생의 여, 士人의 처가 보인다. 중인의 처로서 서리의 처 1명이 보이고, 군인의 처로서 정병의 처 1명이 보인다. 천민으로는 賤女, 私婢, 기생이 보이고 妾이 있다. 따라서 士人의 처가 가장 많은 비중을 차지하고 있음을 알 수 있다. 포상내용을 보면 旌閭, 旌門만이 보일 뿐이다.

요컨대 『성산지』를 통하여 볼 때 성주지역은 재지사족의 영향력이 큰 지역으로 다른 지역에 비해 효자, 열녀 사례가 매우 다양하고 풍부한 특성을 갖고 있었음을 알 수 있다.

제2장 조선후기 청도『오산지』의 편찬과 효자, 열녀

머리말

16, 17세기에는 각 지방단위로 수령과 재지사족들을 중심으로 한 사찬읍지가 편찬되었다. 특히 경상도 지방에서 사찬읍지의 편찬이 활발하였다. 경상도 지역의 사찬읍지로서『함주지』(咸州誌, 함안, 1587년),『영가지』(永嘉誌, 안동, 1608년),『상산지』(商山誌, 상주, 1617년),『일선지』(一善誌, 선산, 1630년),『진양지』(晉陽誌, 진주, 1632년),『운창지』(雲窓誌, 단성, 1640년),『밀양지』(密陽誌, 밀양, 1652년),『천령지』(天嶺誌, 함양, 1656년),『동경잡기』(東京雜記, 경주, 1669년),『성산지』(星山誌, 성주, 1677년),『동래부지』(東萊府誌, 동래, 1740년),『학성지』(鶴城誌, 울산, 1749년),『문경현지』(聞慶縣誌, 문경, 1789년) 등을 들 수 있다.1) 청도지역에서는 17세기 중엽에 이르러『오산지(鰲山志)』라는 사찬읍지가 편찬되었다.

『오산지』는 경상도 청도의 사찬읍지로서 그 내용이 풍부하고 상세하여 조선 후기 청도지역 향촌사회의 역사와 문화, 예속, 인물 등의 구체적

---

1) 양보경,「조선 중기 사찬읍지에 관한 연구」,『국사관논총』81, 1998.
이태진,『조선시대 사찬읍지』, 경상도편 해제, 한국인문과학원, 1989 참조

실상을 파악하는데 중요한 자료가 된다고 볼 수 있다.

필자는 그동안 경상도 지역에서 편찬된 사찬읍지와 효자, 효녀, 효부, 열녀에 대하여 검토를 해오고 있다.[2] 이번에는 이러한 작업의 일환으로 청도『오산지』의 편찬과 내용, 아울러 청도지역의 효자, 효녀, 효부, 열녀에 대하여 살펴보고자 한다.

본고에서는『오산지』[3] 이외에『신증동국여지승람』,『속삼강행실도』,『동국신속삼강행실도』,[4]『여지도서』,[5]『경상도읍지』[6],『청도군읍지』,『청도군지』,[7]『국역 삼강록』[8] 등의 자료를 참조하였다.

1.『오산지』의 편찬과 내용

먼저 청도의 연혁을 살펴보면, 청도는 본래 이서소국(伊西小國)이었다. 신라 유리왕 때 정벌해서 차지하였고, 뒤에 구도성(仇刀城) 경내의 솔이산성(率伊山城), 경산성(驚山城), 오도산성(烏刀山城) 등 3성과 합쳐서 대

2) 박 주,『조선시대의 효와 여성』, 국학자료원, 2000;『조선시대의 여성과 유교문화』, 국학자료원, 2008;「조선 중기 단성지역의 효자, 열녀-『단성지』-를 중심으로」,『한국사학보』13, 2002;「『동래부지』의 편찬과 효자, 열녀」,『조선사연구』16, 2007;「조선중기『밀양지』의 편찬과 효자, 열녀」,『조선사연구』17, 2008;「조선시대 경산지역의 효자, 열녀」,『조선사연구』20, 2011;「조선시대 창녕지역의 효자, 효녀, 열녀」,『한국사상과 문화』67, 2013;「조선 후기『성산지』의 편찬과 효자, 열녀」,『한국사상과 문화』69, 2013.
3) 본고에서는『조선시대 사찬읍지』20 경상도5 오산지, 한국인문과학원, 1989와『역주 오산지』, 청도문화원, 2003를 이용하였다.
4) 여기서는『동국신속삼강행실도』, 대제각, 1988를 이용하였다.
5) 전주대학교 고전국역총서1,『여지도서』35, 경상도Ⅴ를 이용하였다.
6) 한국지리지총서『경상도읍지』1책(1832년), 아세아문화사를 이용하였다.
7)『청도군지』, 청도군, 1991을 이용하였다.
8) 장복추(1815~1900) 편저, 장세완/박미경 역,『국역 삼강록』, 사미헌선생기념사업회, 2005를 이용하였다.

성군(大城郡)을 설치했다. 경덕왕 때 구도를 오악현(烏岳縣)으로, 경산을 형산현(荊山縣)으로, 솔이산을 소산현(蘇山縣)으로 각각 이름을 바꾸고 모두 밀성군(密城郡: 밀양)의 속현으로 만들었다. 고려 초기에 3성을 다시 합쳐서 군(郡)으로 만들고 지금의 이름인 청도(淸道)로 고쳤다. 이어서 밀성(密城)에 소속시켰다. 예종 4년(1109)에 감무(監務)를 두었고, 몽고간섭기인 충혜왕 4년(1343)에는 이 고을사람 상호군(上護軍) 김선장(金善莊)이 나라에 공을 세워 지군사(知郡事)로 승격하였다가 얼마 안 되어 다시 감무를 두었다. 공민왕 15년(1366)에 다시 군(郡)이 되었다. 조선에서도 그대로 하였다. 별호는 오산(鰲山), 도주(道州)였다.[9]

이상과 같은 건치연혁을 볼 때 청도지역은 본래 이서소국이었다. 고려 초기에 지금의 이름인 청도[10]가 되었음을 알 수 있다.

『오산지』는 경상도 청도의 사찬읍지이다. 처사 이중경(李重慶: 1599~1678)이 75세 때인 1673년(현종 14)에 편찬하였다. 이중경의 본관은 전의(全義)이며 자는 경숙(慶叔), 호는 수헌(壽軒)으로 두암(竇岩) 이기옥(李璣玉:1566~1604)의 아들이다. 시조는 고려조 태사를 지낸 棹(18대조)이다. 효정공(孝靖公) 이정간(李貞幹: 세종조에 관찰사와 중추원사 역임)은 8대조로 분파조이다. 증조 이홍지(李興智: 효정공 이정간의 손자)는 소요당(逍遙堂) 박하담(朴河淡)의 사위로 경기도 금천(衿川: 현재의 시흥)에서 청도로 우거하여 입청도조가 된다. 조부는 이득록(李得祿)이다. 부친 이기옥은 동강(東岡) 김우옹(金宇顒)과 한강(寒岡) 정구(鄭逑)에게 사사하였고

---

9) 『국역 신증동국여지승람』권26 청도군 건치연혁, 민족문화추진위원회, 1982, 588~589쪽; 변주승, 『국역 여지도서』35, 경상도Ⅴ 청도군 건치연혁, 디자인흐름, 2009, 255쪽; 『경상도읍지』청도군읍지 건치연혁, 540쪽 참조.

10) 청도군은 경상북도 최남단에 위치함으로써 동쪽으로는 경상북도 경주시, 서쪽으로는 경상남도 창녕군, 남쪽으로는 경상남도 밀양시, 북쪽으로는 대구광역시 달성군과 경산시로 경계를 이루고 있다. 그리고 지형이 동서로 길고 남북이 짧아 옛날부터 오산(鰲山)을 중심으로 산동, 산서로 나누어 불렀다.

정여립(鄭汝立)의 옥사에 연루되어 함경도 종성으로 유배되었다가 풀려났다. 공릉(恭陵)참봉과 집현전 참봉에 제수되었으나 모두 나아가지 않았다. 이후 청도로 돌아와 장현광(張顯光), 김부윤(金富倫), 박성(朴醒) 등과 교유하였다.[11] 한편 '오산(鰲山)'이라는 명칭은 옛 청도 관아가 있던 곳의 바로 뒷산의 별칭이다. 자라 모양으로 생긴 나지막한 산으로 청도의 주산인 화악산(華岳山)의 地氣가 모인 곳으로 일컬어졌다. 청도는 예로부터 이서(伊西), 도주(道州), 대성(大城), 마악(馬岳), 오산(鰲山) 등으로 불려졌다. '이서'와 '대성'은 삼국시대부터, '청도'와 '도주'는 고려시대부터 불려졌다.[12]

『오산지』의 서문인 <오산군 고금사적서(鰲山郡 古今事蹟序)>를 보면 편찬동기와 편찬목적을 엿볼 수 있다.

<오산군 고금사적서>를 보면

40여년 전에 군수 유진(柳袗)이 이 일을 계획하여 옛 자취를 수집하고, 나로 하여금 그 일을 주관하게 하였다. 그러나 일을 시작하기도 전에 유군수는 파직되어 떠나버렸다. 나는 일찍부터 이 일을 애석하게 여겨 나름대로 약간의 보고들은 것을 모으고 기록하여 난고(亂稿)를 작성한 다음 문갑속에 넣어 두었다. 그뒤로 바쁘게 살다보니 하루도 다시 볼 겨를이 없었고, 지금 늙고 병들어 죽을 날이 얼마 남지 않음에 이르도록 그 일을 까맣게 잊고 있었다. 그런데 마침 권군수가 이 일을 제기하고 감독하여 이루려하니 이는 천재일우의 기회라 할 만하다. 참으로 이런 일이 몇 번이나 있을 수 있겠는가?
아! 백년 이전의 일은 아득하여 들은 것이 없고 옛 노인들도 계속해서 돌아가시니, 뒷사람이 어디에서 그 진전(眞傳)을 얻을 수 있겠는

---

11) 『역주 오산지』, 청도문화원, 2003.
    박홍갑, 「청도 사찬읍지『오산지』(1673)의 편목과 특징」, 『중앙사론』 21집, 2005 참조.
12) 『역주 오산지』, 청도문화원, 2003, 4쪽 참조.

가? 지금 이후로 더욱 오래되고 멀어진다면 사적(事蹟) 중에 들을 수 있고 상고할 만한 것을 더더욱 살필 수가 없는 지경에 이를 것이니, 그렇게 된다면 어디에서 취하고 징험하겠는가?

내가 이와 같은 사실을 가슴 아파하여 삼가 옛날에 들은 바를 취하고 눈으로 직접 본 것들을 모아 사실에 부합되는 것은 따르고 잘못된 부분은 없애서, 합쳐서 한 권의 책으로 만들어 군수에게 드렸다. 감히 지(誌)라고는 할 수 없으나 사적을 기록한 초고라는 할 수 있다. 만약 누군가가 우리 고을 고금의 자취를 알고자 한다면, 이 책을 펼치는 순간 환하게 알 수 있을 것이다. 관아에 앉아서도 온 고을의 사정을 훤히 볼 수 있으며 오늘날에 살면서도 앞 시대를 두루 알 수 있을 것이니, 아마도 백성을 다스리고 군을 다스리는 일에 보탬이 될 것이다.[13]

라고 하여『오산지』의 편찬이 40여년 전(1627년)에 군수 유진(1582~1635: 유성룡의 아들)[14]에 의해 시작되었으나 파직되어 떠나게 되어 중단되었다가, 1673년 이중경의 나이 75세 때 청덕루(清德樓)의 제영(題詠)을 지은 양촌(陽村) 권근(權近)의 후손인 청도군수 권일(權佾)의 부탁으로 예전의 기록들을 다시 모아 편찬하게 되었음을 알 수 있다. 그리고 <오산지발(鰲山志跋)>에서

나라에는 史가 있고 읍에는 誌가 있어서 그 凡例가 한결같으니, 읍지를 어찌 없앨 수 있겠는가? 국조의 현종. 숙종 때는 만력 임진년과의 거리가 이미 백년에 가까운지라, 노인들은 모두 돌아가시고 문적마저 없어져 곳곳마다 연혁은 있지만 인사가 매몰됨이 많아 식견이 있는 사람들은 한스럽게 여긴다.[15]

---

13) 『역주 오산지』, 16~17쪽.
14) 유진(1582, 선조 15~1635, 인조 13)의 본관은 풍산, 자는 季華, 호는 修巖이며 영의정 유성룡의 아들이다. 봉화현감, 형조정랑, 청도군수, 지평 등을 역임하였다. 1627년에 청도군수가 되었다가 이듬해에 收布匠人에 대한 보고에 허위가 있다하여 파직당하였다. 이조참판에 추증되었으며, 안동 병산서원에 제향되었다. 저서로는『수암집』이 전한다.

라고 하여 편찬목적을 밝히고 있다. 즉 임란이후 사라져가는 청도지역의 역사와 문화를 정리할 필요성 뿐아니라 수령의 지방 통치에 필요한 자료, 교화의 수단 등으로 이용하기 위해 편찬하였던 것이다.

『오산지』에서 이중경은 청도의 지명이 '山川淸麗, 大道四通(산과 시내가 맑고 아름다우며 큰 길이 사방으로 통한다)'이라는 말에서 나왔음을 최초로 밝혔다.16) 즉 청도라는 지명의 유래를 밝히고 있다.

『오산지』는 서문, 발문과 73개의 항목으로 구성되어 있다.17)

---

15) 『역주 오산지』, 168쪽.
16) 『역주 오산지』「산천형세총론」, 청도문화원, 2003, 24쪽 참조.
17) 『오산지』 73개의 항목은 다음과 같다.
    산천형세총론(山川形勢總論) 삼국유사(三國遺事) 도선답산기(道詵踏山記) 오산삼 걸(鰲山三傑) 토성(土姓) 토산(土産) 관기(官基) 성내외해우각소(城內外廨宇各所) 중창청덕루(重創淸德樓) 군지계원근(郡界遠近) 분장도리(分掌道里) 면화창(面禾 倉) 전사단(典社壇) 기우단(祈雨壇) 학궁(學宮) 삼선생봉안문(三先生奉安文) 삼선생 춘추상향축문(三先生春秋常享祝文) 평시탁영선생상향축문(平時濯纓先生常享祝 文) 삼선생추증(三先生追贈) 사액자계서원삼현사유제문(賜額紫溪書院三賢祠諭祭 文) 절효선생행적(節孝先生行蹟) 탁영선생행적(濯纓先生行蹟) 사화수말약록(史禍 首末略錄) 고적(古跡) 삼족당선생행적(三足堂先生行蹟) 천목(薦目) 선암향현사(仙 巖鄕賢祠) 향현사이건선암기(鄕賢祠移建仙巖記) 소요당선생행적(逍遙堂) 삼족당증 소요당시(三足堂贈逍遙堂詩) 선현묘지(先賢墓地) 선현묘전(先賢墓田) 절효선생효 문비명병서(孝門碑銘 幷序) 절효선생효문비명발(跋) 삼족당선생묘갈명병서(墓碣 銘 幷序) 영헌공사적(英憲公事蹟) 명환(名宦) 토주내력(土主來歷) 군수선정비문(郡 守善政碑文) 효자열녀정표문(孝子烈女旌表文) 문무명인(文武名人) 문무동반직(文 武東班職) 제언(堤堰) 방천(防川) 경내오역(境內五驛) 경내각참원사(各站院舍) 경내 승지(勝地) 경내산성(山城) 경내사찰(寺刹) 석탑 석불 열무당(閱武堂) 동송정(東松 亭) 율림 (栗林) 관죽전(官竹田) 관지소(官紙所) 투호점(投虎店) 진장(陣場) 봉수(烽 燧) 전결원수(田結元數) 장적호구원수(帳籍戶口元數) 군액원수(軍額元數) 각항신역 (各項身役) 진상토산(進上土産) 고이(考異) 송김직장준손기손영친청도서(送金直長 駿孫驤孫榮親淸道序) 중수청도학기(重修淸道學記) 여해원중창이문(如海院重創移 文) 향노당기(鄕老堂記) 대동기(大同記) 강학제생유문(講學諸生諭文) 주홀헌기(柱 笏軒記) 주홀헌이건상량문(柱笏軒移建上樑文)

표 1 청도지역 지리지의 항목비교

<표 1> 청도지역 지리지의 항목비교

	『신증동국여지승람』청도군 (1531)	『오산지』(1673)	『여지도서』 청도군 (1757~1763)	『경상도읍지』 청도군읍지 (1832)
자연 환경	산천	산천형세총론	산천, 형승	산천, 형승
행정	건치연혁 군명 관원	관기, 군지계원근, 분장도리	방리, 도로, 건치 연혁, 군명, 성 지, 관직, 公廨	건치연혁 군명 관직 방리도로
경제	토산	토산, 면화창, 제언, 방천, 관 죽전 관지소, 투호점, 전결원 수, 장적호구원수, 진상토산	창고, 제언, 물 산, 목장, 한전, 수전, 진공, 조적 (糶糴), 전세, 대 동, 균세, 봉름	호구 전부 창 고 제언 장시 목장 토산 진 공 봉름 임수
군사	성지 봉수 역원	경내오역, 경내각참원사, 경 내산성, 열무당, 군액원수, 진 장, 봉수, 각항신역	봉수 역원 군병	군액 성지군기 關阨 진보 봉 수교량 역원
역사 문화	성씨 풍속 누정 학교 사묘 불우 고적 인물 명환 제영	삼국유사, 도선답산기, 오산 삼걸, 토성, 성내외해우각소, 중창창덕루, 전사단, 기우단, 학궁, 삼선생봉안문, 삼선생 춘추상향축문, 평시탁영선생 상향축문, 추증삼선생, 사액 자계서원삼현사유제문, 절효 선생행적, 탁영선생행적, 사 화수말약록, 고적, 삼족당선 생행적, 천목, 선암향현사, 향 현사이건선암기, 소요당선생 행적, 삼족당증소요당시, 선현 묘지, 선현묘전, 절효선생효 문비명병서, 절효선생효문비 명발, 삼족당선생묘갈명병서, 영헌공사적, 명환, 토주내력,	성씨 학교 풍속 누정 고적 인물 제영 사찰 단묘 명환	성씨 풍속 학 교 단묘 총묘 불우 공해 누 정 고적 환적 과거 인물 제 영 비판 책판

		군수선정비문, 효자열녀정표 문, 문무명인, 문무동반직, 경 내승지, 경내산성, 경내사찰, 석탑, 석불, 동송정, 율림, 고 이, 송김직장준손기손영친청 도서, 중수청도학기, 여해원중 창이문, 향노당기, 대동기, 강 학제생유문, 주흘헌기, 주흘헌 이건상량문		
항목수	18	73	34	40

  <표 1>에서 항목의 수를 비교할 때『오산지』의 항목수가 가장 많다. 특히『오산지』의 경우 다른 지리지에 비해 역사 문화부분에서 내용이 가장 풍부하고 상세함을 알 수 있다. 또한 인물중심의 읍지였음을 알 수 있다. 청도와 관련된 인물 즉 절효(節孝) 김극일(金克一: 김일손의 조부), 탁영 김일손(金馹孫, 1464~1498), 삼족당(三足堂) 김대유(金大有, 1479~1551: 김일손의 조카), 소요당(逍遙堂) 박하담(朴河淡, 1479~1560), 영헌공(英憲公) 김지대(金之岱, 1190~1266)에 관련된 행적과 아울러 봉안문, 축문, 제문, 비명, 묘갈명, 기문 등의 상세한 내용이 주목된다.

  한편 청도 토성으로 申. 金. 白. 李. 曺 등 5성씨가 있다. 이들은 모두 청도를 본관으로 하는 성씨이다. 그 이후 이주해온 성씨로는 李(고성, 경주, 재령), 朴(밀양, 죽산), 金(김해), 孫(밀양, 일직), 郭(포산), 芮(예:부계), 玄(팔려), 張(창녕), 蔣(아산), 崔(경주) 등의 성씨가 있다. 청도는 고려시대부터 군내에 토성세력이 강성하여 수령들이 파견되어도 통치하기가 어려운 지역으로 소문이 나 있었다. 청도 김씨 상호군 김선장(金善莊)과 감찰대부 김한귀(金漢貴)는 청도를 현(縣)에서 군(郡)으로 승격시키는데 주역을 담당하였다. 청도 백씨 또한 밀양적(密陽賊)이 청도를 습격하였을 때 백

계영(白桂英) 형제들이 군민을 동원하여 섬멸하였던 사실에서 당시 토성
세력들이 매우 강성했음을 엿볼 수 있다.[18] 조선이 건국된 후 청도의 토
성들은 침체된 반면 타지역에서 이주해 온 가문들이 재지사족으로 성장
하였다. 조선 중기에 이르면 김해 김씨와 밀양 박씨들이 청도사족으로서
확고한 지위를 가지게 되었다. 고려말에 청도에 이주한 김해 김씨는 탁영
김일손과 삼족당 김대유와 같은 사림세력을 배출하였다. 밀양 박씨 또한
조선 중기 청도지역 향촌 주도세력이었다.[19] 임진왜란 때 청도지역에서
의병들의 활약이 매우 컸는데, 이 때 밀양 박씨 문중에서 14명의 의사(義
士)가 배출됨으로써 17세기 이후 밀양 박씨들이 청도 향촌사회를 영도하
게 된 것이다.

2. 청도지역의 효자, 효녀, 효부

<표 2> 조선시대 청도지역의 효자 열녀 기재수

	『신증동국여지승람』 청도군 (1531)	『오산지』 (1673)	『여지도서』 청도군 (1757~1765)	『경상도읍지』 청도군 (1832)	『삼강록』 (1873)	『청도군읍지』 (1895)
효자	3	3	5	1	5	1
효녀	0	0	0	0	0	0
효부	1	0	1	0	3	0
열녀	0	3	2	0	2	0
계	4	6	8	1	10	1

---

18) 이수건, 『영남사림파의 형성』, 영남대학교 민족문화연구소, 1980, 39~41쪽.
19) 박홍갑, 「청도 사찬읍지 「오산지」(1673)의 편목과 특징」, 『중앙사론』 21, 2005,
  214~219쪽.

『오산지』에는 효자 3명의 행적이 실려있다.『신증동국여지승람』청도군에는 효자 3명과 효부 1명,『여지도서』청도군에는 효자 5명, 효부 1명,『경상도읍지』청도군에는 효자 1명만의 사례가 수록되어 있다. 반면에『삼강록』에는 6명의 효자와 효부 3명의 사례가 실려있다. 이들의 효행을 소개하면 다음과 같다.

김극일(金克一)은 본관이 김해이며 탁영 김일손의 조부이다. 타고난 성품이 지극히 효성스러웠다. 병든 어머니를 위해 악성 종기의 피고름을 빨았으며, 병든 아버지를 위해서 변을 맛보아 그 병의 상태를 자세히 살폈다. 계속해서 상을 당해 6년 동안 여묘살이를 했다. 묘소 곁에서 새끼에게 젖을 먹이는 호랑이가 있었는데, 김극일이 제사상을 차리고 남은 음식을 먹여 마치 가축처럼 길렀다. 아버지에게는 천민 출신의 두 명의 첩이 있었는데, 그들을 섬기기를 아버지가 살아 계셨을 때와 다름이 없게 하였다. 두 사람이 세상을 떠나자 모두 1년간 상복을 입었다. 1464년(세조 10)에 이 일이 나라에 알려져 정려(旌閭)가 세워졌으며, 고을 사람들이 절효(節孝)라고 호하였다. 1545년에는 사헌부 집의(정3품)에 추증되었다. 점필재 김종직이 지은 효문비명(孝門碑銘)이 있다. 이 정려비는 자계서원(紫溪書院)에 있다.『속삼강행실도』와『동국신속삼강행실도』에도 실려있다.[20]

이관명(李官明)은 어머니가 밤에 호랑이에게 물려 갈 때, 때마침 큰비가 내려서 천지가 칠흑처럼 어두웠다. 이웃 사람들이 모두 놀라 두려움에

---

20)『역주 오산지』에는 김극일에 대한 효행기록이 여러군데 나와있어 주목된다. 삼선생봉안문 40쪽, 삼선생춘추상향축문 44쪽, 삼선생추증 45쪽, 사액자계서원삼현사유제문 46쪽, 절효선생행적 50~51쪽, 절효김선생효문비명 병서 67~71쪽, 절효선생효문비명 발 71~74쪽, 효자 절효 김극일의 정표 100쪽 등이 그것이다. 지평을 지낸 김극일은 선조때 집의를 증직받았으며 자계서원에서 제향을 받고 있다.
『국역 신증동국여지승람』권26, 청도군 효자조 593쪽,『국역 여지도서』청도군 효자조 271쪽,『경상도읍지』1 청도군 인물조, 아세아문화사 545쪽,『속삼강행실』효자도「克一馴虎」,『동국신속삼강행실도』효자도「克一馴虎」16쪽,『국역 삼강록』효자편 3쪽에도 실려있다.

떨며 밖으로 나오지 못했다. 이관명에게는 13세인 누이동생 연가(延加)와 9세인 조카딸 백비(白飛)가 있었다. 이관명은 혼자서 이 두 아이와 함께 호랑이를 뒤쫓아갔다. 오른손에 도끼를 잡고 왼손에 횃불을 들고서 5리쯤 갔는데 횃불이 꺼졌다. 솔가지를 따서 횃불을 만들어 다시 1, 2리를 쫓아가 호랑이를 꾸짖고 어머니의 시체를 빼앗아 돌아왔다. 동네 사람들이 모두 슬퍼하며 관을 만들어 장사를 지내주었다. 이 정려문은 차북(次北) 신촌(新村: 현 이서면 신천리)의 길가에 있다. 21)

박윤손(朴潤孫)은 水軍 朴同의 아들이다. 17세 때 어머니와 함께 다듬이질을 하고 있었는데,22) 호랑이가 어머니를 물어 갔다. 윤손이 왼손으로 어머니를 붙잡고 오른손으로 돌을 던지며 5리쯤 쫓아갔다. 이웃 사람들이 소문을 듣고 구하러 가자 호랑이가 드디어 어머니를 놓고 달아났다. 어머니는 한밤중에 이르러 숨을 거두었다. 이 일이 나라에 알려져 정려문(旌閭門)을 내리고 조세를 면제해 주었다. 이 정려문은 상남(上南) 호고방(好古坊: 현 매전면 호화리)에 있다23) 그 밖에 『여지도서』, 『경상도읍지』, 『삼강록』에 나와있는 효자 사례를 소개하면 다음과 같다.

이유의(李惟毅)는 하늘이 낸 효성으로 상례(喪禮)와 제례(祭禮)를 예법대로 치렀다. 1681년(숙종 7)에 이 일이 나라에 알려져 그가 살던 마을에 정문을 세워 표창했다.24)

---

21) 『역주 오산지』 효자열녀정표문 100쪽, 『국역 신증동국여지승람』 권26, 청도군 효자조, 593쪽.
『동국신속삼강행실도』 효자도 「官明逐虎」, 131쪽, 『국역 여지도서』 청도군 효자조, 271쪽.
22) 『국역 여지도서』에는 어머니가 방아를 찧으러 가던 길을 따라가던 중에 호랑이가 어머니를 물어갔다고 되어있다.
23) 『역주 오산지』 효자열녀정표문 100쪽, 『국역 신증동국여지승람』 권26, 청도군 효자조 593~594쪽.
『동국신속삼강행실도』 효자도 「閏孫追虎」, 131쪽, 『국역 여지도서』 청도군 효자조, 271쪽.
24) 『국역 여지도서』 청도군 효자조, 273쪽.

배세중(裴世重)은 무열공 현경(玄慶)의 후손이다. 집안 생활에 효성과 우애를 다하였다. 상례와 제례를 예법대로 치르고 3년 동안 여묘살이를 하였다. 영조 때 이 일이 나라에 알려져 그가 살던 마을에 정문을 세워 표창했다.[25]

도처대(都處大)는 본관이 성주로 호는 송오(松塢)이다. 평리 계광(繼光)의 후손이다. 아버지가 기이한 병이 걸려 여러 해 약을 달여드렸다. 아버지는 항상 말씀하시기를, "모 아이가 곁에 있으면 문득 나의 병이 나을 것 같다"하고 또 말씀하시기를, "특이한 맛으로 나의 입과 배에 맞게 하는 것은 이 아이가 나의 심지를 편하게 하는 것보다 못하다"고 하였다.[26]

염응칠(廉應七)은 본관이 파주로 인묵(仁默)의 아들이며 충경공 매헌 제신(悌臣)의 후손이다. 아버지가 병을 앓고, 어머니는 학질에 걸려서 10여 년이나 오래 앓으셨으나 약시중을 하루 같이 하였다. 효에 감응하여 이루어진 것이 무릇 여섯 가지였다. 2월에 붉은 복숭아를 얻고, 10월에 오이를 얻고, 꿩이 날아들고, 거북이가 스스로 나왔다. 꿀을 구하여 밤에 돌아오니 호랑이가 와서 호위하였다. 손가락을 끊어 도마에 두니 까마귀와 개가 도마를 지켰다. 이와 같이 여섯가지 감화가 있었다. 郡의 士林이 여러번 글로 아뢰니 어사의 포창이 있었으며 효행으로 동몽교관에 증직되었다.[27]

이원기(李源驥)는 본관이 성산으로 호는 운파(雲坡)이며 벼슬은 선전관을 지냈다. 어버이 섬김에 양지양체의 효를 갖추어 봉양하였다. 상을 당하여 몸이 상하여 앓으면서도 예를 극진히 하였다. 아침저녁으로 묘에 성묘하는 것을 바람과 비에도 거르지 않았다. 상을 마친 뒤에도 날마다 성묘하기를 50년을 하루 같이하니 고을사람들이 여러 번 포상하였다.[28]

---

25) 『국역 여지도서』 청도군 효자조, 273쪽.
26) 『국역 삼강록』 효자편「侍湯」, 45쪽.
27) 『국역 삼강록』 효자편「六感」, 112쪽.
28) 『국역 삼강록』 효자편「省楸」186-187쪽

박계원(朴桂源)은 본관이 밀양으로 호는 청천(聽泉)이며 벼슬은 참봉이다. 자헌대부(정2품) 동우(東祐)의 아들이자 밀직부사(종2품) 양언(良彦)의 후손이다. 아버지가 이름 모를 병에 걸리니 약시중 3년에 백방으로 정성을 다하기를 한결같이 하였다. 상을 당하여서는 장례와 제사를 예로서 하였다. 초하루와 보름에 성묘하는 것을 바람과 비에도 거르지 않았다. 고을사람들이 공경하고 감탄하며 포상하였다.[29]

강한중(姜漢中)은 본관이 진주로 참봉 대호(大浩)의 아들이며 문양공 희맹(希孟)의 후손이다. 어머니의 상 3년을 슬픔으로 몸이 상하면서도 예를 극진히 다하였다. 아버지의 종기를 1년동안 입으로 빨아 차도를 보았다. 고을에서 포상이 있었으나 굳이 사양하고 받지 않았다.[30]

한편 효자들의 거주지와 가계배경이 상세하였다. 본관, 자, 호, 모(某)의 자, 某의 손자, 某의 증손, 某의 후손 등으로 가계배경이 자세히 밝혀져 있다. 효자들의 신분을 살펴보면 지평(정5품) 1명, 수군의 아들 1명, 무열공의 후손 1명, 충경공의 후손 1명, 선전관(정3품~종9품) 1명, 참봉(종9품) 1명, 참봉(종9품)의 아들이며 문양공의 후손 1명이 보여 주목된다.

한편 효녀사례는 전혀 보이지 않고 효부사례만 3건이 보인다.

최씨의 본관은 영천으로 참봉 상순(相淳)의 딸이며 경주 김창호(金昌鎬)의 처이다. 시부모를 잘 섬겼는데 시아버지께서 마종(麻瘇) 병에 걸려 온갖 약이 효험이 없었다. 밤이면 칠성에게 빌고 낮이며 종기의 독을 빨아 30년 남짓을 하루와 같이하여 마침내 완전히 소생하였다. 사람들은 효성에 감응하여 이루어진 일이라고 칭송하였다. 사림이 영읍(營邑)에 청원하여 포상을 받았다. 이러한 사실이 <續修三綱錄>에 실려있다.[31]

張氏는 곡강(曲江) 최삼갑(崔三甲)의 처이다. 16세에 시집와서 시부모

---

29) 『국역 삼강록』 효자편 「省墓」, 229쪽.
30) 『국역 삼강록』 효자편 「吮腫」, 239쪽.
31) 『국역 삼강록』 효부편 「吮腫」, 258쪽.

를 잘 섬겨 지극히 효성을 다하였다. 시아버지가 중풍으로 누워서 일어나지 못하자 잠시도 곁을 떠나지 않고 부축하고 도왔다. 대소변을 몸소 받아내기를 8년을 하루같이 하니 고을에서 돈으로 상을 주고 군에서 그릇을 상으로 주었다.[32]

정씨는 도사(都事) 치목(致睦)의 딸이며 순흥 안학진(安學鎭)의 처이다. 효로써 시부모를 섬겨 음식을 받들어 봉양하였다. 아침저녁으로 안부를 살피며 용모를 부드럽게 하고, 기쁜 낯빛을 하여 뜻을 따르는데 어김이 없었다. 사람들이 칭송하기를 "옛날 진효부라도 이보다 더할 수는 없을 것이다"고 하였다. 유림의 추천이 있었다.[33] 효부의 신분을 보면 참봉의 딸 1명, 都事(종5품)의 딸 1명이 보인다.

포상내용으로 정려, 정려와 복호, 동몽교관(종9품) 증직, 상물(賞物) 등이 있다.

3. 청도지역의 열녀

『오산지』에는 열녀 3명의 행적이 실려있다. 『신증동국여지승람』과 『경상도읍지』에는 열녀사례가 보이지 않는다. 『여지도서』에는 2명의 열녀사례가 수록되어 있을 뿐이다. 『삼강록』에는 2명의 열녀와 3명의 효부사례가 실려있다. 이들의 행적을 소개하면 다음과 같다.

이씨(李氏)는 윤면(尹勔)의 처이다. 그녀에 관한 사적은 살필 수가 없으며, 다만 정려(旌閭)만이 남아 있을 뿐이다. 정려는 읍내 눌미리(현 화양읍 눌미리)에 있다.[34]

---

32) 『국역 삼강록』 효부편 「護舅」, 259쪽.
33) 『국역 삼강록』 효부편 「孝養」, 272쪽.
34) 『역주 오산지』, 101쪽.

종비(從非)는 향리 김군산(金君山)의 처이다. 지극한 효성으로 시부모를 섬겼다. 시부모가 세상을 떠나자 3년상을 마친 다음 영당(影堂)을 지어 아침저녁으로 마치 살아있는 시부모를 섬기듯이 제사를 지냈다. 이 일이 나라에 알려져 그녀가 살던 마을에 정문을 세워 표창했다. 읍내 동계(東溪)가에 있다.[35]

노씨(盧氏)는 유학(幼學) 정흠조(鄭欽祖)의 처이다. 임진왜란 때 산골짜기에서 적을 만났으나 절개를 지켜 굴하지 않고 죽었다. 이에 정려를 내렸다. 정려는 서면(西面) 변수로(卞樹路)가에 있다.[36]

그 밖에 『신증동국여지승람』과 『여지도서』, 『삼강록』에 나와있는 열녀 사례를 소개하면 다음과 같다. 김씨(金氏)는 선비 이만영(李萬英)의 처이며, 군수(郡守) 김수효(金守斅)의 증손녀이다. 남편이 세상을 떠나자 스스로 목을 매어 목숨을 끊었다. 이 일이 나라에 알려져 그녀가 살던 마을에 정문을 세워 표창했다.[37]

이씨의 본관은 완산으로 진번(震蕃)의 딸이이며, 진양 강재호(姜載浩)의 처이다. 일찍이 남편이 세상을 떠나자 남편을 따라 죽고자 하였으나 어린 자식이 무릎에 있어서 죽지 못하였다. 사계절마다 의복을 묘 아래에서 불사르며 "나의 남편이 춥지는 않으신가?" 라고 하였다. 햇곡식과 별미가 있으면 묘 아래에서 올리며 "나의 남편이 혹시 굶주림은 없으신가?" 라고 하며 40여 년을 하루같이 하였다. 향도의 사림이 방백과 암행어사에게 추천하여 포열각(褒烈閣)을 세웠다.[38]

예씨(芮氏)의 본관은 청도로 인천 이동인(李東璘)의 처이다. 남편의 병

『국역 여지도서』 청도군 열녀조, 273쪽.

35) 『역주 오산지』, 101쪽, 『국역 신증동국여지승람』 권26 청도군 효자조, 594쪽, 『동국신속삼강행실도』 효자도 「從非設堂」, 154쪽, 『국역 여지도서』 청도군 효자조, 271쪽.
36) 『역주 오산지』, 101쪽, 『동국신속삼강행실도』 열녀도 「盧氏死賊」, 686쪽.
37) 『국역 여지도서』 청도군 열녀조, 273쪽.
38) 『국역 삼강록』 열부편 「焚衣」, 400쪽.

이 매우 위중하여 산에 빌고 하늘에 기원하며 몸을 대신하기를 원하였다. 상을 당하여서는 마지막 보내는데 유감이 없도록 하여 장례를 마치는 즉시 자결하였다.[39]

열녀의 신분, 거주지가 분명하였다. 신분이 밝혀진 열녀의 신분으로는 향리의 처 1명, 유학(幼學)의 처 1명, 군수의 증손녀 1명, 선비의 처 1명이 보여 주목된다. 포상내용으로는 정려만이 보인다.

<표3> 조선시대 청도지역의 효자, 열녀

구분	인명	가계 및 신분	포상내용	비고
효자	金克一	지평, 金馴孫의 조부	정려(세조10년, 1464), 사헌부 집의 증직	『오산지』, 『신증동국여지승람』, 『속삼강행실도』, 『동국신속삼강행실도』, 『여지도서』, 『경상도읍지』에 실림
〃	李官明		정려	『오산지』, 『신증동국여지승람』, 『동국신속삼강행실도』, 『여지도서』에 실림
〃	朴潤孫	水軍 朴同의 아들	정려, 복호	『오산지』, 『신증동국여지승람』, 『동국신속삼강행실도』, 『여지도서』에 실림
〃	李惟毅		정려 (숙종7년, 1681)	『여지도서』에 실림
〃	裵世重	무열공 玄慶의 후손	정려(영조조)	『여지도서』에 실림
〃	都處大	평리 繼光 후손	불명	『삼강록』에 실림
〃	廉應七	廉仁黙의 아들, 충경공 悌臣의 후손	불명	『삼강록』에 실림
〃	李源驥	선전관	불명	『삼강록』에 실림
〃	朴桂源	참봉, 자헌대부 東祐의 아들, 밀직부사 良彦의 후손	불명	『삼강록』에 실림

---

39) 『국역 삼강록』 열부편 「自殉」 455쪽

〃	姜漢中	참봉 大浩의 아들, 문양공 希孟의 후손	불명	『삼강록』에 실림
효부	從非	향리 金君山의 의 처	정려	『오산지』,『신증동국여지승람』, 『동국신속삼강행실도』,『여지도서』에 실림
〃	崔氏	참봉 相淳의 딸, 경주 金昌鎬의 처	포상	『삼강록』에 실림
〃	張氏	曲江 崔三甲의 처	돈과 그릇으로 포상	『삼강록』에 실림
〃	鄭氏	都事 致睦의 딸, 순흥 安學鎭의 처	불명	『삼강록』에 실림
열녀	李氏	姜載浩의 처, 李震蕃의 딸	포열각	『삼강록』에 실림
〃	芮氏	李東璘의 처	불명	『삼강록』에 실림
〃	李氏	尹動의 처	정려	『오산지』,『여지도서』에 실림
〃	盧氏	幼學 鄭欽祖의 처	정려	『오산지』,『동국신속삼강행실도』에 실림
〃	金氏	선비 李萬英의 처, 군수 金守猷의 증손녀	정려	『여지도서』에 실림

맺음말

　지금까지『오산지』의 편찬내용과 청도지역의 효자, 효부 그리고 열녀에 대하여 살펴보았다. 이제 그 내용을 요약함으로써 맺음말에 대신하고자 한다.

　『오산지』는 청도군의 사찬읍지이다. 처사 수헌 이중경(1599~1678)이 1673년(현종 14)에 편찬하였다.『오산지』의 편찬이 40여년 전(1627년)에 군수 유진(유성룡의 아들)에 의해 시작되었으나 파직되어 떠나게 되어 중단되었다가, 1673년 이중경의 나이 75세 때 청덕루의 제영을 지은 청도군수 권일의 부탁으로 예전의 기록들을 다시 모아 편찬하게 되었던 것이다.

『오산지』의 편찬목적은 임란이후 사라져가는 청도지역의 역사와 문화를 정리할 필요성 뿐아니라 수령의 지방 통치에 필요한 자료, 교화의 수단 등으로 이용하기 위해 편찬하였던 것임을 알 수 있다. 특히 『오산지』의 경우 다른 지리지에 비해 역사 문화부분에서 내용이 가장 풍부하고 상세함을 알 수 있다. 또한 인물중심의 읍지였음을 알 수 있다. 청도와 관련된 인물 즉 절효(節孝) 김극일(金克一: 김일손의 조부), 탁영(濯纓) 김일손(金馹孫), 삼족당(三足堂) 김대유(金大有: 김일손의 조카), 소요당(逍遙堂) 박하담(朴河淡), 영헌공(英憲公) 김지대(金之岱) 등에 관련된 행적과 아울러 봉안문, 축문, 제문, 비명, 묘갈명, 기문 등에 대한 상세한 내용을 통해 당시 재지사족의 영향력을 엿볼 수 있다.

조선시대 청도지역의 효자들의 사례유형을 보면, 부모가 병이 들었을 때 단지(斷指), 상분(嘗糞), 연종(吮腫), 시약(施藥) 등을 한 경우, 부모 사후 여묘를 3년 내지 6년한 경우, 묘소 곁에서 호랑이를 가축처럼 기르거나 호랑이가 효자를 호위한 경우, 지극한 효성에 하늘이 감응하여 이루어진 것이 무릇 여섯가지나 된 경우, 어머니가 호환(虎患)의 위기에 처했을 때 생명의 위험을 무릅쓰고 시체를 빼앗아 돌아온 경우, 상을 마친 뒤에도 50년을 하루같이 성묘한 경우 등이 있다. 효자들의 가계배경과 신분이 상세하였다. 효자들의 신분을 살펴보면 지평(정5품) 1명, 수군의 아들 1명, 무열공의 후손 1명, 충경공의 후손 1명, 선전관(정3품~종9품) 1명, 참봉(종9품) 1명, 문양공의 후손 1명이 보여 주목된다. 효부 3명의 신분을 보면 참봉의 딸 1명, 都事(종5품)의 딸 1명이 보인다. 포상내용으로 정려, 정려와 복호, 동몽교관 증직, 상물 등이 있다. 효녀사례는 전혀 보이지 않고 효부사례만 3건이 보인다.

한편 청도지역의 열녀 행적을 유형별로 나누어보면, 임란 때 절개를 지킨 경우, 남편이 죽자 스스로 목을 매어 자결한 경우, 남편이 죽자 따라 죽고자했으나 어린 자식이 있어 40여 년을 수절한 경우, 남편이 병으로 위중해지자 자신의 몸이 대신하기를 원했으나 남편이 결국 죽자 장례를 마치는 즉시 자결한 경우 등이 있다. 신분이 밝혀진 열녀의 신분으로는 향리의 처 1명, 유학의 처 1명, 군수의 증손녀 1명, 선비의 처 1명이 보여 주목된다. 포상내용으로는 정려만이 보인다.

요컨대 『오산지』에 나와있는 김극일, 김일손, 김대유, 박하담 등의 행적을 통해 조선 중기 이후 김해 김씨와 밀양 박씨들이 청도의 재지사족으로서 확고한 지위를 가졌음을 알 수 있다. 그리고 문헌에 보이는 청도지역의 효자, 열녀사례가 타지역에 비해 많이 배출되지 않았음이 주목된다. 또한 효녀 사례는 전혀 보이지 않음에 비해 효부 사례는 약간 보인다.

제2편

사찬읍지에 나타난 경남지역의 효자, 열녀

제3장 조선후기 『단성지』의 편찬과 효자, 열녀

머리말

16·17세기를 중심으로 각 지방에서 사찬읍지들이 활발이 편찬되었다. 즉 임진왜란, 병자호란으로 전 국토와 백성이 피폐한 가운데에서도 각 지역의 지역적 특성을 나타내는 사찬읍지가 재지사족을 중심으로 팔도에서 다수 편찬되었던 것이다. 이 시기의 읍지는 그 내용이 매우 상세하고 풍부하였을 뿐만 아니라 임진왜란, 병자호란으로 무너진 향촌 사회질서의 복구와 안정을 위하여 충, 효, 열 등 교화적 성격을 강조하였다. 그리하여 사찬읍지에는 인물조가 크게 강조되는 성향을 보였다. 특히 효자, 열녀의 경우 士族으로부터 賤人에 이르기까지 사회적 신분의 고하, 귀천을 막론하고 상세히 그 행적을 모두 읍지에 수록함으로써 유교윤리를 사회에 더욱 보급하고자 하였던 것이다.

이에 필자는 16·17세기에 편찬된 경상도 지역의 사찬읍지로서 『함주지(咸州志)』, 『영가지(永嘉誌)』, 『진양지(晋陽志)』, 『일선지(一善誌)』, 『상산지(商山誌)』, 『동경잡기(東京雜記)』, 『천령지(天嶺誌)』 등에 나타난 효자, 열녀에 대하여 이미 살펴본 바 있다.[1]

이번에 필자는 역시 이러한 작업의 일환으로 조선 중기 경상도 단성지역의 효자, 열녀에 대하여『단성지(단성지)』를 중심으로 살펴보고자 한다.『단성지』는 경상도 단성현의 사찬읍지로서 단성지역의 유력한 사족인 이시분(李時馩)이 인조 18년(1640)에 편찬한 것으로 단성지역을 이해하는데 대단히 중요한 사료가 된다.

본고에서는『단성지』이외에『조선왕조실록』,『신증동국여지승람』,『여지도서』,2)『경상도읍지』,3)『단성군읍지』(奎. 10881),4) 문집, 족보 등의 사료를 참고하였다.

1.『단성지』편찬의 사회적 배경

『단성지』는 경상도 단성현5)(현 경상남도 산청군 단성면)의 사찬읍지

---

1) 박주,『조선시대의 효와 여성』, 국학자료원, 2000.
2)『여지도서』는 전국적인 관찬읍지이며 모두 55책으로 영조 41년(1765)에 편찬되었다. 본고에서는 국사편찬위원회에서 1973년에 영인 간행한『여지도서』2책을 참조하였다.
3)『경상도읍지는 총 20책으로 순조 32년(1832)에 작성되었으며 경상도의 71읍이 전부 수록되어 사료적 가치가 높다. 본고에서는 아세아문화사에서 간행한 한국지리지총서『경상도읍지』18책을 참조하였다.
4)『단성군읍지』(奎. 10881)는 1899년(광무 3)에 전국 읍지 편찬사업의 일환으로 편찬되었다. 목차는 채색지도, 읍의 四界, 건치연혁, 관직, 성씨, 산천, 풍속, 방리, 호구, 전부, 俸廩, 군액, 성지, 창고, 鎭堡, 봉수, 학교, 단묘, 능묘, 關阨, 궁실, 불우, 누정, 橋, 島嶼, 堤堰, 장시, 역원, 목장, 고분, 형승, 토산, 진공, 宦蹟, 과거, 인물, 효자, 열녀, 절의, 제영, 비각, 책판 순으로 되어있다.
5)『신증동국여지승람』권31 단성현 건치연혁에 의하면 단성현은 본래 신라 관지군(闕支郡)이었다. 신라 경덕왕이 관성(闕城)이라 고쳤고, 고려에서는 강성현(江城縣)이라 고쳤다. 뒤에 군으로 승격하였고 현종이 진주에 예속시켰으며 공민왕이 감무(監務)를 두었다. 공양왕때 와서 강성현이 독립되고 조선 세종대에 단계현(丹溪縣)까지 합쳐서 단성현이 되었던 것이다.『세종실록』권71, 세종 18년 2월 경자조에 보면, 진성현(珍城縣)은 본래 강성(江城)이라 일컬었는데, 왜적으로 인하여 땅을 잃게 되자

이다. 『단성지』6)는 인조 18년(1640) 장수이씨 가문의 은총 이시분(李時

馞, 1588~1663)7) 개인에 의해 편찬되었다. 이시분은 당시 진주권 일대

에 영향을 미치던 인물이었다. 그는 인조반정 이후 남명학풍을 대표하는

겸재 하홍도(河弘度, 1593~1666)8) 등과 자주 교유하였다.9)

이시분은 자신이 거주하던 단성지역이 임진왜란으로 피폐화되었다가

복구되어 가면서 사족들의 영향력이 크게 증대되고 있던 상황에서 자신을

포함한 사족 가문에 대해 정리하고자 하였다. 즉 이시분이 『단성지』를 편

찬하게 된 동기는 단성지역이 임진왜란을 만나 이웃 고을에 합병되어지

고, 읍치가 옮겨 다니는 동안 단성이 배출한 인물의 사적과 유서깊은 유적

이 남아있지 않을까 하는 우려였다. 따라서 그는 단성 인물의 사적, 시문,

성씨의 계보를 자세히 서술하였다. 이시분의 『단성지』편찬에 강하게 영

향을 준 것은 단성의 재지사족의 성장이었다. 이시분 자신도 향안(鄕案)

입록자(入錄者)의 한 사람으로서 재지 지배의 일익을 담당하였다.10)

그 속현인 단성과 명진현(溟珍縣)을 합쳐 진성(珍城)이라 하였으나, 오늘날 명진(溟
珍)이 이미 거제에 옮겨 소속되었으므로 단성으로 고치도록 한다 라고 하였다.

6) 『단성지』는 雲牕先生文集卷之二 雜著에 실려있다. 따라서 『단성지』를 『운창지(雲
牕誌)』라고도 함을 알 수 있다.

7) 찬자인 이시분은 생원 상경(商卿)의 증손이며 호는 운창(雲牕)이고 저서로 「史記
捷錄」, 「渾天圖說」, 「단성지」, 「嶺南賦」 등이 있다. 父는 李三才이며 父의 弟는 三老,
三省이다.

8) 조선중기의 학자, 자는 중원(重遠), 호는 겸재(謙齋), 본관은 진주이다. 아버지는 광
국(光國)이며, 어머니는 강양이씨(江陽李氏)로 광우(光友)의 딸이다. 어려서부터 고
현(古賢)과 같이 되겠다는 큰 뜻을 가지고 벽에 겸괘(謙卦)의 象象圖를 그려 놓고
스스로 '겸재' 라 하였다. 처음 성균관의 유생이 되어 동료들의 존경을 받았으나 광
해군의 실정을 개탄하여 벼슬길을 단념하고 고향에 돌아와 오로지 경사 연구와 후
진양성에 힘썼다. 인조반정 후 벼슬을 포기하여 암천(巖泉)의 산재에 머물며 학문
에만 힘썼다. 현종 3년(1662) 어사 남구만(南九萬)이 그 해박한 지식에 감탄하였다
한다. 천문학에도 조예가 깊었으며 저서로는 『겸재집』이 있다.

9) 김준형, 2000, 『조선후기 단성 사족층연구』, 아세아문화사, 34쪽 참조.

10) 井上和枝, 「『雲窓誌(丹城誌)』 해제」, 『朝鮮後期の慶尙道丹城縣における 社會變動の

『단성지』의 체재는 연혁고증(沿革考證), 산천고증(山川考證), 읍리고증(邑里考證), 현내팔방고증(縣內八坊考證), 원당리팔방고증(元堂里八坊考證), 북동팔방고증(北洞八坊考證), 법물례리팔방고증(法勿禮里八坊考證), 신등팔방고증(新燈八坊考證), 군산팔방고증(都山八坊考證), 오리팔방고증(悟里八坊考證), 생비양팔방고증(生比良八坊考證)으로 되어 있어 다른 지역의 사찬읍지의 체재와 크게 다른 서술방식을 취하고 있다. 즉 단성의 8개 면의 각 里들을 소개하면서 동시에 거기에 거주하던 유력한 성씨들을 소개하는 내용이 대부분의 분량을 차지함을 알 수 있다.[11] 단성지역에 거주했던 유력한 성씨로는 합천이씨(陜川李氏), 상산김씨(商山金氏), 남원양씨(南原梁氏), 안동권씨(安東權氏), 진주류씨(晋州柳氏), 성주이씨(星州李氏), 밀양박씨(密陽朴氏), 성주도씨(星州都氏) 등이 있다.[12] 『단성지』의 대부분을 차지하고 있는 읍리(邑里) 고증의 중심 내용은 各里 各坊에 과거에 거주했던 혹은 현재에도 거주하고 있는 사족의 계보와 각 가문으로부터 배출된 인물의 사적이 주가 되어 있다. 인물 선정의 기준은 현관(顯官), 과거합격자, 덕행이 있는 자, 효자, 절부, 열녀 등으로 되어 있다. 또한 각 방(坊)마다 세거하고 있는 성씨의 서술이 상세함을 알 수 있다.[13]

한편 임진왜란 때 2차에 걸친 진주성 전투로 단성은 막대한 피해를 입었다. 이로 말미암아 일시적이나마 선조 32년(1599) 산청현에 합쳐졌다. 그리고 읍민의 상언에 의해서 광해군 5년(1613)에 가서야 이전의 상태인 단성현으로 돌아갔다.[14] 그러나 단성현은 재지 사족의 위세가 어느 고을보다도 강했으며, 조선 중기 이후 진주를 중심으로 형성되었던 남명학파

研究(1)』(학습원대학동양문화연구소 조사연구보고 No, 27, 1991) 116~117쪽 참조.
11) 井上和枝, 위의 해제, 112쪽 참조.
12) 김준형, 앞의 책, 299쪽 참조.
13) 井上和枝, 위의 해제, 113쪽 참조.
14) 『경상도읍지』 건치연혁조 참조.

의 영향을 가장 많이 받은 고을이었다. 또 임진왜란 때는 의병활동에 참여한 자가 많았던 지역이기도 하다.[15]

남명학풍을 계승하던 경상우도 지역에서는 임진왜란이 일어나자 나라와 고장을 지키기 위해 의병활동에 참여하는 인물들이 많았다. 단성지역의 선비들 중에서도 다수가 참여하였다. 『창의록(倡義錄)』에 의하면 권세춘(權世春), 권세인(權世仁), 권집(權潗), 권심(權深), 권제(權濟), 이경림(李慶霖), 김경근(金景謹), 김준민(金俊民), 김응호(金應虎), 양사원(梁士元), 양흠(梁欽), 이삼노(李三老)(효자), 이로(李魯)[16], 이지(李旨), 도이경(都以敬), 박인량(朴寅亮)[17], 이인희(李仁禧), 이곡(李殼), 한대유(韓大猷), 이유길(李惟吉) 등 20명이 등재되어 있다.[18] 여기에서 단성의 사족들은 어느 고을의 사족 못지않게 의병활동에 적극적으로 참여하였음을 알 수 있다.

한편 단성의 사족 중에서 남명 조식과 교유하는 자가 많았고 제자들도 많이 나왔다. 그것은 남명이 만년에 고향 삼가 토동에서 진주 덕산으로 옮겨 은거하면서 많은 제자들을 배출하였기 때문이다. 토동이나 덕산은 단성현의 바로 인근에 있다. 단성지역의 남명 제자이거나 남명과 교유한 인물은 이원(李源)[19], 이천경(李天慶)[20], 권세륜(權世倫)(효자), 권규(權逵)[21],

---

15) 김준형, 앞의 책, 29쪽 참조.

16) 『단성군읍지』(奎. 10881) 인물조에 보면 이노(李魯)는 학문이 정심(精深)하고 문장이 특달하며 이조판서에 증직되었다. 그리고 낙산사(洛山祠)에 제향되었다.

17) 『단성군읍지』(奎. 10881) 인물조에 의하면 박인량(朴寅亮)은 근신박학(謹愼博學)하고 중용과 가례에 더욱 정진하였다. 임란에는 곽재우와 함께 창의하였으며 고향에 돌아와서는 벼슬에 나가지 않고 은거하였다.

18) 김준형, 앞의 책, 77쪽 참조.

19) 『단성군읍지』(奎. 10881) 인물조에 의하면 이원(李源)은 효우가 지극했으며 학문이 뛰어나 이퇴계(李退溪), 조남명(曺南冥)과 교유하였다. 이회재(李晦齋)가 추천하여 명종과 선조조에 세 번이나 불렸으나 벼슬에 나가지 않았다. 효행으로 조정에 알려져 특별히 상전(賞典)을 받았다.

20) 『단성군읍지』(奎. 10881) 인물조에 의하면 이천경(李天慶)은 10세에 거상함에 절도가 성인과 다름이 없었다. 그 후 어머니를 지극한 효성으로 봉양하였으며 조남명

도희령(都希齡), 권문현(權文顯), 권문임(權文任), 정구(鄭構)(효자), 하대용(河大容), 김용정(金用貞) 등이 그들이다. 그리고 단성지역의 많은 인사들이 남명의 문인 또는 사숙인으로 등재되어 있다.[22]

요컨대 조선 중기 단성지역은 재지사족의 위세가 어느 고을보다도 강했으며 남명학파의 영향을 많이 받은 고을이었다. 그리고 임진왜란때 막대한 피해를 입었을 뿐아니라 단성의 사족들은 의병활동에도 적극적으로 참여하였다. 이러한 사회적 배경하에서 운창 이시분에 의해『단성지』가 편찬될 수 있었던 것임을 알 수 있다.

2.『단성지』에 나타난 효자, 열녀

1) 효자

단성은 다른 어느 지역보다도 문헌자료가 많이 남아있는 지역이다.[23] 그러나 문헌에 보이는 효자, 열녀의 수는 그리 많지 않았다.

문하에서 수학하였다. 모친상을 당하였을 때 임진왜란이 일어나 피난하면서 목주를 품에 안고 제기를 등에 지고 가 조석으로 곡전하기를 폐하지 않았다. 처음 기일을 만나 읍혈할 때 나는 꿩고기를 숲에서 얻어 제사에 올렸으며 두 번째 기일에는 다리 위에서 부러진 소의 발을 얻어 제사에 올렸다. 방백이 그 효행을 듣고 여러차례 글로써 불렀으나 끝내 나가지 않았다. 참판에 증직되었으며 청곡사(淸谷祠)에 제향되었다.

21)『단성군읍지』(奎. 10881) 인물조에 보면 권규(權逵)는 조남명(曺南冥)과 함께 경의(經義)를 강론하였다. 사람들은 왕진공(王晉公)에 비유하였으며 문산사(文山祠)에 제향되었다.

22) 김준형, 앞의 책, 72~77쪽 참조.

23) 단성지역과 관련된 자료로서『단성지(雲牕誌)』,『단성호적대장』,『단성향안』,『丹溪日記』,『신증동국여지승람』,『여지도서』,『경상도읍지』등이 있다.

<表 1> 문헌에서 확인되는 단성지역의 효자. 효녀. 효부. 열녀수

전 거	효 자	효 녀	효 부	열 녀	계
신증동국여지승람	4	-	-	3	7
단성지	17	-	-	6	23
성종실록	1	-	-	2	3
중종실록	1	-	-	1	2
여지도서	11	-	-	6	17
경상도읍지	11	-	-	6	17

즉, 『단성지』에는 효자 17명, 열녀 6명의 사례가 고려시대부터 조선시대에 걸쳐 기록되어 있다. 『단성지』에 보이는 효자로는 문익점(文益漸), 주경(周璟), 허소유(許少游), 이지보(李之寶), 권홍(權澋), 나유문(羅有文), 손하(孫廈), 류몽정(柳夢禎), 권세륜(權世倫), 류우(柳宇), 류주(柳宙)형제, 정원동(鄭元同), 양세홍(梁世鴻), 양사리(梁士利), 이삼노(李三老) 등이 있다. 『신증동국여지승람』권31 단성현 효자조에는 고려인 효자 2명, 조선인 효자 2명이 실려있을 뿐이다. 고려인 효자 2명은 주경(周璟), 허계도(許季道)이며, 조선인 효자 2명은 천년(千年)과 나유문(羅有文)이다. 『조선왕조실록』에 실려있는 단성 지역의 효자수는 2명이며, 반면에 『여지도서』경상도 단성현과 『경상도읍지』경상도 단성현에는 각각 고려인 효자 2명, 조선인 효자 9명이 실려있다.

『단성지』에 나오는 단성지역의 효행사례는 고려 말부터 나타나고 있었다. 이들 효행사례를 살펴보면 다음과 같다.

강성군 문익점[24]은 홍무년간에 모친상을 당하여 여묘살이를 하였는

---

24) 『단성지』元堂八坊考證 제8방 文氏亦爲土姓 居是坊 而顯達者二十人...... 其一江城郡益漸是也, 『고려사』111 열전 권제24 문익점(文益漸 晉州江城縣人 恭愍朝登第累薦正言)

『여지도서』경상도 단성현 인물조를 보면, 문익점은 고려 공민조에 등재하여 정언으로 서장관이 되어 원에 가서 목면종자를 얻어 돌아왔다. 장인 정천익(鄭天益)과

데, 당시 왜구의 침탈이 극성해서 사람들이 모두 피했지만 문익점은 피하지 않고 삼년상을 치루었다. 그리하여 그 마을을 '효자지리' 라고 특명하였다. 강성군의 실적은 퇴계선생 비각에 나와있다.

고려말 판서 주경[25]은 부친상을 당하자 한결같이 주자가례에 따라 3년상을 치루었다. 그리하여 정려가 내려졌다.[26]

개성소윤 허소유(許少游)는 옹(邕)[27]의 아들이다. 장령(掌令)으로 있을 때 직간함으로써 개성소윤으로 강등되었다. 우왕 9년(1383)에 모친상을 당하여 여묘 3년하고 질대(絰帶)를 벗지 않고 항상 침석에 엎드려 주야로 호곡하였다. 그 때 왜구가 이르렀는데 그 효성에 감동하여 서로 경계하면서 감히 핍박하지 않았다. 이 일이 알려져서 정려를 받았다. 『신증동국여지승람』에는 허계도(許季道)라고 하였는데 이는 곧 소유(少游)를 개명하여 계도(季道)라고 한 것이다.[28]

함께 그 씨를 심어 3년만에 드디어 크게 번식을 시켰다. 익점은 홍무연간에 모친상을 당하여 여묘하였다. 그 때 해구(海寇)가 바야흐로 치열하여 사람들이 모두 달아나 숨었으나 홀로 움직이지 않고 3년을 마쳤다. 이에 태종조에 참지의정부사강성군(參知議政府事江城君)에 추증하였다고 한다.

25) 판서 주경(周璟)은 초계주씨로 판서 주세후(周世侯, 1311~1377)의 아들이다. 문익점은 주세후의 딸과 결혼하여 원당면 배양촌으로 들어왔다(『단성지』 원당리팔방고증 제8방 참조).

26) 『단성지』 원당리팔방고증 제8방에는 是培養山 卽周氏文氏之基也 周爲土姓 而有世侯及璟 皆爲判書 璟以孝行 旌其閭라고 되어 있으나 『신증동국여지승람』 권31 단성현 효자조와 『여지도서』, 『경상도읍지』에는 효자 주경에게 정문하고 비석을 세웠다 라고 되어있다.

27) 『단성지』 법물예리팔방고증 제1방에 의하면 이부전서(吏部典書) 허옹은 고려 말에 정치가 어지러워짐에 관직을 버리고 단성으로 내려와 단계천이 흘러내리는 법물예리에 내려와 복거하였다고 한다. 『신증동국여지승람』 단성현 우거조와 『여지도서』 경상도 단성현 인물조에 보면 허옹은 고려 충숙왕조에 등재하여 전리판서(典理判書)에 이르렀다. 호는 우헌(迂軒)이고 고려말의 강직한 관리로 세상에 알려졌다 라고 기록되어 있다.

28) 『단성지』 法勿禮里八坊考證 제1방 許邕之子 少游爲掌令 以直諫 忤於朝 降爲開城少尹 洪武癸亥 丁母喪 廬墓三年 不脫絰帶 常伏枕席 晝夜號哭 時有倭寇之至 亦感其孝 相戒不敢逼掠 若柳下季之寵 至我朝 遂旌其閭 勝覽所爲許季道者 卽少游 改名爲

이러한 효행 사례는 조선사회에 와서 더 많이 보이고 있다.

나유문은 판서 나정노(羅廷老)의 아들이다. 연산조에 단상법이 엄하였을 때 어머니가 죽자 홀로 예로서 집상하였다. 몹시 애통해하였으므로 이로 인해 병이 생겨 죽을 무렵에 그의 아내와 영결하면서 "3년동안 어머니께 제사 지내는 것을 내가 살았을 때와 같이 하오" 하였다. 아내는 그의 말대로 하여서 비록 바람이 불고 비와 눈이 와도 몸소 산소에 제사지내는 일을 폐하지 않았다. 그리하여 중종 5년(1510)에 정려되었다.[29]

산음현감 정구(鄭構)는 경주정씨로 이조참의 정차공(鄭次恭)의 4세손이며 참봉 기문(起門)[30]의 아들이다. 그는 성품이 지극히 효성스러웠으며 복상에 있어서 8일동안 물 한모금도 마시지 않았다. 이에 남명 조식(曺植) 선생이 책을 주면서 야윔을 경계하였다. 나이 70세에 모친상을 당하여 집상하기를 전과 같이 조금도 해이함이 없었다. 일찍이 조상묘 밑에 작은 암자를 지어 '영모(永慕)' 라고 현판을 붙였다. 그리고 국상에도 상복을 입었다. 이에 어필(御筆)과 특별히 의복과 음식을 내려주었다.[31]

季道者 而當時記事者 不能察也

『고려사』세가 권제41 공민왕4, 14년 秋7월에 보면 허소유는 공민왕 14년에 전호군(前護軍) 우선좌(牛宣佐)의 살인죄를 추국하는 문제를 계속 제기하다가 전라도의 戍卒로 강등되는 사건이 있었다. 당시 공민왕이 '소유의 아비 옹(邕)이 강폭해서 세상의 증오하는 바가 되었는데 소유도 진정으로 그의 아들이다' 고 하면서 주위의 만류에도 불구하고 그의 유배를 강행하였다. 따라서 허옹 부자가 모두 강직해서 조정의 미움을 받는 바가 되었고, 단성에 거주 하였던 것이다(김준형, 앞의 책, 42쪽 참조).

29) 『단성지』北洞八坊考證 羅氏判書廷老是也 其子曰有文 燕山朝短喪法嚴 母死獨執喪以禮 哀毁成疾 臨死訣其妻曰 三年祭母 如我生時 其妻如其言 雖風雪 必親祭墓 不廢事聞有文及妻李氏皆旌閭

『중종실록』권10, 중종 5년 1월 병인조, 『신증동국여지승람』, 『여지도서』, 『경상도읍지』에도 보인다.

30) 『경주정씨족보』에 의하면 경주정씨는 사직 정호(鄭瑚) 때 단성으로 들어왔다. 참봉 정기문은 정호의 아들이다. 어머니는 현감 주복신(周復信, 판서 주경의 손자)의 딸이다.

이지보(李之寶)는 간(侃)의 아들이며 판서 산흘(山屹)[32]의 증손이다. 아버지 간이 낚시질을 업으로 하였는데, 하루는 아버지가 失足하여 물에 빠지자 지보가 울며 물속에 따라 들어가 아버지의 시체를 안고 죽었다. 이때 나이 9세였다.[33]

권홍(權浲)은 효자 문언(文彦)의 아들이며 규(逵)[34]의 손자이다. 어렸을 때 부친을 위해 단지를 해서 부친을 소생시켜 그 효성이 하늘을 감동시켰다고 한다.[35]

생원 권세륜(權世倫)은 천자(天資)가 진실하고 조수(操守)가 정고(貞固)하였다. 일찍이 아버지를 여의고 홀어머니를 극진히 봉양하다가 모친상을 당하자 더위와 추위, 비바람을 개의치 않고 3년 동안 여묘살이를 하는데 집에는 한번도 가지 않았다고 한다. 죽을 마시며 절도가 지나쳐 몸이 나무가지처럼 뼈만 남게 되고 온갖 병이 생기게 되었지만 그는 여막 앞에 자리를 깔고 엎드려 종일토록 울부짖으며 집상이 더욱 견고하고 조금도 흐트러짐이 없었다. 두 해가 겨우 지났는데 병이 낫지 않고 기운이 약해져

---

31) 『단성지』縣內八坊考證 제2방 "九印坊西簏下 有永慕堂址 故山陰縣監 鄭構所居 吏曹參議次恭四世孫 參奉起門子也 性至孝其服衰也 口不刁水者八日 南冥曺先生 貽書戒其毀 年七十又丁母憂 執喪如前喪 少不懈 嘗於先兆下 築小菴扁永慕 以居之有老衲芋鼎之饋 國恤服衰有 御筆特賜"

32) 판서 이산흘은 마흘촌에 살았으며 후손들이 낚시질을 업으로 삼는 지위로 전락하였다(『단성지』縣內八坊考證 제4방 磨屹 外坊).

33) 『단성지』縣內八坊考證 제4방 "判書李山屹者亦居 是坊至其孫侃 以漁釣爲業 一日其子之寶 隨往之 侃忽失足沈水 之寶哭墮於水 抱其父屍而死 是年九歲 與上虞人之女 前後一揆而第恨新安江上 無絶妙好辭以銘之"

34) 안동권씨 권규는 권금석(權金錫)의 손자이다. 권규는 원당면 내원당에 살고 있던 영일 정씨 정완(鄭浣)의 딸과 결혼하여 처가로 옮겨 오면서 그 자손들은 내원당에 정착하게 되었다(『단성지』원당리팔방고증 제1방 참조).

35) 『단성지』元堂里八坊考證 제1방 "權太師二十世有孫曰 逵娶鄭圃隱文忠公五世孫浣之女居是坊 手植雙槐于庭扁其堂曰 安分 生四子而以 文顯 文著 文任 文彦爲名 君子哉……爲父斷指 豈專全美於一浲乎 浲 文彦之子也 方文彦之死 浲年纔弱冠爲父斷指 絶而復甦誠之感天者如是 夫浲之弟渫 癸卯登武科 其兄澤之妻 姜氏 立節於丁酉之倭亂 遂表旌門"

목숨이 경각에 달려 있었다. 그리하여 종족 및 이웃의 어른들이 모두 모여 울며 고깃국물을 권유한 즉 세륜이 말하기를 "담복(禫服)이 남았는데 내 어찌 고깃국물을 차마 먹겠는가." 하며 결국 따르지 않고 죽었다. 세진(世 眞), 세춘(世春), 세륜(世倫), 세인(世仁) 4형제가 한 우물로 동거하였으며 형을 섬기기를 엄부(嚴父)와 같이 하고 아우 사랑하기를 사재(私財)가 없 었으며 화합에 즐거움이 있고 서로 비교함이 없이 우애가 돈독하였다. 약 관이 되지 않아 지향하는 바가 이미 바르고 남명 조선생의 문에 출입하고 덕계(德溪) 오선생을 좇은 즉 선을 좋아하는 마음이 지극하였다. 살아서 당시에 천거를 얻지 못하고, 죽어서는 후일에 정표(旌表)를 얻지 못하여 향인이 그 사람을 추상(追想)하는 바 항상 애석하게 여겼다고 한다.[36]

충순위(忠順衛) 어모장군(禦侮將軍) 류우(柳宇), 류주(柳宙) 형제는 진주 류씨(晋州柳氏)로 부모상에 한결같이 예제를 따름으로서 사람들이 모두 칭찬하였다.[37]

양사리(梁士利)[38]는 남원양씨로 김해부사 양사귀(梁思貴)의 3세손인

---

36) 『단성지』 新燈八坊考證 제3방 "世倫天資眞實 操守貞固 早喪父 事母至誠甘旨之奉
定省之勤 誠無讓於古之孝矣 及其遭喪 廬于墓側 雖祈寒盛暑 不脫衰絰 大風霖雨 不
廢省墓三霜血泣 一不到家 歠粥過節 柴毀骨立 百病交作 寸步不能自致 則常設苫於
廬外 望墓俯伏 終日號泣執喪彌堅 未嘗少懈 再朞纏経 病不可爲氣息 奄奄命在頃刻
昆季宗族及隣里之長老 咸聚涕泣 勸進肉汁 則曰禫服在身 吾不忍是 竟不從 勸因 遂
不起 凡有耳目者 孰不感泣 觀其養生送死之誠 一出天性而 匪他則 攀柏之孝 泣血之
誠 殆無以過此矣 兄弟四人 同居一井 事兄 如嚴父 愛弟無私財 有旣翕之樂 無相猶之
惡則友于之情 篤矣 年未弱冠 所嚮已正 出入南冥曺先生之門 追隨德溪吳先生則好善
之心 至矣 少從鄕老 受學 半年 其人死而無子 卽往治其喪 一從禮制 自初 至葬 未嘗
少離 且爲裁服 以服之則 其不忘初學之恩 可以聳動人心矣 嘗讀聖經賢傳 兀然端坐
夜以繼日 其篤行力學 亦無愧於古人矣 嗚呼 孝於親如此 友於兄弟如此 好善也 旣如
此 篤學也 又如此則其處心行事 固不止於一鄕之善士而已然而生不得薦拔於當時 死
不得旌表於後日 此鄕人之所以追想其人而 常歎惜者也"
37) 『단성지』 新燈八坊考證 제4방 "晉山柳玕之五世孫 副正承潤之居 子莢從仕郞司涓
子從 平龍驤副司直 子淵兵馬虞侯 子萬禎長髻縣監 有二子曰宇曰宙 皆忠順衛禦侮將
軍 宙武人 而居父母之喪 一從禮制 人皆稱之 宇有五子 報春 壬辰亂戰死於晉陽"

승문(承文)의 증손이다. 그는 부모의 상 뿐만 아니라 인종, 문정왕후상에
도 3년복을 입었다. 그리고 나이 60세에 또 선조상을 당하여 3년복을 입
음으로써 결국 병으로 인하여 일어나지 못하였다. 그의 아들 稑 역시 부
모에게 효도하였으며 그의 두 딸도 정유재란 때 절개를 지키다 죽었다.
그때 장녀는 20세, 차녀는 17세였다. 한 집안에서 충효의(忠孝義)를 보임
은 세상에 드물게 보는 바였다.39)

　　이삼노(李三老)는 장수이씨로『단성지』의 찬자인 이시분의 숙부이다.
그는 부모에게 지성으로 효도하였다. 어육을 먹지 않았고 맛있는 음식으
로 부모를 공양하였다. 상을 만나자 슬퍼함이 절도를 넘었으며 여묘살이
를 하였다. 추우나 더우나 상복을 벗지 않고 3년간 피눈물을 흘리고 한번
도 집에 가지 않았다. 성효가 사물을 감동시켜 호랑이가 와서 보호해주었
다고 한다. 三才, 三老, 三省 3형제가 한 울타리 내에서 동거하였다. 우애
가 돈독하여 사람들이 칭찬하지않음이 없었다.40)

　　김씨의 奴인 정원동(鄭元同)은 어머니께 효도하고 주인에게 충성하였
다. 그리고 士君子도 능히 하기 어려운 바인 인조상에 3년복을 입었다.41)

---

38)『단성군읍지』(奎. 10881) 효자조에는 梁士義로 나와있다.
39)『단성지』都山八坊考證 제4방 "士利 以忠孝稱於世 其父母之喪 皆啜粥三年服 仁廟
　　喪三年服 文定喪三年 人比之於 宣陵효자 年六十又服 宣廟喪三年 因病不起 其子稑
　　亦孝於親 其兩女子 皆不辱身於丁酉之亂 同死於鋒刃 長年二十 次十七 其一家忠孝義
　　世所罕見矣"
40)『단성지』都山八坊考證 제6방 "卽島田 故司僕正李貴之基 有茂林脩竹之勝 我曾王
　　父生員 諱商卿 自京來居 是基 後又移居于漁隱洞 生員之父壽林 行義州敎授卽丞相
　　長川府院君 林幹八世孫也 比 王父 晩得三男 以三字 錫名 先人諱三才 仲父 三老 季父
　　三省 仲父 自幼時頭角夙凝 才器出凡 王父 奇愛大擬成就 五歲入學 不計書行之多少
　　惟問疑難處 事親至孝 口不食魚肉甘旨之供 極力營具 及遭喪 哀毀逾節 廬于墓側 祈
　　寒盛暑 不脫絰帶 三霜 血 泣 一不到家 誠孝感物 有虎來衛 兄弟三人 同居一墻之內
　　友愛敦睦 人莫不稱 先人 臨歿仲父 年已六十二 十日不脫冠帶 小不離側 至於氣絶 家
　　人呼而不應 獨仲父呼之則 細聲應於喉中 可見其相愛之極矣"
41)『단성지』都山八坊考證 제1방 "是坊有金氏奴 鄭元同者 忠於主孝於母服 仁廟喪三
　　年 盖士君子之所難能也 嘗冬月 州司嚴督官債之五六萬石 刻期督納 時村童里老 弊衣

손하(孫厦)는 밀양손씨이며 판관 경종(景宗)의 아들로서 어버이께 효도하고 스승을 위해 심상 3년을 하였으므로 모두 칭찬하였다.[42]

진사 류몽정(柳夢禎)은 효행으로써 칭찬을 받았다.[43]

양세홍(梁世鴻)은 남원양씨이며 고령현감 자곤(自鵾)의 6세손으로 효행으로써 칭찬을 받았다.[44]

그 밖에 『신증동국여지승람』에는 효자 千年이 보이고, 『여지도서』와 『경상도읍지』에는 효자 권문언(權文彦), 류성명(柳誠明), 박인홍(朴仁弘), 윤동열(尹東說), 오국헌(吳國獻)[45], 이윤현(李胤玄) 등이 보이고 있다.

『신증동국여지승람』에 보면 千年은 지극한 효성으로 어머니를 섬겼다. 하루는 큰 비가 와서 가옥이 모두 침몰하였다. 천년은 처자를 버리고 어머니만 업고 달아났다. 그리하여 처자는 모두 떠밀려 가버렸다. 이 일이 알려져서 상으로 베를 주고 복호하였다.[46] 홍수에 처자식 대신 어머니를 구함으로써 효자로 포상되어 주목된다.

권문언은 효자 권홍의 아버지이다. 어버이 섬기기를 지극한 효로서 함

赤脚 驅牛馬於道路 寒凍殆死 元同甚悶之 於路傍置大釜 煎粥各飮一器 人多賴活 鄕人稱活佛"

42) 『단성지』北洞八坊考證 제7방 "卽加坪 坪之西 是安州判官孫暝之孫 敬宗之居 敬宗爲武科 補軍器寺 判官子厦 孝於親 爲其師心喪三年 人皆稱之"

43) 『단성지』法勿禮里八坊考證 제3방 "岐內山陰縣監 柳東成之居 進士柳夢禎 以孝稱 亦居是坊 皆無傳"

44) 『단성지』都山八坊考證 제3방 "是坊亦有梁世鴻者 高靈縣監自鵾之六世孫也 以孝稱於鄕"

45) 『해주오씨족보』에 의하면 서인 오국헌(1599-1672)은 사계 김장생 문인으로서 송시열과 친밀하게 교유하였으며, 외가인 남원양씨가 살고 있는 단성으로 들어오면서 정착하였다.

46) 『성종실록』권285, 성종 24년 12월 신사조에 보면, 단성에 사는 公賤 千年이 물가에서 살았는데 금년 6월에 갑자기 큰비가 내려 홍수가 나자 집안이 잠기게 되어 천년이 그 처자를 버리고 어미를 업고 나왔으므로 그 효성이 가상하니 『대전』에 의거하여 면포 5필을 주어 권장하기를 아뢰었다. 그러나 성종은 면포 20필을 상주고 복호하도록 하라고 전교하였다.

으로써 정려되었으며 공조참의에 증직되었다.[47] 따라서 父子가 모두 효자로서 포상되었음을 알 수 있다.

류성명은 나이 60이 넘어 모친상을 당하였는데 빈소를 지키며 전수(奠需)를 몸소 올렸다. 이에 정려하였다.[48]

박인홍은 어머니를 위해 단지 효행을 하였다. 이에 복호되었다.[49]

윤동열은 열녀 이씨의 아들이다. 성효로서 부친상에 추복하였다. 이에 정려되었다. 오국헌(1599~1672)은 효행으로 숙종조에 호조좌랑에 증직되었다.[50]

이윤현은 아버지가 화적을 만나자 칼날을 무릅쓰고 몸으로 가리다가 창에 찔려 죽었다. 이에 정려되었다.[51]

이상에서 단성지역의 효자들의 효행에 대한 사례를 분류하여 보면 생전에 효양하고 부모 사후에 여묘를 3년한 경우, 부모의 병에 대한 치료를 위해 단지한 경우, 부모가 물에 빠져죽자 같이 따라 죽은 경우, 연산조의 단상법이 엄할 때 삼년상을 한 경우, 국상에 삼년상을 한 경우, 스승을 위해 심상 3년을 한 경우 등이 있음을 알 수 있다. 생전에 효양하고 부모 사후에 여묘 3년한 경우가 가장 많았다. 그리고 산음현감 정구와 양사리, 사노 정원동의 경우 부모상은 물론 국상에도 3년복을 입음으로써 주목된다. 특히 정원동은 사노의 신분으로서 사군자도 하기 어려운 인조상에 3년복을 입었으며, 양사리는 인종, 문정왕후상 3년복 뿐아니라 나이 60세에 선조상에도 3년복을 입음으로써 이로 인하여 결국 병이 생겨 사망하였다. 손하는 스승을 위해 심상 3년을 하여 주목된다. 따라서 단성지역은 다른 지역과 달리 국상에 대한 삼년상과 스승을 위한 심상 삼년의 효행사

---

47) 『여지도서』 경상도 단성현 효자조 ; 『경상도읍지』 단성현 효자조
48) 위와 같음.
49) 위와 같음.
50) 위와 같음.
51) 위와 같음.

례가 특히 많은 지역임을 알 수 있다. 또한 연산조때 단상법이 엄하였음에도 3년상을 한 경우가 보이고 있으며, 홍수에 처자식 대신 어머니를 구함으로써 효자로서 포상된 경우도 있었다. 그리고 양사리의 경우는 한 집안에서 충효의를 다 실천한 경우였다. 부자가 모두 효자로서 포상된 경우도 있다. 권문언, 권홍 부자, 양사리, 양류(梁樏) 부자가 그들이다.

효자들의 가계배경과 신분이 분명하였다. 즉 고려말 판서 주경은 초계주씨로 판서 세후의 아들이며, 개성소윤 허소유는 김해허씨로 이부전서 옹의 아들이다. 나유문은 판서 정노의 아들이며, 산음현감 정구는 경주정씨로 참봉 기문의 아들이다. 이지보는 간의 아들이며 판서 산흘의 증손이다. 권홍은 안동권씨로 효자 문언의 아들이며 규의 손자이다. 양사리는 남원양씨로 사귀의 3세손인 승문의 증손이다. 이삼노는 장수이씨로『단성지』의 편찬자인 이시분의 숙부이다. 양세홍은 고령 현감 자곤의 6세손이다.

한편『단성지』에 나오는 효자의 신분[52]을 살펴보면 다음과 같다.

<표 2> 효자의 신분

신분	효자	효녀	계
양반	판서 1명 판서의 자 1명 판서의 증손 1명 판관의 자 1명 증참지의정부사 1명 증공조참의 子 1명 소윤 1명 현감1명 현감의 6세손 1명 진사 1명		16명

---

52) 효자의 신분을 분석하기 위하여 그 자신의 관직이나 부, 조부 등 선조의 관직을 참조하였다.

	생원1명 생원의 손자1명 충순위 어모장군 2명 부사의 후손 2명		
중인	–	–	–
평민	–	–	–
천민	사노 1명	–	1명
계	17명	–	17명

이상에서 효자의 신분을 보면 신분이 밝혀진 17명가운데 양반이 16명, 사노 1명으로 나와있다. 여기에서 사족이 대부분이고 천민은 사노 1명에 불과하여 단성지방 사족의 영향력을 엿볼 수 있다.

포상내용을 보면 정려 또는 정문 포상이 17명 가운데 4명에게 주어졌고, 어필과 특사물(特賜物)이 1명, 특명효자지리(特命孝子之里)가 1명 그리고 포상이 밝혀지지 않은 경우가 11명이나 되었다. 사례건수에 비해 포상이 매우 적은 것이 주목된다.

2) 열녀

『단성지』에 보이는 열녀로는 姜氏, 李氏(羅有文의 처), 周氏, 李氏(鄭姓의 처), 梁氏의 두딸 등이 있다.

姜氏는 군택(權澤)의 처이며 효자 권홍(權洚)의 형수이다. 정유재란 때 절개를 지키려다 칼에 찔려 죽음으로써 정문되었다.[53]

이씨는 효자 나유문의 처이다. 연산조의 단상법이 엄할 때 시어머니상을 당하였는데, 남편이 홀로 예로서 집상하다가 병이 들어 죽으면서 남긴

---

53) 『단성지』元堂里八坊考證 제1, 2방 "其兄澤之妻 姜氏 立節於丁酉之倭亂 逶表旌其門;" 『여지도서』경상도 단성 열녀조와 『경상도읍지』단성현 열녀조에도 보인다.

유언에 따라 비가 오나 눈이 오나 3년간 산소에 제사를 폐하지 않았다. 그리하여 정려되었다.54)

주씨는 강은(姜隱)의 처이고 주복신(周復信)의 딸이다. 절개를 지켜 정려되었다.55) 이씨는 정성(鄭姓)의 처이다. 19세에 시집가서 아들 하나 낳고 과부가 되었다. 얼마 안되어 그 아들도 죽었다. 친정아버지가 가엾게 여겨 개가시키고자 하였으나 이씨는 이를 부끄럽게 여겨 밤을 틈타 연못에 몸을 던졌다. 향인이 물소리를 듣고 달려가 구했다. 이 일이 조정에 알려져 그 절의를 가상히 여겨 방백에게 명하여 정표하고 술을 내렸다.56)

효자 양사리의 두 딸이 모두 정유재란에 절개를 지키려다 칼에 찔려 죽었다. 이때 장녀가 20세, 차녀가 17세였다.57)

『단성지』이외의 자료에 나오는 단성지역의 열녀 사례를 보면,『신증동국여지승람』권31, 단성현 열녀조에는 召史, 李氏, 燕伊가 보이고 있고,

---

54) 『단성지』北洞八坊考證 참조.;『중종실록』권10, 중종 5년 1월 병인조에도 보인다.

55) 『단성지』北洞八坊考證 제8방 "周氏 則復信之女 姜隱之妻 或曰其節梁應鯤激之也" ;
『여지도서』경상도 단성 열녀조에 보면 주씨는 고려 때 효자 瓛의 증손녀로서 일찍 과부가 되었는데 어머니가 개가시키고자함에 죽음으로써 스스로 맹세하였다. 이에 정려하였다.

56) 『단성지』都山八坊考證 제3방 "是坊之池上 東邊卽節婦李氏之居 李氏簪纓之族 年十九爲鄭姓人妻 生一子而寡 未幾 又失其子 其父憐之 欲奪而嫁之 李氏恥之 乘夜投池中 鄕人聞驚波聲 奔往救之 以事聞于 朝廷 朝廷嘉其節義 命方伯宣 敎而賜酒 又旌表之 今雙樹亭是也"
『성종실록』권288, 성종 25년 3월 병진조에 보면, 이씨의 열행이 아주 자세하게 나와있다. 즉 이씨는 司直 李承昌의 딸이고 幼學 鄭季亨의 처이다. 나이 19세에 시집가서 7년만에 남편이 죽자 상사를 예법대로 하였는데, 부모는 그가 과부로 사는 것을 애처롭게 여겨 그 뜻을 빼앗으려고 하자 딸이 울부짖으면서 스스로 깊은 못에 몸을 던졌다. 그 형이 건져냈는데, 음식을 끊은 지 열흘이 넘도록 눈물을 흘리면서 울기를 멈추지 않으므로 그 부모가 죽을까 두려워하여 그만두었다. 시아비와 시어미는 모두 나이가 80이 넘었으므로 효성스럽게 봉양하면서 의복과 음식을 갖추어 공대하지 않은 것이 없었다. 이에 성종은 옛일에 비교하면 柏舟篇과 다름이 없으니 정문 복호하라고 전교하였다.『신증동국여지승람』에도 보인다.

57) 『단성지』都山八坊考證 제4방 참조.

『여지도서』경상도 단성현 열녀조와『경상도읍지』단성현 열녀조에는 현감 곽준의 딸 곽씨와 윤세무(尹世茂)의 처 이씨를 들 수 있다.

『신증동국여지승람』권31, 단성현 열녀조에 보면, 召史는 16세 때 그 남편이 나무하다가 호랑이에게 해를 당했다. 召史는 매우 슬퍼하여 뼈가 드러날 지경으로 수척하였다. 부모가 그의 뜻을 꺾으려 할까 두려워하여 항상 맹세하기를, "나에게 딴 뜻이 있으면 무슨 면목으로 시부모님을 볼 것이며 땅 밑에서 죽은 사람을 볼 것인가" 하였다. 하루는 그의 부모가 과연 딴 곳에 시집보내려고 하였다. 召史는 미리 알고 목매어 죽었다. 이 일이 알려져서 정려되었다.[58]

밤에 남편이 문 밖에서 신을 삼고, 연이(燕伊)는 문 안에서 삼을 매만지고 있었는데, 호랑이가 남편을 물어가자 연이는 왼손으로 호랑이 꼬리를 잡고 오른손으로 호랑이를 때렸다. 그리하여 호랑이가 소리를 지르면서 달아나서 남편이 살아났다.[59]

윤세무(尹世茂)의 처 이씨는 화적을 만나자 칼날을 무릅쓰고 몸으로 남편을 덮어 대신 칼에 찔려 죽었다. 이에 정려하였다.[60]

현감 곽준(郭趁)의 딸 곽씨는 임진왜란에 아버지가 황석산성에서 순절하였으며 남편 유학 류문호(柳文虎) 또한 적에게 죽었다. 곽씨가 말하기를, "아버지가 죽고 남편이 죽었으니 내 어찌 살겠는가" 하고 드디어 자결하였다. 이에 정려하였다.[61] 요컨대 단성 지역의 열녀 사례를 정리해 보면, 정유재란 때 절개를 지키려다 죽은 경우, 남편이 호랑이 또는 화적 등

---

58)『성종실록』권288, 성종 25년 3월 병진조에 보면, 召史는 船軍 成季文의 딸이다. 그 남편이 호랑이에게 해를 당하자 애훼하기를 예법대로 하고 3년상을 지켰는데 부모가 그의 뜻을 빼앗으려고 하자 召史가 듣고는 밤을 틈타서 스스로 목을 매어 죽었다. 이에『대전』에 의하여 그 문려에 정표하도록 하였다.

59)『신증동국여지승람』권31 경상도 단성현 열녀조

60)『여지도서』경상도 단성현 열녀조 ;『경상도읍지』단성현 열녀조.

61) 위와 같음.

으로부터 위기에 처했을 때 생명을 무릅쓰고 구하거나 대신 죽은 경우, 일찍 과부가 되어 부모가 개가시키고자 하였으나 종신 수절한 경우, 남편이 호랑이에게 해를 당하자 수절하기 위해 목매어 죽은 경우, 남편 대신 3년상을 치른 경우 등이 있음을 알 수 있다. 여기에서 정유재란 때 발생한 열녀가 가장 많음으로써 단성지역의 전쟁 피해를 엿볼 수 있다. 그리고 일찍 과부가 되었을 때 친정부모가 개가시키고자 하였으나 한결같이 거절하고 종신 守節하거나 수절하기 위해 자결하였다. 또한 이 당시에는 호랑이에게 화를 당하는 기사가 자주 보임으로써 호랑이의 피해가 컸음을 짐작할 수 있다.

다음으로『단성지』에 나타난 열녀의 신분[62]을 살펴보기로 하자

<표 3> 열녀의 신분

신분	열녀	계
양반의 처	판서의 자부 1명 판서의 증손녀 1명 증공조참의 자부 1명 부사의 후손 2명 유학의 처 1명	6명
중인의 처	–	–
양녀	–	–
천민	–	–
계	6명	6명

이상에서 열녀의 신분을 보면 신분이 밝혀진 6명의 열녀가 모두 사족의 처임을 알 수 있다. 포상내용을 보면 열녀 6명 가운데 4명만이 정려를 받았다.

---

62) 열녀의 경우 남편의 관직 또는 친가, 시가의 선조의 관직을 참조하였다.

맺음말

지금까지『단성지』를 중심으로 조선 중기 단성지역의 효자와 열녀에 대하여 살펴보았다. 이제 그 내용을 요약하여 결론에 대신하고자 한다.

『단성지』는 경상도 단성현의 사찬읍지로서 인조 18년(1640) 장수이씨 가문의 이시분(李時馪, 1588~1663) 개인에 의해 편찬되었다.『단성지』의 체재는 타지역의 사찬읍지의 체재와 크게 다른 기술방식을 취하였다. 즉 단성의 8개 면의 각 里들을 소개하면서 동시에 거기에 거주하던 유력한 성씨들을 소개하는 내용이 대부분의 분량을 차지하고 있다.

단성지역은 임진왜란 때 막대한 피해를 입음으로 말미암아 일시적이나마 선조 32년(1599) 산청현에 합쳐졌다. 그리고 광해군 5년(1613)에 이전의 상태인 단성현으로 돌아갔다.

이시분이『단성지』를 편찬하게 된 동기는 임진왜란으로 단성현이 피폐화되어 이웃 고을에 합병되어지고, 읍치가 옮겨 다니는 동안 단성이 배출한 인물의 사적과 유적이 남아있지 않을까 하는 우려였다. 그는 단성 인물의 사적, 성씨의 계보 등을 자세히 기록하였다.

단성의 사족들 중에서 남명 조식 문하에 들어가거나 사숙하는 경우가 많았다. 그리고 임진왜란 때에는 단성 사족들 중에도 의병활동에 적극적으로 참여한 인물이 많았다.

한편 단성지역에서 배출되었던 효자들을 보면『단성지』에는 효자 17명이 실려있다. 반면에『신증동국여지승람』에는 효자 4명,『조선왕조실록』에는 효자 2명이 실려있을 뿐이다.『여지도서』경상도 단성현과『경상도읍지』단성현에는 각각 효자 11명이 실려있다.

효행에 대한 사례를 분류하여 보면 생전에 효행하고 부모 사후에 여묘를 3년한 경우, 부모의 병에 대한 치료를 위해 단지한 경우, 부모가 물에 빠져 죽자 같이 따라 죽은 경우, 연산조의 短喪法이 엄할 때에도 3년상을 한 경우, 국상에 3년상을 한 경우, 스승을 위해 심상 3년을 한 경우 등이 있다. 특히 단성지역은 다른 지역과 달리 국상에 대한 3년상과 스승을 위한 심상 3년의 효행사례가 적지 않았음이 주목된다. 그리고 효자들의 가계배경과 신분이 자세하였다.

효자의 신분을 보면 신분이 밝혀진 17명 가운데 사족이 16명이고 사노가 1명에 불과하여 단성 지역에 있어서의 사족의 영향력을 엿볼 수 있다. 포상의 경우 효자 17명 가운데 6명에게만 포상이 주어져 사례건수에 비해 포상이 매우 적은 것이 주목된다. 旌門과 旌閭의 포상이 가장 많았다.

한편 『단성지』에는 열녀 6명의 사례가 기록되어있다. 『신증동국여지승람』에는 열녀 3명이 보이고 있으며 『조선왕조실록』에도 3명이 보이고 있다. 반면에 『여지도서』경상도 단성현과 『경상도읍지』 단성현에는 각각 열녀 6명이 보이고 있다.

열녀 행적을 유형별로 보면 정유재란 때 절개를 지키다 죽은 경우, 남편이 호랑이 또는 화적으로부터 위기에 처했을 때 생명을 무릅쓰고 구하거나 대신 죽은 경우, 일찍 과부가 되어 부모가 개가시키고자 하였으나 종신 수절한 경우, 남편이 호랑이에게 해를 당하자 수절하기 위해 목매어 죽은 경우, 남편 대신 3년상을 치른 경우 등이 있다. 이 가운데 정유재란 때 발생한 열녀가 가장 많았다.

열녀의 신분을 보면 6명의 열녀가 모두 사족의 처임을 알 수 있다. 포상으로는 6명 가운데 4명만이 정려를 받았다.

요컨대 조선시대 단성지역의 효자, 열녀의 수가 타지역에 비해 많지 않았으며, 신분상으로 사족이 대부분으로 재지사족의 영향력이 컸음을 알 수 있다. 또한 단성현이 임란으로 피폐화되었다가 새로 복구되어 가면서 사족들은 유교적 윤리를 앞장서서 실천하고자 하였음을 알 수 있다.

구분	인명	가계 및 신분	포상내용	비고
효자(본조)	鄭構	山陰縣監 (參奉 起門의 子)	有御筆特賜	
〃	李之寶	侃의 子 (判書 山屹의 曾孫)	불명	
〃	權浲	文彦의 子 (達의 孫子)	정문	
열녀(본조)	姜氏	權澤의 妻 (효자 浲의 형수)	정문	
효자(고려)	周璟	判書	정려	
〃 (고려)	文益漸	江城君	特命孝子之里	
〃 (본조)	羅有文	判書 廷老의 子	정려	
열녀(본조)	李氏	羅有文의 妻	정려	
효자(본조)	孫厦	判官의 子	불명	
〃 (고려)	許少游	開城少尹 (許邕의 子)	정려	『신증동국여지 승람』에는 許季 道라고 나옴
〃 (본조)	柳夢禎	進士	불명	
〃 (본조)	權世倫	生員	불명	
열녀(본조)	周氏	姜隱의 妻 (周復信의 女, 判書 周 璟의 曾孫女)	정려	
효자(본조)	柳宇, 柳宙 형제	忠順衛 禦侮將軍	불명	
〃	李三老	李時馪의 叔父	불명	
〃	鄭元同	金氏의 奴	불명	
〃	梁世鴻	高靈縣監 自鷗의 6世孫	불명	
열녀(본조)	李氏	鄭姓의 妻	旌表, 賜酒	
효자(본조)	梁士利		불명	『단성군읍지』 에는 梁士義로 나와있음
〃	梁秷	梁士利의 子	불명	
열녀(본조)	兩女子	梁士利의 두딸	불명	

머리말

주지하듯이 16~18세기에는 사찬읍지들이 전국에 걸쳐 편찬되었으며, 특히 경상도 지방에서 사찬읍지의 편찬이 활발하였다. 즉 경상도 지역의 의성(聞韶志), 창녕(昌山志), 함안(咸州誌), 안동(永嘉誌), 진주(晉陽誌), 상주(商山誌), 선산(一善誌), 단성(雲窓誌), 함양(天嶺誌), 경주(東京雜記), 청도(鰲山誌), 성주(星山誌), 동래(東萊府誌), 울산(鶴城誌), 문경(聞慶縣誌) 등에서 수령과 사족이 중심이 되어 사찬읍지가 편찬되었다. 그리고 밀양지방에서도 16세기 중엽에 이르러『密陽志』라는 사찬읍지가 편찬되었다.[1)]

『밀양지』는 경상도 밀양의 사찬읍지로서 그 내용이 상세하여 조선 중기 밀양의 향촌사회의 실상을 파악하는데 중요한 자료가 된다. 특히 효자, 열녀의 경우 사족으로부터 천인에 이르기까지 사회적 신분의 고하, 귀천, 남녀를 막론하고 그 행적을 상세히 읍지에 수록함으로써 유교윤리를 사회에 더욱 보급하고자 하였던 것이다.『밀양지』이후 밀양지역의 읍지들이 계속 이어서 편찬되었다.

---

1) 양보경, 1998, 「조선 중기 사찬읍지에 관한 연구」,『국사관논총』81 참조.

필자는 그동안 경상도 지역에서 편찬된 사찬읍지와 효자, 열녀에 대하여 검토를 해오고 있다.[2] 이번에도 필자는 이러한 작업의 일환으로 『밀양지』의 편찬에 대하여 먼저 살펴보고 이어서 밀양지역의 효자, 열녀에 대하여 검토하고자 한다. 본고에서는 조선 중기에 편찬된『밀양지』이외에『조선왕조실록』,『신증동국여지승람』,『여지도서』,『밀주지(密州誌)』,[3]『밀주구지(密州舊誌)』,[4]『밀주읍지(密州邑誌)』,[5]『밀주부읍지』,[6]『경상도읍지』,『밀양군읍지』,[7]『밀양누정록(密陽樓亭錄)』,[8]『밀양지』[9]

---

2) 박 주,『조선시대의 효와 여성』, 국학자료원, 2000.

_____,「조선 중기 단성지역의 효자, 열녀-『단성지』를 중심으로-」,『한국사학보』13, 2002.

_____,「『동래부지』의 편찬과 효자, 열녀」,『조선사연구』16, 2007.

3)『향토사료집』, 밀양문화원, 1986에는 동국여지승람(밀양편), 밀주지, 밀주구지, 밀주읍지, 교남지(밀양편)가 수록되어있다. 여기에 수록된 密州誌는 숙종연대에 편찬되었으며 退老李翼成家所藏本이라 되어있다. 밀주지의 내용은 크게 密州地理人物文翰誌卷之一 密陽都護府地理와 密州地理人物文翰誌卷之二 密陽都護府人物로 구성되어있다. 이 가운데 밀양도호부 인물은 名臣과 鄉賢으로 나누어져 있다.

4)『密州舊誌』는 편찬연대가 밝혀져 있지 않다. 다만 밀주지와 같은 시기로 추측하고 있다. 밀주구지도 密州地理人物文翰誌라 되어있으나 항목이 아주 상세하게 분류되어있다. 이 가운데 密州人物 부분을 보면 名臣, 鄉賢, 孝子, 孝婦, 烈女, 忠烈, 名將, 名賢, 仕宦, 官案으로 나누어 서술되어 있다.

5)『密州邑誌』는 편찬연대가 밝혀져 있지 않다. 목차는 密陽地圖, 建置沿革, 郡名, 官職, 姓氏, 山川, 風俗, 坊里, 戶口, 田賦, 徭役, 軍額, 城池邑城, 倉庫, 關防, 鎭堡, 烽燧, 學校(鄉校), 壇廟, 陵墓, 佛宇, 宮室, 客館, 樓亭, 道路, 橋梁, 堤堰, 場市, 驛院, 牧場, 古蹟, 土産, 進貢, 俸廩, 宦蹟, 科擧, 人物, 孝子, 烈女, 題詠 순으로 서술되어 있다.

6)『密陽府邑誌』(奎17444)는 부사 金履鐸의 재임시기인 정조 5년(1781)~ 정조 9년(1785) 사이에 편찬된 밀양부읍지의 後寫本이다. 목차는 四界, 建置沿革, 郡名, 姓氏, 風俗, 形勝, 坊里, 山川, 堤堰, 土産, 城郭, 烽燧, 牧場, 關防, 學校, 陵寢, 壇廟, 官職, 樓亭, 公廨, 倉庫, 橋梁, 驛院, 題詠, 寺刹, 古蹟, 鎭堡, 官案, 人物, 孝子, 孝婦, 烈女, 流傳, 古事, 進貢, 糶糴, 俸廩, 册版, 軍案, 旱田, 水田, 田稅, 大同均稅, 戶額 순이다.

7)『密陽郡邑誌』(奎10867)는 1899년(광무 3)에 전국읍지편찬사업의 일환으로 편찬되었다. 목차는 地圖, 建置沿革, 官職, 郡名, 姓氏, 風俗, 形勝, 坊名, 山川, 堤堰, 土産, 城郭, 烽燧, 牧場, 關防, 學校, 陵寢, 壇廟, 樓亭, 公廨, 倉庫, 驛院, 寺刹, 古蹟, 鎭堡, 俸廩, 場市, 進貢, 戶口, 田賦, 册版, 道路, 人物, 孝子, 孝婦, 烈女, 官案 순으로 되어있다.

8)『密陽樓亭錄』, 밀양문화원, 1984.

등의 사료를 참고하였다.

1.『밀양지』의 편찬과 내용

『밀양지』는 경상도 밀양(현 경상남도 밀양시)[10]의 사찬읍지이다.『밀양지』는 효종 3년(1652)에 신익전(申翊全, 1605~1660)[11]이 밀양부사로

9)『密陽誌』, 밀양지편찬위원회편, 밀양문화원, 1987.

10)『국역 신증동국여지승람』권26, 밀양도호부 건치연혁 561쪽에 의하면 밀양은 본래 신라의 推火郡인데, 신라 경덕왕때 밀성군으로 고쳤다. 고려에서는 성종 때 密州刺史로 고쳤고, 현종이 知密城郡事로 일컬었다. 충렬왕 원년에는 趙仟 등이 수령을 죽이고 진도의 叛賊에 호응했으므로 낮추어서 歸化部曲으로 하여 鷄林에 붙였다가 뒤에 밀성현으로 불렀고, 11년에 높여서 郡으로 하였다. 얼마 안되어 또 낮추어 縣으로 했고, 공양왕이 증조모 박씨의 고향이므로 지금의 이름으로 고치고 높여서 밀성부로 하였다. 본조 태조 때에 도로 밀성군으로 하였다가 뒤에 중국에 입조한 宦者 金仁甫의 고향이므로 다시 높여서 府로 하고 태종 때에 도로 郡으로 하였다가 뒤에 준례에 따라 도호부가 되었다. 군명으로 推火. 密城. 密州. 歸化. 凝川. 密山이라 칭하였다.

11)『규장각소장문집해설, 17세기』6, 東江集, 서울대학교 규장각, 2000, 495쪽에 의하면 신익전의 호는 東江이고 본관은 平山으로 영의정 欽의 아들이다. 어머니는 전의 이씨이며, 부인은 楊州 趙氏(1607~1661)이다. 부인 조씨는 조창원의 딸로서 인조 계비인 장렬왕후와 자매이다. 김상헌의 문하에서 수학하였으며 1626년에 병과에 급제하였으나 파방되었다. 1636년 학행으로 천거되어 齋郎(參奉)이 되었으며, 같은 해 별시에서 병과로 급제하였다. 이듬해 檢閱. 待教 등을 거쳐 성균관전적, 사간원정언, 병조좌랑, 사헌부지평, 홍문관부수찬을 역임하였다. 1639년 홍문관교리, 사간원헌납을 거쳐 서장관으로 청나라에 다녀왔다. 1641년 세자시강원에 들어갔다가 얼마 후 居山道찰방으로 나갔다. 1643년 부수찬을 거쳐 교리가 되었으며 이듬해 議政府舍人, 弘文館副應教, 世子侍講院弼善 등을 역임했다. 1645년 光州牧使로 나갔으며, 임기를 마친 후 同副承旨, 刑曹參議, 兵曹參知를 거쳐 1649년에 좌부승지, 호조참의를 역임하고 도승지가 되었다. 1650년에 호조참판, 五衛都摠府副摠管이 되었으며, 義順公主의 護行府使가 되어 연경에 다녀왔다. 돌아와 예조참판이 되었으며, 이듬해『인조실록』의 편수에 참여하였다. 한성부우윤, 개성부유수, 밀양부사를 거치면서 많은 치적을 남겼다. 내직으로 들어와 동지중추부사가 되었으며, 호조참판과 예조참판 등을 역임하였다. 領敦寧府事 漢原府院君 趙昌遠(1583~1646)은 인조의 계비인 장렬왕후 趙氏의 아버지이며 신익전의 장인이기도 하다.

부임하여 편찬한 읍지이다. 읍지가 책으로 독립되어 있지않고 신익전의 문집인『동강집(東江集)』12) 권16 별록(別錄)에 수록되어있다. 그리고 다른 읍지처럼 별도로 항목을 나누지 않고 연이어 서술하는 형태를 취하고 있다. 그러나 수록 내용을 항목으로 만들어 보면 다음과 같다. 즉 건치연혁, 사방경계, 산천, 성곽과 읍성, 객사와 별관, 누정(樓亭): 영남루(嶺南樓), 관청, 군기청, 장군청(將校 내역), 의국(醫局, 有司 내역), 향사당(鄕官내역), 작청(吏胥 내역), 교방(伎女 내역), 부사(府司, 戶長), 공수(公需), 빙고(氷庫), 부옥(府獄), 방리(坊里), 학교:향교, 단묘(壇廟):사직단(社稷壇), 역원(驛院): 역(驛), 원(院), 불우(佛宇), 성씨, 토산, 고적, 요속(謠俗), 인물, 효자, 열녀, 명환(名宦) 등으로 설정할 수 있다.13) 장군청(將校 내역), 의국(有司 내역), 작청(吏胥 내역), 교방(伎女 내역)의 내용은『밀양지』에서만볼 수 있는 서술내용이라 할 수 있다.

효종 3년(1652)에 신익전이 쓴『밀양지』의 마지막 부분을 보면

"(밀양)부의 경계는 絶長續短하여 능히 이백리가 안되나 民物의 다과, 인재의 성쇠, 풍속의 후박은 전과 비교하여 이후 현격한 차이가 날뿐아니라 또한 세도와 더불어 변화하는 것 같다. 대개 천하의 이치는작은 것이나 큰 것이나 같다. 漢帝의 말에 가로되, '나와 더불어 다스림을 같이하는 자는 오직 어진 이천석(수령)인저.' 수령을 잘 얻고 못얻는 것이 한 지역을 기쁘게 또는 슬프게 만드니 진실로 이것은 예나 지금이나 같다. 백성은 반드시 恒産이 족한 후에 恒心을 보유한즉 지난번 民物의 다과, 인재의 성쇠, 풍속의 후박의 그 책임이 누구에게 있겠

---

12)「東江集」은 동강 申翊全의 시문집으로 19권 3책으로 되어있다. 신익전의 문집은
그의 사후 아들 申晸이 현종 13년(1672)에 전라도 관찰사로 부임하여 간행하였다.
목차는 辭賦, 五言古詩, 七言古詩, 五言律詩, 五言排律, 七言律詩, 五言絶句, 七言絶
句, 序. 記, 墓誌銘. 行狀. 哀辭. 祭文, 疏. 箚. 啓辭, 雜著, 應製錄 그리고 別錄(密陽
志), 附錄으로 되어있다.
13)「東江集」, 위의 책 495쪽 참조.
　密陽志,「東江遺集」권16,『한국문집총간』제105권, 1993, 88~93쪽 참조.

는가. (그 책임은 수령에게 있다.) 이에 이 땅이 본래 기름진 땅이고 백성들은 또한 업(농사)을 즐겼는데, 무릇 혹독하게 병화를 입고 쇠퇴함이 쌓여 지금은 편호가 존재하는 것이 겨우 열에 두셋이고 횡렴이 배가 되었다. 이미 이웃의 동래관은 正賦를 덜어서 왜를 먹이고 있다. 또한 베를 짜는 여자(紅女)에게 베틀의 북(杼軸)을 재촉하고 북인의 끝없는 요구에 응하니 이에 기근이 들고 거듭 전염병이 돈 즉 어찌 우러러 부모님을 섬기고 허리굽혀 자식을 기르고 (백성들을) 다스려 선으로 가게함이 쉽겠는가…… 진실로 짧은 시일에 소생하게하고 살찌게 함이 어렵다. 하물며 내가 이말류에 임하겠는가. 오직 날로 두렵고 외로우며 聖明으로 함께 다스리라는 (정부의)부탁에 스스 로 반성하면서 이 志를 짓는다."14)

라고 편찬 목적을 밝히고 있다. 즉 신익전이 『밀양지』를 편찬하게 된 목적은 병란을 치룬 후 自省을 위해 志를 짓는다고 밝혔다.

신익전의 문집 말미에 붙인 아들 신정(申晸)의 발문에는 문집의 구성 내역과 편찬의 의의를 설명하였다.15) 『밀양지』는 조선 중기 밀양의 지방 통치를 파악하는 데 중요한 참고자료로 주목된다.

밀양의 성씨로 孫, 朴, 金, 卞, 趙, 邊, 楊, 唐, 李, 崔, 尹, 曹, 諸, 魯, 田, 劉, 斧, 苔, 豆, 保, 白을 들고 있다.16) 한편 『밀양지』에 실린 인물로는 고려 인물 2명(朴仁幹, 朴宜中), 본조 인물 37명(朴葳, 卞季良, 金宗直, 朴漢柱, 申季誠, 姜渾, 朴弘信, 朴增榮, 孫仁甲, 盧盖邦, 朴翊, 宋軼, 卞仲良, 朴楗, 玄碩圭, 朴說, 李申, 安覿, 孫孝祖, 孫起陽, 梁澹, 朴坤, 尹松筠, 金湊, 李世應, 權撥, 李彦迪, 崔盖國, 朴光玉, 申碟, 朴晉樹, 李守一, 崔沂, 鄭起龍, 李士祥, 李祇, 金應祖)으로 모두 39명이 수록되어있다. 그리고 효자 7명, 효녀 1명, 열녀 12명이 수록되어 있다.

14) 密陽志,「東江遺集」권16, 『韓國文集叢刊』제105권, 1993, 93쪽.
15) 密陽志,「東江遺集」권16, 위의 책 120쪽 跋 참조.
16) 密陽志,「東江遺集」권16, 위의 책 90쪽 참조.

2. 밀양지역의 효자, 열녀

<표 1> 문헌에서 확인되는 밀양의 효자 효녀 효부 열녀수

전거(편찬연대)	효 자	효 녀	효 부	열 녀	계
『신증동국여지승람』밀양도호부(1531)	4	1	0	2	7
『밀양지』(1652)	7	1	0	12	20
『밀주구지』(1675~720)	24	1	1	17	43
『여지도서』밀양도호부(1757~1765)	14	1	1	6	22
『밀양부읍지』(1781~1785)	24	1	1	14	40
『경상도읍지』밀양부읍지(1832)	27	1	1	18	47
『밀양군읍지』(1899)	24	1	1	15	41

<표 1>을 보면 각 자료의 연대가 16세기(1531년), 17세기(1652년, 1675년), 18세기(1757, 1781년), 19세기(1832, 1899년)임을 고려할 때 시간이 지날수록 효자, 열녀의 수가 대체로 증가함을 볼 수 있다. 또한『신증동국여지승람』과『여지도서』와 같은 전국지리지보다『밀양지』,『밀주구지』,『밀양부읍지』,『밀양군읍지』와 같은 읍지에 실린 효자, 열녀의 수가 훨씬 많음을 알 수 있다. 그리고『신증동국여지승람』과『밀양지』에 효녀는 수록되어 있는데 반하여 효부가 빠져있어 주목된다. 전체적으로 볼 때 순조 32년(1832)에 편찬된『경상도읍지』밀양부읍지에 가장 많은 효자, 열녀수를 보이고 있다.

1) 효자

『밀양지』에는 효자 7명(全佛山, 孫起倫, 裵尙綱, 孫若海, 趙光益, 金不受, 朴壽), 효녀 1명(今之)의 행적이 실려있다. 그 밖에『밀주구지』에 24

명, 『여지도서』밀양도호부에는 14명, 『밀양부읍지』에 24명, 『경상도읍지』밀양부읍지에 27명의 효자 사례가 수록되어 있다. 이 가운데 가장 많이 실린 『경상도읍지』밀양부읍지의 27명의 효행에 대한 사례들을 분류하여 보면, 대체로 생전에 지극한 효성으로 봉양하고 사후에 3년 내지 6년간 여묘살이하거나 또는 추복 3년한 경우, 부모의 병에 대한 치료를 위해 단지, 상분한 경우, 부친이 병이 들어 쇠고기나 생선을 먹고싶어할 때 문득 쉽게 구하여 드리게 된 경우, 임진왜란에 적으로부터 부모의 살해나 피로를 막고자 하여 생명을 걸고 구하거나 함께 죽은 경우, 부모에 대한 지극한 효행으로 하늘이 감응한 효감동천의 경우 등이 그것이다. 이 중에서 부모 사후에 여묘살이한 효행사례가 가장 많은 비중을 차지하고 있다.

먼저 생시에 지극한 효성으로 봉양하고 사후에 3년 내지 6년간 여묘살이하거나 또는 추복 3년한 사례(18건)를 살펴보면 다음과 같다.

사헌부 지평 이신(李申)은 고려조 사재령(司宰令) 일선(日善)의 아들이며 호는 표은(瓢隱, 혹은 溪隱)이다. 사람됨이 강직하고 바르며 충성스럽고 효성스러웠다. 아버지 상중에 있어서는 밤에 허리띠를 풀지 않고 애통해 하여 쇠약해져서 뼈가 드러났다. 모든 상구(喪具)는 여러 형제와 힘을 모아 갖추지 않고 손수 혼자서 부담하고 여묘살이가 3년을 하였다. 이에 조선조 태종때 정려(旌閭)하였다. 정려각은 하남읍(下南邑) 남전리(南田里)에 있다.[17]

<hr />

17) 『국역 신증동국여지승람』권26, 밀양도호부 효자조 581쪽.
　　『동국신속삼강행실도』효자도「李申負土」111쪽.
　　『밀주구지』효자조 182쪽.
　　『여지도서』밀양도호부 효자조 507쪽.
　　『밀양부읍지』(奎17444) 밀양도호부 효자조.
　　『경상도읍지』밀양부 효자조 499쪽.
　　『밀양군읍지』(奎10867)효자조.
　　『밀양지』, 1987, 밀양지편찬위원회편, 밀양문화원, 611쪽.

남해현령 박심(朴尋)은 상을 당하여 여묘살이 3년을 하면서 한 번도 집에 가지 않았다. 이 일이 임금에게 들리어 정려하였다.[18]

김불수(金不受)는 부모의 여묘살이를 6년을 하였고, 조정에 들리어 정려가 내려졌다. 효행으로써 특별히 찰방에 제수되었다. [19]

성균진사 어영하(魚泳河)는 부모를 사랑으로 섬기고 공경함에 돈독하였다. 승순(承順)하며 즐겁게 하고 효성을 다하여 부모를 봉양하였다. 부모에게 맛있는 음식으로 봉양하며 곡진하지 않음이 없었다. 아버지가 돌아가심에 곡하고 울며 피를 토하여 거의 죽게 되어 한 모금의 물도 먹지 못했다. 빈렴(殯殮) 후에야 죽을 먹고 장을 마셨으며, 장사 지낸 후에 여묘살이를 하였다. 복을 마친 후 어머니상을 당해 애훼함이 전보다 더하였다. 또 여묘 3년을 살며 지팡이를 짚고 산 입구를 나오지 않았으며 질대(絰帶)를 벗지 않고 궤연(几筵)에 엎드려 지팡이에 의지하니 보는 자가 모두 눈물을 흘렸다. 복을 마치고는 반드시 새벽에 사당을 알현하고, 나갈 때 고하고 돌아와서도 고했다. 조카와 친척들의 혼인과 생사에도 반드시

18) 『국역 신증동국여지승람』권26, 밀양도호부 효자조 581쪽.
   『동국신속삼강행실도』효자도「朴尋廬墓」111쪽.
   밀양지,『동강유집』권16, 92쪽.
   「밀주구지」효자조 182쪽.
   『여지도서』밀양도호부 효자조 507쪽.
   『밀양부읍지』(奎17444) 밀양도호부 효자조.
   『경상도읍지』밀양부 효자조 499쪽.
   『밀양군읍지』(奎10867)효자조
19) 『국역 신증동국여지승람』권26, 밀양도호부 효자조 581쪽.
   『동국신속삼강행실도』효자도「不受廬墓」144쪽.
   밀양지,『동강유집』권16, 92쪽.
   「밀주구지」효자조 182쪽.
   『여지도서』밀양도호부 효자조 507쪽.
   『밀양부읍지』(奎17444) 밀양도호부 효자조.
   『경상도읍지』밀양부 효자조 499쪽.
   『밀양군읍지』(奎10867)효자조

고하며, 기일에는 눈물을 흘리며 울고 저녁에 곡식 한 알도 먹지 않았다. 후에 이 사실이 조정에 알려져 인조때 정려가 내렸다. 20)

양말손(梁末孫)은 아버지가 별세함에 여묘 3년을 지냈다. 그 때 어머니가 죽은 지 이미 26년이 되었다. 말손이 나이가 어려 복상하지 못했음을 한으로 여기다가 아버지의 묘 곁에 이장하고, 또 3년을 복상하였다. 복을 마치고 묘 아래로 이거하여 매일 아침 저녁으로 묘역을 바라보고 절하였다. 그 일이 조정에 알려져 정려가 내렸다. 정려는 무안면(武安面) 마흘리(馬屹里)에 있다. 21)

국담(菊潭) 박수춘(朴壽春, 1572~1652)은 임진왜란 때 산골짜기로 피난갔는데 돌림병(癘疫)을 만나 부모와 형제자매 5인이 일시에 생명을 잃었다. 박수춘 또한 감염되었다가 겨우 소생하여 실낱같은 목숨을 이끌고서도 일곱 시신을 업어다가 흙으로 덮어 묘를 지켰다. 학행 · 지절(志節) · 덕망이 높아 사우간에 숭정처사로 추중되었다. 사후에 호조참의로 추중되었다. 문집으로『국담집(菊潭集)』이 전한다.22)

---

20)「밀주구지」효자조, 위의 책 183쪽.
　　『여지도서』밀양도호부 효자조 508쪽.
　　『밀양부읍지』(奎17444) 밀양도호부 효자조.
　　『경상도읍지』밀양부 효자조 499쪽을 보면「밀주구지」에 비해 내용이 간략한 편이다.
　　『밀양군읍지』(奎10867) 효자조.
21)「밀주구지」효자조, 위의 책 183쪽.
　　『여지도서』밀양도호부 효자조 508쪽.
　　『밀양부읍지』(奎17444) 밀양도호부 효자조.
　　『경상도읍지』밀양부 효자조 499쪽.
　　『밀양군읍지』(奎10867)효자조.
　　『밀양지』, 1987, 밀양지편찬위원회편, 밀양문화원, 614쪽.
22)『여지도서』밀양도호부 효자조 508쪽.
　　『밀양부읍지』(奎17444) 밀양도호부 효자조.
　　『경상도읍지』밀양부 효자조 499쪽.
　　『밀양군읍지』(奎10867)효자조

모헌(慕軒) 박양춘(朴陽春, 1561~1631)은 명종 때 효행으로서 호조참의에 특별히 제수된 효자 항(恒)의 아들이다. 천성이 순효하여 16세에 아버지 상을 당해 40리나 떨어진 곳에 여묘살이를 하였는데, 밤에는 묘를 지키고 낮에는 어머니를 모시며 바람이 부나 비가 오나 조금도 그치지 않았다.[23]

윤선치(尹善致)는 성효가 출천하였다. 모친상을 당해 상제에 정성을 다하였다. 아버지가 거사가 되어 입산하여 나오지 않으므로, 선치가 차마 서로 떨어질 수 없어 삭발하고 중이 되어 밤낮으로 아버지를 떠나지 않았다. 아버지가 며느리의 수절을 가련하게 여겨 집에 돌아갈 것을 권하였고, 아버지가 죽자 여묘살이 3년을 하면서 그 발자취가 집에 이르지 않았다.[24]

오영달(吳英達)은 일찍 아버지를 여의고 효로서 어머니를 섬겼다. 어머니가 죽자 여묘살이 3년을 하였다. 어려서 아버지의 상에 복상하지 못한 것을 한으로 여겨 또 3년 여묘살이를 했다. 그 일이 알려져 급복(給復)되었다.[25]

석수도(石守道)는 부친상에 10리나 떨어진 곳에서 여묘 3년을 하였다. 부모상에 6년 여묘살이를 했다. 노병에 큰종기가 생겨 약으로 술을 사용해야하나 나라에서 술을 금하므로 죽었다. 그 일이 알려져 급복되었다.[26]

---

23) 「밀주구지」효자조, 위의 책 185쪽.
　　『밀양부읍지』(奎17444) 밀양도호부 효자조.
　　『경상도읍지』밀양부 효자조 499쪽.
　　『밀양군읍지』(奎10867)효자조.
　　『밀양지』, 1987, 밀양지편찬위원회편, 밀양문화원, 612쪽.
24) 「밀주구지」효자조, 위의 책 186쪽.
　　『밀양부읍지』(奎17444) 밀양도호부 효자조.
　　『경상도읍지』밀양부 효자조 499~500쪽.
　　『밀양군읍지』(奎10867) 효자조.
25) 「밀주구지」효자조, 위의 책 185쪽.
　　『여지도서』밀양도호부 효자조 508쪽.
　　『밀양부읍지』(奎17444) 밀양도호부 효자조.
　　『경상도읍지』밀양부 효자조 500쪽.
　　『밀양군읍지』(奎10867) 효자조.
26) 「밀주구지」효자조, 위의 책 185쪽.

김유식(金有軾)은 어버이를 섬김에 살아서는 효로써 봉양하고, 죽어서는 슬퍼하고 사모하여 3년동안 여묘살이를 했다. 그 일이 알려져 급복되었다.27)

조하진(曹夏璡)은 효자 광익(光益)의 5세손이다. 천성이 효경하였으며 거상에 여묘하였는데 작은 길이 만들어져 초목(樵牧)들이 효자길이라고 일컬었다.28)

형조정랑 조광익(曹光益, 1537∼1578)의 호는 취원당(聚遠堂)이고 오방동인(五坊洞人)이다. 청백리 치우(致虞)의 증손이다. 평소에 효우를 생활의 전부로 삼았다. 지극한 정성으로 어버이를 섬겨 시종 태만하지 않았다. 부모상을 당해서는 예로써 상제를 지내고 죽을 먹으며 애훼하니 향리가 탄복하였다. 이에 선조 때 정려하였다.29) 공은 일찍 과거급제하여 문장이 뛰어나 후에 관직이 평안도사에 이르렀다. 13세에 퇴도 이황 문하에 가서 심경을 배울 것을 청하니 선생이 먼저 소학을 주고 설문하였는데 통철하지 않음이 없었다. 선생 문도들이 모두 그의 재민에 탄복하였다. 정한강(鄭寒崗), 김동강(金東岡), 기고봉(奇高峯), 이율곡(李栗谷) 등이 그를 칭찬하였다. 그의 詩文이 세상에 전해지고 있다. 아우 지산공(芝山公) 호익(好益)이 젊어서 강동(江東)에 유배되자 형제가 상봉하기 위해 공이 평안도사를 자청하여 갔으나 병으로 그곳에서 별세했다. 선조가 부음을 들

『여지도서』밀양도호부 효자조 508쪽.
『밀양부읍지』(奎17444) 밀양도호부 효자조.
『경상도읍지』밀양부 효자조 500쪽.
『밀양군읍지』(奎10867)효자조
27)「밀주구지」효자조, 위의 책 185쪽.
『여지도서』밀양도호부 효자조 508∼509쪽.
『밀양부읍지』(奎17444) 밀양도호부 효자조.
『경상도읍지』밀양부 효자조 500쪽.
『밀양군읍지』(奎10867)효자조.
28)『경상도읍지』밀양부 효자조 499쪽.
29) 밀양지,『동강유집』권16, 92쪽.

고 "조광익의 효우는 출천(出天)이라" 하였다. 정려각은 초동면(初同面) 오방리(五方里)에 있다.[30]

윤갑생(尹甲生)은 천성이 지효하여 어머니가 죽자 40리나 떨어진 곳에 장사지내고 아침 저녁으로 가서 곡하였는데 비록 질풍과 비가 많이 와도 폐하지 않았다. 맹수가 수행하는 이상한 일이 있자 사람들이 그 효성에 감탄한 바라 하였다.[31]

박지화(朴之華)는 천성이 지효하여 일찍 아버지를 여의고 어머니를 모시는 데 정성을 다하였다. 집이 가난하여 봉양할 수 없어 구걸하여 몸소 밥을 지어 맛있는 음식을 드리고, 이불에 버린 노모의 대소변을 스스로 빨며 그 아내에게 대신 시키지 않았다. 이불에 버린 변이 마르고 딱딱하면 이를 씹어보고 버렸는데, 한 마음으로 봉양하며 늙어서도 그만두지 않았다.[32]

배영세(裴永世)는 부모를 섬김에 효도를 다하였다. 그 일이 알려져 호조좌랑에 증직되었다.[33]

---

30) 『동국신속삼강행실도』효자도 「光益守喪」371쪽.
　　밀양지, 『동강유집』권16, 92쪽.
　　「밀주구지」효자조, 위의 책 183쪽.
　　『여지도서』밀양도호부 효자조 508~509쪽.
　　『밀양부읍지』(奎17444) 밀양도호부 효자조.
　　『경상도읍지』밀양부 효자조 500쪽.
　　『밀양군읍지』(奎10867)효자조.
　　『밀양지』, 1987, 밀양지편찬위원회편, 밀양문화원, 611~612쪽.
31) 「밀주구지」효자조, 위의 책 185쪽.
　　『밀양부읍지』(奎17444) 밀양도호부 효자조.
　　『경상도읍지』밀양부 효자조 499쪽.
　　『밀양군읍지』(奎10867) 효자조.
32) 「밀주구지」효자조, 위의 책 186쪽.
　　『밀양부읍지』(奎17444) 밀양도호부 효자조.
　　『경상도읍지』밀양부 효자조 500쪽.
　　『밀양군읍지』(奎10867) 효자조.
33) 「밀주구지」효자조, 위의 책 185쪽.
　　『밀양부읍지』(奎17444) 밀양도호부 효자조.

전불산(全佛山)은 창부(倡夫)이고 곡양동인(谷良洞人)이다. 성품이 지극히 효성스러웠다. 아버지가 죽은 뒤에 조석의 상식은 반드시 다 몸소 마련하여 올리고, 겨울이나 여름이나 늘 신을 신지 않았으며, 바람이 불거나 눈이 오거나 비가 오거나 천둥이 치는 밤일지라도 반드시 무덤 곁에 나아가 아침까지 부복하여 목놓아 울었다. 하룻밤에는 큰 호랑이들이 와서 세겹이나 둘러쌌으나 끝내 해치지 못하였다. 삼년상을 마치고서 또 삼년상을 마쳤는데, 전후 6년동안에 한번도 집에 가지 않았다. 매양 삭망이 되면 무덤에 제사지내고 새로운 음식물을 얻으면 반드시 올린 뒤에 먹었다. 중종 13년(1518)에 정려하였다. 34)

총효동에 입향된 효자가 있어 주목된다.(2건) 손약해와 신동현이 그들이다. 손약해(孫若海)는 충신 인갑(仁甲)의 아들이다. 임진왜란 때 그 아버지가 전사한 후 남은 병력으로 싸우다가 또한 전사하였다. 그래서 함께 충효사에 입향되었다. 35)

『경상도읍지』밀양부 효자조 500쪽.
　『밀양군읍지』(奎10867)효자조
34)『국역 신증동국여지승람』권26, 밀양도호부 효자조 581쪽.
　『동국신속삼강행실도』효자도「佛山廬墓」204쪽.
　밀양지,『동강유집』권16, 92쪽.
　「밀주구지」효자조, 위의 책 183쪽.
　『여지도서』밀양도호부 효자조 507쪽.
　『밀양부읍지』(奎17444) 밀양도호부 효자조.
　『경상도읍지』밀양부 효자조 500쪽.
　『중종실록』권34, 중종 13년10월 18일 갑신조의 내용이 아주 상세하다.
　『밀양군읍지』(奎10867) 효자조.
35) 밀양지,『동강유집』권16, 92쪽.
　「밀주구지」효자조, 위의 책 185쪽.
　『밀양부읍지』(奎17444) 밀양도호부 효자조.
　『경상도읍지』밀양부 효자조 499쪽.
　『밀양군읍지』(奎10867)효자조.
　『밀양지』, 1987, 밀양지편찬위원회편, 밀양문화원, 610쪽.

신동현(申東顯, 1641~1706)은 송계(松溪) 신계성(申季誠, 1499~1562)[36]의 5대손이며 호는 매죽당(梅竹堂)이다. 어버이를 섬김에 지극히 효성스러웠고, 상제에 정성을 다하니 향인들이 그 착함을 현인이라 하였다. 상을 당해서는 자식의 도리를 다하였다. 숙종 33년(1707)에 효행이 나라에 알려져 훈련원판관에 증직되었다. 이에 사림들이 그의 행의를 아름답게 여겨 충효사에 입향하였다.[37]

부친이 병이 났을 때 쇠고기 또는 메추라기 새고기 혹은 날생선을 먹고 싶어하자 문득 쉽게 구해드린 효자도 있었다.(3건)

전불산(全佛山)은 아버지가 병들어 누워서 고기가 아니면 먹지 않으므로 그가 기르던 암소 두 마리를 잡아서 봉양하였다. 중종 13년(1518)에 정려하였다. [38]

석수도(石守道)는 지극히 효성스러웠다. 부친이 병들어 메추라기 새고기를 먹고싶어하여 들판에 돌아다니는데, 갑자기 뱁새가 메추라기새를 쳐서 앞에 떨어뜨려 이를 공양하였다. 그 일이 알려져 급복되었다. [39]

수모당(永慕堂) 이원보(李元輔, 1697~1777)는 8세에 모친상을 당하였는데 그 슬퍼함이 사람들을 감동시켜 모두 동증자(童曾子)라 칭하였다. 성장하여 부친을 지극한 효성으로 모셨다. 부친이 병이 들어 날생선을 먹

---

36) 『韓國人의 族譜』, 1977, 일신각에 의하면 申季誠은 道學 隱逸로써 세상의 師表가 되고 나라에서 여러번 불렀으나 응하지 않았다. 石溪精舍에서 제자들을 가르치며 曹植, 金大有와 더불어 友善하니 世人이 三高라 하였다. 密陽의 禮林書院, 金海의 新山書院에 祭享되고 있다.

37) 「밀주구지」효자조, 위의 책 184쪽.
　『여지도서』밀양도호부 효자조 508쪽.
　『밀양부읍지』(奎17444) 밀양도호부 효자조.
　『경상도읍지』밀양부 효자조 499쪽.
　『밀양군읍지』(奎10867)효자조.
　『밀양지』, 1987, 밀양지편찬위원회편, 밀양문화원, 622쪽.

38) 註34)참조

39) 註26)참조

고싶어하자 곧 생선을 구하려고 나루터를 건너는데 잉어가 갑자기 배위로 올라왔다. 여묘 3년을 하였으나 애모를 다하지 못해 또 1년을 하였다. 이에 정조 18년(1794)에 정문을 내렸으며, 순조 9년(1809)에는 동몽교관을 증직하였다.[40]

어버이에게 불순하다하여 아내를 내쫓은 효자도 있었다.

권건리(權件里)는 어버이 섬김에 지극히 효성스러웠고, 힘을 다해 봉양하였는데, 그 아내가 어버이에게 불순하므로 연이어 세 처를 쫓아냈다. 부모의 병이 위독함에 기절하였다가 손가락을 끊어 구제하여 십여 일간 연명하였다. 그 일이 조정에 알려져 정려가 내려졌다.[41]

윤흥신(尹興莘)은 효자 갑생(甲生)의 아들이다. 그 아내가 한 일로 인해 어머니에게 미움을 받아 아내와 이별하여 버렸는데, 후에 어머니의 命으로 돌아왔다. 전후 부모상을 당하여서는 호곡하며 가슴을 치고 애훼하였다. 그리고 3년을 하루같이 매번 삭망에 묘에 가서 제사를 올렸는데 늙어서도 폐하지 않았다.[42]

임진왜란 때 부모와 함께 피난하다가 적을 만나자 부모를 구하고 대신 죽거나 함께 죽은 경우도 있다.(5건)

손기륜(孫起倫)은 군수 영제(英濟)의 아들이다. 임진왜란 때 어머니 서씨

---

40) 『경상도읍지』밀양부 효자조 500쪽.
　　『밀양지』, 1987, 밀양지편찬위원회편, 밀양문화원, 615쪽.
41) 「밀주구지」효자조, 위의 책 184쪽.
　　『여지도서』밀양도호부 효자조 508쪽.
　　『밀양부읍지』(奎17444)밀양도호부 효자조.
　　『경상도읍지』밀양부 효자조 500쪽.
　　『밀양군읍지』(奎10867) 효자조.
42) 「밀주구지」효자조, 위의 책 185~186쪽.
　　『밀양부읍지』(奎17444) 밀양도호부 효자조.
　　『경상도읍지』밀양부 효자조 499쪽.
　　『밀양군읍지』(奎10867) 효자조.

를 모시고 재악산(載岳山)중에서 적을 피했는데, 하루는 적이 갑자기 이르자 어머니가 말하기를 "나는 늙어 걸음을 옮길 수가 없다. 네가 피하지 않으면 母子가 함께 죽을 것이니 무슨 도움이 되겠는가." 하였다. 기륜이 말하기를 "차라리 함께 죽을지언정 어찌 감히 혼자 살 수 있겠습니까." 하였다. 드디어 적이 칼을 뽑아들자 기륜이 몸으로써 날개처럼 그 어머니를 덮었다. 기륜은 해를 당했으나 서씨는 면할 수가 있었다.[43] 손약해(孫若海)는 임진왜란 때 그 아버지 인갑(仁甲, 임진의병장)이 전사한 후 남은 병력으로 싸우다가 또한 전사하였다.[44]

배상경(裴尙絅)은 임진왜란 때 그 아버지 헌(憲)과 함께 적을 피해 숲속에 엎드려 있었는데, 적이 그 아버지를 찾아 죽이자 상경이 큰소리로 통곡하며 한 명의 왜적을 쳐서 죽이고, 아버지의 시체 곁에서 함께 죽었다.[45]

박양춘(朴陽春)은 임진왜란 때 어머니 상을 당해서는 산중에 초빈을 만들어 늘 빈소에 엎드려 있었는데 왜적이 보고 해치지 않았다. 당시 사람들이 지극한 효성에 감복된 異類라고 여겼다.[46]

김유부(金有富, 1549~1621)는 임진왜란 때 90세된 노모를 업고 전진

---

43) 밀양지,『동강유집』권16, 92쪽.
　　「밀주구지」효자조, 위의 책 184쪽.
　　『밀양부읍지』(奎17444) 밀양도호부 효자조.
　　『경상도읍지』밀양부 효자조 499쪽.
　　『밀양군읍지』(奎10867)효자조
44) 註 35)참조
45) 「밀주구지」효자조, 위의 책 184쪽.
　　『여지도서』밀양도호부 효자조 508쪽.
　　『밀양부읍지』(奎17444)밀양도호부 효자조.
　　『경상도읍지』밀양부 효자조 500쪽.
　　『밀양군읍지』효자조.
46) 「밀주구지」효자조, 위의 책 185쪽.
　　『밀양부읍지』(奎17444) 밀양도호부 효자조.
　　『경상도읍지』밀양부 효자조 499쪽.
　　『밀양군읍지』(奎10867) 효자조.

(戰陣)에 들어가 낮에는 적의 머리를 베고 밤에는 맛있는 음식으로 봉양하여 모자는 모두 온전하였다. 충효의 일이 조정에 알려져 정려가 내렸다. 또한 녹권(錄券)에 실려있다. 그 아들 기남(基南)과 난생(蘭生) 형제는 병자호란 때 쌍령(雙嶺)전투에 참가하여 힘써 싸우다가 함께 전사하였다. 충효각이 산내면(山內面) 봉의리(鳳儀里)에 있다.[47]

부모의 병에 상분(嘗糞)하거나 단지(斷指)한 경우가 있다.(3건)

손지겸(孫智謙)은 어머니를 섬김에 효로써 하였고 맛있는 음식을 공양하였다. 항상 병이 심함에 변을 맛보아서 그 심하고 덜함을 징험하니 향인들이 탄복하지 않음이 없었다. [48]

---

47) 「밀주구지」효자조, 위의 책 184~185쪽.
『여지도서』밀양도호부 효자조 508쪽.
『밀양부읍지』(奎17444) 밀양도호부 효자조.
『경상도읍지』밀양부 효자조 500쪽.
『밀양군읍지』(奎10867)효자조.
『밀양지』,1987, 밀양지편찬위원회편, 밀양문화원, 615쪽.
『漁樵窩兩世三綱錄』, 金寧金氏卓三宗會, 1997에 의하면 김유부의 본관은 金寧, 호는 漁樵, 私號는 충효이다. 임진왜란 때의 전공으로 선조 때 선무원종이등공신으로 녹훈되고 용양장군으로 제수되었다. 영조 30년(1754)에는 충효정려가 내려졌고, 철종 13년(1862)에는 左承旨兼經筵參贊官으로 증직되었으며, 忠經孝經의 녹권이 하사되었다. 두 아들 기남과 난생형제는 병자호란에 경기도 광주 쌍령전투에 의병장으로 출정하여 싸우다가 전사하였다. 철종 13년(1862)에 이 두 형제에게 振武一等功臣으로 각각 녹훈하고 通訓大夫司僕寺正으로 증직하였다. 고을 사람이 三公을 추모하여 사우를 창건하였다. 장남 起南(호: 臺巖)의 처 경주최씨와 차남 蘭生(호: 寶巖)의 처 은진 송씨는 평소 시부모를 지성으로 모셨는데, 남편들이 경기도 광주 桑嶺전투에서 전사했다는 소식을 듣고 전쟁터로 찾아가 남편들의 시신을 간신히 찾아서 고향까지 운구하여 안장하는 준비를 마친 뒤 下棺하는 자리에서 자결하여 합장되었다. 철종 14년(1863) 각각 효자, 열녀의 정려를 내렸다. 고종 1년(1864) 金有富, 金起南, 金蘭生 삼부자의 충효와 최씨, 송씨의 열행 즉 한 가문 양대의 충과 효와 열을 추모하기 위해 卓三齋를 창건하였다.
48) 「밀주구지」효자조, 위의 책 185쪽.
『경상도읍지』밀양부 효자조 499쪽.
『밀양부읍지』(奎17444)밀양도호부 효자조.
『밀양군읍지』(奎10867)효자조.

권건리(權件里)는 부모의 병이 위독함에 기절하였다가 손가락을 끊어 구제하여 십여 일간 연명하였다. 그 일이 조정에 알려져 정려가 내려졌다.[49]

신명윤(申命胤)은 효자 동현(東顯)의 아들이다. 순수한 효와 이름다운 행실이 있었다. 부친이 수척해지자 혈지(血指)하여 연명하였다. 喪에 있어서는 찧은 보리를 물에 타 마시며 슬퍼하였다.[50]

효녀 1명과 효부 1명의 기사가 보인다. 효녀 금지(今之)와 효부 노소사(魯召史)가 그들이다

今之(혹은 金枝)는 村女이고 천화리(穿火里)사람이다. 12살에 어머니를 따라가서 山田을 매다가 날이 저물었는데 어머니가 호랑이에게 물려가게 되자 금지가 한 손으로 어머니를 붙잡고, 한 손으로는 호미를 쥐고 호랑이를 때리면서 마을 사람들에게 구해 달라고 외쳤다. 호랑이는 백여 보쯤 어머니를 끌고가서 버리고 갔다. 어머니는 결국 운명하셨고, 금지는 성인처럼 밤 새워 그 시체를 안고 통곡하고, 옷을 팔아 관을 사서 장사지냈다. 이 일이 임금에게 들리어 효종 7년(1656)에 정려하였다. [51]정려는 산외면

---

49) 註 41)참조.
50) 『경상도읍지』밀양부 효자조 500쪽.
51) 『경상도읍지』밀양부 효자조에는 금지의 한자가 今之가 아니라 金枝로 나와있음이 주목된다.
　　『국역 신증동국여지승람』권26, 밀양도호부 효자조 581쪽.
　　밀양지, 『동강유집』권16, 92쪽.
　　「밀주구지」, 앞의 책 182쪽.
　　『여지도서』밀양도호부 효자조 507쪽.
　　『성종실록』권241, 성종 21년 6월 20일 신축조에 의하면 曹伊라고 하는 여인이 딸 今之를 데리고 과부로 살아가고 있었다. 하루는 조이가 금지를 데리고 집 북쪽 산의 밭에 가서 김을 매고 있는데 뜻밖에 호랑이가 나타나 조이를 잡아 끌고가니 금지가 죽을 마음을 먹고 내달아 한손으로 어미의 다리를 잡고 거의 1백보에 이르러 주먹에 쥔 돌로 호랑이를 때리자 호랑이가 내버리고 갔다. 시신을 안고 지키다가 옷을 팔아 관곽을 사고 예를 갖추어 장사지냈다 한다. 旌門하고 復戶하도록 하였다.
　　『밀양부읍지』(奎17444) 밀양도호부 효자조.
　　『밀양군읍지』(奎10867) 효자조.
　　『밀양』, 1987, 밀양지편찬위원회편, 밀양문화원, 614쪽에는 효녀 손금지는 一

(山外面) 희곡리(希谷里)에 있다.

노소사는 김석흥(金碩興)의 아내이다. 시부모를 섬김에 효도를 갖추어 다하였다. 시부모가 늙고 병들었으나 항상 목욕을 시키고 북두칠성에게 祭를 올려 빌었는데, 그 일이 알려져 급복되었다. [52)]

이상에서 효행자들의 사례를 정리해 보면 생전에 효성으로 봉양하고 부모 사후에 여묘 3년 내지 6년한 사례가 가장 많았다. 그리고 임란 때 왜적으로부터 부모의 살해나 피로를 막고자하여 생명을 걸고 구하거나 함께 죽은 경우가 적지않아 밀양지역의 임란 피해를 엿볼 수 있다.

효행자들의 거주지와 가계배경이 분명하였다. 예컨대 윤갑생과 윤홍신, 신동현과 신명윤, 박항과 박양춘은 부자관계로서 모두 효자였다. 그리고 손약해는 충신 인갑의 아들이며, 신동현은 송계 신계성의 5세손이다. 조광익은 청백리 치우의 증손이며 지산공 호익의 형이다. 조하진은 효자 광익의 5세손이다.

한편 신분이 밝혀진 18명의 효자, 효녀, 효부 신분을 보면 사헌부 지평 1명, 형조정랑(평안도사) 1명, 현령 1명, 성균진사 1명, 군수의 자 1명, 증훈련원판관 1명, 증동몽교관 1명, 증병조좌랑 1명, 찰방 1명, 증호조참의 1명, 호조참의 자 1명, 거사의 자 1명, 평평안도사의 5세손 1명, 증훈련원판관의 자 1명, 창부 1명, 충신의 자 1명, 촌녀 1명, 소사 1명 등으로 사족이 대부분이다.

포상내용을 보면 정려(旌閭) 12명, 급복(給復) 3명, 증직(贈職) 3명, 불명(不明) 9명으로 정려가 가장 많았다.

直 孫氏 進士 孝範의 손녀라고 나와있다.
52) 「밀주구지」효자조, 위의 책 186쪽.
　　『여지도서』밀양도호부 효자조 509쪽.
　　『밀양부읍지』(奎17444)밀양도호부 효자조.
　　『경상도읍지』밀양부 효자조 500쪽.
　　『밀양군읍지』(奎10867) 효자조.

2) 열녀

『밀양지』에는 12명(孫氏, 卵非, 鄭氏, 張氏, 처녀 閔氏, 閔氏, 趙氏, 安氏, 朴召史, 李召史, 처녀 成氏, 李氏)의 열녀 사례가 나와있다. 그 밖에『밀주구지』와『경상도읍지』에 각각 17명, 18명의 열녀가 수록되어 있다. 이들 18명의 열녀 행적을 유형별로 보면 남편이 죽자 장사와 제사를 정성껏 지낸 후 개가하지 않고 수절하거나 목매어 자결한 경우, 임진왜란 때 피난하다가 왜적에게 잡혀서도 정절을 지키기 위해 스스로 절벽아래로 떨어져 죽거나 깊은 못에 빠져 죽은 경우, 또는 적의 위협에 항거하다가 살해된 경우, 남편이 죽자 손가락을 끊어 정절을 지키고자 한 경우 등이 있다.

먼저 남편이 죽은 후 개가하지 않고 수절하거나 목매어 자결한 경우를 들면 다음과 같다. 손씨는 윤하의 딸인데, 16세에 초계 사람 안근(安近)에게 시집가서 며칠 안되어 남편이 죽자 울면서 3년 동안 예절을 갖추어 손수 奠을 올렸다. 복이 끝나자 부모가 그 나이가 젊은 것을 가엾이 여겨 수절하려는 뜻을 빼앗으려 하였으나 손씨가 몰래 뜰 안의 대나무 숲에 가서 스스로 목을 매었는데, 그 형이 마침 보고서 풀어주었다. 손씨가 곧 시가로 돌아가서 살았는데 아침 저녁으로 먼저 지아비에게 제사지내고 나서야 먹었다. 53)이 사례는 젊은 나이에 남편이 죽고, 남편 사후 친정부모의 개가 권유를 뿌리쳤고, 시가로 돌아와 제사를 정성껏 지내며 수절한 경우가 된다.

---

53)『국역 신증동국여지승람』권26 밀양도호부 열녀조 582쪽.
　　『속삼강행실도』열녀편「孫氏守志」.
　　밀양지, 앞의 책 92쪽.
　　「밀주구지」열녀조, 앞의 책 187쪽.
　　『여지도서』밀양도호부 열녀조 507~508쪽.
　　『밀양부읍지』(奎17444) 밀양도호부 효자조.
　　『경상도읍지』밀양부 열녀조 500쪽.
　　『밀양군읍지』(奎10867)효자조.

난비(卵非)는 벌울촌부(伐菀村婦)이다. 정병 김순강(金順江)의 처였는데, 뒤에 버림을 받아 그 부모가 개가시키려 하자 난비가 이르기를 "한 몸으로 두 남편을 섬기는 일은 죽더라도 감히 하지 못하겠습니다."하고 곧 스스로 목매어 죽었다. 그 일이 조정에 알려져 중종 18년(1523)에 정려하였다.[54]

정씨(鄭氏)는 양가녀이며 우곡리인(右谷里人)이다. 나이 15세에 결혼하였으나 얼마 안되어 남편이 병으로 죽자 부모가 그 어린 나이가 가련하여 그 뜻을 뺏으려 하여 사위를 맞이하자 정씨는 몰래 침방에 들어가 목을 매어 자결하였다. 일이 조정에 알려져 정려하였다.[55]위의 난비와 정씨는 사회적 신분이 개가가 문제되지 않는 평민여성임에도 불구하고 개가하지 않고 스스로 목매어 죽은 사례이다.

서씨는 사인(학생) 이명신(李明信)의 처이다. 남편이 병들자 목욕하고 하늘에 빌었는데, 해가 지나도 해이하지 않았다. 남편이 죽자 물과 漿도 입에 넣지 않으니 사람들이 먹기를 권했으나, 시부모도 없고 자식도 없으니 오래 살아서 무슨 이익이 있겠는가 하였다. 장례 기일이 다가오자 장구(葬具)를 조처해 놓고 목을 매어 자결하여 함께 묻혔다.[56]

---

54) 『국역 신증동국여지승람』권26 밀양도호부 열녀조 582쪽.
　　『동국신속삼강행실도』열녀도 「卵非自經」542쪽.
　　밀양지, 앞의 책 92쪽에 보면 난비 이름의 한자가 蘭斐로 나와있다.
　　「밀주구지」열녀조, 앞의 책 187쪽.
　　『여지도서』밀양도호부 열녀조 508쪽.
　　『밀양부읍지』(奎17444)밀양도호부 효자조.
　　『경상도읍지』밀양부 열녀조 500쪽.
　　『중종실록』권49, 중종 18년 9월 9일 병자조에 의하면 旌門하고 復戶하였다.
　　『밀양군읍지』(奎10867)효자조.
55) 밀양지, 앞의 책 92쪽.
　　「밀주구지」열녀조, 앞의 책 187쪽.
　　『여지도서』밀양도호부 열녀조 509쪽.
　　『밀양부읍지』(奎17444)밀양도호부 효자조.
　　『경상도읍지』밀양부 열녀조 500쪽.
　　『밀양군읍지』(奎10867)효자조.

이씨는 학생 이명억(李命億)의 처이다. 시집가서 얼마 안되어 남편이 중병에 걸려 입에 漿도 넘기지 못했다. 병 간호로 잠을 자지 못했으나 해를 지나도 하루같이 하였다. 남편이 죽자 목을 찔러 자결하여 동혈에 묻혔다.[57]

임진왜란 때 왜적으로부터 정절을 지키기 위해 스스로 절벽아래로 떨어져 죽거나 못에 빠져 죽은 경우 또는 목을 매어 자결하거나 저항하다 참혹하게 죽임을 당한 경우들이 있다.

장씨(張氏)는 창녕인으로 전한(典翰) 중성(仲誠)의 女이며 손기후(孫起後)의 처이다. 임진왜란에 월영대(月影臺)에서 적을 만나자 스스로 절벽아래로 투신하여 죽었다. 이에 정려하였다.[58]

처녀 민씨는 사인(학생) 응녕(應寧)의 女이다. 나이 19세였으나 시집가지 않았는데 임진왜란을 당해 부모가 걱정하여 말하기를 "너의 나이가 장성하였으나 아직 시집가지 않았는데 어떻게 이를 처신할 것인가."하니 답하여 말하기를 여자 몸으로 스스로 처신하겠으니 부모님은 피난을 잘 하라고 하였다. 얼마 후 적이 경내에 들어왔다는 소식을 듣고 스스로 목을 매어 죽었다.[59]

---

56) 「밀주구지」열녀조, 앞의 책 188쪽.
　　『밀양부읍지』(奎17444)밀양도호부 효자조.
　　『경상도읍지』밀양부 열녀조 500쪽.
　　『밀양군읍지』(奎10867) 효자조
57) 註 56)참조.
58) 밀양지, 앞의 책 92~93쪽.
　　「밀주구지」열녀조, 앞의 책 187쪽.
　　『여지도서』밀양도호부 열녀조 509쪽.
　　『밀양부읍지』(奎17444)밀양도호부 효자조.
　　『경상도읍지』밀양부 열녀조 500쪽.
　　「밀주구지」열녀조에는 다음과 같이 내용이 약간 다르게 나오고 있다.
　　장씨는 繼仁의 딸이며, 孫起俊의 아내이다. 임란에 적이 범하고자 함에 장씨가 끝내 거절하고 따르지 아니하니 적이 얼굴을 찌르고 귀를 베어, 이틀이 지나 죽었다. 그 일이 조정에 알려져 旌閭를 내렸다..
　　『밀양군읍지』(奎10867) 효자조.

민씨는 사인(학생) 박희량(朴希良)의 처이다. 임진왜란 때 두 부녀와 함께 산의 바위굴에서 적을 피했는데, 적이 절벽을 타고 오자 민씨는 면할 수 없음을 알고 절벽 아래로 몸을 던져 죽었다. 이에 정문을 내렸다. 정문은 상동면(上東面) 가곡리(佳谷里)에 있다.60)

이씨는 충신 노개방(盧盖邦)61)의 처이며 정랑 이경옥(李慶沃)의 딸이다. 남편이 동래성에서 전사했다는 소식을 듣고 늘 남편의 홍패를 안고 엄광산(嚴光山)에서 적을 피했는데 적이 겁박하려고 하자 이씨는 곧 절벽 아래로 몸을 던져 죽었다. 이에 선조 때 동래교수(東萊敎授) 노개방의 충절과 부인 이씨의 정렬을 표창하기 위하여 무안면(武安面) 가예리(佳禮里) 서가정(西佳亭) 마을에 정문(충렬각)을 세웠다.62)

성씨는 처녀로 학생 한(偶)의 제3녀이다. 임진왜란 때 그 두 형과 집 북쪽 산에서 적을 피했다. 적이 그녀를 범하고자 함에 민씨는 굳게 저항하

59) 밀양지, 앞의 책 92쪽.
　　「밀주구지」열녀조, 앞의 책 187쪽.
　　『밀양부읍지』(奎17444)밀양도호부 효자조.
　　『경상도읍지』밀양부 열녀조 500쪽.
　　『밀양군읍지』(奎10867)효자조
60) 밀양지, 앞의 책 93쪽.
　　「밀주구지」열녀조, 앞의 책 187쪽.
　　『밀양부읍지』(奎17444)밀양도호부 효자조.
　　『경상도읍지』밀양부 열녀조 500쪽.
　　『밀양군읍지』(奎10867) 효자조.
　　『밀양지』, 1987, 밀양지편찬위원회편, 밀양문화원, 613쪽.
61) 밀양지, 앞의 책 93쪽에 의하면 노개방은 東萊 敎授로서 聖廟位版을 받들고 城에 들어가 府使 宋象賢과 함께 같은 날에 전사했다.
62) 밀양지, 앞의 책 92쪽.
　　「밀주구지」열녀조, 앞의 책 187쪽.
　　『밀양부읍지』(奎17444)밀양도호부 효자조.
　　『경상도읍지』밀양부 열녀조 500쪽.
　　『밀양군읍지』(奎10867)효자조.
　　『밀양지』, 1987, 밀양지편찬위원회편, 밀양문화원, 613쪽.

며 따르지 않고 또 돌을 던짐에 적이 그녀를 마구 찔러 죽였다.[63]

조씨(趙氏)는 학생 손시일(孫諟一)의 처이다. 1598년에 남편과 함께 비슬산에서 적을 피했는데, 적이 조씨를 범하고자 함에 조씨가 굳게 거절하고 목을 매어 자결하였다. [64]

안씨는 사인(학생) 남순길의 처이다. 임진왜란 때 산에서 적을 피했으나 적이 사로잡아가고자 함에 안씨는 나무를 안고 따르지 않았다. 적이 오른쪽 팔을 끊었으나 안씨는 왼손으로 더욱 안고 움직이지 않자 적이 마구 찔러 죽였다.[65]

박소사는 향리 박경명(朴敬明)의 처이다. 임진왜란 때 부사 박언호(朴彦壺)의 어머니와 함께 용두산(龍頭山) 바위 틈에서 적을 피했는데, 적이 갑자기 이르자 두 딸과 함께 절벽 아래 깊은 못에 몸을 던져 죽었다.[66]

이소사는 향리 박학수(朴鶴壽)의 처이다. 임진왜란 때 박소사와 함께 적을 피했으나, 적이 갑자기 이르자 박소사와 함께 못에 몸을 던져 죽었다.[67]

---

63) 「밀양지」, 앞의 책 93쪽.
　　「밀주구지」열녀조, 앞의 책 188쪽.
　　『밀양부읍지』(奎17444)밀양도호부 효자조.
　　『경상도읍지』밀양부 열녀조 500쪽.
　　『밀양군읍지』(奎10867)효자조.
64) 註 62) 참조.
　　「밀주구지」열녀조에는 조씨가 죽음에 이르러서도 따르지 않자 적이 칼을 뽑아 겁을 주었으나 오히려 마음을 움직이지 않음에 적이 마구 찔러 죽였다 라고 되어있다.
　　『밀양부읍지』(奎17444)밀양도호부 효자조.
　　『밀양군읍지』(奎10867)효자조.
65) 註 62) 참조.
　　『밀양지』, 1987, 밀양지편찬위원회편, 밀양문화원, 616~617쪽.
66) 註62) 참조.
　　「밀양지」와『경상도읍지』에는 박경명의 신분이 鄕吏로 나와있으나 「밀주구지」에는 府吏로 나와있다.
67) 註 62) 참조.
　　「밀양지」와『경상도읍지』에는 박학수의 신분이 鄕吏로 나와있으나 「밀주구지」에는 府吏로 나와있다.

남편 사후 외간남자로부터 정절을 지키기 위해 손을 끊은 경우도 있다.

윤자화(尹自花)는 정병 정칠발(丁七發)의 처이다. 일찍 남편을 여의고 효로써 시모를 섬겼는데, 부모가 일찍 과부가 되고 자식이 없는 것을 가련하게 여겨 개가 시키고자 하였으나 끝내 듣지 않았다. 하루는 남편의 동생인 칠선(七善)이가 틈을 타서 말하기를, 형수의 방적(紡績)을 사람들이 모두 아름답다고 하는데 불의(不義)의 일이 있으면 장차 어떠하겠는가 하였다. 자화가 크게 통곡하며 말하기를 내가 이 손이 있어 이 말을 듣는 것이니 차라리 이 손을 끊어서 내 마음을 맹세하겠다 하고는, 곧 도끼로 그 오른손과 네 손가락을 끊어 남편의 무덤 곁에 묻었다. 그 일이 조정에 알려져 정려가 내렸다. 68)

강아지(姜阿只)는 조만창(曺萬昌)의 처이다. 성품이 의열(義烈)을 행했는데 남편이 죽자 강폭자가 그녀를 더럽히고자 함에 손을 끊어 스스로 맹세했다. 그 일이 알려져 급복되었다. 69)

그 밖에 士人 이석린(李錫鱗)의 처이며 진사 윤덕(潤德)의 딸인 박씨는 순조 2년(1802)에 남편이 죽자 같은 날 순절하였다. 순조 12년(1812)에 정려하였다. 정려는 무안면(武安面) 내진리(來進里)에 있다. 70)

이정환(李挺煥)의 처 양씨(梁氏)는 남편이 종성부(鍾城府)로 유배를 갔

---

68) 「밀주구지」 열녀조, 앞의 책 189쪽.
  『여지도서』 밀양도호부 열녀조 509쪽.
  『밀양부읍지』(奎17444) 밀양도호부 효자조.
  『경상도읍지』 밀양부 열녀조 500쪽.
  『밀양군읍지』(奎10867) 효자조.
69) 「밀주구지」 열녀조, 앞의 책 189쪽.
  『밀양부읍지』(奎17444)밀양도호부 효자조.
  『경상도읍지』밀양부 열녀조 500쪽.
  『밀양군읍지』(奎10867) 효자조.
70) 『경상도읍지』 밀양부 열녀조 500~501쪽.
  『순조실록』 권15, 순조 12년 3월 13일 을유조.

는데 양씨가 따라갔다. 남편이 유배지에서 죽자 시신을 거두어 3년이 지난 후 유골을 수습하여 3천리 밖으로 짊어지고 와서 선영에 반장(返葬)하였다. 이에 정려하였다.[71]

요컨대 밀양지역의 열녀 사례를 정리해 보면 임진왜란 때 발생한 열녀가 전체 열녀수의 절반을 차지함으로써 임란시 밀양지역 여성들의 수난을 엿볼 수 있다. 전쟁중에 많은 열녀가 나온 것은 국가가 여러 대 동안 교화에 힘쓴 성과라고 보았다.[72]

다음으로 신분이 밝혀진 15명의 열녀의 신분을 보면 교수의 처(정랑의 女) 1명, 통덕랑의 처(典翰의 女) 1명, 사인 또는 학생의 처 6명, 사인 또는 학생의 여 2명, 향리의 처 2명, 정병의 처 2명, 양가녀 1명이다. 여기에서 사인(학생)의 처와 여가 모두 8명으로 가장 많다.

포상내용으로는 정려 6명, 정문 2명, 급복 1명, 불명 9명이 보인다. 열녀 18명 가운데 포상자는 9명에 불과하였다. 또한 임진왜란 때 정절을 지키다 죽은 열녀 9명 가운데 정려된 경우는 3명에 불과하여 주목된다.

<표 2> 『密陽志』에 수록된 효자, 효녀, 열녀

구 분	인 명	가계 및 신분	포상내용
효자	曺光益	五坊洞人	정려
〃	朴尋		〃
효녀	今之	村女, 穿火里人	〃
효자	金不受		〃
〃	孫若海	壬辰義兵將 仁甲의 아들	불명
〃	孫起倫		〃
〃	裵尙綱		〃
〃	全佛山	傖夫	정려(중종13년)

---

71) 『경상도읍지』 밀양부 열녀조 501쪽.
　　『순조실록』 권11, 순조 8년 6월 30일 갑자조.
72) 『선조실록』 권163, 선조 36년 6월 9일조 참조.

열녀	孫氏	安斤의 처	불명
〃	蘭斐	伐苑村婦	정려(중종18년)
〃	鄭氏	良家女	〃
〃	張氏	孫起後 처	〃
〃	處女 閔氏	應寧의 女	불명
〃	閔氏	朴希良의 처	〃
〃	趙氏	孫諟一의 처	〃
〃	安氏	南順吉의 처	〃
〃	朴氏	鄕吏 朴敬明의 처	〃
〃	李氏	鄕吏 朴鶴壽의 처	〃
〃	成氏	처녀, 僩의 제3녀	〃
〃	李氏	東萊敎授 盧盖邦의 처	〃

<표 3> 『慶尙道邑誌』密陽府邑誌에 수록된 효자, 효녀, 효부, 열녀

구분	인명	가계 및 신분	포상내용
효자	李申	司憲府持平, 司宰令 日善의 子, 호는 瓢隱	정려(태종때)
〃	朴尋	縣令	정려
〃	金不受	察訪	정려, 효행으로 찰방제수
〃	魚泳河	進士	정려(인조때)
〃	梁末孫		정려
〃	朴壽春	호:菊潭, 處士, 贈戶曹參議	호조참의 추증
〃	朴陽春	호:慕軒, 參議, 戶曹參議 恒의 子	불명
〃	尹善致		〃
〃	吳英達		〃
〃	石守道		복호, 삼강행실에 실림
〃	金有軾		〃
〃	曹夏瑍	효자 光益의 5세손	불명
〃	曹光益	호:聚遠堂, 청백리 致虞의 증손, 正郎, 芝山公 好益의 兄	정려(선조때)
〃	尹甲生		불명
〃	朴之華		〃
〃	裵永世		증병조좌랑

〃	全佛山		정려(중종13년)
〃	孫若海	忠臣 仁甲의 子	忠孝祠에 입향
〃	申東顯	松溪 季誠 의 5대손, 호:梅竹堂	贈訓練院判官(숙종33년), 충효사에 입향
〃	李元輔	教官	정문(정조18년), 贈童蒙教官(순조9년)
〃	權件里		정려
〃	尹興莘	효자 甲生의 子	불명
〃	孫起倫	郡守 鄒川英濟의 子	정려
〃	裴尙綱	憲의 子	불명
〃	金有富		旌閭, 錄券, 忠孝閣 세워짐
〃	孫智謙		불명
〃	申命胤	효자 東顯의 子	불명
효녀	金枝		정려(효종7년)
효부	盧召史	金碩興의 처	給復
열녀	孫氏	胤河의 女, 草溪人 安厅의 처	불명
〃	蘭菲	村婦, 正兵 金順江의 처	정려(중종18년)
〃	鄭氏	良家女	정려
〃	徐氏	士人 李明信의 처	불명
〃	李氏	士人 李明億의 처	불명
〃	張氏	昌寧人, 典翰 仲誠의 女, 通德郎孫起後의 처	정려
〃	閔氏	士人 朴希良의 처	정문
〃	李氏	忠臣 教授 盧盖邦의 처	정문
〃	처녀 成氏	士人 偪의 제3녀	불명
〃	趙氏	士人 孫諟一의 처	〃
〃	安氏	士人 南順吉의 처	〃
〃	朴召史	鄉吏 朴敬明의 처	〃
〃	李召史	鄉吏 朴鶴壽의 처	〃
〃	尹自花	正兵 丁七發의 처	정려
〃	姜阿只	曹萬昌의 처	給復
〃	朴氏	士人 李錫鱗의 처	정려(순조12년)
〃	梁氏	李挺煥의 처	
〃	처녀 閔氏	士人 應寧의 女	불명

맺음말

지금까지 『밀양지』의 편찬내용과 밀양지역의 효자와 열녀에 대하여 살펴보았다. 이제 그 내용을 요약함으로써 맺음말에 대신하고자 한다.

『밀양지』는 경상도 밀양의 사찬읍지로서 효종 3년(1652)에 밀양부사로 부임한 평산 申氏 가문의 신익전(申翊全, 1605~1660) 개인에 의해 편찬되었다. 『밀양지』의 체재는 다른 읍지처럼 별도로 항목을 나누지 않고 연이어 서술하는 형태를 취하고 있다. 그리고 책으로 독립되어 있지 않고 신익전의 문집인 『동강집』 권16 별록에 수록되어 있다.

신익전이 『밀양지』를 편찬하게 된 목적은 문집 말미에 나와 있듯이 전쟁을 치룬 후 자성(自省)을 위해 志를 짓는다고 밝혔다. 『밀양지』의 수록내용은 대체로 건치연혁, 사방경계, 산천, 성곽과 읍성, 객사와 별관, 누정: 영남루, 관청, 군기청, 장군청(將校 내역), 의국(有司 내역), 향사당(鄕官 내역), 작청(吏胥 내역), 교방(伎女 내역), 부사(호장), 공수(公需), 빙고, 부옥(府獄), 방리(坊里), 학교:향교, 단묘:사직단, 역원(驛院): 역, 원, 불우(佛宇), 성씨, 토산, 고적, 요속(謠俗), 인물, 효자, 열녀, 명환 등에 관한 것이다. 여기에서 將軍廳(將校 내역), 醫局(有司 내역), 作廳(吏胥 내역), 敎坊(伎女 내역)의 내용은 다른 지역의 읍지에서 볼 수 없었던 서술내용이라 할 수 있다.

한편 밀양지역에서 배출되었던 효자들을 보면 『밀양지』에는 효자 7명, 효녀 1명이 실려있다. 전국지리지인 『신증동국여지승람』과 『여지도서』에는 각각 효자 4명과 14명, 효녀 1명이 수록되어있다. 반면에 읍지인 『밀주구지』와 『밀양부읍지』, 『경상도읍지』, 『밀양군읍지』에는 효자 24명부터 27명까지 수록되어 있다. 따라서 전국지리지보다 읍지에 실린 효자의 수가 훨씬 더 많음을 알 수 있으며, 무엇보다 『경상도읍지』 밀양부읍지에 가장 많은 효자(27명)가 수록되어있다.

효행에 대한 사례를 분류하여 보면 대체로 생전에 지극한 효성으로 봉양하고 사후에 3년 내지 6년간 여묘살이한 경우 또는 추복(追服) 3년한 경우, 부모의 병에 대한 치료를 위해 단지, 상분한 경우, 부친이 병이 들어 쇠고기나 생선을 먹고 싶어할 때 문득 쉽게 구하여 드리게 된 경우, 임진왜란에 적으로부터 부모의 살해나 피로를 막고자 하여 생명을 걸고 구하거나 함께 죽은 경우, 부모에게 지극한 효행으로 하늘이 감응한 효감동천(孝感動天)의 경우 등이 그것이다. 이 가운데 부모 사후 여묘살이한 효행사례가 가장 많은 비중을 차지하였다. 특히 밀양지역은 전쟁중에 여묘살이하거나 왜적으로부터 부모의 살해나 피로(被擄)를 막고자 하여 생명을 걸고 구하거나 함께 죽은 효행사례가 적지않았음이 주목된다. 그리고 효자들의 가계배경과 거주지가 분명하였다. 또한 효녀와 효부의 기록이 보여 주목된다.

효자의 신분을 보면 신분이 밝혀진 18명 가운데 15명이 士族으로 주목된다. 포상의 경우 정려 12명, 증직3명, 급복 3명으로 정려가 가장 많았다.

한편『밀양지』에는 열녀 12명이 실려있다. 효자보다 훨씬 더 많은 열녀가 수록된 점이 주목된다. 전국지리지인『신증동국여지승람』과『여지도서』에는 각각 열녀 2명과 6명이 수록되어 있다. 반면에 읍지인『밀주구지』와『밀양부읍지』,『경상도읍지』,『밀양군읍지』에는 열녀 14명에서 18명까지 수록되어 있다. 열녀행적을 유형별로 보면 남편 사후 개가하지 않고 목매어 자결한 경우, 임진왜란 때 왜적으로부터 정절을 지키기 위해 스스로 절벽이나 깊은 못에 투신해 죽거나 목매어 자결하거나 참혹하게 피살된 경우, 남편이 죽자 외간남자로부터 정절을 지키고자 손가락을 끊은 경우 등이 있다. 이 가운데 임진왜란 때 발생한 열녀가 가장 많았다. 신분이 밝혀진 15명의 열녀 가운데 사인(학생)의 처와 딸이 8명으로 가장 많다. 그리고 열녀 18명 가운데 포상자는 9명에 불과하였다. 뿐만아니라 임진왜란 때 정절을 지키려다 죽은 열녀 9명 가운데 정려된 경우는 3명에 불과하여 주목된다.

요컨대 조선시대 밀양에서는 『密陽志』를 비롯하여 『密州誌』, 『密州舊誌』, 『密州邑誌』, 『密陽府邑誌』, 『密陽郡邑誌』 등의 읍지가 계속하여 편찬되었다. 이러한 읍지들에 수록된 밀양지역의 인물(名臣, 鄕賢, 孝子, 烈女, 孝婦, 忠烈, 名將, 名賢, 仕宦)의 수는 타지역에 비해 매우 많은 편이다. 특히 밀양지역은 임란으로 적지않은 효자, 열녀를 배출하였음을 알 수 있다.

제5장 조선후기 『동래부지』의 편찬과 효자, 열녀

머리말

16~18세기에는 조선 전기의 전국지리지와는 달리 각 지방 단위로 사족과 수령을 중심으로 한 사찬읍지들이 편찬되었다. 특히 경상도 지방에서 사찬읍지의 편찬이 활발하였다. 16~18세기에 편찬된 경상도 지역의 사찬읍지로서 문소지(聞韶志, 의성, 1507년, 1634년, 不傳), 창산지(昌山志, 창녕, 1581년, 不傳), 함주지(咸州誌, 함안, 1587년, 現傳), 영가지(永嘉誌, 안동, 1608년, 現傳), 진양지(晉陽誌, 진주, 1632년, 現傳), 상산지(商山誌, 상주, 1617년, 現傳), 일선지(一善誌, 선산, 1630년, 現傳), 운창지(雲窓誌, 단성, 1640년, 現傳), 밀양지(密陽誌, 밀양, 1652년, 現傳), 천령지(天嶺誌, 함양, 1656년, 現傳), 동경잡기(東京雜記, 경주, 1669년, 現傳), 오산지(鰲山誌, 청도, 1677년, 現傳), 성산지(星山誌, 성주, 1677년, 現傳), 동래부지(東萊府誌, 동래, 1740년, 現傳), 학성지(鶴城誌, 울산, 1749년, 초고본 現傳), 문경현지(聞慶縣誌, 문경, 1789년, 現傳) 등을 들 수 있다.[1] 사찬읍지

---

1) 양보경, 「16~17세기 읍지의 편찬배경과 그 성격」, 『지리학』 27, 1983, 58~59쪽.
　　　, 「조선 중기 사찬읍지에 관한 연구」, 『국사관논총』 81, 1998, 51~54쪽.

에는 각 지방의 역사, 행정, 경제, 사회, 문화, 군사, 인물, 예속 등 모든 면
이 수록되어 있으며 그 내용이 아주 상세하고 풍부하여 당시 향촌 사회를
이해하는데 중요한 자료가 된다.

『동래부지』는 東萊[2]의 읍지로서 조선 후기 경상도 동래지역의 향촌사
회를 이해하는데 중요한 자료가 된다고 볼 수 있다.

필자는 그동안 경상도 지역에서 편찬된 사찬읍지에 나타난 효자와 열
녀에 대하여 검토를 해오고 있다.[3] 이번에 필자는 이러한 작업의 일환으
로 우선 『동래부지』의 편찬에 대하여 살펴보고 이어서 『동래부지』에 나
타난 동래지역의 효자와 열녀에 대하여 살펴보고자 한다.

1. 『동래부지』의 편찬과 내용

『동래부지』는 경상도 동래의 읍지이다. 1611년(광해군 3년) 부사 성진
선(成晉善)[4]에 의해 『東萊誌』가 처음 만들어졌으나 없어져 전하지 않고

이태진, 『조선시대 사찬읍지』 경상도편 해제, 한국인문과학원, 1989.
우인수, 「1749년(영조 25) 울산읍지 『학성지』의 편찬과 그 의미」, 『한국사연구』119,
2002, 128쪽 참조.
2) 『경상도읍지』 동래부읍지 건치연혁 231쪽을 보면 동래부는 옛적에 萇山國 혹은 萊
山國이라고도 했다. 신라가 점령하여 漆山郡을 두었다가 경덕왕 16년(757)에 지금
이름으로 고쳤다. 고려 현종 때에는 울주에 속했다가 뒤에 현령을 두었다. 조선 태조
때에 처음으로 鎭을 두고 병마사로서 判縣事를 겸하게 하였다. 세종 때에 僉節制使
로 개칭하고 뒤에 鎭을 속현인 東平縣으로 옮겼다가 얼마되지 않아 舊治(東萊)로 돌
아와 현령으로 고쳤다. 명종 때에 승격시켜 府使로 삼았다. 선조 때에 격하하여 현령
으로 삼았다가 다시 올려서 부사로 삼고 또 判官을 두었다가 곧 파하였다. 효종 6년
(1655)에 獨鎭을 설치하고 숙종 16년(1690)에 방어사를 겸하게 하였다가 곧 파하였
다. 숙종 18년(1692)에 방어사를 파하고 영조 15년(1739)에 守成將을 겸하게 하였다.
3) 박주, 『조선시대의 효와 여성』, 국학자료원, 2000.
4) 『국조문과방목』 영인본, 태학사, 1984에 의하면 都事 成晉善은 창녕인으로 호는 烟
江이다. 夢井의 증손이고 禮元의 손자이며 壽益의 아들이다.

다만 부사 이서우(李瑞雨)[5])가 1680년(숙종 6년)에 찬술한 『장산후지(長山後誌)』와 『동래승람(東萊勝覽)』만이 남아있었다. 그러나 이 읍지는 내용이 너무 소략하고 착오된 부분이 많아 이를 참고로 증보하여 1740년(영조 16년)에 부사 박사창(朴師昌)[6])이 『동래부지』를 편찬하였다.[7])

『동래부지』는 임란을 겪고난 후 특히 군사. 방어면에 목적을 두고 편찬되었다. 영조 16년(1740)에 박사창(朴師昌)이 쓴 서문을 보면

"동래는 변방의 주군(州郡)이다. 서울까지는 천리길이 되고 일본과는 바다 하나를 사이에 두고 있으니 만약 갑자기 틈이 생겨 이곳에서 변란이 일어난다면 왕령(王靈)이 미처 먼 곳까지 떨치기 전에 동래부가 먼저 그 적봉(賊峯)을 받게 됨은 지나간 임진왜란의 일로서도 볼 수 있는 바이다. 그러므로 무사한 때에 미리 환란에 대비하는 모책을 강구하여 두어야 할 것이다. 그 산천의 험하고 평탄함과 도리(道里)의 원근과 성벽의 고저와 졸오(卒伍)의 다과와 군교(軍校)의 양향(糧餉)의 수량과 과갑(戈甲) 기치(旗幟) 등속을 한 권의 책에 기재하여서 부중(府中)에 간직해 두면 변란이 일어났을 때 조금이라도 도움이 되는 일이 있을 것이다."[8])

라고 편찬 목적을 밝히고 있다. 즉 국방에 필요한 산천. 도리(道里). 성곽. 졸오(卒伍). 군교. 양향(糧餉). 과갑(戈甲). 기치(旗幟)를 위주로 하면서 기타 동래에 관계되는 사실을 상세히 기록하고 충렬사적을 상세히 실어 놓았던 것이다. 성진선 부사가 처음에 『동지지』를 편찬한 것이 여기에 뜻이 있었던 것이라고 하였다. [9]) 따라서 『동래부지』는 동래라는 변경지방의

---

5) 『국조문과방목』에 의하면 李瑞雨는 羽溪人으로 호가 松谷이다. 成憲의 증손이고 吉男의 손자이며 慶恒의 아들이다.

6) 『국조문과방목』에 의하면 朴師昌은 潘南人이다. 世奎의 증손이고 泰素의 손자이며 弼思의 아들이다.

7) 이태진, 『조선시대 사찬읍지』 경상도편 해제, 한국인문과학원, 1989.

8) 『동래부지』, 朴師昌 序

군사적인 면이 강조된 읍지라고 볼 수 있다.

『동래부지』10)는 서문과 57개의 항목으로 구성되어 있다. 57개의 항목은 다음과 같다.

建治沿革 郡名 屬縣 官員 鄕任 面里遠近程道 姓氏 形勝 山川 古蹟 風俗 官舍 樓亭 廳舍 倉庫 官廨 草梁公廨 城郭 關防 烽燧 學校 祠廟 驛院 橋梁 佛宇 祈雨所 堤堰 人物 孝子 孝女 烈女 別典功臣 科第 塚墓 戶口 田結 土産 穀物 各廳武夫 軍摠 軍器 旗幟 儀伏 賦案 大同 貢物 雜捧 烟役 人吏官屬雜差 各色匠人 各司各處奴婢 異聞 官案 善政碑 生祠堂 題詠雜著 釜山子城碑

<표1> 동래지역 지리지의 항목 비교

	『신증동국여지승람』 동래현(1531)	『동래부지』 (1740)	『여지도서』 동래진 동래도호부 (1757~1765)	『경상도읍지』 동래부읍지(1832)
자연 환경	山川 形勝	山川 形勝	山川 形勝	山川
행정	建治沿革 郡名 屬縣 官員	建治沿革 郡名 屬縣 官員 鄕任 面里遠近程道 官舍 廳舍 官廨 草梁公廨 官案	建治沿革 郡名 城池邑城 官職 公廨	建治沿革 郡名 官職 坊里
경제	土産	倉庫 堤堰 戶口 田結 土産 穀物 賦案 大同 貢物 雜捧 烟役 人吏 官屬雜差 各色匠人 各司各處奴婢	倉庫 堤堰 物産 牧場	

---

9) 위의 책, 朴師昌 序.

   양보경, 앞의 논문, 『지리학』 27, 67쪽 참조.

10)『동래부지』는『조선시대 사찬읍지』(한국인문과학원, 1989)에 수록된 것을 이용하였다.

군사	城郭 關防 烽燧 驛院	軍摠 軍器 旗幟 儀伏 城郭 關防 烽燧 驛院 橋梁 各廳武夫	烽燧 驛院 橋梁 關隘	
사회 · 문화	姓氏 樓亭 學校 祠廟 佛宇 古蹟 人物 효자 題詠 名宦	佛宇 樓亭 祈雨所 學校 祠廟 姓氏 古蹟 塚墓 風俗 人物 효자 孝女 열녀 別典功臣 科第 善政碑 生祠堂 題詠雜著 釜山子城 碑 異聞	姓氏 學校 風俗樓亭 古蹟 人物 효자 열녀 題詠 寺刹 壇廟	姓氏 風俗 科擧人 物 효자 열녀 節義 題詠
항목수	21	57	26	13

　　<표1>에서 항목의 수를 비교해 볼 때 사찬읍지인『동래부지』의 항목 수가『신증동국여지승람』과『여지도서』그리고『경상도읍지』에 비해 훨씬 많다. 좀더 구체적으로 살펴보면 행정부분에 있어서『신증동국여지 승람』에는 없는 새로운 항목이『동래부지』에 많이 설정되어 있다. 즉 향 임(鄕任), 면리원근정도(面里遠近程道), 관사(官舍), 청사(廳舍), 관해(官 廨), 초량공해(草梁公廨), 관안(官案) 등이 그것이다. 경제부분에서는『신 증동국여지승람』에는 토산 항목 하나뿐인데 비해『동래부지』에는 창고 (倉庫), 제언(堤堰), 호(戶), 구(口), 전결(田結), 곡물(穀物), 부안(賦案), 대동 (大同), 공물(貢物), 잡봉(雜捧), 연역(烟役), 인리관촉잡차(人吏官屬雜差), 각색장인(各色匠人), 각사각처노비(各司各處奴婢) 등 14개 항목으로 늘 어나 있다. 창고, 제언 항목은『여지도서』에도 보이나 그 밖의 항목들은 『동래부지』에서만 볼 수 있다.

　　군사부분을 비교해 볼 때『신증동국여지승람』에는 성곽, 관방, 봉수, 역원 등 네 항목인데 비해,『동래부지』에는 이것 외에 6개 항목이 더 신 설되어 있다. 즉 군총(軍摠), 군기(軍器), 기치(旗幟), 의장(儀伏), 교량(橋 梁), 각청무부(各廳武夫) 등이 그것이다.

사회, 문화 부분에서는 『신증동국여지승람』에 없는 새로운 항목으로 기우소(祈雨所), 총묘(塚墓), 풍속, 별전공신(別典功臣), 과제(科第), 선정비(善政碑), 생사당(生祠堂), 부산자성비(釜山子城碑), 이문(異聞) 등을 들 수 있다. 따라서 『동래부지』의 항목이 모든 부분에서 세분화되고 그 내용도 또한 상세하고 풍부함을 알 수 있다.

<표2> 동래지역 지리지의 수록 인물 비교

	『신증동국여지승람』 동래현(1531)	『동래부지』(1740)	『여지도서』 동래진 동래도호부 (1757~1765)	『경상도읍지』 동래부읍지(1832)
인물	鄭文道(邑吏), 鄭沆(鄭穆의 아들, 禮部尙書翰林學士, 시호는 文安), 鄭敍(沆의 아들, 호는 瓜亭11)), 鄭良生(벼슬은 重大匡 蓬原君에 봉해짐)(이상 고려인), 鄭矩(良生의 아들, 문과, 議政府 贊成, 시호는 靖節), 鄭欽之(良生의 손자, 문과, 刑曹判書, 시호는 文景), 鄭甲孫(欽之의 아들, 문과, 左參贊, 忠廉慷慨, 立朝有奇節, 시호는 貞節), 鄭昌孫(갑손의 아우, 再登文科, 佐翼功臣, 翊戴功臣, 佐理功臣, 다섯임금을 섬기고 세 번	鄭文道, 鄭穆(文道의 아들, 太府卿), 鄭濟(정목의 아들, 侍郞), 鄭漸(정목의 아들, 御史), 鄭澤(정목의 아들, 僉議贊成事), 鄭沆, 鄭敍, 鄭良生(이상 고려인) 鄭矩, 鄭欽之, 鄭甲孫, 鄭昌孫, 鄭蘭宗, 鄭括, 鄭光世, 鄭忠樑, 鄭光弼(난종의 아들, 문과, 영의정, 시호는 文翼, 중종묘정에 배향), 鄭惟吉(광필의 손자, 문과에 장원급제, 文衡을 전장, 좌의정, 호는 林塘), 鄭士龍(난종의 손자, 文衡의 領樞로 詩文이 뛰어남, 호는 湖陰), 鄭之衍(광필의 증손, 우의정), 鄭昌衍(유길의 아들, 문과, 우의정), 鄭彦智(문과, 대사헌), 鄭彦信(문과, 우의정), 鄭協(언신의 아들, 문과,	鄭文道, 鄭沆, 鄭敍, 鄭良生(이상 고려인) 鄭矩, 鄭欽之, 鄭甲孫, 鄭昌孫, 鄭蘭宗, 鄭括, 鄭光世, 鄭忠樑, 鄭光弼, 鄭惟吉(이상 본조인)(14명)	鄭文道, 鄭沆, 鄭敍, 鄭良生(이상 고려인) 鄭矩, 鄭欽之, 鄭甲孫 鄭昌孫, 鄭蘭宗, 鄭括, 鄭光世, 鄭忠樑, 鄭光弼, 鄭惟吉(이상 본조인)(14명)

首相이 됨, 성품이
廉簡하고 産業을 일
삼지 않았다, 시호
는 忠貞, 성종 묘정
에 배향), 鄭蘭宗(문
과에 네 번 등과하
고 좌리공신, 이조
판서, 시호는 翼惠,
초서와 예서에 조
예가 깊었다), 鄭栝
(창손의 아들, 문
과, 좌의정, 氣節이
있고 治體를 알았
다, 시호는 恭肅), 鄭
光世(문과에 장원
급제, 형조판서), 鄭
忠樑(광세의 아들,
문과, 승지, 성품이
廉簡)(이상 본조인
(12명)

대사헌), 鄭慄(협의 아우,
문과, 감사), 鄭期遠(난종
의 후손, 문과, 참판, 1596
년에 奏請使로써 명나라
에 군사를 청하였고, 1597
년 8월에는 南原에서 死
節하였음. 忠烈祠를 세워
서 정문表忠하고 宣武功
臣으로 萊城君에 봉해짐.
三綱行實에 수록됨), 鄭廣
成(창연의 아들, 문과, 형
조판서), 鄭廣敬(광성의 아
우, 문과, 참판), 鄭世規
(협의 아들, 음서로 이조
판서), 鄭世矩(세규의 아우,
문과, 감사), 鄭弘翼(直提
學을 사사받음, 문과에 급
제하여 부제학으로서 昏
朝에 立節), 鄭太和(광성
의 아들, 문과, 영의정, 호
는 陽坡, 효종 묘정에 배
향), 鄭致和(태화의 아우,
문과, 좌의정), 鄭萬和(태
화의 아우, 문과, 참판), 鄭
知和(광경의 아들, 문과,
좌의정), 鄭良弼(문도의 후
손, 문과, 監司), 鄭之虎(난
종의 후손, 문과, 참판), 鄭
攸(협의 손자, 문과), 鄭修
(협의 손자, 문과), 鄭華齊
(양필의 아들, 문과), 鄭泰
齊(양필의 조카, 문과), 鄭
載岱(태화의 아들, 음서
로 참의), 鄭載嵩(태화의

		아들, 문과, 우의정), 鄭載崙(태화의 아들, 東平尉에 봉해짐), 鄭載岳(태화의 아들, 음서로 知敦寧), 鄭載禧(지화의 아들, 문과, 판서), 鄭載海(만화의 아들, 문과, 翰林), 鄭是先(재해의 아들, 음서로 監司), 鄭濟先(재희의 조카, 持平), 鄭亨益(제선의 아들, 문과, 판서), 鄭亨復(형익의 아우, 문과, 監司), 鄭弘祥(형익의 아들, 문과, 修撰), 鄭錫三(재대의 손자, 문과, 참판), 鄭錫五(재대의 손자, 문과, 판서), 鄭必東(문도의 후손, 문과, 승지), 鄭彦爕(필동의 아들, 문과, 참판), 鄭來周(난종 8세손, 문과, 참판), 鄭履儉(是先의 손자, 문과) (이상 본조인) (58명)		
효자 · 효녀	鄭慥, 金得仁, 玉從孫, 金氏(4명)	鄭慥, 金得仁, 玉從孫, 金氏, 黃擇龍, 仇周星, 金貴生 (7명)	鄭慥, 金得仁, 玉從孫, 金氏, 黃澤龍, 仇柱星, 金貴生, 崔成峻 (8명)	鄭慥, 金得仁, 玉從孫, 金氏, 黃澤龍, 具周星, 金貴生, 崔成峻 (8명)
열녀	金蟾, 愛香(2명)	張召史, 田召史, 咸召史(3명)	張召史, 田召史, 咸召史, 徐氏, 金氏(5명)	張召史, 田召史, 咸召史, 徐氏, 金氏, 金召史, 李氏, 鄭氏, 李氏(9명)
계	18명	68명	27명	31명

11) 『동래부지』樓亭條에 의하면 瓜亭은 동래부의 남쪽 10리에 있었으나 지금은 없고 터만 남아있다. 鄭敍는 고려때 恭睿太后의 妹壻로 인종의 총애를 받았으나 의종 때 讚疏를 입어 田里로 放歸당했는데, 왕이 말하기를 가서 있으면 곧 부를 것이라고

<표2>의『동래부지』인물조를 보면 고려 인물 8명, 본조 인물 50명으로 모두 58명이 수록되어 있어 다른 지리지에 비해 인물이 월등하게 많다.『신증동국여지승람』동래현 인물조에는 모두 12명(고려인 4명, 본조인 8명)이 수록되어 있으며,『여지도서』와『경상도읍지』에 실린 인물의 수는 각각 14명(고려인 4명, 본조인 10명)에 불과하다. 그런데 인물조에 등재된 인물들이 모두 동래정씨 인물 일색으로 수록되어 있어 매우 주목된다. 마치 동래정씨 가계도를 보는 느낌을 가지게 할 정도이다. 이들 대부분은 중앙과 지방에서 높은 벼슬을 함으로써 동래지방에서의 동래정씨 영향력과 아울러 동래정씨 가문이 名族으로 성장할 수 있었음을 엿볼 수 있다. 예컨대 정창손(鄭昌孫, 1402, 태종2~1487, 성종18)은 과거에 두 번이나 장원으로 급제하였다. 그리고 좌익공신(佐翼功臣), 익대공신(翊戴功臣), 좌리공신(佐理功臣) 등에 참예하였고, 다섯 임금을 내리 섬기면서 세 번이나 수상이 되고 86세까지 장수했으며 성품이 고요하고 간결하며 살림엔 마음을 기울이지 않았다. 시호는 충정(忠貞)이며 성종 묘정에 배향되었다. 정난종(鄭蘭宗, 1433, 세종15~1489, 성종20)은 문과에 네 번 등과하고 좌리공신이었으며 이조판서로 시호는 익혜(翼惠)였다. 초서와 예서에 조예가 깊었다. 정광필(鄭光弼, 1462, 세조8~1538, 중종33)은 난종의 아들로서 벼슬은 영의정에 이르렀고, 시호는 문익(文翼)이며 중종묘정에 배향되었다. 정기원(鄭期遠, 1559, 명종14~1597, 선조30)은 난종의 후손으로 참판 벼슬을 지냈다. 선조29년(1596)에 주청사로써 명나라에 군사를 청하였고, 1597년 8월에 남원에서 사절(死節)하였다. 충렬사를 세워 정문표충(정문表忠)하고 선무공신으로 내성군(萊城君)에 봉해졌으며

했으나 오래되도록 부르지 않으므로 이에 정자를 짓고 瓜를 심어 거문고를 타며 노래를 지어 임금을 그리워하는 회포를 담으니 가사가 극히 처연하였다. 스스로 瓜亭이라 이름하니 樂府 鄭瓜亭이 곧 그 곡이다.

삼강행실에 수록되어있다. 정태화(鄭太和, 1602, 선조35~1673, 현종14)는 형조판서 광성(廣成)의 아들로서 영의정 벼슬에 이르렀다. 호는 양파(陽坡)이며 효종 묘정에 배향되었다.

동래현의 토성으로 鄭(東萊)·宋·玉.·丁·曺를 들고 있으며, 외래성 씨로는 王·朴·李·金(金海)을 들고 있다. 한편『동래부지』효자 효녀조와 열녀조에는 6명의 효자와 1명의 효녀 그리고 3명의 열녀가 수록되어 있을 뿐이다.

2.『동래부지』에 나타난 효자와 열녀

<표3>동래지역의 효자 열녀 기재수

	『신증동국여지승람』 동래현(1531)	『동래부지』 (1740)	『여지도서』동래진 동래도호부 (1757~1765)	『경상도읍지』 동래부읍지(1832)
효자	3	6	7	7
효녀	1	1	1	1
열녀	2	3	5	9
계	6	10	13	17

<표3>을 보면 각 자료의 연대가 16세기(1531년), 18세기(1740년, 1765년), 19세기(1832년)임을 고려할 때 효자, 열녀의 수가 증가함을 볼 수 있다. 즉 시간이 지날수록 효자, 열녀의 수가 증가했음을 시각적으로 확인할 수 있다.

1) 효자

효자 효녀조에 6명의 효자와 1명의 효녀 사례가 나와 있다.[12]

정조(鄭憛)는 고려시대 진사로서 모친상에 3년동안 여막에서 거처하였으므로 정문을 세워 표창하고 비석을 세웠다.[13]

김득인(金得仁)은 어렸을 때 아버지를 여의었고, 집이 가난했으나 어머니를 지극한 효성으로 봉양했다. 어머니가 죽자 3년을 여막에서 거처하였다. 그리고 아버지를 추념하여 어머니 산소로 천장을 하고는 다시 3년을 지냄으로써 전후 거상한 것이 9년이었다. 그 여막이 황령산(荒嶺山) 아래에 있었는데 흉년을 만나 부산포 왜노들이 사방에서 노략질을 하였다. 하루는 갑자기 왜노들이 득인이 있는 여막에 이르러 약탈하려다 그 연유를 알고는 무릎을 치면서 감탄하며 칭찬하였는데, 그 뒤로 혹은 미역을 채집하여 주기도 했고, 혹은 쌀과 참을 갖다 주기도 하였다. 성종 3년 (1472)에 이 일이 보고되어 특별히 장사랑풍저창부봉사(將仕郎豊儲倉副奉事)를 제수하였다.[14]

---

12) 『신증동국여지승람』권23 동래현 효자조에는 효자 3명(鄭憛, 金得仁, 玉從孫)과 효녀 1명(김씨)이 수록되어 있다. 『동래부지』효자 효녀조에는 본조 효자로서 金得仁(성종 3년 특별히 將仕郎에 除授), 玉從孫(정려, 免役), 金氏(성종 22년 정려), 黃擇龍(광해군 2년 정려), 仇周星(광해군 2년 정려), 金貴生(광해군 2년 정려) 등 6명이 수록되어 있다. 『여지도서』동래도호부 효자조와 『경상도읍지』동래부 효자조에는 『동래부지』효자 효녀조에 실려있는 효자 효녀들 이외에 崔成峻(정려) 1명이 추가되어있다.
13) 『신증동국여지승람』권23, 동래현 효자조 364쪽.
    『동래부지』효자 효녀조 514쪽.
    『여지도서』동래진 동래도호부 효자조 473쪽.
    『경상도읍지』동래부 효자조 246쪽
14) 『신증동국여지승람』권23, 동래현 효자조 365쪽.
    『동래부지』효자 효녀조 514쪽.
    『여지도서』동래진 동래도호부 효자조 473쪽.
    『경상도읍지』동래부 효자조 246쪽.

옥종손(玉從孫)은 읍리(邑吏) 석근(石根)의 아들이다. 11세 때 부친이 악질에 걸리자 스스로 손가락을 잘라 약에 타 드렸더니 부친의 병이 곧 나았다. 중종 2년(1507)에 정려를 세워 표창하고 면역(免役)하였다.[15]

김씨는 만호(萬戶) 김보문(金寶文)의 딸이다. 천성이 지극히 효성스러웠다. 아버지가 병에 걸리자 하늘에 맹세하여 말하기를 "만약 하늘이 돌보지 않아 아버지가 돌아가신다면 저는 마땅히 목숨을 끊겠습니다" 하더니, 아버지가 죽자 아우에게 말하기를 "너는 살아서 어머니를 모셔라. 나는 죽어서 아버지를 섬기겠다." 하고 드디어 스스로 목을 매어 죽었다. 성종 22년(1491)에 정려하였다.[16] 효녀의 묘는 府東 20리 운봉산(雲峰山) 아래에 있었다. 임진왜란 때 왜적들이 그 묘를 팠다. 난이 끝난 후 하루는 수사(水使)의 꿈에 효녀가 나타나 말하기를, "저는 본부의 효녀 김씨인데 불행히 묘가 왜구에게 파헤쳐져 해골이 드러난 지 이미 오래되었습니다. 원컨대 무덤을 거두어 주십시요" 수사가 깜짝 놀랐으며 마음이 이상하였다. 다음날 아침 순문(詢問)하니 과연 효녀의 묘가 운봉산 밑에 있다고 하였다. 사람들로 하여금 가서 보게 한즉 과연 무덤이 파헤쳐져 있어 해골을 거두어 편안히 옛 구덩이에 묻고 묘를 만들어 치제(致祭)하였다. 이날 밤 김씨가 다시 꿈에 나타나 감사하다고 하였다.[17]

김귀생(金貴生)은 어머니가 전염병으로 기절하자 단지하여 소생케 하

---

15) 『신증동국여지승람』 권23, 동래현 효자조 365쪽.
　　『동래부지』 효자 효녀조 515쪽.
　　『여지도서』 동래진 동래도호부 효자조 473쪽.
　　『경상도읍지』 동래부 효자조 246쪽.
16) 『신증동국여지승람』 권23, 동래현 효자조 365쪽.
　　『동래부지』 효자 효녀조 515쪽.
　　『여지도서』 동래진 동래도호부 효자조 473쪽.
　　『경상도읍지』 동래부 효자조 246쪽
17) 『여지도서』 동래진 동래도호부 효자조 473쪽.
　　『경상도읍지』 동래부 효자조 246쪽.

였다. 광해군 2년(1610)에 정려하였다. 황택룡(黃擇龍)은 어머니가 전염병으로 두 번이나 기절하였는데 단지하여 소생시켰다. 광해군 2년(1610)에 정려하였다. 구주성(具周星)은 아버지가 전염병으로 기절하였는데 단지하여 소생케 하였다. 광해군 2년(1610)에 정려하였다.[18]

최성준(崔成峻)은 아버지가 병으로 돌아가셨다. 단지 수혈하여 소생케 했다. 이에 정려하였다.[19]

그 밖에 지리지에 수록되지 않은 효자도 적지않았다. 예컨대 『석대천씨오대육효고문서(石臺千氏五代六孝古文書)』에 의하면 동래부 동면 석대리의 영양(穎陽) 천씨(千氏) 집안은 5대에 걸쳐 무려 6명의 효행자(5명의 효자와 1명의 효부)가 연달아 배출되었다. 교생(校生) 천성태(千聖泰, 1725~1789)와 그의 아들 천세모(千世慕, 1743~1810), 손자 유학 천술운(千述運, 1767~1835), 증손자 천상연(千相璉, 1795~?, 초명은 일갑(鎰甲), 고손자 천우형(千禹炯, 1843~1886, 초명은 공득(恭得), 천우형의 처 김해 김씨가 그들이다. 이들은 정려를 받지 못했으며 단지 賞物(백미 여섯 말과 청어 여섯 두루미, 벼 한 섬과 황육 두 근, 대구 한 마리, 미역 한 단)의 포상만이 주어졌다.[20]

강성구(姜聖耉)는 천성이 지극히 효성스러웠다. 어머니가 병이 들자 여러 달 약을 달이며 시중들기를 조금도 게을리하지 않았고, 매일 밤마다 기도하였다. 결국 돌아가시자 묘 곁에 여막을 짓고 조석으로 통곡하기를

---

18) 『동래부지』효자 효녀조 515쪽.
　　『여지도서』동래진 동래도호부 효자조 473쪽과 『경상도읍지』동래부 효자조 246쪽에는 이들의 포상시기가 『동래부지』와 다르게 나와있다. 즉 황택룡과 구주성은 현종 11년, 김귀생은 효종 4년에 정려되었다 라고 되어있다.
19) 『여지도서』동래진 동래도호부 효자조 473쪽.
　　『경상도읍지』동래부 효자조 246쪽
20) 부산광역시 석대동의 영양천씨 가문의 효행사례들은 경성대학교 향토문화연구소 편, 『석대천씨오대육효고문서』(1995, 민족문화 출판사)와 박주, 「18. 19세기 동래부 穎陽千氏 집안의 효자정려 청원 과정」, 『사학연구』85, 2007. 3 에 자세히 나와있다.

3년을 하루같이 하였다. 비록 나뭇꾼이나 목동같은 무지한 자들도 또한 그를 강효자라고 불렀다. 21)

한편 효자, 효녀의 신분을 보면 7명의 효자, 효녀 가운데 신분이 밝혀진 경우는 3명에 불과하다. 진사, 읍리의 아들, 만호의 딸이 그것이다. 포상내 용으로는 정문, 정려, 면역, 관직 제수가 보이고 있는데 정려가 가장 많다.

2) 열녀

열녀조에는 3명의 열녀 사례가 실려있다.

張召史는 남편이 병사하자 같은 날에 목을 매어 죽었다. 현종 11년(1670)에 정려하였다.22)

田召史는 下吏 최의준(崔義俊)의 어머니이다. 남편이 죽자 기절하여 먹지 않고 이에 죽음에 이르렀다. 정려하였다.23) 咸召史는 최의준의 처이다. 남편이 죽자 슬퍼함이 지나쳐 물과 음식을 먹지 않고 친척들과 이웃이 죽을 권하여도 끝내 먹지 않고 10여일 만에 굶어죽었다. 이에 정려하였다. 한 집안의 정렬로 칭송하였다.24)

그 밖에 『신증동국여지승람』과 『여지도서』, 『경상도읍지』에 나와있는 열녀 사례를 소개하면 다음과 같다. 열녀 김섬(金蟾)은 함흥기생이며 송상현(宋象賢)의 첩이었다. 열녀 애향(愛香)은 정발(鄭撥)의 첩이었다. 모두 임진년(1592) 4월에 순절하였다.25)

---

21) 앞의 책 고문서 25번, 26번, 34번~37번에 보인다.
22) 『동래부지』열녀조 515쪽.
　　『여지도서』동래진 동래도호부 열녀조 473쪽.
　　『경상도읍지』동래부 열녀조 246쪽.
23) 위와 같음.
24) 위와 같음.
25) 『신증동국여지승람』권23, 동래현 열녀조 370쪽.

徐氏는 판관(判官) 황보업(皇甫業)의 처이다. 남편이 죽자 밤낮으로 호읍하였다. 장례 후 곧 약을 먹고 자살하였다. 이에 정려하였다.[26]

金氏는 學生 김효문(金孝文)의 처이다. 어렸을 때부터 효행이 있어 향당에 칭찬이 많았다. 남편이 전염병으로 죽자 여러번 소리내어 슬퍼하였다. 어린 자녀들을 시아버지께 보내고 곧 목매어 죽었다. 영조 16년(1740)에 정려하였다.[27]

金召史는 읍리 허몽대(許夢大)의 처이다. 남편이 병사하자 그날 약을 먹고 죽었다. 정조 8년(1784)에 급복하였다.[28]

李氏는 학생 전응상(田應祥)의 처이다. 남편의 병에 여러 해 동안 시탕함에 게을리 하지 않았다. 그러나 남편이 죽자 곧 약을 먹었다. 그러나 옆사람에게 발각되어 구한 바 되었다. 그날 저녁에 또 남편의 시신 곁에서 목을 매달았으나 가래 막힌 소리가 자연히 문밖에 까지 들려 밖에 있던 사람들이 급히 들어가 풀어 내렸다. 이에 다시 몰래 염포(斂布) 자르는 칼을 가지고 마당으로 가 스스로 목을 두 번 찔렀으나 집안사람들이 급히 구하여 목숨을 연장하였으나 결국은 죽었다. 정조 8년(1784)에 정려하였다.[29]

---

26) 『여지도서』동래진 동래도호부 열녀조 473쪽.
　　『경상도읍지』동래부 열녀조 246쪽.
27) 註26) 참조.
28) 『경상도읍지』동래부 열녀조 246쪽.
　　『石臺千氏五代六孝古文書』에 의하면 下吏 許夢大의 처 金召史는 양민의 딸로서 20세의 나이에 시집을 가 효성으로 시부모를 섬기고 예의로 남편을 섬겼다. 남편이 오랜 병으로 여러 달 고생을 하자 약을 달이는 것이나 하늘에 기도하는 정성이 지극하였다. 그러나 지난 해 1775년에 끝내 죽게 되자 그날로 약을 먹고 남편의 시신을 안고 같이 죽고 말았다. 당시 府使는 그의 貞烈을 가상히 여겨 곧 돈 백냥과 쌀과 포목 등의 물건을 내려 주었다고 한다.
29) 『경상도읍지』동래부 열녀조 246쪽.
　　『石臺千氏五代六孝古文書』에 보면 閑良 全應祥의 처 李召史는 양민의 딸로서 시집가서 효성으로 시어머니를 섬기고 예의로 가족들과 화목하였다. 또 두 딸이 있었는데 한명은 전처 소생이고 한명은 자기가 낳은 딸이었지만 사랑하고 보살피는 것이 조금이라도 달리 대하지 않았다. 이웃마을에서도 칭찬하고 향당에서도 흠모하였

鄭氏는 士人 박인백(朴仁伯)의 처이다. 남편이 병사하자 애훼가 예를 넘었다. 시어머니를 지성으로 섬겼다. 남편 장사함에 미쳐 시어머니께 고하기를, "집은 가난하고 흉년이 들어 늙으신 어머니와 어린 아이 때문에 구차하게 8개월의 목숨을 연장하였습니다. 지금은 가을이고 젖먹이 아이는 밥을 먹으니 차라리 이때 같이 묻히겠습니다" 하고 약을 먹고 죽었다. 정조 13년(1789)에 정려하였다.[30]

李氏는 府民 박춘홍(朴春興)의 처이다. 길에서 강폭한 사람을 만나 찔려 죽었다. 이에 정려하였다.[31] 그 밖에 『석대천씨오대육효고문서』에도 열녀의 사례가 보이고 있다. 府吏 허몽대의 처 金召史[32], 閑良 전응상(全應祥)의 처 李召史[33], 효부 이춘기(李春起)의 처 李召史[34]가 그들이다.

여기에서 府吏 허몽대의 처 金召史와 閑良 전응상의 처 李召史는 『경상도읍지』에도 수록되어있다.[35] 한편 열녀의 신분을 보면 열녀 3명 가운데 신분이 밝혀진 경우는 2명으로 下吏의 母와 妻로 고부간이다. 포상내용을 보면 열녀 3명이 모두 정려를 받았다.

<표4> 『동래부지』에 수록된 효자, 효녀, 열녀

구분	인 명	가계 및 신분	포상내용	비고
효자	鄭愃	進士	정문	『신증동국여지승람』, 『여지도서』, 『경상도읍지』에도 실림

다. 남편이 여러 해 병으로 누워있다가 결국 금년 1779년에 죽자 독약을 마시고 목을 매달아도 죽지 못하다가 끝내 칼날로 스스로 목을 찔렀다고 한다.
30)『경상도읍지』동래부 열녀조 246쪽.
31) 註30) 참조.
32)『石臺千氏五代六孝古文書』의 고문서 25번과 26번에 보인다.
33) 위의 책 고문서 26번에 보인다.
34) 위의 책 고문서 51번, 52번, 56번에 보인다.
35)『경상도읍지』에는 邑吏 許夢大의 처 金召史, 學生 全應祥의 처 李召史로 약간 다르게 나와있다.

			將仕郞豊儲倉副奉事를 제수(성종 3년)	〃
〃	金得仁		將仕郞豊儲倉副奉事를 제수(성종 3년)	〃
〃	王從孫	邑吏 石根의 아들	정려, 免役(중종 2년)	〃
효녀	金氏	萬戶 金寶文의 딸	정려(성종 22년)	〃
효자	金貴生		정려(광해군 2년)	『여지도서』,『경상도읍지』에도 실림
〃	黃擇龍		정려(광해군 2년)	〃
〃	仇周星		정려(광해군 2년)	〃
열녀	張召史		정려(현종 11년)	〃
〃	田召史	下吏 崔義俊의 母	정려	〃
〃	咸召史	崔義俊의 처	정려	〃

맺음말

　이상에서『동래부지』의 편찬내용과『동래부지』에 나타난 효자와 효녀, 열녀에 대하여 살펴보았다. 이제 그 내용을 요약함으로써 맺음말에 대신하고자 한다.

　『동래부지』는 경상도 동래의 읍지이다. 이 읍지는 광해군 3년(1611) 부사 성진선에 의해 처음 만들어졌으나 전하지 않고 숙종 6년(1680)에 부사 이서우가 만든『장산후지』와『동래승람』을 증보하여 영조 16년(1740)에 부사 박사창에 의해 편찬되었다. 박사창이 쓴 서문에 의하면『동래부지』는 임진왜란을 겪고난 후 군사, 방어면에 목적을 두고 편찬되었음을 알 수 있다. 그러나 행정, 경제, 군사, 사회, 문화, 인물 등 모든 부분에서『동래부지』의 내용이 전국지리지인『신증동국여지승람』과『여지도서』

에 비해 매우 세분화되고 상세하였다. 특히 인물조를 보면 모두 58명(고려인 8명, 본조인 50명)이 수록되어 있는데 이들 모두 동래정씨이다. 동래정씨 인물 일색으로 수록되어 있어 매우 주목된다. 이들 대부분이 중앙과 지방에서 높은 벼슬을 하였다. 반면에 효자 효녀조와 열녀조에는 모두 10명이 실려있을 뿐이다. 즉 효자 6명, 효녀 1명, 열녀 3명이 그들이다. 다른 읍지에 비해 효자, 효녀, 열녀의 사례가 매우 적어 주목된다. 비록 효자, 열녀가 있어도 그들의 행실이 바닷가 궁벽한 고을에 있어 정포(旌褒)의 은전을 입지못한 경우들이 적지 않았으리라 추측된다.

효행에 대한 사례를 보면 모친상에 여묘 3년한 경우, 부친상에 추복 3년한 경우, 부모의 병에 단지효행하여 소생케 한 경우 등이 있다. 이 중에서 부모의 병에 단지 효행하여 소생케한 경우가 가장 많았다. 효자, 효녀의 신분을 보면 7명의 효자, 효녀 가운데 신분이 밝혀진 경우는 3명에 불과하다. 진사 1명, 읍리의 아들 1명, 만호의 딸 1명이 그들이다.

포상내용으로는 정문과 비석, 관직제수, 정려와 면역, 정려가 보이는데, 이 가운데 정려가 가장 많다. 열녀의 행적을 보면 남편이 죽자 목을 매어 죽은 경우, 남편 사후 굶어죽은 경우, 남편 사후 약을 먹고 자결한 경우 등이 있다. 열녀의 신분을 보면 신분이 밝혀진 경우로는 3명의 열녀 가운데 2명으로 下吏의 母와 妻로 이들은 고부간이다. 포상내용을 보면 3명의 열녀 모두 정려 포상을 받았다.

제3편

『경상도읍지』에 나타난 효자, 열녀

제6장 **조선시대 경북지역의 효자 · 효녀 · 효부**

머리말

조선왕조는 삼강윤리를 바탕으로 한 유교적 풍속교화를 위하여 태조 원년 7월에 정표정책(旌表政策)의 방침을 밝힌 이후 충 · 효 · 열의 행적이 있는 자에게 사회적 신분의 고하, 귀천, 남녀를 막론하고 국가에서 적극적으로 정표하였다. 즉 조선왕조 역대 국왕은 해마다 연말이 되면 반드시 전국의 감사들로 하여금 효자 · 순손 · 의부(義夫), 절부(節婦)들을 수록 보고하게 하고, 이들에게 가장 높은 단계의 표창인 정문(旌門), 정려(旌閭) 또는 요역 부담을 면제하거나 감면해주는 복호(復戶), 관직을 하사하는 상직(賞職), 의복이나 물건, 음식 등을 상으로 내려주는 상물(賞物) 등으로 포상하였던 것이다. 국가에서는 정표받은 사람들을 『조선왕조실록』과 『삼강행실도』, 『속삼강행실도』, 『이륜행실도』, 『동국신속삼강행실도』 등의 유교윤리서 그리고 『신증동국여지승람』, 『여지도서』와 같은 전국지리지, 읍지 등에 기록하여 후손들로 하여금 본받도록 하였다.

본고는 조선시대 충 · 효 · 열을 잘 지킨자들 가운데 경북지역의 효행자들의 사례를 실증적으로 분석한 글이다. 효행자들에 대한 사례분석은 조선사회의 유교윤리의 보급과 그 정착과정에 대한 올바른 이해와 인식을 도모하는데 일조를 기할 수 있을 것이다.

지금까지 조선시대 효자에 대한 연구는 적지않게 이루어졌다. 『효행록』, 『삼강행실도』, 『소학』, 『이륜행실도』, 『오륜행실도』와 같은 교화서를 통한 연구[1]와 전국지리지, 읍지 분석를 통한 연구[2], 고문서 활용을 통한 연구[3]가 있었다.

필자는 정표정책을 연구하였으며,[4] 이후에도 계속하여 각 지역별 읍지에 나타난 효자, 열녀에 대한 사례연구를 하고 있다.[5]

---

1) 하우봉, 「세종대의 유교윤리 보급에 대하여-『효행록』과 『삼강행실도』를 중심으로-」, 『전북사학』7, 1983.
   이희덕, 「조선초기 유교의 실천윤리에 대한 일고찰」, 『고려유교정치사상의 연구』, 일조각, 1984.
   김훈식, 「16세기『이륜행실도』보급의 사회적 고찰」, 『역사학보』107, 1985.
   김훈식, 「『삼강행실도』보급의 사회적 고찰」, 『진단학보』85, 1998.
   김항수, 「『삼강행실도』편찬의 추이」, 『진단학보』85, 1998.
   진단학회, 「『삼강행실도』의 종합적 검토」, 제25회 한국고전연구심포지움, 『진단학보』85, 1998.
   조 광, 「조선조 효인식의 기능과 그 전개」, 『한국사상사학』10, 1998.
   김항수, 「조선전기 삼강행실도와 소학의 편찬」, 『한국사상과 문화』19, 2003.
   박 주, 「정조대 『오륜행실도』 간행보급에 대한 고찰」, 『수촌박영석교수회갑기념 논총』, 1992.
2) 박 주, 『조선시대의 효와 여성』, 국학자료원, 2000.
   이재두, 「『동국여지승람』의 효행기록과 효인식」, 경북대학교 석사학위논문, 2005.
   이정주, 「전국지리지를 통해 본 조선시대 忠. 孝. 烈 윤리의 확산 양상」, 『한국사상사학』28, 2007.
3) 임선빈, 「충청도 대흥, 덕산, 예산 지역의 효행 포장」, 『조선시대 사회의 모습』, 집문당, 2003.
   김 혁, 「19세기 김채상 집안의 효자 정려 취득과정」, 『장서각』12, 한국정신문화연구원, 2004.
   박 주, 「18. 19세기 동래부 영양천씨 집안의 효자 정려 청원과정」, 『사학연구』85, 2007.
4) 박 주, 『조선시대의 정표정책』, 일조각, 1990.
5) 박 주, 『조선시대의 효와 여성』, 국학자료원, 2000.

본 연구에서는 경상도 전체 가운데 우선『경상도읍지』에 나와 있는 조선시대 경북지역 41읍[6]을 대상으로 효자, 효녀, 효부 사례를 상세히 분석하고자 하였다. 그 이유는 경북 지역이 양반사족의 영향력이 다른 어느 지역보다 강할 뿐 아니라 '추로지향(鄒魯之鄕)'으로 가장 유교화된 지역으로 평가되고 있기 때문이다.

본고에서는『경상도읍지』를 중심으로 경북지역의 효자, 효녀, 효부 사례를 상세히 분석하여 조선시대 경북지역의 유교윤리의 확산 과정과 지역적 특성 아울러 효행자들의 유교적 삶을 규명해보고자 한다. 뿐만 아니라 효녀, 효부들의 사례분석을 통해서 유교적 가부장제속에서의 조선시대 여성의 차별적 삶의 일부를 밝히고자 한다.

본고에서는『경상도읍지』자료를 주로 활용하였다.『경상도읍지』는 총 20책으로 순조 32년(1832)에 작성되었으며 경상도의 71읍이 전부 수록되어 있다. 따라서 내용의 수록 범위가 광범위하며, 기재 내용이 풍부하고 상세하므로 사료적 가치가 높다.『경상도읍지』이외에『조선왕조실록』, 16세기의 관찬지리지인『신증동국여지승람』, 18세기의 관찬지리지인『여지도서』[7], 16. 17세기에 현존하는 사찬읍지류(私撰邑誌類) 등의 사료를 참고하였다.

박 주,『조선시대의 여성과 유교문화』, 국학자료원, 2008.
6) 여기서 경북지역 41읍으로 대구, 경주, 안동, 성주, 청송, 상주, 永川, 金山, 의성, 영덕, 선산, 인동, 칠곡, 영해, 청도, 경산, 순흥, 개령, 예안, 영일, 장기, 예천, 榮川, 풍기, 자인, 영양, 문경, 진보, 흥해, 함창, 지례, 고령, 현풍, 군위, 의흥, 신령, 비안, 용궁, 봉화, 청하, 하양 지역을 다루었다.
7) 여기서는 전주대학교 고전국역총서1『국역 여지도서』31~43 경상도 I ~ X, 경상도 보유 I ~ III, 2009 를 이용하였다.

1. 『경상도읍지』 인물조의 효자 사례분석

1) 사례분석

효자는 부모 생시에 맛있는 음식을 정성껏 대접하고 즐겁게 하였으며, 부모가 병이 들면 단지(斷指), 할고(割股), 상분(嘗糞), 연종(吮腫), 시약(施藥), 득어(得魚), 득육(得肉) 등으로 정성껏 치료하였다. 부모가 호환, 수화재, 도적, 왜적 등의 위기에 처했을 때는 생명의 위험을 무릅쓰고 부모를 구하거나 함께 해를 당하였다. 부모 사후에는 여묘를 3년 내지 6년 동안 지켰으며, 여묘를 끝내고 제사를 정성껏 계속 받들었다.

『경상도읍지』 인물조에 보이는 조선시대 경북지역의 효자 행적을 유형별로 크게 나누어 보면 <표 1>과 같다.

<표 1> 조선시대 경북지역 효자의 사례유형별 분포

유형별	효자수
부모에게 평소에 맛있는 음식으로 정성껏 봉양하며, 부모가 병이 들었을 때는 단지 또는 할고, 상분, 연종, 시약, 득어, 득육한 경우	114(약36%)
부모가 호랑이에게 잡혀가자 생명의 위험을 무릅쓰고 부모의 생명을 구하거나 혹은 시체를 빼앗거나 함께 죽은 경우	12(약4%)
화재시에 부모를 구하기 위해 또는 신주를 꺼내고자 불속에 뛰어들어가 부모를 구하거나 함께 타죽은 경우	5(약2%)
부모가 물에 빠지자 구하려다 함께 익사한 경우	1(0.3%)
강도와 도적의 침입에 생명의 위험을 무릅쓰고 부모를 구한 경우	6(약2%)
임진왜란 때 왜적으로부터 부모의 살해나 피로(被虜)를 막고자하여 생명을 걸고 부모를 구하거나 함께 해를 당한 경우	19(약6%)
지극한 효성에 하늘이 감응한 경우	20(6%)
형제간에 우애가 지극한 경우	9(약3%)
부모 사후 여묘를 3년 내지 6년, 9년한 경우	100(31%)

부모 사후 『주자가례』에 따라 상제를 행하거나 가묘를 설치한 경우	7(2%)
부모상에 추복(追服)한 경우	6(약2%)
국상을 당하여 심상(心喪) 3년한 경우	13(4%)
단상(短喪)할 때 단상을 거부하고 3년상을 한 경우	1(0.3%)
스승을 위하여 여묘 또는 심상 3년한 경우	3(약1%)
충효를 함께 행한 경우	2(약1%)

<표 1>을 보면 조선시대 경북지역 효자의 사례유형 가운데 부모가 병이 들었을 때는 단지 또는 할고, 상분, 연종, 시약, 득어, 득육한 경우가 114건(약 36%)으로 가장 많은 비중을 차지하였다. 그 다음이 부모 사후 여묘를 지낸 유형으로 100건(31%)을 차지하였다.

한편 임진왜란 때 왜적으로부터 부모를 구하거나 함께 죽은 효자수는 19건이다. 반면에 임진왜란 때 절개를 지키려다 죽은 경북지역의 열녀수는 51건으로[8] 열녀가 효자보다 훨씬 많은 편임을 알 수 있다.

<표 1>을 보면 알 수 있듯이 이들 효행 사례의 분포를 수적으로 살펴보면 부모가 병이 들었을 때 행한 효행사례가 114건으로 가장 많은 편이다. 단지 58건(18%), 할고 1건(0.3%), 상분 27건(약 9%), 연종 2건(약 1%), 시약 7건(2%), 득어 12건(4%), 득육 7건(2%) 등으로 斷指의 비중이 가장 크다.[9]

먼저 손가락을 잘라 피를 드린 단지 효행의 사례 58건 가운데 몇 가지 사례를 들면, 안동의 校奴 묘을동(卯乙同)은 어머니가 병에 걸리자 손가락을 잘라 피를 드렸다. 일이 조정에 알려져 정려가 내려졌다.[10] 같은 지역의 김정근(金正根)은 7세의 어린 나이에 어머니의 상을 당하였는데 애모함이 성인과 같았다.[11]

---

8) 박주, 『조선시대의 여성과 유교문화』, 국학자료원, 2008, 41~42쪽 참조.
9) 斷指, 嘗糞, 吮腫, 施藥, 得魚, 得肉의 효행 사례 경우 서로 중복되어 나타나는 경우가 적지 않은데, 이런 경우 각각의 유형에 모두 포함시켰다.
10) 『영가지』 효자조와 『국역 여지도서』 경상도 안동 효자조 133쪽에도 실려있다.

성장한 후 아버지를 봉양하기 위해 과거시험을 보지 않았다.[12] 집이 가난하여 찬 온돌을 먼저 자신의 몸으로 따뜻하게 한 후 아버지를 모셨다. 아버지가 병에 걸리자 얼음을 깨고 물고기를 구해 드렸다. 또한 단지 효행을 하였다. 이 일이 나라에 알려져 순조 32년(1832)에 정려하였다.

상주의 만호(萬戶) 이효원(李孝遠)은 일찍이 어머니를 여의고 할머니에게서 양육되었다. 만호 벼슬을 받았으나 할머니를 생각한 나머지 만호 벼슬을 버리고 집으로 돌아와서 지극한 정성으로 할머니를 봉양하였다. 할머니가 왜적한테 죽게 되자 종신토록 왜물(倭物)을 사용하지 않았다. 아버지가 병에 걸리자 단지 효행하였다. 갑자, 병자난에 또한 호가(扈駕)하여 조정에서 장차 탁용하려 했으나 일찍 죽었다. 이에 자손에게 쌀로서 포상하였다.

넓적다리의 살을 베어 약으로 쓰는 할고 효행의 경우는 1건으로 안동의 이세걸(李世傑)을 들 수 있다. 이세걸은 어머니가 병에 걸리자 할고하여 어머니의 병이 곧 나았다. 이 일이 나라에 알려져 정려하였다.[13] 할고는 단지보다 행하기가 더 어려웠으며, 매우 드물게 볼 수 있는 효행사례이다.

환자의 대변을 맛보아 병의 경중을 살피는 상분(嘗糞)의 사례가 27건[14]으로 단지(斷指) 다음으로 많은 비중을 차지하고 있다. 이들 사례 가

---

11) 어린 나이에 喪을 당했으나 哀慕하거나 執喪함이 성인과 같았다는 사례가 적지않게 보인다. 예컨대 안동의 柳元定, 상주의 李慶大, 금산의 白時珩과 崔恒齊, 경산의 蔣海鵬, 영일의 金時相, 榮川의 李惟馨, 영양의 趙儉, 함창의 蔡之瀅, 고령의 金是泗, 신녕의 河全澈 경우가 그것이다.

12) 부모를 봉양하기 위해 과거시험을 그만 두거나 관직을 그만 둔 효자 사례가 있다. 상주의 李孝遠은 조모를 봉양하기위해 萬戶 벼슬을 버리고 고향으로 돌아왔다. 상주의 成泰柱는 아버지가 죽자 과거 보는 것을 그만두고 經學에만 힘썼으며 학덕 높은 선비들을 많이 배출하였다. 예천의 朴泰華는 병자후 과거를 폐하였으며, 고령의 崔光道도 일찍 과거를 그만두고 부모 봉양을 했다.

13) 『영가지』효자조와 『국역 여지도서』 경상도 안동 효자조 133쪽에도 실려있다.

14) 경주의 이의윤, 이의징 형제, 안동의 정헌, 배경, 남천두, 김서운, 청송의 권택만, 김범, 상주의 이익화, 조귀협, 성태주, 한필수, 금산의 이상개, 이상필 형제와 김한영,

운데 몇 가지 들면 다음과 같다.

청송의 권택만(權澤萬)은 아버지가 병에 걸리자 상분으로 병의 경중을 살폈다. 아버지가 외출하였을 때 집에 불이 나서 어머니가 타죽었다. 이후 택만은 생을 마칠 때까지 불에 구운 고기나 더운 밥을 먹지 않았으며 3년동안 여묘하였다. 땔나무를 해서 아궁이에 불을 때고 몸소 부뚜막에서 밥을 지어 바치며 잠시도 아버지 곁을 떠나지 않았다. 맹종(孟宗)[15]. 왕상(王祥)[16]과 같은 효행으로 섬기니 하늘이 감동해 날아가던 꿩이 떨어지고 물속의 물고기가 밖으로 뛰쳐나오는 기적이 일어나기도 했다. 아버지의 병이 위독해지자 단지효를 행함으로써 다시 소생하여 한 나절을 더 살았다. 아버지의 상을 당해서는 한결같이 어머니의 상 때처럼 여묘살이를 하였다. 이에 영조 때 정려하였다.[17]

의성의 향리 이탁영(李擢英)은 17세 때 아버지가 타향에서 죽자 널을 붙들고 수백 리를 운구하여 돌아와 장사지냈다. 어머니는 60세가 되어 두 눈이 모두 멀어 앞을 보지 못하자, 주야로 어머니 곁을 떠나지 않으며 몸소 수저를 집어 밥을 드시도록 했다. 어머니의 병이 위독해지자 목욕재계하고 하늘에 간절히 빌었으며, 천 리를 멀다않고 의원을 맞이하여 약에 대해 물었다. 그러나 병이 심해져 상분하였고 슬퍼함이 예를 넘었다. 한 칸의 집을 지어 감히 사우(祠宇)라 하지않고 이름을 모선당(慕先堂)이라

의성의 이탁영, 영천의 이유형, 자인의 김경복, 고령의 최광도, 신녕의 정억, 대구의 전창항, 전창익, 전창정 3형제와 곽기운,하양의 신휴, 비안의 박시홍과 변세린, 청도의 김극일의 경우를 들 수 있다.

15) 삼국시대 吳나라 江夏의 효자이다. 겨울에 숲속에서 그의 어머니가 즐기는 죽순이 없음을 슬피 한탄하자 홀연히 눈 속에서 죽순이 나타났다고 한다.

16) 西晉 때의 효자이다. 어려서부터 효성이 지극하여 계모가 생선을 먹고 싶어 했을 때 얼음위에 누워 얼음이 녹기를 기다려 얼음을 깨고 잉어 두 마리를 얻은 고사가 있다.

17) 『경상도읍지』 안동 효자조와 『국역 여지도서』 경상도 청송 효자조 102~103쪽에 도 실려있다.
효자 권택만의 여종 是娘은 주인집 불길을 무릅쓰고 여주인(권택만의 母)을 업고 나오다가 함께 타죽었다, 그리하여 숙종조에 忠婢로서 旌閭되었다.

일컬었다. 임진왜란 때 싸움터에 나가 왜적을 정벌한 기록이 담긴『정만록(征蠻錄)』을 남겼다.

대구의 전창항(全昌恒)은 아버지의 병이 위독해지자 아우 전창익(全昌益)과 함께 자신이 대신 아프게 해달라고 하늘에 빌었다. 병을 낫게 하기 위해 대변을 맛보고 손가락을 자르기도 했다. 부친상을 당하자 여묘하며 소리내어 슬피울면서 상복을 벗지 않은 채 지냈다. 관찰사 이기진(李箕鎭)이 나라에 보고하여 형에게는 호조좌랑을 추증하고, 동생에게는 복호하였다.[18]

환자의 종기를 빨아 독을 빼는 연종(吮腫)의 경우는 2건으로 김시사(金是泗)와 한필수(韓必壽)의 사례를 들 수 있다.

고령의 金是泗는 점필재 김종직의 7세손이다. 나이 9세에 부친상을 당했는데, 마치 어른처럼 한결같이 가슴을 두드리며 곡을 하였다. 작은 표주박 하나를 벽위에 걸어 놓고 조석으로 죽그릇으로 사용하였다. 어머니의 등에 악성 종기가 생기자, 입으로 독한 고름을 빨아내니, 곧바로 그 효험이 있었다. 어머니의 상을 당하자 슬퍼함이 절도를 넘어 마침내 병에 걸려 어린 나이에 일어나지 못했다.[19] 어린 나이의 그의 효성은 옛사람의 경우에서도 보기 드문 바였다. 순조 21년(1821)에 지평(持平)을 추증하였다.[20] 상주의 한필수는 한극창(韓克昌)의 증손이다. 어머니가 병에 걸리자 상분 후 또 연종(吮腫)하였다. 이에 복호하였다.

시약(施藥)의 경우는 모두 7건[21]이다. 이 가운데 안동의 이창엽(李昌

---

18)『국역 여지도서』경상도 대구 효자조 133쪽과『대구읍지』210쪽에도 실려있다.
19) 상을 치르는 동안 너무 슬퍼한 나머지 병에 걸려 목숨을 잃은 사례가 적지않게 보인다. 영천의 손석후, 의성의 신원록과 박윤주, 경주의 이의윤. 이의징 형제 등을 들 수 있다.
20)『국역 여지도서』경상도 고령 효자조 279쪽에도 실려있는데, 영조 5년(1729)에 持平을 증직한 것으로 나와있다.
21) 경주의 이경한. 이경호. 이경택 3형제, 안동의 이창엽, 상주의 성희징, 금산의 김이경, 의성의 신휴석, 예안의 류식, 영양의 조녕 등의 경우이다.

葉)의 경우 아버지가 일찍이 천둥소리를 두려워했는데, 아버지가 세상을 떠난 뒤에는 천둥이 치며 비가 내릴 때마다 아버지의 산소를 안고 호곡하다 천둥소리가 그친 뒤에야 그만두었다. 어머니가 급성 전염병인 丹毒에 걸리자 우황을 구하러 길을 나섰다. 府城 문에 이르자 어떤 사람이 성문에서 기다리고 있다가 우황을 꺼내어 건네주며 말하기를, "밤중에 꿈을 꾸었는데 신인이 나타나 내일 효자가 약을 구하러 온다고 했습니다. 그러므로 내가 기다리고 있었던 것입니다." 라고 했다. 약값을 치르려고 했으나 받지를 않았다. 집으로 돌아와 어머니께 드리니 병이 곧 나았다. 그 후 어머니의 상을 당하여 여묘 3년 동안 한번도 집에 내려가지 않았다.[22] 그리고 상복을 벗은 뒤에는 거친 밥만 먹으며 3년을 더 지냈고 부모 묘를 합장한 후 비로소 고기를 먹었다. 이에 지평을 추증하였다.

예안의 류식(柳軾)은 아버지가 병에 걸리자 10년 동안 직접 약을 달이며 돌보았는데, 허리띠를 풀은 적이 없었다. 아버지가 세상을 떠나자 슬퍼함이 예를 넘어 몸이 야위었다. 3년상을 마치고서도 그대로 거친 밥만 먹으며 3년을 더 지냈다. 모친상을 당하자, 70세의 나이에도 불구하고 집상을 전과 같이 하였다. 영조 13년(1737)에 호조좌랑을 추증하였다.

영양의 조령(趙寧)은 효자 조검(趙儉)의 손자이다. 아버지의 병이 해가 갈수록 더 심해져 의원을 구하고 갖은 약을 써보는 등 온갖 정성을 다 쏟았다. 그러던 중 어느 날 밤 꿈에 홀연히 한 노인이 나타나 말하기를, "너는 분제초(芬蕢草)를 약으로 써 보았느냐? 이것만 먹으면 틀림없이 병이 나을 것이다." 라고 하였다. 때는 한 겨울로 온 산에 눈이 가득 쌓여 분제초를 구할 만한 땅이 없었다. 그런데 절벽사이에서 분제초를 발견하여 캐

---

22) 3년 동안 여묘생활하면서 한번도 집에 가지 않았다는 사례가 적지않다. 예컨대 경주의 김응벽. 김응규. 김응정 3형제, 안동의 김한백, 류원정, 이창엽, 김시좌, 권질, 성주의 박구 등이 그들이다. 심지어 풍기의 이원정은 6년동안, 성주의 김방계는 9년동안 여묘하면서 한번도 집에 가지 않았다고 한다.

어 돌아와 약으로 드리니 아버지의 병이 과연 나았다. 이에 영조 13년 (1737)에 복호하였다.

한편 득어, 득육의 사례는 효자의 지극한 효성으로 하늘이 감동하여 일어난 기적의 사례와 중복이 된다. 부모가 병이 들었을 때 대개 물고기나 꿩고기 등을 먹고 싶어하는데, 그런 경우 효자가 추운 겨울에 얼음을 깨뜨려 물고기를 구하거나 우연히 집안으로 꿩이 날아들어 드림으로써 병을 고치게 되는 경우가 대부분이다.

효자의 지극한 효성으로 하늘이 감동한 경우로 20건[23]이 있다. 효감으로 물고기, 잉어, 꿩, 사슴, 비둘기, 노루, 오리, 수박, 송이버섯 등을 얻는 다양한 사례가 있는데, 그 가운데 물고기와 꿩을 얻는 사례가 가장 많이 보인다. 이들 사례의 경우 일상에서는 도저히 일어날 수 없는 효행사례들이 적지않다. 꿈속에서 초월적인 존재가 나타나 주인공의 효심에 감복하여 무언가 도움을 주거나 일상에서 기대할 수 없는 현상들이 효심이 깊은 주인공에게 일어나는 이런 효감동천의 사례들은 교화적 목적에서 의도적으로 생성되었던 것이라 볼 수 있다.

성주의 박시순(朴始淳)은 효자 박신손(朴信孫)[24]의 후손이다. 날아가던 꿩이 부엌으로 스스로 들어왔다. 그리고 겨울에 채소가 새싹을 틔우는 기이한 일이 벌어졌다. 이에 지평(持平)을 추증하였다.

상주의 진사 김언건(金彦健)은 어머니가 병에 걸려 꿩고기가 먹고 싶다고 했다. 문득 올빼미가 꿩을 잡아다 던져주었다. 또 어머니가 노루고기를 먹고 싶다고 했다. 산에 올라가 그물을 설치하여 하루 종일 기다려도

23) 경주의 김두망, 안동의 김구성, 김한창, 성주의 홍계현, 박시순, 청송의 권택만, 상주의 임성무, 장복례, 김언건, 성호장, 홍도운, 금산의 정선행, 의성의 권호인, 순흥의 황호, 개령의 이영진, 고령의 오선기, 군위의 박약지, 용궁의 반충, 봉화의 금홍달 등의 경우를 들 수 있다.

24) 『국역 여지도서』 경상도 성주 효자조 155쪽에 의하면 박신손은 判尹 朴可權의 손자이다. 뛰어난 효자라는 사실이 나라에 알려져 主簿에 임명되었다.

노루를 잡을 수가 없었다. 눈물을 흘리며 장차 그물을 거두려고 하는데, 갑자기 노루가 나타나 그물에 걸리는 기이함이 있었다. 이에 감찰을 추증하였다.[25]

안동의 김구성(金九成)은 아버지가 병이 들었는데 5월에 수박을 먹고 싶어했다. 구성은 아홉번 들에 나가 호읍하니 문득 매우 큰 수박 한 통이 밭 가운데 자라나 있어 그것을 따다 드렸다. 또 6월에는 송이버섯을 먹고 싶다고 했는데, 마침 썩은 소나무에 달라붙어 있는 송이버섯 10여개를 따다 아버지에게 드렸다. 사람들이 모두 성효의 소치라 하였다. 영조 13년(1737)에 호조좌랑을 추증하였다.[26]

성주의 홍계현(洪繼玄)은 남양인으로 김맹성(金孟性)의 외손이다. 어머니가 병에 걸리자 山羊을 맛보고 싶어 했으나 얻지 못했는데, 문득 날아가던 꿩이 스스로 들어왔다. 늙어서 모친상을 당했으나 3년 동안 衰服을 벗지않고 몸소 제찬을 드리는데 그 정결함을 다하였다. 하루는 쥐가 제사상에 올린 과일을 더럽혔다. 계현이 밤새도록 꿇어 앉아 반성하며 잘못을 꾸짖었는데, 동이 트자 두 마리의 쥐가 상밑에 쓰러져 있었다, 사람들이 효감이라 일컬었다. 천곡서원(川谷書院)의 향현사(鄕賢祠)에 제향하였다.

金山의 김한영(金漢英)은 아버지가 병에 걸리자 단지하여 아버지를 소생시켰다. 어머니의 병에는 상분하고 하늘에 간절히 빌어 효험을 보았다. 어머니가 겨울에 가지나물을 먹고 싶어했는데, 뜰 앞에 말라버린 가지에서 갑자기 꽃이 펴 열매를 맺었다. 이에 급복(給復)하였다.

금산의 정선행(鄭善行)은 호가 오정(梧亭)이다. 일찍이 부모를 봉양할 먹을거리가 떨어지자, 하루는 산에 사는 꿩이 부엌으로 스스로 날아 들어오고 맹호가 노루를 물어오는 기이한 일이 있었다. 광해군 때 관직을 제

---

25) 『상산지』인물조와 『국역 여지도서』 경상도 상주 효자조 89쪽에도 실려있다.
26) 『국역 여지도서』 경상도 안동 효자조 139쪽에는 영조 1년(1725)에 호조좌랑을 추증하였다 라고 실려있다.

수받았으나 거절하였다. 우암 송시열이 그의 비문에 쓰기를, "이제 살펴보니, 고을 사람들이 거론하는 강혁(江革)[27] · 왕상(王祥)[28] · 설포(薛包)[29]와 같은 효자의 일을 한 몸에 모두 갖추었다. 심지어 혼란한 조정에서도 자신을 깨끗이 지키고 바른 행동으로 본분을 지켰으니, 남들이 미칠 수가 없을 만큼 매우 뛰어난 인물이라 하겠다."라고 했다. 효종 때 전첨(典籤)을 추증하고 급복(給復)했다.

경주의 府吏 김두망(金斗望)은 어머니가 연로하여 앞을 못보는 병에 걸리자, 두망은 밤마다 하늘에 빌었다. 추우나 더우나 이같이 기도하기를 수십 년을 하자 어느 날 갑자기 어머니의 눈이 밝아졌다. 사람들은 효감이라 하였다. 이에 정려했다.

의성의 김이륜(金以鑰)은 아버지가 병에 걸리자 10년 동안 잠잘 때 허리띠를 풀지 않았다. 직접 맛있는 음식으로 극진히 봉양하고, 의원에게 약을 묻기 위해 밤중이라도 달려나갔다. 그때 문득 흰 호랑이가 있어 같이 내왕하였다.[30] 그리고 아버지가 비둘기 고기를 먹고 싶다 하여 산에 올라가 그물을 펼치니, 문득 비둘기가 어깨에 모였다. 사람들이 효감이라고 생각했다. 감사가 보고하여 곡물을 내렸다.

의성의 권호인(權好仁)은 일찍 아버지를 여의고 어머니를 봉양하는데 정성을 다했다. 나이 70세에 직접 물고기를 잡아 드렸다. 집에 사냥개가 있었는데 매일 산야로 갈 때마다 꿩을 물고 돌아왔다. 사람들이 효감이라 했다.

군위의 박약지(朴約之)는 나이 70세에 부친상을 당해 여묘 3년하였고,

---

27) 後漢 때의 효자로 난을 피하여 어머니를 업고 산중에 달아났을 때 산중의 적이 그의 효성에 감동하여 감히 범하지 못했다는 고사가 있다.
28) 註16) 참조.
29) 後漢 때의 효자로 재산을 나눌 때 동생에게 좋은 재산을 주고 나쁜 물건은 자기가 차지했다는 고사가 있다.
30) 호랑이가 나타나도 효자를 해치지 않고 오히려 길을 인도하거나 같이 내왕하거나 여묘 곁에서 보호했다는 기이한 사례가 보여 주목된다. 예컨대 안동의 권도인, 성주의 이만경과 성서, 상주의 염행검 등의 경우가 그것이다.

그 후 모친상에도 또한 3년동안 여묘하였다. 어느 날 불이 장차 여묘까지 번지려고 하자, 약지는 소리내어 슬피우니 불이 저절로 꺼졌다. 사람들이 효감이라 일컬었다. 31)

경주의 김응벽(金應璧)과 아우 응규(應奎), 응정(應井) 3형제는 부친상을 당하여 여묘살이를 하는데, 어느 날 폭풍우가 몰아치는 가운데 별안간 소리가 들려왔다. 바로 돌아가신 아버지의 목소리였다. 놀라서 여막 밖으로 나왔으나 아무것도 보이지 않았다. 잠시 후에 또 소리가 들려 이상하게 여기고 신주를 안고 다 함께 밖으로 나가 살펴보니, 조금 있다가 여막 북쪽 산이 무너져 내려 여막과 무덤을 덮쳤다. 또 개 한 마리를 길렀는데 개 이름을 '神春'이라고 하였다. 개의 목에 편지를 매달아 세 형제의 집의 소식을 전하였다. 3년상을 마친 후에도 아침저녁으로 반드시 옷을 깨끗이 차려입고 사당에 가서 참배드리는 일을 종신토록 그만두지 않았다. 이에 정려하였다.32)

집에 불이 나자 부모 또는 신주를 구하기 위해 불에 뛰어들어 부모를 구하거나 함께 타죽은 경우가 5건33)이며, 부모를 구하기 위해 물에 뛰어들어 함께 죽은 경우가 1건이다. 불속에서 신주를 안고 나오다 타죽은 효자를 정려한 사례는 崇祖정신을 고양시키기 위한 것으로 조선 후기 가문 중시를 엿볼 수 있다. 신주는 조상을 대신하는 상징물로 그야말로 소중하게 간주했다.

경주의 천인 문잉질금(文仍叱金)은 어머니가 세상을 떠나자 미처 염도

---

31) 『신증동국여지승람』권25 경상도 군위 효자조 527쪽과 『국역 여지도서』 경상도 군위 효자조 171쪽에도 실려있다. 『신증동국여지승람』에는 나이가 17세로 나와 있다.

32) 『명종실록』권27, 명종 16년 5월 경술조와 『동경잡기』효행조 그리고 『국역 여지도서』 경상도 경주 효자조 175쪽에도 실려있다.

33) 경주의 문잉질금, 안동의 김신탁, 상주의 박선간, 영천의 권목, 영일의 강덕우 경우를 들 수 있다.

하지 못했는데, 집에 불이 나자 불길을 무릅쓰고 곧장 들어가 시신을 껴안고 죽었다. 이에 정려하였다.

안동의 김신탁(金信鐸)은 아버지가 광질에 걸렸는데, 신탁이 집을 나간 사이에 불이 났다. 갑자기 신탁의 마음이 움직여서 집으로 돌아오니 집이 불에 타고 있었다. 신탁은 불속으로 뛰어들어가 아버지를 업고 나왔다. 여러 방법으로 약을 시도하여 아버지를 소생케 하였다. 그러나 화독의 상처가 커서 스스로 먹을 수가 없었다. 낮에는 힘을 다해 치료하고 밤에는 성심으로 기도하기를 10여년이었다. 불행히도 신탁이 먼저 죽었다. 순조 1년(1801)에 급복하였다. 상주의 양인 박선간(朴善間)은 아버지가 중풍에 걸리자 10년간 정성껏 봉양하였다. 그러던 중 어느 날 집에 불이 났는데 아버지가 온몸이 불편해 밖으로 피할 수 없었다. 선간이 불길 속으로 뛰어 들어갔다가 마침내 父子가 함께 타죽었다. 이에 정려하였다.

영천의 권목(權穆)은 문절공 권중화(權仲和)의 9세손이다. 64세 때 모친상을 당하였는데, 문득 집에 불이 일어나서 그 불길이 가묘와 어머니의 신주를 모신 영악(靈幄)에까지 퍼졌다. 목(穆)은 뜨거운 불길를 무릅쓰고 먼저 사당에 들어가 신주를 받들고 밖으로 나왔다. 또한 영악으로 달려가서 어머니의 신주를 품에 안고 미처 밖으로 나오지 못하고 불에 타죽었다. 가족들이 불을 끄고 그의 시신을 찾아보니, 상복이 모두 불탄 상태였는데 신주만은 품안에 온전히 남아 있었다. 경상감사와 암행어사가 이 일을 나라에 알려 경종 4년(1724)에 정려하였다. 영일의 강덕우(姜德佑)는 집에 불이 나자 불속을 뛰어들어가 어머니를 구하고 자신은 타죽었다. 이에 정려하였다.

얼음 속에 빠진 아버지를 구하려다 함께 익사한 경우가 1건 보인다. 안동의 한 대복(韓大福)의 경우 아버지가 이웃마을 장례식에 갔다가 돌아오는 길에 얼음속에 빠졌다. 이웃사람들이 빨리 대복에게 알리자, 대복은 급히 달려나가 아버지가 빠진 얼음속으로 뛰어들어갔다. 대복은 아버지를 껴안고 죽었는데 그 모습이 산 사람 같았다. 정조 18년(1794)에 급복하였다.

부모가 호랑이에게 물려가자 부모의 생명을 구하거나 혹은 시체를 빼앗거나 또는 함께 죽은 경우가 12건[34]이다.

호랑이가 효행사례에 자주 등장하는 이유는 당시 호랑이가 우리나라 생태환경에서 가장 많이 서식한 동물 가운데 하나로서 당시 호랑이의 피해가 컸음을 알 수 있다. 그리고 호랑이는 효행사례 뿐아니라 전설이나 민담, 민화의 산신도에도 자주 등장함으로써 호랑이가 우리 민족에게 친숙한 동물이라는 것을 알 수 있다.

청하의 이원삼(李元三)은 한밤중에 어머니가 호랑이한테 물려가자, 손에 칼은 없고 다만 낚싯대 하나를 가지고 있었는데, 몇 리 길을 호랑이의 꼬리를 잡고 허리를 치면서 말하기를 "네가 어찌 내 어머니를 죽이겠는가. 내가 장차 너를 죽이겠다." 하고 호랑이와 싸울 때 어머니가 호랑이한테서 벗어났다. 어머니가 호랑이한테서 벗어났음을 알고 비로소 어머니를 업고 돌아왔다. 성심으로 어머니를 구호하고 봉양함을 더욱 돈독히 하였다. 그 후 몇 년이 지나 어머니가 세상을 떠났다. 이에 순조 14년(1814)에 정문 급복하였다.

신령의 서일상(徐日祥)은 양인 서막동(徐莫同)의 아들이다. 12세 때 형 서정남(徐正男)과 산에 올라가 땔나무를 구하는데, 호랑이가 갑자기 튀어나와 정남을 물었다. 일상(日祥)이 호곡하고 낫을 휘둘러 곧바로 호랑이의 머리를 내리치자, 호랑이가 물고 있던 정남이를 놓고 가버렸다. 마침내 형을 부축해 돌아와 살아났다. 숙종 26년(1700)에 경상감사가 나라에 보고하여 급복하였다.

---

34) 경주의 김윤손, 안동의 이맹금, 성주의 개돌.개복 형제, 청송의 김금죽과 이애일, 의성의 권보국과 김윤산, 영해의 김덕봉, 영일의 김인학, 신녕의 서일상, 청하의 이원삼의 경우가 그것이다.

의성의 김윤산(金允山)은 겨우 10세 때 아버지와 함께 들녘에 나갔는데, 호랑이가 아버지를 물었다. 윤산이 낫을 들고 호랑이를 쫓아가 아버지를 구하려고 하니, 호랑이가 아버지를 버리고 갔다. 이에 ki

하였다.

성주의 사노 개돌(介乭)과 아우 개복(介卜)이 산에 올라가 땔나무를 하는데, 문득 큰 호랑이가 나타나 개돌을 물었다. 아우는 낫을 휘두르며 달려들어 호랑이와 싸웠다. 이에 호랑이가 형을 놓고 개복이를 물어 죽이니, 형 개돌이 거의 죽게 된 상태에서 호랑이를 쳐서 동생의 시신을 빼앗아 왔다. 사람들은 그 우애를 칭찬하였다. 영조 12년(1736)에 복호하였다.

영해의 김덕봉(金德奉)은 아버지와 함께 산에 들어가 밭을 가는데, 호랑이가 갑자기 나타나 아버지를 물고 가버렸다. 덕봉이 쫓아가며 지팡이로 호랑이를 내리쳤으며, 지팡이가 부러지자 맨손으로 호랑이 목을 눌러 아버지를 빼앗았다. 그러나 호랑이가 도리어 덕봉을 물어 부자가 모두 목숨을 잃었다. 이에 인조 때 정려하였다.

특히 호랑이가 아닌 소의 위험에서 부모를 구한 사례가 1건 있어 주목된다.

의성의 임기선(林基善)은 11세 때 아버지가 성난 소에게 부딪히게 되자 놀란 나머지 아버지를 빨리 구하고자 두손으로 소의 뿔을 잡았는데, 소가 더욱 노하여 돌진하였으나 오히려 놓지를 못했고 아버지는 위기를 면하였다. 태수가 듣고 가상히 여겨『효경』을 하사하여 효를 장려하였다.

강도와 도적의 침입과 관계되는 사례가 6건[35)]이 있다. 이 가운데 경주(자인)의 이승증(李承曾)과 영양의 오삼성(吳三省)의 경우는 효자라고 해서 해치지 않고 오히려 도적들이 효성에 감동받았다는 사례로 주목된다.

---

35) 경주의 이승증, 안동의 변극태, 성주의 정차주, 榮川의 정도창, 영양의 오삼성의 경우를 들수있다.

구체적으로 살펴보면, 자인의 진사 이승중은 상을 당해 3년동안 여묘하면서 한번도 집에 가지 않았다. 당시 극악한 도적 팔용(八龍)들이 백성들을 죽이고 약탈하였다. 그런데 승중의 여묘를 지나다가 서로 경계하여 말하기를, "여기는 효자가 사는 곳이니 조심하라" 하며 드디어 무기를 거두고 그 곳을 피해서 갔다. 선조 때 정려하였다. 36)

영양의 오삼성은 15세 때 강도 수십명이 횃불을 밝히고 갑자기 쳐들어와 아버지에게 칼로 내리쳐 상처를 입혔다. 삼성은 혼자 몸으로 아버지를 막아 보호하자 도적들이 칼날로 마구 찔렀다. 온 몸에 6,7군데 칼에 찔렸으나 더욱 아버지를 돌보아 지키며 크게 부르짖어 말하기를, "나를 죽이고 내 아버지를 해치지 마라" 하니 도적들이 이에 감동하여 두 사람을 풀어주니 마침내 父子가 모두 온전하게 되었다. 현종 때 정려하였다.

안동의 변극태(邊克泰)는 18세 때 강도가 아버지 방에 들어왔다. 극태가 칼을 무릅쓰고 크게 외쳐 말하기를 "당신들은 나를 죽이고 아버지를 상하게 하지 마라" 하고 아버지 등에 몸을 붙이고 좌우로 칼날을 받아 마침내 아버지의 생명을 구했다. 그러나 도적이 간 후 극태는 상처의 통증이 심했다. 약의 효험도 없었다. 어느 날 밤 아버지의 꿈에 붉은 옷을 입은 관인이 문에 들어와 말하기를, "효자를 위해 약을 가져왔다." 하니 아버지가 꿈에 의해 치료하여 마침내 효험을 얻었다. 정조 21년(1797)에 추증하였다.

예천의 정도창(鄭道昌)은 문충공 정몽주(鄭夢周)의 후손이다. 16세 때 아버지가 도적에게 살해되자 복수하기로 맹세하였다. 11년동안 상복을 벗지 않았고 아내를 맞이하지도 않았으며 생업마저도 돌보지 않았다. 몸소 사방을 샅샅이 뒤져 도적의 무리를 붙잡아서 모조리 죽였다. 현종 때 정려했다.37)이 경우 아버지를 위해 복수 살인을 했는데, 처벌받지 않고

36)『국역 여지도서』경상도 경주 효자조 175~176쪽에도 실려있다.
37)『국역 여지도서』경상도 榮川 효자조 182쪽에도 실려있다.

오히려 정려포상을 받아 주목된다.

임진왜란 때 왜적의 침입으로부터 부모를 구하려다 함께 해를 당하거나 석방된 경우가 19건[38]이 있다. 먼저 임진왜란 때 왜적을 만났으나 효자의 지극한 효성에 감동하여 왜적이 석방하여 살아난 경우로 안동의 배경(裵褧)과 변중일(邊中一), 현풍의 곽결(郭潔), 곽청(郭淸), 곽호(郭浩), 곽형(郭泂) 4형제를 들 수 있다. 안동의 배경은 어머니를 지극한 효성으로 섬겼다. 어머니를 봉양하는 음식은 자신이 직접 마련하여 바치고 남에게 대신하게 한 적이 없었다. 임진왜란이 일어나자 아우 배찬(裵纘), 배면(裵緬)과 함께 어머니를 업고 난을 피하였다. 적의 칼날이 핍박함에 이르자 형제가 어머니를 껴안고 슬피 우니, 왜적이 감동하여 석방하였다. 어머니가 병에 걸리자 상분하였고, 어머니가 세상을 떠나자 여묘 3년을 하였다. 광해 9년(1617)에 좌랑을 추증하였다.[39] 같은 지역의 邊中一은 어려서 어머니를 여의고 큰할머니 이씨 품에서 자랐다. 임진왜란이 일어나 왜적들이 갑자기 쳐들어왔는데, 이씨는 나이가 80세 남짓으로 심한 이질병에 걸린 상태였다. 먼저 큰어머니 김씨를 업어 삼밭에 숨기고 다시 돌아와 큰할머니 이씨 곁에서 병간호를 하며 이씨와 함께 죽으려고 하였다. 그런데 왜적들이 효자 변중일을 칭찬하며 가버렸다. 인조상(仁祖喪)에는 거친 밥만 먹으며 조의를 표했으며 장례를 앞두고 대상을 치루는 날에는 밤새도록 밖에서 북쪽을 향해 통곡을 했다. 이에 정문에 忠孝라고 새겼다. 현풍의 곽결, 곽청, 곽호, 곽형 4형제는 안방(安邦)의 6세손이다. 임진왜란 때 왜적이 아버지를 칼로 해치려고 하자, 4형제가 아버지를 감싸안아 가리

---

38) 경주의 최진간, 정삼효, 안동의 배경, 변중일, 상주의 정흥세, 권응정, 하경휘, 송이회, 송이필 형제, 정일, 고응두, 금산의 정일, 조천민, 개령의 임우춘, 풍기의 안구서, 현풍의 곽결. 곽청. 곽호. 곽형 형제, 군위의 김난경, 신녕의 조경온, 용궁의 강여성의 경우를 들 수 있다.

39) 『국역 여지도서』경상도 안동 효자조 134쪽에는 영조 13년(1737)에 佐郞을 추증하였다라고 기록되어있다.

며 앞다투어 죽었다. 왜적들 역시 감동하고 불쌍하게 여겨 그 아버지를 풀어주었다. 이 일이 나라에 알려져 정려했다.[40]

임진왜란 때 왜적으로부터 어머니를 구하려다 모자가 함께 죽은 경우로 상주의 유학 정흥세(鄭興世)와 곽응정(權應井), 금산의 조천민(曺天民)을 들 수 있다.

상주의 유학 정흥세는 임진왜란 때 형 정경세와 함께 어머니를 모시고 난을 피하다가 갑자기 왜적을 만났다. 어머니를 등에 번갈아 업고 달리다가 형 경세가 화살을 맞고 먼저 쓰러졌다. 그러자 흥세는 혼자서 힘을 다해 어머니를 막아 보호하다가 힘이 다하여 모자가 함께 해를 당하였다. 이에 광해군 때 주부(主簿)를 추증하고 정려하였다.[41]

같은 지역의 권응정(權應井)은 임진왜란 때 어머니를 업고 바위 동굴 속으로 숨었다. 어느 날 갑자기 왜적을 만났다. 이에 돌로 손가락을 쳐 그 피로 "勿害母" 석자를 썼다. 이에 왜적들이 감동하여 풀어주었다. 잠시 후 왜적이 또 쳐들어와 어머니를 장차 칼로 치려고 하자 응정은 자신의 몸으로 어머니 등을 감싸안았다가 母子가 함께 해를 당하였다. 아내 채씨와 딸이 이 광경을 보고 함께 강물에 몸을 던져 죽었다. 이에 정려하였다.[42]
금산의 조천민(曺天民)은 임진왜란 때 어머니가 왜적에게 붙잡히자 天民이 자신의 몸으로 어머니를 감싸 안았다가 모자가 함께 목숨을 잃었다. 이에 정려급복하였다.

임진왜란 때 왜적에 의해 父子가 함께 해를 당한 경우로 경주의 정삼효(鄭三孝)와 상주의 생원 하경휘(河鏡輝)를 들 수 있다. 경주의 정삼효는 정습명(鄭襲明)의 후손이며 진사 정형(鄭珩)의 아들이다. 임진왜란 때 산속

---

40) 『국역 여지도서』 경상도 현풍 192쪽과 『玄風郭氏率禮 十二旌閭事蹟』20~21쪽에 도 실려있다.
41) 『상산지』인물조 와 『국역 여지도서』 경상도 상주 87~88쪽에도 실려있다.
42) 『상산지』인물조와 『국역 여지도서』 경상도 상주 88~89쪽에도 실려있다.

으로 피난하여 숨었는데, 왜적이 갑자기 이르러 아버지에게 더욱 가까이 오자, 삼효는 자신의 몸으로 아버지를 감싸안았다가 아버지와 함께 칼에 찔려 죽었다. 감사가 보고하여 戶役을 감면하였다.[43] 상주의 생원 하경휘는 왕자 사부(師傅) 하락(河洛)의 아들이다. 임진왜란 때 아버지가 왜적의 칼에 다치게 되었는데, 아버지가 소리쳐 말하기를, "너는 서둘러 몸을 피하라" 했다. 경휘는 아버지 곁을 떠나지 않고 자신의 몸으로 아버지를 감싸안았다가 父子가 함께 해를 당하였다. 이에 정려하였다.[44]

왜적으로부터 할머니를 구하려다 함께 살해된 경우로 경주의 최진간(崔震幹)을 들 수 있다. 경주의 최진간은 진사 최신린(崔臣隣)의 아들이다. 임진왜란 때 할머니를 모시고 황룡산(黃龍山) 속으로 난을 피하여 숨었다. 그러나 왜적이 찾아내어 할머니를 칼로 찌르려고 하자, 진간이 왜적의 칼날을 무릅쓰고 재빨리 달려가 할머니를 구하려다 함께 죽었다. 그의 아내 정씨 또한 목을 매어 스스로 자결하였다. 이에 정려하였다.[45]

3대가 왜적에게 해를 당한 경우도 있었다. 용궁의 강여성과 어머니 박씨 그리고 아들 찬선이 일시에 살해되었다. 용궁의 강여성은 강림(姜霖)의 아들이며 효자 강우의 조카이다. 임진왜란 때 養母 박씨 및 두 아들과 함께 밤을 틈타 달아났는데, 박씨가 왜적에게 붙잡히자, 여성은 적중에 뛰어들었다. 나이 15세의 둘째 아들 찬선은 아버지와 할머니 모두 왜적에게 잡히는 것을 보고 왜적의 칼에 뛰어드니, 결국 母子孫 3대가 일시에 해를 당하였다. 선조 때 공조참의를 추증하고 정려하였다.

왜적으로부터 부모를 구하고 형제가 같은 날 해를 당한 경우로 송이회(宋以誨)와 송이필(宋以弼) 형제를 들 수 있다.

상주의 송이회와 송이필형제는 주부(主簿) 송량(宋亮)의 아들이다. 송

---

43) 『동경잡기』효행조와 『국역 여지도서』 경상도 경주 177쪽에도 실려있다.
44) 『상산지』인물조와 『국역 여지도서』 경상도 상주 효자조 88쪽에도 실려있다.
45) 『동경잡기』효행조와 『국역 여지도서』 경상도 경주 효자조 176쪽에도 수록되어 있다.

이회는 임진왜란이 일어나자 혼자 말을 달려 향교에 나가 다섯 성인의 위패를 묻어 두었다. 부모를 모시고 난을 피하다가 왜적이 갑자기 이르러 부모를 핍박하자 아우 이필과 함께 부모 앞을 막아 보호했다. 부모는 화를 면했으나 형제는 마침내 해를 당하였다. 영조 때 정려하였다.

왜적에게 끝까지 꾸짖으며 굴복하지 않다가 참혹하게 살해된 경우로 상주의 진사 정일(鄭鎰)과 개령의 임우춘(林遇春)을 들 수 있다.

상주의 진사 정일은 부모의 상을 당하자, 여묘하면서 죽만 먹고 3년동안 상복과 허리띠를 벗지 않았다. 임진왜란 때 왜적에게 협박을 당했는데, 왜적을 꾸짖으며 굴복하지 않자 왜적이 화가 나서 그의 배를 갈라 죽였다. 특별히 지평(持平)을 추증하였다.46)

개령의 임우춘은 동지(同知) 임기(林芑)의 아들이다. 임진왜란 때 아버지를 왜적의 칼에 잃었다. 정유재란 때 우춘이 왜적의 포로가 되어 부친의 묘 곁에 도착하여 멀리 묘를 바라보고 곡하며 말하기를, "선영이 여기에 있는데 여기를 버리고 어디로 돌아간단 말인가. 이놈들아 나를 어서 죽이라" 고 왜적을 꾸짖었다. 결국 왜적의 칼날에도 굴하지 않고 꾸짖다가 해를 당하였다. 아내 홍씨도 남편의 시신을 껴안고 호곡하다가 왜적이 휘두른 한칼에 남편과 함께 죽었다. 선조 때 정려하였다.

형제간의 우애가 극진한 경우가 9건47)이다.

경주의 이의윤(李宜潤)은 문원공 이언적(李彦迪)의 손자이다. 어린 나이에 학문에 뜻을 두고 문목공 정구의 문하에서 공부했다. 스스로 호를 무첨당(無添堂)이라고 지었다. 계사년(선조 23년, 1593)의 왜란에 부친상

---

46)『상산지』인물조와『국역 여지도서』경상도 상주 효자조 89쪽에도 실려있다.
『경상도읍지』금산 효자조에도 실려있다.
47) 성주의 박신손, 성주의 개돌, 개복 형제, 청송의 민세정, 상주의 김범, 의성의 박장춘, 영천의 우저적, 자인의 이광후, 창후 형제, 고령의 김시락, 청하의 김석경의 경우를 들 수 있다.

을 당하였다. 비록 전쟁 중 이었으나 상제에 예를 다하였다. 여러 아우들과 우애가 더욱 돈독하였다. 부친의 병에 상분하였으며, 목욕재계하고 자신이 아버지 대신 아프게 해달라고 하늘에 빌었다. 부친이 임종 때 석류를 맛보고 싶다고 했으나 때는 여름이라 구해 드리지 못했다. 그래서 평생 석류를 먹지 않았으며, 석류를 볼 때마다 문득 눈물을 흘렸다. 이에 호역을 감면하였다.[48]

이의징(李宜澄)은 이의윤(李宜潤)의 아우이다. 어려서부터 힘껏 학문을 닦았으며, 지극한 효성으로 부모를 섬겼다. 한결같이 형처럼 예를 다하여 3년상을 치르는 동안 너무 슬픔에 겨워하다 몸이 상하여 3년상을 마치고 얼마 뒤에 형제가 잇따라 세상을 떠났다. 조정에 알려져 호역을 감면하였다.[49]

영천(榮川)의 향리 우저적(禹底績)은 어머니의 병에 단지하여 소생케 하였다. 아버지의 숙질에 약과 감지로 공양하여 후회가 없었다. 상을 마친 후에는 예로서 제사를 지냈다. 아우 유적(惟績)이 일찍 죽자 많은 자녀들을 자신이 양육하였다. 향리에서 효우를 칭찬하였다. 이에 복호하였다.

부모 사후의 효행한 인물은 114건이다. 유형별로는 여묘 100건; 주자가례 또는 가묘 7건, 추복 6건, 단상거부 1건으로 부모 사후 여묘한 인물이 가장 많다. 부모 사후 『주자가례』에 따라 상제를 행하거나 가묘를 설치한 인물은 모두 7명에 불과하다. 그 이유는 사족신분과 관련있기 때문이라고 볼 수 있다.

여묘살이는 '자식이 태어나서 3년이 지나야 부모의 품에서 벗어날 수 있기 때문에 최소한 부모를 위하여 3년상은 지켜야한다'는 관념에 근거하였다. 그러나 현실적으로 사회와 단절하고 분묘 곁에서 3년동안 여묘살이를 해야 하는 것은 그렇게 쉽지만은 않았다. 여묘살이는 고려말 유교

---

48) 『동경잡기』효행조와 『국역 여지도서』경상도 경주 효자조 176~177쪽에도 실려있다.
49) 『동경잡기』효행조와 『국역 여지도서』경상도 경주 효자조 177쪽에도 실려있다.

식 의례의 하나로 거행되기 시작한 것으로 추정되는데, 정작『주자가례』
에는 보이지 않는 예법이었다. 그러나 예법은 후하게 하는 것을 위주로
한다는 원칙에 따라 여묘살이는 조선의 사대부계층을 중심으로 보급 확
산되었고, 조선시대 상제례의 가장 핵심적인 부분을 차지하였다.[50]

여묘살이할 때의 효행은 무척 다양하였다. 채소와 과일을 먹지 않는 경
우, 소금과 간을 한 음식을 먹지 않는 경우, 3년 동안 죽만 먹는 경우, 눈물
로 3년을 보낸 경우, 아내의 방에 들어가지 않는 경우, 조석전, 삭망전을
드린 경우, 가묘를 세운 경우, 여묘하면서 한번도 집에 가지 않는 경우, 성
묘를 비바람과 추위, 더위에도 그만두지 않는 경우, 흰옷입고 고기를 먹지
않는 경우, 상복과 허리 띠를 벗지 않는 경우, 성묘한 자리에 풀이 나지 않
고 구덩이가 파진 경우, 호랑이가 곁에서 보호하는 경우 등이 그것이다.

부모 사후『주자가례』에 따라 상제를 행하거나 가묘를 세운 경우를 들
면 다음과 같다. 안동의 권강(權杠)은 권백종(權伯宗)[51]의 후손이다. 어려
서 아버지를 여의고 어머니를 지극한 효성으로 모셨다. 어머니가 세상을
떠나자 상장제사를『주자가례』를 따라 치렀다. 또한 국상을 당해서는 심
상3년을 하였다. 세마(洗馬)에 임명되었으나 벼슬자리에 나가지 않았다.[52]
현종 11년(1670)에 정려한 후 지평을 추증하였다.

같은 지역의 신탁(申晫)은 어려서부터 부모 봉양 방법이 한결같이『소
학』에 의지했다. 상장(喪葬)시에는 가례에 준거하였다. 여묘 3년에 복을
마치자 차마 집에 돌아오지 못하고 종가에 들어갔다. 항상 묘우(廟宇)를

---

50) 김경숙, 「16세기 사대부가의 喪祭禮와 廬墓生活 −이문건의『默齋日記』를 중심으
　　로−」.『국사관논총』97, 116쪽.
51)『신증동국여지승람』권24 안동대도호부 효자조와『영가지』효자조 그리고『국역
　　여지도서』경상도 안동 효자조 132쪽에 의하면 권백종은 고려시대 同知中樞 벼슬
　　을 했으며 어머니가 죽자 3년동안 묘를 지켰다. 충목왕1년(1345)에 정려하였다.
52) 효행으로 관직제수가 되었으나 벼슬에 나가지 않은 효자들이 보인다. 안동의 김시
　　좌와 김정, 경주의 이승중을 들 수 있다.

모시고 죽었다. 순조 32년(1832)에 지평을 증직하였다.

상주의 김희보(金熙普)는 부제학 김우굉(金宇宏)의 후손이다. 부친의 병에 꿩을 생각하니 날아가던 꿩이 저절로 집에 떨어져 봉양하였다. 부친 상을 만나서는 물과 미음을 입에 대지 않았고, 거상을 한결같이 『주자가례』에 의했다. 정조 때 지평을 증직했다.

경주의 주담수(朱聃壽)는 어려서 아버지를 여의고, 지극한 효성으로 어머니를 섬겼다. 나이 66세에 어머니의 상을 만나 3년 동안 죽만을 먹고 상제를 예로서 하였다. 새벽에 가묘에 참배하기를 늙어서도 그만두지 않았다. 어머니가 병에 걸려 수박을 맛보고 싶다고 했는데, 제철이 아니라 구해드리지 못하였다. 그래서 평생 수박을 먹지 않았다. 감사의 보고에 따라 급복하였다.

순흥의 진사 권득평(得平)은 부친이 실명하자 출입할 때 항상 부축했으며, 음식은 반드시 몸소 받들었다. 부모가 4일 간격으로 모두 세상을 떠나자 3년 동안 여묘하면서 친히 조석으로 제사상을 올렸다. 대상을 지낸 후에 다시 돌아가신 어머니를 위해 3년 동안 상복을 입었으며, 집안의 가묘에서 조석전을 그만두지 않았다. 연산군 5년(1499)에 정려하였다.

9년간 여묘한 극히 드문 경우가 있다. 성주의 김방계(金邦啓)는 연이어 부모의 상을 당하고 또 조부상을 당해서 모두 9년 동안 여묘하면서 한번도 집에 가지 않았다. 이에 정려하였다. 같은 지역의 이식(李植)은 부모가 전염병에 걸려 함께 세상을 떠나자, 조석으로 제사상을 올리고 정성을 다하며 6년을 마쳤다. 이에 정려하였다.

안동의 김사리(金士利)는 효자 김시우(金時佑)의 손자이다. 아버지가 세상을 떠나자 3년 동안 여묘하였다. 3년상을 마치고서도 초하루와 보름날, 아침 저녁으로 올리는 제사를 종신토록 계속 하였다. 비록 병이 나도 남에게 대신 시킨 적이 없었다. 이에 정려하였다. 대구의 박득춘(朴得春)

은 돌아가신 부모를 위해 6년동안 여묘했다. 이 일이 나라에 알려져 중추원 녹사(錄事) 벼슬을 내리고 정려했다.[53]

　같은 지역의 서시립(徐時立)은 어머니의 상을 당하자 여묘를 하며 조석으로 묘에 절을 올리고 곡을 하였다. 호랑이가 나타난 적이 있었으나 그를 해치지 않았으며, 주변 마을의 사람들 모두 서시립의 효성에 진심으로 감동하였다. 효행을 잘 하였다는 이유로 참봉에 임명되었으며 그 뒤에는 좌랑에 추증되었다.[54] 서달숭(徐達崇)은 서시립(徐時立)의 손자이다. 지극한 효성으로 부모를 섬겼으며, 부모를 여의자 6년동안 여묘를 하였다. 이 일이 나라에 알려져 복호하였다.[55]

　매일 성묘하러 다닌 길이 하나의 새로운 길 이른바 孝子路가 생긴 경우도 있다.[56] 안동의 假吏 권유망(權有望)은 관청에 나갈 때는 이웃 친척에게 부모를 돌봐달라고 부탁하고 집에 들어와서는 땔나무를 짊어지고 쌀을 구하여 불을 때서 밥을 해드렸다. 부모가 세상을 떠나자 조석으로 성묘하였는데, 비록 비바람과 추위, 더위에도 그만두는 법이 없었다. 그가 다니던 산길이 아주 작은 길이 되었다. 초동과 목동들이 그 길을 가리켜 '효자로' 라고 하였다. 이에 給米의 포상이 주어졌다.

　추복 사례가 모두 6건[57]이다. 추복(追服)은 먼저 세상을 떠난 아버지나 어머니를 위해 다시 상복을 입는 것이다.

　의성의 조수총(趙壽聰)과 수창(壽昌) 형제는 어렸을 때 아버지가 세상

---

53) 『신증동국여지승람』 권26, 대구도호부 효자조와 『국역 여지도서』 경상도 대구 효자조 132 쪽, 『세종실록』 권54, 세종 13년 10월 기미조, 『대구읍지』 209쪽에도 실려있다.
54) 『국역 여지도서』 경상도 대구 효자조 132쪽, 『대구읍지』 209쪽에도 실려있다.
55) 위와 같음.
56) 안동의 권유망과 권성범의 사례가 이에 해당된다.
57) 상주의 김희정, 의성의 조수총, 조수창 형제와 최억석, 오철조, 대구의 전창항, 전창익, 전창정 3형제, 청하의 이원량의 경우를 들 수 있다.

을 떠나고 어머니를 지극한 효성으로 섬겼다. 50세에 모친상을 만나 여묘 3년하며 한번도 집에 가지 않았다. 복을 마치자 부친상에 추복하였고 여묘 또한 3년하였다.

같은 지역의 최억석(崔億石)은 병자호란 때 아버지 최영관(崔榮觀)이 종군하여 싸우다가 쌍령전투에서 전사하였다. 이때 억석은 유복자였다. 자라면서 아버지 얼굴을 모르는 것을 평생의 한으로 여겼다. 60년 세월을 하루같이 생전의 아버지를 사무치게 그리워하다가 환갑인 병자년(숙종 22년, 1696)에 뒤늦게 아버지를 위해 3년 동안 상복을 입었다. 숙종 32년 (1706)에 정려하였다.

의성의 향리 오철조(吳哲祖)는 한 살 때 아버지가 세상을 떠나자 매일 아버지 얼굴을 모르고 아버지를 위해서 상복을 입지 못한 것을 종신토록 슬프게 여겨 사람을 대할 때에도 웃지를 않았다. 어머니가 세상을 떠나자 슬퍼함이 예를 넘었으며 3년 동안 여묘하였다. 환갑인 병술년에 아버지를 위해 추복 3년하였다.

청하의 이원량(李元良)은 겨우 4세 때 부모를 모두 여의었다. 어른이 되어서 이미 돌아가신 부모를 추모하기 위해 늦게나마 추복 6년하였다. 형이 부스럼을 앓아 거의 죽게되자, 뱀회를 만들어 자신이 먼저 한 그릇을 먹어 보고 형에게 먹도록 권하였는데, 형의 병이 곧 나았다. 중종 때 정문하고 추증하였다.

국상을 당하여 심상 3년을 하거나 거친 밥만 먹거나 채과 어육을 먹지 않은 경우가 13건[58]이 보인다.

예기의 "스승은 五服에 해당하지 않는다",[59] "스승을 섬기되 면전에서 직간하는 일도 없고 허물을 숨기는 일도 없어야 하며, 가까이서 받드는

---

58) 안동의 김시좌, 변중일, 권순, 권택만, 성주의 서승운, 상주의 김희정, 고응두, 금산의 예귀주, 경산의 여대익, 예천의 반충, 지례의 김모, 등의 경우를 들 수 있다.
59) 『禮記』, 「學記」.

데에도 일정한 한도가 없어야하며, 스승을 위해 죽기에 이르도록 힘쓰며 스승이 돌아가시면 마음으로 슬퍼해야 한다"[60]는 내용을 근거로 삼아 스승의 상을 당하면 비록 상복은 입지 않으나 마음으로 슬퍼하는 '심상 3년'을 수행하는 것이다.

안동의 김시좌(金時佐)는 고려 태사(太師) 김선평(金宣平)의 후손이다. 집이 가난하여 아우 김시우(金時佑), 김시량(金時良)과 함께 직접 사냥을 하고 물고기를 잡아 맛있는 반찬을 해드렸다. 어머니가 병이 들자 여러 해 동안 머리 빗질을 하지 않고 자꾸만 긁어 부스럼이 되었다. 어머니의 머리에 생긴 이를 자기의 머리로 옮겨가도록 하였다. 또한 등에 난 종기를 주야로 입으로 빨아내어 곧 신통한 효험을 보았다. 그러나 어머니가 세상을 떠나자 3년 동안 여묘를 했는데 채소와 과일을 먹지 않고 죽만 먹으며 한번도 집에 내려가지 않았다. 나라의 제삿날에는 반드시 목욕재계하고 거친 밥만 먹었으며, 국상에는 심상 3년을 하였다. 이에 정려하고, 명종 때 특별히 참봉을 제수하였으나 관직에 나아가지 않았다.[61]

안동의 효자 변중일(邊中一)은 광해군 때 죄아닌 죄에 연루되어 8년동안 감옥살이를 했다. 인조반정 후에 석방되어 나라의 은혜에 깊은 감사하는 마음을 느꼈다. 인조상에 거친 밥만 먹었으며 대상을 치르는 날에는 밤새도록 밖에서 북쪽을 향해 통곡을 했다. 이에 정문하였다.

성주의 서승운(徐勝雲)은 부친상을 당하자 3년 동안 여묘하였으며, 조석전을 묘에서 늙어서까지 폐하지 않았다. 숙종 승하에 3년 동안 거친 밥만 먹었다. 이에 정려했다.

상주의 별시위 김희정(金希禎)은 일찍 아버지를 여의어 뒤늦게 아버지

---

60) 『禮記』, 「檀弓」上.

　　김미영, 「조선후기 상례의 미시적 연구-정재 류치명의 상례일기 『考終錄』을 중심으로-」, 『실천민속학연구』 제12호, 253쪽.

61) 『영가지』 효자조에는 중종 35년(1540)에 정려가 내려졌다고 실려있다.

를 위해 追服 3년을 하였다. 모친상을 당해서는 죽을 3년 동안 먹었다. 중종, 인종 두 국상 때 흰옷을 입고 고기를 먹지 않았다. 이에 정려하였다.[62]

금산의 예귀주(芮歸周)는 아버지의 병이 위독해지자 단지하여 아버지를 소생케하였다. 아버지가 노루고기를 먹고 싶다고 했는데, 문득 노루가 스스로 뜰안으로 들어와 죽는 일이 벌어졌다. 매번 국상을 당할 때마다 거친 밥만 먹으며 애도의 뜻을 표하였다. 이에 지평을 추증하였다.

예천의 반충(潘沖)은 찰방 반유(潘濡)[63]의 5세손이다. 어머니의 상을 당하자, 3년 동안 여묘하였는데 제물을 반드시 직접 마련하였다. 문득 여막 옆에서 나물이 저절로 자라나 그 나물을 캐다가 아침 저녁 제사상에 올렸는데, 3년상을 마치자 나물이 스스로 말라버렸다. 호를 관물당(觀物堂)이라 하였다. 중종, 인종, 명종 세 임금 및 문정왕후의 국상 때 거친 밥만 먹으며 3년상을 마쳤다. 효종 때 충성과 효성이 뛰어나다는 이유로 정려하였다. 용궁의 달계서원(達溪書院)에서 제향하였다.[64]

경산의 여대익은 아버지가 병에 걸리자 단지하여 아버지의 수명을 5일 더 연장시켰다. 아버지가 세상을 떠나자 여묘 3년 후 만수당(萬壽堂)을 지어 모친을 봉양함에 효를 다했다. 또한 숙종과 경종의 국상에 단을 설치하여 대궐을 향하여 곡하고 3년 동안 거친 밥만 먹었다. 이에 영조 때 賜復하였다.

단상(短喪)을 거부한 사례는 1건이다. 중종반정이후 연산군 때의 단상법(短喪法)을 폐지하고 3년상을 회복시켰다. 연산군 때 3년상의 기한을 줄이도록 한 단상법이 엄하였는데, 용궁의 권직형(權直衡)은 부모가 연달아 세상을 떠나자 단상을 거부하고 6년 동안 상복을 입으며 소금과 나물

---

62) 『상산지』인물조와 『국역 여지도서』경상도 상주 효자조 87쪽에도 실려있다.
63) 『국역 여지도서』경상도 예천 효자조 137쪽에 보면 潘濡는 돌아가신 아버지를 위해 3년간 여묘하였다. 이에 정려하였다.
64) 『경상도읍지』용궁 효자조와 『국역 여지도서』경상도 용궁 효자조 282쪽에도 실려있다.

을 먹지않았다. 이에 정려하였다.

스승을 위하여 여묘 3년 또는 심상 3년을 지낸 경우가 3건이 있어 주목된다.

의성의 신원록(申元祿)은 스승 주세붕이 세상을 떠나자 심상 3년을 하였다. 이에 정려하고 참의(參議)를 추증하였다. 지례의 윤은보(尹殷保)와 서즐(徐騭)은 스승 장지도를 위해 여묘 3년을 하였다. 이에 대해 구체적으로 살펴보면, 윤은보는 같은 고을에 사는 서즐과 함께 장지도(張志道)에게 학문을 배웠다. 서로 말하기를, "사람은 임금과 스승 그리고 아버지 이 세분을 한결같이 섬기면서 살아야 하는 법인데, 우리 스승님은 아들이 없으니 어찌 봉양하랴" 하고 좋은 날을 만날 때 마다 반드시 술과 음식을 갖추어 대접했으며 특별히 맛있는 음식이 생기면 언제나 대접하여 아버지처럼 섬겼다. 스승이 세상을 떠나자 두 사람 모두 아버지에게 돌아가신 스승을 위해 여묘를 하겠다고 하였다. 아버지는 가련히 여기고 이를 허락하였다. 검은 관을 머리에 쓰고 삼띠를 허리에 두르고 묘 곁에서 여묘하며 몸소 불을 때어 제삿밥을 지어 바쳤다. 은보의 부친이 병이 들었을 때 집으로 돌아가서 약을 달여 드리면서도 삼띠를 풀지 않았다. 부친의 병이 낫자 곧 여막으로 돌아왔다. 한달 남짓 지나 은보는 이상한 꿈을 꾸어 급히 집으로 돌아가 보니 부친이 열흘도 못되어 세상을 떠났다. 호곡하고 널 곁을 떠나지 않았으며 장례를 마치자 부친의 묘 곁에서 여묘를 하였다. 이 때 서즐은 혼자서 스승의 3년상을 마쳤다. 어느 날 바람이 세차게 불어 제사상 위에 있던 향그릇을 잃어버렸다. 몇 달간 찾지를 못했는데, 하루는 까마귀가 어떤 물건을 물고 날아와서 묘앞에 놓아두었다. 사람이 가서 보니 잃어버렸던 향그릇이었다. 삭망이 되면 장지도 스승 묘에도 제사상을 올렸다. 이 일이 나라에 알려져 세종 때 두 사람에게 정문과 아울러 관직을 제수하였다.[65]

그 밖에 효를 실천하다가 병으로 자신의 목숨까지 잃은 경우도 8건[66]이나 된다.

상주의 조귀협(趙龜協)은 조풍윤(趙豊胤)의 아들이다. 어머니가 병에 걸리자 상분, 단지하였다. 아버지가 중풍에 걸리자 밤낮으로 직접 아버지의 약을 달이는데, 졸음이 몰려 오면 수염을 뽑아서 경계하였다. 아버지의 병이 위독해지자 또 단지효행을 하였다. 장례후 죽을 먹고 너무 슬퍼하여 뼈가 드러나도록 야위었다. 마침내 그 다음 해에 병에 걸려서 죽었다. 이때 나이가 24세였다. 어사가 포상을 아뢰어 좌랑을 추증하였다.

永川의 손석후(孫錫後)는 아버지가 병에 걸리자 허리띠도 풀지 않은 채 밤낮없이 하늘에 기도하였다. 의원을 데려와서 갖은 약을 모두 써 보았으나 아버지의 병이 위독해지자 도끼로 손가락을 잘라 그 피를 드려서 부친의 수명을 조금 더 연장시켰다. 결국 상복을 입던 날에 병으로 죽었다. 이에 정려하였다.

예천의 신달정(辛達庭)은 어머니가 죽자 여묘하였는데 병이 들어 상을 빨리 마쳤다. 부친이 병들자 결국 죽음에 이르렀다. 퇴계(退溪)가 그의 묘에 글을 남겼다.

대구의 허초흥(許初興)은 14세 때 아버지의 병이 심하여 세 손가락을 잘라 소생시켰으며, 아버지가 세상을 떠나자 여묘하였으며 복을 마치자 병을 얻어 죽었다, 영조 48년(1772)에 정려하였다. 그 밖에 경주의 이의윤(李宜潤, 문원공 이언적의 손자). 이의징(李宜澄, 의윤의 아우)형제, 고령의 김시사(金是泗) 등을 들 수 있다.

여묘할 때 호랑이가 와서 같이 지키거나 산길을 인도한 사례가 있다.[67]

---

65) 『세종실록』권51, 세종 14년 9월 무진조와 『국역 여지도서』 경상도 지례 효자조 244~245쪽에도 실려있다.
66) 영천의 손석후, 의성의 신원록과 박윤주(牧使 以百의 자), 고령의 김시사, 상주의 조귀협, 예천의 신달정, 대구의 허초흥, 경주의 이의윤, 이의징 형제의 사례를 들 수 있다.

상주의 염행검(廉行儉)은 7세에 아버지가 병을 앓자 단지하여 아버지를 다시 소생케 하였다. 어른이 되어서는 직접 물고기를 잡고 사냥을 하여 맛좋은 음식을 드렸다. 추운 겨울에 아버지가 민물고기를 먹고 싶다고 했는데, 직접 얼음속에서 물고기를 구해드렸다. 아버지의 상을 당해 여묘할 때, 호랑이가 와서 지켜준 적이 있었다. 평생 말과 행동이 다른 사람들로 하여금 탄복하게 했다. 이에 좌랑을 추증했다.

같은 지역의 채형(蔡洞)은 채규하(蔡奎夏)의 증손이다. 5세 때 아버지가 물속의 거머리에게 물리는 것을 보고 새옷을 찢어 묶었다. 아버지가 병에 걸리자 얼음속에서 잉어를 얻는 기이한 일이 생겼다. 아버지의 병 소식을 듣고 밖에서 밤중이라도 돌아왔는데, 호랑이가 앞에서 길을 인도하는 일도 있었다. 아버지의 기일을 당하여 正肉을 생각하였으나 얻지 못하였는데, 노루가 스스로 담장안으로 들어왔다. 정조는 판서를 증직하였다.

효자로 인해 동네이름이 지어지기도 하였다. 비리동(飛鯉洞), 거여동(居廬洞)이 그것이다.

안동의 권계민(權啓敏)은 상을 만나 슬퍼함이 절도를 넘었다. 장례 때 무덤 곁에 토굴을 쌓고 새벽과 밤에 호곡하니 마을 사람들이 그 마을을 '거여동(居廬洞)'이라고 이름지었다.

영양의 조검(趙儉)은 할머니가 일찍이 병으로 여러 달 동안 식음을 전폐하였는데, 어느 날 쏘가리회를 먹고 싶어했다. 때는 한겨울이라 얼음을 두드리며 호읍, 문득 한 자나 되는 쏘가리가 얼음을 깨고 뛰어나와 할머니께 드리니 할머니의 병이 나았다. 사람들이 기이하게 여겨 그 동네이름을 '비리동(飛鯉洞)'이라 하였다. 병자호란 때 남한산성이 포위되었을 때 목욕재계하고 밤에 눈물을 흘리며 하늘에 빌었다. 사람들이 충효를 다 갖

---

67) 상주의 염행검과 채경(蔡奎夏의 증손), 성주의 성서(현감 三龜의 손자)와 이만경(贈參議 李廷鐸의 자) 등의 사례를 들 수 있다.

추었다고 하였다. 이에 숙종 3년(1677)에 복호하였다.

경산의 박홍록(朴弘祿)은 그 아내가 조금이라도 부모의 뜻을 거슬리면 그때마다 자기의 잘못으로 간주하여 자신의 종아리를 때렸다는 특이한 효행기록이 있어 주목된다.

한편 시기적으로 볼 때 조선 후기로 갈수록 효자의 수가 급증하였음을 알 수 있다. 포상시기가 밝혀진 효자의 수를 보면 조선 전기에 포상된 효자 수가 25건인데 반하여 조선 후기에는 110건이 포상되었음을 알 수 있다.

『경상도읍지』에는 같은 효자의 사례가 지역에 따라 중복되어 실려있음이 주목된다. 예컨대 이승증(李承曾)의 사례가 경주와 자인지역에 보이고 있으며, 반충(潘冲)의 사례는 예천과 용궁지역에 보이고 있다. 류포(柳砲)의 사례는 비안과 함창 지역에 보이고 있고, 김이음(金爾音)의 사례는 영천(榮川)과 순흥지역에 보이고 있다. 정일(鄭鎰)의 사례는 금산과 상주지역에 보이고 있으며, 권택만(權澤萬)의 사례는 안동과 청송에 보이고 있다.

2) 신분

다음으로 효자들의 신분을 살펴보기로 한다.

<표 2> 조선시대 경북지역 효자의 신분 분포

신분	효자	계
문무유직자	고려 太師의 후예 1명 文元公의 서자 1명 文元公의 손자 2명 文貞公의 후손 1명 文節公의 9세손 1명 文莊公의 종질 1명 文忠公의 후손 1명	61명(50%)

	平靖公의 5세손 1명 文惠公의 8세손 1명 八川君의 10대손 1명 襄烈公의 8대손 1명 佔畢齋의 7세손 2명 府院君 형제 2명 政堂文學의 7세손 1명(정2품) 贈參判의 후손 1명(종2품) 同知의 자 1명(종2품) 贈參判의 6세손 1명(종2품) 判決事의 자 1명(종2품) 觀察使 1명(종2품) 贈承旨의 손자 1명(정3품) 府使 1명(정3품) 牧使의 子 1명(정3품) 禮曹參議 1명(정3품) 贈戶曹參議 1명(정3품) 贈參議의 자 1명(정3품) 直提學의 후손 1명(정3품) 副提學의 후손 1명(정3품) 兵馬使 1명(정3품) 監正 1명(정3품) 司宰副正 1명(종3품) 左副代言 寶文閣 直提學 1명 (정4품) 萬戶 1명(종4품) 郡守 1명(종4품) 郡守의 현손 1명(종4품) 中郎將 1명(정5품) 宣傳官 1명(정3품-종9품) 持平의 후손 1명(정5품) 校理의 손자 1명(정,종5품) 縣令 2명(종5품) 監務 2명(종5품)	

	贈義禁府都事 1명(종5품) 縣監의 손자 1명(종6품) 縣監의 자 1명(종6품) 縣監 4명(종6품) 主簿 1명(종6품) 察訪 1명(종6품) 察訪의 후손 1명(종6품) 奉事 1명(종8품) 參奉 2명(종9품) 淸白吏 10대손 1명 忠順衛의 子 1명 別侍衛 1명	
생원. 진사. 유학. 학생. 사인	生員 1명 進士 3명 進士의 자 1명 幼學 1명 學生 1명 士人 2명 士人의 자 2명 義士의 후손 1명 徵士 1명 處士의 증손 1명 司馬합격자 4명	18명(약15%)
향리.역리	鄕吏 6명 鄕吏의 자 1명 驛吏 3명 群吏 1명 縣吏 2명 府吏 1명 吏 1명 記官 1명	16명(13%)
군인	正兵 1명 水軍 1명 騎兵 1명	5명(4%)

	船軍 1명	
	船卒 1명	
평민	平民 1명	7명(약6%)
	良人 5명	
	良人의 子 1명	
천민	常漢 3명	14명(약12%)
	賤人 1명	
	賤隷 1명	
	公賤 1명	
	校奴 1명	
	寺奴 3명	
	私奴 4명	
계		121명

　이상에서 효자들의 신분을 살펴보면, 신분이 밝혀진 121명 가운데 문무유직자가 61명(50%), 생원·진사·유학·학생·사인 등이 18명(약15%), 향리. 역리가 16명(13%), 군인이 5명(4%), 평민이 7명(약6%), 천민이 14명(약12%)이다. 여기에서 사족이 79명(65%)을 차지하고 있는 반면에 평민(군인 포함)과 천민은 모두 합하여 26명(약22%)을 차지하여 사족이 3배 이상 더 많은 비중을 차지함을 알 수 있다. 노비신분이 8명(校奴 1명, 寺奴 3명, 私奴 4명)이나 되어 노비들에게까지 유교윤리가 보급되었음을 확인할 수 있다. 이들 노비 8명 가운데 5명이 생시 효행으로 단지 효행을 하였고, 2명은 호환에서 우애를 보여주었으며 나머지 1명은 사후 효행으로 부친상을 당하여 여묘 3년을 마쳤다. 생산활동에 종사해야 하는 노비신분으로서 3년상을 지낸다는 것은 매우 드문 사례임을 알 수 있다. 한편 천예(賤隷)의 신분으로 충효를 행한 드문 사례가 보여 주목된다. 경주의 천예 장막동(張莫同)은 지극한 효성으로 계모를 섬겼다. 어머니가 세상을 떠나자 죽만 먹고 지내며 3년 동안 소금과 간장이 들어간 음식을 입에 대지 않았다. 3년상을 마친 뒤에 추가로 3년간 상복을 더 입었다. 그리고 임

진왜란이 일어나자 자신을 돌보지 않고 왜적을 토벌하여 많은 전공을 세웠다. 忠孝를 이룸으로써 이에 정려하였다.[68]

효자들의 가계배경과 신분이 분명하였다. 즉 사족의 경우 자, 호, 본관이 거의 밝혀져 있고, 某의 자, 某의 손자, 某의 증손, 현손, 외손, 몇 세손, 후손 등으로 가계배경이 상세히 밝혀져 있다. 예컨대 문원공 이언적의 서자와 손자들, 증참판 정팽수의 후손, 태사 김선평의 후손, 김시우의 손자, 권백종의 후손, 남휘주(南暉珠)의 후손, 증참판 정사신의 6대손, 김맹성의 외손, 지평 여희임의 후손, 박신손의 후손, 현감 삼귀의 손자, 여흥부원군의 현손, 문정공 신현의 후손, 채규하의 증손, 성진병의 손자와 현손, 부제학 김우굉의 후손, 한극창의 증손, 직제학 홍여강의 후손, 문절공 권중화의 9세손, 문장공 권위의 종질, 평정공의 5세손, 문혜공 최선문의 8세손, 이우의 현손, 서사선의 현손, 팔천군 정연의 10대손, 점필재 김종직의 7세손, 곽안방의 6세손, 청백리 이언의 10대손, 변용의 6대손, 효자 찰방 반유의 5세손, 정당문학 강유백의 7세손 등이 그것이다. 또한 한 가문에서 효자가 계속 나오는 경우가 적지 않다. 즉 효자 가문에서 효자가 계속 나오고 있음을 알 수 있다. 예컨대 효자 서시립의 손자 서달숭, 문원공 이언적의 서자 이전인과 손자 이의윤. 이의징 형제, 김시좌. 김시우. 김시항(金時亢) 3형제, 효자 김시우의 손자 김사리(金士利), 효자 박신손과 그 후손 박시순, 효자 성진병의 손자 성희징과 현손 성태주, 효자 손석후와 그의 계자(繼子) 손만지(孫萬祉), 효자 찰방 반유의 후손 반충, 효자 문충공 정몽주의 후손 정도창(鄭道昌), 효자 배응경(裴應褧)의 손자 배유화(裴幼華)와 증손 배진구(裴晉龜), 효자 변용과 그의 6대손 변세린, 정당문학 강유백의 7세손 강우와 강우의 조카 강여성, 효자 권질(權晊)의 6세손 권광윤(權光潤) 등이 그들이다.

---

68)『국역 여지도서』 경상도 경주 효자조 178쪽에도 실려있다.

3) 포상내용

조선시대 효자에 대한 포상으로는 정려, 정문, 복호, 상직, 상물 등이 있었으며, 신분의 고하와 귀천을 막론하고 누구나 효행을 하면 포상을 받을 수 있었다. 그러나 그 절차가 까다로워 조선후기가 되면 평민이나 천민은 뛰어난 효행 행적이 있어도 정려를 받기가 쉽지 않았다. 정려와 정문은 예조와 의정부의 심사를 거쳐 국왕의 재가를 받아 시행하는 가장 높은 단계의 표창이다. 정려의 형태는 마을 입구에 비각처럼 전통양식의 작은 목조 건물을 세우고 기와를 얹은 모습인데, 그 안에 정려기를 나무 현판에 음각했거나 비석을 세워 성명과 그 행적을 기록하는 것이라 할 수 있다. 정려를 할 경우 실질적인 혜택인 상직(관직제수, 加資, 증직 등), 상물, 복호가 적지않게 수반되기도 하였다. [69)]

상직의 경우로는 제직(除職), 가자(加資), 녹용(錄用), 증직(贈職) 등이 있으며, 상물(賞物)의 경우로는 급미(給米), 사미(賜米), 사육(賜肉) 등이 있다.

<표 3> 조선시대 경북지역 효자의 포상유형 분포

유형	旌閭 (旌門)	復戶	免役	給復	贈職	除授	旌閭 + 除授	旌閭 + 加資	旌門 + 除授	旌門 + 給復
분포수	144	29	1	20	45	11	7	1	2	1

유형	旌門立碑 + 除授	贈職 + 給復	旌閭 + 贈職	旌閭 + 給復	旌閭 + 復戶	減其戶役	給米	賜穀物	賜孝經	賜米肉
분포수	1	5	8	2	2	3	3	1	1	1

---

69) 임선빈, 「충청도 대흥. 덕산. 예산지역의 효행포장」, 『조선시대 사회의 모습』, 2003, 169~174쪽 참조.
　박　주, 『조선시대의 여성과 유교문화』, 국학자료원, 2008, 345~347쪽 참조.
　이희환, 「조선 말기의 정려와 가문 숭상의 풍조」, 『조선시대사학보』17, 2001 참조.

유형	旌門＋贈職	賞給除授	不明	計
분포수	1	1	59	349

<표 3>을 통하여 포상유형의 분포를 보면 정려와 정문이 49%로 가장 많은 비중을 차지하고, 그 다음으로 증직이 많았다. 그리고 복호, 급복, 관직제수 순으로 많았다. 증직된 관직으로는 호조정랑(정5품), 호조좌랑(정6품), 의금부도사(종6품, 종8품), 좌랑(정6품), 참의(정3품), 지평(정5품), 공조좌랑, 정경, 감찰(정6품), 판결사(정3품), 교관(종9품), 주부(종6품), 판서(정2품), 금부도사(종5품~종9품), 첨정(종4품), 한성판윤(정2품) 등이 보이는데, 이 가운데 지평(持平)이 가장 많아 주목된다. 효행으로 관직제수된 사례가 11건이 보이는데, 제수된 관직으로는 참봉(종9품) 4건, 현감(종6품) 2건, 찰방(종6품) 1건, 세마(정9품) 1건, 금부도사(종5품) 1건, 현령(종5품) 1건, 미상 1건 등으로 참봉이 가장 많았다.

2. 『경상도읍지』인물조의 효녀, 효부 사례분석

조선사회에 있어서 남성은 효 윤리만의 실천을 요구받았지만 여성은 효와 열을 동시에 충족시킬 것을 요구받았다. 여성에게 있어 남편에 대한 烈이라는 윤리는 친부모와 시부모에 대한 효보다 선행하였다. 즉 烈은 여성의 윤리에서 가장 높은 위상을 차지한 것임에 반하여, 효는 이차적인 것이었다. [70] 국가에서 정표된 열녀의 수가 효녀, 효부의 수보다 압도적으로 많음에서도 알 수 있다. 여기에서 조선사회의 유교적 여성관과 남녀의 차별을 엿볼 수 있다.

---

70) 강명관, 『열녀의 탄생』, 돌베개, 2009, 502~512쪽 참조.

1) 효녀

『경상도읍지』에 보면 효녀 사례가 14건에 불과하여 그 수가 극히 적은 편이다. 전체 효행자 가운데 4%를 차지할 뿐이다. 당시 조선왕조 여성에게는 부모에 대한 효보다는 남편에 대한 烈이 더 강조되었음을 확인할 수 있다.[71]

먼저 효녀의 효행사례를 살펴보면, 아버지의 비명횡사에 대해 복수를 한 효녀가 6명으로 가장 많다. 즉 성주의 박랑(朴娘) 자매, 영해의 신효랑(申孝娘), 함창의 안씨, 영천(榮川)의 시금(是今), 상주의 윤득종(尹得宗)의 처 김씨가 그들이다.

성주의 박랑 자매는 문헌공 박원형(朴元亨)의 후손이며 박수하(朴壽河)의 딸이다. 아버지가 다른 사람과 산소문제로 송사가 벌어졌는데, 영문(營門)에서 곤장을 맞고 죽었다. 언니는 아버지의 죽음이 비명횡사라고 말했다. 그리하여 언니는 상대편 소송당사자의 할아버지 묘를 손수 파고서 그 사람이 오기를 기다렸다가 아버지의 원수를 갚으려고 했는데, 도리어 칼에 찔려 죽었다. 동생이 서울로 올라가 북을 두드려 억울함을 호소하니, 나라에서 특별히 어사를 파견하여 사실을 철저히 밝히도록 했다. 언니의 시신을 살펴보니 죽은 지 이미 1년이 지났는데도 얼굴이 마치 살아 있는 듯 했다. 보는 자들이 성효가 그 원통함을 이루었다고 하였다. 그리하여 언니에게 정려하였고, 동생에게는 복호하였다.[72] 이 당시에는 산송사건이 많았는데, 이 경우 복수를 꾀하다가 억울하게 죽음으로써 효녀로 포상되었던 것이다.

영해의 신효랑은 사인(士人) 신두병(申斗柄)의 딸이다. 아버지가 본 고

---

71) 박 주,『조선시대의 여성과 유교문화』, 국학자료원, 2008, 56~75쪽에 의하면 조선시대 경북지역 열녀의 수는 233건이 된다.
72)『국역 여지도서』경상도 성주 효녀조 156쪽에도 실려있다.

을의 수령에게 죽음을 당했는데, 그 때 효량은 집에 있었다. 비명횡사한 아버지의 죽음을 슬퍼하며, 맹세코 아버지를 해친 원수와는 같은 하늘아래 살지않겠다고 했다. 곧 바로 상경하여 북을 쳐서 원통함을 알렸다. 원수는 귀양가던 도중에 죽었다. 후에 경상감사의 보고에 따라 복호하였다.[73]

함창의 안씨는 좌윤 안대훈(安大勳)의 현손인 사인(士人) 안헌(安巚)의 딸이다. 아버지가 다른 사람과 산소문제로 소송을 벌이다가 대신(臺臣)의 심기를 거슬려서 장차 헤아리기 어려울 화를 당할 지경에 이르렀다. 14세의 안씨는 다른 형제가 없었는데, 자신이 직접 신문고를 쳐서 원통함을 호소했다. 숙종 때 중국의 제영(緹縈)[74]의 고사를 감안하여 특별히 아버지를 석방시켰다. 사람들은 모두 효량을 칭찬하였다. 영부사 김재로(金在魯)가 안무사(按撫使)가 되어 그 실상을 듣고 조정에 포상하기를 요구하여 조정에서는 생전 복호(復戶)하였다. 후에 안씨는 진사 신중태(申重泰)에게 시집을 갔다.[75]

영천(榮川)의 시금(是今)은 아버지가 연좌되어 거의 죽게 되자, 겨우 13세의 나이로 남복으로 변복하고 관청에 달려가 호소하였는데, 도신(道臣)이 가엾게 여겨 포전(布錢)을 우대하여 주었다. 그러나 시금은 이것을 받지않고 땅에 던지며 말하기를, " 이것을 원하는 바가 아니고 다만 아버지의 목숨을 살려주기를 원할 뿐입니다" 하니 도신이 장문하여 살려주겠다는 것을 전해들었다. 후에 정려하였다.

상주의 김씨는 윤득종의 처이다. 14세 때 아버지가 다른 사람에게 차여 목숨이 끊어지려고 하자 김씨가 손가락을 잘라 피를 드려 소생케하였으나 다시 목숨이 끊어졌다. 염을 마친 후 김씨는 호읍하며 맨발로 관청에

---

73)『국역 여지도서』경상도 영해 효녀조 239쪽에도 실려있다.
74) 緹縈은 漢나라 文帝 때의 효녀이다. 아버지가 형벌을 받게 되자 제영이 몸소 그 벌을 대신 받게 해 달라고 요청하였다는 고사가 있다.
75)『국역 여지도서』경상도 함창 효녀조 98쪽에도 실려있다.

달려가 소송하였다. 안집사(安集使)에게 알리고 마침내 아버지의 원수를 갚았다. 이에 복호하였다. 그 어머니 卞氏 또한 14세 때 아버지를 위해 복수하여 그 어머니의 그 딸이라고 하였다. 여기에서 조선사회는 부모의 원수에 대한 딸의 복수를 용인하고 포상함으로써 효도를 강조하고 있었음을 알 수 있다.

한편 임진왜란 때 죽은 아버지의 시신을 찾아 장사지낸 효녀가 1명 있다.

상주의 김씨는 김일(金鎰)의 딸이다. 17세 때 아버지가 임진왜란으로 세상을 떠나자 家奴와 함께 밤을 틈타 도망하여 전쟁중에 죽은 시체를 쌓아 놓은 곳에 가서 3일만에 아버지 시신을 찾아 업고 돌아와 장사지내고 碑를 세웠다. 이에 정려했다.

부모가 병에 걸리자 단지하거나 또는 단지에다 상분, 할고까지 하여 병을 낫게 한 효녀가 3명이 있다.

상주의 이랑(李娘)은 이제화(李齊華)의 딸이다. 아버지가 병에 걸리자 단지, 상분하여 소생시켰으며, 또 학질에 걸리자 할고하여 병을 낫게 하였다. 이에 복호하였다.

선산의 송씨는 19세 때 어머니가 악질에 걸리자 손가락을 잘라 피를 약에 타서 드리니 어머니의 병이 곧 나았다. 이에 정려했다.[76] 홍해의 야분(野分)은 9세 때 단지하여 병에 걸린 아버지를 치료하였다. 숙종 30년 (1704)에 정려하였다.

화재시에 어머니를 구하려다 함께 타죽은 경우로 박효랑이 있다.

영해의 박효랑(朴孝娘)은 학생 박민학(朴敏學)의 딸이다. 17세 때 집에 불이 일어났는데 어머니가 불속에 갇혀 밖으로 나오지 못하였다. 효랑은 불길을 헤치고 안으로 달려 들어갔다. 마침내 어머니를 안고 함께 타죽었다.

---

76) 『신증동국여지승람』 권29, 선산도호부 효자조와 『일선지』 인물조, 『국역 여지도서』 경상도 선산 효자조 206쪽에도 실려있는데, 여기에는 중종 13년(1518)에 정려하였다고 구체적으로 밝혀져 있다.

영조 때 정려하였다.[77]

물에 빠진 아버지를 구하고 자신은 익사한 경우로 예안의 性女를 들 수 있다.

예안의 性女는 私奴 承立의 딸이다. 17세 때 아버지를 따라 냇둑에 갔다가 아버지가 물에 빠지자 성녀가 아버지의 뒤를 따라가 구해냈다. 아버지는 살아났으나 성녀는 마침내 물에 떠내려가 죽었다. 숙종 때 정려하였다.[78]

결혼했으나 친정어머니를 봉양하기 위해 남편과 헤어지고 다시 친정으로 돌아가 연로한 어머니를 봉양한 양인신분의 효녀가 있어 주목된다.

영양의 村女 금일춘(今日春)은 어머니가 연로하였으나 여러 아들이 모두 죽어 어머니를 봉양할 자가 없었다. 금일춘은 이미 시집을 갔으나 남편에게 다른 데 장가가기를 권하고 친정으로 돌아가 어머니를 봉양하였다. 삯일을 하며 시종 봉양에 힘썼다. 어머니가 99세에 죽자 조석으로 衰経을 하고 곡읍하기를 그만두지 않았다. 향인이 칭찬하지 않음이 없었다. 이에 복호하였다.

부친상을 당하자 어린 나이임에도 불구하고 어른과 같이 죽을 먹으며 3년상을 마친 효녀가 있다.

흥해의 배두질겁(裵斗叱劫)은 9세 때 부친상을 당하자 상복을 입고 죽만 먹으며 3년상을 마쳤다. 어른과 다름없이 예법을 다하였다. 영조 3년(1727)에 정려하였다.

위의 효녀 사례내용들을 정리해보면 아버지 원수에 대한 딸의 복수 사례가 5건으로 가장 많다. 그리고 임진왜란 때 죽은 아버지의 시신을 찾아 장사지낸 경우 1건, 부모의 병에 단지효행을 한 경우 2건, 부친의 병에 단지 뿐아니라 상분, 할고 효행까지 한 경우 1건, 화재시에 어머니를 구하려다 함께 타죽은 경우 1건, 물에 빠진 아버지를 구하고 자신은 죽은 경우 1

---

77) 『국역 여지도서』 경상도 영해 효녀조 239쪽에도 실려있다.
78) 『국역 여지도서』 경상도 예안 효녀조 249쪽에도 실려있다.

건, 결혼했으나 친정어머니를 봉양하기 위해 남편과 헤어지고 친정으로 돌아가 연로하신 어머니를 봉양한 경우 1건, 부친상을 당하자 어린나이에 3년상을 마친 경우가 1건 있었음을 알 수 있다.

한편 신분이 밝혀진 효녀는 6명에 불과하다. 즉 문헌공의 후손 1명, 士人의 女 2명, 學生의 女 1명, 私奴의 女 1명, 村女 1명이다. 포상내용으로는 정려 받은 효녀가 6명, 復戶 받은 효녀 6명, 포상 불명인 효녀가 2명이었다. 정려와 복호의 비중이 같음이 주목된다.

2) 효부

『경상도읍지』에 의하면 효부 사례도 16건에 불과하여 그 수가 극히 적은 편이다. 전체 효행자 가운데 약 5%를 차지할 뿐이다.

효부에 대한 사례를 살펴들면, 시부모를 평소에 지극한 효성으로 봉양하거나 병수발을 정성껏 한 효부가 6명으로 가장 많다.

안동의 사인 권봉길(權鳳吉)의 처 박씨는 시부모를 지극한 효성으로 섬겼다. 이에 숙종 때 복호하였다. 선산의 사노 승립(勝立)의 처 애경(愛卿)은 시어머니를 효성으로 섬겼다. 이에 정려하였다.

자인의 성창의(成昌義)의 처 배씨(裵氏)는 시아버지를 지극한 효성으로 섬겼다. 조석으로 봉양에 힘썼으며, 젊어서부터 시아버지의 병 간호로 밤늦게까지 잠을 자지 못했다. 경종 때 급복했다. 고령의 사인(士人) 박사전(朴思全)의 처 趙氏는 온순하고 부녀자로서의 행실을 갖추었다. 병든 시어머니를 30년 동안 하루같이 섬김으로써 효부로서 칭찬하였다. 경종 때 給復하였다.[79] 장기의 허식(許湜)의 처 최씨와 허온(許溫)의 처 최씨 모두 효행으로 영조 26년(1750)에 정려하였다.

---

79) 『국역 여지도서』 경상도 고령 효부조 280쪽에도 실려있다.

호환사례로서 호랑이에게 물린 시아버지를 구하거나 시신을 수습한 효부가 3명이 있다. 지례의 군사 박희대(朴希大)의 처 張召史는 1802년 (순조 2년)에 시아버지가 호랑이에게 물려갔는데, 召史가 시아버지의 다리를 붙잡은 채 하늘에 통곡하며 5리 남짓을 쫓아가자, 호랑이가 내버리고 갔다. 땅에 떨어진 피와 살을 모두 수습하여 아울러 염습을 하고 장례와 제사를 치렀다. 그 후 시어머니를 잘 봉양하였다. 이에 복호하였다. [80]

예안의 林召史는 양인 천정복(千正福)의 자부이다. 일찍 남편을 여의고 시아버지를 지극한 효로서 섬겼다. 어느 날 시아버지가 사람들이 호랑이를 사냥한다는 말을 듣고 지팡이를 겨우 짚고 문밖을 나갔는데 갑자기 호랑이에게 물리게 되었다. 서로 치고 하여 생명이 경각에 있었다. 召史가 가만히 다가가 시아버지 얼굴을 가리우고서 호랑이의 머리를 도끼로 내려쳐 호랑이를 죽여 쓰러뜨리고 시아버지를 구하였다. 시아버지는 상처를 입고 병이 심해지자 召史는 널리 의약을 구하여 시아버지의 병이 낫게 되었으나 召史는 마침내 병으로 일어나지 못했다. 이에 정려 급복했다.

진보의 良家女 강돌녀(姜乭女)는 겨우 20세 때 시아버지와 함께 밭에서 김을 매다가 시아버지가 호랑이에게 물리게 되자, 솔선하여 호랑이를 쳐 시아버지를 업고 돌아왔다. 이에 효부로서 정려되었다.

도적의 침입 때 시아버지를 구한 효부가 1명 있다. 이 경우 도적들은 효부의 행동을 의롭게 생각하고 감동하여 시아버지와 효부를 풀어주었다.

경주의 士人 조영(曹英)의 처 이씨는 극악한 도적들 수십 명이 횃불을 치켜들고 갑자기 쳐들어와 시아버지를 칼로 찌르려고 하자, 이씨가 자신의 몸으로 시아버지를 감싸안으며 말하기를, "나를 죽이고 시아버지를 해치지 말기 바란다" 라고 했다. 도적들이 의롭게 생각하고 두 사람을 풀어주고 집 밖으로 나가며 서로에게 알리기를 "효부의 집이니 침범하지 않도

---

80) 『국역 여지도서』 경상도 지례 효부조 247쪽에도 실려있다.

록 조심하라" 하였다. 이에 정려하였다.[81)

불이 난 가묘에 뛰어들어가 신주를 구하고 불속에서 여종과 함께 타죽은 효부가 있어 주목된다. 인동의 柳氏는 士人 장천경(張天經)의 처이다. 바람이 세차게 불어 집에 불이 나 가묘에까지 번졌다. 류씨는 불길을 무릅쓰고 뛰어들어가 여러 대의 신주를 안고 타인에게 전해주었다. 그리고 미처 빠져나오지 못해 마침내 불속에서 타죽었다. 그의 여종 매향(梅香)이 류씨를 안고 함께 죽었다. 그리하여 효부와 충비가 함께 정려되었다.

시어머니의 병에 상분 효행을 하거나 꿩과 잉어를 구해 드린 효부가 2명 있다.

성주의 김씨는 一善人으로 농암(籠巖) 김주(金澍)의 후손인 士人 김광윤(金光潤)의 처이다. 효양을 극진히 하였다. 부엌에서 봉양함이 마침 부족하였는데 날아가던 꿩이 스스로 남새밭에 들어왔고, 한 척이 되는 잉어가 마른 우물에서 뛰어올라왔다.

대구의 강씨(康氏)는 효자 참봉 서시립(徐時立)의 어머니이다. 임진왜란 때 시부모를 모시고 팔공산으로 피난하였다. 시어머니가 병이 나자 상분하여 병의 상태를 자세히 살폈다. 시어머니가 고기를 먹고 싶어 하자 강씨가 하늘을 부르며 말없이 빌었다. 이윽고 매가 나타나 암꿩을 잡아서 강씨 앞에 떨어뜨리므로 그것을 주어다가 시어머니에게 바치니, 시어머니의 병이 나았다. [82)

시어머니가 병에 걸리자 단지, 연종(吮腫)의 효행을 하고 국상에는 3년 동안 상복입고 소식한 양인신분의 효부가 있어 주목된다. 대구의 李召史는 박인홍(朴仁弘)의 처이다. 겨우 8세 때 부모를 모두 여의었는데, 상을 치름이 어른과 똑같았다. 시집을 갔을 때 시부모가 다 세상을 떠난 뒤였다. 그러나 남편의 계모인 시어머니를 지극한 효성으로 섬겼다. 남편이

81) 『東京雜記』효행조와 『국역 여지도서』 경상도 경주 효자조 176쪽에도 실려있다.
82) 『국역 여지도서』 경상도 대구 효부조 134쪽과 『대구읍지』 211쪽에도 실려있다.

죽고 나서도 계모를 더욱 정성껏 모셨다. 무뢰한이 한밤중에 돌입하여 그녀를 묶어서 갔다. 그녀 스스로 죽기를 각오하고 몰래 도망쳐 집으로 돌아오는데 길을 막아서는 호랑이가 있었다. 그녀가 호랑이를 향하여 말하기를, "차라리 네 입속으로 들어갈지언정 저 놈의 손에 욕을 당하지는 않겠다."라고 하자 잠시 후 호랑이는 그 곳을 떠나갔다. 시어머니가 병에 걸리자 손가락을 잘라 피를 약에 타서 드리고, 종기를 앓자 피고름을 빨아냈다. 국상을 당해서는 흰 상복을 3년동안 입었고, 뒤에 國恤를 당하면 또한 素食을 하였다. 이 일이 조정에 알려져서 정려와 복호가 내려졌다.[83]

위의 효부 사례내용들을 정리해 보면 시부모를 평소에 지극한 효성으로 봉양 한 경우가 6건으로 가장 많다. 그 다음으로 호환사례로서 호랑이에게 물린 시아버지를 구하거나 시신을 수습한 경우가 3건이 보인다. 도적의 침입 때 시아버지를 구한 경우 1건, 불이 난 사당에 뛰어들어가 신주를 구하고 불속에서 여종과 함께 타죽은 경우 1건, 시어머니의 병에 상분 효행과 꿩과 잉어를 드린 경우 2건, 시어머니의 병에 단지와 연종 효행을 하고 국상에 심상 3년을 한 경우 1건이 보이고 있다.

한편 효손녀와 충비에 대한 사례가 보여 주목된다. 의흥의 有令은 조부가 악병을 얻자 단지화약(斷指和藥)을 함으로써 조부의 병이 나았다. 이에 정려했다.

청송의 시랑(是娘)은 충비(忠婢)이다. 효자 권택만(權澤萬)의 비(婢)로서 평상시에 주인을 성심으로 섬겼는데 우연히 주인집에 불이 일어났다. 시랑은 맨몸으로 불을 무릅쓰고 여자주인을 업고 나오다가 함께 타죽었다. 숙종 때 정려하였다. 인동의 효부 류씨의 여종 매향도 불속에서 여주인 류씨를 안고 함께 타죽었다. 이에 정려하였다.

한편 신분이 밝혀진 효부의 신분을 보면 士人의 처 5명, 양가녀 2명, 사

---

83) 『국역 여지도서』 경상도 대구 효부조 134~135쪽 에도 실려있다.

노의 처 1명, 군사의 처 1명, 양인의 자부 1명, 참봉의 모 1명 등이다. 여기에서 士人의 처가 5명으로 가장 많은 비중을 차지하고 있다. 포상내용으로는 정려 6명, 복호 2명, 급복 2명, 정려 급복 1명, 정려 복호 1명, 포상불명이 2명으로 나타나고 있다.

3. 조선시대 경북지역의 효자, 효녀, 효부 정려의 지역적 특성

먼저 『신증동국여지승람』과 『여지도서』에 나타난 조선시대 효자의 수를 도별로 살펴보면 아래와 같다.

<표 4> 도별 효자의 분포수[84]

전거 (편찬연대)	경기	충청	전라	경상	강원	황해	함경	평안	합계
신증동국여지승람(1531)	14 (20)	40 (20)	55 (50)	147 (46)	10 (7)	22 (9)	8 (3)	29 (12)	325 (167)
여지도서 (1757~1765)	157 (96)	428 (179)	381 (217)	597 (326)	87 (60)	91 (74)	55 (114)	77 (101)	1873 (1167)
경상도읍지 (1832)				643 (467)					643 (467)

* ( )속의 숫자는 열녀의 수치임

위의 자료는 조선전기 관찬 전국지리지인 『신증동국여지승람』과 조선 후기 관찬 전국지리지인 『여지도서』에 나타난 효자수를 통계낸 것이다.

---

84) 이정주, 「전국지리지를 통해 본 조선시대 충. 효.열 윤리의 확산양상」, 『한국사상사학』 28집, 2007, 307쪽 참조.
　　박　주, 「조선시대 경북지역의 열녀」, 『조선시대의 여성과 유교문화』, 국학자료원, 2008, 2727쪽 참조.

도별 분포를 볼 때 경상도에서 효자가 가장 많이 배출되었음을 알 수 있다.

효자가 가장 많이 배출된 경상도 가운데 경북지역내 효자, 효녀, 효부의 지역적 분포를 『경상도읍지』에 의하여 살펴보면 다음의 표와 같다.

<표 5> 경북 지역별 효자, 효녀, 효부 분포수

지역	대구	경주	안동	성주	청송	상주	永川	金山	의성	영덕	선산	인동	칠곡	영해	청도	경산	순흥	개령	예안	영일	장기	예천
효자	20	19	42	19	5	38	5	10	17	0	16	2	2	4	1	7	4	6	3	5	1	10
효녀	0	0	0	1	0	3	0	0	0	0	0	1	0	0	2	0	0	0	0	1	0	0
효부	2	1	1	1	0	0	0	0	0	0	0	1	1	0	0	0	0	0	0	1	2	2

지역	榮川	홍해	풍기	자인	영양	문경	진보	함창	지례	고령	현풍	군위	의흥	신령	비안	용궁	봉화	청하	하양	합계
효자	11	2	2	8	3	2	0	4	6	10	1	4	6	5	4	7	1	4	3	319
효녀	1	2	0	0	1	0	0	1	0	0	0	0	0	1	0	0	0	0	0	14
효부	0	0	0	1	0	0	0	1	0	1	1	0	0	0	0	0	0	0	0	16

<표 5>를 통하여 효자의 지역별 분포를 보면 안동 지역이 42건으로 가장 많았다. 그 다음이 상주지역이었다. 대체로 대구. 경주, 성주, 의성, 선산 지역순으로 많은 효자수를 나타내고 있다. 여기에서 경북지역내에서도 재지사족의 영향력이 큰 지역에 효자가 많이 배출되었음을 알 수 있다.

효녀의 사례는 모두 14명이 보인다. 즉 상주가 3명으로 가장 많이 보이고 영해, 홍해가 각 2명, 선산, 예안, 영천, 영양, 함창이 각각 1명씩이다. 효부의 수는 모두 16명으로 대구, 영일, 장기가 각각 2명, 안동, 경주,

성주, 선산, 인동, 예안, 자인, 진보, 지례, 고령이 각각 1명씩 보이고 있다. 여기에서 선산, 예안에서는 효녀, 효부 모두 보이고 있어 주목된다. 그 밖의 지역에서는 효녀, 효부의 기록이 보이지 않는다. 따라서 경북지역의 효녀, 효부의 수를 모두 합하면 30명으로 전체 효행자의 약 9%에 불과하다. 반면에 경북지역의 전체 열녀수는 233명이나 된다. [85]이것은 조선 유교사회에 있어서 여성에게는 삼강윤리 가운데 부모에 대한 孝보다는 남편에 대한 烈을 훨씬 더 강조함으로써 유교적 여성관을 엿볼 수 있다. 결국 이것은 여성의 사회적 지위의 저락과 남녀 차별을 보여주는 예가 되는 것이다.

맺음말

지금까지 『경상도읍지』 인물조에 나타난 조선시대 경북지역 41읍의 효자, 효녀, 효부 모두 349건의 사례들을 상세히 분석함으로써 몇 가지 사실을 밝히고자 하였다. 그 내용을 정리하면 다음과 같다.

첫째, 조선시대 경북지역 효자들의 사례를 유형별로 크게 나누어 보면 15가지 유형으로 나누어 볼 수 있다. 부모가 병이 들었을 때 斷指 또는 割股, 嘗糞, 吮腫, 施藥, 得魚, 得肉 등을 한 경우, 부모가 호랑이에게 잡혀가자 생명의 위험을 무릅쓰고 부모의 생명을 구하거나 혹은 시체를 빼앗거나 함께 죽은 경우, 화재시에 부모를 구하기 위해 또는 신주를 꺼내고자 불속에 뛰어들어가 부모를 구하거나 함께 타죽은 경우, 부모가 물에 빠지자 구하려다 함께 익사한 경우, 강도와 도적의 침입에 생명의 위험을 무

---

85) 박주, 「조선시대 경북지역의 열녀 사례분석 −『경상도읍지』를 중심으로−」, 『조선사연구』13, 2004, 45쪽

릅쓰고 부모를 구한 경우, 임진왜란 때 왜적으로부터 부모의 살해나 被虜를 막고자하여 생명을 걸고 부모를 구하거나 함께 해를 당한 경우, 효성 지극함에 하늘이 감응한 경우, 형제간에 우애가 지극한 경우, 부모 사후 여묘를 3년 내지 6년, 9년 한 경우, 부모 사후 『주자가례』에 따라 상제를 행하거나 가묘를 설치한 경우, 부모상에 追服한 경우, 국상을 당하여 心喪 3년한 경우, 短喪을 거부하고 3년상을 한 경우, 스승을 위하여 여묘 3년 또는 심상 3년한 경우, 충효를 행한 경우 등으로 매우 다양하였다. 이들 사례유형 가운데 부모 생시에는 斷指 효행한 사례가 가장 많았고, 부모 사후에는 여묘를 3년 내지 6년한 사례가 가장 많았다. 그 밖에 도적과 왜 적이 효자의 효성에 감동받아 해치지 않고 도리어 풀어준 경우, 부모를 봉양하기 위해 과거시험을 그만두거나 관직을 그만 둔 경우, 상을 치르는 동안 너무 슬퍼한 나머지 병에 걸려 목숨을 잃은 경우, 여묘할 때 호랑이 가 나타나 효자를 해치지 않고 오히려 여묘를 같이 지키거나 산길을 인도 한 경우, 효자로 인해 동네이름이 지어진 경우, 매일 성묘하러 다닌 길이 하나의 새로운 길 이른바 孝子路가 생긴 경우, 부모의 원수에 대해 복수 살인을 한 경우 등도 있었다.

둘째, 시기적으로 볼 때 조선 후기로 갈수록 효자의 수가 증가하였다. 포상 시기가 밝혀진 경우 임란 이전에 포상된 효자 사례가 25건인데 반하 여 임란 이후에 포상된 효자사례는 110건이다. 특히 임진왜란으로 인해 발생한 효자가 많았으며, 『경상도읍지』가 편찬된 순조대에 효자가 가장 많이 포상되었다.

셋째, 효자 가문에서 효자가 계속 나오는 경우가 적지 않았다. 예컨대 효자 서시립(徐時立)의 손자 서달숭(徐達崇), 효자 이언적(李彦迪)의 서자 이전인(李全仁)과 손자 이의윤(李宜潤), 이의징(李宜澄) 형제, 효자 김시우 (金時佑)의 손자 김사리(金士利), 효자 정몽주(鄭夢周)의 후손 정도창(鄭道 昌), 효자 반유(潘濡)의 후손 반충(潘冲), 효자 권질(權晊)의 6세손 권광윤

(權光潤) 등 다수가 보인다. 그리고 효자들의 가계배경과 신분이 분명하였다. 사족의 경우 字, 號, 本貫이 거의 밝혀져 있고, 某의 자, 某의 손자, 某의 증손, 현손, 외손, 몇 세손 등으로 가계배경이 상세히 밝혀져 있다.

넷째, 효자들의 신분을 보면, 신분이 밝혀진 121명 가운데 사족이 65%를 차지하고 있는 반면에 평민(군인 포함)과 천민은 모두 22%를 차지하여 사족이 3배나 많은 비중을 차지함을 알 수 있다.

다섯째, 포상유형의 분포를 살펴보면 旌閭와 旌門이 49%로 가장 많은 비중을 차지하고 그 다음으로 贈職이 많았다. 증직된 관직으로는 持平(정5품)이 가장 많고, 제수된 관직으로는 參奉(종9품)이 가장 많아 주목된다.

여섯째, 효녀와 효부 사례는 모두 30건으로 전체 효행자 가운데 약 9%에 불과하다. 조선 유교사회에 있어서 여성에게는 삼강윤리 가운데 친정부모와 시부모에 대한 孝보다는 남편에 대한 烈을 훨씬 더 강조하여 포상함으로써 유교적 여성관과 남녀의 차별을 엿볼 수 있다.

일곱째, 지역별 분포를 분석해 본 결과 안동 지역이 42건으로 가장 많았다. 그 다음이 상주지역이었다. 여기에서 경북 지역 내에서도 비교적 인구가 많고 재지사족의 영향력이 강한 지역에서 효자가 많이 배출되었음을 알 수 있다.

<표> 조선시대 경북지역의 효자, 효녀, 효부   * 『慶尙道邑誌』에 의함

순서	지명	인명	신분	사례내용	포상내용
1	慶州	許調元		13세 때 斷指효행(父病)	정려
2	〃	南得溫		여묘 3년(母喪)	태종조 정려
3	〃	金允孫		虎患(父 살아남).	정려
4	〃	朴希楠 希樟 希楨	兄弟 3인	父喪에 여묘 3년, 服을 마치고도 여전히 흰옷 입고 고기를 먹지 않고 삭망에 哭함, 또 3년이 되어 그침.	不明

5	〃	崔永嶙		여묘 3년(父喪), 소금과 간장을 먹지 않음. 3년상을 마친 뒤에도 朔望祭를 그만두지 않음.	〃
6	〃	金應璧		아우 應奎, 應井와 함께 효성 있음. 3형제가 여묘(父喪), 비록 疾風大雨라도 무덤에 참배하기를 그만두지 않음. 세 사람이 발을 디딘 곳은 몇 치쯤 땅이 깊게 파임. 어느 날 폭풍우가 몰아치는 가운데 갑자기 돌아가신 아버지의 목소리가 들려 놀라서 여막 밖으로 나갔는데, 괴이하게 여겨 신주를 안고 나오니까 잠시 후 여막 북쪽의 산이 무너져 여막과 무덤을 덮쳤다. 또 개 한 마리를 길렀는데, 집안 소식을 알고 싶으면 3인은 반드시 개의 목에 편지를 매달아 집에 보냈다. 상을 마치고 집에 돌아가서 조석으로 가묘에 참배드리는 일을 종신토록 그만두지 않음.	정려
7	〃	李承曾 (중복)	호는 觀瀾	여묘3년에 한 번도 집에 가지 않음. 때는 劇賊八龍徒党이 가득하여 人民을 殺掠함. 승중의 여막이 있는 곳을 지나가면서 효자가 사는 곳이라 하여 무기를 거두고 피해갔다. 일찍 생원에 합격하여 거듭 除職 되었으나 마침내 나가지 않음.	정려
8	〃	崔震幹	進士 臣隣의 子	임진왜란 때 할머니를 모시고 黃龍山中에 피하였으나 왜적의 칼에 같이 죽음. 처 정씨 또한 목을 매달아 자살함	정려
9	〃	李氏	孝婦 士人 曹英의 처	극악한 도적들 수십 명이 횃불을 밝히고 돌입하여 장차 시아버지를 칼로 찌르려고 하자 이씨가 몸으로 가리고 曰 "원컨대 나를 죽이고 시아버지를 해치지 마라" 적이 의롭게 생각하고 풀어주고 나가며 서로 曰 "효부의 집이니 침범하지 않도록 조심하라"했다	정려
10	〃	李全仁	彦迪의 庶子	父를 따라 関西 유배지에 따라가 주야로 곁에 모시고 言動을 반드시 關西問答錄에 기록. 父가 죽자 관을 싣고 돌아오는데 빙설이 산을 가득 채워 상여가 나아가지를 못했다. 이때 樵夫가 흙을 져와 길에 깔아서 안전하게 나갔다. 전인은 앞에 엎드려 보는 이의 눈물을 뿌렸다. 喪을 마치자 父가 撰한 進修八規를 상소하였다.	

11	〃	李景漢 景湖 景澤	兄弟 3人	경택은 두 형이 出仕하여 아버지를 모실 사람이 없자 관직을 구하지 않고 항상 아버지 곁에 있으면서 몸소 藥餌를 드리고 衣帶를 벗지 않음이 10여년. 경택이 먼저 죽자 경한, 경호는 老母가 슬퍼하여 상할까봐 차마 고하지 못함.	인조때 特加褒賞
12	〃	李宜潤	文元公 彦 迪의 孫	文穆公 鄭逑에게서 수학, 篤學力行, 스스로 호를 無忝堂, 癸巳亂에 부친상을 당함. 비록 전쟁중이였으나 喪祭에 禮를 다하고 泣血哀毁, 여러 아우와 우애가 더욱 돈독. 父病에 嘗糞, 甜苦, 목욕재계하고 하늘에 빌어 자기 몸으로 대신하기를 청. 임종때 石榴를 맛보고자 하였으나 때는 夏月이라 얻어드리지 못하여 평생 보지 않음. 석류를 보면 문득 눈물을 흘림. 가묘에 晨에 謁. 風雨에도 폐하지 않음.	減其戶役
13	〃	李宜澄	宜潤의 弟	喪에 거함에 禮를 다함이 한결같음. 그 형이 哀毁하여 많이 상하였다. 服을 마치자 얼마 안 되어 형제가 서로 이어서 죽음.	減其戶役
14	〃	鄭三孝	龍明의 後 進士 王行의 嗣子	임진왜란에 자신의 몸으로 父를 감싸안았다가 왜적의 칼에 아버지와 함께 해를 당함.	減其戶役
15	〃	朱聃壽	給復	나이 66세에 모친상, 죽만 먹기를 3년, 葬祭를 禮로서함. 母病에 수박을 맛보고자 했으나 제철이 아니라 구해 드리지 못함. 평생 수박을 먹지 않음.	복호
16	〃	張莫同	賤隷	계모 섬김을 지성으로 함. 母死에 죽만 먹기를 3년, 염장을 먹지 않음. 복을 마치자 3년을 더함. 왜란을 당하여 몸을 잊고 적을 토벌하여 戰功을 많이 세움. 忠孝를 다 이룸.	정려
17	〃	文仿比金	賤人	母死에 미처 殮도 하지 못했는데, 집에 불이나 불길을 무릅쓰고 곧장 들어가 시신을 껴안고 죽음.	정려
18	〃	金斗望	府吏	어머니가 年老하여 앞을 못보는 병에 걸리자, 두망은 밤마다 하늘에 빌기를 수십년을 하였다. 어느날 母의 눈이 갑자기 밝게 되었다. 사람들은 孝感이라 하였다.	정려
19	〃	李文初	贈參判 彭	5세에 병으로 장님이 되어 事親至孝. 추위에는	給復

			壽의 後.	枯草를 찾아 온돌을 따뜻하게 하고, 어버이 곁을 떠나지 않으며 이미 장가들어서도 두 형에게 청하여 스스로 공양하는 절도를 가짐.	
20	〃	黃弼世	平民	부모상에 朝夕으로 上墓하여 號哭, 風雨에도 그만두지 않음. 鄕里가 다 그 효를 칭찬함	불명
21	安東	權晊		여묘 3년(母喪)	정려
22	〃	印乙同	校奴	母病에 斷指	정려
23	〃	金漢伯	學生	여묘 3년에 한 번도 집에 내려가지 않음.	정려
24	〃	李世傑		母病에 割股효행.	정려
25	〃	金時佐	太師 宜平의 後	집이 가난. 아우 時佑, 時亮과 함께 친히 스스로 畋魚로서 甘旨제공, 母歿, 여묘 3년에 菜果를 먹지 않음. 國忌에는 반드시 목욕재계하고 거친밥만 먹음. 國喪에 心喪 3년.	정려 명종조 참봉에 임명했으나 나가지 않음.
26	〃	金士利	時佑의 孫	父가 歿하자 3년 여묘, 복이 끝나고도 폐지 않고 朔望朝夕의 祭를 종신토록 비록 병이 나도 다른 사람으로 하여금 代行하지 않았다.	정려
27	〃	鄭憲		母가 廢疾이 있어 嘗糞하여 병의 輕重을 징험. 헌과 아내는 옷을 벗지 않고 몸소 불을 피워 따뜻하게 해서 드림. 비록 하루저녁에 10번 일어나도 조금도 게으름이 없었다. 母歿에 泣血 3년. 양눈이 거의 멀게됨.	인조13년 (1635) 복호
28	〃	金珽		부모상에 여묘 3년. 죽만 먹고 哭이 끊이지 않음. 3년 내에 한 번도 집에 가지 않음.	참봉제수했으나 나가지 않음.
29	〃	裵絅		奉養之物을 친히 供進하고 다른 사람을 대신시킨 적이 없음. 임진왜란에 아우 배찬, 배면과 함께 어머니를 업고 난을 피함. 왜적이 가까이 오자 형제가 어머니를 껴안고 哀毁하니 왜적이 감동하여 석방. 母病에 嘗糞, 母歿하자 여묘3년.	광해9년 (1617) 贈佐郞
30	〃	邊中一		어려서 母를 잃음. 큰할머니 이씨에게 양육됨. 임진왜란에 倭가 갑자기 이르렀는데 이씨는 나이가 80여세로 심한 설사병 걸림. 먼저 큰어머니金氏를 업고 삼밭에 숨었다. 다시 돌아와 이씨와 함께 죽으려고 하니 적이 칭찬하며 가버렸다. 광해	정려 (충효)

			군때 죄아닌 죄에 연루되어 8년간 감옥살이함. 反正 이후 석방됨. 인조喪에 葬前에서 行素하고 祥日에 밤새도록 밖에서 북쪽을 향해 통곡.	
31	〃	南胤先		날마다 조석으로 家廟에 절을 올림. 나이 90인데도 오히려 그만두지 않음.	인조13년 (1635)정려
32	〃	權詢		母가 風疾이 있어 밤낮으로 곁에서 모시며 몸소 옷을 세탁하고 다른 사람을 대신하게 하지 않음. 母가 歿하자 읍혈 3년. 國喪에 心喪 3년	인조13년 (1635)정려
33	〃	權杠	伯宗의 後	母歿하자 喪葬祭祀를 한결같이 朱文公家禮를 따랐다. 國恤에 心喪 3년, 洗馬에 拜해졌으나 나가지 않음.	현종11년 (1670)정려, 贈持平
34	〃	末叱龍	公賊	20세 때 斷指 효행(父病).	현종11년 (1670)정려
35	〃	南應元	暉珠의 後	父母喪에 여묘, 주야로 衣纏을 벗지 않음. 몸소 執饌하여 제사지냄.	숙종1년 (1675)정려
36	〃	柳元定		13세 때 아버지를 여의자 執喪을 成人처럼 함. 母歿하자 泣血 3년. 여묘 밖을 한번도 나가지 않음. 효행이 뛰어나다고 하여 세 번이나 추천서에 이름이 올랐다.	효종8년 (1657) 復戶
37	〃	南天斗		母病에 嘗糞, 母喪에 絰帶를 벗지 않고 죽만 먹기를 3년.	贈戶曹正郎
38	〃	權澤萬		아버지가 설사병, 꿩고기를 먹고 싶어 함에 문득 꿩이 방에 들어와 손으로 잡아 드렸다. 일찍이 외출했을 때 집안에 불이 나서 어머니가 불에 타죽음. 종신토록 구운 고기와 더운밥을 먹지 않음. 父病이 심해지자 斷指했음. 여묘함. 조정에서 復戶를 내렸으나 사양함. 숙종의 상에 菜果魚肉를 먹지 않음. 일찍이 어머니가 불에 타 죽을 때 젊은 여종 是娘이 어머니를 업고 나오다가 함께 불길속에서 죽음.	정려
39	〃	權命達	鄕吏	어려서부터 奉養하는 법도를 알았다. 매양 새벽 닭이 울면 의복과 두건을 갖추고 살피기를 저녁에도 같이했다. 父가 歿하자 호곡 3년, 낮에도 묘에서 곡하고 밤에는 어머니 모시기를 시종 한결같았다.	숙종32년 (1706) 復戶

40	〃	權有望	假吏	다른 고을에서 온 아전으로 관아에서 일을 봄. 관청에 출근 할 때는 이웃친척에게 부모를 돌봐달라하고, 집에 들어와서는 땔나무를 짊어지고 쌀을 구걸해서 밥을 지어 부모에게 바침. 父母가 죽자 조석으로 省墓, 風雨寒暑에도 폐하지 않고 산속에 좁은 길을 이루었는데 초동과 목동들이 그 길을 가리켜 孝子路라 하였다.	給米
41	〃	金遠鳴	鄕吏	父歿 여묘 3년, 養母至孝	숙종12년 (1686)정려
42	〃	李昌葉		父가 일찍이 천둥소리를 두려워하여 歿하자 천둥치고 비 내릴때마다 묘를 안고 號哭하다 천둥소리가 그친 뒤에 그만 둠. 母病 丹毒에 牛黃을 구해 드려 병이 곧 그쳤다. 母喪을 만나 여묘 3년에 한번도 집에 가지 않았다. 素食하고 3년을 더하고 부모 합장 후 비로소 고기를 먹었다.	贈持平
43	〃	權道仁		어릴 때 父가 첩을 두어 어머니에게 소홀. 도인이 날마다 마당 청소하고 몸소 땔나무를 해서 불을 때 30리밖의 어머니를 보살핌. 父가 깨닫고 부부가 처음과 같이 좋은 사이가 됨. 부모상을 당해 묘에 올라가 슬퍼하며 風雨에도 엎드려 있음. 두 마리의 호랑이가 나타났다가 머리를 숙이고 갔다.	贈持平
44	〃	權仲英	鄕吏 用休의 子	4세 때 父가 雙嶺战에서 전사, 시신을 거두지 못함. 父가 돌아가신 날이 되면 문득 자결하고자 함. 어느 날 갑자기 새벽에 일어나 물가로 가서 죽음. 당시 나이 79세	정려
45	〃	金九成		父病에 5월에 수박을 먹고싶어함. 들에 나가 號泣, 문득 한 통의 수박이 밭 가운데 있어서 그것을 드렸다. 또 6월에 송이버섯을 먹고싶다고 했는데, 때마침 썩은 나무에 붙어있는 송이버섯 10여개를 따서 드림. 사람들이 孝感이라 여김.	英祖1년 (1725) 贈戶曹佐郞
46	〃	金瑞雲	判決事 侃의 子	父가 구운 메추라기 고기를 먹고싶어함. 서운이 들판으로 나갔는데, 개가 그것을 씹으니 취하여 돌아옴. 들의 꿩이 스스로 들어와 잡아서 드림이 세 번이었다. 닭을 길러 바치고 닭이 다하니 이웃	贈持平

			집 닭이 스스로 와서 횃대에 올라가 있으니 사람들이 다 이상히 여겼다. 부모의 병에 嘗糞하고 斷指하여 소생케 함.	
47	〃	金漢昌	집이 가난하여 소금을 판매해서 쌀을 지고와 부모봉양, 꿩이 주방으로 날아든은 기이한 일이었다. 사람들이 孝感所致라 일컬었다.	영조13년 (1737) 給米
48	〃	李續鳳	靈城君 朴文秀가 어사로 그 집에 며칠간 留宿하면서 직접 供養에 정성을 다함을 보고 특별히 임금에게 아룀.	賜復戶 旌閭
49	〃	韓大福	아버지가 이웃마을 장례 모임에 갔다가 돌아오는 길에 얼음에 빠졌다. 이웃사람이 빨리 대복에게 알려 대복이 질주하여 빠진 곳에 뛰어 들어갔다. 아버지를 껴안고 죽었는데 그 모습이 산사람 같았다.	정조18년 (1794) 급복
50	〃	邊克泰	18세 때 밤에 强盜가 父침실에 들어왔다. 극태가 칼을 무릅쓰고 아버지 등에 몸을 붙이고 좌우로 칼날을 받아 마침내 아버지 생명을 구했다. 적이 간 후 극태의 상처 통증이 더욱 심했다. 약의 효험이 없었다. 아버지 꿈에 붉은옷을 입은 官人이 門에 들어와 曰 "효자를 위해 약을 가져왔다"하니 父가 꿈에 의해 치료 하여 마침내 효험을 얻었다.	정조21년 (1797) 贈職
51	〃	李孟金	13세 때 아버지를 따라 산에 들어가 땔나무를 하다가 큰 호랑이가 갑자기 나타나 아버지를 덮쳐 물었다. 그리고 이내 물러나 가버렸다. 한 달 이상 구호하여 낫게 되었다.	정조21년 (1797) 賜米肉
52	〃	金信鐸	父가 狂疾이 있었는데 信鐸이 나간 틈을 타 집에 불이나자 돌아와 곧바로 불속으로 뛰어 들어가서 아버지를 업고 나왔다. 많은 방법으로 약을 시도하여 다행히 소생. 火毒이 상처가 되었으나 스스로 먹을 수가 없었다. 신탁이 대신 숟가락으로 먹이니 진한 피가 죽그릇에 떨어졌다. 낮에는 힘을 다해 치료하고 밤에는 반드시 성심으로 기도하기를 10여년이었다.	순조1년 (1801) 給復
53	〃	權聖範	喪에 미쳐 哀毁가 禮를 다함. 묘에 3년을 하루같이 가서 哭하였다. 손수 소나무와 개오동나무를	순조8년 (1801)

				심었다. 날이 다하도록 심고 간곳이 계곡을 이루어 사람들이 孝子路라 하였다.	旌閭
54	〃	李漢伍	壬亂義士 李洪仁의 後	父母가 歿하자 여묘3년.	순조12년 (1812) 旌閭
55	〃	琴弘達		어려서 어머니 병에 지극한 정성을 다함. 날아가던 새가 편지를 물고 떨어뜨렸다. 병이 나았다.	순조13년 (1813) 旌閭
56	〃	鄭漢濟	중참판 士信 六代孫	事親孝.	순조3년 (1803) 給復
57	〃	申光集		以篤行	贈持平
58	〃	申暉		부모 봉양 방법이 한결 같이 小學에 의지, 喪葬시에도 家禮에 준거함. 여묘3년 服을 마치자 차마 私家에 돌아오지 못하고 宗家에 들어감. 항상 廟宇를 모시고 몸을 바침.	순조32년 (1832) 贈持平
59	〃	金始器		18세때 父喪을 만났는데 哭하는 소리가 끊이지 않았다. 장례할 때 큰 비를 만나 상여가 떠내려갔다. 해안에 있는 사람이 모두 소리쳐 급히 나아갔다. 시기가 따라가다 넘어져 상여는 부서졌다. 그러나 운구는 홀로 드러나 있었으나 상함이 없었다. 3일 후 모래 속에서 시신을 찾았는데 얼굴이 산사람 모습이었다.	순조32년 (1832) 증직
60	〃	金正根		7세의 어린나이에 母喪을 만나 哀慕함이 성인과 같았다. 성장한 후 아버지를 봉양하기 위해 科擧를 폐지, 집이 가난하여 주운 온돌을 먼저 제몸으로 따뜻하게 하여 아버지 몸을 따뜻하게 함. 父病에 얼음을 깨고 물고기를 얻음. 斷指함	순조32년 (1832) 旌閭
61	〃	權啓敏		喪을 만나 哀毀가 節을 넘었다. 장례에 묘곁에 土窟을 쌓음. 晨昏에 호곡하니 村人이 그 洞을 이름하여 '居廬洞'이라 함	순조32년 (1832) 給復
62	〃	權합		아버지가 병이 들자 곁을 떠날 수가 없었다. 村人曰. "어찌 차마 효자로 하여금 농사를 그만두게 해서 봉양을 빠뜨리겠는가" 힘을 합해 일함. 一鄕이 칭찬.	給復
63	〃	孝婦 朴氏	士人 權鳳吉의 처	시부모 섬기는데 至孝.	숙종조 賜復戶

64	星州	金文尙	判書 洗의 子, 郡守	父母喪에 여묘6년	旌閭
65	〃	朴矩	規의 弟, 禮曹叅議	母病에 氷魚, 雪桃를 구한 감동이 있었다. 母喪을 만나 3년 여묘에 한번도 집에 가지않음.	명종조 致祭文 旌閭
66	〃	金承得	藏의 子, 左 副代言寶文 閣直提學	父母喪을 만나 한결같이 家禮를 따르고 3년간 묘 곁을 떠나지 않음. 정려는 柳等洞에 있다.	정려
67	〃	朴信孫	仁孫 弟, 主簿	孝友出天으로 천거됨.	
68	〃	金邦啓		父母喪을 연달아 만남. 또 祖父喪을 만남. 9년 여 묘에 한 번도 집에 가지 않음.	정려
69	〃	裵敬仝		母가 악질을 얻어 斷指和藥하여 곧 나음	정려
70	〃	李植		父母가 전염병으로 모두 죽음. 朝夕奠하여 정성 을 다해 6년을 마침	정려
71	〃	洪繼玄	南陽人 金 孟性 外孫	母病에 산양을 맛보고자 했으나 얻지 못했는데 문득 날아가던 꿩이 스스로 이르렀다. 늙어서 母 喪을 만나 3년간 喪服을 벗지 않고 몸소 祭饌을 執함에 그 정결함을 다함. 어느날 제사상에 올린 과일을 쥐가 더럽혔다. 밤새도록 꿇어 앉아 반성 하였다. 쥐 두마리가 상밑에 쓰러져 있었다. 사람 들이 孝感이라 일컬었다. 鄕賢祠에 제향	불명
72	〃	鄭次周		한밤중에 도적들이 돌입. 부모 또한 피하여 화를 면하였으나 창졸간에 서로 만나지 못함. 次周는 부모가 적에게 잡혔다고 생각하여 다시 돌아와 살해당함.	정려
73	〃	呂中和	持平希臨 의 後	부모병에 단지효행	정려
74	〃	成豊世	水軍	부모상을 만나 여묘6년. 죽만 먹음	정려
75	〃	魯文業	私奴	13세때 母病에 斷指出血하여 回生	복호, 정려
76	〃	呂昌周		父病, 얼음속에서 잉어를 구하여 반찬해 드려 효 험을 얻었다. 여묘3년	영조때 贈持平
77	〃	朴始淳	信孫의 後	날아가던 꿩이 주방에 들어왔다. 겨울에 채소의 싹이 트는 기이함이 있었다.	贈持平

78	〃	徐勝雲		父母喪을 만나 3년 여묘. 朝夕奠을 묘에서 늙어 서까지 폐하지 않음. 숙종 승하에 行素3년	정려, 복호
79	〃	朴娘兄弟	효녀, 文憲公 元 亨의 후손, 壽河의 女	아버지가 다른 사람과 山訟이 벌어졌는데, 감영 의 노여움을 사서 매를 맞고 죽음. 언니가 아버지 죽음이 비명횡사라고 여겼다. 언니는 소송당사 자의 조부묘를 손수 파고서 그 사람이 오기를 기 다렸다가 장차 복수코자 했으나 도리어 칼날에 해를 당함. 동생은 上京하여 억울함을 호소하니, 언니의 시신을 조사해보니 죽은 지 이미 1년이 지났는데도 얼굴이 마치 살아있는 듯 했다. 보는 자들이 誠孝가 원통함을 이루었다고 여겼다.	정려(언니), 복호(동생)
80	〃	羅天井	잔사綸의子	天性至孝	불명
81	〃	介乞兄弟	私奴	介乞과 그 아우 介卜이 산에 올라가 땔나무를 하 다가 문득 大虎를 만남. 먼저 형 개돌을 물으니 아 우는 낫을 휘두르며 호랑이와 함께 싸웠는데, 호 랑이가 형을 놓고 아우 개복을 죽임. 개돌이 거의 죽을 지경이 된 가운데 호랑이를 쳐서 동생의 시 신을 빼앗아 왔다. 사람들이 그 友愛를 칭찬함.	영조 12년 (1736), 復戶
82	〃	李萬慶	淸州人 贈 僉議廷鐸 의子	15세에 부친상을 당함. 노모 병환이 심하여 주야 로 울면서 기도함. 물오리를 취하여 효험을 얻어 노모가 102세까지 살다. 여묘시에 얼룩무늬 호 랑이가 따라와 보호하였다.	除職
83	〃	孝婦, 金氏	一善人, 籠 巖 澍의후 손, 士人 金 光潤妻	孝養을 극진히 함. 날아가던 꿩이 스스로 남새밭에 들어왔고, 한 척이 되는 잉어가 마른 우물에서 뛰 어 오름. 모두 그 남편에 그 아내가 있다고 칭찬함.	불명
84	〃	成瑞	昌寧人 현감 三龜 의 孫	아버지는 生鮮을 맛보기를 즐겨 비록 얼음과 눈 속에서도 항상 계속해서 구해드림. 사람들이 효 자라고 칭찬, 아버지가 세상을 떠나자 여묘 하였 는데 호랑이가 여묘를 같이 지켰다.	정려
85	靑松	閔世貞	驪興府院 君?의 女孫	중종조 孝廉科에 탁용되어 벼슬이 縣監에 이름. 孝友로서 조정에 들림.	정려
86	〃	申從渭	文貞公 賢 의 後	性至孝. 여묘, 孝行案에 수록됨. 正三品에 오름, 眞寶 西江祠에 제향됨.	불명

87	〃	權澤萬		부모病에 嘗糞으로 輕重을 살핌. 父를 따라 외출했는데, 母가 불을 만나 타죽음. 이후 불에 구운 고기를 차마 가까이 하지 않음. 여묘 3년. 하늘이 감동해 날던 꿩이 떨어지고 물속의 물고기가 밖으로 뛰쳐나오는 기적이 일어남. 父의 병이 위독해지자 손가락을 잘라 그 피를 드려 소생하여 한 나절을 더 살았다. 父喪에 한결같이 母喪 때처럼 물만 먹고 여묘. 國喪에 슬피 곡을 함.	영조 때 정려
88	〃	金今竹	良人	母가 호랑이에게 물리자 왼손으로 어머니를 잡고 오른손으로 낫을 잡아 호랑이를 내리치며 큰 소리를 지르며 호랑이를 쫓아가니 호랑이가 곧 버리고 가버렸다. 어머니는 살아났다.	현종조 정려
89	〃	李愛日	良人	호랑이를 쳐 어머니를 구함.	현종조 정려
90	〃	忠婢 是娘	孝子 權澤 萬의 婢	평상시 주인을 진심으로 섬김. 主家에 우연히 失火, 시랑은 불길을 무릅쓰고 여주인을 업고 불속을 나오다가 同死	숙종조 정려
90	商州	朴世延		부모가 세상을 떠나자 禮를 다하여 장례와 제사를 치름. 여묘3년, 喪을 마치고도 묘소를 배회하며 며칠동안 통곡, 동네사람들이 감동하여 눈물을 흘림. 날마다 새벽에 사당에 절을 올리고, 삭망제사를 그만두지 않았다.	不明
91	〃	金希禎	별시위	일찍 父喪하여 追服3년, 母喪을 만나 철죽3년, 中宗,仁宗 國喪 때 3년동안 고기를 먹지 않음.	정려
92	〃	林昌茂		여묘3년	정려
93	〃	金範	徵士	효성과 우애가 독실, 부모병에 嘗糞, 산의 노루가 스스로 옴.	정려
94	〃	鄭興世		임진왜란 때 兄 經世와 함께 어머니를 모시고 난을 피하다가 갑자기 적을 만나 번갈아 어머니를 업고 달아남. 형 경세가 활을 맞고 먼저 쓰러짐. 흥세는 어머니를 막아 보호하다 힘이 다하여 죽음.	贈主簿 旌閭
95	〃	朴彦誠	進士	12세에 종손이 아니면서도 祖母喪으로 3년복 입음. 매번 철따라 무늬가 고운 옷을 입고 어버이를 기쁘게 하였다.	贈監祭
96	〃	權應井		임진왜란 때 母를 업고 바위동굴속에 숨음. 갑자	정려

				기 왜적을 만나자 돌로서 손가락을 쳐 "勿害母" 三字를 혈서로 썼다. 왜적이 감동하여 풀어주었다. 얼마 뒤 왜적이 다시 쳐 들어와 어머니를 치려고 하자 응정은 몸으로 어머니 등을 감싸안았다가 母子가 함께 해를 입었다. 그의 처 채씨와 딸이 서로 이어서 물에 빠져 죽었다.	
97	〃	河鏡輝	洛의 子, 生員	임진왜란 때 洛이 왜적에게 상처를 입고 쓰러짐, 鏡輝는 아버지 곁을 떠나지 않다가 父子가 함께 해를 당함.	정려
98	〃	宋以誨	主簿 亮의 子	임진왜란에 홀로 향교로 달려가서 五聖位版을 매장, 부모 모시고 난을 피하다가 왜적이 갑자기 닥쳐오자 자신의 몸으로 부모 앞을 가로막아 보호, 부모는 화를 면했으나 본인은 결국 해를 입었다.	영조조 정려
99	〃	宋以弼	以誨의 弟	임진왜란 때 부모 모시고 난을 피하다가 왜적이 갑자기 이르자 兄 以誨와 함께 몸으로 막다가 부모는 화를 면하고 형제는 같은 날 해를 입음	정려
100	〃	鄭鎰	進士	부모상을 만나 상복을 벗지않고 죽만 먹고 여묘 임진왜란에 왜적에게 협박을 당하게 되자 왜적을 꾸짖으며 굴복하지 않자 왜적이 노하여 참혹하게 죽임.	特贈持平
101	〃	徐常男	부사 서극 일의 자,	生進에 모두 합격, 父喪에 여묘	贈正郎
102	〃	高應斗		임진왜란 때 老父를 업고 도망해 숨음, 亂이 안정된 후 고향으로 돌아와 몸소 농사지어 甘旨를 공급해드림. 돌아가시자 哀毀가 禮를 넘어 여묘3년. 國喪에 行素 3年.	복호
103	〃	朴善間	양인	父患이 重風으로 10년간 정성껏 봉양, 어느 날 집에 불이났는데,아버지가 몸이 불편해 밖으로 피할수 없었다. 선간이 불길속으로 뛰어들어갔다가 마침내 父子가 함께 타죽음.	정려
104	〃	金綏吉	鎌의 子	事親至孝	贈正郎
105	〃	廉行儉		7세에 父病에 斷指하여 소생시킴, 어른이 되어서는 몸소 낚시질과 사냥을 해서 甘旨를 공급. 겨울에 아버지가 민물고기를 먹고 싶어했는데, 얼음	贈左郎

			구멍에서 구해드림. 喪을 만나 여묘 할때 호랑이가 와서 지켜준 적이 있음.	
106	〃	李益華	父病에 嘗糞, 母病에 斷指하여 소생시킴. 부모喪을 만나 여묘함.	贈持平
107	〃	趙龜協 豊胤의 子	母病에 嘗糞 斷指, 父中風으로 귀협이 몸소 약을 달이는데, 깊은 밤에 잠이 오면 수염을 뽑아서 경계. 병이 위독해지자 또 斷指, 아버지상을 당해 너무 슬퍼한 나머지 몸이 상해 죽음, 나이 24세	贈佐郎
108	〃	林成茂 양인	여묘 3년 하는데, 도리어 바람이 불어와 불을 끄고 마른샘에서 저절로 샘물이 솟아났다. 꿈에 貞珉(貞婦石)에게 告하는 기이한 일이 일어났다.	정려
109	〃	金衡錫 咸寧君 후손	얼음을 깨고 뛰어나오는 물고기가 있었다. 母喪에 3년간 여묘하는데, 마을사람들이 무덤의 눈을 쓸어 길을 만들고 거적과 신을 마련해주는 기이한 일도 있었다.	贈佐郎
110	〃	康源 應哲의 孫	甘旨를 준비 母病에 斷指	贈佐郎
111	〃	張福禮 良人	母喪을 당하여 빈소를 마련하는데, 동네사람들이 잘못하여 아버지가 손수 심은 배나무의 큰가지 하나를 잘랐다. 복례가 이 소식을 듣고 곧바로 가서 나무줄기를 끌어안고 큰소리로 운 다음에 이어서 잘라진 가지를 붙이고 버드나무껍질로 동여매었더니, 그 가지가 다시 살아나고 열매를 맺었다. 사람들은 孝感이라 하였다. 여묘3년함	復戶
112	〃	孝女 金氏 鎰의 女	17세 때 父가 임진왜란에 죽자 家奴와 함께 밤을 틈타 도망하여 사망한 곳 근처에서 3일만에 아버지 시신을 찾아 업고나와 장사지내고 碑를 세웠다.	정려
113	〃	孝女 金氏 尹得宗 妻	나이 14세에 父가 다른 사람에게 차여 숨이 장차 끊어지려고 하자 斷指 灌血하여 소생시켰으나 다시 끊어졌다. 염을 마친 후 金氏는 號泣하며 맨발로 營邑에 달려가 소송하였다. 마침내 아버지의 원수를 갚았다. 그 어머니 卞氏 또한 14세에 아버지를 위해 복수하여 그 어머니에 그 딸이라고 하였다.	復戶
114	〃	芮歸周	事親至孝	贈持平

115	〃	劉有發		孝誠出天	復戶
116	〃	孝女 李娘	齊華의 女	父病에 嘗糞, 斷指하여 소생케 함. 또한 학질에 걸리자 割股하여 곧 나음	復戶
117	〃	金彦健	진사	母病에 꿩고기를 생각하니 문득 올빼미가 꿩을 잡아다 주었다. 또 노루고기를 먹고 싶다하여 그물을 설치하고 눈물을 흘리니 노루가 문득 나타나 그물에 걸렸다. 사람들은 孝感이라고 하였다.	贈監察
118	〃	李孝遠	萬戶	일찍 어머니를 여의고 조모에게서 양육됨. 지극한 정성으로 봉양함. 萬戶가 되어 조모를 생각하여 벼슬을 버리고 돌아옴. 조모가 倭에게 죽음으로써 종신토록 倭物을 사용하지 않음. 父病에 斷指. 甲子, 丙子의 亂에 또한 扈駕하여 조정에서 장차 탁용하려했으나 미치지 못하고 죽음.	賜米子孫
119	〃	蔡洞	奎夏의 曾孫	5세 때 아버지가 물속의 거머리에게 물리는 것을 보고 새옷을 찢어 묶었다. 父病에 얼음속 잉어가 나오는 기이함이 있었다. 아버지의 병소식을 듣고 밖에서 밤에 돌아오는데 호랑이가 앞에서 길을 인도. 아버지의 기일이 되어 고기를 생각하였으나 얻지 못하였는데 노루가 담장 안으로 들어왔다.	정조 贈判書
120	〃	成虎章	震昪의 子	아버지를 섬김에 겨울에 오이의 기이함이 있었다.	贈持平
121	〃	金仁俊		孝行卓異	贈持平
122	〃	金瀅	相箕의 子, 參奉	15세에 母喪을 만나 哀毀하여 3년을 하루같이 지냄. 매일 묘에 拜하기를 風雨에도 폐하지 않고 號泣을 그치지 않음. 묘 앞에 꿇어 앉은 곳이 움푹 파임. 父가 서울에서 벼슬살이함에 직은 하루는 말을 달려 서울에 가니 부친이 바야흐로 병환이 나 있었다. 직이 대신 아프기를 하늘에 빌어 아버지의 병은 곧 좋아짐. 京鄕人들이 듣고 감탄하였다.	순조13년 (1813) 정려
123	〃	李慶大	吏人	7세에 喪母, 哀慕가 成人과 같았음. 평상시에 父가 먹지 않으면 또한 먹지 않음. 士族 蔡氏 墓近地에서 장례지내고자 울며 3일간 빌다 서리와 눈을 온몸에 맞으며 水漿을 입에 대지 않음. 채씨가 감동하여 허락. 吏가 되어서도 비록 터럭 끝이라도 속이지 않음.	순조조 정려

124	〃	石之瑀		孝行卓異,	순조조, 贈戶曹佐郎
125	〃	成泰柱	震丙의 玄孫	母病에 斫指灌血하여 소생을 바람. 父病에 嘗糞. 어버이가 歿하자 과거 보는 것을 폐하고 오로지 經學을 임무로 함. 宿儒(학덕 높은 선비)가 그 문 하에서 많이 나옴.	순조 32년 (1832) 贈敬官
126	〃	鄭利濟		나면서부터 孝行	순조 贈朝奉大夫 童蒙敎官
127	〃	金熙普	副提學 宇 宏의 後	母病에 젖을 빨지 않음. 매질하게 되면 먼저 울고 난 후 웃으며 曰 "아프기 때문에 울고 징계에 기 쁘기 때문에 웃는다"고 함. 父病에 꿩을 생각하 니 날아가던 꿩이 저절로 떨어져 드림. 아버지상 을 만나 水漿을 입에 대지 않고 居喪을 한결같이 朱文公家禮에 의함.	정조조 贈持平
128	〃	成喜徵	震丙의 孫	震丙이 旅宦함에 병에 걸리자 희징이 집에 있다가 이틀만에 500里를 가서 서울에 도착. 밤낮으로 기 도하여 과연 빨리 치료 되었다. 母 金氏가 병이 쌓 여 沉痼할 때 추운 겨울이었으나 목욕재계하고 하늘에 기도하니, 꿈에 사람이 井華水를 告하여 올리니 배가 한 번에 곧 나았다. 그 손자 生員 憲柱 는 문장에 박학하고 孝行이 根天하여 居喪에 매일 省墓, 흙 위에 꿇어 앉아 拜하여 구덩이가 생김. 잣 나무를 끌어당기며 號泣하여 나무가 말라버렸다. 士林이 道伯에게 狀을 올려 祖孫을 襃揚할 것을 청. 文簡公 金義淳이 특별히 狀을 올림.	賜復戶. 相臣 李瑞夏 撰李行錄
129	〃	韓必壽	克昌의 曾孫	母病에 嘗糞 後 또 吮腫	復戶
130	〃	洪道運	直提學 泫 岡의 後	父의 患이 風으로 마비되어 도운이 붙들고 노사 초심하기를 20년을 하루같이 하였다. 어버이가 筍鷄湯을 생각하면 죽순이 때가 아닌데도 드디 어 竹園에 들어가 3개의 죽순을 얻음. 문득 깊은 밤에 배를 생각하면 눈물 흘리며 배나무 밑에 가 서 과연 겨울에 썩지 않은 배를 쌓인 잎 속에서 얻 었다. 사람들은 孝感이라고 여겼다. 어머니가 기 이한 병을 얻어 찢어지는 소리와 부수는 소리를	순조12년 (1812)정 려

			들으면 회색이 있었다. 도운이 칼로 신고 있는 신을 자르고 혹은 입고 있는 옷을 찢어 소리를 내며 병든 마음을 진정시켰다. 혹은 장을 담은 옹기를 깨어 순종하였다.	
131	永川	李敢	密陽府使	父母歿하자 그때마다 3년동안 여묘, 호는 문한당	세종8년 (1426)정려
132	〃	楊培	東萊兵馬使	여묘3년	정려
133	〃	孫錫後		父가 질병 있자 밤낮으로 허리띠도 풀지 않고 하늘에 기도, 의원을 데려와서 갖은 약을 써보았으나 병이 위독해지자 도끼로 斷指取血 하여 조금 수명을 연장시킴. 상복을 입던 날 부스럼 병으로 죽음.	정려
134	〃	孫萬祉	錫後의 繼子(양자)	어머니가 세상을 떠나자 哀毁가 제도를 넘었으며 죽만 먹고 여묘.	정려
135	〃	權穆	文節公 仲和 9世孫	나이 64세에 어머니상을 치르고 있었는데, 집에 문득 불이 나서 가묘 및 어머니의 신주를 모신 곳까지 퍼졌다. 穆은 불길을 무릅쓰고 먼저 祠堂에 들어가 신주를 받들고 나왔다. 또한 靈幄에 나아가 죽은 어미의 신주를 안고 미처 나오지 못하고 불에 타 죽음. 家人이 불을 제거하고 시신을 찾았는데, 상복이 모두 불탄 상태였는데, 신주만은 품속에 온전히 남아 있었다.	경종4년 (1724) 정려
136	金山	鄭鎰 (중복)	進士	父喪을 만나 죽만 먹고 3년, 임진왜란때 왜적에게 잡히자 적을 꾸짖으며 굴복하지 않음. 왜적이 노하여 칼로 참혹하게 죽임	정려, 贈持平
137	〃	鄭善行	號 梧亭	光海朝 拜官되었으나 받지 않음. 일찍이 부모를 봉양할 먹을거리가 떨어지자 산에 사는 꿩이 부엌으로 스스로 날아 들어오고, 猛虎가 노루를 물어오는 기이한 일이 있었다. 우암 송시열이 그에게 비문을 써서 칭찬함.	효종조 贈典籤 給復
138	〃	曺天民		임진왜란에 母가 왜적에게 잡혀 해를 입음. 천민이 자신의 몸으로 어머니를 감싸안았다가 함께 피살됨.	旌閭 給復
139	〃	曺涵	文莊公偉의 從任	至孝	旌閭 給復

140	〃	李尙蓋	平靖公 約 東5世孫	아우 尙芯과 함께 모두 至孝, 母病에 甞糞으로 吉凶을 징험. 父病이 위독하여 장자 기절하려하자 兄弟가 함께 斷指하여 소생케함. 매번 出入에 甘味를 만나면 가까운 거리의 경우에는 품었다가 아버지에게 드렸으며, 먼 거리의 경우에는 문득 아버지를 생각하고 차마 먹기를 못했다. 아버지는 두 아들의 효성을 생각해 따로 전답과 노비를 주었는데, 그후 상개는 여러 형제들과 함께 그 문서를 불태우고 平分하였다.	贈尙蓋 戶曹佐郎, 尙芯 工曹 佐郎, 給復
141	〃	金漢英	호는 訥菴	父病에 斷指하여 소생케함. 母病에 甞糞, 하늘에 기도, 효험이 있음. 어머니가 겨울에 가지나물을 먹고싶어 했는데, 뜰 앞에 말라버린 가지가 갑자기 꽃을 피우고 열매를 맺음.	給復
142	〃	白時珩		사람됨이 순박하고 정직, 청렴하고 효성. 어린 나이에 어머니를 여의고 哀毁가 成人과 같음. 父를 봉양하기를 至誠으로 함. 父死後 맛있는 것을 얻으면 兩親을 생각하며 눈물 흘리고 먹지 않음.	불명
143	〃	崔恒齊	文惠公 善 門의 8世孫	11세에 父를 여의고 哀毁가 成人과 같음. 祖와 母가 잇따라 死, 세 번이나 엄청난 슬픔을 당했는데 죽만 먹고 3년상을 마침.	숙종조 贈工曹佐 郎, 給復
144	〃	金以涇	嵐亭 始昌 의 후손	母病이 위독해지자, 매일밤 자신이 대신 아프게 해달라고 하늘에 기도, 문득 이상한 새가 방으로 날아오고, 꿈속에 어떤 사람이 나타나 가르쳐 준 약을 써보니 어머니의 병이 곧 나았다.	복호
145	〃	芮歸周		父病이 위독해지자 斷指하여 소생케함. 父가 노루고기 먹고싶다 했는데, 문득 노루가 뜰 안으로 들어와 죽음. 매번 國忌를 당할 때마다 거친 밥만 먹으며 애도의 뜻을 표함.	贈持平
146	義城	諸延同		어머니가 惡疾에 걸리자 斷指和藥하여 드림으로써 병이 곧 나았다.	정려
147	〃	都今同		父가 죽자 守墓하고 3년喪을 마쳤는데도 喪服을 벗지 않음. 朝夕奠을 처음처럼 하였다.	정려
148	〃	申元祿	祐의 후손, 호는 悔堂	조식과 주세붕의 문하에서 학문을 닦음, 겨우 10세 때 아버지가 병에 걸리자 산에 올라가서 약을	정려, 증참의

			캐옴, 父喪에 여묘 3년,母喪에 여묘하였는데 지나치게 슬픔에 겨워하다 몸이 상해 병에 걸려 죽음, 國喪에는 푸성귀만 먹으며 3년상을 마침, 주세붕이 죽자 心喪 3년함.	
149	〃	李希玉	父喪에 守墓 3년하고 또 3년을 더하였다.	정려
150	〃	趙壽聰 壽昌兄弟	漢平府院君 消俊 후손	어려서 아버지를 여의고 母를 지극한 효성으로 섬김, 50세에 母喪을 만나 복을 마치자 父喪에 追服, 또 여묘3년.	不明
151	〃	權輔國	일찍이 밤중에 父가 호랑이에게 물리자 보국이 왼쪽에서 아버지의 오른쪽을 잡고 호랑이를 치며 몇리 남짓 이르렀다. 하늘을 부르며 大哭하니 虎가 이에 버리고 갔다.	不明
152	〃	金以鑰	父病으로 10년동안 잠잘 때 허리띠를 풀지 않았다. 父가 비둘기고기를 먹고싶다고하니 산에 들어가 그물을 펼치니 문득 비둘기가 어깨에 모였다. 사람들이 孝感이라고 생각했다.	賜穀物
153	〃	李擢英	鄕吏	17세에 父가 他鄕에서 죽자 櫬을 붙들고 수백리를 운구하여 돌아와 장사지냄. 母가 60세에 두 눈이 모두 멀어 앞을 보지 못하자 주야로 곁을 떠나지 않고 몸소 수저를 들어 음식을 드시도록 했다. 병이 위독해지자 하늘에 빌고, 嘗糞하고 슬퍼함이 禮를 넘었다. 壬辰왜란 때에 從軍하여 왜적을 정벌한 기록이 담긴 "征蠻錄"을 남겼다. 손자 光喆 또한 뛰어난 孝行이 있었다. 母病 7년에 허리띠를 풀지 않았다. 喪을 만남에 哀毀하고 죽만 먹기를 3년하고 父病에 嘗糞하여 경상감사가 보고하여 모두 복호하였다.	복호
154	〃	石乙尙	寺奴	父病에 斷指和藥 올려 다시 소생케함.	복호 (현종조)
155	〃	朴長春	成陽후손, 명종16년에 進士에 합격	孝友篤至, 친히 湯藥을 조제하여 반드시 먼저 맛을 보았다. 沒하게 되자 여묘3년,	불명
156	〃	崔億石		병자호란에 父 榮觀이 從軍하여 雙領에서 전사함.억석은 유복자로 父얼굴을 알지 못하고 성장	숙종32년 (1706)

			하였는데, 평생 恨이 되어 60년을 하루 같이 그리 워하였다. 환갑인 丙子년에 追服 3년하였다.	정려
157	〃	權好仁		일찍 父를 여의고 奉母盡誠. 나이 70세에 친히 스스로 佃漁하여 甘旨를 드림. 집에 사냥개가 있어 매번 山野에 갈 때마다 꿩을 물고 돌아왔다. 사람들이 孝感이라 하였다.	不明
158	〃	朴胤冑	牧使 以百의 子	喪을 만나 여묘. 哀毁가 禮를 넘음. 익년 봄에 몸이 상하여 죽음	不明
159	〃	申休錫	孝子 元祿의 후손	父病 3년에 衣帶를 풀지않고 몸소 藥餌를 들고 직접 죽을 끓임. 병이 위독해지자 밤낮으로 하늘에 자기 몸으로 대신 아프게 해달라고 빌었다. 喪에 泣血 3년하고 일찍이 치아를 보이지 않았다.	不明
160 1	〃	吳哲祖	鄕吏	1세 때 父가 死하자 매번 아버지 얼굴을 알지 못하고 父喪을 입지 못함을 종신토록 슬프게 여겨 사람을 대함에 웃지 않았다. 母死에 슬퍼함이 禮를 넘었다. 父에 대한 추복3년함.	不明
161	〃	林基善		11세 때 父가 성난 소에게 부딪히자 경악하여 빨리 아버지를 구하고자 두 손으로 소의 뿔을 잡았는데, 소가 더 노하여 돌진하여 오히려 놓지 못했다. 마침내 父는 살아났다. 太守가 듣고 가상히 여겨 孝經을 내리고 장려하였다.	賜孝經
162	〃	金尤山		겨우 10세에 아버지와 함께 들에 나갔는데 虎가 父를 물었다. 尤山이 낫을 들고 호랑이를 쫓아가 父를 구했다. 虎는 드디어 아버지를 버리고 갔다.	정려
163	善山	林載	監務	以孝行事 聞	정려 (성종3년, 1472)
164	〃	張翰		孝行	除察訪 旌閭
165	〃	兪著	司馬에 합격	孝行	정려
166	〃	田佐命		부모상에 6년간 여묘	정려 (성종3년)
167	〃	朴雲		〃	정려
168	〃	孝女 宋氏		나이 19세 때 母가 惡疾을 얻어 斷指和藥하여 드림으로써 병이 곧 나음.	정려

169	〃	金輔輪		以孝	정려
170	〃	朴乙枝		〃	정려
171	〃	金彦悌		〃	정려
172	〃	鄭時良		〃	정려
173	〃	裵淑綺		〃	정려
174	〃	李薰		〃	정려
175	〃	金乃瑾		〃	정려
176	〃	鄭佶		〃	復戶
177	〃	朴震煥	守弘의 子	어려서부터 誠孝篤至 文正公 宋時烈 撰墓表	정려, 贈史議
178	〃	孝婦, 愛卿	私奴 謄立 의 妻	奉姑以孝	정려
179	〃	李晋華	瑀의 玄孫	有文學 孝行	정려 贈吏判
180	〃	趙德卿		以孝行	特贈判決事
181	仁同	金存性		執喪을 禮로써 하고 엄동설한에 귀를 가리지 않고 장사를 지내다가 두 귀가 모두 떨어져 나갔다. 참봉을 제수했으나 나가지 않음. 주야로 泣血하여 두 눈이 거의 멀었으며, 눈물이 떨어져 짚자리가 부서질 정도였다. 죽만 먹고 喪을 마침.	정려
182	〃	柳元樞		집이 가난하여 몸소 사냥하여 정성껏 봉양함.	旌閭, 給復
183	〃	孝婦 柳氏	士人 張天 經 妻	大風으로 집에 失火하여 家廟에 미침. 유씨는 불길을 무릅쓰고 뛰어 들어가 累代의 神主를 안고 타인에게 전해 주었다. 몸이 약한 탓에 미처 빠져 나오지 못하고 마침내 불속에서 죽음. 그의 여종 梅香이 유씨를 안고 同死함. 孝婦, 忠婢로써 함께 정려되다.	정려
184	寧海	朴辰		아버지 隆이 겨울에 병으로 누워 물고기회를 먹고 싶다고 하니, 辰이 얼음을 깨고 물속에 들어가 물고기를 잡아 회를 만들어 드렸다. 父가 죽자 여묘3년.	세종조에 架閣庫錄 事를 제수
185	〃	金德奉		아버지와 함께 산에 갔는데 갑자기 虎가 아버지를 물고 갔다. 덕봉이 쫓아가 맨손으로 虎를 눌러 父를 빼앗았다. 虎가 도리어 덕봉을 물어 父子가 모두 죽었다.	정려 (인조)

186	〃	允業	私奴	父가 죽자 장사지내고 깊은 산에서 守墓하고 죽만 먹고 3년상을 마쳤다.	復戶
187	〃	孝女 申孝娘	士人 斗柄의 女	父가 본 고을의 수령에게 죽임을 당했는데, 그때 신씨는 집에 있었다.父가 비명횡사함에 슬퍼하며 맹세코 원수와 같을 하늘아래 살지 않고자 했다. 곧 上京하여 신문고를 울려 억울함을 하소연했다. 원수는 귀양가던 도중에 죽었다.사람들은 그의 효성을 칭찬함.	영조21년(1745) 정려
188	〃	孝女 朴孝娘	學生 敏學의 女	17세에 집안사람이 失火하였는데 母가 불 속에 있어 효랑이 뛰어 들어가 어머니를 안고 함께 죽음.	정려
189	〃	南龍五		부모상을 만나자 哀毁하여 기절했다가 겨우 소생함. 묘가 깊은 산에 있어 사람들의 발자국이 없고 虎가 굴에서 살고 있었다. 묘앞에 여막을 짓고 죽을 먹고 醬을 먹지 않음. 홀로 거하며 喪을 마쳤다.	復戶
190	慶山	孫日宣		부모상을 당하자 그때마다 모두 3년동안 여묘함	세종조 정려하고 西窯直을 제수함
191	〃	河漢京		부모상을 만나 모두 여묘함	선조조 정려
192	〃	朴弘祿		그 妻가 조금이라도 부모의 뜻을 거슬리면 그때마다 자기의 잘못으로 간주하여 자신의 종아리를 때렸다.	선조조 정려
193	〃	呂大翊		父病에 斷指하여 5일간 더 살게함. 여묘3년 후 萬壽堂을 지어 母를 봉양함에 孝를 다함. 또한 숙종과 경종의 國恤에 모두 장례에 참석. 조석으로 대궐을 향하여 哭하고 거친 밥만 먹었다.	영조조 賜復戶
194	〃	徐道璣	東皐 徐思選의 玄孫	부모상을 만나 모두 斷指 여묘함.	불명
195	〃	鄭泰周	八川君 鄭珚의 10대손	부모상을 만나 모두 斷指 여묘	불명
196	〃	蔣海鵬	牙山人	9세 때 부친상을 만나 執喪을 禮로써 하고 성인이 되어 橫溪 鄭萬陽의 門에 나아가 공부하다. 母憂를 만나 여묘하였다.	不明

197	順興	金爾音 (중복)	관찰사	과거 합격하여 벼슬이 관찰사에 이름. 일찍이 부모를 위해 여묘3년, 하루에 세 번 올라가 살피고 오고 가 그 지팡이 자국으로 길의 좌우에 또 다른 길이 만들어짐. 세상에서 일컫기를 三路孝子라고 불렀다.	태조조에 정려
198	"	權得平	進士	父가 失明을 하자 出入할때 항상 부축했으며, 음식은 반드시 친히 받들었다. 양친이 4일 간격으로 모두 돌아가심에 3년을 여묘하고 친히 조석으로 奠을 드렸다. 大祥을 지낸 뒤에 또 어머니를 위해 상복을 3년동안 입었고, 家廟에서 朝夕奠을 폐하지 않음.	연산군5년 (1499) 정려
199	"	裵晋龜	幼章의 子	有孝行, 父病에 割脂灌血하여 곧 소생	현종조 義禁府都 事를증직함.
200 1	"	黃灝	고려 大相 石柱의후손	손수 甘旨로 공양, 나가서 별난 맛의 음식을 얻으면 반드시 돌아와 부모에게 봉양. 일찍이 바다를 지나다가 大魚가 앞에 뛰어 나오므로 취하여 어버이께 공양. 사람들이 孝感이라 칭함. 부모가 죽자 여묘3년, 朝夕奠을 몸소 함. 조석으로 묘에서 哭하고 風雨에도 폐하지 않음.	영조 3년 (1727)에 工曹佐郞을 증직하다.
201	開寧	林棐	縣吏	부모를 위해 前後 여묘6년 함.	태종조 정려
202	"	徐文	薺浦船卒	少時에 父死. 성장함에 追服코자 했으나 못하고 母死 여묘3년을 마치고 그 父墓를 母瑩에 옮기고 다시 여묘3년.	정려
203	"	金由性		하루에 한끼만 먹으면서 여묘3년함.	정려
204	"	李連孫		母가 生時에 항상 천둥소리를 두려워 함. 母死 후 천둥소리를 들으면 빨리 달려가 어머니묘 곁에 가서 號泣하고 천둥소리가 그친 후에 그만 두었다. 죽을 때까지 조금도 게으름을 피우지 않고 이러한 행동을 했다.	정려
205	"	林遇春	同知 芑의 子	임진왜란에 왜적의 칼날에 父를 여의고 정유재란에 왜적의 포로가 되어 끌려가다가 父墓곁에 이르니 墓를 바라보고 哭曰, "先塋이 여기에 있는데 여기를 버리고 어디로 돌아간다 말인가. 모름	선조조 정려

	〃		지기 나를 죽이라"고 왜적을 꾸짖으며 굴하지않다가 해를 당하였다. 그 아내 홍씨가 남편의시신을 껴안고 號哭하다가 왜적이 휘두른 칼에 同死	
206	〃	李榮鎭 連山縣監	父病에 斷指, 그의 효성에 하늘이 감동하여 날아가던 물오리가 제 스스로 잡히고 야생 꿩이 제 스스로 마당에 들어오는 일이 생겼다. 벼슬이 連山縣監에 이름	숙종12년 (1686)에 정려하고 참봉을 제수
207	禮安	禹錫寶	부모를 위해 여묘3년.	성종12년 (1281)정문
208	〃	柳軾	父病에 侍藥을 10년동안 하며 옷의 허리띠를 풀은 적이 없었다. 아버지가 세상을 떠나자 애훼가 禮를 넘음. 3년喪을 마치고도 거친 밥만 먹으며3년을 더함. 母沒에 나이 70세에도 執喪을 前과 같이 함	영조13년 (1737)에 戶曹佐郎 을 贈職함
209	〃	金堉 孝盧의曾孫	어릴 때 父를 여의고 力學하여 司馬에 합격 事母에 한결같이 內則에 의존하여 孝行으로 천거 됨. 察訪에 제수 됨	찰방 제수
210	〃	孝女 性女 私奴 承立 의 女	17세에 父를 따라 냇둑에 갔다가 父가 물에 빠지자 성녀가 따라가 구하여 父는 화를 면하였으나 성녀는 마침내 물에 떠내려가 죽었다.	숙종조 정려
211	〃	孝婦 林召史 良人 千正 福의 子婦	일찍이 喪夫, 시아버지를 효로써 섬김. 시아버지가 하루는 사람들이 虎를 사냥 한다는 것을 듣고 지팡이를 짚고 겨우 문밖을 나갔는데 갑자기 호랑이에게 물리게 되었다. 召史가 가만히 다가가 치마로 시아버지 얼굴을 가리고 도끼로 호랑이 머리를 쳐 호랑이를 죽여 쓰러뜨려 시아버지를 구함. 시아버지는 상처를 입고 병이 심하자 召史는 널리 의약을 구하여 시아버지 병이 낫게 되었으나 召史는 마침내 병으로 일어나지 못했다.	旌閭 給復
212	迎日	田禧	孝行이 있고 父母가 歿하자 모두 여묘3년 후 묘 곁에 살면서 조석으로 哭奠하기를 오래 하고 처음과 같이 함.	정려
213	〃	姜德佑	집에 失火가 일어나 불길을 무릅쓰고 들어가 母를 구하고 스스로 타죽음.	정려
214	〃	金仁學	밤중에 산길에서 虎가 父를 범하자 인학이 虎를 안고 중상을 입음. 父는 살고 인학은 죽음.	정려

215	〃	金時相		10세 때 아버지를 여의자 예를 다해 장례치룸.어머니가 병에 걸리자 斷指하여 소생시킴,	영조14년 (1738) 정려
216	〃	許琦			영조26년 (1750) 정려
217	〃	許湜妻 崔氏		孝行	〃
218	〃	許溫妻 崔氏		孝行	〃
219	醴泉	潘濡		父喪에 여묘3년, 일찍이 치아를 볼 수 없었다.	정려
220	〃	權節山		母喪에 여묘3년	정려
221	〃	尹奕	郡吏	居喪에 애훼함에 절도를 넘어 몸이 야위었다.	정려
222	〃	丁認		以孝	정려
223	〃	辛達庭		母死에 여묘함, 지나치게 슬퍼함이 병에 이르러 喪을 빨리함. 父病에 滅性에 이름. 退溪가 그 묘에 글을 새기고 玉洞祠에 제향하다.	불명
224	〃	潘冲 (중복)	察訪 濡의 후손	行誼가 卓異. 중종, 인종, 명종조 및 문정왕후 喪에 모두 素食3년. 母喪에 여묘하고 문득 좋은 채소가 스스로 정원에서 자라자 취하여 供祭함. 喪을 마치자 스스로 말라버림 호를 觀物堂이라 하고 龍宮의 達溪書院에서 제향하다.	정려
225	〃	朴泰華		風節이 있음. 丙子후 과거를 폐하고 父歿하자 喪을 마침	不明
226	〃	徐中斤		父病이 위독해지자 겨울에 잉어를 먹고싶어하니 중근이 號泣하니 갑자기 도랑에서 一雙의 잉어가 뛰어 나왔다.	정려
227	〃	魯周勛		天性至孝	정려
228	〃	魯瑞麟	郡吏	父가 病에 걸리자 서린이 손가락을 끊어 피를 입에 넣어 드리니 드디어 다시 소생함	정려
229	榮川	金爾音 (중복)	관찰사	과거에 급제. 관찰사에 이름. 부모를 위해 여묘3년, 하루 세 번 성묘. 길 좌우에 지팡이 자국이 생김. 사람들이 三路라고 말함.	태조조 정려
230	〃	禹濟	監正	孝行	정려
231	〃	安壽鐵		父가 狂疾에 걸리자 斷指和藥으로 병이 나음	정려
232	〃	鄭道昌	文忠公 夢	16세에 父가 적에게 살해되자 복수하기로 맹세	현종조,

		周의 後	함. 11년 동안 상복을 벗지 않고 아내를 취하지 않고 생업을 돌보지 않고 몸소 사방으로 賊徒를 찾아 죽임.	정려
233	〃	朴櫄	고령인. 校理 季幹의 孫	司馬에 합격하여 일찍 文純公 李滉의 門에 나아감. 부모상을 만나 여묘6년. 禮學에 專心하였다. 효행으로 천거되어 洗馬에 제수되었다.	洗馬에 제수
234	〃	李益蕃		父病에 斷指하여 효험있음.	復戶
235	〃	裵幼華	應褧의 孫	母病에 주야로 몸소 죽을 끓여 드림. 회복 후 또 斷指하여 증험 있음. 孝로써 천거됨.	禁府都事에 제수됨
236	〃	裵晉龜	應褧의 曾孫	父病에 斷指하여 다시 소생케함.	禁府都事를 증직함
237	〃	李惟馨	贈承旨 廷憲의 孫	11세 때 母喪을 만나 執喪함에 禮로서 함. 父가 일생동안 질병으로 오랫동안 枕席에 누워있자 항상 곁을 떠나지 않고 嘗糞하고 하늘에 빌다. 병이 심해지자 斷指 注血하여 소생케함. 봉양 30년을 함.	復戶
238	〃	張瑠	仁同人, 현감	居喪에 哀毁하여 거의 喪을 이기지 못함. 독서하여 몸소 이치를 궁구해서 學問이 精深하여 명종 14년에 孝行으로 참봉을 제수함. 벼슬이 현감에 이름.	참봉제수
239	〃	禹底績	本郡鄕史	母病에 斷指注血하여 회생. 父 宿疾에 藥餌, 甘旨로 공양하여 남은 후회가 없음. 終喪에 미쳐 禮로서 제사. 아우 惟績이 일찍 죽자 많은 자녀를 撫育함. 향리에서 孝友를 칭찬함.	復戶
240	〃	孝女 是今		父가 연좌되어 죽게 되자, 이때 시금은 나이 겨우 13세로 남복으로 변복하고 달려가 營門에 나가 호소하고, 道臣이 그 孝를 가엾게 여겨 優給希錢한즉, 땅에 던지면서 받지 않고 曰 "이것은 원하는 바가 아니고 다만 父의 목숨을 살리기를 원합니다." 道臣이 狀을 올려 살려주겠다는 것을 전해 들음, 후에 旌閭	정려
241	豊基	安九敍	順興人 牙州 監務	父死에 아직 장사지내지 못한채 어머니를 모시고 빈소를 지키는데 倭寇가 갑자기 이르자 사람들이 모두 달아나 숨었다. 구서는 널을 붙들고 號哭 曰 "아버지 시신을 버리고 어찌 가겠는가" 왜적이 이르러 母를 해치고자하니 구서는 몸으로 막다가 어깨와 등에 칼을 맞았으나 오히려 어머	정려

				니를 껴안고 무릎 꿇어 슬피우니 왜적이 감동하여 물러나 母子는 모두 온전함을 얻었다.	
242	〃	李允貞	眞寶人	父母喪에 여묘6년 하고 한번도 집에 내려가지 않음. 나이 80을 넘어 先瑩을 청소하고 배알. 비록 疾風雷雨에도 일찍이 폐하지 않음	명종1년 (1546) 정려
243	慈仁	李承曾 (중복)	進士	事父母에 誠孝를 다함. 喪을 만나 여묘할 때 劇賊 八龍 등이 백성들의 목숨과 금품을 빼앗았다. 여묘를 지나다가 서로 경계하여 曰 " 여기는 효자가 사는 곳이니 조심하라" 하고 무기를 거두고 피하여 갔다.	선조조 정려
244	〃	徐濂		父死에 손가락 하나를 자름. 母死에도 손가락 하나를 자르고 여묘3년	숙종조 贈義禁府 都事
245	〃	孝婦 裵氏	成昌義의妻	事舅至孝. 아침 저녁으로 공양을 힘씀에 진력을 다함. 젊어 질병이 생겨 밤에까지 달해 잠을 자지 못함	경종조 給復
246	〃	朴正祐		일찍 父를 여의고 事母至孝, 母死하자 斷指하여 소생함. 어머니의 장례를 치르던 날 집으로 돌아가지 않고 여묘3년	숙종조 정려
247	〃	鄭三燮		임진왜란 때 討賊하다가 상처를 입고 죽음.	不明
248	〃	崔文炳		임진왜란 때 倡義하여 적을 사로잡음이 매우 많았다. 兵使 朴晉이 포상을 啓하여 長鬐監牧官을 제수하다. 鄕人이 忠賢祠를 세우다.	불명
249	〃	李光後 昌後형제		事親至孝, 友愛가 남다르게 드러남. 復縣의 공이 있었다. 鄕人이 祠를 세움.	불명
250	〃	金應鳴		隱居好學, 博識經傳, 行義가 著聞, 有復縣功, 鄕人이 祠를 세움.	불명
251	〃	金景復		事親至孝, 父病에 9개월 동안 嘗糞, 臨終에 두 번 斷指, 居喪 3년에 머리도 빗지 않고 옷도 갈아입지않음	贈褒給復
252	英陽	趙倹		14세에 父喪, 居喪에 禮를 다함. 祖母 봉양에 정성을 다함. 조모가 일찍이 병으로 여러 달 동안 식음을 專廢하였는데, 어느 날 쏘가리膾를 먹고 싶어했다. 때는 한겨울이라 얼음을 두드리며 號泣, 문득 한 자나 되는 쏘가리가 얼음을 깨고 뛰어나와 할머니께 드리니 할머니의 병이 나았다. 사람들이 기이하게 여겨 그 洞名을 "飛鯉洞"이라 함. 할머니가 죽자 여묘하고 일찍이 치아를 드러	숙종3년 (1677)에 復戶

			내며 웃은 적이 없었다. 병자호란 때 남한산성이 포위되었을 때 목욕재계하고 밤에 눈물을 흘리며 하늘에 빌었다. 사람들이 忠孝를 다 갖추었다함.	
253	〃	吳三省	15세 때 수십 명의 강도가 횃불을 밝히고 돌입하여 칼로 아버지에게 상처를 입힘. 삼성이 자신의 몸으로 막아 가리다가 몸에 6,7군데 칼에 찔렸으나 오히려 크게 부르짖어 曰 "나를 죽이고 나의 父를 해치지 마라" 도적들이 그의 효성에 감동하여 두사람을 풀어주어 父子가 모두 온전하게 되었다.	현종조 정려
254	〃	趙 녕	儉의 孫	父病이 한 해가 넘었는데도 낫지 않았다. 어느 날 꿈에 한 노인이 나타나 말하기를 芬薺草를 복용하면 가히 나을 수 있다고 하였다. 깨어나 절벽 사이에서 분제초를 얻었다. 때는 한겨울로 눈이 쌓인 산에 분제초는 항상 푸르게 있어 캐어 돌아와 약으로 드리니 父病이 과연 나았다.	영조13년 (1737) 復戶
255	〃	孝女 今日春	村女	이미 시집갔을 때 그 母는 年老하였는데, 여러 아들이 모두 죽어 어머니를 봉양할 자가 없었다. 금일춘이 남편에게 다른데 장가가기를 권했다. 그리고서 몸소 스스로 친정으로 돌아가 봉양하였다. 母나이 99세에 죽자 養経하고 哭泣하기를 조석으로 그만두지 않았다. 향인이 칭찬하였다.	復戶
256	聞慶	趙 珩	司宰副正	母를 위해 여묘, 읍혈3년, 祖父喪에도 또한 같이함.	세종조 特加一資, 旌閭
257	〃	安貴孫		德行純備, 治家有法, 人享寒泉鄕賢祠	불명
258	眞寶	孝婦 姜乞女	良家女	나이 겨우 20세에 시아버지와 함께 산에 있는 밭에서 김매다가 시아버지가 호랑이에게 물렸다. 낫 한자루를 쥐고서 곧장 앞으로 나아가 호랑이를 쳤다. 그녀는 시아버지의 시신을 업고 돌아와 장례를 치루었다.	경종조 정려
259	咸昌	柳 砲	晋州君 之 綻의曾孫, 호는 壽村	孝行으로 縣令에 발탁 됨.	정려
260	〃	蔡之瀛	仁川人, 壽의 후손	어려서부터 지조가 있었고 10세에 父病으로 斷指하고, 執喪에 成人과 같이 함. 漢城尹을 증직함.	贈庶尹

261	〃	柳居仁	騎兵	여묘3년에 한번도 집에 돌아가지 않음. 그때 사람들이 이름을 말하지 않고 柳孝子라고 함.	정려
262	〃	孝女 安氏	左尹 大勳 의 玄孫, 士 人 巇의 女	父가 다른 사람과 山訟을 벌이다가 거듭 臺臣의 심기를 거스려 禍를 장차 헤아리기 어려울 지경에 이르렀다. 안씨는 나이 14세에 다른 형제가 없이 스스로 申聞皷를 쳐서 원통함을 호소했다. 숙종때 緹縈故事를 감안하여 특별히 그 아버지를 석방, 당대 사람들이 모두 孝娘으로 칭찬하였다.	복호
263	〃	柳時貞	騎兵	여묘3년에 한 번도 집에 가지 않음. 당시 사람들이 柳孝子라고 하고 정려함.	정려
264	知禮	尹殷保		서즐과 함께 張志道에게 배우다 서로 말하기를 "사람은 임금과 스승 그리고 아버지 이 세사람을 한결같이 섬기면서 살아야 하는 법인데, 우리 스승님은 아들이 없으니 어찌 봉양하랴" 하고 좋은 날을 만날 때마다 반드시 술과 음식을 갖추어 대접, 특별히 맛있는 음식이 있으면 언제나 대접하기를 父섬기듯 하였다. 그러나 歿하자 두 사람은 돌아가신 스승을 위해 3년상을 마침.	세종조 정려, 벼슬에 임명
265	〃	徐隲		윤은보와 함께 스승 장지도를 위해 3년상을 마침	〃
266	〃	琴薰	奉化人	司馬에 합격. 孝行있음.	불명
267	〃	鄭埏	瑞山人, 襄烈公 仁 卿의 8대손	文章으로 司馬에 합격. 孝行이 세상에 알려짐.	〃
268	〃	李長源	崇元의 玄孫	天性至孝, 부친상에 여묘하고 죽마시고 애훼가 더욱 간절. 무덤가에 푸른 소나무가 있었는데 흰 눈과 같이 하얗게 색이 변했다. 3년상을 마치자 다시 푸른색으로 돌아왔다. 당시 사람들은 비유컨대 '王裒栢'(왕부의 잣나무)이라 했다.	贈僉正
269	〃	金?	汝權의 子	學行있음. 선조, 인조 승하 시에 시종 行素. 또한 부모상을 만나 철죽 終制함.	불명
270	〃	孝婦 張召史	軍士 朴希 大妻	임술년에 시아버지가 호랑이에게 물리자 張女가 시아버지 다리를 잡은 채 하늘에 통곡하며 五里餘를 쫓아가자 虎가 버리고 갔다. 땅에 떨어진 피와 살을 모두 수습하여 아울러 棺에 넣고 유감없	復戶

				이 장례와 제사를 치루었다. 또한 시어머니를 정성껏 봉양함	
271	高靈	朴 潤	호:竹淵	孝行 또 學行으로 文淵祠를 세우다	정려 (1608년)
272	〃	金是洛	佔畢齊 宗直 7代孫	孝行으로 추천되어 참봉이 되었다가 奉事에 오름. 세상에서 孝友라고 해서 五友堂을 지어서 記文으로 아름답게 여겼다.	참봉 제수
273	〃	金是泗	佔畢齊 宗直이7世孫	9세에 父喪을 만나 哭하기를 성인과 같이 함. 작은 표주박 하나를 벽 위에 걸어놓고 조석으로 죽그릇으로 사용함. 母가 등에 악성종기가 있어 입으로 독한 고름을 빨아내니 그 효험이 있었다. 母喪을 만나 슬픔이 절도를 넘어 결국 병으로 일어나지 못함. 어린 나이에 誠孝가 옛사람의 경우에서도 보기 드문 것이다.	순조21년 (1821) 贈持平
274	〃	申 汲		母病에 斷指和藥하였다. 장례를 치룬 뒤에 무덤 아래에서 風雨를 피하지 않은 채 소리내어 우니 村人이 그를 위하여 움막을 지어주고 죽을 준비하여 마시게 하였다.	순조21년 (1821) 贈戶曹佐郎
275	〃	李光榮		事親盡孝, 父母의 喪에 두번이나 斷指하고 6년간 여묘, 조부모상을 당해서 또 3년 居廬, 사람들이 孝를 칭찬	명종13년 (1558) 給復戶
276	〃	崔光道		일찍 科業을 폐지. 事親盡孝, 斷指, 嘗糞, 居廬	순조給復戶
277	〃	許 沆		孝行出天, 奉母함에 甘旨로 정성을 다하니 들에 꿩이 저절로 이르렀다. 喪에 미침에 哀毀가 禮를 넘음. 여묘3년. 그의 처 역시 孝行이 있었다.	순조21년 (1821) 給復戶.
278	〃	朴文弼	武科宣傳官	孝行其親하고 血指求病 그 효가 절도를 넘음.	숙종조 給復戶
279	〃	吳善基	高敞人 號는 寒溪竹? 澐의 曾孫	事親至孝, 아버지 병에 꿩을 생각하니 날아가던 꿩이 저절로 주방에 들어옴. 孝感所致, 오로지 학문에 힘씀. 후진을 장려 원근 人士가 흡족해 함. <小學釋義>를 써서 세상에 행함. 梅林書院에서 제향	불명
280	〃	郭壽崗	學鐄參?, 號는 梅軒	孝行이 돈독하고 학문 精明, 梅林書院에 제향	〃
281	〃	孝婦 趙氏	士人 朴恩全의 妻	溫順, 婦儀가 있음. 병든 시어머니를 30년간 섬기기를 하루같이 함, 세상사람들이 그녀의 지극한 효성을 칭찬함.	경종조 給復戶

282	玄風	郭潔 〃清 〃浩 〃泂	安邦의 6世孫	임진왜란 때 왜적이 그 父를 칼로 해치려고 하자 4형제가 다투어 가리다가 죽음. 왜적이 역시 감동하여 그 父를 석방함.	정려
283	軍威	朴約之		나이 70세에 父喪을 만나 여묘3년 하고 母喪에도 또한 3년간 여묘함. 어느 날 불이 장차 여막까지 번지려는 것을 보고 약지가 號痛하니 불이 저절로 꺼졌다. 사람들이 孝感이라 하였다.	不明
284	〃	丁汝白		父가 病으로 누운 지 1년이 넘었으나 정성을 다해 봉양, 甘旨를 빠뜨리지 않았다. 갑자기 들에 있는 꿩이 스스로 집에 들어왔다.	정려
285	〃	金成敏		父病이 심하자 斷指出血하여 소생케하였다.	不明
286	〃	金蘭卿		임진왜란때 母를 업고 분주히 숲에 숨었다. 왜적이 차마 해치지 못했다.	贈主簿
287	義興	李得春	淸白吏 堰의 10代孫	事親以孝. 母喪을 당하여 여묘3년. 哀毁가 制를 넘음.	給復
288	〃	洪用?		事親以孝.	給復
289	〃	洪聖濂		事親以孝	給復
290	〃	孝孫 有今		祖가 惡疾을 얻어 斷指和藥하니 병이 나았다.	정려
291	〃	朴淑貞	記官	부모상을 만나 守墓3년, 號泣을 그치지 않음.	중종39년 (1544), 賞給除役
292	〃	李山東	寺奴	父病에 도끼로 斷指하여 소생케함. 父沒에 죽만 먹고 守墓, 母喪에도 역시 3년상 마침.	免役(면천)
293	〃	李希連	寺奴, 山東의 子	父病에 斷指. 母喪에 3년동안 守墓	給復(면천)
294	新寧	曹景溫		天性至孝. 3년 居廬, 복을 마치자 여막을 고쳐 齋를 만들어 永慕라 하고 여기에 居했다. 임진왜란에 權應銖가 書要를 주고 함께 일하고자 했으나 사양하고 守墓함. 倭陣이 갑자기 이르러 위협하니 경온은 적을 꾸짖으며 굴하지 않고 묘 곁에서 해를 입음. 응수는 스스로 陣中에 나아가 어루만지며 哭曰 "살아서는 孝를 다하고 죽어서는 또한 순절이라." 號는 林溪. 선조39년에 敬德祠에 배향	

295	〃	鄭巖	士人 景禧의 子	父病이 심하자 嘗糞, 父가 검은 빛의 잉어를 먹고 싶어했는데 때는 바야흐로 추운 겨울이었다. 억이 얼음을 두드리며 하늘에 축원하니 한쌍의 잉어가 뛰어나왔다. 임진왜란중에 아버지喪을 만나 몸소 封瑩하고 3년 居廬함.	광해군6년 (1614) 旌門
296	〃	蔣元琥	士人 時述의 子	어려서 아버지를 여의고 어머니를 섬김. 母病에 붕어를 먹고 싶어하나 추운 겨울이라 물이 바야흐로 얼어있어 원호가 얼음을 뚫어 號泣하고 하늘에 비니 드리워진 낚시에 물고기가 갑자기 걸려 올라왔다. 집에 돌아와 어머니에게 드리니 母病이 나았다. 喪을 당하여 슬픔이 예를 넘고 종신토록 여묘에 있으면서 조석으로 무릎을 꿇고 절하니 그곳의 땅이 파여 구덩이를 이룸.	(숙종23년 (1697)에 給復
297	〃	河全澈	長壽驛 驛吏	8세에 母死, 애회함이 成人과 같았다. 父死에 묘 곁에서 여묘, 나이 81세였으나 한번도 집에 돌아가지 않음.	숙종3년 (1677) 給復
298	〃	徐日祥	良人 莫同의 子	나이 12세에 兄 貞男과 함께 산에 올라가 땔나무를 구하다가 虎가 突出하여 貞男을 물었다. 일상이 號哭하고 낫을 휘둘러 곧바로 虎의 목을 쳐 虎가 물고있던 정남을 놓고 갔다. 마침내 형을 부축해 돌아와 살아났다.	숙종26년 (1700), 給復
299	比安	柳砲	慶山 縣令	母喪에 여묘 3년	정려
300	〃	卞湧	殿中郞 仲良의 4代孫 中郞將	부모상에 직접 흙을 져다가 무덤을 만들고 한번도 집에 가지않고 3년동안 죽만 먹고 喪을 마침,	정려
301	〃	朴時興	貞齊의 孫	事親至孝, 親病에 嘗糞, 喪에 하루 3번 省墓, 아들 益文도 父를 이어 부모喪에 성묘를 폐하지 않고 하여 절한 곳에 풀이 나지 않았다. 아침, 저녁 왕래 하는데 虎가 항상 따라가서 보호해 주었다.	不明
302	〃	卞世麟	湧의 6代孫	母가 병석에 누운지 11년이 되었다. 嘗糞, 한결같이 간호함. 동네에서 일컬어 말하기를 先祖의 孝를 받들어 이었다고 함.	
303	大邱	朴得春	解顔人	부모위해 여묘 6년	중추원 녹사 제수, 旌閭

304	〃	徐時立	달성인, 호는 典繡堂	母喪에 여묘, 호랑이가 나타난 적 있었으나 해치 지 않음.	참봉 제수, 좌랑 증직
305	〃	徐達崇	서시립의 손자	부모상에 여묘 6년	복호
306	〃	朴夢徵	국담박수춘 의 증손자	부모상에 여묘	복호
307	〃	郭井應	포산인, 곽재겸의 손자	지극한 효성으로 부모 섬김.	복호
308	〃	全昌恒	옥천인	아버지가 병에 걸리자 嘗糞, 斷指 , 여묘	증호조좌랑
309	〃	全昌益	전창항의 아우	嘗糞, 斷指, 여묘, 어머니상에 追服 3년	복호
310	〃	郭起雲	正兵	嘗糞, 斷指	복호
311	〃	李七先	양인	효성	복호
312	〃	姜淡沙里	常漢	단지	복호
313	〃	金南伯	常漢	효성	복호
314	〃	金哲鎰		효자	정려
315	〃	河者音同	양인	효성	정려 (영조13년, 1737)
316	〃	孫碩泰		효성	복호
317	〃	全昌鼎	전창항의 아우	斷指, 嘗糞	복호
318	〃	許初興		斷指, 여묘	정려 (영조48년)
319	〃	徐濂		효행특이	의금부도사 증직
320	〃	徐命普			좌랑 증직
321	〃	朴振仁		효성	贈參奉
322	〃	姜順恒		효행	급복 (순조26년)
323	〃	孝婦 姜氏	효자 서시 립의 모	임진왜란 때 시부모 모시고 팔공산으로 피난함. 시어머니의 병에 嘗糞, 꿩고기 바쳐 병이 나음.	불명
324	〃	孝婦 李召史	林□의처	시어머니병에 斷指, 吮腫	정려 복호

325	龍宮	權直衡		연산군때 短喪法이 엄하였는데, 직형은 父母가 연달아 죽자 服喪 6년동안 상복을 입으며 소금과 나물을 먹지 않음.	정려
326	〃	鄭珊瑚		8세때 父가 악질에 걸리자 斷指和酒하여 병이 곧 나음	정려
327	〃	潘冲 (중복)	孝子察訪 濡의 5世孫	母喪에 묘곁에서 죽만 먹고 3년동안 여묘. 祭物을 반드시 자신이 직접 마련. 여막옆에서 나물이 스스로 자라나 그 나물을 캐다가 조석으로 제사상에 올렸는데 3년상을 마치자 나물이 더는 자라지 않았다. 사람들이 모두 그 효성에 탄복. 중종, 인종, 명종 세 임금 및 文定王后喪에 고기반찬을 끊고 3년을 마침.	효종조에 忠孝로서 정려하고 忠孝祠에 祭享됨
328	〃	姜霔	政堂文學淮伯의 7世孫	15세에 부모상을 만나 여묘6년, 80여세에 이르서도 조석 성묘를 폐하지 않음. 선조조 효행으로 官이 縣監에 이름. 龍谷里社에 享됨.	현감 제수
329	〃	姜汝成	霖의 子, 霔의 姪	임진왜란에 養母 朴氏와 두 아들과 함께 밤을 틈타 달아났을 때 박씨가 왜적에게 잡히자, 여성은 왜적중 돌입하였다. 둘째 아들 纘先이 나이 15세로 父와 조모가 모두 왜적에게 붙잡힘을 보고서 역시 왜적의 칼날앞에 뛰어드니 母子孫 3대가 일시에 해를 당하였다. 삼강행록에 실림.	선조 때 증공조참의, 정려
330	〃	權光潤	효자 질 6세손	父病이 심하자 斷指和藥으로 병이 드디어 나음.	정려 (효종조)
331	〃	張啓寅	충순위 霙의 子	父가 병자호란 때 雙嶺戰에서 죽자 啓寅의 나이 겨우 12세였다. 아버지 魂을 불러 先墓곁에서 장례를 치뤘다. 그 후 아버지 묘가 있는 곳을 갑자기 세력있는 집안에게 빼앗기게 되었는데 그를 막을 수 있는 힘이 없어 칼로 스스로 목을 찔러 죽음.	영조 17년 (1741)정려
332	奉化	琴弘達	郡守 元福의 玄孫	事親盡孝. 母 金氏가 일찍이 병으로 銀口魚를 생각하니, 때는 가을이 깊고 물은 불었는데 홍달이 가서 구하고자 하니, 문득 은어가 뛰어 모래위로 나와서 취하여 공양하니, 母의 병이 조금 있다가 나았다. 또 병이 나 10월 꿩알을 생각하니 홍달이 화살을 잡고 산에 들어가 꿩을 잡으니 과연 알이 있었다. 遠近人이 모두 놀라 기이하게 여기고 誠孝의 感이라고 하였다.	순조11년 (1811) 정려

333	清河	李元良		나이 겨우 4세에 부모를 모두 여의고 성장함에 追服 6년하였다. 무릇형이 부스럼을 앓아 장차 죽을 지경이 되자 뱀회를 만들어 먼저 한 그릇 먹어 보고 형에게 먹도록 권하니, 형의 병이 곧 나았다.	중종조 정문, 증직
334	〃	尹洛	驛吏, 7대조는 관찰사 尹尙元	7대조부 윤상원이 연산군을 섬겼는데, 抗疏로 임금의 뜻을 거스려 신분을 박탈당하여 松羅郵隷(송라역의 역리)가 되었다. 나이 9세 때 父喪하여 여묘3년 임진왜란때 영남이 함락되고 임금이 西行함에 적에 관한 보고가 중간에 막혔다. 洛이 낮에는 몸을 숨기고 밤에는 길을 재촉하여 세 번이나 용만(의주)에 도달. 전후의 행실이 임금에게 알려지고, 이러한 사실이 명나라 조정에 까지 전달되었다.	旌閭立碑, 除敬陵參奉
335	〃	金錫慶	節婦 金氏의 후손	나이 겨우 12세에 조모상을 만나 술과 고기를 먹지 않고 애훼3년하며 상을 치룸. 14세에 母가 병을 얻어 기절하자 단지하여 소생케함. 甘旨로서 봉양하여 그 정성을 다함. 형을 잘 섬겨 孝友가 卓異	추천하여 除職
336	〃	李元三		母가 한밤중에 虎에게 물려가자 손에는 칼도 없이 다만 낚시대 하나를 가지고 있었는데, 몇 리 길을 호랑이 꼬리를 잡고 허리를 치면서 虎와 싸울 때 母가 벗어났다. 원삼이 비로소 母가 虎에게서 벗어났음을 알고 母를 업고 왔다. 성심으로 구호하고 봉양함을 더욱 돈독히 함.	순조14년 (1814) 정문급복
337	河陽	尹仁厚		9세 때 父喪, 묘 곁에서 여묘	태종조정려
338	〃	許仲堅	縣吏	父를 위해 여묘	정려
339	〃	申休		父가 병을 얻자 嘗糞. 父喪에 애훼가 예를 넘음.	정려
340	漆谷	李柱健	縣監 海準의 子	아버지가 세상을 떠나자 슬픔을 이기지 못하고 크게 상심하다 죽음.	정려
341	〃	李國相		천성이 지극히 효성스러움, 정성을 다해 부모를 봉양함.	정려
342	清道	金克一	김일손의 조부	어머니를 위해 吮疽, 아버지를 위해 嘗痢, 여묘 6년	정려
343	長鬐	金時相		효행	정려(영조 14년, 1738)
344	〃	許湜의 처 崔氏	효부	효행	정려(순조 10년, 1810)

345	〃	許溫의 처 崔氏	효부	효행	〃
346	興海	鄭秋漢		부친의 병에 斷指하여 병이 나음.	정려
347	〃	朱世叔		부친이 병에 걸려 기절하자 斷指하여 소생케함.	정려 (숙종조)
348	〃	野分	효녀	9세에 斷指하여 아버지의 병을 치료함.	정려(숙종 30년, 1704)
349	〃	裵斗此劫	효녀	9세에 父喪을 만나 죽만 먹으며 상복입고 3년상 지냄.	정려(영조 3년, 1727)

제7장 조선시대 경남지역의 효자 · 효녀 · 효부

머리말

주지하듯이 조선왕조는 유교적 풍속교화를 위하여 정표정책을 실시함에 따라 사족으로부터 천민에 이르기까지 사회적 신분의 고하, 귀천, 남녀를 막론하고 충. 효. 열의 행적이 탁이한 자에게 적극적으로 정표하였다. 즉 이들에게 정문, 정려, 복호, 급복, 상직, 증직, 상물, 면천 등의 혜택을 줌으로써 후손들로 하여금 본받도록 하였던 것이다.

필자는 일찍이 경상도 전체 가운데 경북지역을 대상으로 하여 조선시대 효자, 효녀, 효부, 열녀에 대하여 살펴본 바 있다.[1] 이번에는 『경상도읍지』에 나와 있는 조선시대 경남지역 30읍[2]의 효자, 효녀, 효부 사례들을 상세히 분석함으로써 경남지역 효자, 효녀, 효부들의 유교적 삶과 지

---

1) 박 주, 「조선시대 경북지역의 열녀 사례분석-『경상도읍지』를 중심으로-」, 『조선 사연구』 13, 2004. 10.
　　　, 「조선시대 경북지역의 효자 · 효녀 · 효부 사례분석-『경상도읍지』를 중심으로-」, 『한국사상과 문화』 49, 2009. 9.
2) 여기서 경남지역 30읍으로 진주, 동래, 창원, 함양, 고성, 하동, 울산, 김해, 거제, 거창, 초계, 남해, 영산, 양산, 함안, 곤양, 합천, 칠원, 안의, 진해 산청, 단성, 창녕, 사천, 기장, 삼가, 웅천, 언양, 밀양, 의령지역을 다루었다.

역적 특성을 실증적으로 검토하고자 한다. 아울러 경북지역의 효자, 효녀, 효부 정려의 특성과 비교하고자 한다. 이로써 조선시대의 경남지역 효행자들의 유교적 삶과 효 윤리가 경남 지역사회에 얼마나 보급되고 정착되었는지를 알 수 있을 것이다. 본고에서는『경상도읍지』3)와『여지도서』4) 자료를 주로 활용하였다. 그 밖에『조선왕조실록』,『신증동국여지승람』, 사찬읍지 등의 사료를 참조하였다.

1. 조선시대 경남지역의 효자 사례분석

1) 사례분석

『경상도읍지』인물조에 보이는 조선시대 경남지역의 효자 행적을 유형별로 나누어 보면 <표 1>과 같다.

<표 1> 조선시대 경남지역 효자의 사례유형별 분포

유형별	효자수
부모가 병이 들었을 때 단지 또는 할고, 상분, 연종, 시약, 득어, 득육한 경우	122(114)
효자의 지극한 효성에 하늘이 감응한 경우	20(20)
집 또는 빈소에 불이 나자 부모를 위해 불속에 뛰어들어 부모를 구하거나 함께 타죽은 경우	6(5)
물에 빠진 아버지를 구하려다 함께 익사한 경우	2(1)
부모가 호랑이에게 물려가자 생명의 위험을 무릅쓰고 부모의 생명을 구	7(12)

---

3) 아세아문화사에서 간행한 한국지리총서『慶尙道邑誌』1책을 이용하였다.『慶尙道邑誌』는 총20책으로 순조 32년(1832)에 작성되었다.
4) 전주대학교 고전국역총서1『국역 여지도서』31~43 경상도 I ~X, 경상도 보유 I ~ III, 2009를 이용하였다.

하거나 혹은 시체를 빼앗거나 또는 함께 죽은 경우	
화적(도적)으로부터 생명의 위험을 무릅쓰고 부모를 구한 경우	8(6)
임진왜란 때 왜적의 침입으로부터 부모를 구하려다 함께 해를 당하거나 석방된 경우	18(19)
부모 사후 여묘를 3년 내지 6년한 경우	106(100)
부모상에 추복한 경우	18(6)
短喪을 거부하고 3년상을 한 경우	5(1)
國喪을 당하여 心喪 3년을 하거나 3년복을 입은 경우	8(13)
충효를 함께 행한 경우	9(2)
형제간에 우애가 지극한 경우	19(9)
효를 실천하다가 병으로 자신의 목숨까지 잃은 경우	3(8)
부모의 원수에 대해 복수한 경우	4(0)

* ( )속의 숫자는 조선시대 경북지역의 효자 행적의 유형별 통계 수치임

<표 1>을 보면 조선시대 경남지역 효자의 사례유형 가운데 부모가 병이 들었을 때 단지(斷指) 또는 할고(割股), 상분(嘗糞), 연종(吮腫), 시약(施藥), 득어(得魚), 득육(得肉)한 경우5)가 122건으로 가장 많은 비중을 차지하였다. 그 다음이 부모 사후 여묘를 지낸 유형으로 106건을 차지하였다. 경북 지역의 효자 사례유형과 비교해 볼 때 경남지역의 경우 부모상에 추복한 사례와 형제간에 우애가 지극한 사례는 2배 내지 3배 정도의 많은 비중을 차지한 반면에 호환 사례와 국상에 心喪을 한 사례는 훨씬 적은 비중을 차지하였음을 알 수 있다.

부모가 병이 들었을 때 행한 효행사례의 분포를 통계로 살펴보면 단지 61건, 할고 3건, 상분 28건, 연종 1건, 시약 6건, 득어 7건, 득육 8건 등으로 단지의 비중이 가장 높고 그 다음이 상분이었다. 단지와 상분을 함께 행한 경우도 적지 않았다.

---

5) 단지, 상분, 연종, 시약, 득어, 득육의 효행 사례 경우 서로 중복되는 사례가 적지 않았다. 이런 경우 각각의 유형에 포함시켰다.

넓적다리의 살을 베어 약으로 쓰는 할고 효행의 경우는 3건으로 진주의 김난발(金爛發), 함양의 우경손(禹敬孫), 영산의 박의(朴椅)의 사례를 들 수 있다.

진주의 김난발은 아버지가 병에 걸리자 다리살을 베어 드렸다. 그리고 부친상을 당해 여묘할 때는 호랑이가 곁을 지켰다고 한다. 이에 복호하였다. 효자가 여묘살이를 할 때 호랑이가 가끔 나타난 사례가 보이는데, 이 경우 한결같이 호랑이가 효자를 해치지 않았을 뿐만 아니라 오히려 곁에서 효자를 보호했다는 것이다.

상분의 사례는 28건[6]으로 단지 다음으로 많은 비중을 차지하고 있다. 이들 사례 가운데 몇 가지를 들면 다음과 같다,

진주의 하세희(河世熙)는 하수일(河受一)의 현손이다. 14세 때 할머니가 병에 걸려 목숨이 위태로워지자 손가락을 잘라 그 피를 드렸다. 지극한 효성으로 어머니를 섬겼는데, 반드시 직접 맛을 보고 맛있는 음식을 차려 드렸다. 부모가 병에 걸리자 상분하여 그 병의 상태를 자세히 살폈다. 어머니의 상을 당하자 여막에서 죽만 먹고 지내며 3년상을 치렀는데, 발길이 동네 밖을 벗어난 적이 없었다. 이에 정려하였다.[7] 할머니를 위해 단지 효행한 경우는 드문 사례로서 주목된다.

김해의 허동엄(許東曠)은 나이 5세 때 아버지를 여의고 조모와 편모를 모시고 살았다. 집이 가난하여 여러번 쌀독이 비어도 맛있는 음식으로 공양하기를 소홀이 하지 않았다. 정해년에 조모의 병이 심하여 밤낮으로 탕약을 드리고 허리띠를 벗지않고 날마다 상분하여 병의 경중을 살폈다. 할머니가 기절하자 하늘에 빌어 다시 살아났다. 그러나 마침내 세상을 떠나

---

6) 진주의 모순과 하세희, 함양의 박유효, 노형발, 우필량, 하원룡, 임운, 고성의 이태빈, 김해의 허동암, 밀양의 손지겸, 거창의 형경상, 이휘, 이명돈, 김구정, 초계의 정백빙, 노한보, 양산의 예취신, 함안의 박형룡, 합천의 류세훈, 김팔휴, 이윤, 안의의 송문, 우광남, 우석일, 전택인, 기장의 김련 등을 들 수 있다.

7) 『국역 여지도서』 경상도 진주 효자조 297쪽에도 수록되어 있다.

자 죽먹기를 3년동안 하였다. 지난 경인년에 어머니가 전염병으로 산골짜기 움막에서 세상을 떠났다. 사람들이 전염병을 피하고자 모두 흩어졌는데, 첫날 저녁에 갑자기 큰 호랑이가 나타나 집 밖에 와서 앉아있고 낮에는 숨고 밤에는 다시 와서 지키는 것 같았다. 계속 3일밤을 그치지 않더니 널이 돌아올 때 따라오다가 동네가 나오니까 가버렸다. 사람들이 모두 이상히 여겼다. 조모와 어머니를 장사지낸 곳이 모두 20리 밖에 있었는데 성묘의 예를 그치지 않았다. 춥고 더울 때나 바람 불고 비가 많이 올 때도 반드시 걸어서 왕래하기를 6년동안 하루같이 하였다. 모두 허효자라 일컬었다. 이에 정조 무진년에 동몽교관을 추증하였다.

초계의 노한보(盧漢輔)는 타고난 성질이 순수하였으며 학문 실력이 넉넉하였다. 효성을 다하여 부모를 섬겼는데, 부모의 병간호를 할 때에는 상분하여 그 병의 상태를 자세히 살폈다. 한 해 동안 연달아 부모의 상을 당하자 예에 지나칠 만큼 슬픔에 겨워하다 몸이 상하였다. 보릿가루를 물에 타서 마시고, 장례를 치른 뒤에는 죽만 먹고 지내며 3년상을 치렀다. 3년상을 치른 뒤에 다시 3년 동안 상복을 더 입었다. 그의 효행이 나라에 알려져 복호하였다.[8]

양산의 예취신(芮就新)은 그의 나이 겨우 열 살 남짓일 때 어머니가 3년 동안 병을 앓았다. 상분하여 어머니의 병의 상태를 자세히 살폈으며, 어머니의 병이 위독해지자 손가락을 잘라 그 피를 드려 다시 살아나게 했다. 그 후 어머니의 상을 당하자 죽만 먹고 지내며 시묘살이를 하였다. 경상도에서 보고를 올리니 급복호하였다. [9]

환자의 종기를 빨아 독을 빼는 연종의 경우는 1건에 불과하며 거창의

---

8) 『국역 여지도서』 경상도 초계 효자조 82쪽에는 그에 대한 포상내용이 자세히 밝혀져 있다. 즉 숙종 25년(1699)에 그 집의 부역과 조세를 면제해 주는 포상조치를 내려주었으며, 영조 7년(1731)에는 持平을 추증하였다.
9) 『국역 여지도서』 경상도 양산 효자조 105~106쪽 에도 수록되어 있다.

형경상(邢景商) 사례를 들 수 있다. 형경상은 효자 형결(邢潔)의 증손자이다. 어린 나이에 아버지를 여의었기 때문에 아버지의 상에 상복을 입지 못한 점을 매우 가슴 아프게 생각하여 뒤늦게나마 3년 동안 상복을 입었다. 어머니가 종기를 앓자 피고름을 빨아 드렸으며, 또한 상분하여 그 병의 상태를 자세히 살폈다. 어머니의 상을 당해서는 죽만 먹고 지내며 시묘살이를 하였다. 이에 좌랑을 추증하였다.[10]

　시약의 경우는 모두 6건이 보인다. 김해의 허동엄, 거창의 형율, 초계의 정백빙, 양산의 김칠득, 함안의 이희연, 기장의 김련 등의 사례를 들 수 있다. 이 가운데 거창의 형율(邢溧)의 경우 아버지가 나이 50세에 눈이 멀어 사물을 볼 수가 없게 되었다. 형율이 우리나라 사신의 행렬을 따라 세 차례나 중국에 들어가서 요동총관(遼東摠管)에게 글을 올려 '나라에서 금한 일을 특별히 허락한다'는 뜻의 '勿禁'이라는 글씨가 쓰인 문서를 얻었다. 산동성 지방으로 가서 흰 양의 간 30部를 구해서 약으로 쓰니 아버지의 눈이 곧바로 밝아져서 80세에 이르러서도 이와 서캐를 가려낼 수가 있었다. 선조 때 참봉에 임명하고 정려하였다.

　초계의 鄭白氷은 타고난 자질이 신중하고 온화했으며 학문을 좋아하였다. 일찍이 아버지를 여의고 늙으신 어머니를 봉양하였다. 7년 동안 손수 약을 달이고 어머니 곁을 떠나지 않은 채 슬퍼 울었으며, 하루에 세 번씩 상분하여 그 병의 상태를 자세히 살폈다. 어머니가 세상을 떠나자 죽만 먹으면서 빈소 밖에 나가지 않고, 머리와 눈을 들지 않은 채 안석 곁에 몸을 숙이고 엎드려 지냈다. 그로 인해 슬픔에 겨워하다 몸이 상하게 되었다. 인조 때 이 일이 나라에 알려져 정려하였다.[11]

　함안의 교생 이희현(李希賢)은 형이 습창에 걸리자 약으로 병을 낫게 하고 맛있는 음식으로 봉양하였다. 기장의 교생 김련(金鍊)은 효부 강씨

10) 『국역 여지도서』 경상도 거창 효자조 197쪽에도 수록되어 있다.
11) 『국역 여지도서』 경상도 초계 효자조 81~82쪽에도 수록되어 있다.

의 남편이다. 숙종 38년(1712)에 아버지가 병에 걸리자 의원이 말하기를 생당귀가 약이 된다고 하였다. 그리하여 급히 구하고자 깊은 산에 들어갔는데, 밤중에 큰 눈이 내려 걱정하며 소리내어 우니 마침 바위 밑에 생당귀가 있어 구하여 약으로 만들어 드림으로써 효험이 있었다. 숙종 42년(1716) 6월에 아버지가 또 기이한 병에 걸리자 이번에는 상분하고 하늘에 빌었다. 그리고 기절하자 손가락을 끊어 그 피를 드려 다시 살아나게 하였다. 부모상을 당하자 삭망 때마다 성묘하기를 종신토록 하였다. 숙종 46년(1720), 경종 4년(1724)의 국상에 심상 3년을 하였다. 순조조에 상을 내리고 을사년 봄에 給復하였다.

득어, 득육의 사례는 효감으로 일어난 기적의 사례와 중복이 된다. 효자의 지극한 효성으로 하늘이 감응한 경우로 20건[12]이 있다. 효감으로 물고기, 꿩, 소고기, 노루, 죽순, 잉어 등을 얻는 다양한 사례가 있는데, 그 가운데 물고기와 꿩을 얻는 사례가 가장 많이 보인다. 그리고 여막 옆에서 샘물이 저절로 솟아났다가 여묘가 끝나자 물이 멈춘 효감천(孝感泉)의 경우, 여묘할 때 호랑이가 나타났으나 효자를 해치지 않은 경우, 눈병으로 앞을 못보던 부모가 효성으로 갑자기 눈이 밝아진 경우, 가뭄을 당하자 효자의 밭에만 소낙비가 내리거나 샘물이 절로 솟아나는 경우 등의 기적 사례가 보인다. 효감으로 일어난 몇 가지 기적의 사례를 들면 다음과 같다.

함양의 하맹보(河孟寶)는 호가 우계(愚溪)이다. 아버지의 상을 당하자 죽만 먹고 지내며 시묘살이를 하였다. 일찍이 제사상에 올릴 음식이 떨어져 걱정하고 있었는데, 산 노루가 제 발로 걸어와서 그것을 잡아 제사용으로 썼다. 사람들은 모두 그의 효성에 하늘이 감동해 빚어진 일이라고

---

12) 진주의 이광점, 함양의 하맹보, 신효선, 양천익, 박시화, 울산의 김여택, 김해의 반석철, 김춘립, 밀양의 윤갑생, 영산의 박성민, 양산의 김칠득, 안의의 신수침, 산청의 양욱, 강처문, 문팔기, 창녕의 김정철, 삼가의 박명혁, 의령의 심안린, 구침의 경우를 들 수 있다.

하였다. 이 일이 나라에 알려져 정려했다. 숙종 27년(1701)에 귀천서원(龜川書院)에 그의 위패를 모셨다.[13]

울산의 김려택(金麗澤)은 본디부터 효성이 뛰어났다. 아버지의 상을 당해 무덤가에서 시묘살이를 하는데, 집에서 기르던 개가 편지를 전하여 집안소식을 알려 주었다. 그 개가 여막 옆을 파내니 물이 저절로 솟아 나왔는데, 3년상을 마치고 여막을 걷자 물도 곧바로 멈추었다. 사람들은 그의 효성에 감동해 빚어진 일이라고 하였다. 이 일이 나라에 알려져 정려하고 호조좌랑(戶曹佐郞)을 추증했다.[14]

김해의 반석철(潘碩撤)은 부모의 상을 당하자 자신이 직접 흙을 져다가 무덤을 만들고 시묘살이를 하면서 슬픔을 다하였다. 상을 마친 다음에는 초하루마다 사당에 참배를 올리고, 출입할 때마다 반드시 사당에 고하였다. 돌아가신 부모를 마치 살아 계신 분처럼 섬겼다. 가뭄을 당하자 사당에 아뢰고 밭에서 울고 있었다. 이날 소낙비가 반석철의 밭에 내리는데, 다른 사람의 밭에는 내리지 않았다. 밭머리에서 샘물이 절로 솟아나기도 하였다. 후세 사람들은 그 샘을 '하늘이 효성에 감동해 빚은 샘'이라는 뜻에서 '孝感泉'이라고 불렀다. 이 일이 나라에 알려져 정려했다.[15]

같은 지역의 역리(驛吏) 김춘립(金春立)은 효성으로 계모를 섬겼다. 병을 앓던 계모가 날 꿩고기를 먹고 싶다고 하자 꿩이 느닷없이 부엌 안으로 날아들었다. 한겨울에 죽순이 먹고 싶다고 하자 갑자기 수풀에서 죽순이 생겼다. 사람들은 모두 하늘이 효성에 감동해 빚어진 일이라고 말하였다. 영조 5년(1792)에 이 일이 나라에 알려져 급복호했다.

영산의 양인 박성민(朴聖民)은 어려서 부모를 모두 여의었기 때문에 상

---

13) 『天嶺誌』인물조와 『국역 여지도서』 경상도 함양 효자조 125쪽에도 수록되어 있다. 『천령지』에는 '하맹보의 신분이 幼學이고 광해조에 정려되었다'라고 나와있다 (박주, 『조선시대의 효와 여성』, 국학자료원, 2000. 142쪽 참조).
14) 『국역 여지도서』 경상도 울산 효자조 52쪽에도 수록되어 있다.
15) 『국역 여지도서』 경상도 김해 효자조 78쪽에도 수록되어 있다.

복을 입고 스스로 죽음을 맞이하지 못했다는 사실에 늘 한스러워했다. 나이 50세 때 부모의 무덤을 이장하고 돌아가신 부모를 위해 뒤늦게나마 6년 동안 상복을 입었다. 무덤 곁에 여막을 짓고 보릿가루를 물에 타서 마셨는데 무덤이 높은 산봉우리에 있기 때문에 본래 샘물이 없었다. 어느 날 저녁 느닷없이 바위 아래에서 샘물이 솟아 나왔다. 비가 내려도 넘치지 않고 날이 가물어도 마르지 않았는데, 박성민이 상을 마치고 집으로 돌아가자 샘물이 저절로 말라버렸다. 또 호랑이가 밤중에 나타나 여막 곁에 쭈그리고 누웠으며, 이런 일이 여러 차례 벌어졌지만 끝내 해치지 않았다. 사람들은 모두 박성민의 효성에 하늘이 감동해 빚어진 일이라고 말하였다. 숙종 36년(1710)에 이 일이 나라에 알려져 정려했다.[16]

양산의 김칠득(金七得)은 효성으로 어머니를 섬겼다. 어머니가 눈병을 앓아 앞을 보지 못했는데 몇 년이 지나도 낫지 않았다. 온갖 방법으로 의원을 구하고 약을 쓰는 등 정성을 기울였으며, 또 어머니의 병이 낫게 해달라고 북두칠성에 제사를 올렸다. 어머니의 두 눈이 갑자기 밝아져 앞을 보게 되자 사람들은 그의 효성에 하늘이 감동해 빚어진 일이라고 하였다. 경상도에서 보고를 올리니 급복호했다.[17]

안의의 신수침(愼守沈)은 효자 樂水 신권(愼權)의 5대손이며 호는 일재(逸齋)이다. 일찍이 아버지의 상을 당하자 죽만 먹고 지내며 3년상을 치렀다. 매우 가난한 집안 살림으로 늙은 어머니를 봉양하는데, 하늘이 그의 효성에 감동하여 얼음 위로 물고기가 스스로 뛰쳐나오고 산의 노루가 제 발로 걸어오는 일이 빚어졌다. 경상도에서 아뢰어 동몽교관에 임명되었다. 문경공(文敬公) 송환기(宋煥箕)가 그의 묘갈명(墓碣銘)을 지었다.[18]

산청의 양욱(梁郁)은 돌아가신 부모를 위하여 6년 동안 시묘살이를 하

---

16) 『국역 여지도서』 경상도 영산 효자조 253쪽에도 수록되어 있다.
17) 『국역 여지도서』 경상도 양산 효자조 105쪽에도 수록되어 있다.
18) 『국역 여지도서』 경상도 안의 효자조 68쪽에도 수록되어 있다.

였다. 무덤을 만들 때에 흙을 메어 오고 돌을 져 날라서 날마다 무덤을 높이 쌓아갔다. 어느 날 무덤 뒤에서 천둥치는 소리가 들렸다. 사람들이 가서 보니 호랑이가 땅에 꿇어앉아 있었는데, 큰 돌 세 개를 무덤 곁에다가 굴려다 놓았다. 사람들은 그의 효성에 하늘이 감동하여 빚어진 일이라고 하였다. 이 일이 나라에 알려져 정려하고, 혜민국(惠民局) 녹사(錄事)에 임명하였다.[19] 같은 지역의 강처문(姜處文)은 타고난 성품이 지극히 효성스러웠다. 부모의 장사를 지내려고 상여를 메고 가는데, 한겨울의 냇물이 흐름을 멈춰 마치 평지처럼 건너갔다. 장사를 마치고 나서 신주를 모시고 집으로 돌아오니 냇물이 예전처럼 다시 흘렀다. 사람들은 그의 효성에 하늘이 감동해 빚어진 일이라고 하였다. 죽만 먹고 지내며 3년 동안 시묘살이를 하였다. 경종 때 정려하였다.

같은 지역의 문팔기(文八起)는 타고난 성품이 지극히 효성스러웠다. 한 겨울에 한 자 크기의 잉어가 스스로 얼음 위로 뛰어나오니 그것을 집어다가 부모를 공양하였다. 악성 전염병이 사방에 거세게 퍼지자 부모를 등에 업고 산속으로 들어가 움막을 짓고 지냈다. 큰 호랑이가 쳐들어오자 움막 밖으로 나아가 말하기를, "네 비록 산짐승이지만 그래도 어미 아비는 있지 않느냐." 하니, 이에 호랑이가 머리를 숙이고 떠나갔다. 사람들은 모두 그의 효성에 하늘이 감동해 빚어진 일이라고 하였다. 이 일이 나라에 알려져 숙종 때 복호했다.

집 또는 빈소에 불이 나자 부모를 구하기 위해 불에 뛰어들어 부모를 구하거나 함께 타죽은 경우가 6건이다. 진주의 윤충관(尹忠寬), 칠원의 김승락(金承樂), 안의의 임한신(林翰臣), 창녕의 이성태(李聖泰)와 장시행(張是行), 사천의 이은손(李恩孫)의 사례를 들 수 있다.

칠원의 김승낙은 부친상을 만나 여막에 거했는데, 불이 빈소에 번져 아

---

19) 『국역 여지도서』 경상도 산청 효자조 113쪽에도 수록되어 있다.

버지의 널이 타려고 할 때 널을 껴안고 타죽었다. 아버지의 널은 안전했다. 이에 정려하였다.

안의의 임한신은 첨모당 임운의 9대손이다. 마을 사람이 실수로 불을 내 불길이 집에 까지 퍼졌다. 어머니가 집 밖으로 나오지 못했는데 사방이 타오르는 불길로 가로막혔다. 집 밖에 있던 임한신이 불길을 무릅쓰고 곧장 뛰어들었다. 마침내 타오르는 불길 속에서 목숨을 잃었다. 이 일이 나라에 알려지자 벼슬을 추증하였다.[20] 임한신의 처 박씨는 눈물을 흘리며 젖먹이 아이를 계집종에게 부탁하고 남편의 뒤를 따라 불길속으로 들어가 남편과 함께 목숨을 잃었다. 이에 열녀로서 정려되었다.

창녕의 이성태는 아버지가 병에 걸리자 손가락을 잘라 그 피를 드리니 아버지가 다시 살아났다. 아버지의 상을 당하자 시묘살이를 하였는데, 집에 계시는 늙은 어머니께 오가면서 봉양하였다. 도적들이 집안에 쳐들어와서 재물을 약탈하고 불을 질렀다. 어머니가 불길 속에 갇히자 불길을 무릅쓰고 뛰어들어 어머니를 껴안고서 함께 목숨을 잃었다. 이 일이 나라에 알려져 정려했다.[21]

불이 났을 때 별안간 바람이 불어오거나 소낙비가 내려 불을 끄는 기적의 사례가 있어 주목된다. 예컨대 창녕의 장시행은 고려 시중 장일의 후손이다. 대를 이어 효성을 다해 부모를 섬겼다. 부모가 병에 걸리자 직접 약을 달이고 손가락을 깨물어 그 피를 입에 넣어 드리니 곧바로 부모가 다시 살아날 수 있었다. 부모의 상을 당해 거적을 베고 지내는데, 불이 나서 불길이 빈소까지 퍼져 나가자 널을 안고서 하늘을 부르며 소리치자 맞은편에서 바람이 불어와 불길을 껐다. 장례를 치르고서는 죽만 먹고 지내며 시묘살이를 하였다. 이 일이 나라에 알려져 정려하고 도사(都事)를 추증했다.

---

20) 『국역 여지도서』 경상도 안의 효자조 70쪽에도 수록되어 있다.
21) 『국역 여지도서』 경상도 창녕 효자조 54~55쪽에도 수록되어 있다.

사천의 이은손은 본디 효행이 뛰어나서 부모를 잘 섬겼다. 아버지가 세상을 떠나자 밤낮없이 피눈물을 흘리며 슬피 울었다. 여름철이라 마을 사람들이 들판에 나가 마을이 텅 비어 있을 때 마을에 갑자기 불이 났다. 아버지 시신을 담은 널에까지 불길이 덮치는데, 힘이 약한 이은손으로서는 구하기가 어려웠다. 갑자기 불길 속으로 뛰어 들어가서 함께 타 죽으려고 하자, 별안간 푸른 하늘에서 느닷없이 소낙비가 내렸다. 그 덕분에 산 사람이나 죽은 사람이나 모두 온전할 수 있었다. 또 무덤 아래에서 죽만 먹고 지내며 시묘살이를 하였다. 이 일이 나라에 알려져 정려했다.[22)

물속에 빠진 아버지를 구하려다 함께 익사한 경우가 3건이 보인다. 단성의 천년(千年)과 이지보(李之寶), 창녕의 한악지(韓岳只)가 그들이다.

단성의 千年은 지극한 효성으로 어머니를 섬겼다. 큰비가 내려서 가옥이 모두 떠내려갔다. 천년은 처자식은 버리고 어머니만 등에 업고 피하였는데, 처자식은 모두 큰물에 떠밀려 가버렸다. 이 일이 나라에 알려져 상으로 옷감을 주고 복호하였다.[23)홍수에 처자식 대신 어머니를 구함으로써 효자로 포상되어 주목된다.

단성의 이지보(李之寶)는 아버지 이간(李侃)이 신안강(新安江)에서 낚시를 하다가 발을 헛디뎌 강물에 빠졌는데 겨우 아홉 살인 이지보가 물속에 들어가서 아버지의 시신을 껴안고서 함께 죽었다. 이 일이 나라에 알려져 정려하였다. 바위 표면에 '효자담(孝子潭)' 이라는 글씨가 새겨져 있다.[24)

창녕의 한악지(韓岳只)는 아버지와 함께 나무를 짊어지고 강을 건너 오

---

22) 『국역 여지도서』 경상도 사천 효자조 225쪽에도 수록되어 있다
23) 『국역 신증동국여지승람』 권31, 단성현 인물조와 『국역 여지도서』 경상도 단성 효자조 187~188쪽, 『단성지』 및 『성종실록』 권285, 성종 24년 12월 신사조에도 수록되어 있다. 박주, 「조선중기 단성지역의 효자, 열녀」, 『한국사학보』 13, 2002 참조.
24) 『국역 여지도서』 경상도 단성 효자조 188쪽 및 『단성지』에도 수록되어 있다. 『단성지』에는 이지보가 판서 李山屹의 증손임과 후손들이 낚시질을 업으로 삼았음이 밝혀져 있다(박주, 앞의 논문, 2002, 429쪽).

다가 아버지가 얼음물속에 빠졌다. 악지는 겨우 12세의 나이로 하늘을 부르며 통곡하면서 긴 나무로 아버지를 구하고 자신은 물에 빠져 죽었다. 이에 給復하였다.

부모가 호랑이에게 물려가자 생명의 위험을 무릅쓰고 부모의 생명을 구하거나 혹은 시체를 빼앗은 경우가 7건[25]이다.

호환으로부터 부모의 생명을 구한 사례를 보면, 진주의 金白山은 16세 때에 아버지가 호랑이에게 물려가자 김백산이 칼을 휘둘러 호랑이를 쳐서 아버지가 죽음을 면하였다. 성종 9년(1478)에 정문을 세워 표창했다.[26]

창녕의 사노 석송(石松)은 아버지가 호랑이에게 깔리자 돌로 호랑이를 내리쳤다. 아버지가 말하기를, "내 배 밑에 도끼가 있다."라고 하자, 도끼로 호랑이를 내리찍으니 호랑이는 죽고 아버지는 목숨을 건지게 되었다. 이 일이 나라에 알려져 정려하였다.[27] 사천의 귀양(貴良)은 그의 나이 13세 때에 어머니가 전염병에 걸렸는데, 마을 사람들이 들판의 움막으로 나갔다. 날이 어두워지자 호랑이가 나타나 어머니에게 달려들었다. 귀량이 왼손으로 호랑이의 꼬리를 붙잡고 오른손으로 내리치니, 호랑이가 피해 달아나서 목숨을 온전히 구할 수가 있었다. 이 일이 나라에 알려져 숙종 때 복호하였다.[28]

호랑이로부터 아버지의 시신을 빼앗아 온 사례를 들면, 영산의 박연수(朴延守)는 나이 14세 때인 세종 6년(1424)에 아버지를 따라 산골짜기에 가서 나무를 베고 밭을 일구는데 아버지가 호랑이에게 물렸다. 박연수는 왼

---

25) 진주의 김백산, 영산의 박연수, 창녕의 박운과 석송, 사천의 귀량, 기장의 김순적과 옥팔오 등을 들 수 있다.
26) 『국역 신증동국여지승람』권30, 진주목 본조 효자조 및 『국역 여지도서』 경상도 진주 효자조, 『진양지』 선행조 그리고 『성종실록』권89, 성종 9년 2월 병진조에도 수록되어 있다(박주, 앞의 책, 60쪽 참조).
27) 『국역 여지도서』 경상도 창녕 효자조 54쪽에도 수록되어 있다.
28) 『국역 여지도서』 경상도 사천 효자조 225쪽에도 수록되어 있다.

손으로 아버지의 발을 잡고 오른손으로 낫을 휘둘러 호랑이를 위협하면서,
호랑이에게 수백 걸음쯤 질질 끌려가다가 드디어 아버지의 시신을 빼앗아
서 돌아왔다. 단종 3년(1455)에 그가 살던 마을에 정문을 세워 표창했다.[29]

창녕의 박운은 나이 14세때 아버지가 호랑이에게 물려가자 조그만 도끼
를 들고 아우 운산(8세)과 함께 30여 걸음을 쫓아가면서 하늘을 부르며 소
리내어 울자 이에 호랑이가 아버지를 버리고 갔다. 박운은 아버지의 시신
을 등에 업었으며 운산은 도끼를 들고 그 뒤를 따랐다. 이에 정려하였다.[30]

화적 또는 도적의 침입으로부터 부모를 구하거나 같이 해를 입은 사례
가 6건[31]이 보인다. 이 가운데 안의의 우광남, 사천의 윤동열, 창녕의 장
만 경우는 도적들이 효성에 감동받아 그들을 해치지 않은 사례이며, 동래
의 김득인, 양산의 정승우의 경우는 왜적이 효자들의 효성에 감동받아 해
치지 않은 사례로서 주목된다.

창녕의 장만(張滿)은 효자 장시행(張是行)의 손자이다. 대를 이어 효자였
다. 어머니의 병이 위독하자 손가락을 깨물어 그 피를 입에 넣어 드렸다. 상
을 당하자, 장례를 치르고 난 뒤에 목 놓아 울며 시묘살이를 하였는데 보릿
가루로 목숨을 연명하였지만 얼굴 모습이 평상시와 같았다. 땔나무하는
아이가 땔나무를 도와주며 날마다 보살펴 주었다. 도적이 옷가지를 빼앗
으려고 하다가 그의 효성에 감동하여 내버려 두고 떠나갔다. 형과 한 집에
서 함께 살았다. 고을 사람들이 경상 감사에게 글을 바쳐 이 일이 나라에
알려지자 형제의 부역과 조세를 면제해 주는 포상조치를 내려주었다.[32]

---

29) 『국역 신증동국여지승람』 권27, 영산현 효자조 및 『국역 여지도서』경상도 영산
　　효자조 252쪽에도 실려있다.
30) 『국역 신증동국여지승람』 권27, 창녕현 효자조 및 『국역 여지도서』경상도 창녕
　　효자조 52쪽에도 수록되어 있다.
31) 함양의 허오만, 안의의 우광남, 단성의 이윤현, 창녕의 이성태와 장만, 사천의 윤동
　　열 등을 들 수 있다.
32) 『국역 여지도서』경상도 창녕 효자조 55쪽에도 수록되어 있다.

사천의 윤동열(尹東說)은 고려 무송군(茂松君) 문정공(文貞公) 윤택(尹澤)의 후손이며, 조선 좌의정 윤강(尹江)의 10세손이다. 현종 5년(1664)에 화적이 집 안으로 쳐들어와 그의 아버지 윤세무(尹世茂)가 참혹하게 칼날에 찔렸다. 윤세무의 아내 이씨가 아들 윤동열과 함께 몸으로 감싸 안다가 손가락이 모두 잘려나갔으나, 자신이 대신 죽게 해 달라고 하자 도적들도 감동하여 풀어주었다. 그러나 결국 윤세무의 목숨을 구하지는 못했다. 이때 윤동열의 나이는 8세였으므로 비록 상복을 입지는 못했으나, 아버지가 참변을 당해 비명횡사한 것을 늘 가슴아파하였다. 그의 나이 15세 때에 또 어머니의 상을 당하자 모든 장례절차를 한결같이 예법에 따라 치렀다. 어머니를 위해 입었던 상복을 벗은 뒤에, 그대로 이미 돌아가신 아버지를 위해 뒤늦게나마 상복을 입었다. 또 아우가 관례를 치르기도 전에 일찍 세상을 떠나니, 어머니 제삿날마다 죽은 아우의 신주를 꺼내 와서 거기에 술을 따르고 제사를 올리며 말하기를, "이 아우는 유복자로 태어나 돌아가신 어머니께서 가장 많은 사랑을 쏟았다. 부모님의 혼령도 틀림없이 저승에서 끌어당겨 이처럼 한스러워하며 슬퍼할 것이다." 라고 하였다. 숙종 37년(1711)에 열녀인 어머니와 효자인 아들의 일이 나라에 알려져 정문을 세워 표창했다. 정문은 단성의 대대로 살던 터에 있었다. 윤동열의 손자 윤상서(尹尙瑞)가 사천현으로 이사하여 살게 되자 감영(監營)에 올린 글에 따라 영조 2년(1726)에 이곳으로 사당을 옮겨지었다.[33]

안의의 우광남(禹光男)은 그의 나이 9세 때 적모(嫡母)가 병을 앓자 상분하여 그 병의 상태를 자세히 살폈다. 11세 때 아버지와 함께 도적과 마주치게 되었다. 도적이 아버지를 해치려고 하였는데, 우광남이 큰 소리로 서럽게 울며 가슴을 치고 발을 동동 구르자 도적이 이에 감동하여 놓아주었다. 이에 정려하였다. [34]

---

33) 『국역 여지도서』 경상도 사천 효자조 226~227쪽에도 수록되어 있다. 『경상도읍지』에는 단성과 사천 두 지역에 이중으로 실려있다.

함양의 사천(私賤) 허오만(許五萬)은 화적들이 아버지를 죽이려고 하자 맨 몸으로 아버지를 지키다가 화적의 칼날에 목숨을 잃었다. 그 덕분에 아버지는 화를 면하였다. 이 일이 나라에 알려져 정려하였다. 35)

단성의 이윤현(李胤玄)은 아버지가 화적의 칼날을 받게 되자, 제 몸으로 아버지를 감싸 안았다가 창에 찔려서 목숨을 잃었다. 이 일이 나라에 알려져 숙종 때 복호하였다. 36)

동래의 김득인(金得仁)은 어린 나이에 아버지를 여의었다. 집안이 가난했으나 지극한 효성으로 어머니를 모셨다. 어머니가 세상을 떠나자 3년 동안 시묘살이를 하였다. 돌아가신 아버지를 추모하기 위하여 어머니 묘소로 무덤을 옮기고, 다시 3년 동안 시묘살이를 하여 앞뒤로 모두 9년 동안 상복을 입고 지냈다. 그의 여막이 황령산(荒嶺山) 아래에 있었는데, 흉년이 들자 부산포 왜노들이 사방으로 흩어져 노략질을 했다. 어느 날 갑자기 김득인의 여막에 이르러 약탈하려 하다가, 그러한 사실을 알고는 무릎을 치면서 감탄하며 칭찬하고 그곳을 떠나갔다. 그 뒤로 이따금 왜놈들이 미역을 뜯어다 주거나, 더러는 쌀과 향을 갖다 주기도 했다고 한다. 성종 3년(1472)에 이 일이 나라에 알려져, 특별히 장사랑풍저창부봉사(將仕郞豊儲倉副奉事)의 벼슬을 내렸다. 37)

양산의 정승우(鄭承雨)는 일찍이 왜적에게 사로잡혀서 비전주(肥前州)에 팔려가는 신세가 되었다. 포로로 사로잡혔을 당시 어머니 나이가 72세였다. 머릿속은 늘 어머니의 생사 여부에 대한 생각뿐이었으며 고기를 입에 대지 않았다. 왜인이 그의 의리에 감동하여 배와 노를 마련하고 양식

---

34) 『국역 여지도서』 경상도 안의 효자조 66쪽에도 수록되어 있다.
35) 『국역 여지도서』 경상도 함양 효자조 127쪽에도 수록되어 있다.
36) 『국역 여지도서』 경상도 단성 효자조 189쪽에도 수록되어 있다.
37) 『국역 신증동국여지승람』 권23, 동래현 효자조 및 『국역 여지도서』 경상도 동래 효자조 309~310쪽, 『동래부지』 효자조 514쪽에도 보인다. 박주, 「『동래부지』의 편찬과 효자, 열녀」, 『조선사연구』 16집, 2007, 11쪽 참조.

을 갖춰서 돌려보내니, 이로써 어머니와 아들이 서로 만나게 되었다. 어머니를 모시고 영산현(靈山縣)으로 피난을 가서 살다가 어머니가 세상을 떠나자 고향으로 돌아와 장사를 지냈다.[38]

임진왜란 때 왜적의 침입으로부터 부모를 구하려다 함께 해를 당하거나 석방된 경우가 18건[39]이 있다.

진주의 이경훈(李敬訓)은 아버지가 중풍에 걸려 다리 한쪽이 마비되니 지극한 효성으로 모셨다. 선조 26년(1593) 계사왜란 때 아버지를 업고 산속에 숨었는데, 왜적이 갑자기 닥쳐와 아버지를 해치려고 하였다. 이경훈이 제 몸으로 아버지를 감싸 안으니 왜적이 아버지와 아들을 모두 죽였다. 이 일이 나라에 알려져 정려했다.[40]

같은 지역의 하경휘(河鏡輝)는 문과에 급제하여 생원이 되었으며, 타고난 성품이 지극히 효성스러웠다. 임진왜란 때 왜적과 마주쳤는데, 왜적이 먼저 아버지를 해치려고 하자 두 손으로 시퍼런 칼날과 맞섰다. 왜적이 아버지와 아들을 모두 죽였다. 선조 때 정려했다.[41]

함양의 조광립(趙光立)·조광헌(趙光獻)·조광덕(趙光德)·조광건(趙光建)·조광성(趙光成) 5형제는 조승숙의 5대 손자들이다. 정유재란 때 다섯 형제가 어머니를 모시고 피난했는데 왜적이 닥쳐오자, 형제가 어머니 곁에 나란히 앉아서 모두 해를 당하였다. 이 일이 나라에 알려져 정려했다.[42]

---

38) 『국역 여지도서』 경상도 양산 효자조 104~105쪽에도 수록되어 있다.
39) 진주의 이경훈과 하경휘, 함양의 조광립. 조광헌. 조광덕, 조광건. 조광성 5형제, 허굉, 밀양의 손약해, 손기륜, 배상경, 박양춘, 김유부, 거창의 최발, 함안의 안신갑, 안의의 정대익, 정대유, 은호, 창녕의 손약허, 장효원, 노홍언, 조진남, 의령의 이진종 등의 경우이다.
40) 『국역 여지도서』 경상도 진주 효자조 296쪽과 『晋陽志』 善行條에도 수록되어 있다. 『진양지』 선행조에는 이경훈의 신분이 幼學이고 참봉 逸民의 아들이며 광해조에 정려되었음을 밝히고 있다.
41) 『국역 여지도서』 경상도 진주 효자조 296쪽에도 수록되어 있다.
42) 『국역 여지도서』 경상도 함양 효자조 126쪽과 『天嶺誌』 인물조에도 수록되어 있다. 『천령지』 인물조에는 조광립이 幼學신분이며 德谷의 후손으로 광해조에 정려

같은 지역의 허굉(許宏)은 정유재란 때 아버지를 등에 업고 피난했다. 왜적이 닥쳐오자 용감하게 화살을 쏘아 아버지를 지켰다. 어느 날 화살이 떨어지고 힘이 다하여 총알에 맞아 쓰러졌는데, 아버지가 왜적에게 붙잡히는 것을 멀리서 보고 급히 달려가 아버지를 껴안고서 함께 목숨을 잃었다. 이 일이 나라에 알려져 정려했다.43)

밀양의 박양춘(朴陽春)은 임진왜란 때 어머니상을 당하여 산중에 초빈을 만들어 늘 빈소에 엎드려 있었는데 왜적이 보고 해치지 않았다. 당시 사람들이 지극한 효성에 감복된 것이라 여겼다.44)

밀양의 김유부(金有富)는 임진왜란 때 90세된 어머니를 등에 업고 적진으로 들어가 왜적의 머리를 베었는데 어머니와 아들이 모두 온전히 목숨을 건졌다. 그의 충성과 효성이 나라에 알려져 정려했다.45)『어초와양세삼강록(漁樵窩兩世三綱錄)』에 의하면 김유부의 본관은 金寧, 호는 어초와(漁樵窩), 사시(私諡)는 충효이다. 임진왜란 때의 전공으로 선조 때 선무원종이등공신(宣武原從二等功臣)으로 녹훈되고 용양장군(龍驤將軍)으로 제수되었다. 영조 30년(1754)에는 충효정려(忠孝旌閭)가 내려졌고, 철종 13년(1862)에는 좌승지겸경연참찬관(左承旨兼經筵參贊官)으로 증직되었으며, 충경(忠經) 효경(孝經)의 녹권(錄券)이 하사되었다. 두 아들 기남(起南)과 난생(蘭生)형제는 병자호란에 경기도 광주 쌍령(雙嶺)전투에 의병장으로 출정하여 싸우다가 전사하였다. 철종 13년(1862)에 이 두 형제에게 진

되었음을 밝히고 있다. (박주, 앞의 책,141쪽참조)

43)『국역 여지도서』경상도 함양효자조 126쪽과『천령지』인물조에도 수록되어 있다. 『천령지』인물조를 보면 허굉이 무인 신분이며 광해조에 정려되었음을 알 수 있다.

44)『밀주구지』와『밀양지』에 의하면 박양춘(1561~1631)은 명종 때 효행으로 호조참의에 제수된 효자 恒의 아들이며, 16세에 부친상을 당해 40리나 떨어진 곳에서 여묘살이를 하였다. 박 주,「조선 중기 밀양지의 편찬과 효자, 열녀」,『조선사연구』17집, 9쪽, 15쪽, 2008 참조.

45)『국역 여지도서』경상도 밀양 효자조 238쪽과『밀양지』에도 수록되어 있다.

무일등공신(振武一等功臣)으로 각각 녹훈하고 통훈대부사복시정(通訓大夫司僕寺正)으로 증직하였다. 고을 사림이 三公을 추모하여 사우(祠宇)를 창건하였다. 장남 기남(호: 대암臺巖)의 처 경주 최씨와 차남 난생(호: 두암竇巖)의 처 은진 송씨는 평소 시부모를 지성으로 모셨는데, 남편들이 경기도 광주 쌍령전투에서 전사했다는 소식을 듣고 전쟁터로 찾아가 남편들의 시신을 간신히 찾아서 고향까지 운구하여 안장하는 준비를 마친 뒤 하관(下棺)하는 자리에서 자결하여 합장되었다. 철종 14년(1863)에는 각각 효자, 열녀의 정려를 내렸다. 고종 1년(1864) 김유부, 김기남 .김난생 삼부자의 충효와 최씨, 송씨의 열행 즉 한 가문 양대의 충. 효. 열을 추모하기 위해 탁삼재(卓三齋)를 창건하였다.[46] 한 가문에서 2대에 충효열 삼강행실의 사적이 나옴은 드문 일이라 할 수 있다.

거창의 최발(崔潑)은 선조 30년(1597)에 왜적이 다시 쳐들어와서 난리를 일으키자 아버지를 등에 업고 산골짜기로 피난했다. 왜적이 갑자기 닥쳐오자 최발이 아버지를 껴안고 간절히 빌었다. 왜적들은 들은 시능도 하지 않고서 최발 부자를 한 칼로 아울러 해치고 불길에 던져 버리고 떠났다. 집안사람들이 잿더미 속에서 최발의 시신을 찾아보니 두 손으로 아버지의 시신을 껴안고 있는데 굳게 꼭 껴안아서 두 손이 풀어지지 않을 정도였다. 이 이야기를 들은 사람들은 모두 감탄하였다. 이 일이 나라에 알려져 정려했다.[47]

함안의 안신갑(安信甲)은 어려서부터 효행과 우애가 뛰어났으며, 또 정의감 넘치는 큰 절개를 지니고 있었다. 임진왜란 때 아버지가 왜적에 의해 목숨을 잃자 복수하기로 마음먹었다. 아버지 상중에 집을 나서 의병에 투신하여 왜적 장수를 죽였다. 선조 30년(1597) 산음(山陰) 전투 때 병력

---

46) 『漁樵窩兩世三綱錄』, 金寧金氏卓三宗會, 1997 참조.
　　박 주, 위의 논문, 『조선사연구』17집, 15~16쪽 참조
47) 『국역 여지도서 』 경상도 거창 효자조 196쪽에도 수록되어 있다.

이 부족하고 구원병도 오지 않자 환아정(換鵝亭)의 깊은 연못에 몸을 던져 스스로 목숨을 끊었다. 이 일이 나라에 알려지자 선조가 기특하게 여기고 이어 하교하기를, "목숨을 돌보지 않고 싸움터에 뛰어들어 하늘을 나는 송골매처럼 용맹하게 아버지의 원수를 갚고 나라의 치욕을 씻었다. 충신을 구하려거든 반드시 효자의 가문에서 구하라는 말은 바로 이를 두고 한 말인가." 라고 했다. 판결사(判決事)를 추증하고 정려했다.48)

안의의 정대익(鄭大益). 정대유(鄭大有) 형제는 정유재란 때 곽준과 더불어 황석산성에 들어갔다. 산성이 함락되자 사내종 오좌미와 함께 어머니를 등에 업고 성 밖으로 나와 장수사(長水寺) 골짜기 어귀에 이르러 바위 사이에 몸을 숨겼다. 왜적의 선봉이 어머니와 마주쳐 해치려고 하자, 형제가 몸으로 감싸 안았으며 오좌미 역시 제 몸으로 가렸다. 한 칼날 아래 세 사람이 모두 목숨을 잃었으나 어머니는 온전히 목숨을 건졌다. 이 일이 나라에 알려져 정려했다. 49)

창녕의 손약허(孫若虛)는 임진왜란 때 아버지 손인갑(孫仁甲)의 상을 당하였다. 복수를 다짐하고 왜적을 토벌하러 나섰다가 왜적에게 사로잡히고 말았다. 왜적들이 그의 몸을 묶고 항복시키려고 했으나 굴하지 않고 왜적을 꾸짖다가 목숨을 잃었다. 이 일이 나라에 알려져 정려했다.50)

같은 지역의 노홍언(盧弘彦)은 임진왜란 때 왜적이 어머니를 죽이려고 하자 칼날을 무릅쓰고 자신의 몸으로 어머니를 감싸다가 어머니와 함께 목숨을 잃었다. 왜적들이 그의 효성에 감동하여 푯말을 세워 두고 떠나갔다. 이 일이 나라에 알려져 정려했다.

형제간에 우애가 극진한 경우가 19건51)이 있다.

---

48) 『국역 여지도서』 경상도 함안 효자조 155쪽에도 수록되어 있다.
49) 『국역 여지도서』 경상도 안의 효자조 67쪽에도 수록되어 있다.
50) 『국역 여지도서』 경상도 창녕 효자조 54쪽에도 수록되어 있다.
51) 진주의 류세창, 창원의 황하률, 함양의 노사준, 함양의 박숭규, 김해의 조이추, 거창의 형결, 초계의 변삼중, 양산의 윤빙삼, 이우춘, 박승장, 함안의 이교, 이희필, 안

합천의 문덕수(文德粹)는 부모의 상을 당하자 6년 동안 시묘살이를 하였다. 형 문덕순(文德純)이 뒤를 이을 자식 없이 세상을 떠나자 또한 마음속으로 3년상을 치렀다. 이 일이 나라에 알려져 정려했다.[52]

함안의 사노 세걸은 어려서부터 우애가 있었다. 3형제가 전답의 문권을 사용하지 않고 말로 서로 약속하고 말뚝을 세워놓고 경작하였다. 형제 사이 뿐만아니라 평생 다른 사람들과도 도리에 어그러진 말을 하지 않았다.[53] 같은 지역의 전의필은 아우 종풍(宗風)과 한집에 살면서 부모님이 돌아가신 후에도 분재(分財)하지 않고 의좋게 지내는 것이 늙어서까지도 처음과 같았다.[54]

함안의 이희필은 고려말 충신 이오(李午)의 후손이다. 7세 때 모친상을 당하였는데 사람들이 어육먹기를 권하였으나 문득 눈물을 흘리며 말하기를 "형이 먹으면 나도 먹겠다" 하였다. 그후 부친상을 당하자 형과 함께 3년동안 여묘하면서 한번도 집에 가지 않았다.[55]

양산의 이우춘(李遇春)은 양산군 이징석의 8대손이다. 집안 생활에서 효도와 우애의 도리를 다하였다. 아버지의 병이 위독해지자 손가락을 잘라 그 피를 내어 입에 넣어 드려서 다시 살아나게 했는데, 하루 밤낮 사이에 이러한 행동을 두 차례나 하였다. 경상도에서 보고를 올리니 호조좌랑(戶曹佐郎)에 추증하였다.[56]

부모 사후에 효행한 인물은 104건이다. 유형별로는 여묘 98건, 추복 18건, 단상거부 5건으로 부모 사후 여묘한 인물이 가장 많다.

신갑, 이희, 이희현, 전의필, 세걸, 합천의 문덕수, 의령의 전명성을 들 수 있다.
52)『국역 여지도서』경상도 합천 효자조 73쪽에도 수록되어 있다.
53)『咸州志』見行조에도 보인다(박주, 앞의 책 ,18쪽 참조).
54) 위와 같음.
55)『함주지』선행조에도 수록되어 있다.『함주지』선행조에는 선조 1년에 사마시에 합격한 사실과 형의 이름이 喜連으로 밝혀져 있다(박주, 앞의 책, 17쪽 참조).
56)『국역 여지도서』경상도 양산 효자조 105쪽에도 수록되어 있다.

먼저 세상을 떠난 아버지나 어머니를 위해 다시 상복을 입는 추복(追服)사례가 모두 18건[57]이다.

진주의 강민효(姜敏孝)는 아버지가 병에 걸리자 손가락을 잘라 그 피를 드렸다. 여덟 살 때 어머니의 상을 당했는데, 나이 70세가 되어서 뒤늦게나마 어머니를 위한 상복을 입고 죽만 먹고 지내며 3년상을 치렀다. 선조와 김대비(金大妃)의 국상 때 모두 3년 동안 상복을 입었다. 효종 때 정려했다.[58]

동래의 김득인은 어린 나이에 아버지를 여의었다. 어머니가 세상을 떠나자 3년 동안 시묘살이를 하였다. 돌아가신 아버지를 추모하기 위하여 어머니 묘소로 무덤을 옮기고 다시 3년 동안 시묘살이를 하여 앞뒤로 모두 9년 동안 상복을 입고 지냈다. 성종 3년(1472)에 이 일이 나라에 알려져 특별히 장사랑풍저창부봉사(將仕郎豊儲倉副奉事)의 벼슬을 내렸다.[59]

창원의 권을(權乙)은 관아의 서쪽에 있는 회원현(會原縣) 사람이다. 임진왜란 때 아버지 권준영(權俊英)이 배를 타고 바다를 건너다가 물에 빠져 죽었는데, 권을은 나이가 어려서 그 사실을 알지 못했다. 여섯 살 때 여러 아이들과 어울려 장난을 치다가 집으로 돌아와서 어머니에게 묻기를, "다른 아이들은 모두 아버지가 있는데, 나만 홀로 아버지가 안 계신 것은 무엇 때문입니까." 하니, 어머니가 그 이유를 말해 주었다. 권을은 통곡을 하며 스스로 가슴 아파했다. 이후로 바다에서 나오는 모든 산물은 모두 생을 마칠 때까지 입에 대지 않았다. 또한 기뻐하거나 웃는 법이 없었다. 아홉 살이 되었을 때 또 어머니에게 물어 간직해 둔 아버지의 머리카락과

---

57) 진주의 강민효와 류세창, 동래의 김득인,창원의 권을, 함양의 우정려, 밀양의 오영달, 거제의 이돌대, 거창의 형경상, 영산의 박성민과 남두방, 함안의 안옥, 조효철, 한수, 칠원의 김세한, 단성의 윤동열, 진해의 정필형, 사천의 윤동열, 의령의 구침을 들 수 있다. 여기에서 단성의 윤동열과 사천의 윤동열은 동일 인물임을 알 수 있다.
58) 『국역 여지도서 』경상도 진주 효자조 297쪽에도 수록되어 있다.
59) 註 37) 참조.

아버지가 입어 살갗에 닿았던 옷을 찾았다. 바다로 들어가 아버지의 넋을 불러서 머리카락과 옷으로 염을 하고 장례를 치른 다음 3년 동안 상복을 입었다. 지극한 효성으로 어머니를 섬겼다. 나이 17세 때 비로소 한강 정구(鄭逑)의 문하에서 학문을 닦았다. 도덕과 행실이 다른 사람의 모범이 되었으며 학식이 매우 넓고 글에 능숙하였다. 여러 차례 향시에 합격하였다. 돌아가신 어머니를 위해 3년상을 치른 뒤에 그대로 시묘살이를 계속했는데, 마치 처음 때처럼 슬픔에 겨워하다 몸이 상하였다. 불도를 닦던 승려들이 권을의 행실에 감화를 받아 집으로 돌아가서 부모를 봉양하기도 했다. 관찰사 임담(林墰)이 나라에 알려서 복호하였다. 현종 9년(1668)에 그의 효성을 기려 의금부도사(義禁府都事)를 추증하였다.[60]

영산의 향교 교생 남두방(南斗房)은 열 살 남짓한 나이에 손가락을 잘라 그 피를 약에 타서 드리니 어머니의 병이 나았다. 어머니의 상을 당하자 슬픔에 겨워 몸이 야윈 채 죽만 먹고 지내며 시묘살이를 하여 3년상을 마쳤다. 또 돌아가신 아버지를 위해 늦게나마 3년 동안 상복을 입었다. 숙종 40년(1714)에 정려하였다.[61]

함안의 안옥(安鈺)은 타고난 성품이 지극히 효성스러웠다. 어린 나이에 어머니를 여의었기 때문에 제대로 상을 치를 수가 없었다. 그 후 아버지 상을 당하여 3년 동안 시묘살이를 하였는데, 예에 지나칠 정도로 슬픔에 겨워하다 몸이 상하였다. 돌아가신 어머니를 위해 뒤늦게 3년 동안 상복을 입기도 했다. 평생토록 흰 옷만 입고 지내다가 생을 마쳤다. 원래 아들은 없고 딸만 셋을 두었다. 안옥이 병에 걸려 숨이 막혔는데, 두 딸은 모두 나이가 어리고 첫 딸은 조금 자란 상태였다. 첫딸이 제 손가락을 잘라 그 피를 아버지의 입에 떨어뜨리니 과연 딸의 효성에 하늘이 감동하여 마침

---

60) 『국역 여지도서』 경상도 창원 효자조 118~119쪽에도 수록되어 있다.
61) 『국역 여지도서』 경상도 영산 효자조 253쪽에도 보인다.

내 아버지가 다시 살아나게 되었다. 그 후 안옥의 아내가 병에 걸렸을 때 큰딸은 이미 시집간 상태였는데, 그 아래 두 딸이 앞 다투어 손가락을 잘라 그 피를 입에 넣어 드렸다. 이 일이 나라에 알려져 복호하였다.[62]

칠원의 김세한은 일찍 아버지를 여의고 어머니를 효성으로 섬겼다. 어머니를 위해 단지하여 수명을 연장시켰다. 아버지를 위해 추복 3년하였다. 여막곁에서 물이 용출하였으나 여묘살이가 끝나자 곧 말라버렸다. 산위의 여막에서 상례를 치룰때 위문하는 조객이 많이 모였다. 그 때 갑자기 비가 내렸는데 손님들이 피할 곳이 없자 세한이 하늘을 우러러 부르짖어 우니 비가 종일 내렸는데 산위에서만 개었다.

의령의 구침(仇琛)은 추가로 3년상을 더 치르니, 사람들이 모두 그의 효성에 감복하였다. 이 일이 나라에 알려져 정려했다. 정조 때 나라에서 '具'라는 성씨를 내려주었다.[63]

단상법을 거부한 사례가 4건[64]이다.

진주의 박인(朴訚)은 아버지가 세상을 떠났는데, 마침 연산군 때여서 상복 입는 기간을 짧게 하는 단상법이 엄하였다. 하지만 박인은 상복을 입고 시묘살이를 하며 3년상을 마쳤다. 중종 4년(1509)에 정문을 세워 표창했다.[65]

단성의 나유문(羅有文)은 연산군 때 어머니가 세상을 떠나자 단상법이 엄하였지만 홀로 예법대로 상을 치렀다. 슬픔에 겨워하다 몸이 야위어 병에 걸렸는데, 죽음을 앞두고 아내에게 작별의 인사를 나누며 말하기를, "내가 살아있을 때처럼 3년 동안 어머님께 제사를 지내주오."라고 하였다.

---

62) 『국역 여지도서』경상도 함안 효자조 156쪽에도 보인다.

63) 『국역 여지도서』경상도 의령 효자조 201쪽에도 수록되어 있다.

64) 진주의 박인, 창원의 박정견과 옥석견, 단성의 나유문을 들 수 있다.

65) 『국역 신증동국여지승람』권30, 진주목 효자조 및 『국역 여지도서』경상도 진주 효자조 295쪽, 『진양지』선행조에도 수록되어 있다(박주, 앞의 책. 56쪽 참조).

그 아내는 남편의 당부대로 하여, 비록 비와 눈이 내릴지라도 몸소 무덤에 지내는 제사를 그만두지 않았다. 이 일이 나라에 알려져 정려했다.[66]

창원의 옥석견(玉石堅)은 어려서 아버지를 여의고 집이 가난했으나 효성을 다해 어머니를 섬겼다. 별미 음식이 생길 때마다 가슴에 품고 와서 어머니에게 드렸다. 어머니가 세상을 떠나자 예에 지나치리만큼 슬픔에 겨워하다 몸이 상하였다. 그 무렵 상례 기간을 짧게 하는 법이 매우 엄했으나 홀로 시묘살이를 하며 상복을 벗지 않았다. 3년상을 마친 뒤에도 다시 3년 동안 아침저녁으로 올리는 제사를 그만두지 않았다. 이 일이 나라에 알려져 정려했다.[67]

국상을 당하여 심상 3년을 하거나 3년복을 입은 경우가 8건[68]이 보인다.

함안의 이원성은 효자 이교의 아들이다. 모친상을 당하자 묘곁에 여막을 지어 조석마다 곡전하고 끝난 후에는 반드시 집으로 돌아와 부친을 보살폈다. 중종이 승하하자 심상을 행하였다. 이어 부친상을 당하자 1년간 죽을 먹고 대상을 지낸 후 3년을 상복을 더 입었다. 향당이 탄복하여 방백에게 보고했으나 임금에게는 들리지 않았다한다.[69]

함안의 배여경(裵汝慶)은 어머니의 상을 당하자 죽만 먹고 지내며 3년상을 치렀다. 아버지의 상을 당하자 시묘살이를 하고 추가로 3년 동안 상복을 더 입었다. 초하루와 보름마다 성묘를 하였다. 여태까지 국상 때마

---

66) 『국역 신증동국여지승람』 권31, 단성현 효자조, 및 『국역 여지도서』 경상도 단성 효자조 188쪽, 『중종실록』 권10, 중종 5년 1월 병인조, 『단성지』에도 보인다(박주, 앞의 논문, 2002, 428~429쪽 참조).

67) 『국역 신증동국여지승람』 권32, 창원도호부 인물조 및 『국역 여지도서』 경상도 창원 효자조 117쪽에도 보인다. 『국역 신증동국여지승람』 권32, 창원도호부 인물조를 보면 중종 5년(1510)에 정문을 세워 표창했다.

68) 진주의 강민효, 함안의 이원성과 박형룡, 배여경, 한극검, 조효철, 기장의 김련, 의령의 정원종을 들 수 있다.

69) 『국역 여지도서』 경상도 함안 효자조 155~156쪽, 『함주지』 선행조에도 수록되어 있다(박주, 앞의 책, 16쪽 참조).

다 모두 근신하며 마음속으로 3년상을 치렀다. 숙종 때 이 일이 나라에 알려져 호조좌랑에 추증했다.[70]

같은 지역의 한극검(韓克儉)은 예를 다하여 상을 치렀다. 제사를 치를 때마다 반드시 열흘 동안 부정한 것을 멀리하고 몸을 깨끗이 하였다. 아침저녁으로 사당에 참배를 올렸는데, 비바람이 몰아치거나 병에 걸려도 그만 두는 법이 없었다. 제사용 전답에는 거름도 치지 않았다. 두 조정의 국상 때 모두 3년 동안 상복을 입었다. 이 일이 나라에 알려져 주부(主簿)를 추증하고 정려했다.

함안의 박형룡(朴亨龍)은 호가 완석당(浣石堂)이다. 한결같이 『소학』의 가르침대로 부모를 섬겼다. 부모가 혹시 병에 걸리면 상분하여 그 병의 상태를 자세히 살피고 병을 낫게 해 달라고 북두칠성에 빌었다. 부모의 상을 당하자 죽만 먹고 지내며 시묘살이를 하였다. 효종과 현종 두 임금이 세상을 떠나자 그때마다 모두 거친 밥만 먹으며 3년상을 마쳤다. 대비와 중전의 국상 때도 역시 이처럼 3년상을 치렀다. 영조 6년(1730)에 이 일이 나라에 알려져 지평을 추증했다.[71]

그 밖에 효를 실천하다가 자신의 목숨까지 잃은 경우가 3건[72] 있다.

의령의 진사 강서(姜瑞)는 충신인 강수남의 아버지이며 남명 조식의 제자이다. 타고난 성품이 지극히 효성스러워 정성을 다해 부모를 섬겼다. 아버지가 세상을 떠나자, 예법에 지나치리만큼 슬픔에 겨워하다 몸이 야위어 여막 곁에서 숨을 거두었다. 중종 때 이 일이 나라에 알려져 정려했다. 남명 조식이 그 비문을 지었는데, 그 내용은 대략 다음과 같다. "형인 진사 강우 군은 어머니가 세상을 떠나자 여막 곁에서 숨을 거두었다. 아우인 진사 강서 군은 아버지의 상을 당하여 또한 죽기에 이르렀다. 형은

---

70) 『국역 여지도서』 경상도 함안 효자조 156쪽에도 수록되어 있다.
71) 『국역 여지도서』 경상도 함안 효자조 156쪽에도 수록되어 있다.
72) 합천의 김두남, 의령의 강서, 강우형제를 들 수 있다.

어머니를 위해 목숨을 바치고 아우는 아버지를 위해 목숨을 바쳤으니, 세상에 어찌 이와 같은 일이 있단 말인가." 시를 지어서 애도의 뜻을 표하였다.73) 진사 강우(姜瑀)는 효자 강서의 형이다. 남명 조식의 제자이며, 하늘이 내린 듯이 효성스러웠다. 어머니의 상을 당하자, 죽만 먹고 거적에서 자며 예법에 지나치리만큼 슬픔에 겨워하다 몸이 야위어 결국 여막 곁에서 숨을 거두었다. 이 일이 나라에 알려져 정려하였다.

부모를 봉양하기 위해 벼슬을 그만 둔 경우가 1건 있다.

김해의 권형은 초계군수에 임명되었으나 벼슬을 그만두고 돌아와 부모를 봉양하였다. 부모가 세상을 떠나자 예에 지나칠 정도로 슬픔에 겨워하다 몸이 야위었고 이 때문에 병에 걸려 벼슬살이를 하지 못했다. 의령의 이충범(李忠範)은 사람됨이 지극히 효성스러웠다. 호는 산수옹(山水翁)이다. 재야의 이름난 선비로 천거되어 참봉에 임명되었으나 벼슬자리에 나아가지 않았다. 명나라 신종황제(神宗皇帝)가 그의 뛰어난 행실에 대한 소문을 듣고 『성리대전(性理大典)』과 『이학통록(理學通錄)』 등 70여 권의 책을 내려 보내 주었다.74)

여묘할 때 호랑이가 와서 같이 지키거나 도적을 쫓아낸 경우, 또는 호랑이가 샘물을 판 사례 등이 5건75) 있다.

함안의 안상의(安尙義)는 어려서부터 학문에 뜻을 두어 향리에서 소학동자라고 칭찬하였다. 여막에 물이 없어서 호랑이가 땅을 팠는데 물이 솟아나와 이름을 '孝子泉' 이라 하였다.

합천의 업유(業儒) 이인망(李仁望)은 아버지가 병이 들었을 때 살아있는 꿩을 소망하였는데 꿩 두 마리가 부엌으로 날아들었다. 부친상을 당하여 여묘할 때 큰 흉년이 들자 도적이 여묘에 침범하였는데 갑자기 호랑이

---

73) 『국역 여지도서』 경상도 의령 효자조 200~201쪽에도 수록되어 있다.
74) 『국역 여지도서』 경상도 의령 효자조 202~203쪽에도 수록되어 있다.
75) 함안의 이후삼, 안상의, 진주의 이광점, 김해의 허동암, 영산의 박성민, 합천의 이인망의 경우를 들 수 있다.

가 나타나 도적을 쫓았다. 이에 급복하였다.

효자로 인해 다리이름이 지어지기도 하였다. 또 효자길이 생긴 경우도 있다.

진주의 정도동(鄭道東)은 포은 정몽주의 후손이며 권상하의 문인이다. 모친상에 여묘하였으며 다리 이름을 '효자교(孝子橋)'라 일컬었다. 이에 영조 17년(1741)에 정려하였다.

밀양의 조하진(曺夏璡)은 효자 조광익의 5세손이다. 천성이 효경스러웠으며, 거상에 여묘하면서 작은 길이 만들어졌는데 초목들이 효자길이라고 일컬었다.

부모에게 불순한 세 명의 아내를 내쫓은 효자가 있어 주목된다.

밀양의 권건리(權件里)는 효성으로 부모를 섬기고 힘을 다해 봉양하였다. 아내가 부모에게 순종하지 않자 잇따라 세 명의 아내를 쫓아냈다. 아버지가 몹쓸 병을 앓자 손가락을 잘라 그 피를 드려서 아버지를 열흘 남짓 더 살게 하였다. 이 일이 나라에 알려져 정려하였다.[76]

안의의 최성문(崔聖文)은 본래 절름발이 몸으로 태어났다. 여러 해 동안 아버지가 병을 앓았는데 온 힘을 기울여 병간호를 하였다. 하늘에 제사를 올리며 아버지의 병이 낫게 해 달라고 간절히 빌자 아버지의 병이 조금씩 나았다. 최성문이 기쁨에 들떠 발을 구르며 춤을 추려고 하자 두 다리가 저절로 펴졌다. 이 일이 나라에 알려져 복호하였다. [77]

2) 신분

다음으로 경남 지역 효자들의 신분을 살펴보기로 한다.

---

76) 『국역 여지도서』 경상도 밀양 효자조 238쪽에도 수록되어 있다.
77) 『국역 여지도서』 경상도 안의 효자조 68쪽에도 수록되어 있다.

신분	효자	계
문무유직자	文孝公의 자 1명 忠臣의 후손 1명 忠臣의 자 1명 夏城君의 후예 1명 靖武公의 증손 1명 圃隱의 후손 1명 左議政의 10세손 1명 正憲大夫 1명(정2품) 贈戶曹參判 2명(종2품) 贈刑曹參判 1명(종2품) 節度使의 孽子 1명(종2품) 贈右尹 1명(종2품) 贈左承旨 1명(정3품) 府使 1명(정3품) 主簿 1명(정3품) 贈主簿 1명(정3품) 贈工曹參議 1명(정3품) 贈吏曹參議 1명(정3품) 贈參議 1명(정3품) 贈判決事 1명(정3품) 贈司憲府執義 1명(종3품) 郡守 2명(종4품) 郡守의 자 1명(종4품) 贈持平 1명(정5품) 正郎 1명(정5품) 司憲府持平 1명(정5품) 成均館 直講 1명(정5품) 右獻納 1명(정5품) 吏曹右司直 1명(정5품) 校理의 손자 1명(정5품) 贈獻納 1명(정5품) 贈司直 1명(정5품) 縣令 1명(종5품) 持平의 자 1명(정5품)	86명

	贈都事 3명(종5품) 左司諫大夫 1명(정6품) 贈工曹佐郞 5명(정6품) 贈佐郞 6명(정6품) 贈戶曹佐郞 7명(정6품) 監察 1명(정6품) 縣監 2명(종6품) 典涓司 주부 1명(종6품) 縣監의 자 1명(종6품) 部將의 자 1명(종6품) 贈義禁府都事 1명(종6품) 參軍 1명(정7품) 別檢 1명(정. 종8품) 將仕郞豊儲倉副奉事 1명(정9품) 參奉 8명(종9품) 參奉의 자 1명(종9품) 贈參奉 1명 贈敎官 1명(종9품) 贈童蒙敎官 3명(종9품) 敎官 1명 敎官의 자 1명 將仕郞 1명 童蒙敎官 1명	
생원, 진사, 유학, 학생, 사인	生員 3명 進士 3명 進士의 형 1명 校生 3명 貢生 1명 幼學 1명 司馬합격자 1명	13명
향리, 역리	戶長 1명 鄕吏 1명 驛吏 2명 邑吏의 자 2명	6명

군인	正兵 2명 保人 3명 水軍 1명	6명
평민	良人 2명	2명
천민	公賤 1명 私賤 2명 賤人 1명 寺奴 1명 私奴 5명 白丁 1명	11명
계		124명

이상에서 효자들의 신분을 살펴보면 신분이 밝혀진 124명 가운데 문무유직자가 86명(69%), 생원·진사·유학·학생·사인 등이 13명(약11%), 향리·역리가 6명(약 5%), 군인이 6명(약 5%), 평민이 2명(약 2%), 천민이 11명(약 9%)이다. 여기에서 사족이 99명(약 80%)을 차지하고 있는 반면에 평민(군인포함)과 천민은 모두 합하여 19명(15%)을 차지하여 사족이 5배 이상 더 많은 비중을 차지함을 알 수 있다.

경남지역 사족 신분의 분포율은 경북지역(65%)보다 15%가 높은 반면에 평민과 천민을 합한 경우는 경북지역(22%)보다 7%가 낮았다. 여기에서 경남지역의 경우 경북지역보다 상층신분에서 효자가 더 많이 배출되었음을 알 수 있다.

사족의 경우 가계배경과 관직명, 거주지 등이 분명하였다. 문간공 정온의 손자와 증손자, 요수 신권의 5대손, 첨모당 임운의 9대손, 충렬공 강수남의 5대손, 문효공 하연의 자, 충신 손인갑의 자, 하성군 조계룡의 후예, 정무공 이호성의 증손, 포은의 11세손, 좌의정 윤강의 10세손, 교리 하옥의 손자, 지평 전우석의 자, 참봉의 자, 참봉 하미수의 손자, 증승지 배덕수의 자, 증승지 강세탁의 손자, 군수 손영제의 자, 교관의 자, 절도사 이

거인의 얼자, 부장의 자, 현감 이순조의 손자, 현감 우여무의 자, 은렬공 강민첨의 후손, 하우명의 현손, 읍리의 자, 조지서의 증손자, 양관의 4대손과 5대손, 박맹지의 8대손, 하맹보의 6대손, 정랑 순수의 증손, 신계성의 5대손, 이지활의 8대손, 이시익의 현손, 고려 시중 장일의 후손, 신필주의 고손자, 배학의 고손자, 기묘명현 문회지의 손자, 직제학 김전의 증손자, 양산군 이징석의 8대손 등이 그들이다. 또한 효자의 가문에서 효자가 계속 나오고 있음을 알 수 있다. 효자 갑생의 자 윤홍신, 효자 광익의 5세손 조하진, 효자 동현의 자 신명윤, 효자 이교의 자 이원성, 효자 장시행의 자 장익정과 손자 장만, 효자 강우. 강서 형제, 효자 항의 자 박양춘, 효자 우명의 손자 노사준(盧士俊), 노사예(盧士豫), 노사상(盧士尙), 효자 사예의 아우 노사계, 효자 극민의 자 김팔화, 효자 극민의 아우 김극형, 효자 극형의 자 김팔휴와 김팔거 등이 그들이다.

3) 포상내용

조선시대에는 효자에 대한 포상으로 정려, 정문, 복호, 상직(제수, 증직), 상물(米, 布), 면천 등이 있었으며 신분의 고하, 귀천을 막론하고 누구나 효행을 하면 포상을 받을 수 있었다.

<표 2> 조선시대 경남지역 효자의 포상유형 분포

유형	旌閭 (旌門)	復戶	給復	贈職	除授 (賞職)	旌閭 十 贈職	旌閭 十 給復	旌閭 十 復身	旌閭 十 除授
분포수	113	9	47	42	17	10	1	1	2

유형	旌閭 十 免役	旌閭 十 復其家	給復 十 贈職	復戶 十 除授	除授 十 贈職	復其家	復其家 十 贈職	免賤	賜食物
분포수	1	1	1	1	1	5	1	1	1

유형	褒賞	立祠	蠲烟役	褒米石	不明	計
분포수	1	3	1	1	40	301

<표 2>를 통하여 포상유형의 분포를 보면 정려(정문)가 113건(43%)으로 가장 많은 비중을 차지하고 그 다음으로 급복이 많았다. 그리고 증직, 제수, 복호 순으로 많았다. 증직된 관직으로는 호조참판 2건, 사헌부지평(정5품) 3건, 병조참의(정3품) 1건, 공조참의 1건, 동몽교관(종9품) 3건, 의금부도사(종6품, 종8품) 1건, 지평 8건, 형조참판 1건, 공조좌랑 6건, 호조좌랑 8건, 도사 3건, 좌랑(정6품) 6건, 참의 1건, 판결사(정3품) 1건, 주부(종6품) 1건, 사헌부 집의 1건, 좌승지 2건, 동부승지 1건, 헌납 1건, 사직 1건, 호조정랑(정5품) 1건, 이조참의 1건, 참봉(종9품) 1건 등이 보이는데, 이 가운데 좌랑이 20건(48%)으로 가장 많아 주목된다.

제수된 관직으로는 장사랑풍저창부봉사, 참봉, 이조우사직, 장사랑, 유곡찰방, 별검, 동몽교관, 참군 등으로 참봉이 9건(약 53%)으로 가장 많았다. 경북에서는 정려와 정문이 49%로 가장 많았고 그 다음으로 증직이 많았다. 증직된 관직으로는 지평(정5품)이 가장 많고, 제수된 관직으로는 경남과 마찬가지로 참봉이 가장 많았다.[78]

---

78) 박 주, 「조선시대 경북지역의 효자. 효녀. 효부 사례분석」, 『한국사상과 문화』49 집, 2009, 291쪽 참조.

2. 조선시대 경남지역의 효녀, 효부 사례분석

1) 효녀

『경상도읍지』에 의거하면 경남지역의 효녀수가 16명에 불과하다. 전체 효행자 가운데 약 5%를 차지하여 당시 조선왕조 여성에게는 효보다는 열이 더 중요시되었음을 알 수 있다.[79]

경남지역 효녀의 행적을 살펴보면, 부모의 병에 단지효행하거나 할고한 경우가 4건으로 가장 많다. 즉 진주의 득비, 거창의 이덕삼의 처 권씨와 신낙의 처 이씨, 김해의 조씨가 그들이다.

진주의 득비(得妃)는 아버지 김계남(金繼南)이 간질에 걸렸는데 4년 동안 낫지 않았다. 득비가 산 사람의 뼈와 살을 먹으면 나을 수 있다는 말을 듣고, 왼쪽 손 넷째 손가락을 잘라 아버지에게 드시도록 했더니 드디어 그 병이 나았다. 성종 3년(1472)에 정려하였다.[80]

거창의 이덕삼(李德三)의 처 권씨는 부모가 병에 걸리자 연달아 세 손가락을 잘라 그 피를 드렸다. 이 일이 나라에 알려져 정려하였다.[81] 같은 지역의 신각(慎恪)의 처 이씨는 처녀로 있을 때 어머니가 병으로 기절하자 여동생과 함께 단지출혈하여 어머니가 다시 살아났다. 이에 복호하였다.

단지 효행보다 어려운 할고 효행을 한 효녀가 있어 주목된다. 김해의 조씨(曺氏)는 효자 반석철(潘碩徹)의 외손녀이다. 아버지가 병에 걸렸는

---

79) 박주, 위의 논문,『한국사상과 문화』49집, 2009, 280쪽에 의하면 조선시대 경북지역의 효녀 사례가 14건으로 나와 있어 그 분포수가 경남지역과 거의 비슷하였음을 알 수 있다.

80)『국역 신증동국여지승람』권30, 경상도 진주목 본조 효자조, 및『국역 여지도서』경상도 진주 효자조 295쪽,『동국신속삼강행실도』효자도「득비단지」,『진양지』효자조,『성종실록』권15, 성종 3년 2월 병진조에도 수록되어 있다(박주, 앞의 책, 59쪽 참조).

81)『국역 여지도서』경상도 거창 효녀조 197쪽에도 수록되어 있다.

데 의원이 말하기를, "산 사람의 뼈를 먹으면 나을 수가 있다." 하자, 자신이 직접 넓적다리뼈를 깎아 내 드시게 하니 아버지가 다시 살아났다. 이 일이 나라에 알려져 정려하였다.[82]

물에 빠진 어머니를 구하려다 함께 익사하거나 어머니를 구하고 자신은 익사한 경우가 2건으로 울산의 정소근연과 의령의 심무정을 들 수 있다.

울산의 정소근연(鄭小斤連)은 정여성(鄭汝成)의 딸이다. 나이 15세 때 어머니와 함께 미역을 따러 갔는데, 어머니가 그만 발을 헛디뎌 바다로 떨어졌다. 딸이 바다 속으로 뛰어들어 어머니를 구하려고 했는데 손쓸 도리가 없었다. 이웃 아이에게 큰 소리로 말하기를, "빨리 우리 집으로 가서 알려주어라. 나는 어머니가 돌아가신 모습을 보고는 차마 살 수가 없다." 하고는 어머니를 껴안고서 함께 죽었다. 이 일이 나라에 알려져 정려하였다.[83]

의령의 심무정(沈武丁)은 나이 열 살 남짓에 어머니가 폭포에 떠내려가자 몸을 폭포에 던져 물속에 들어가 어머니를 구해냈으나 기력이 약해지고 다하여 목숨을 잃고 말았다. 이 일이 나라에 알려져 정려하였다.[84]

호환사례가 2건으로 밀양의 금지와 안의의 월량을 들 수 있다.

밀양의 효녀 今之(혹은 金枝)는 12세에 어머니를 따라가서 산밭을 매다가 마침 날이 저물었는데 어머니가 호랑이에게 물려갔다. 금지가 한 손으로 어머니를 붙들고 한 손으로는 호미를 쥐고 호랑이를 내리치면서, 마을 사람들에게 함께 구해 달라고 외쳤다. 백여 걸음쯤 갔는데 붙잡고 있던 어머니의 몸이 점점 굳어지자, 이에 호랑이가 내버리고 떠나갔다. 어머니의 시신을 거두어 집에 모셔 두고 밤새도록 시신을 안고 통곡하고는 옷을 팔아 널을 사서 장사 지냈다. 이 일이 나라에 알려져 정려하였다. 그 후 백익형(白益瀅)의 아내가 되었다.[85]

---

82) 『국역 여지도서』 경상도 김해 효자조 79쪽에도 수록되어 있다.
83) 『국역 여지도서』 경상도 울산 효녀조 52쪽에도 수록되어 있다.
84) 『국역 여지도서』 경상도 의령 효녀조 203쪽에도 수록되어 있다.

안의의 月良은 나이 14세 때 어머니가 호랑이에게 물리자 월량이 도끼를 들고 호랑이를 내리쳐 마침내 어머니의 목숨을 구했다. 이 일이 나라에 알려져 복호하였다.[86]

임진왜란과 정유재란 때 절개를 지키려다가 부모와 함께 목숨을 잃은 효녀가 3명있다. 합천의 선비 문경(文鏡)의 딸 문씨는 정유재란 때 왜적과 마주쳤는데, 절개를 지키다가 아버지를 껴안고 죽었다. 이 일이 나라에 알려져 정려하였다.[87]

창녕의 만호 백수(白璲)의 딸 백이랑(白二娘)은 임진왜란 때 왜적이 부모를 죽이고 백이랑을 붙잡아 데려가려고 하자 백이랑이 자신의 몸으로 부모를 감싸 안았다가 왜적의 칼날 아래 부모와 함께 목숨을 잃었다. 이 일이 나라에 알려져 정려하였다.[88]

안의의 찰방 정유열(鄭惟悅)의 처 全氏는 전형의 딸이다. 어머니와 함께 왜적과 마주치게 되었다. 왜적이 협박을 가하며 앞장서 걷게 하자 전씨 역시 끊임없이 꾸짖었다. 왜적이 먼저 어머니에게 칼날을 겨누자 전씨는 손으로 어머니를 감싸 안았다. 손가락이 먼저 잘리고 마침내 어머니를 껴안고서 목숨을 잃었다. 열녀와 효녀로서의 행실을 모두 이루었다. 이 일이 나라에 알려져 정려하였다.[89]

복수 사례가 2건 보인다.

합천의 류문빈(柳文彬)의 처 韓氏는 17세 때 이곳저곳을 떠돌다 성주에서 살게 되었는데, 아버지가 사내종들에게 살해당했다. 이때 한씨는 아직

---

85) 『국역 신증동국여지승람』 권26, 경상도 밀양도호부 효자조 581쪽, 『국역 여지도서』 경상도 밀양 효자조 232쪽, 『밀양지』에도 수록되어 있다(박주, 앞의 논문, 2008, 16쪽 참조).
86) 『국역 여지도서』 경상도 안의 효녀조 69쪽에도 수록되어 있다.
87) 『국역 여지도서』 경상도 합천 효녀조 74쪽에도 수록되어 있다.
88) 『국역 여지도서』 경상도 창녕 효녀조 56쪽에도 수록되어 있다.
89) 『국역 여지도서』 경상도 안의 효녀조 69쪽에도 수록되어 있다.

결혼하지 않은 몸이었다. 홀로 앞장서서 관아로 들어가 아버지의 억울한 죽음을 호소하고, 장정을 모아 시신을 찾아 나섰다. 큰소리로 울며 돌아다닌 지 열흘이 지나 어느 물가에 이르렀는데, 하늘에서 느닷없이 폭우가 쏟아지자 모래밭이 헤쳐지고 시신이 나왔다. 그 시신을 안고 관아로 가서 고발하여 사내종들을 붙잡아 모조리 죽이도록 했다. 이 일이 나라에 알려져 정려하였다.[90]

같은 지역의 우징의 처 박씨는 자매가 처녀로 있을 때 아버지가 山訟으로 원통하게 죽자 복수하기를 죽음으로 맹세하였다. 언니가 먼저 칼날에 죽으니 동생이 죽음을 통분하게 여겨 울면서 세 번 정을 쳐서 대궐에 원통함을 호소하였다. 이에 언니에게는 정려, 동생에게는 급복하였다.

효를 위해 자결한 효녀가 1명 있어 주목된다.

동래의 만호 김보문(金寶文)의 딸 김씨는 타고난 성품이 지극히 효성스러웠다. 아버지가 병을 앓자 하늘을 부르짖으며 맹세했다. 그러나 아버지가 세상을 떠나자 아우에게 말하기를, "너는 살아서 어머니를 섬겨라. 나는 죽어서 아버지를 섬기겠다." 하고는, 마침내 스스로 목을 매어 자결하였다. 성종 22년(1491)에 이 일이 나라에 알려져 정려하였다.[91] 효녀 김씨의 무덤이 관아의 동쪽 20리 운봉산(雲峰山) 아래에 있었는데, 임진왜란 때 왜적들이 그 무덤을 파헤쳤다. 난리가 평정된 뒤 어느 날 밤에 김씨가 水使의 꿈에 나타나 말했다. "저는 이 고을에 살았던 효녀 김씨입니다. 불행히도 왜적에 의해 무덤이 파헤쳐져 해골이 밖으로 드러난 지 오래되었습니다. 해골을 수습해 묻어 주시기를 간절히 바랍니다." 수사가 깜짝 놀라 깨어나서 마음속으로 괴이하게 여겼다. 이튿날 아침 주위 사람들에

---

90) 『국역 여지도서』 경상도 합천 효녀조 73쪽에도 수록되어 있다.
91) 『국역 신증동국여지승람』권23,경상도 동래현 효자조 365쪽과 『국역 여지도서』 경상도 동래진 동래도호부 효자조 473쪽,『동래부지』 효자 효녀조 515쪽에도 수록되어 있다(박주, 「『동래부지』의 편찬과 효자, 열녀」,『조선사연구』16, 2007. 11~12쪽 참조).

게 물어보니, 과연 효녀의 무덤이 운봉산에 있다고 했다. 사람들을 시켜 가서 살펴보게 하니, 무덤이 파헤쳐져 해골이 밖으로 드러나 있었다. 해골을 수습하고 염을 하여 옛 되 구덩이에 안치하고 봉분을 만든 다음 제사를 지내주었다. 이날 밤 김씨가 다시 꿈에 나타나서 감사 인사를 전했다고 한다.

위의 효녀 사례내용들을 정리해 보면 부모의 병에 단지하거나 할고한 사례가 4건으로 가장 많다. 그리고 물에 빠진 어머니를 구하려다 함께 익사한 경우와 어머니를 구하고 자신은 익사한 경우가 2건, 호환사례가 2건, 임진왜란과 정유재란 때 절개를 지키려다가 부모와 함께 죽은 효녀 사례가 3건, 아버지 원수에 대한 딸의 복수 사례가 2건이 있었음을 알 수 있다.

한편 신분이 밝혀진 효녀는 만호의 딸 김씨, 선비의 딸 문씨, 찰방의 처 全氏 일뿐이다. 포상내용으로는 정려 또는 정문을 받은 효녀가 11명, 복호 받은 효녀가 1명, 급복의 포상을 받은 효녀가 3명이었다.

2) 효부

『경상도읍지』인물조에 의거하면 효부 사례는 12명에 불과하여 효녀 사례보다도 그 수가 적은 편이다. 전체 효행자 가운데 3%를 차지할 뿐이다. 효부에 대한 사례를 살펴보면, 평시에 시부모를 효성을 다해 정성껏 섬긴 사례가 3건으로 가장 많다.

진주의 효부 강수제(姜壽齊)의 처 梁氏,[92]합천의 하세진(河世晋)의 처 鄭氏,[93] 의령의 심치(沈致)의 처 石氏가 그들이다. 의령의 심치의 처 석씨는 나이 20세에 남편이 세상을 떠났다. 효성을 다해 시어머니를 섬기는데

---

92)『국역 여지도서』경상도 진주 효자조 298쪽에도 수록되어 있다.
93)『국역 여지도서』경상도 합천 효자조 74쪽에도 수록되어 있다.

친정아버지가 그녀를 다시 시집보내려고 하였다. 석씨가 거절하기를, "남편은 독자로서 일찍이 세상을 떠났습니다. 아버지께서 만약 절개를 지키려는 제 뜻을 빼앗으신다면, 돌아가신 남편의 병든 어머니는 누가 봉양하겠습니까." 하였다. 마침내 친정아버지의 뜻을 따르지 않고 더욱 정성을 다해 부지런히 시어머니를 섬겼다. 시어머니가 측간에 갈 때에는 자신이 몸소 시어머니를 업었다. 이 일이 나라에 알려져 정려하였다. 94)

호환 사례로서 호랑이에게 물려간 시아버지를 구한 효부 사례가 1명 있다.

진주의 이진광(李震光)의 처 權召史는 시아버지가 호랑이에게 물려가자 용감하게 앞장서 곧장 뛰어들어 손으로 호랑이를 쳐서 마침내 시아버지가 죽음을 면할 수 있었다. 숙종 때 이 일이 나라에 알려져 정려하였다.95)

시어머니를 구하려다 함께 익사한 효부가 1명 있다.

함양의 사노 우립(友立)의 처 天女는 시어머니가 전염병에 걸려 냇가의 움막에서 지냈는데 밤중에 비가 내려 물이 불었다. 이웃 움막에 있던 자가 둘 다 살아날 수는 없다는 사실을 알고서 함께 움막을 떠나자고 했다. 천녀가 말하기를, "내 어찌 차마 시어머니를 버리고서 목숨을 구하겠는가." 했다. 마침내 물에 빠져 시어머니와 함께 목숨을 잃었다. 이 일이 나라에 알려져 정려하였다.96)

시어머니의 병에 단지하거나 상분한 사례가 3건이 있다.

진주의 손흥은의 처 鄭召史는 시부모의 병에 바위굴에서 인삼을 구해드렸으며 단지 효행하였다. 이에 급복하였다.

기장의 효자 교생 김련(金鍊)의 처 姜氏는 시아버지가 여름철에 설사병에 걸리자 강씨가 손가락을 깨물어 피를 내서 시아버지에게 드렸다. 시아

94)『국역 여지도서』경상도 의령 효자조 203쪽에도 수록되어 있다.
95)『국역 여지도서』경상도 진주 효부조 298쪽에도 수록되어 있다.
96)『국역 여지도서』경상도 함양 효부조 129쪽에도 수록되어 있다.

버지가 다시 살아나서 몇 달 동안 더 살자 사람들은 강씨의 지극한 효성에 하늘이 감동해 빚어진 일이라고 말하였다. 이 일이 나라에 알려져 복호하였다. 97)

양산의 백후채(白後采)의 처 呂氏는 부녀자의 도리를 깊이 터득하고 마땅히 효성을 다하여 시부모를 섬겼다. 시어머니가 10년 동안 병을 앓아 두 눈이 멀어서 사물을 보지 못하였다. 먹을거리와 옷가지를 봉양할 때 먼저 그 이름을 가리킨 뒤에 시어머니의 뜻을 받들었는데, 게으름을 피우는 때가 거의 없었다. 시어머니의 병이 위독해질 때에는 상분하여 그 병의 상태를 자세히 살폈다. 시어머니의 상을 당해서는 슬픔 속에서 예법을 다하여 장례를 치렀다. 경상도에서 보고를 올리니 정사년에 그 집의 부역과 조세를 면제해 주는 포상조치를 내려주었다. 이 효부는 바로 송담(松潭) 백수회의 제사를 받드는 증손자 며느리이니 충신과 효부가 한집안에서 아울러 나왔다. 98)

밀양의 김석흥(金碩興)의 처 魯召史는 효도를 다하여 시부모를 섬겼다. 시부모가 늙고 병이 들자 시부모의 건강을 위해 늘 목욕재계하고 북두칠성에 치성을 드렸다. 이 일이 나라에 알려져 복호하였다.99)

효녀와 효부의 행실을 모두 이룬 사례가 2건 있다.

문간공 김종직의 딸이며 이핵(李翮)의 처인 金氏는 13세 때 어머니가 병에 걸리자 손가락을 잘라 그 피를 드리니 어머니의 병이 나았다. 시집가서도 역시 효성을 다해 시부모를 섬겼다. 이 일이 나라에 알려져 정려하였다.100)

이중광(李重光)의 딸이며 승지 한시회(韓時晦)의 처인 이씨는 시부모를

---

97) 『국역 여지도서』 경상도 기장 효부조 118쪽에도 수록되어 있다.
98) 『국역 여지도서』 경상도 양산 효부조 106쪽에도 수록되어 있다.
99) 『국역 여지도서』 경상도 밀양 효부조 239쪽에도 수록되어 있다.
100) 『국역 여지도서』 경상도 진주 효부조 298쪽에도 수록되어 있다.

지극한 효성으로 섬겼다. 시부모가 세상을 떠나자 친가로 돌아가 친정부모를 효성으로 섬겼다. 나이 70세임에도 친히 의복과 맛있는 음식으로 봉양하였다. 친정부모가 세상을 떠나자 피눈물을 흘리며 3년상을 마쳤다. 이에 숙종조에 급복하고 숙부인을 추증하였다.

한편 신분이 밝혀진 효부의 신분을 보면 현감의 손부 1명, 私奴의 처 1명, 교생의 처 1명, 召史 3명을 들 수 있다. 포상내용으로는 정려 5명, 급복 4명임을 알 수 있다.

3. 조선시대 경남지역 효자, 효녀, 효부 정려의 지역적 특성

조선시대 경남지역내 효자, 효녀, 효부의 지역별 분포를 『경상도읍지』에 의하여 살펴보면 다음의 표와 같다.

<표 3> 경남 지역별 효자, 효녀, 효부 분포수

지역	진주	동래	창원	함양	고성	하동	울산	김해	밀양
효자	22	6	10	33	1	1	2	8	26
효녀	1	1	0	0	0	0	1	1	1
효부	6	0	0	1	0	0	0	0	1
합계	29	7	10	34	1	1	3	9	28

지역	거제	거창	초계	남해	영산	양산	함안	곤양	합천
효자	2	14	4	0	8	6	37	0	29
효녀	0	2	0	0	0	0	0	0	3
효부	0	0	0	0	0	1	0	0	1
합계	2	16	4	0	8	7	37	0	33

지역	칠원	안의	진해	산청	단성	창녕	사천	기장	삼가
효자	6	16	2	4	9	16	6	5	6
효녀	0	2	0	0	0	1	0	0	0
효부	0	0	0	0	0	0	0	1	0
합계	6	18	2	4	9	17	6	6	6

지역	웅천	언양	의령	합계
효자	2	0	25	306
효녀	0	0	3	16
효부	0	0	1	12
합계	2	0	29	334

<표 3>을 통하여 경남지역 효자의 지역별 분포를 보면 함안지역이 37명으로 가장 많았다. 그 다음이 함양지역(33명)이었다. 합천(29명), 밀양(26명), 의령(25명), 진주(22명), 창녕(16명), 안의(16명), 거창(14명) 순으로 많은 효자수를 보이고 있다.

따라서 경남지역 내에서도 재지사족의 영향력이 컸던 함안, 함양지역에서 효자가 많이 배출되었음을 알 수 있다. 특히 함안은 현존하는 우리나라 최초의 사찬읍지인 『함주지(咸州志)』(선조 20년, 1587)가 편찬된 지역이고, 함양은 사찬읍지 『천령지(天嶺誌)』(효종 7년, 1656)가 편찬된 지역이다.[101]

효녀는 모두 16명으로 합천과 의령이 각각 3명으로 가장 많고 거창, 안의가 각각 2명, 진주, 동래, 울산, 김해, 밀양, 창녕이 각각 1명씩이다.

효부의 수는 모두 12명이 된다. 즉 진주가 6명[102]으로 가장 많이 보이고 함양, 밀양, 양산, 합천, 기장, 의령이 각각 1명씩 보이고 있다. 여기에

---

101) 『조선시대 사찬읍지』, 경상도편, 한국인문과학원, 1989 참조
102) 진주에서는 동일 인물의 효부가 수록되어 있다. 즉 승지 한시회의 처이며 중랑의 딸인 이씨의 사례가 이중으로 수록되어 있다.

서 진주, 밀양, 합천, 의령에서는 효녀, 효부 모두 보이고 있어 주목된다. 그 밖의 지역에서는 효녀, 효부 사례가 전혀 보이지 않는다. 따라서 경남지역의 효녀, 효부의 수를 모두 합하면 28명으로 전체 효행자의 8%에 불과하다.[103] 반면에 경남지역의 전체 열녀수는 255명으로 효녀와 효부를 합한 수의 거의 10배 가까이 된다.[104] 이것은 조선유교사회에 있어서 여성에게는 삼강윤리 가운데 효보다는 열을 더 권장하고 포상하였음을 확인할 수 있다.

맺음말

지금까지 『경상도읍지』 인물조에 나오는 조선시대 경남지역 30읍의 효자. 효녀. 효부 모두 329건의 사례들을 상세히 분석하였다. 아울러 경북지역 효행사례와 비교 검토하였다. 여기에서 그 내용을 몇 가지로 정리해 보면 다음과 같다.

첫째, 조선시대 경남지역의 효자 행적을 보면 경북지역과 마찬가지로 매우 다양하였다. 그 가운데 부모 생시에는 부모가 병이 들었을 때 행한 단지 효행의 사례가 가장 많았고 그 다음이 상분이었다. 단지 효행을 한 효자는 상분 효행까지 함께 한 경우가 적지 않았다. 부모 사후에는 보릿가루를 물에 타 마시고 죽만 먹으며 3년상을 행한 사례가 가장 많았다.

한편 호환 사례의 수는 경남지역이 경북지역보다 절반 정도에 불과했다. 국상에 심상 3년한 사례의 수도 경북에 비하면 절반 이하였다. 반면에

---

103) 경북지역의 효녀, 효부의 수를 합하면 모두 30명으로 전체 효행자의 약 9%에 불과하였다(박주, 앞의 논문, 『한국사상과 문화』 49집, 2009, 289쪽 참조).

104) 박 주, 「조선시대 경남지역의 열녀 사례분석 -『경상도읍지』를 중심으로 -」, 『여성과 역사』 4집, 2006, 192쪽 참조.

형제간의 우애가 극진한 사례의 수는 경북에 비해 경남 지역이 2배 이상이나 많았다. 그리고 추복사례의 수도 경북 지역에 비해 경남 지역이 3배나 더 많았으며, 연산군 때 실시한 단상법을 거부한 사례의 수도 경북 지역의 4배나 많았음이 주목된다. 그 밖에 도적이 여묘에 침범하였는데 갑자기 호랑이가 나타나 도적을 쫓은 경우, 효자로 인해 다리이름을 효자교라고 일컬은 경우, 여묘 곁에서 샘물이 솟아났다가 3년상을 마치고 여막을 걷자 샘물이 저절로 말라버린 효감천의 경우, 눈먼 아버지를 위해 중국 산동성까지 가서 약을 구해온 경우, 가뭄에 효자의 밭에만 소낙비가 내린 경우, 개가 편지를 전하고 여막 곁을 파 물이 절로 솟아났다가 여막을 걷자 곧바로 멈춘 경우, 도적 또는 왜적이 효자의 효성에 감동하여 해치지 않은 경우, 승려들이 효자의 행실에 감화를 받아 집으로 돌아가서 부모를 봉양한 경우, 부모에게 불순한 세 명의 아내를 내쫓은 경우 등의 특이한 사례가 있어 주목된다.

둘째, 효자 가문에서 효자가 계속 배출되었다. 예컨대 효자 갑생의 자 윤홍신, 효자 광익의 5세손 조하진, 효자 동현의 자 신명윤, 효자 교의 자 이원성, 효자 시행의 자 장익정과 손자 장만, 효자 강우. 강서 형제, 효자 항의 자 박양춘, 효자 우명의 손자 노사준, 노사예, 노사상, 효자 사예의 아우 노사계, 효자 극민의 자 김팔화, 효자 극민의 아우 김극형, 효자 극형의 자 김팔휴와 김팔거 등이 그들이다.

셋째, 효자들의 신분을 보면 신분이 밝혀진 124명 가운데 土族이 약 80%를 차지하고 있는 반면에 평민(군인 포함)과 천민은 모두 15%를 차지하여 사족이 5배나 많은 비중을 차지함을 알 수 있다. 경남지역 사족 신분의 분포율은 경북지역보다 15%가 높은 반면에 평민과 천민을 합한 경우는 경북지역보다 7%가 낮았다. 여기에서 경남지역의 경우 경북지역보다 상층신분에서 효자가 더 많이 배출되었음을 알 수 있다.

넷째, 포상유형의 분포를 보면 정려(정문)가 43%로 가장 많은 비중을 차지하고 그 다음으로 급복(給復)이 많았다. 그리고 증직, 제수, 복호 순으로 많았다. 증직된 관직 가운데는 좌랑이 20건(48%)으로 가장 많아 주목된다. 제수된 관직으로는 참봉이 9건(약 53%)으로 가장 많았다. 경북 지역에서는 정려와 정문이 49%로 가장 많았고 그 다음으로 증직이 많았다. 증직된 관직으로는 지평(정5품)이 가장 많고, 제수된 관직으로는 경남지역과 마찬가지로 참봉이 가장 많았다.

다섯째, 효녀와 효부를 합한 수는 전체 효행자 가운데 8%에 불과하였다. 경북에서도 효녀와 효부의 전체수가 전체 효행자 가운데 9%에 불과하였다. 따라서 조선 유교 사회에 있어서 여성에게는 孝 보다는 烈을 훨씬 더 강조하고 포상하였음을 확인할 수 있다.

여섯째, 지역별 분포를 분석한 결과 함안 지역이 37명으로 가장 많고 그 다음이 함양 지역임을 알 수 있다. 여기에서 경남지역에서도 사찬읍지를 편찬한 재지사족의 영향력이 강했던 지역에서 효자가 많이 배출되었음을 알 수 있다.

<表> 조선시대 경남지역의 효자, 효녀, 효부 * 『경상도읍지』에 의함

순서	지명	인명	가계 및 신분	사례 내용	포상 내용	비고
1	진주	車恂	좌사간대부 (세종조)	어머니의 종기를 빨아내어 병을 낫게 함, 어머니의 변을 맛보아 병의 상태를 살핌.	정려	여지도서
2		朴氫	字子馥, 泰安人	부친상을 만남. 연산군 때는 단상법이 엄하였다. 그러나 3년상을 마침.(여묘 3년)	정려 (중종 4년, 1509)	여지도서
3		姜應台	字大臨, 밀양부사 사천현감 王官의 子	아버지가 병에 걸리자 손가락을 잘라 그 피를 약에 타서 드리니 병이 나음.	정려 (중종 11년, 1516)	여지도서
4		得妃	효녀, 金繼南의 女	아버지의 정신병에 산사람의 골육이 치료될 수 있다하여 단지효행하여 왼손의 넷째 손가락으로 드려 병이 나음.	정려 (성종 3년, 1472)	여지도서
5		金白山		16세 때에 아버지가 호랑이에게 물려가자, 김백산이 낫을 휘둘러 호랑이를 쳐서 아버지가 죽음을 면함.	정려 (성종 9년, 1478)	여지도서
6		申尙溶	淳昌人	사람됨이 온화하고 단아하며 하늘이 내린 듯이 효성스러웠다. 부친상을 당하여 죽만 먹고 지내며 3년상을 치렀는데, 밤낮없이 피눈물을 흘리다 눈이 멀 지경에 이르렀다.	정려	여지도서
7.		李敬訓	참봉 逸民의 자	아버지가 중풍에 걸려 다리 한쪽이 마비되니, 지극한 효성으로 모심. 선조 26년(1593, 계사) 왜란 때 아버지를 업고 산속에 숨었는데, 왜적이 갑자기 닥쳐와 아버지를 해치려고 함. 이경훈이 제 몸으로 아버지를 감싸 안으니, 왜적이 아버지와 아들을 모두 죽였다.	정려	여지도서

8	尹忠寬	部將 春卿의 자	집에 불이 났는데, 늙은 어머니가 미처 빠져 나오지 못하고 방 안에 있었다. 윤충관이 곧장 뜨거운 불 길 속으로 뛰어 들어가 어머니를 들쳐 업고 나오다가 뜨거운 불에 데여, 어머니와 아들이 함께 목숨 을 잃었다.	정려 (인조조)	여지도서
9	河鏡輝	王子師傳 洛의 孫 生員	타고난 성품이 지극히 효성스러웠 다. 임진왜란 때 왜적이 먼저 아버 지를 해치려고 하자 두 손으로 시 퍼런 칼날과 맞섰다. 왜적이 아버 지와 아들을 모두 죽였다.	정려 (선조조)	여지도서 三綱錄 孝子傳에 실림
10	姜涵		지극한 효성으로 어머니를 섬겼 다. 죽음을 눈앞에 둔 어머니가 이 르기를, "나는 틀림없이 죽을 것인 데 지붕 위에서 세 번의 곡소리가 나서 너의 효성을 드러낼 것이다." 라고 했다. 어머니가 꿩고기를 즐 겼으므로 매달 초하루와 보름날의 제사상에 올렸다.	정려	여지도서
11	趙璡	조지서의 증손자	10세 때 아버지가 병에 걸리자, 손 가락을 잘라 그 피를 드리니 아버 지의 병이 나았다. 아버지를 여의 자 슬픔에 겨워 몸이 야윈 상태에 서 죽만 먹고 지내며 3년간 시묘살 이를 하였다.	정려, 증 戶曹參判 (숙종조)	여지도서
12	姜敏孝		아버지가 병에 걸리자, 제 손가락 을 잘라 그 피를 드렸다. 8세 때 어 머니의 상을 당했었는데, 나이 70 세가 되어서 뒤늦게나마 어머니를 위한 상복을 입고 죽만 먹고 지내 며 3년상을 치렀다. 선조와 인목왕 후의 국상 때 모두 3년 동안 상복을 입었다.	정려 (효종조)	여지도서

13		李衡		효행이 매우 뛰어났다.	증 사헌부 지평	여지도서
14		金氏 (효부)	文簡公 金宗直의 女, 李翩의 妻	13세 때 어머니가 병에 걸리자, 손가락을 잘라 그 피를 드리니 어머니의 병이 나음. 시집가서도 역시 효성을 다해 시부모를 섬김.	정려	여지도서
15		梁氏 (효부)	현감 姜昪의 子壽濟의 처, 淸白吏灌의 後	효성을 다해 시부모를 섬김. 시아버지가 세상을 떠나자 예를 다하여 상례를 치렀다.	정려 (숙종조)	여지도서
16		河世熙	河受一의 玄孫	14세 때 할머니가 병에 걸려 목숨이 위태로워지자, 제 손가락을 잘라 그 피를 드렸다. 지극한 효성으로 어머니를 섬겼는데, 반드시 직접 맛을 보고 맛있는 음식을 차려 드렸다. 부모가 병에 걸리자 상분하였다. 어머니의 상을 당하자 여막에서 죽만 먹고 지내며 삼년상을 치렀는데, 발길이 동네 밖을 벗어난 적이 없었다.	정려	여지도서
17		柳世彰	世章의 弟	天性 孝友, 학문정숙, 追喪 여묘 小祥에 꿩이 들어왔고 大祥에는 노루가 들어옴.	복호 (영조조)	
18		鄭億齡	武科	事親至孝 居喪에 철죽.	給復戶 (순조 1년)	
19		李氏 (효부)	韓時晦의 妻 重光의 女	시부모에게 孝. 일찍 과부가 됨. 시부모가 돌아가시자 친정부모를 甘旨로 봉양. 부가 세상을 떠나자 70세에 읍혈 3년.	복호 (숙종조)	
20		朴召史 (효부)	李震光의 妻	시아버지가 호랑이에게 물려가자 손으로 호랑이를 쳐서 마침내 시아버지가 죽음을 면할 수 있었다.	정려 (숙종조)	여지도서
21		韓弼世	時憲의 자, 효행으로 主簿에 이름	성효출천. 어머니의 병에 斷指하여 수명을 80세로 연장시킴	급복 (정조 7년)	

22		李光漸	光臨의 弟 호는 懼窩 진사(영조 무오년에 합격)	어머니가 병들자 밤에 의원에게 약을 물으러 갔는데 두 마리의 호랑이가 길에서 보호했다. 사람들이 모두 孝感이라 했다.	給復戶	
23		鄭道東	圃隱의 후손 逮菴权尙夏 문인	모친 묘에 여묘. 다리 이름을 孝子橋라 함.	정려 (영조17년)	
24		曺命勳	증지평 天弼 자	母病에 손가락의 피를 드려 소생시킴, 父病에 단지 부모가 세상 떠나자 여묘.	증 교관 (순조32년)	
25		鄭鉉毅	農圃文字의 6대손		증 동몽교관	
26		劉斗金		효행.	復戶 (정조조)	
27		鄭召史 (효부)	孫弘殷 妻	시부모 병에 인삼을 바위틈에서 얻음. 할복 단지.	給復戶	
28		金爛發		父病에 到股, 여묘할 때 호랑이가 지킴	鑼烟役	
29	동래	金得仁	미상	어린 나이에 아버지를 여읨. 집안이 가난했으나 지극한 효성으로 어머니를 모심. 어머니가 세상을 떠나자 3년 동안 시묘살이함. 돌아가신 아버지를 추모하기 위하여 어머니 묘소로 무덤을 옮기고, 다시 3년 동안 시묘살이 하여 모두 9년 동안 상복을 입음. 여막이 荒嶺山 아래에 있었는데, 흉년이 들자 부산포 왜놈들이 사방으로 흩어져 노략질을 했다. 어느 날 갑자기 김득인의 여막에 이르러 약탈하려 하다가, 그러한 사실을 알고는 무릎을 치면서 감탄하며 칭찬하고 그곳을 떠나감. 그 뒤로 이따금 왜놈들이 미역을 뜯어다 주거나, 더러는 쌀과 향을 갖다 주기도 했다고 한다.	豊儲倉副 奉事 (성종 3)	여지도서

30	玉從孫	邑吏 玉石根의 子	11세 때 아버지가 몹쓸 병에 걸리자, 스스로 손가락을 잘라 그 피를 약에 타서 드리니 아버지의 병이 곧바로 나았다.	정려, 면역	여지도서 신증동국여지승람 권23, 동래현 효자조에는 중종 2년(1507)의 일이라고 한다.
31	金氏 (효부)	萬戶 金寶文의 女	아버지가 병에 걸리자 하늘을 부르짖으며 맹세했다. "만약 하느님께서 고쳐주시지 않는다면 저는 마땅히 죽을 것입니다." 아버지가 세상을 떠나자 아우에게 말하기를, "너는 살아서 어머니를 섬겨라. 나는 죽어서 아버지를 섬기겠다." 하고는, 마침내 스스로 목을 매어 목숨을 끊었다. 효녀 김씨의 묘가 관아의 동쪽 20리 雲峰山 아래에 있었는데, 임진왜란 때 왜적들이 그 무덤을 파헤쳤다. 난리가 평정된 뒤 어느 날 밤에 김씨가 水使의 꿈에 나타나 말했다. "저는 이 고을에 살았던 효녀 김씨입니다. 불행히도 왜적에 의해 무덤이 파헤쳐져, 해골이 밖으로 드러난 지 오래되었습니다. 해골을 수습해 묻어 주시기를 간절히 바랍니다." 수사가 깜짝 놀라 깨어나서 마음속으로 괴이하게 여겼다. 이튿날 아침 주위 사람들에게 물어보니, 과연 효녀의 무덤이 운봉산에 있다고 했다. 사람들 시켜 가서 살펴보게 하니, 무덤이 파헤쳐져 해골이 밖으로 드러나 있었	정려 (성종 22년, 1491)	여지도서

			다. 해골을 수습하고 염을 하여 옛 뫼 구덩이에 안치하고 봉분을 만든 다음 제사를 지내주었다. 이날 밤 김씨가 다시 꿈에 나타나서 감사 인사를 전했다고 한다.		
32		金貴生	어머니가 전염병에 걸려 기절하게 되자 단지하여 어머니를 다시 살아나게 했다.	정려 (효종 4년, 1653)	여지도서
33		黃擇龍	어머니가 전염병에 걸려 두 번이나 기절하자, 단지하여 어머니를 다시 살아나게 했다.	정려 (현종 11년, 1670)	여지도서
34		仇周星 (仇杜星)	아버지가 병에 걸려 기절하자, 단지하여 아버지를 다시 살아나게 했다.	정려 (현종 11년, 1670)	여지도서
35		崔成峻	아버지가 병에 걸려 기절하자, 단지하여 아버지를 다시 살아나게 했다.	정려	여지도서
36	창원	金孝良	나이 15세 때 아버지 金得裔가 몹쓸 병에 걸려서 낫지 않았다. 김효량이 살아있는 사람의 뼈가 가장 좋다는 말을 듣고서 단지하여 약에 타서 드렸더니 곧바로 효험이 있었다.	정려, 復其家 (세종조)	여지도서
37		朴始明	부모가 동시에 세상을 떠남. 시묘살이를 하며 슬픔에 겨워하다 몸이 야위었다. 상을 마치자 제물을 마련하는 부엌을 따로 설치하고 아침저녁으로 직접 제사를 올렸으며, 출입할 때에는 반드시 아뢰었다.	賞職	여지도서
38		朴庭堅	연산군 때 단상법이 엄했으나, 박정견은 잇따라 부모의 상을 당해 3년 동안 상복을 입었으며, 삼년상을 마치고서도 오히려 초하루와 보름에 올리는 제사를 그만두지 않았다.	정려 ≪신증동국여지승람≫ 권32 창원도호부 인물조에	여지도서

				는 중종 5년(1510) 에 정문을 세웠다고 한다.	
39	玉石堅		어려서 아버지를 여의고 집이 가난했으나 효성을 다해 어머니를 섬겼다. 별미 음식이 생길 때마다 가슴에 품고 와서 어머니에게 드렸다. 어머니가 세상을 떠나자 예에 지나치리만큼 슬픔에 겨워하다 몸이 상하였다. 그 무렵 단상법이 매우 엄했으나, 홀로 시묘살이를 하며 상복을 벗지 않았다. 삼년상을 마친 뒤에도 다시 3년 동안 아침 저녁으로 올리는 제사를 그만두지 않았다.	정려(신증 동국 여지 승람 권32 창원도호부 인물조에는 중종5년에 정문을세웠 다고 함)	
40	權乙	會原縣人	임진왜란 때 아버지 權俊英이 배를 타고 바다를 건너다가 물에 빠져 죽었는데, 권을은 나이가 어려서 그 사실을 알지 못했다. 6세 때 여러 아이들과 어울려 장난을 치다가 집으로 돌아와 母에게 묻기를, "다른 아이들은 모두 아버지가 있는데, 나만 홀로 父가 안 계신 것은 무엇 때문입니까." 하니, 母가 그 이유를 말해 주었다. 권을은 통곡을 하며 스스로 가슴 아파했다. 이후로 바다에서 나오는 모든 산물은 모두 생을 마칠 때까지 입에 대지 않았다. 또한 기뻐하거나 웃는 법이 없었다. 9세가 되었을 때 또 어머니에게 물어, 간직해 둔 아버지의 머리카락과 아버지가 입어 살갗에 닿았던 옷을 찾았다. 바다	復其家	

			로 들어가 아버지의 넋을 불러서 머리카락과 옷으로 殮을 하고 장례를 치른 다음, 3년 동안 상복을 입었다. 지극한 효성으로 어머니를 섬겼다. 나이 17세 때 비로소 寒岡 정구의 문하에서 학문을 닦았다. 도덕과 행실이 다른 사람의 모범이 되었으며, 학식이 매우 넓고 글에 능숙하였다. 여러 차례 향시에 합격. 돌아가신 어머니를 위해 3년상을 치른 뒤에 그대로 시묘살이를 계속했는데, 마치 처음 때처럼 슬픔에 겨워하다 몸이 상하였다. 불도를 닦던 승려들이 권을의 행실에 감화를 받아 집으로 돌아가서 부모를 봉양하기도 했다. 관찰사 林壇이 나라에 알려서, 그 집의 부역과 조세를 면제해 주었다.		
41		文世仁	安城里人	효행으로 유명.	復其家	여지도서
42		黃漢龍	勿易洞人	어머니가 세상을 떠나자 종신토록 여묘살이 하였다.	復其家 (영조5년, 1729)	여지도서
43		黃夏龍	황한룡의 아우	효행과 우애로 유명	復其家 (영조5년, 1729)	여지도서
44		林成立	新豊人	효행으로 유명.	復其家	
45		吳甘發	新豊人	효행으로 유명.	復其家	
46	함양	朴安行		효행.	정려	여지도서
47		朴由孝		아버지의 무덤에서 한창 여묘살이를 하는데, 어머니의 병이 위독. 상분하여 맛이 달아서 걱정하고 두려워했다. 어머니가 세상을 떠나자, 아버지와 합장하고 모두 6년 동안 여묘살이함.	불명	여지도서

48	河孟寶		아버지의 상을 당하자, 죽만 먹고 지내며 여묘살이 하였다. 일찍이 제사상에 올릴 음식이 떨어져 걱정하고 있는데, 산 노루가 스스로 들어와서 그것을 잡아 제사용으로 씀. 사람들은 모두 그의 효성에 하늘이 감동해 빚어진 일이라고 함. 숙종 신사년에 구천서원에 그의 위패를 모심.	정려	여지도서
49	盧友良	叔소의 孫	효행.	증 지평	
50	盧士俊	友明의 孫	孝友 出天 예를 다하여 3년상 치름.	증 형조참판	
51	盧士豫	友明의 孫	나이 13세 때 부친상, 마치 어른처럼 슬픔에 겨워하다가 몸이 상하였다. 어머니가 병에 걸리자, 자신이 대신 아프게 해 달라고 하늘에 빌었다. 모친상 다하자, 죽만 먹고 지내며 여묘살이.	정려	여지도서
52	盧士愼	士俊의 弟	효행.	참봉에 제수	
53	盧士尙	友明의 孫	司馬에 합격. 孝行. 효로써 어머니 섬김.	정려	여지도서
54	趙光立 趙光獻 趙光德 趙光建 趙光成	승숙의 5대 손	정유재란 때 5형제가 어머니를 모시고 피난했는데 왜적이 닥쳐오자, 형제가 어머니 곁에 나란히 앉아서 모두 해를 당하였다.	정려	여지도서
55	許宏		정유재란 때 아버지를 등에 업고 피난. 왜적이 닥쳐오자, 용감하게 화살을 쏘아 아버지를 지켰다. 하루는 화살이 떨어지고 힘이 다하여 총알에 맞아 쓰러졌는데, 아버지가 왜적에게 붙잡히는 것을 멀리서 보고, 급히 달려가 아버지를 껴안고서 함께 목숨을 잃었다.	정려	여지도서

56		鄭壽		66세에 부친상 당하여 애통함이 처음과 같았다. 여묘. 죽을 먹으며 3년상 마침, 노신이 조정에 추천.	참봉제수	
57		愼孝先		일찍이 부모의 상을 동시에 당해서 장례를 행하는데, 때는 한겨울이었다. 길이 두 개의 큰 강물에 가로 막혀 마침내 상여가 멈췄는데, 하늘을 우러러 서럽게 울자 곧바로 강물의 흐름이 끊겼다. 사람들은 모두 기이한 일이라고 감탄.	정려	여지도서
58		梁弘澤	灌의 4대손	6년 여묘	참봉제수 (선조조)	
59		梁天翼	灌의 5대손 司馬 합격	학행이 뛰어나 선비들로부터 존중을 받았다. 부모 섬김. 하늘이 그의 효성에 감동해 빚어진 일들이 많았다.	除職	
60		盧亨發		부모 병에 嘗糞舌甘 苦, 斷指 여묘.	除職	
61		朴崇圭	孟智 8대손 司馬 합격	품행이 바르고 순진하며 인정이 많아서, 세상에서는 '훌륭한 덕을 지닌 사람'이라는 뜻에서 '長德'이라고 불렀다. 孝友. 이간질시키는 사람들이 없었다.	증 공조좌랑	여지도서
62		禹弼寅	司馬 합격	효행.	給復	
63		禹弼良		상분. 단지. 성묘 3년.	給復	
64		禹王宛		효행.	給復	
65		禹洪傳	王宛의 子	효행.	給復	
66		徐於屯金		병이 위독한 父가 날 생선을 먹고 싶어 했는데, 때는 한겨울이었다. 갑자기 한 사내아이가 나타나 날 생선을 가져다주었다. 아버지가 또 싱싱한 대추를 먹고 싶어 했는데, 갑자기 마당 안에 10여 개의 싱싱한 대추가 흩어져 있는 것이 보였다. 이웃사람이 기이하게 여겨 관아에 보고하였다.		

67		許五萬	私賤	화적들이 백야촌에 몰려 있었다. 관아에서 붙잡으려고 하자, 화적들이 도망치던 길에 허오만 부자와 마주쳤다. 父를 죽이려고 하자, 허오만이 맨 몸으로 父를 지키다가 화적의 칼날에 목숨을 잃었다. 그 덕분에 父는 화를 면하였다.	정려	여지도서
68		朴時華	鄕吏	어머니가 병에 걸려 숨이 거의 멎으려 하자, 손가락을 잘라 그 피를 약에 타서 드렸다. 이 때문에 어머니가 다시 살아나서 80세까지 더 살았다. 사람들은 그의 효성에 하늘이 감동해 빚어진 일이라고 하였다.	給復	
69		河元龍	孟寶의 6대손	상분, 단지.	정려 (정조13년)	
70		林運		어머니 병에 상분, 단지. 상을 당하자 죽 먹으며 여묘 3년.	정려 (정조13년)	
71		禹廷呂		추복.	급복	
72		禹敬孫		父病에 割股하여 수명을 여러 해 연장시킴.	급복	
73		禹義孫		父病에 단지하여 수명 연장시킴.	급복	
74		曹聖允		효행.	급복	
75		天女	私奴 友立의 妻	시어머니가 전염병에 걸려 냇가의 움막에서 지냈는데 밤중에 비가 내려 물이 불었다. 이웃 움막에 있던 자가, 둘 다 살아날 수는 없다는 사실을 알고서 함께 움막을 떠나자고 했다. 천녀가 말하기를, "내 어찌 차마 시어머니를 버리고서 목숨을 구하겠는가." 했다. 마침내 물에 빠져 시어머니와 함께 목숨을 잃었다.	정려	여지도서
76	고성	李泰彬		父病에 상분. 母病에 걸려 기절하려하자, 어머니의 입에 제 피를 넣어 드려 다시 살아나게 했다.	증 사헌부지평	여지도서

77	하동	鄭昌時		지극한 효성으로 부모를 섬겼다.	급복 (계묘년)	여지도서
78	울산	宋滔	생원	학문과 덕행의 바탕이 뛰어났으며, 효성을 다해 부모를 섬김. 父가 병을 앓아 두 눈이 멀어서 사물을 볼 수가 없었는데, 송도가 과거시험에 급제하여 돌아와 뵈니 아버지의 두 눈이 갑자기 떠졌다. 母가 심한 병을 앓으면서 물고기 회를 먹고 싶어 했는데 집안 살림이 가난하여 공양할 수가 없었다. 얼음을 두드리며 목 놓아 울자, 붕어가 스스로 밖으로 뛰쳐나왔다. 제삿날이 돌아와 제물을 구하는데, 산의 꿩이 스스로 날아 들어오기도 하였다. 부모의 상을 당해 모두 6년 동안 시묘살이를 했는데, 불교식 장례 절차를 이용하지 않았다.	정려	여지도서
79		金麗澤		부친상을 당해 여묘살이 하는데, 집에서 기르던 개가 편지를 전하여 집안소식을 알려 주었다. 그 개가 여막 옆을 파내니 물이 저절로 솟아 나왔는데, 3년상을 마치고 여막을 걷자 물도 곧바로 멈추었다. 사람들은 그의 효성에 감동해 빚어진 일이라고 하였다.	정려, 증 호조좌랑	여지도서
80		鄭小斤連 (효녀)	鄭汝成의 女	15세 때 어머니와 함께 미역을 따러 갔는데, 어머니가 발을 헛디뎌 바다로 떨어졌다. 딸이 바다 속으로 뛰어들어 어머니를 구하려고 했는데 손쓸 도리가 없었다. 이웃 아이에게 큰 소리로 말하기를, "빨리 우리 집으로 가서 알려 주어라." 하고는, 어머니를 껴안고서 함께 죽었다.	정려	여지도서

81	김해	曹爾樞	夏城君 継龍의 後 호: 四友堂	孝友탁이 行誼가 드러남.	礼巖立祠	
82		李伶	靖武公 好誠의 증손	부모의 병에 두 번이나 손가락을 끊음. 임진란에 아무 벼슬 없이 창의해서 곧바로 陳중에 달려감. 城이 함락되어 피를 적삼에 묻혀 아들에게 돌아가 장사하기를 부탁하고 힘써 싸우다가 순절함.	給復戶	
83		潘碩撤		부모의 상을 당하자 자신이 직접 흙을 져다가 무덤을 만들고 여묘살이를 하면서 슬픔을 다하였다. 상을 마친 다음에는 초하루마다 사당에 참배를 올리고, 출입할 때마다 반드시 사당에 고하였다. 돌아가신 부모를 마치 살아 계신 분처럼 섬겼다. 가뭄을 당하자 사당에 아뢰고 밭에서 울고 있었다. 이 날 소낙비가 밭에 내리는데, 다른 사람의 밭에는 내리지 않았다. 밭머리에서 샘물이 절로 솟아나기도 하였다. 후세 사람들은 그 샘을 '하늘이 효성에 감동해 빚은 샘'이라는 뜻에서 '효감천'이라고 불렀다.	정려	여지도서
84		권형	예조좌랑, 사간원 헌납, 초계군수	초계군수에 임명되었다. 벼슬을 그만두고 돌아와 부모를 봉양. 부모가 세상을 떠나자 예에 지나칠 정도로 슬픔에 겨워하다 몸이 야위어서 이 때문에 병에 걸려 벼슬살이를 하지 못하였다.	정려	여지도서
85		曹氏 (효녀)	효자 반석철의 외손녀	아버지가 병에 걸렸는데 의원이 말하기를, "산 사람의 뼈를 먹으면 나을 수가 있다." 하자, 자신이 직접 제 넓적다리뼈를 깎아 내 드시게 하니 아버지가 다시 살아났다.	정려	여지도서

86	金春立	驛吏	병을 앓던 계모가 날 꿩고기를 먹고 싶다고 하자, 꿩이 갑자기 부엌 안으로 날아들었다. 한겨울에 죽순이 먹고 싶다고 하자, 갑자기 수풀에서 죽순이 생겼다. 사람들은 모두 하늘이 효성에 감동해 빚어진 일이라고 말하였다.	복호 (영조 5년, 1729)	여지도서
87	張是行	正郎順受의 증손	아버지의 병에 斷指하고 부모상을 만나 모두 여묘살이하고 마침.	증 都事, 정려	
88	張翼禎	是行의 자	父病에 단지, 부친상에 여묘. 母病에 또 단지, 예에 따라 상을 마침.	증 좌랑, 정려	
89	許東囃		5세에 아버지를 여의고 조모와 편모를 봉양, 나이 30이 안 되어 학문이 정숙. 집이 가난하여 여러 번 쌀독이 비어도 감지공양은 조금도 소홀히 하지 않음. 정해년에 조모의 병이 심해 주야로 탕약을 드리고 허리띠를 벗지 않고 날마다 상분하여 징험함. 거의 죽게 되자 하늘에 빌어 여러번 다시 살아남. 노병으로 마침내 세상을 떠나자 죽 먹기를 3년. 지난 경인년에 母가 전염병으로 산골짜기 우막에서 돌아가심. 전염병을 피하려는 사람들이 모두 흩어지니 첫날 저녁에 갑자기 큰 호랑이가 나타나 집 밖에 와서 앉아 있고 낮에는 숨고 밤에 다시 와서 수호하는 형상 같았고 계속 3일 밤을 그치지 않더니 널이 돌아올 때 따라오다가 동네가 나오니까 가버렸다. 사람들이 이상히 여겼다. 조모와 어머니의 장사 지낸 곳이 모두 20리 밖에 있었는데 성묘의 예를 날마다 그치지 않았다. 비록	증 동몽교관 (정조 12년)	

			춥고 더울 때나 바람 불고 비가 많이 올 때도 반드시 걸어서 왕래하기를 전후 6년 동안 하루같이 하였다. 모두 허효자라 하였다.		
90	밀양	李申	사헌부 지평	아버지 상을 당하여, 밤중에도 허리띠를 풀지 않고 슬픔에 겨워하다가 몸이 야위어 뼈만 앙상히 남았다. 상례에 필요한 모든 물자를 여러 형제와 함께 마련하지 않고 손수 부담. 3년 동안 여묘살이 함.	정려 (태종조)	여지도서
91		曹光益	正郎 호는 취원당	부모의 상을 당하자, 예를 다하여 장례와 제사를 치렀으며, 슬픔에 겨워 몸이 야윈 채 죽만 먹고 지냈다.	정려	여지도서
92		朴尋	남해 현령	상을 당하여 3년 동안 여묘살이 하는데 한 번도 집에 오지 않았다.	정려	여지도서
93		金枝 (今之) (효녀)		12세에 어머니를 따라가서 산밭을 매다가 마침 날이 저물었는데 어머니가 호랑이에게 물려갔다. 금지가 한 손으로 어머니를 붙들고 한 손으로는 호미를 쥐고 호랑이를 내리치면서 마을 사람들에게 함께 구해 달라고 외쳤다. 백여 걸음쯤 갔는데 붙잡고 있던 어머니의 몸이 점점 굳어지자 이에 호랑이가 내버리고 떠나갔다. 어머니의 시신을 거두어 집에 모셔 두고 밤새도록 시신을 안고 통곡하고는 옷을 팔아 널을 사서 장사 지냈다. 그 후 백익형의 아내가 되었다.	정려	여지도서
94		金不受		돌아가신 부모를 위해 6년 동안이나 여묘살이.	정려	여지도서
95		魚泳河	성균 진사	부모가 살아 계실 때에는 효성을 다해 섬기고, 부모가 돌아가셨을 때는 예를 다하여 장례를 치르고	정려	여지도서

			슬픔에 겨워 몸이 야윈 채 죽만 먹고 지냈다. 사람들이 그에 대한 소문을 듣고 교화된 일도 많았다.		
96	梁末孫		아버지 상을 당하자 3년 동안 여묘살이. 당시는 어머니가 세상을 떠난 지 26년이 흐른 뒤였다. 양말손은 자신의 나이가 어려 어머니를 위해 상복을 입지 못했던 점을 한스럽게 여겨, 아버지 무덤 곁으로 어머니 무덤을 옮기고 다시 3년 동안 여묘살이. 3년상을 마치고 난 뒤에는 부모의 무덤 아래로 거처를 옮겨 조석으로 슬피 울며 참배를 올렸다.	정려	여지도서
97	孫若海	충신 仁申의 子	임진왜란 때 아버지가 전사한 후 남은 병력으로 싸우다가 또한 전사.	부자가 함께 충효사에 입향됨	
98	孫起倫	군수 英濟의 子	임진왜란 때 어머니 徐氏를 모시고 재악산중에서 적을 피했는데, 하루는 적이 갑자기 이르자 어머니가 말하기를 "나는 늙어 걸음을 옮길 수가 없다. 네가 피하지 않으면 모자가 함께 죽을 것이다."하였다. 드디어 적이 칼을 뽑아들자 기륜이 몸으로 어머니를 덮었다. 기륜은 해를 당했으나 서씨는 면할 수가 있었다.		不明
99	裵尙綱		임진왜란 때 아버지 憲과 함께 적을 피해 숲속에 엎드려 있었는데 적이 아버지를 찾아 죽이자 상경이 큰소리로 통곡하며 한명의 왜적을 쳐서 죽이고, 아버지의 시체 곁에서 함께 죽었다.	불명	여지도서

100	朴陽春		임진왜란 때 어머니 상을 당해서 산중에 초빈을 만들어 늘 빈소에 엎드려 있었는데 왜적이 보고 해치지 않았다. 당시 사람들이 지극한 효성에 감복된 異類라고 여겼다.	불명	
101	孫智謙		어머니를 섬김에 효로써 하였고 맛있는 음식을 공양하였다. 항상 병이 심함에 변을 맛보아서 그 심하고 덜함을 징험하니 향인들이 탄복하지 않음이 없었다.	불명	
102	尹甲生		어머니가 세상을 떠나자 40리나 떨어진 곳에 장사지내고 조석으로 가서 곡하였는데 비록 질풍과 비가 많이 와도 폐하지 않았다. 맹수가 수행하는 이상한 일이 있자 사람들이 그 효성에 감탄한 바라 하였다.	불명	
103	尹興莘	효자 甲生의 자	아내가 한 일로 인해 어머니에게 미움을 받아 아내와 이별하여 버렸는데, 후에 어머니의 명으로 돌아왔다. 전후 부모상을 당해서는 호곡하며 가슴을 쳤다.		
104	申東顯	松溪 申季誠의 5대손	지극한 효성으로 부모를 섬기고 정성을 다하여 장례와 제사를 치렀다. 사람들이 그의 선행을 어질게 여겼다.	충효사에 위패를 모심	
105	尹善致		성효가 출천하였다. 모친상을 당해 葬祭에 정성을 다하였다. 아버지가 居士가 되어 입산하여 나오지 않으므로 선치가 차마 서로 떨어질 수 없어 삭발하고 중이 되어 밤낮으로 아버지를 떠나지 않았다. 아버지가 며느리의 수절을 가련하게 여겨 집으로 돌아갈 것을 권하였고, 아버지가 죽자 여묘살	불명	

			이 3년을 하면서 그 발자취가 집에 이르지 않았다.		
106	吳英達		어려서 아버지를 여의고 효성을 다해 어머니를 섬겼다. 어머니가 세상을 떠나자 3년 동안 여묘살이. 어려서 돌아가신 아버지를 위해 상복을 입지 못한 것을 한스럽게 여겨 뒤늦게나마 그대로 3년 동안 여묘살이.	복호	여지도서
107	全佛山		아버지가 세상을 떠나자 여묘살이 하는데, 밤에 비바람이 몰아치면 반드시 무덤 앞에서 소리 내어 울며 날이 밝기를 기다렸다. 3년상을 지내고 또 3년 동안 여묘살이 했는데 한 번도 집에 가지 않았다.	정려 (중종 13년, 1518)	여지도서
108	權件里		효성으로 부모를 섬기고 힘을 다해 봉양. 아내가 부모에게 순종하지 않자 잇따라 세 명의 아내를 쫓아냈다. 父가 몹쓸 병에 걸리자 제 손가락을 잘라 그 피를 드려서 아버지를 열흘 남짓 더 살게 하였다.	정려	여지도서
109	朴之華		일찍 아버지를 여의고 어머니를 모시는데 정성을 다하였다. 집이 가난하여 봉양할 수 없어 구걸하여 몸소 밥을 지어 맛있는 음식을 드리고, 이불에 버린 노모의 대소변을 스스로 세탁하며 아내에게 대신 시키지 않았다. 한마음으로 봉양하며 늙어서도 그만두지 않았다.	불명	
110	金有富		임진왜란 때 어머니를 등에 업고 적진으로 들어가 왜적의 머리를 베었는데, 어머니와 아들이 모두 온전히 목숨을 건졌다. 그의 충성과 효성이 나라에 알려짐.	정려	여지도서

111		石守道		아버지와 어머니의 상에 모두 6년 동안 여묘살이.	급복	여지도서
112		裵永世		효도를 다해 부모를 섬겼다.	증 호조좌랑	여지도서
113		金有軾		부모가 살아 계실 때에는 효성을 다해 섬기고, 부모가 세상을 떠나자 슬퍼하고 그리워하며 3년 동안 여묘살이함.	급복	여지도서
114		李元輔	호: 영모당	8세에 모친상을 당하였는데 그 슬퍼함이 사람들을 감동시켜 모두 童曾子라 칭하였다. 부친이 병이 들어 날 생선을 먹고 싶어 하자 곧 물고기를 구하려고 나루터를 건너는데 잉어가 갑자기 배 위로 올라왔다. 여묘 3년을 하였으나 애모를 다하지 못해 또 1년을 하였다.	정려 (정조18년, 1793), 증 동몽교관 (순조9년, 1809)	
115		曹夏瑢	효자 光益의 5세손	천성이 효경하였으며 거상에 여묘하였는데, 작은 길이 만들어져 樵牧들이 효자길이라고 일컬었다.	불명	
116		申命胤	효자 東顯의 자	부친이 수척해지자 단지하여 연명하였다. 상에 있어서는 찧은 보리를 물에 타 마시며 슬퍼하였다.	불명	
117		魯召史 (효부)	金碩興의 처	효도를 다하여 시부모를 섬겼다. 시부모가 늙고 병이 들자, 시부모의 건강을 위해 늘 목욕재계하고 북두칠성에 치성을 드렸다.	급복	여지도서
118	거제	林貴達		부모가 함께 세상을 떠나자 6년 동안 여묘살이를 하였다.	정려	여지도서
119		李乞大		어릴 때 아버지를 여의고, 효성을 다해 어머니를 섬겼다. 어머니가 세상을 떠나자 몸소 흙과 돌을 져다가 무덤을 만들고, 3년 동안 여묘살이. 또 아버지의 널을 옮겨서 어머니 무덤에 함께 장사 지낸 다음, 다시 3년 동안 상복을 입었다.	정려	여지도서

120	거창	許匡	成均館 直講	돌아가신 부모를 위해 3년 동안 여묘살이.	정려	여지도서
121		李祿連		9세 때에 단지하여 아버지의 몹쓸병을 치료.	정려	여지도서
122		金碩		지극한 효성으로 어머니를 섬겼다. 갑자기 어머니가 세상을 떠나려고 하자, 손가락을 잘라 그 피를 술에 타서 드렸더니 어머니가 다시 살아났다.	정려 (중종 5년)	여지도서
123		邢溧		아버지가 나이 50세에 눈이 멀어 사물을 볼 수가 없게 되었다. 형율이 우리나라 사신의 행렬을 따라 세 차례나 중국에 들어가서, 요동 총관에게 글을 올려 '나라에서 금한 일을 특별히 허락한다'는 뜻의 '勿禁'이라는 글씨가 쓰인 문서를 얻었다. 산동성 지방으로 가서 훤양의 간 30여 部를 구해서 약으로 쓰니, 아버지의 눈이 곧바로 밝아져서 80세에 이르러서도 이와 서캐를 가려낼 수가 있었다.	참봉에 임명, 정려 (선조조)	여지도서
124		崔潑		정유년(선조 30, 1597)에 왜적이 다시 쳐들어와서 난리를 일으키자, 아버지를 등에 업고 산골짜기로 피난. 왜적이 느닷없이 닥쳐오자, 최발이 아버지를 껴안고 간절히 빌었다. 왜적들은 들은 시능도 하지 않고서 최발 부자를 한 칼로 해치고 불길에 던져 버리고 떠났다. 집안사람들이 잿더미 속에서 최발의 시신을 찾아보니, 두 손으로 그대로 아버지의 시신을 껴안고 있는데 굳게 꼭 껴안아서 두 손이 풀어지지 않을 정도였다.	정려	여지도서

125	卞浚		10세 때 아버지가 소고기가 먹고 싶다고 하자, 즉각 농우를 밖으로 끌고 나가서 죽여 그 고기를 드렸다. 그 후 아버지가 병에 걸리자, 두 번이나 단지하였다. 아버지의 상을 당해서는 죽만 먹고 지내며 3년 동안 여묘살이를 했다.	정려 (선조조)	여지도서
126	愼希閔	公賤	아픈 부모를 위해 제 손가락을 잘라 그 피를 드렸으며 3년 동안 여묘살이.	정려 (인조조)	여지도서
127	邢潔	邢士保의 조카, 형율의 아우	지극한 효성으로 부모 섬김. 형에게 우애. 부모상을 당하여 여묘살이함. 세상에서는 '형씨 집안의 두 효자' 라고 불렀다.	증 참의 (선조조)	여지도서
128	邢景商	형결의 증손	어린 나이에 아버지를 여의었기 때문에 아버지의 상에 상복을 입지 못한 점을 매우 가슴 아프게 생각하여, 뒤늦게나마 3년 동안 상복을 입었다. 어머니가 종기를 앓자 피고름을 빨아 드렸으며, 어머니의 변을 맛보아 그 병의 상태를 자세히 살폈다. 어머니의 상을 당해서는 죽만 먹고 지내며 여묘살이함.	증 좌랑	여지도서
129	李暉		성리학을 깊이 연구. 학문의 수준이 정통하고 밝았다. 아버지가 병에 걸리자 상분. 아버지의 상을 당하여 여묘살이를 하는데, 호랑이조차도 그에게 달려들지 않았다. 무신란(영조 4, 1728)에 太守의 뒤를 밟아 쫓아가며 城을 버린 그의 행동에 대해 따졌으며, 營將을 맞이하여 역적을 급히 토벌해 달라고 요청.	급복	
130	李遇芳	증 대사헌 述原의 자	戊申逆變에 아버지가 害를 입어 복수하기로 맹세. 아직 염하지 않고	음사로 현감	

				칼을 가지고 곧장 진주로 달려가 營將한테 충돌해 들어가 진중에서 청하여 선봉이 되어 성초역에서 적의 괴수를 사로잡아 죽였다.		
131		李命曔	竹齋 時益의 현손	무신년에 변이 일어났음을 들은 후 발분창의하니 老父가 울면서 그치게 했다. 고로 父를 엎고 산에 들어감. 어버이 병에 상분하니 세상 사람들이 충효겸전이라 함. 호는 東塢.	정려 (정조 18년)	
132		李星俊	孤隱 智活 8대손	효행.	賜食物, 三綱錄에 실림	
133		金九鼎		부모 병이 심하자 상분, 눈 위에 꿩, 얼음 속의 고기가 있었음. 여묘하고 피눈물 흘림.	포상	米石之典 (숙종 3년)
134		權氏 (효녀)	李德三의 妻	부모가 병에 걸리자, 연달아 세 손가락을 잘라 그 피를 드렸다.	정려	여지도서
135		李氏 (효녀)	愼悏의 妻	처녀로 있을 때 어머니가 병으로 기절하려 하자 여동생과 함께 단지 출혈하여 어머니를 구함으로 다시 살아났다.	賜復戶	
136	초계	河永澄		아버지가 세상을 떠나자 흙을 져다가 무덤을 만들고 3년 동안 여묘살이. 3년 상을 마치고서도 그대로 무덤 곁 여막에서 살고, 흰 상복을 벗지 않았으며 초하루와 보름이면 반드시 제사상을 올렸다.	정려 (성종 21년, 1490)	여지도서
137		鄭白氷		일찍이 아버지를 여의고 늙으신 어머니를 봉양. 7년 동안 손수 약을 달이고 어머니 곁을 떠나지 않은 채 슬피 울었으며, 하루에 세 번씩 상분하여 병의 상태를 살폈다. 어머니가 세상을 떠나자 죽만 먹으며 슬픔에 겨워하다 몸이 상하게 되었다.	정려 (인조조)	여지도서

				효성을 다하여 부모를 섬겼는데, 부모의 병간호를 할 때에는 상분하여 병의 상태를 살폈다. 한 해 동안 연달아 부모의 상을 당하자, 예에 지나칠 만큼 슬픔에 겨워하다 몸이 상하였다. 보릿가루를 물에 타서 마시고, 장례를 치른 뒤에는 죽만 먹고 지내며 3년상을 치렀다. 3년상을 치른 뒤에 다시 3년 동안 상복을 더 입었다.	급복 (숙종 25년, 1699) 증 지평 (영조 7년, 1731)	여지도서
138		盧漢輔				
139		卞三重	閑良	지극한 효성으로 부모를 섬겼으며, 부모의 상을 당해 6년 동안 여묘살이를 하고도 3년 동안 상복을 더 입었다. 형제간에도 우애를 잘 하였다. 두 동생 三信, 三謹과 함께 여묘를 하였다.	賜復戶 (살아서는) 賜校官 (죽어서는)	여지도서
	남해	X				
140	영산	朴延守		나이 14세 되던 세종 6년(1424)에 아버지를 따라 산골짜기에 가서 나무를 베고 밭을 일구는데 父가 호랑이에게 물렸다. 연수는 왼손으로 父의 발을 잡고 오른손으로 낫을 휘둘러 호랑이를 위협하면서, 호랑이에게 수백 보나 질질 끌려가다가 드디어 父의 시신을 뺏어가지고 돌아왔다.	정려 (단종 3년, 1455)	여지도서
141		安堵	右獻納	어머니 상을 당하자 혼자 피눈물로 여묘살이 3년을 지냈다.	정려 (태종 5년)	여지도서
142		朴倚		어머니가 나쁜 병에 걸리자, 의는 허벅다리 살을 베어 끓여 먹이니 병이 마침내 나았다.	정려 (성종조)	여지도서
143		辛時望	신필주의 고손자	어려서 아버지를 여의고, 지극한 효성으로 어머니를 섬겼다. 어머니가 세상을 떠나자, 여묘살이를	증 공조좌랑 (숙종 33,	여지도서

				하며 3년상을 마쳤다. 병자호란 뒤에 과거공부를 그만두고 성리학 공부에 전념.	1707)	
144	裵命胤	배학의 고손자		타고난 성품이 순수. 예로써 자기 자신을 잘 단속. 부모의 상을 연달아 당하여, 6년 동안 죽만 먹고 지내며 여묘살이.	증 공조좌랑 (숙종 33, 1707)	여지도서
145	朴聖民	良人		어려서 부모를 모두 여의었기 때문에, 상복을 입지 못했다는 사실에 늘 한스러워했다. 50세 때 부모의 무덤을 이장하고, 돌아가신 부모를 위해 뒤늦게나마 6년 동안 상복 입음. 무덤 곁에 여막을 엮고 보릿가루를 물에 타서 마셨는데, 무덤이 높은 산봉우리에 있기 때문에 본디 샘물이 없었다. 어느 날 저녁 느닷없이 바위 아래에서 샘물이 솟아 나왔다. 비가 내려도 넘치지 않고 날이 가물어도 마르지 않았는데, 박성민이 상을 마치고 집으로 돌아가자 샘물이 저절로 말라버렸다. 또 호랑이가 밤중에 나타나 여막 곁에 쭈그리고 누웠으며, 이런 일이 여러 차례 벌어졌지만 끝내 해치지 않았다. 사람들은 모두 박성민의 효성에 하늘이 감동해 빚어진 일이라고 말하였다.	정려 (숙종 36, 1710)	여지도서
146	南斗房	校生		열 살 남짓한 나이에 손가락을 잘라 그 피를 약에 타서 드리니, 어머니의 병이 나았다. 어머니의 상을 당하자, 슬픔에 겨워 몸이 야윈 채 죽만 먹고 지내며 여묘살이를 하여 3년상을 마쳤다. 또 돌아가신 父를 위해 늦게나마 3년 동안 상복을 입었다.	정려 (숙종 40, 1714)	여지도서

				영조 5년에 복호
147		李時達	良人	부모상에 철죽, 여묘, 읍혈.	영조 5년에 복호	
148	양산	鄭承雨		일찍이 왜적에게 사로잡혀서 肥前州에 팔려가는 신세가 되었다. 포로로 사로잡혔을 당시, 어머니 나이가 72세였다. 머릿속은 늘 어머니의 생사 여부에 대한 생각뿐이었으며, 고기를 입에 대지 않았다. 왜인이 그의 의리에 감동하여 배와 노를 마련하고 양식을 갖춰서 돌려보내니, 이로써 어머니와 아들이 서로 만나게 되었다. 어머니를 모시고 영산현으로 피난을 가서 살다가, 어머니가 세상을 떠나자 고향으로 돌아와 장사를 지냈다.	불명	여지도서
149		尹聘三		효성과 우애가 뛰어났다. 불행히도 일찍이 아버지를 여의고 지극한 효성으로 어머니를 봉양. 어머니의 병이 위독해지자, 단지하여 다시 살아나게 했다. 해가 지난 뒤에 어머니의 병이 다시 위급해지자, 단지하여 다시 살아나게 했다.	급복 (신축년)	여지도서
150		李遇春	양산군 이징석의 8대손	효도와 우애의 도리를 다하였다. 아버지의 병이 위독해지자, 단지하여 다시 살아나게 했는데, 하루 밤낮 사이에 이러한 행동을 두 차례나 하였다.	증 호조좌랑	여지도서
151		朴承章		효성으로 부모를 섬기고, 형제간에 우애를 잘하였다. 또 그가 살던 마을에서 사당을 세워 봄·가을로 제사 지냄.	급복, 사당 세움	여지도서
152		金七得		어머니가 눈병을 앓아 앞을 보지 못했는데, 몇 년이 지나도 낫지 않	급복호	여지도서

			았다. 온갖 방법으로 의원을 구하고 약을 쓰는 등 정성을 기울임. 또 어머니의 병이 낫게 해 달라고 북두칠성에 제사를 올림. 어머니의 두 눈이 갑자기 밝아져 앞을 보게 되자, 사람들은 그의 효성에 하늘이 감동해 빚어진 일이라고 했다.		
153		芮就新		나이 겨우 열 살 남짓일 때 어머니가 3년 동안 병을 앓았다. 어머니 상분하여 병의 상태를 자세히 살폈으며, 어머니의 병이 위독해지자 단지하여 다시 살아나게 했다. 그 후 母喪을 당하자, 죽만 먹고 지내며 여묘살이.	급복	여지도서
154		呂氏 (효부)	白後采의 妻 송담 백수회의 증손부	효성을 다하여 시부모를 섬겼다. 시어머니가 10년 동안 병을 앓아 두 눈이 멀어서 사물을 보지 못했다. 먹을거리와 옷가지를 봉양할 때 먼저 그 이름을 가리킨 뒤에 반드시 시어머니의 뜻을 받들었는데, 게으름을 피우는 때가 거의 없었다. 시어머니의 병이 위독해질 때에는 시어머니의 변을 맛보아 그 병의 상태를 자세히 살폈다. 시어머니의 상을 당해서는 슬픔 속에서 예법을 다하여 장례를 치렀다. 충신과 효부가 한집안에서 아울러 나왔다.	급복 (정사년)	여지도서
155	함안	李郊		효성, 우애. 父喪에 예를 다해 喪禮와 葬禮를 치렀다. 그 뒤 할머니 상을 당하여 다시 여묘살이. 무덤에서 어머니가 있는 집까지 15리쯤 되었는데, 매번 조석으로 제사상을 올린 뒤 곧장 가서 어머니를 돌보았다.	서용 (중종 13년, 1518)	여지도서

156	李元盛	郊의 자	천성이 지극히 효성스러움. 모친상을 당함에 묘 곁에 여막을 지어 조석마다 곡전하고 끝난 후에는 반드시 돌아가 부친을 보살핌. 중종이 승하하자 심상을 행함. 이어 부친상을 당하자 1년간 죽을 먹고 대상을 지낸 후 3년을 더 입었다. 향당이 탄복하여 방백에게 보고했으나 임금에게는 들리지 않았다 한다.	불명	
157	安灌	호: 聚友亭	天性至孝. 기묘사화 후 벼슬에 나가지 않음.	이조 右司直에 제수	
158	朴希參	호: 모암	효행.	健元陵 참봉에 제수	
159	李嵩	절도사(종2품 무관) 居仁의 얼자	부친이 병으로 기절하자 단지 화약하여 병을 낫게 함.	정려	여지도서
160	河濟	校理(정5품) 沃의 손자	모친상을 만나자 몸소 흙을 날라 장사지냄. 여막을 지어 3년 동안 죽을 먹음.	불명	
161	李喜弼	고려 말 충신 李午의 후손. 선조 1년(1568)에 사마시 합격	7세 때 모친상을 당하였는데 사람들이 어육을 먹기를 권하였으나 문득 눈물을 흘리며 말하기를 "형이 먹으면 나도 먹겠다."하였다. 뒤에 부친상을 당하자 형과 함께 3년 동안 여묘하면서 한 번도 집에 가지 않았다.	불명	
162	李原佐	別侍衛, 贈右尹	아버지가 병이 나자 단지하여 다시 살아남.		
163	安信甲		어려서부터 효행과 우애가 뛰어났으며, 또 정의감 넘치는 큰 절개를 지님. 임진왜란 때 父가 왜적에 의해 목숨을 잃자, 복수하기로 마음먹었다. 아버지 상중에 집을 나서 의병에 투신하여 왜적 장수를 죽	증 관결사, 정려 (선조조)	여지도서

				이고 그 머리를 부수어 그 골을 마셨다. 정유년(선조30, 1597) 산음 전투 때 병력이 부족하고 구원병도 오지 않자, 환어정의 깊은 연못에 몸을 던져 스스로 목숨을 끊었다. 선조가 기특하게 여기고 이어 하교하기를, "목숨을 돌보지 않고 싸움터에 뛰어들어 하늘을 나는 송골매처럼 용맹하게 父의 원수를 갚고 나라의 치욕을 씻었다. 충신을 구하려거든 반드시 효자의 가문에서 구하라는 말은 바로 이를 두고 한 말인가." 라고 했다.		
164	朴亨龍	호: 浣石堂		한결같이 『소학』의 가르침대로 부모 섬김. 부모가 혹시 병에 걸리면 상분. 병을 낫게 해 달라고 북두칠성에 빌었다. 부모의 상을 당하자 죽만 먹고 지내며 여묘살이. 효종과 현종 두 임금이 세상을 떠나자 그때마다 모두 거친 밥만 먹으며 삼년상을 마쳤다. 대비와 중전의 국상 때도 역시 이처럼 3년상을 치렀다.	증 지평 (영조 6년, 1730)	여지도서
165	裵汝慶			모친상을 당하자 죽만 먹고 지내며 3년상을 치름. 부친상을 당하자, 여묘살이를 하고 추가로 3년 동안 상복을 더 입었다. 초하루와 보름마다 성묘를 하였다. 국상 때마다 모두 근신하며 마음속으로 3년상을 치렀다.	증 호조좌랑 (숙종조)	여지도서
166	李儹	幼學, 현감, 順祖의 손자		8세 때 부친상을 당하였는데 어머니가 그 유약함을 염려하여 고기를 먹기를 권하였으나 울면서 듣지 않고 채식으로 3년상을 마쳤다. 22세 때 모친이 병으로 기절하자 단지 화약	증 호조좌랑	불명

			했으나 불행히도 세상을 떠났다. 형제자매간에도 우애가 돈독하였다.		
167		韓克儉	예를 다하여 상을 치렀다. 제사를 치를 때마다 반드시 열흘 동안 부정한 것을 멀리하고 몸을 깨끗이 하였다. 조석으로 사당에 참배를 올렸는데, 비바람이 몰아치거나 병에 걸려도 그만 두는 법이 없었다. 제사용 전답에는 거름도 치지 않았다. 두 조정의 국상 때 모두 3년 동안 상복을 입었다.	증 주부, 정려	여지도서
168		安鈺	어린 나이에 母를 여의었기 때문에 제대로 상을 치를 수가 없었다. 그 후 부친상을 당하여 3년 동안 여묘살이. 예에 지나칠 정도로 슬픔에 겨워하다 몸이 상하였다. 돌아가신 어머니를 위해 뒤늦게 3년 동안 상복. 평생토록 흰 옷만 입고 지내다가 생을 마쳤다. 안옥이 병에 걸려 숨이 막혔는데, 첫딸이 단지하여 과연 딸의 효성에 하늘이 감동하여 마침내 父가 다시 살아나게 되었다. 그 후 안옥의 아내가 병에 걸렸을 때 그 아래 두 딸이 앞다투어 단지하였다.	급복	여지도서
169		趙希玉	어린 아이였을 때 父가 전염병에 걸렸는데, 마치 어른처럼 한결같이 정성껏 간호. 나이가 들어서는 조석으로 부모에게 드리는 문안인사를 그만두는 적이 없었으며, 맛있는 음식을 정성껏 바쳤다.	급복	여지도서
170		安聖興	어려서부터 행실이 지극했으며, 효성을 다해 부모를 섬겼다.	증 사헌부지평	여지도서

171	李厔森		天性純孝. 부모 병에 세 차례 단지하였음. 상을 당하자 모두 죽을 먹고 3년간 여묘. 깊은 산 호랑이 역시 3년간 와서 지키고 해치지 않았다.		불명
172	朴球	定虜衛, 승지 漢柱의 증손	비록 학식은 없었으나 성품이 조후, 어머니를 봉양함에 효성 지극하여 조그마한 일이 있어도 반드시 곁에서 밤늦도록 모셨다. 그의 처 김씨도 시어머니 섬기기를 또한 효성스럽게 하였다.		불명
173	多勿		아버지가 몹쓸 병에 걸리자, 단지하여 효험을 보았다.	정려 (중종 2년, 1507)	여지도서
174	應連	寺奴	뛰어난 효자.	정려	여지도서
175	趙孝哲	驛吏	부모상을 당하자, 그때마다 죽만 먹고 지내며 3년상을 치르고 추가로 상복을 입기도 했다. 또한 국상 때에도 상복을 입었다.	급복	여지도서
176	韓壽	保人	모친상을 당하여 곡읍하며 슬퍼하였다. 묘 곁에 여막을 짓고 매일 가서 호곡. 죽만 먹고 지내며 3년상을 마쳤다. 복을 마친 후 또 심상 3년 하였다. 어렸을 때 부친상을 당하였으나 상복을 입지 못 했기 때문에 추복하였다.		불명
177	沈麟	校生	어머니가 병이 나자 단지 효행.	불명	
178	安世寬	典涓司 主簿	부친상에 매우 조후, 80세 된 노모를 잘 받들어 온 마을이 칭송.	불명	
179	朴宗誠	保人	아버지가 나쁜 병에 걸리자 단지 효행.	불명	
180	朴夢吉	保人	조모가 병에 걸리자 단지 효행.	불명	
181	李檥	校生	어머니가 병에 걸리자 단지 효행.	불명	
182	李希賢	校生	형이 습창에 걸리자 약으로 병을 낫게 하고 맛있는 음식으로 봉양.	불명	

183	安亨	正兵	여묘살이.	불명	
184	李千	私奴	모친상에 6년복을 입었다. 제례를 삼갔으며 3일 안에 고기를 먹지 않았다. 맡은 직무로 인하여 남의 재물을 요구하는 일이 없었다.	불명	
185	劉石	白丁	어머니를 잘 봉양. 어머니가 세상을 떠나자 슬퍼하여 형제들은 모두 백일복을 입었으나 석은 홀로 3년복을 입었다. 대소상, 담제사를 정성껏 하였다. 이웃사람들이 다 경탄하였다.	불명	
186	露積	私奴	주인이 죽었는데 후사가 없자 복상 3년을 하였다. 그리고 신주가 의탁할 데가 없음을 알고 따로 집 북쪽에 한 칸의 건물을 세우고 편안히 모셨다. 뿐만 아니라 제사를 폐하지 않고 新物을 얻으면 반드시 드린 후에 그 부모에게 드렸다.	불명	
187	朴成長	正兵	부모상에 지성으로 장제. 3년 후 지금까지 어육과 훈채를 먹지 않는데 종신토록 하고자 하였다.	불명	
188	田義弼	水軍	아우 宗風과 한집에 살면서 부모님이 모두 돌아가신 후에도 分財하지 않고 의좋게 지내는 것이 늙어서까지도 처음과 같았다.	불명	
189	世乞	私奴	어려서부터 우애가 있었다. 삼형제가 전답의 문권을 사용하지 않고 말로서 서로 약속하고 말뚝을 세워 경작하였다. 단지 형제사이 뿐만 아니라 평생 다른 사람들과도 도리에 어그러진 말을 하지 않았다.		불명
190	劫金伊	私奴	어머니상을 당한지 20여년이 되어도 고기를 먹지 않았으며 아버지를 봉양하기를 정성을 다하였다.	불명	

191		安尙義	호: 喜懼齋	어려서부터 학문에 뜻을 두어 향리에서 소학동자라고 칭찬. 事親至孝. 호랑이 두 마리가 여묘 곁에서 지킴. 물이 없자 호랑이가 땅을 팠는데 물이 솟아나와 이름을 효자천이라 함.	복호	
	곤양	X				
192	합천	李瑤	正憲大夫	어머니가 세상을 떠나자 3년 동안 여묘살이	정려	여지도서
193		韓忠老		부친상을 당해 앞뒤로 6년 동안 여묘살이	將仕郎 제수	여지도서
194		河友明	文孝公 河演의 子, 同中枢	타고난 성품이 지극히 효성스러웠으며, 예를 다하여 3년상을 치렀다.	정려	여지도서 삼강행실
195		文德粹		부모상을 당하자 6년 동안 여묘살이. 형 문덕순이 뒤를 이를 자식 없이 세상을 떠나자, 또한 마음속으로 3년상을 치렀다.	정려	여지도서
196		金斗南	호: 德灘	부모의 상을 당하자, 예에 지나칠 정도로 슬픔에 겨워하다 몸이 상하였다.	정려	여지도서
197		柳世勛		아버지가 병에 걸리자, 상분하여 그 병의 상태를 자세히 살폈다. 부모상을 당하자 6년 동안 여묘살이. 죽만 먹고 지내며 피눈물을 흘렸다.	정려	여지도서 삼강행실
198		李璨		타고난 성품이 지극히 효성스러웠다. 부모가 세상을 떠나자, 6년간 여묘살이.	정려	여지도서
199		姜仁壽	殷烈公 民瞻의 후손. 감찰. 호: 和齋	효행이 출전했고 학문이 드러났다.	증 사헌부 집의	
200		李玩		부친의 병에 상분, 단지. 여묘	증 좌랑 (숙종 8년, 1682)	
201		河揮	하우명의 현손 호: 慕軒	효로서 선조조에 여러 차례 성은을 입어 洗馬에 천거되어 제수됨.	증 좌승지	

			조식, 정구, 이안눌, 김우옹, 정온 등과 도의의 교제를 하였다.		
202		沈日三	호: 月溪	효행탁이	증 좌랑 (영조 3년, 1727)	
203		姜啓殷	호: 泰庵	효행탁이. 학문정밀	증 지평 (영조조)	
204		金克敏	호: 潘谷 斗南의 장자	학문이 깊고 넓으며 부모에게 효 행이 극진. 여묘할 때 죽만 먹었다.	복호 (세금면제)	
205		金克亨	克敏의 아우 호: 無爲堂	6세 때 복상함에 예를 다했다. 어 머니를 지극한 효성으로 섬겼다. 모친상에 여묘, 읍혈	급복	
206		金八和	克敏의 子 호: 盧村	가정교훈을 잘 받고 학문이 심 오. 부모 섬기기를 극진히 함	급복	
207		金八休	克亨의 아들 호: 守口齋	모친의 병에 상분. 상을 당하자 피 눈물로 죽만 먹고 여묘살이	급복 (숙종조)	
208		金八擧	克亨의 次子	부모를 지극한 효성으로 섬겼으 며, 상을 당하자 피눈물로 죽을 먹 으며 여묘 6년	급복 (숙종조)	
209		朴明淑	호: 松巖	모친이 전염병에 걸려 두 번이나 기절하자 단지화약함. 또 모친의 두 눈이 멀어 맹인이 되었는데 주 야로 곁에서 떠나지 않고 피눈물로 하늘에 호소하며 극진하게 치료하 니 갑자기 눈을 뜨고 사물을 분간. 이때 어머니 나이가 82세. 눈을 뜬 지 4년 만에 돌아가시자 여묘 3년	급복	
210		文有章	기묘명현 絵地의 손자	어버이를 지극한 효성으로 섬겼으 며 학행이 있었다. 임진란에 창의 하여 적을 토벌	증 좌랑	
211		姜大適	증 승지 世倬의 손자	절의와 학행으로 齋郞에 여러 번 천거되었고 또 세마와 사전에 찰 방으로서 불렀으나 모두 나가지 않았다. 병자호란 때 의병장이 되	증 동부승지	

				어 창의하여 전장에 나갔다. 상을 당해서는 3년 동안 거친 밥만 먹었다. 1637년에 충효겸전으로 동부승지를 증직	
212		朴而文	良佐의 장자 호: 濫溪	학행으로 참봉에 천거되었다. 임진란에 창의하여 적을 토벌. 아우 而章이 벼슬길에 나가자 부모봉양을 맡아 효성을 다하였다. 조정에서 이를 알고 경릉참봉에 임명	경릉참봉 제수, 진사, 좌승지에 증직
213		李枝秀		지극한 정성으로 부모를 섬겼다. 상을 당해서 6년을 여묘살고 피눈물 흘리며 죽만 먹음	급복
214		金道南	직제학 巓의 증손자, 將仕郎	효성이 출천하여 부모상을 당해서 여묘 6년동안 하였고 학행이 세상에 드러났다.	선조 때 세금면제
215		柳希春	호: 澗庵	효로서 이름이 드러났다.	증 헌납
216		河稠	진양인, 호: 蓮軒 참봉 眉壽의 손자	효행으로서 이름이 드러나 司直을 증직	증 사직
217		裴亨遠	증승지 德秀의 자	효행으로 알려짐	증 호조정랑
218		鄭道昌	문충공 포은의 11세손	16세 때 부친이 적에게 살해당하자 죽음으로써 복수하기를 맹세하고 11년 동안 喪服을 벗지 않고 장가들지 않았다. 그리고 생업도 돌보지 않고 몸소 사방을 헤매면서 적들을 잡아 죽였다.	정려 (현종조)
219		權濂	호: 花陰 會山書院에 제향 됨. 찰방, 목사	효행으로 禮賓別提를 제수 받다. 임진란에 군사 일으켜 적을 섬멸. 의령에서 대첩. 幽谷察訪에 제수됨. 장수, 현풍현에도 연이어 제수되어 성주목사에 이름	
220		李仁望	업유	부친이 병들었을 때 살아있는 꿩을 소망하니까 꿩 두 마리가 부엌에 날아들었다. 상을 당하여 여묘	급복

				할 때 큰 흉년이 들자 도적이 여묘에 침범하였는데 갑자기 큰 호랑이가 나타나 도적을 쫓았다.		
221		文氏 (효녀)	선비 문경의 딸	정유재란 때 왜적과 마주쳤는데 절개를 지키다가 아버지를 껴안고 죽었다.	정려	여지도서
222		한씨 (효녀)	효자 유세훈의 손자 유문빈의 처	17세 때 이곳저곳을 떠돌다 성주에서 살게 되었는데, 父가 사내종들에게 살해당했다. 이때 한씨는 처녀의 몸으로 홀로 앞장서서 관아로 들어가 아버지의 억울한 죽음을 호소하고, 장정을 모아 시신을 찾아 나섰다. 큰소리로 울며 돌아다닌 지 열흘이 지나 어느 물가에 이르렀는데, 하늘에서 느닷없이 폭우가 쏟아지자 모래밭이 헤쳐지고 시신이 나왔다. 그 시신을 안고 관아로 가서 고발하여, 사내종들을 붙잡아 모조리 죽이도록 했다.	정려	여지도서
223		박씨 (효녀)	우징의 처	자매가 처녀로 있을 때 부친이 산송으로 원통하게 죽으니 복수하기를 죽음으로 맹세하였다. 언니가 먼저 칼날에 죽으니 동생이 죽음을 통분하여 울면서 세 번 정을 쳐서 대궐에 원통함을 호소했다.		
224		정씨 (효부)	하세진의 처	효성을 다하여 시부모를 섬겼다.	정려	여지도서
225	칠원	姜季欽		아버지를 효성을 다해 섬겼다. 일찍이 부역 때문에 서울에 갔으나 멀리 떠나 있는 동안에 뜻밖의 사고라도 생길까 염려하여 고기를 먹지 않았다. 또 자신의 첩이 아버지에게 공손하지 못하다는 소문을 듣고 사람을 보내 쫓아버렸다. 집으로 돌아오는 도중에 아버지가 편	불명	여지도서

				안하다는 소식을 듣고 비로소 고기를 먹었다. 아버지가 병중에 생선을 먹고 싶어 하자, 계흠이 물가에서 울부짖다가 잉어가 노는 것을 보고 작살로 잡아서 아버지에게 드렸다. 아버지가 세상을 떠나자 여묘살이를 하였으며, 삼년상을 마친 다음에도 또 3년을 살았다.		
226		金承樂		父喪에 여막에 거했는데 불이 빈소막에 번져 父의 널이 여막에 거했는데 장차 타려고 할 때 널을 껴안고 타죽었다. 父의 널은 안전했다.	정려	
227		周珏	호: 敬齋	뛰어난 효행 (효행탁이)	증 지평	여지도서
228		姜德溥	호: 慵齋	뛰어난 효행과 정통하고 능숙한 학문 수준이 알려짐	증 이조참의	여지도서
229		朴萬枝		어머니가 병에 걸리자 손가락을 잘라 그 피를 드려서 어머니가 더 살 수 있도록 함. 3년 동안 여묘살이함.	포상 (경종조)	여지도서
230		金世漢		일찍 아버지를 여의고 어머니를 효성으로 섬겼다. 단지하여 수명을 연장시키고 추복 3년 하였다. 여막 곁에서 물이 용출하였으나 여묘살이가 끝나자 곧 말라버렸다. 상례를 산위의 여막에서 할 때 위문하는 조객이 많이 모였다. 그때 갑자기 비가 내렸는데, 손님들이 피할 곳이 없자, 세한이 하늘을 우러러 부르짖어 우니 비가 종일토록 내렸는데 산위에서만 개였다.	급복 (순조 32년)	
231	안의	朴仁孫		11세 때 父가 병에 걸렸는데, 의원이 약지손가락의 뼈가 병이 낫는데 매우 좋다고 말함. 손가락을 잘라 그 뼈를 갈아 술에 타서 드리니, 병이 곧 나았다.	불명	여지도서

232	趙貴千		아버지가 몹쓸 병에 걸리자 손가락을 잘라서 그 피를 국에 타서 드리니 父의 병이 곧 나았다.	정려, 급복	여지도서
233	宋文		12세 때 父가 세상을 떠나자 온 정성을 기울여 상례를 치렀다. 母가 병에 걸리자 하늘에 빌고 상분하여 병의 상태를 살폈다. 母가 세상을 떠나자 여묘살이.	정려	여지도서
234	禹光男		9세 때 嫡母가 병을 앓자, 상분하여 병의 상태를 자세히 살폈다. 11세 때 父와 함께 도적과 마주치게 되었다. 도적이 父를 해치려고 하였는데, 우광남이 큰 소리로 서럽게 울며 가슴을 치고 발을 동동 구르자 도적이 이에 감동하여 놓아주었다.	정려	여지도서
235	禹錫一	현감 우여무의 아들 호: 蘭谷	어머니가 병에 걸리자, 상분하여 병의 상태를 자세히 살피고 손가락을 잘라 피를 드리니, 병에 걸린 어머니가 살아났다. 부친상에 죽만 먹고 지내며 여묘살이. 현종 1년(1660) 의례에 대한 논쟁 때 禮辨이라는 글을 지었다.	정려	여지도서
236	柳橿		정유재란 때 황석산성에 들어갔다가 산성이 함락되자 먼저 어머니를 등에 업고 성 밖으로 나왔다. 다시 적진 속으로 들어가 父를 등에 업고 나오려고 하는데, 왜적이 父를 해치려고 하자 제 몸으로 감싸 안았다가 두 사람 모두 해를 면하지 못하였다.	정려	여지도서
237	鄭大益 鄭大有		정유재란 때 곽준과 더불어 황석산성에 들어갔다. 산성이 함락되자 사내종 오좌미와 함께 어머니	정려	여지도서

				를 등에 업고 성 밖으로 나와 長水 寺 골짜기 어귀에 이르러 바위 사 이에 몸을 숨겼다. 왜적의 선봉이 어머니와 마주쳐 해치려고 하자, 형제가 몸으로 감싸 안았으며 오 좌미 역시 제 몸으로 가렸다. 한 칼 날 아래 세 사람이 모두 목숨을 잃 었으나, 그 어머니는 온전히 목숨 을 건졌다.		
238		銀浩	私奴	아버지와 함께 황석산성에 들어갔 는데, 산성이 함락되자 父를 잃어 버렸다. 적진 속으로 들어가 父를 업고 무릎으로 기어 나오다가, 왜 적의 칼날 아래 父와 함께 목숨을 잃었다.	정려	여지도서
239		劉有道	의로운 선비 유명개의 손자	나이 13세 때 父가 세상을 떠나자, 빈소를 떠나지 않고 채소와 과일 도 입에 대지 않았다. 정성을 다하 여 어머니를 봉양하였으며, 어머 니가 세상을 떠나자 피눈물을 흘 리며 3년상을 치렀다.	급복	여지도서
240		鄭岐憲	文簡公 정온의 손자 호: 盲逸	부모의 상을 당하자, 피눈물을 흘 리며 죽만 먹고서 3년상을 치렀다. 계모상을 당해서도 이처럼 상을 치르다가, 두 눈이 멀어 사물을 보 지 못하게 됨.	참봉에 임명됨 (암행어사 의 보고에 따라)	여지도서
241		鄭重履	문간공 정온의 증손자	지극한 효성으로 부모를 섬김.	別檢에 임명됨	여지도서
242		愼守沈	요수 신권의 5대손 호: 逸齋	일찍이 父의 喪을 당하자 죽만 먹 고 지내며 3년상을 치렀다. 매우 가난한 집안 살림으로 늙은 어머 니를 봉양. 하늘이 그의 효성에 감 동하여 얼음 위로 물고기가 스스 로 뛰쳐나오고 산의 노루가 제 발	동몽교관 에 임명됨	여지도서

			로 걸어오는 일이 빚어졌다. 문경공 송환기가 그의 비문을 지었다.		
243	全宅仁	지평 全虁錫의 아들 호: 最樂齋	16세 때 父가 세상을 떠나자, 예법에 지나치리만큼 슬퍼하다 몸이 야위었다. 母가 병에 걸리자, 병을 낫게 해 달라고 하늘에 빌고 상분하여 병의 상태를 살폈으며 손가락을 잘라 그 피를 드렸다.	급복	여지도서
244	崔聖文		본래 절름발이 몸으로 태어났다. 여러 해 동안 父가 병을 앓았는데 온 힘을 기울여 병간호. 하늘에 제사를 올리며 간절히 빌자 父의 병이 조금씩 나았다. 최성문이 기쁨에 들떠 발을 구르며 춤을 추려고 하자 두 다리가 저절로 펴졌다.	급복	여지도서
245	林翰臣	첨모당 임운의 9대손	마을 사람이 실수로 불을 내 불길이 자기 집까지 퍼졌다. 어머니가 집 밖으로 나오지 못했는데 사방이 타오르는 불길로 가로막혔다. 집 밖에 있던 임한신이 불길을 무릅쓰고 곧장 뛰어들자, 곁에 있던 사람이 만류하려고 했으나 그리하지 못했다. 마침내 타오르는 불길 속에서 목숨을 잃었다.	추증	여지도서
246	月良 (효녀)		14세 때 母가 호랑이에게 물리자, 월량이 도끼를 들고 호랑이를 내리쳐 母의 목숨을 구했다.	급복	여지도서
247	전씨 (효녀 +열녀)	찰방 정유열의 처 금지 전형의 딸	어머니와 함께 왜적과 마주치게 되었다. 왜적이 협박을 가하며 앞장서 걷게 하자, 권씨 역시 끊임없이 꾸짖음. 왜적이 먼저 어머니에게 칼날을 겨누자 전씨가 제 손으로 어머니를 감싸 안았다. 손가락이 먼저 잘리고, 마침내 어머니를	정려	여지도서

			껴안고서 목숨을 잃었다. 열녀와 효녀로서의 행실을 모두 이루었다.		
248	진해	鄭弼衡	어려서 아버지를 여의고 효성으로 어머니를 섬김. 외출할 때 반드시 행선지를 알리고 집에 돌아와서는 어머니를 뵈었다. 어머니가 세상을 떠나자 3년 동안 여묘살이. 또 돌아가신 父를 위해 뒤늦게나마 3년 동안 상복 입었다. 명절 때 지내는 제사와 해마다 지내는 기제사에 반드시 소리 내어 슬피 울었다. 늙어갈수록 더욱 효성을 다해 독실하게 모셨다.	정려	여지도서
249		權龍見	아버지가 전염병에 걸려 황어를 먹고 싶어 했다. 때는 5월이라 황어가 나오는 철이 아니었지만, 개울가로 가서 소리 내어 슬피 우니, 갑자기 황어 한 마리가 물가 모래밭으로 뛰어나왔다. 집에 돌아와서 아버지에게 드시게 하니 아버지의 병이 나았다. 아버지가 숨을 거둘 무렵, 한밤중에 손가락을 잘라 그 피를 드리니, 아버지가 다시 살아나서 열흘 남짓 더 살았다. 아버지의 상을 당하자 여묘살이 하고 추가로 상복을 더 입었는데, 죽만 먹고 지내며 6년을 보냈다.	급복 (숙종34, 1708)	여지도서
250	산청	梁郁	돌아가신 부모를 위해 6년 동안 여묘살이. 무덤을 만들 때에 흙을 메어 오고 돌을 져 날라서 날마다 무덤을 높이 쌓아갔다. 어느 날 무덤 뒤에서 천둥치는 소리가 들렸다. 사람들이 가서보니 호랑이가 땅에 꿇어앉아 있었는데, 큰 돌 세 개를 무덤 곁에다가 굴려다 놓았다. 사	정려, 혜민국 녹사에 임명	여지도서

			람들은 그의 효성에 하늘이 감동하여 빚어진 일이라고 하였다.		
251		姜處文		부모의 장사를 지내려고 상여를 메고 가는데, 한겨울의 냇물이 흐름을 멈춰 마치 평지처럼 건너갔다. 장사를 마치고 나서 신주를 모시고 집으로 돌아오니, 냇물이 예전처럼 다시 흘렸다. 사람들은 그의 효성에 하늘이 감동해 빚어진 일이라고 하였다. 죽만 먹고 지내며 3년 동안 여묘살이.	정려 (경종조)	여지도서
252		朴崇圭	박문영의 손자	16세에 사마시에 합격. 효행이 매우 뛰어남.	급복(경종조) 증 공조좌랑 (영조조)	여지도서
253		文八起		한겨울에 한 자 크기의 잉어가 스스로 얼음 위로 뛰어나오니, 그것을 잡다가 부모공양. 악성 전염병이 사방에 거세게 퍼지자, 부모를 등에 업고 산속으로 들어가 움막을 짓고 지냈다. 큰 호랑이가 처들어오자, 움막 밖으로 나아가 말하기를, "네 비록 산짐승이지만 그래도 어미 아비는 있지 않느냐." 하니, 이에 호랑이가 머리를 숙이고 떠나갔다. 사람들은 모두 그의 효성에 하늘이 감동해 빚어진 일이라고 하였다.	급복 (숙종조)	여지도서
254	단성	千年		지극한 효성으로 어머니를 섬겼다. 큰비가 내려서 가옥이 모두 떠내려갔다. 천년은 처자식은 버리고 어머니만 등에 업고 피하니, 처자식은 모두 큰물에 떠밀려 가 버렸다.	급복, 상으로 옷감을 줌	여지도서
255		羅有文		연산군 때 단상법이 엄했다. 하지만 나유문은 母가 세상을 떠나자,	정려 (중종5년,	여지도서

			홀로 예법대로 상을 치렀다. 슬픔에 겨워하다 몸이 야위어 병에 걸렸는데, 죽음을 앞두고 아내에게 작별인사를 나누며 말하기를, "내가 살아있을 때처럼 3년 동안 어머님께 제사를 지내주오."라고 하였다. 아내는 남편의 당부대로 하여 비록 비와 눈이 내릴지라도 몸소 무덤에 지내는 제사를 그만두지 않았다.	1510)	
256		李之寶	아버지 李侃이 新安江에서 물고기 낚시를 하다가 발을 헛디뎌 강물에 빠지니, 겨우 9세의 이지보가 물속에 들어가서 아버지의 시신을 껴안고서 함께 죽었다. 바위 표면에 '孝子潭' 이라는 글씨가 새겨져 있다.	정려	여지도서
257		權文彦	지극한 효성으로 부모를 섬겼다.	정려 (인조조)	여지도서
258		柳誠明	16세가 지날 무렵 어머니 상을 당하자, 빈소를 지키며 제사상에 올리는 음식을 몸소 마련.	정려	여지도서
259		朴仁弘	지극한 효성으로 어머니를 섬겼으며, 어머니가 병에 걸리자 손가락을 잘라 그 피를 드렸다.	급복	여지도서
260		尹東說	열녀 이씨의 아들	효성이 독실. 이미 돌아가신 父를 위해 늦게나마 상복을 입었다.	정려	여지도서
261		吳國獻	효행이 뛰어남.	증호조좌랑 (숙종조)	여지도서
262		李胤玄	父가 화적의 칼날을 받게 되자, 제 몸으로 아버지를 감싸 안았다가 창에 찔려서 목숨을 잃었다.	정려	여지도서
263	창녕	朴近仁	부모상을 당하자, 3년 동안 여묘살이.	정려 (태종10년, 1410)	여지도서

264	朴冑	麟山郡 郡守	부모상을 당하자, 3년 동안 여묘살이.	정려	여지도서
265	朴云		나이 14세 때 아버지가 호랑이에 게 물려가니 도끼만 들고 아우 운산(8세)과 함께 30여 걸음을 쫓아 가면서 하늘을 부르며 소리 내어 울자 이에 호랑이가 아버지를 버 리고 갔다. 백운은 아버지의 시신 을 등에 업었으며, 운산은 도끼를 들고서 그 뒤를 따랐다.	정려	여지도서
266	孫若虛		임진왜란 때 父 손인갑의 상을 당 하였다. 복수를 다짐하고 왜적을 토벌하러 나섰다가 왜적에게 사로 잡히고 말았다. 왜적들이 그의 몸 을 묶고 항복시키려고 했으나, 굴 하지 않고 왜적을 꾸짖다가 목숨 을 잃었다.	정려	여지도서
267	張孝遠		임진왜란 때 왜적이 아버지를 죽 이려고 하자, 자신의 몸으로 아버 지를 감싸다가 아버지와 함께 목 숨을 잃었다.	정려	여지도서
268	盧弘彦		임진왜란 때 왜적이 어머니를 죽 이려고 하자, 칼날을 무릅쓰고 자 신의 몸으로 어머니를 감싸다가 어머니와 함께 목숨을 잃었다. 왜 적들이 그의 효성에 감동하여, 푯 말을 세워 두고 떠나갔다.	정려	여지도서
269	石松	私奴	아버지가 호랑이에게 깔리자, 돌 로 호랑이를 내리쳤다. 아버지가 말하기를, "내 배 밑에 도끼가 있 다."라고 하자, 도끼로 호랑이를 내리찍으니 호랑이는 죽고 아버지 는 목숨을 건지게 되었다.	정려	여지도서
270	曹鑌南		임진왜란 때 臺山의 싸움에서 패 배하자, 적진 속으로 마구 뛰어 들	정려	여지도서

				어가 부모를 껴안고서 함께 목숨을 잃었다.		
271	金廷喆			뜻을 잘 받들어 부모를 섬겼으며, 예를 다하여 3년상을 치렀다. 그의 효성에 하늘이 감동.	정려, 증 都事	여지도서
272	李聖泰			아버지가 병에 걸리자, 손가락을 잘라 그 피를 드리니 아버지가 다시 살아났다. 아버지의 상을 당하자 여묘살이 하였는데 집에 계시는 늙은 어머니께 오가면서 봉양. 도적들이 집안에 쳐들어와서 재물을 약탈하고 불을 질렀다. 어머니가 불길 속에 갇히자, 불길을 무릅쓰고 뛰어들어 어머니를 껴안고서 함께 목숨을 잃었다.	정려	여지도서
273	張是行	고려 시중 장일의 후손		대를 이어 효행을 하여서 효성을 다해 부모를 섬겼다. 부모가 병에 걸리자 직접 약을 달이고, 손가락을 깨물어 그 피를 입에 넣어 드리니 곧바로 부모가 다시 살아날 수 있었다. 부모의 상을 당해 거적을 베고 지내는데, 불이 나서 불길이 빈소까지 퍼져 나가자 널을 안고서 하늘을 부르며 소리치자 맞은편에서 바람이 불어와 불길을 껐다. 장례를 치르고서는 죽만 먹고 지내며 여묘살이.	정려, 증 도사	여지도서
274	張翼禎	장시행의 아들		아버지처럼 지극히 효성. 단지하여 부모의 병이 조금 나았다. 아버지를 따라 함께 불길 속으로 들어가 널을 감싸 안아 온전히 지켰다. 3년 동안 여묘살이.	정려, 증 공조좌랑	여지도서
275	張滿	장시행의 손자		효자. 어머니의 병이 위독하자 손가락을 깨물어 피를 입에 넣어 드	형제의 부역과	여지도서

				렸다. 상을 당하자, 장례를 치르고 난 뒤에 목 놓아 울며 여묘살이 하였는데 보릿가루로 목숨을 연명하였지만 얼굴 모습이 평상시와 같았다. 땔나무하는 아이가 땔나무를 도와주며 날마다 보살펴 주었다. 도적이 옷가지를 빼앗으려고 하다가, 그의 효성에 감동하여 내버려 두고 떠나갔다. 형과 한 집에서 함께 살았다.	조세 면제	
276		張涷		以孝行	급복호	
277		朴震翰		어머니가 병에 걸리자, 단지하여 어머니가 다시 살아나 며칠 동안 더 살았다. 상을 당해서는 여묘살이.	증 사헌부지 평	여지도서
278		韓岳只		아버지와 함께 강을 건너는데 나무를 짊어지고 돌아오다가 아버지가 얼음에 빠졌다. 악지 나이 겨우 12세로 하늘을 부르며 통곡하며 긴 나무로 아버지를 구하고서 빠져 죽었다.	급복 (父에게)	여지도서
279		白二娘	萬戶 白璲의 딸	임진왜란 때 왜적이 부모를 죽이고 백이랑을 붙잡아 데려가려고 하자, 백이랑이 자신의 몸으로 부모를 감싸 안았다가 왜적의 칼날 아래 부모와 함께 목숨을 잃었다.	정려	여지도서
280	사천	崔小河		일찍이 아버지를 여의었다. 어머니 河氏가 뱃속에 기생충이 생겨 병을 앓았는데, 꿈속에 아버지가 나타나 말하기를, "만일 살아 있는 사람의 뼈를 구해 쓴다면 병이 나을 것이다."라고 하였다. 최소하가 곧바로 무명지를 잘라 그 뼈를 갈아 술에 타서 드리니 어머니의 병이 마침내 나았다.	參軍에 임명	여지도서

281	崔碩澗		아버지가 오랫동안 병을 앓았는데 온갖 약을 다 써보아도 효과가 없자, 마침내 단지하여 아버지의 병이 곧 나았다.	정려 (중종13년)	여지도서
282	儉同	私賤	아버지가 몹쓸 병에 걸리자, 단지하여 아버지의 병이 곧 나았다.	정려	여지도서
283	李恩孫		아버지가 세상을 떠나자, 밤낮없이 피눈물을 흘리며 슬피 울었다. 여름철이라 마을 사람들이 들판에 나가 마을이 텅 비어 있을 때 마을에 갑자기 불이 났다. 아버지 시신을 담은 널에까지 불길이 덮치는데, 힘이 약한 이은손으로서는 구하기가 어려웠다. 갑자기 불길 속으로 뛰어 들어가서 함께 타 죽으려고 하자, 별안간 푸른 하늘에서 느닷없이 소낙비가 내렸다. 그 덕분에 산사람이나 죽은 사람이나 모두 온전할 수 있었다. 또 무덤 아래에서 죽만 먹고 지내며 여묘살이.	정려	여지도서
284	貴良		나이 13세 때 어머니가 전염병에 걸렸는데, 마을 사람들이 들판의 움막으로 나갔다. 날이 어두워 호랑이가 나타나서 어머니에게 달려들었다. 귀량이 왼손으로 호랑이의 꼬리를 붙잡고 오른손으로 내리치니, 호랑이가 피해 달아나서 목숨을 온전히 건질 수가 있었다.	금복	여지도서
285	尹東說	고려 茂松君 文貞公 尹澤의 후손, 조선 左議政 尹江의 10세손	강희 갑진년에 화적이 집안으로 마구 쳐들어와 그의 아버지 尹世茂가 참혹하게 칼날에 찔렸다. 윤세무의 아내 이씨가 아들 윤동열과 함께 제 몸으로 감싸 안다가 손가락이 모두 잘려나갔으나, 자신	정려 (숙종 37년)	여지도서

				이 대신 죽게 해 달라고 하자 도적들도 감동하여 풀어주었다. 그러나 결국 윤세무의 목숨을 구하지는 못했다. 이때 윤동열의 나이는 8세였으므로 비록 상복을 입지는 못했으나, 아버지가 참변을 당해 비명횡사한 것을 늘 가슴아파하였다. 그의 나이 15세 때에 또 어머니의 상을 당하자, 모든 장례절차를 한결같이 예법에 따라 치렀다. 어머니를 위해 입었던 상복을 벗은 뒤에, 그대로 이미 돌아가신 아버지를 위해 뒤늦게나마 상복을 입었다. 또 아우가 冠禮를 치르기도 전에 일찍 세상을 떠나니, 어머니 제삿날마다 죽은 아우의 神主를 꺼내 와서 거기에 술을 따르고 제사를 올렸다.		
286	기장	玉從孫	邑東의 아들	11세 때 父가 몹쓸 병을 앓자, 단지하여 父의 병이 나았다.	상직	여지도서
287		徐弘仁		부산으로 가서 군역을 지던 사람. 자기가 사는 곳에서 부산까지의 거리가 60여 리나 되는데, 근무하는 동안 낮에는 근무를 서고 밤에는 부모가 계신 곳으로 돌아와 잠을 잤다. 일찍이 단 하루도 군대의 근무와 부모 보살피는 일을 소홀히 한 적이 없었다.	상직	여지도서
288		金順迪		13세 때 母가 호랑이에게 붙들렸다. 한 손으로는 호랑이의 꼬리를 휘어잡고 다른 손으로는 어머니의 발을 붙잡고 버텼는데, 몇 개의 고개를 넘어가도록 놓지 않았다. 이에 호랑이가 어머니를 내버려 두고 가 버렸다.	급복	여지도서

289	玉八五		나이 13세 때 아버지를 모시고 한 방에서 지내는데, 밤에 갑자기 호랑이가 마구 뛰어 들어와 父를 움켜쥐었다. 옥팔오는 급히 父를 껴안고 손으로 호랑이를 끊임없이 내리쳤다. 이에 호랑이가 아버지를 내버려 두고 울타리 밖으로 가서 끊임없이 으르렁대며 마구 날뛰었다. 옥팔오는 즉시 父를 방안에 누이고, 자신이 父를 대신하여 맞섰다. 옥팔오가 불을 질러 앞 울타리에 불길이 크게 치솟자 호랑이가 떠나갔다. 덕분에 父의 목숨을 보존할 수가 있었다.	급복	여지도서
290	金鍊	교생	事親以孝하고 여력이 있으면 독학 전심. 숙종조 임진년에 부가 병에 걸리자 의원이 말하기를 生當歸가 약이 된다고 하니 급히 구하러 깊은 산에 들어갔는데 밤중에 큰 눈이 내려 걱정하며 소리 내어 우니 마침 바위 밑에 당귀가 살아있어 약으로 만들어 드려 효험이 있었다. 병신년 6월에 父가 또 기이한 병을 얻어 상분하고 하늘에 빌었다. 父가 기절하게 되자 손가락을 끊어 피를 드려 다시 살아나게 했다. 마침내 부모상을 당해 슬퍼하며 삭망 때마다 성묘하기를 종신토록 했다. 경자·갑신의 국상에 심상 3년을 하였다.	숙종 조에 복상, 을사년에 급복	
291	姜氏 (효부)	효자 金鍊의 처	시아버지가 여름철에 설사병에 걸리자, 강씨가 단지하여 피를 드렸다. 시아버지가 다시 살아나서 몇 달 동안 더 살자, 사람들은 강씨의	급복	여지도서

				지극한 효성에 하늘이 감동해 빚어진 일이라고 말하였다.		
292	삼가	李楯		고려 말기에 포은 정몽주와 더불어 예법을 익혔으며, 3년 동안 여묘살이.	불명	여지도서
293		鄭原緒	효자	부모의 봉양과 상사에 정성을 다하였다.	정려	여지도서
294		鄭玉良	하양현감	벼슬에서 물러 나와 삼가현 有麟里에 살면서 어머니를 봉양. 어머니가 세상을 떠나자, 예를 다하여 장사와 제사를 치렀다. 3년이 지난 뒤에도 돌아가신 부모의 위패에 조석으로 제사상을 올렸는데, 생을 마칠 때까지 변함없었다. 사당 옆에서 느닷없이 흰 대추나무 일곱 그루가 나서 두서너 자쯤 자라더니 6년 만에 말라죽었다.	불명	여지도서
295		文繼達		뛰어난 효행을 지녔다. 주인을 배반한 사내종이 패거리를 이루어 밤을 틈타 집으로 마구 쳐들어와서, 아버지를 칼로 내리찍어 죽였다. 문계달이 칼날을 무릅쓰고 앞으로 돌진하여 맨손으로 내리치니 흉악한 무리들이 달아나 흩어졌다. 상복을 입은 채 7년 동안 방방곡곡을 바삐 돌아다니다가, 드디어 강원도에서 13명의 종놈들을 찾아내 모조리 죽였다. 객지에서 병에 걸려 세상을 떠났다.	정려 (효종조)	여지도서
296		朴明赫		어머니가 병을 앓자, 눈물을 흘리며 먹고 싶은 음식이 무엇이냐고 여쭈었다. 그러자 하늘이 그의 효성에 감동해 날아가던 꿩이 스스로 집으로 들어오고, 큰 물고기가	증 지평 (기사년)	여지도서

				스스로 얼음 밖으로 뛰쳐나오는 일이 벌어졌다.		
297		魚好淵		어머니의 병이 위독해져 기절하자, 손가락을 잘라 그 피를 드려서 다시 살아나게 했다.	증 좌랑 (정사년)	여지도서
298	웅천	朱漢奕	호장	한결같이 법도에 따라, 정성을 다하여 공무를 받들고 고을의 기풍을 진작시켰다. 집안에서는 효성을 다하여 부모를 섬겼다. 부모의 상을 당하자 3년 동안 여묘살이 하였는데, 몹시 슬퍼하며 상을 치르다가 숨이 거의 넘어갈 뻔하였다. 고을 사람들이 모두 훌륭하게 여기며 감탄해 마지않았다.	정려 (광해군 10, 1618)	여지도서
299		魚敬德		어려서는 물론이고 자라서 어른이 되어서도 정성을 다해 충성과 효성을 다했다. 계묘년 봄에 父가 戰船代將으로 군사훈련에 참가했다가 느닷없이 배 전체에 불이 나서 바다에 떨어져 물속에 빠졌는데 끝내 그 시신을 건지지 못하였다. 어경덕은 하늘을 부르짖고 엎어졌다가 방을 둥둥 구르며 반드시 아버지와 함께 저세상으로 돌아가려고 했으나, 여러 일가붙이들이 만류하는 바람에 죽지 못하여, 스스로 평생 씻을 수 없는 아픔을 당하였다. 고을 사람들이 모두 훌륭하게 여기며 감탄해 마지않았다	급복 (숙종 26, 1700)	여지도서
	언양	X				
300	의령	沈安麟		어머니가 병에 걸려 꿩고기와 물고기를 찾았는데, 날아가던 꿩이 스스로 집으로 들어오고 한 쌍의 잉어가 스스로 배로 뛰어들었다.	정려	여지도서

			사람들은 모두 그의 효성에 하늘이 감동해 빚어진 일이라고 하였다.		
301	姜珝	進士 효자 姜瑞의 형 남명 조식의 제자	어머니의 상을 당하자, 죽만 먹고 거적에서 자며 예법에 지나치리만큼 슬픔에 겨워하다 몸이 야위어 결국 여막에서 숨을 거두었다.	정려	여지도서
302	李宗榮	生員	어려서부터 학문에 뜻을 두고 經書와 史書를 두루 섭렵. 부모의 상에 죽만 먹고 지내며 3년상을 치르니, 사람들이 그의 효성에 감복.	정려	여지도서
303	姜瑞	진사이며 충신인 강수남의 父 남명 조식의 제자	타고난 성품이 지극히 효성스러워 정성을 다해 부모를 섬김. 父가 세상을 떠나자, 예법에 지나치리만큼 슬픔에 겨워하다 몸이 야위어 여막 곁에서 숨을 거두었다. 남명 조식이 그 비문을 지었는데, 그 내용은 다음과 같다. "형인 진사 강우 군은 어머니가 세상을 떠나자, 여막 곁에서 숨을 거두었다. 아우인 진사 강서 군은 아버지의 상을 당하여 또한 죽기에 이르렀다. 형은 어머니를 위해 목숨을 바치고 아우는 아버지를 위해 목숨을 바쳤으니, 세상에 어찌 이와 같은 일이 있단 말인가." 시를 지어서 애도의 뜻을 표하여 다음과 같이 운운하였다.	정려	여지도서
304	安仁		지극한 효성으로 부모 봉양.	정려	
305	田孝終		나이 12세 때 父가 세상을 떠나자 여묘살이를 하며 3년상 마침.	정려	여지도서
306	姜徵之		부모가 세상을 떠나자, 죽만 먹고서 여묘살이하며 3년상을 지냈다.	증 호조좌랑	여지도서
307	仇琛		추가로 3년상을 더 치르니, 사람들이 모두 그의 효성에 감복. 정조 때 나라에서 '具'라는 성씨를 내려주었다.	정려 (정조조)	여지도서

308	安埄		어머니 상을 당하자 피눈물 흘리며 3년상.	정려	여지도서
309	沈文守	貢生	예법을 다하여 장례를 치렀으며, 생을 마칠 때까지 고기를 먹지 않았고 조석으로 올리는 제사를 그만두지 않았다.	정려	여지도서
310	李振宗		정유재란 때 父가 왜적과 싸우다가 목숨을 잃자, 적진 속으로 돌입하여 父의 시신을 껴안고 함께 죽었다.	급복	여지도서
311	許琥		뛰어난 효자	정려	여지도서
312	曹夏伯		지극한 효성으로 부모를 섬기고 3년 동안 여묘살이.	정려	여지도서
313	朴時倜	천인	뛰어난 효자	면천	여지도서
314	田潭	참봉	뛰어난 효자	참봉에 임명	여지도서
315	鄭元宗		국상 때 상복 입음. 효성으로 부모 봉양.	급복	여지도서
316	崔致安		할아버지가 세상을 떠나자 병을 앓고 있던 父가 여묘살이를 하려는데, 최치안이 요청하여 아버지 대신 3년 동안 조부 무덤을 지키며 여묘살이.	관직에 임명	여지도서
317	金雅海		부모상을 연달아 당하여 3년 동안 여묘살이.	정려	여지도서
318	安潤屋		지극한 효성으로 부모 봉양.	증 참봉	여지도서
319	金莫連		부모상을 당하여 6년 동안 여묘살이.	정려	여지도서
320	陳得昌		잇따라 부모상을 당하여 6년 동안 시묘살이.	정려	여지도서
321	姜維	충렬공 강수남의 5대손	행실이 지극하여 부모의 상을 당하자 제 손가락을 자르고 6년 동안 여묘살이. 상복을 벗은 뒤에는 과거공부를 그만두고 자신을 잘 가다듬으며 학문에 힘썼다.	증 호조좌랑 (영조조)	여지도서
322	田命成		타고난 성품이 효성스러우며, 형제가 한 이불을 덮고 지내며 우애. 고을 사람들이 모두 그의 효성과 우애에 탄복하였다.	증 호조참판 (숙종조)	여지도서

323	李忠範	호: 山水翁	재야의 이름난 선비로 참봉에 임명되었으나, 벼슬자리에 나아가지 않음. 명나라 신종황제가 그의 뛰어난 행실에 대한 소문을 듣고 ≪성리대전≫과 ≪이학통록≫ 등 70여 권의 책을 내려 보내 주었다. 그의 아들 이엽은 임진왜란 때 목숨을 잃었다.	참봉에 임명	여지도서
324	姜熺		하늘이 내린 듯이 효행이 뛰어나고, 학문의 폭이 넓으며 독실.	증 공조참의 (명종조)	여지도서
325	金氏 (효녀)	通政 余厚信의 처	효성을 다해 부모를 섬기고 예법을 다하여 장례를 치렀다.	정려	여지도서
326	李氏 (효녀)	李廷采의 처	효행이 남달리 뛰어났다.	급복	여지도서
327	沈武丁 (효녀)		나이 열 살 남짓에 어머니가 폭포에 떠내려가자, 제 몸을 폭포에 던져 물속에 들어가 어머니를 구해냈으나 기력이 약해지고 다하여 목숨을 잃고 말았다.	정려	여지도서
328	石氏 (효부)	沈致의 처	20세에 남편이 세상을 떠났다. 효성을 다해 시어머니를 섬기는데, 친정아버지가 그녀를 다시 시집보내려고 했다. 석씨가 거절하기를, "남편은 독자로서 일찍이 세상을 떠났습니다. 아버지께서 만약절개를 지키려는 제 뜻을 빼앗으신다면, 돌아가신 남편의 병든 어머니는 그 누가 봉양하겠습니까." 하였다. 마침내 친정아버지의 뜻을 따르지 않고 더욱 정성을 다해 부지런히 시어머니를 섬겼다. 시어머니가 측간에 갈 때에는 자신이 몸소 시어머니를 업었다.	정려	여지도서

제8장 조선시대 경산지역의 효자, 열녀

머리말

조선왕조는 개국이래로 삼강오륜을 보급하기 위해 충신, 효자, 열녀 등을 포상하는 이른바 정표정책을 적극적으로 실시하였다. 그리하여 사회 신분의 고하, 귀천의 구별없이 충신, 효자, 열녀 등이 나온 집 문 앞이나 마을 어귀에 정문(旌門) 또는 정려(旌閭)를 세우거나 복호(復戸), 관직제수(官職除授), 증직(贈職), 상물(賞物), 면천(免賤) 등의 포상을 하여 이들을 본받도록 권면 장려하였다. 정문, 정려는 도의 관찰사나 유림 등의 천거를 받아 예조와 의정부의 심사를 거쳐 마지막으로 국왕의 재가를 받아 시행되는 가장 높은 단계의 표창이었다.

조선 후기로 올수록 문벌 숭상의 풍조와 함께 충신, 효자, 열녀의 포상이 많아졌다. 충, 효, 열 역시 가문의 위상을 높이는 한 방법이 되었기 때문이다.

필자는 지금까지 조선시대의 정표정책과 효자, 열녀에 대하여 관심을 가지고 이에 대하여 살펴본 바 있다.[1] 이번에 필자는 이러한 작업의 일환

---

1) 박 주, 『조선시대의 정표정책』, 일조각, 1990.

으로 조선시대 경상도 경산 지역의 인물과 효자, 열녀들에 주목하여 검토하고자 한다.

먼저 경산지역의 연혁, 인물 등을 살펴보고 다음으로 효자, 열녀 행적의 사례분석, 신분과 포상내용 등을 면밀히 검토하여 그 지역의 유교적 특성을 고찰하고자 한다.

문헌 자료로는 『조선왕조실록』, 『신증동국여지승람』, 『여지도서』,2)『경상도읍지』,3)『경산현읍지』(奎.17440),4)『경산군읍지』(奎.10849),5)『경산시지』,6)『국역 삼강록』,7) 등의 자료를 참고하였다.

_____, 『조선시대의 효와 여성』, 국학자료원, 2000.
_____, 『조선시대의 여성과 유교문화』, 국학자료원, 2008.
_____, 「『동래부지』의 편찬과 효자, 열녀」, 『조선사연구』16, 2007.
_____, 「조선 중기 『밀양지』의 편찬과 효자, 열녀」, 『조선사연구』17, 2008.
_____, 「조선시대 경북지역의 효자. 효녀. 효부 사례분석」, 『한국사상과 문화』49, 2009.
_____, 「조선시대 경남지역의 효자. 효녀. 효부」, 『한국사상과 문화』54, 2010.
_____, 「조선후기 밀양부 金寧金氏 집안의 충효각과 탁삼재에 대한 사례연구」, 『대구사학』104, 2011 등.
2) 본고에서는 전주대학교 고전국역총서1『여지도서』35 경상도 V를 이용하였다.
3) 여기에서는 아세아문화사에서 간행한 한국지리지총서『경상도읍지』1책을 참조하였다.
4) 『규장각 해제집』사부4, 147쪽에 의하면 『경산현읍지』는 1785년(정조 9) 무렵 경산현에서 만든 읍지를 이후 어느 시기에 필사한 책이다. 내용은 위치, 건치연혁, 성씨, 풍속, 방리, 호구, 전부, 성지, 창고, 축물, 봉수, 학교, 단묘, 불우, 누정, 도로, 교량, 제언, 장시, 역원, 목장, 형승, 고적, 토산, 진공, 봉름, 환적, 과거, 인물, 題詠, 碑版 등의 순서로 실려있다. 宦蹟條에는 김유신, 김인문 등 신라인이 기재된 점이 특징이며 조선초기부터 1783년까지 부임한 역대 현감의 이름이 기재되어 있다. 다른 읍지에 비해 猪羊의 수가 기재된 畜物條가 추가된 점이 특징적이다.
5) 위의 책, 146쪽에 보면 『경산군읍지』는 1899년(광무3) 전국 읍지상송령에 의하여 경산군에서 만든 읍지이다. 책머리의 채색지도에 이어 건치연혁, 군명, 관직, 전답, 인구, 방리, 산천, 읍성, 공해, 객사, 임수, 학교, 단묘, 불우, 누정, 도로, 교량, 제언, 장시, 토산, 풍속 등의 내역이 실렸다.
6) 『경산시지』, 경산시지편찬위원회, 1997.
7) 『국역 삼강록』, 장복추 편저, 장세완/박미경 역, 사미헌선생기념사업회, 2005를 이용하였다. 사미헌 張福樞(1815~1900) 선생은 본관은 인동으로 자는 景遐이고 호는

1. 경산지역의 인물 분석

먼저 『신증동국여지승람』, 『여지도서』, 『경상도읍지』 등의 자료들에 근거하여 조선시대까지의 경산의 연혁을 살펴보면 다음과 같다.

慶山은 본래 압량소국(혹은 압독)이었다. 신라 지미왕(祗味王) 때 이를 차지하여 군을 두었고, 경덕왕 때 장산(獐山)으로 이름을 고쳤다. 고려 초기에 장산(章山)으로 바꾸었으며, 현종 9년(1018)에 경주에 소속시키고, 명종 2년(1172)에는 감무를 두었다. 충선왕 초기에 임금의 이름인 '璋'과 음이 같은 것을 피하여 지금의 이름인 慶山으로 고쳤다. 충숙왕 4년(1317)에는 국사 일연(一然) 스님의 고향이라는 이유로 현령으로 승격시켰으며, 공양왕 2년(1390)에는 순비(順妃) 노씨(盧氏)의 고향이라는 이유로 군으로 승격시켰다. 조선 태조 때 다시 현령으로 강등시켰다. 선조 34년(1601) 임진왜란 이후에 고을이 쇠잔하여 대구부에 병합하고 瞥을 설치했다가 선조 40년(1607)에 다시 고을을 설치하였다.[8]

이상과 같은 건치연혁을 볼 때 경산지역은 본래 압량소국(押梁小國)이었으나 고려 충선왕 때 지금의 이름인 경산이 되었음을 알 수 있다.

이중환은 『택리지』에서 "팔공산 남쪽 큰 강의 서쪽은 칠곡이고, 그 동남쪽에 하양(河陽) · 경산(慶山) · 자인(慈仁) 등의 고을이 있다." 라고 말하였다.[9]

한편 16세기에 편찬된 『신증동국여지승람』 경산현 인물조에 실린 인

四未軒이다. 文康公 旅軒 張顯光의 8대손이다. 구한말 영남의 3徵士이자 3학자의 한 분으로 58세 때 삼강록을 간보하였다. 조선조 500년에 걸쳐 민간에서 발간되기는 그 유래가 없으며 충 · 효 · 열 부문에 수록된 인물만도 1,000 명이 넘어 그 분량이 방대함을 알 수 있다.

8) 『국역 신증동국여지승람』 권27 경산현 건치연혁, 『국역 여지도서』 35 경상도 경산현 건치연혁, 『경상도읍지』 경산현 건치연혁 참조.

9) 이중환 지음, 이익성 옮김, 『택리지』 팔도총론, 경상도, 을유문화사, 2004, 72쪽.

물의 수는 2명 (고려인 金庭美, 조선인 全伯英)에 불과하다. 18세기에 편찬된 『여지도서』 경산현에 수록된 인물도 『신증동국여지승람』 인물조의 인물과 같고 더 추가된 인물이 없어 주목된다. 그리고 19세기에 편찬된 『경상도읍지』 경산현에 실린 인물의 수는 1명이 더 추가되어 모두 3명인데 김정미(金庭美), 정연(鄭珚), 서사선(徐思選)이 그들이며 전백영(全伯英)이 빠져있다. 전백영은 『경상도읍지』에서는 인물조가 아닌 과거조에 실려있어 주목된다. 이들 인물에 대해 살펴보면 김정미는 고려인으로 충선왕을 따라서 원나라에 들어가 공을 세웠으며, 벼슬이 정승에 이르렀다.[10]

정연은 초계인으로 禮에 밝고 음율에 정통하였다. 고려 충목왕 때 시독관이 되었고, 공민왕 때는 사공(司空) 우복사(右僕射)가 되었다. 역신 채하중(蔡河中)으로 인하여 정연은 공민왕 때 경산으로 유배되었다. 팔천군(八川君)에 봉해졌으며 시호는 양헌(良獻)이다.[11] 서사선(1579, 선조 7년~1651, 효종 2년)은 달성인으로 호가 동고(東皐)이다. 일찍 한강(寒岡) 정구(鄭逑, 1543, 중종 38년 ~ 1620, 광해군 12년)[12]에게 수학하여 광해군 5년(1613)에 생원시에 급제하였다. 부모를 효성으로 섬겼으며 학행이 있었다. 벼슬은 예빈시참봉에 이르렀다.[13] 전백영(1345~1413)[14]은 고

---

10) 『국역 신증동국여지승람』 권27 경산현 인물조 8쪽.
　　『국역 여지도서』 경산현 인물조 297쪽.
　　『경상도읍지』 경산현 인물조 569쪽.
11) 『경상도읍지』 경산현 인물조 569쪽.
12) 寒岡 鄭逑는 東岡 金宇顆(1540~1603)과 함께 성주 출신이다. 김굉필의 외증손으로 예학에 뛰어난 학자이며, 당대의 명문장가이며 서예가였다. 벼슬이 공조참판에 이르렀는데, 광해군 때 임해군의 옥사가 일어나자 이에 관련된 사람들을 모두 용서하라는 상소를 올리고 낙향해 버렸다. 이후 성주에서 후학을 가르치는데 힘썼다(이중환, 『택리지』 76쪽).
13) 『경상도읍지』 경산현 인물조 569쪽.
　　『경산시지』 인물편 1445~446쪽에 보면 서사선은 7세 때 종형 樂齋 徐思遠에게 배웠고, 22세 때 한강 정구에게 수학하였다. 일찍 부모를 여의고 처가(경산 상방동 珍山 陳氏)와의 인연으로 대구에서 경산으로 이거하였다. 도의에 바탕한 그의 학행은 지방교화에 큰 영향을 주어 경산사람들로부터 높이 추앙되었다. 인조 14년

려 공민왕 때 문과에 급제하였고, 조선조에서는 벼슬이 지의정부사(知議政府事)에 이르렀으며, 시호는 문평(文平)이다.[15]

그 밖에 신라인으로 원효(617~686), 설총, 고려인으로 일연(1206, 희종 2년~1289, 충렬왕 15년), 순비 노씨가 보이고 있다.[16]

성씨로는 경산 全, 金, 白, 중국 당에서 귀화한 성씨로 徐, 劉, 일본에서 귀화한 綠, 珠, 來姓으로 朴, 鄭, 魯가 있다.

2. 경산지역의 효자, 열녀

<표 1> 조선시대 경산지역의 효자 열녀 기재수

	『신증동국여지승람』 경산현 (1531)	『여지도서』 경산현 (1757~1765)	『경산현지』 (1785)	『경상도읍지』 경산현 (1832)	『삼강록』 (1873)	『경산시지』 (1997)
효자	1	4	7	7	17	8
효녀	0	0	0	0	0	0
열녀	0	2	2	2	1	4
계	1	6	9	9	18	12

(1636) 은일로 장사랑 예빈시참봉의 음직을 제수받았다. 정조 15년(1791)에 경산 사림이 동고선생의 학행 을 추앙하여 옥천서원(玉川書院)을 세워서 봉향하였다.

14) 『경산시지』 인물편, 1997, 1416~1417쪽에 의하면 전백영의 본관은 玉山(경산의 고호)이며 호는 巴溪이다. 개경에서 포은 정몽주에게 수학하여 공민왕 20년(1371)에 문과에 급제하였다. 조선조 태조 2년부터 태종 7년까지 간의, 散騎常侍, 병조전서, 豊海道都 觀察黜陟使, 대사헌, 慶尙道都觀察黜陟使, 承寧府尹, 簽書承樞府事, 예조판서, 경기도도관찰사, 호조판서 등을 역임하였다.

15) 『국역 신증동국여지승람』 권27, 경산현 인물조 8쪽.
『국역 여지도서』 경산현 인물조 297쪽.
『경상도읍지』 경산현 과거조 569쪽.

16) 『경산시지』 인물편 1407~1416쪽 참조.

위의 표를 볼 때 효자의 경우 시기가 흐를수록 그 수가 증가함을 알 수 있다. 반면에 효녀는 전혀 보이지 않아 주목된다. 열녀의 경우 그 수도 적고 큰 변동이 없음을 알 수 있다. 민간에서 발간된 『삼강록』에 조선시대 경산현의 효자가 가장 많이 수록되어 있음을 확인할 수 있다.

1) 효자

『신증동국여지승람』권27 경산현 효자조에는 효자 1명(孫日宣)이 수록되어 있을 뿐이다. 반면에 『여지도서』 경상도 경산현 효자조에는 효자 4명이 실려있으며, 『경상도읍지』 경산현 효자조에는 효자 7명이 실려있다. 『경산시지』에는 효자 8명이 수록되어 있고, 『삼강록』에는 경산 효자로 17명이 수록되어 있다.

위의 사료들을 중심으로 이들의 효행 행적을 분류하여 보면, 생전에 맛있는 음식으로 정성껏 봉양한 경우, 부모가 병이 들었을 때 단지 또는 상분한 경우, 부모 사후 여묘를 3년 내지 6년한 경우, 여묘할 때 호랑이가 나타나 호위한 경우, 국상 때 3년상을 행하거나 곡을 하거나 또는 고기를 먹지않고 채소를 반찬으로 한 경우, 부모상에 추복한 경우, 지극한 효성에 하늘이 감응하여 기적이 일어나 득어, 득육한 경우, 형제간에 우애가 지극한 경우 등으로 나누어 볼 수 있다.

먼저 부모에게 평소에 맛있는 음식으로 정성껏 봉양한 경우를 들면 다음과 같다.

박홍록(朴弘祿)은 부모를 섬기는 일에 지성을 다했다. 아침저녁으로 밥상을 올릴 때면 그 음식이 달고 쓴지 맛보았다. 겨울이면 방을 따뜻하게 하였고 여름이면 베개 옆에서 부채로 시원하게 해드렸다. 또한 부모가 불안한 마음을 가지고 있으면 북두칠성을 향해 자기가 부모 대신에 벌을 받겠다고 빌기도 하였다. 부모가 좋아하는 음식을 준비해 두고 곁을 떠나지 않았으며, 혹 아내가 조금이라도 부모의 뜻을 거슬리면 곧 잘못을 꾸짖고 스스로 자기 다리에 매질을 하였다고 한다. 이 효행을 암행어사가 알고 선조에게 아뢰어 선조는 그에게 정려를 내렸다.[17]

여영길(呂榮吉)은 본관이 성산으로 자는 윤필(尹弼)이며 호는 사회당(四晦堂)이다. 재관(載官)의 아들이며 효자 대익(大翊)의 증손이다. 어려서부터 어버이를 사랑할 줄 알고 어른이 되어 지극한 효로 봉양하는데 정성스럽게 다하였다. 상을 당하여 슬픔으로 몸이 상하면서도 예를 극진히 하므로 고을에서 감탄하지 않음이 없었다. 군수 윤익동이 듣고 아름답게 여겨 여러번 예를 갖춘 폐백으로써 포상하였다.[18] 효자의 집안에서 효자가 계속 나옴을 알 수 있다.

정두홍(鄭斗弘)은 본관이 동래로 자는 여영(汝永)이며 호가 호음(湖陰)이다. 장도(章道)의 아들이자 응지(應智)의 후예이다. 『소학』 한 권으로서 부모를 섬기는 요체로 여겨 양지양체(養志養體)를 겸하여 봉양하였다. 상을 당해서는 예를 다하였고 제사에는 반드시 목욕재계하며 평생토록 부모를 사모하였다.[19]

돈녕도정(敦寧都正, 정3품) 박춘목(朴春睦)은 본관이 함양으로 자는 경장(敬章)이며 호는 운계(雲溪)이다. 동진(東鎭)의 아들이다. 부모를 섬기는데 겨울에는 따뜻하게 해드리고 여름에는 서늘하게 해드렸다. 또한 맛있는 음식을 계절에 따라 마련하여 봉양하였다. 상을 당하여서는 여묘살이 3년을 마쳤다.[20]

17)『국역 여지도서』 경산현 효자조 297쪽.
　　『경상도읍지』 경산현 효자조 569쪽.
　　『경산시지』 인물편 1476쪽.
18)『국역 삼강록』 효자편 116쪽.
19)『국역 삼강록』 효자편 225쪽.
20)『국역 삼강록』 효자편 194~195쪽.

부모가 병이 들었을 때 행한 효행사례로 단지, 상분, 연종, 시약, 득어, 득육 등의 사례가 보이고 있다. 이 가운데 시약, 득어, 득육의 사례는 효감 동천의 기적의 사례와 중복이 된다. 그리고 이들 효자의 경우 부모 사후에 여묘를 지낸 경우가 많았다.

여대익(呂大翊)은 부친의 병에 단지하여 수명을 연장시켰으며, 상을 당하여는 3년동안 여묘하였다. 또 어머니를 위하여 '만수당(萬壽堂)'을 지어 효성으로 봉양하였다. 그리하여 영조조에 복호하였다.[21]

김몽룡(金夢龍)은 효자 절효공 김극일(金克一)[22]의 후손으로 어릴 때 아버지를 여의고 홀어머니 해주오씨를 지성으로 섬기며 살았다. 어머니 나이 80세가 되어 임종하려 하자 자기의 오른쪽 손가락을 잘라 어머니 입에 그 피를 넣어드려 며칠 더 연명시켰다. 어머니가 돌아가시자 아버지와 합장을 하였는데 이때에는 자신의 왼쪽 손가락을 잘라 그 피를 아버지 무덤에 흘려 보냈다고 한다. 상중에는 눈이 오나 비가 오나 매일같이 성묘하였고, 哭도 그 슬퍼함이 심하여 몸까지 야위어질 정도였다. 또한 그는 향중의 빈곤한 사람이 상을 당하면 棺과 베와 곡식을 항상 보내주었다. 정조 5년(1781)에는 현감 류운우(柳雲羽)가 김몽룡의 효행을 칭찬하는 시를 지어 그 집 마루에다 걸어주기까지 하였다. 김몽룡이 죽은 후 향인들

---

21) 『국역 여지도서』 경산현 효자조 297~298쪽.
　　『경상도읍지』 경산현 효자조 569쪽.
　　『국역 삼강록』 효자편 47~48쪽에 의하면 여대익은 본관이 星山으로 자는 子高이며 호는 綾泉이다. 공조참판을 증직한 松下 尙齊의 아들이자 판서 克誨의 후예임을 알 수 있다. 또한 작은 재실을 지어 '永慕'라 하였고, 어머니를 위하여 재실 옆에 '萬壽堂'을 짓고 그 옆에 솥과 도마를 갖추어 몸소 조리를 하였다. 이에 호랑이가 와서 노루와 꿩을 주는 기이한 일이 있었다.
22) 박 주, 「김일손의 생애와 무오사화」, 『조선사연구』 12, 2003, 120쪽을 보면 金克一은 무오사화에 희생된 김일손의 조부이다. 어릴 때부터 지극한 효성으로 어머니가 등창이 나자 입으로 피고름을 빨았으며, 아버지가 병으로 앓고 계실 때는 상분하였다고 한다. 부모상을 당했을 때는 여묘살이를 하였다. 그리하여 세조 때 정려되었으며, 金駒孫, 金大有와 함께 三世가 자계서원에 제향되고 있음을 알 수 있다.

은 현에 이 효자를 표창해주도록 청하였다. 현감 민종혁(閔宗赫)은 이러한 효행은 후세에 모범이 되도록 해야 한다고 역을 면제해준다는 완문을 내려주었다.[23]

정동구(鄭東龜)는 영조 51년(1775) 경산시 죽림동에서 태어났으며, 타고난 성품이 순박하고 착하였다. 34세가 되던 해 어머니가 앓아 눕게 되자 3년동안이나 간병을 극진히 하였다. 모친이 위독할 때에는 자기의 손가락을 끊어 수혈까지 하였다. 어머니가 돌아가시자 팔공산에다 장사지내고 형 동윤(洞胤)으로 하여금 집에서 아버지를 봉양케 하고 자신은 무덤 옆에 여막을 짓고 3년간 여묘하였다. 그때 호랑이가 나타나기도 하였지만 여묘를 그만두지 않았다. 41세 때에는 부친상을 당하였는데 이때도 여묘를 3년간 했다. 정동귀의 효성에 감동한 경산현령 尹瀾가 상금을 내려 포상하려 했으나 끝내 사양하고 받지 않았다. 그 후 철종 5년(1854) 동몽교관(종9품)을 추증하였다. 이듬해 나라에서 정려각을 세웠다.[24]

전경익(全敬翊)은 천성이 순직하고 효성이 지극하였다. 아내인 동래정씨와 한마음이 되어 아침 저녁으로 매일같이 어버이에게 문안을 올리며 음식을 지어 바쳤고 항상 정성을 다해 부모를 섬겼다. 병에 걸린 아버지가 어느 날 꿩고기를 먹고싶다고 하자, 그는 산으로 올라가 울면서 꿩을 구하였고, 마침 독수리가 꿩을 잡아 던져서 이것을 아버지에게 드리니 병이 나았다고 한다. 다시 병이 위독해지자 그는 손가락을 잘라 주혈하여 아버지를 2년이나 더 살게 하였다. 아버지가 돌아가시자 산소 옆에 여막을 짓고 3년 동안이나 세수도 않고 머리도 빗지 않고서 여묘하였다. 어머니 창녕조씨가 나이 80세가 넘어 숙부인으로 수직(壽職)되었는데, 그는 항상 어머니가 좋아하는 음식을 준비하여 두었다. 이러한 그의 효행에 감복하여 아우인 경상(敬翔) 경굉(敬翃) 경우(敬翔)도 스스로 효우를 실천하

---

23) 『경산시지』 인물편 1476~1477쪽.
24) 『경산시지』 인물편 1477~1478쪽.

였다. 그는 아들 기상(箕尙) 기중(箕重) 기복(箕復) 셋을 두었다. 장남 기상은 나이 35세에 불행히 죽었고 기상의 처 영천황보씨가 아들 한조(翰祚)를 두었다. 그녀는 수절을 하면서 부모에게 항상 효성을 다했다. 동생 기중은 형수의 사정을 불쌍히 여겨 집에서 함께 살면서 형수를 어머니처럼 생각하였고, 조카인 한조를 아들같이 생각하였다. 조카인 한조도 중부인 기중을 아버지같이 섬겼고, 한조의 처 영일정씨도 시삼촌을 시아버지처럼 모셨다. 또한 그는 동생 기복과도 우애가 독실하였다. 이웃 마을의 사람들과 친척들은 이러한 3대의 효도 우애 열행에 감동하였다. 1925년 정월 공부자성적도오륜행실중간소(孔夫子聖蹟圖五倫行實重刊所)에서 포창완의문(襃彰完議文)을 간행하였다.[25] 이 경우 3대에 걸친 효행과 우애, 열행은 드문 사례로서 주목된다.

정동필(鄭東弼)은 본관이 초계로 효자 진규(鎭圭)의 아들이다. 아버지가 임종에 이르자 단지하여 3년을 소생하게 하였다. 어머니가 임종에 이르자 또 단지하여 7일간 수명을 연장하게 하였다. 효행으로써 향도의 글에 올랐으며 사림이 시를 지어 칭송하였다.[26]

서렴(徐濂)은 본관이 달성으로 경태(慶泰)의 아들이다. 아버지의 병에 손가락을 끊어 피를 들게 하여 소생하게 하였다. 어머니의 병에도 또한 같이 하였다. 상을 당하여서는 슬픔으로 몸이 상하여 거의 목숨을 잃을 정도였다. 이에 의금부(義禁府) 도사(都事)를 증직하고 정려를 명하였다.[27]

박도림(朴道林)은 본관이 밀양으로 충정공 세균(世均)의 후예이다. 아버지가 위독하자 손가락을 끊어 약에 타서 들게 하여 소생하였다. 고을사람들이 그 효행에 감복하여 여러번 官에 청원하였다.[28]

---

25) 『경산시지』 인물편 1479~1480쪽.
26) 『국역 삼강록』 효자편 63쪽.
27) 『국역 삼강록』 효자편 60쪽.
28) 『국역 삼강록』 효자편 103쪽.

여홍계(呂洪桂)는 본관이 성산으로 자는 화윤(和潤)이며 인호(仁鎬)의 아들이자 대익(大翊)의 후예이다. 아버지의 병이 위중하자 손가락을 잘라 피를 흘려 입에 넣어드렸다. 의원이 붕어가 가장 좋은 약이라고 말하자 날이 차고 얼음이 얼어 있는데도 얼음을 깨고 물고기를 구하여 달여 드리니 회복하였다. 고을에서 포상이 있었다.29)

김석호(金錫昊)는 본관이 경주로 자는 극오(極五)이며 호가 야수(野叟)로 興의 아들이다. 어려서부터 성품이 효순하였고 나이 겨우 10세에 부친이 임종하려고 할 때 손가락을 끊어 피를 입에 넣어 드렸다. 하늘이 그 효성에 감동하여 수명을 1년이나 연장하였다.30)

서도기(徐道璣)는 동고(東皐) 서사선(徐思選)의 현손이다. 부모상을 만나 모두 단지하고 여묘하였다.31)

정태주(鄭泰周)는 팔천군(八川君) 정연(鄭珚)의 10대손이다. 부모상에 모두 단지하고 여묘하였다.32)

환자의 변을 맛보아 병의 경중을 살피는 상분의 사례가 보인다.

김경복(金景福)은 아버지가 병으로 9개월 동안 자리에 누워있을 때 상분하여 병세의 차도를 알았다고 한다. 임종시에는 손가락을 끊어 수혈하였고 돌아가시자 3년동안 여막생활을 하면서 머리도 빗지 않고 옷까지 갈아입지 않았다. 이 사실을 들은 자인현감 정일태(鄭日泰)는 복호하였다.33)

배이인(裵爾仁)은 아버지의 병에 상분하여 병세를 살피고, 손가락을 끊어 피를 드시게 하니 까마귀가 영지를 머금고 왔다. 이에 순조 때 예조참판에 증직되고 정려되었다.34)

---

29)『국역 삼강록』효자편 215쪽.
30)『국역 삼강록』효자편 146쪽.
31)『경상도읍지』경산현 효자조 569쪽.
32)『경상도읍지』경산현 효자조 569~570쪽.
33)『경산시지』인물편 1479쪽.
34)『국역 삼강록』효자편 49~50쪽.

부모 사후 여묘살이할 때의 효행은 무척 다양하였다. 여묘하면서 한번도 집에 가지 않는 경우, 성묘를 비바람과 추위, 더위에도 그만 두지 않는 경우, 성묘한 자리에 풀이 나지 않는 경우, 호랑이가 여묘 곁에서 지킨 경우 등이 그것이다.

안인석(安仁碩)은 본관이 탐진(耽津)으로 자는 유일(惟一)이고 현감(종6품) 수명(受命)의 아들이며 문충공 우(祐)의 후손이다. 중종 때 음직으로 와서 경산현의 수령이 된지 얼마되지 않아 부친상을 당하였다. 3년동안 여묘살이를 하는데 孝獸가 와서 지키니 경내의 모든 사람들이 그 효행을 칭송하였다. 복을 마친 후에도 여묘 옆에 거처할 방을 지어 새벽과 저녁으로 성묘하고 죽을 때 까지 슬퍼하면서 다시는 세상에 나가지 않았다. 향도의 유림들의 포장이 있었다.35)

김홍진(金鴻晉)은 본관이 金寧으로 우필(遇弼)의 아들이다. 부모상을 당하여 6년간 무덤 곁에서 여묘살이 하는데 한번도 집에 들르지 않았다. 당시 고을 안의 사림이 방백에게 청원하여 포창이 있었다.36)

박종현(朴鐘鉉)은 본관이 밀양으로 자는 주언(周彦)이며 호는 매야(梅埜)이다. 기흥(基興)의 아들이자 효자 도림(道林)의 후예이다. 어버이를 섬기는데 뜻과 몸을 받들었으며 명을 따르는데는 어긋남이 없었다. 부친상을 당해서는 3년동안 읍혈하며 아침저녁으로 성묘하였는데, 절한 자리에 풀이 나지 않았다. 묘가 10리쯤에 있었는데, 비록 매서운 바람이 불고 심한 비가 내려도 왕래하는 것을 거르지 않았다. 나무하는 사람과 목동이 '효자의 길' 이라고 하였다. 이에 표창하였다.37)

손일선(孫日宣)은 부모상을 당해서 모두 3년동안 여막에서 살았다. 세종조 때 이 일이 조정에 알려져서 정문을 세우고 서요직을 제수했다.38)

---

35) 『국역 삼강록』 효자편 47~48쪽.
36) 『국역 삼강록』 효자편 65쪽.
37) 『국역 삼강록』 효자편 233~234쪽.

하한경(河漢京)은 부모상에 모두 여묘하였다. 이에 선조때 정려하였다.[39]

서광하(徐光河)는 동고 서사선의 5대손으로 태어난 지 8개월만에 아버지를 여의고 홀어머니 밑에서 양육되었다. 어머니상을 당해서는 3년동안 여묘에서 살았는데, 호랑이가 와서 보호해 주었다. 고종 21년(1894) 효자로 천거되어 동몽교관의 증직을 받았다.[40]

장해붕(蔣海鵬)은 아산인이다. 9세에 부친상을 만났으나 예를 다해 상을 치루었으며, 학문에 있어 횡계(橫溪) 정만양(鄭萬陽)의 문인으로 들어갔다, 모친을 잘 봉양하였으며 모친상에 여묘하였다.[41]

한편 부모가 병이 들었을 때 대개 고기를 먹고 싶어하는데 그런 경우 득어, 득육한 경우가 대부분이다. 효자의 지극한 효성으로 하늘이 감동하여 샘물이 솟아나거나 영지, 연꽃, 물고기, 뱀, 꿩, 잉어, 붕어, 비둘기, 기러기, 지초(芝草) 등을 얻는 다양한 사례가 있다.

도봉규(都鳳奎, 1851~1902)는 철종 2년(1851) 와촌면 상동에서 아버지 기성(岐成)과 어머니 울산박씨 사이에 태어났다. 일찍부터 효성스러워 고기나 과일을 얻으면 반드시 먼저 부모에게 가져다 드렸다. 1875년 봄 아버지를 따라 동강으로 이거하였다. 고종 35년(1898) 겨울 아버지가 사

---

38) 『국역 신증동국여지승람』권27 경산현 효자조 8쪽.
   『국역 여지도서』경산현 효자조 297쪽.
   『경상도읍지』경산현 효자조 569쪽.
   『세종실록』권54, 세종 13년 10월 29일 기미조에는 "경상도 경산현에 사는 孫日宣은 집안에 역질이 발생하여 아버지가 죽은 지 한 돌이 되지 않았는데 어머니가 또 죽으니, 사람들이 모두 두려워하여 피했는데, 일선은 몸소 시체를 등에 짊어지고 거적으로 싸서 장사지내고는 조석으로 슬피 울었으며, 마침내 같은 墓穴에 장사지내고는 죽을 먹고 얼굴을 씻지 않으며, 마음을 다하여 제전을 드려 3년의 상기를 마쳤다. 복호하고 量才敍用 하였다" 라고 나와있어 지리지 기록보다 더 상세함을 알 수 있다.
39) 『국역 여지도서』경산현 효자조 297쪽.
   『경상도읍지』경산현 효자조 569쪽
40) 『경산시지』인물편 1485쪽.
41) 『경상도읍지』경산현 효자조 570쪽.

망하자 기절할 정도로 슬퍼하였고, 성복 전에는 물도 마시지 않고 성복한 후 묽은 죽 한 잔을 마실 뿐이었다. 한달 동안이나 좋은 묘지를 얻게 해 달라고 하늘에다 빌었다. 팔공산에 안장한 후 3년 동안 여묘하면서 평소 즐기는 술을 매일 한잔씩 올렸다. 하양의 고을원 류기수(柳沂洙)도 조문을 하였다. 가뭄이 들면 공은 울면서 하늘에 비를 호소하였다. 아침부터 밤을 지나 새벽이 되면 큰비가 내렸고, 못에는 물이 가득 차게 되었다고 한다. 산 위에는 처음부터 샘물이 없어 절에서 물을 길러다가 먹었다. 그런데 묘 곁에 띠흙을 파니 맑은 샘물이 솟아났고, 세상사람들은 이를 효천(孝泉)이라고 불렀다. 밤마다 두세 마리의 호랑이가 여막 뜰에서 지켜주었다. 담제를 마치고도 여막을 거두지 않고 3년 동안이나 초하루와 보름에는 반드시 가서 성묘하였고 세상 사람들은 이 여막을 도효려(都孝廬)라 불렀다. 그리고 어머니도 극진히 봉양하였다. 이렇게 효성을 다하였을 뿐 아니라 향리에서는 문학으로도 이름이 있었다. 고종 광무 5년(1901) 향리에서 세 번이나 관아에 효자로 천거하였으나 당시 나라가 어지러워 그 품달이 중앙에까지 올라가지 못하였다. 그는 잔병치레를 자주 하였고 상례를 치르는 동안의 슬픔으로 몸이 창백하고 여위어져 복을 마친지 얼마 되지 않아 고종 광무 6년(1902) 1월 30일 52세로 세상을 떠났다. 향내 사람들이 도효자를 추모하여 수계(修契)하여 그 돈으로 1942년 4월 동강에 완강정(翫江亭)을 지었다. 완강(翫江)은 곧 도봉규의 호이다.[42]

배이인(裵爾仁)은 본관이 성산으로 호는 묵옹(默翁)이며 통정대부(정3품) 경대(慶大)의 아들이다. 아버지의 병에 상분하여 병세를 살피고, 손가락을 끊어 피를 드시게 하니 까마귀가 영지를 머금고 왔다. 어머니의 병에 매가 꿩 두 마리를 몰아 오고 여울 물과 눈이 얼었는데도 잉어 두 마리가 뛰어 나왔다. 어버이의 상을 당하여 여묘살이할 때 호랑이가 와서 호위하

---

42)『경산시지』 인물편 1482~1483쪽.

였다. 이에 순조 때 예조참판(종2품)에 증직되고 정려되었다.43) 효행으로 영지, 꿩, 잉어 3가지 모두 얻은 사례는 매우 드문 경우로서 주목된다.

박정우(朴正佑)는 정조 때 용성면 용천리에서 살았다. 어렸을 때부터 효성이 지극하여 인근에서 칭찬이 자자하였다. 어머니가 큰 부스럼을 앓 게 되어 의원에게 물으니 연꽃이 제일 좋은 약이라고 하자 사방을 돌아다 니며 구했으나 때가 한겨울인지라 꽃은 이미 지고 구할 수 없었다. 연밭 에 가서 슬피울며 꽃이 피기를 바라자 한줄기의 싹이 돋아 꽃을 피워주었 다. 이것을 집으로 가져와 어머니에게 드리니 오래된 부스럼이 다 나았다 고 한다. 또 어머니의 병이 위독할 때에는 손가락을 잘라 피를 마시게 하 여 연명시켰고 죽은 뒤에는 여묘하였다. 아버지가 돌아가시자 역시 묘 옆 에 여묘하였고 3년을 지낼 동안 호랑이가 와서 호위하였다. 이 사실이 조 정에 알려지게 되어 정려각이 세워졌다.44)

정진규(鄭鎭圭)는 본관이 초계로 자는 덕래(德來)이며 양헌공(良獻公) 연(珚)의 후예이다. 아버지가 풍담병에 들어 사지가 마비되자 밤에도 허 리끈을 풀지않고 잠시도 곁을 떠나지 않았다. 매일 밤이면 하늘에 빌고 절하며 자신이 대신해주도록 기원하기를 거의 19년이나 하였다. 아버지 가 구운 참새고기를 먹고 싶어하자 그물을 설치하여 부르짖고 우니 갑자 기 매가 날아와 비둘기를 잡아 떨어뜨려 주었다.45)

이희채(李希采)는 본관이 경주로 자는 희중(希仲)이며 문충공 익재 제현 (齊賢)의 후예이다. 아버지의 병에 도마뱀을 구하였으나 겨울잠을 자는 때라 하늘을 우러러 울부짖으니 한 마리의 뱀이 스스로 나왔다. 잡아드시게 하 여 효험을 크게 얻어 아버지의 수명을 더하였다. 부모 사후 여묘살이 3년을 하는데 밤에 호랑이가 나와 호위하였다. 여러번 향도에서 글을 올렸다.46)

---

43) 『국역 삼강록』 효자편 49~50쪽.
44) 『경산시지』 인물편 1478~1479쪽.
45) 『국역 삼강록』 효자편 56~57쪽.

김재영(金在永)은 본관이 경주로 자는 용약(用若)이며 호가 석천(石泉)으로 참봉 경왕(景汪)의 아들이다. 성품이 본래 지극히 효순하였으며 어머니가 여러 달 동안 병이 들어 기러기 고기를 먹고 싶어하시자 매일 들에 나가 울부짖으니 기러기 한 마리가 스스로 날아와 앞에 떨어졌다. 삶아서 드리니 병이 나았다. 사람들이 효에 감동하여 이루어진 일이라고 칭송하였다.47)

강만희(姜萬熙)는 본관이 진주로 호가 벽은(碧隱)이며 참봉(종9품) 달형(達馨)의 아들이자 우의정(정1품) 사상(士尙)의 후예이다. 어버이께서 이질에 걸려 3년을 신음하였다. 온갖 약도 효험이 없어 산에서 정성으로 기도하여 큰 지초를 하나 얻어 드려서 복용하시니 완전히 소생하였다. 고을에서 모두 효에 감복하여 여러번 포상을 베풀었다. 상을 당하여서는 6년동안 아침저녁으로 성묘하기를 바람과 비에도 거르지 않았다.48)

부친상에 추복(追服)한 사례가 있다.

서광하(徐光河)는 서사선(徐思選)의 5대손으로 태어난 지 8개월만에 아버지를 여의고 홀어머니 밑에서 양육되었다. 조금 자라 일찍 아버지를 여읜 사실을 알고는 매우 슬퍼하였으며, 시경의 육아장을 읽고 한없이 눈물을 흘렸다. 아버지가 돌아가신 해가 되돌아오자 묘 옆에 추모재라는 집을 짓고 술과 고기를 먹지 않으면서 3년동안 복을 입었다. 고종 21년(1894) 효자로 천거되어 동몽교관(종9품)의 증직을 받았다.49)

국상을 당하여 곡하거나 3년상을 한 경우가 있다.

여대익은 숙종과 경종 국상 때에는 산에 단(壇)을 설치해서 망곡하며 3년상을 행하였다. 이에 영조조에 복호하였다.50) 서광하는 國恤 때에 반드

---

46) 『국역 삼강록』 효자편 65쪽.
47) 『국역 삼강록』 효자편 142쪽.
48) 『국역 삼강록』 효자편 214쪽.
49) 『경산시지』 효자편 1485쪽.
50) 『국역 여지도서』 경산현 효자조 297~298쪽.

시 고기를 먹지 않고 채소로 반찬을 했다. 고종 21년(1894) 효자로 천거되어 동몽교관의 증직을 받았다.

정동구는 국상이 있으면 단을 만들어 서울을 향해 곡하였다. 정동귀의 효성에 감동한 경산현령 尹潤가 상금을 내려 포상하려 했으나 끝내 사양하고 받지 않았다. 그 후 철종 5년(1854) 동몽교관(종9품)을 추증하였다. 이듬해 나라에서 정려각을 세웠다.[51]

이상에서 효자들의 사례내용을 정리해 보면, 부모의 병에 대한 치료를 위해 단지효행을 한 사례가 가장 많았다. 그 다음으로 부모 사후 여묘한 경우이다. 그 밖에 여묘할 때 호랑이가 나타나 호위한 경우, 국상 때 3년상을 행하거나 곡을 하거나 또는 고기를 먹지않고 채소를 반찬으로 한 경우, 부친상에 추복한 경우, 하늘이 효성 지극함에 감응하여 샘물이 솟아나거나 꿩고기, 기러기, 붕어, 잉어, 뱀, 비둘기, 연꽃, 영지, 지초 등을 얻은 경우 등이 있다. 그리고 3대에 걸친 효도와 우애, 열행의 사례가 보인다. 한편 임진왜란 때의 효자 사례가 전혀 보이지 않아 주목된다.

효자들의 경우 거주지와 가계배경 그리고 신분이 분명하였다. 즉 사족의 경우 본관, 자, 호가 거의 밝혀져 있고 某의 자, 某의 손자, 某의 증손, 某의 후손 등으로 가계배경이 분명하였다. 예컨대 충정공 박세균의 후예 도림, 서사선의 현손 도기와 5대손 광하, 정연의 10대손 태주, 우의정 강사상의 후예 만희, 참봉 김경강의 아들 재영, 문충공 이제현의 후예 희채, 양헌공 정연의 후예 진규, 현감 안수명의 아들이자 문충공 안우의 후손 인석, 통정대부 배경대의 아들 이인 등이 그들이다. 그리고 효자의 가문에서 효자가 계속 나왔다. 즉 효자 여대익의 증손 여영길과 후예 여홍계,

---

『경상도읍지』경산현 효자조 569쪽.
『국역 삼강록』효자편 47~48쪽에 의하면 여대익은 본관이 星山으로 자는 子高이며 호는 綾泉이다. 공조참판을 증직한 松下 尙齊의 아들이자 판서 克誨의 후예임을 알 수 있다.
51)『경산시지』인물편 1477~1478쪽.

효자 박도림의 후예 박종현, 효자 정진규의 아들 정동필, 효자 절효공 김극일의 후손 김몽룡 등이 그들이다.

한편 효녀에 대한 기록이 전혀 없음이 주목된다.

효자들의 신분을 살펴보면 신분이 밝혀진 16명 모두 사족이 차지하고 있다. 평민과 천민 신분이 보이지 않아 주목된다.

포상내용으로는 정문 또는 정려 3명, 복호 3명, 정문과 제수 1명, 증직과 정려 3명, 증직 1명, 기타 9명, 포상 불명 10명 등이다. 증직으로는 예조참판(종2품), 의금부도사(종6품, 종8품), 동몽교관(종9품)이 주어졌음을 알 수 있다

2) 열녀

『신증동국여지승람』권27 경산현 열녀조에는 열녀 사례가 보이지 않는다. 반면에『여지도서』와『경상도읍지』경산현 열녀조에는 모두 열녀 2명씩(私婢 德之, 私婢 守玉)의 사례가 수록되어 있다.『경산시지』에는 4명,『삼강록』에는 1명의 열녀 사례가 보이고 있다. 이들 열녀 행적을 살펴보면 다음과 같다.

사비 덕지(德之)는 20세에 남편상을 당하였다. 항상 패도로써 강폭한 자를 막아 수절하였다. 이에 선조조에 정려하였다.[52]

사비 수옥(守玉)은 젊어서 과부가 되었는데 시종 수절함에 죽음을 무릅쓰고 도끼로 손가락을 잘랐으나 하루만에 소생하였다. 현종조에 정려하였다.[53]

---

52)『여지도서』경산현 열녀조 298쪽.
　　『경상도읍지』경산현 열녀조 570쪽.
53)『여지도서』경산현 열녀조 298쪽.
　　『경상도읍지』경산현 열녀조 570쪽

상한(常漢) 최태상(崔泰尙)의 처 趙氏는 영조 21년(1745) 어느 날 여름 남편이 비로 불어난 금호강의 급류에 휘말려들고 말았다. 함께 가던 조씨는 업고 있던 어린애를 내려놓고 남편을 구하기 위해 물 속으로 뛰어들었다. 얼마 후 이 두 시신이 서로 꼭 껴안은채 물 위로 떠올랐다. 현감 남원명(南遠明)이 감사에게 알려 부역을 면제케 해주었다. 정려는 내려지지 않았다.54)

박덕윤(朴德潤)의 처 梁氏는 18세에 시집와 3년만에 남편을 여의고 슬하에 자식도 없이 혼자 살았다. 가난한 가운데에서도 시어머니를 지극한 효성으로 섬겼다. 시어머니가 개고기를 먹고싶다고 하면 호랑이가 살찐 개를 물어다 주었고, 꿩고기가 먹고싶다고 하면 매가 꿩을 물어다 주었다고 할만큼 양씨의 효성은 하늘이 알아줄 정도였다. 양씨의 친정아버지는 딸이 고생하는 것을 보고 개가할 것을 권했다. 그런데 양씨는 사양지(思良池)에 몸을 던졌다. 이러한 사실이 조정에 알려져 나라에서는 정려를 내리고 貢稅와 부역을 면제시켜주었다. 그리고 헌종 12년(1846) 남원양씨를 위한 효열각이 세워졌다. 55)

박도성(朴道城)의 처 이씨는 시어머니의 병환중에 단을 쌓아 칠성에 기도하였고, 남편이 병으로 위독해지자 단지하여 7일간 연명시켰다. 이 일로 현령 이원학(李源學)으로부터 표창을 받았다.56)

박규호(朴圭鎬)의 처 김씨는 결혼한 지 6개월만에 남편을 여의고 22세로 청상과부가 되었다. 남편을 뒤따라 자결하려 하였으나 시부모의 만류로 생각을 바꾸게 되었다. 시아버지가 이질에 걸려 병세가 위중해지자 밤마다 목욕재계하여 시아버지의 병을 낫게 해 달라고 매일같이 한달동안이나 하늘에 빌었다. 그리고 시탕을 지성으로 하여 병세에 차도가 있었

---

54) 『경산시지』 인물편 1477쪽.
55) 『경산시지』 인물편 1480~1481쪽.
56) 『경산시지』 인물편 1483쪽.

다. 시어머니 전씨가 위독하게 되자 모두들 어찌할 바를 모르고 있었는데, 김씨가 단지하여 며칠동안 연명케하였다. 이와같은 사실을 안 자인의 유림들은 9년동안 성주인 자인현감에게 6회의 소장과 암행어사에게 1회의 소장, 경상감사에게 4회의 소장, 모두 11회의 소장을 올려 정려포상을 청하였다. 자인현감 오홍묵이 복호를 내렸다. 그 후 정려는 받지못했다.57)

유학 이석동(李錫東)의 처 정씨는 열행으로 정려되었다.58)

송재수(宋在壽)의 처 김해김씨는 절효공 극일(克一)의 후손 선규(善奎)의 딸이다. 19세 때인 고종 24년(1887)에 결혼하여 홀시어머니를 지성으로 모셨다. 24세 때 남편이 중병을 앓게 되자 목욕재계하고 하늘에 대신 죽을 것을 빌었다. 병세가 더욱 위독해지자 단지하여 연명케 하였다. 남편이 죽은 후에는 손수 땔나무를 하고 바느질 삯으로 어려운 생활을 꾸리며 시어머니를 지극한 정성으로 모셨다.59)

이상요(李相堯)의 처 달성 서씨는 서병린(徐病麟)의 딸이다. 남편이 병으로 위독해지자 단지하여 연명케하였다. 이 일로 마을에서 표창하엿다.60)

배성학(裵聖學)의 아내 신씨(申氏)는 16세 때 결혼하였는데, 남편이 악질이 있어 있는 힘을 다하여 치료하였다. 그러나 6년만에 남편이 마침내 죽었다. 곡하고 가슴을 치며 혼절하여 죽기로 맹세하였다. 시어머니 김씨가 울며 달래어서 차마 죽지 못하고 음식을 극진히 올리기를 수십 년이나 하였다. 시어머니가 심한 종기를 앓아 입으로 빨아 낫게 하였다. 61)

이상에서 경산지역의 열녀 행적을 정리해 보면, 젊어서 남편 사후 수절하며 시부모를 잘 봉양한 경우, 남편이 병에 걸려 위독해지자 단지한 경우, 남편 사후 수절하면서 시어머니를 봉양하는데 친정아버지가 개가권

---

57) 『경산시지』 인물편 1483~1484쪽.
58) 『고종실록』 권4, 고종 4년 12월 28일 정미조.
59) 『경산시지』 인물편 1487쪽.
60) 『경산시지』 인물편 1487쪽.
61) 『국역 삼강록』 열부편 462~463쪽.

유를 하자 연못에 빠져 자결한 경우, 남편을 구하려다 함께 익사한 경우 등이 있다. 여기에서 남편이 위독해지자 단지하여 연명케 한 사례가 가장 많이 보이며, 임진왜란 때의 열녀 사례가 전혀 보이지 않아 주목된다. 신분이 밝혀진 열녀의 신분으로는 사비 2명, 유학의 처 1명이 보여 주목된다. 포상내용으로는 정려, 복호가 보인다.

<표 2> 조선시대 경산지역의 효자, 열녀

구분	인명	가계 및 신분	포상내용	비고
효자	孫日宣		旌門, 서요직 제수(세종조)	『신증동국여지승람』, 『여지도서』, 『경상도읍지』에 실림
〃	朴弘祿		旌閭(선조조)	『여지도서』, 『경상도읍지』, 『경산시지』에 실림
〃	河漢京		旌閭(선조조)	『여지도서』, 『경상도읍지』에 실림
〃	呂大翊		復戶(영조조)	〃
〃	徐道璣	徐思選 현손	不明	『경상도읍지』에 수록됨
〃	鄭泰周	鄭珚 10대손	不明	〃
〃	蔣海鵬	아산인	不明	〃
〃	金夢龍	金克一 후손	役 면제(정조조)	『경산시지』에 실림
〃	鄭東龜		童蒙敎官 추증(철종 5년) 旌閭(철종 6년)	〃
〃	朴正祐		旌閭(정조조)	〃
〃	金景福		復戶(자인현감에 의해)	〃
〃	全敬翊		襃彰完議文 간행(1925)	〃
〃	都鳳奎	1851~1902	都孝廬라부름, 瓢江亭 지음	〃
〃	徐光河	徐思選 5대손	童蒙敎官 추증(고종 21년)	〃
〃	安仁碩	수령, 현감 受命의 子	유림들의 포장	『삼강록』에 실림
〃	裵爾仁	통정대부 慶大의 子	禮曹參判 贈職, 旌閭(순조조)	〃

〃	鄭鑛圭	양헌공 珚 후예	不明	〃
〃	鄭東弼	효자 鑛圭의 子	不明	〃
〃	徐濂	慶泰의 子	義禁府都事 贈職, 旌閭	〃
〃	李希采	李齊賢 후예	不明	〃
〃	金鴻晉	遇弼의 子	襃彰	〃
〃	朴道林	충정공 世均 후예	不明	〃
〃	呂榮吉	載官의 子, 大翊 증손	郡守 襃賞	〃
〃	金在永	참봉 景汪의 子	不明	〃
〃	姜萬熙	참봉 達馨의 子, 우의정 士尙 후예	포상	〃
〃	呂洪桂	仁鎬의 子, 大翊 후예	고을에서 포상	〃
〃	鄭斗弘	章道의 子, 應智 후예	不明	〃
〃	朴鐘鉉	基興의 子, 효자 道林 후예	襃獎	〃
〃	朴春睦	敦寧都正, 東鎭의 子	不明	〃
〃	金錫昊	興의 子	不明	〃
열녀	德之	私婢	旌閭(선조조)	『여지도서』, 『경상도읍지』에 실림
〃	守玉	私婢	旌閭(현종조)	〃
〃	梁氏	朴德潤의 처	旌閭, 復戶(헌종12년, 1846)	『경산시지』에 실림
〃	李氏	朴道城의 처	현령으로부터 표창	〃
〃	金氏	朴圭鎬의 처	復戶(자인현감으로부터)	〃
〃	鄭氏	幼學 李錫東의 처	旌閭(고종조)	〃
〃	趙氏	常漢 崔泰尙의 처	復戶(영조21년, 1745)	〃
〃	金氏	宋在壽의 처, 節孝公 金克一의 후손 善奎의 女	不明	〃
〃	徐氏	李相堯의 처, 徐病麟의 女	고을에서 표창	〃
〃	申氏	裵聖學의 처	不明	『삼강록』에 실림

맺음말

이상에서 조선시대 경산지역의 효자와 열녀에 대하여 살펴보았다. 이제 그 내용을 요약정리함으로써 맺음말에 대신하고자 한다.

경상도 경산은 본래 압량소국이었으나 고려 충선왕 초기에 지금의 이름인 경산이 되었다. 이 지역의 인물로는 신라인으로 원효, 설총 고려인으로 일연, 순비 노씨, 김정미, 정연, 조선인으로 전백영, 서사선 등을 들수 있다. 서사선은 호가 동고이며 한강 정구의 문인이다.

조선시대 경산지역의 효자들의 사례유형을 보면, 부모의 병에 대한 치료를 위해 단지효행을 한 사례가 가장 많았다. 그 다음으로 부모 사후 여묘한 경우이다. 그 밖에 여묘할 때 호랑이가 나타나 호위한 경우, 국상 때 3년상을 행하거나 곡을 하거나 또는 고기를 먹지않고 채소를 반찬으로 한 경우, 부친상에 추복한 경우, 하늘이 효성 지극함에 감응하여 샘물이 솟아나거나 꿩고기, 기러기, 붕어, 잉어, 뱀, 비둘기, 연꽃, 영지, 지초 등을 얻은 경우 등이 있다. 그리고 3대에 걸친 효도와 우애, 열행의 사례가 보인다. 한편 임진왜란 때의 효자 사례가 전혀 보이지 않아 주목된다.

효자들의 경우 가계배경과 신분이 분명하였다. 즉 사족의 경우 본관, 자, 호가 거의 밝혀져 있고 某의 자, 某의 손자, 某의 증손, 某의 후예 등으로 가계배경이 분명하였다. 예컨대 충정공 박세균의 후예 도림, 서사선의 현손 도기(道磯)와 5대손 광하(光河), 정연(鄭珚)의 10대손 태주(泰周), 우의정 강사상(姜士尙)의 후예 만희(萬熙), 참봉 김경왕(金景汪)의 아들 재영(在永), 문충공 이제현(李齊賢)의 후예 희채(希采), 양헌공 정연의 후예 진규(鎭圭), 현감 안수명(安受命)의 아들이자 문충공 안우(安祐)의 후손 인석(仁碩), 통정대부 배경대(裵慶大)의 아들 이인(爾仁) 등이 그들이다. 그리고 효자의 가문에서 효자가 계속 나왔다. 효자 여대익(呂大翊)의 증손 영길(榮吉)과 후에 홍계(洪桂), 효자 박도림(朴道林)의 후에 종현(鐘鉉), 효자 정진규(鄭鎭圭)의 아들 동필(東弼), 효자 절효공 김극일(金克一)의 후손 몽룡(夢龍) 등이 그들이다. 한편 효녀에 대한 기록이 전혀 없음이 주목된다.

효자들의 신분을 살펴보면 신분이 밝혀진 16명 모두 사족이 차지하고 있다. 평민과 천민 신분이 보이지 않아 주목된다.

포상내용으로는 정문 또는 정려, 복호, 정문과 제수, 증직과 정려, 증직, 포상 불명 등이 보인다. 증직으로는 예조참판(종2품), 의금부 도사(종6품, 종8품), 동몽교관(종9품)이 주어졌음을 알 수 있다

한편 경산지역의 열녀들의 사례를 정리해 보면, 젊어서 청상과부가 되어 수절하며 시부모를 잘 봉양한 경우, 남편이 병에 걸려 위독해지자 단지한 경우, 남편이 죽은 후 수절하면서 시어머니를 봉양하였는데 친정아버지가 개가권유를 하자 연못에 빠져 자결한 경우, 남편을 구하려다 함께 익사한 경우 등이 있다. 남편이 위독해지자 단지하여 연명케 한 사례가 가장 많이 보인다. 반면에 임진왜란 때의 열녀 사례가 전혀 보이지 않아 주목된다. 신분이 밝혀진 열녀의 신분으로는 사비, 유학의 처가 보일 뿐이다. 포상내용으로는 정려, 복호가 보인다.

제9장 **조선시대 창녕지역의 효자, 효녀, 열녀**

머리말

조선왕조는 개국이래로 삼강윤리(三綱倫理)를 보급하기 위해 정표정
책(旌表政策)을 실시함에 따라 충 · 효 · 열의 행적이 탁이(卓異)한 자에게
사족(士族)으로부터 천인(賤人)에 이르기까지 사회적 신분의 고하, 귀천
을 막론하고 적극적으로 정표하였다. 즉 해마다 연말이 되면 전국의 관찰
사들로 하여금 효자, 열녀들을 수록보고하게 하고, 그 행적에 따라 정문
(旌門) 또는 정려(旌閭), 복호(復戶), 급복(給復), 관직제수(官職除授), 증직
(贈職), 상물(賞物), 면천(免賤) 등의 포상을 하여 후손들로 하여금 본받도
록 권면 장려하였던 것이다.

지금까지 조선시대의 효자, 열녀에 대하여 연구가 적지않게 이루어졌
다.[1] 이번에 필자는 이러한 연구의 일환으로 조선시대 경상도 창녕지역

---

1) 박 주,『조선시대의 정표정책』, 일조각, 1990.
　　　,『조선시대의 효와 여성』, 국학자료원, 2000.
　　　,『조선시대의 여성과 유교문화』, 국학자료원, 2008.
　권순성, 「조선시대 강릉지방의 정표자 분석」,『영동문화』8, 2001.
　이 현, 「조선시대 마산. 창원지역의 효자, 열녀 사례분석」,『가라문화』15, 경남대
　　　　학교 가라문화연구소, 2001.

의 인물과 효자, 효녀, 열녀들에 주목하여 검토하고자 한다.

먼저 창녕지역의 연혁, 인물 등을 살펴보고 다음으로 효자, 효녀, 열녀의 사례분석, 신분과 포상내용 등을 면밀히 검토하여 그들의 유교적 삶과 그 지역적 특성을 고찰하고자 한다.

문헌 자료로는 『조선왕조실록』, 『신증동국여지승람』, 『동국신속삼강행실도』2), 『여지도서』,3) 『경상도읍지』,4) 『창녕군읍지』(奎.10858)5), 『창녕군지』6) 등의 자료를 참고하였다.

이희환, 「조선 말기의 정려(旌閭)와 가문 숭상의 풍조」, 『조선시대사학보』17, 2001.
박 주, 「조선중기 단성지역의 효자, 열녀」, 『한국사학보』13, 2002.
임선빈, 「충청도 대흥, 덕산, 예산 지역의 효행포장」, 『조선시대 사회의 모습』, 집문당, 2003.
김 혁, 「19세기 김채상 집안의 효자 정려 취득과정」, 『장서각』12, 한국정신문화연구원, 2004.
이정주, 「전국지리지를 통해 본 조선시대 忠. 孝. 烈 윤리의 확산 양상」, 『한국사상사학』28, 2007.
박 주, 「『동래부지(東萊府誌)』의 편찬과 효자, 열녀」, 『조선사연구』16, 2007.
_____, 「조선중기 『밀양지(密陽志)』의 편찬과 효자, 열녀」, 『조선사연구』17, 2008.
강명관, 『열녀의 탄생』, 돌베개, 2009.
정일영, 「임진왜란 이후 '敎化'의 양상 - 광해군대 『동국신속삼강행실도』를 중심으로-」, 『한국사상사학』34, 2010.
박 주, 「조선후기 密陽府 金寧金氏 집안의 충효각과 탁삼재에 대한 사례연구」, 『대구사학』104, 2011.
_____, 「조선시대 경산지역의 효자. 열녀」, 『조선사연구』20, 2011 등.
2) 본고에서는 『동국신속삼강행실도(東國新續三綱行實圖)』, 대제각, 1988을 이용하였다.
3) 여기에서는 전주대학교 고전국역총서1 『여지도서』39 경상도IX, 디자인흐름, 2009를 이용하였다.
4) 본고에서는 아세아문화사에서 간행한 한국지리지총서 『慶尙道邑誌』1책을 참조하였다.
5) 『규장각 해제집』史部4, 270~271쪽에 보면 『창녕군읍지』는 1899년(광무3) 전국 읍지 상송령에 의하여 창녕군에서 만든 읍지이다. 내용은 채색지도, 建置沿革, 郡名, 官職, 姓氏, 山川, 風俗, 坊里, 戶口, 進貢, 田賦, 田稅, 大同, 徭役, 軍額, 城池, 倉庫, 烽燧, 學校, 壇廟, 祠院, 陵墓, 俸廩, 關防, 鎭堡, 佛宇, 宮室, 樓亭, 橋梁, 道路, 島嶼, 堤堰, 場市, 驛院, 牧場, 形勝, 古蹟, 土産, 宦蹟, 科擧, 司馬, 人物, 忠臣, 孝子, 孝女, 功臣, 題詠, 碑板의 순서이다.

1. 창녕지역의 인물 분석

먼저 창녕의 연혁을 살펴보면, 창녕은 본래 신라 비자화군(比自火郡)(비사벌, 比斯伐)이었다. 신라 진흥왕 16년(555)에 하주(下州)를 두었다가 21년(560)에 혁파했고, 경덕왕 때 화왕군(火王郡)으로 고쳤다. 고려 태조 때 昌寧으로 고치고 현종 때 밀성군(密城郡)에 소속시켰으며 명종 때 감무(監務)를 두었다. 조선에서 현감(縣監)으로 고쳤다. 인조 9년(1631)에 지도(至道)의 반역사건 때문에 고을을 혁파하고 영산현(靈山縣)에 병합시켰다가 인조 15년(1637)에 다시 설치했다.[7] 이상과 같은 건치연혁을 볼 때 창녕지역은 본래 비자화군(비사벌)이었으나 고려 태조 때 지금의 이름인 창녕(昌寧)이 되었음을 알 수 있다.

한편 16세기에 편찬된『신증동국여지승람』창녕현 인물조에 실린 인물의 수는 28명(고려인 6명, 조선인 22명)이다. 18세기에 편찬된『여지도서』창녕현 인물조에 수록된 인물의 수는 모두 35명으로 조선인 7명이 더 추가되었다. 그리고 19세기에 편찬된『경상도읍지』창녕현에 실린 인물의 수는 모두 39명이다.[8] 이 가운데 조선조 인물 30명에 대해 살펴보면 다음과 같다.

성석린(成石璘, 1338~1423, 성여완成汝完의 아들, 좌명공신, 창녕부원군, 좌정승, 호는 독곡獨谷, 시호는 문경文景), 성석용(成石瑢, 1354~1403, 성석린의 아우, 보문각대제학寶文閣 大提學, 시호는 문숙文肅), 성석인(成石因, 성석용의 아우, 예조판서, 시호는 정평靖平), 성사재(成思齊, 성유득

---

6)『창녕군지』, 창녕군지편찬위원회, 1984.

7)『국역 신증동국여지승람』권27 창녕현 건치연혁, 민족문화추진회, 1982, 41~42쪽. 변주승,『국역 여지도서』35, 경상도 창녕현, 디자인흐름, 2009, 34~35쪽. 『경상도읍지』, 창녕현, 건치연혁 참조.

8) 이 가운데 3명(고려인 성송국, 성유득, 조선인 성사재)은 인물조에 추가되었고, 9명은 우거(寓居)조에 실려있다.

成有得의 아들, 보문각 직제학), 성엄(成揜, 성석인의 아들, 동지중추원사, 시호는 공도恭度), 성억(成抑, 성엄의 아우, 판중추원사, 시호는 희정僖靖), 성개(成槩, 성석용의 아들, 경기관찰사), 성염조(成念祖, 성엄의 아들, 지중추원사, 시호는 공혜恭惠), 성봉조(成奉祖, 성염조의 아우, 좌리공신, 창성부원군, 우의정, 시호는 양정襄靖), 조석문(曺錫文, 1413~1477, 좌익공신, 적개공신, 영의정, 창녕부원군, 시호는 공간恭簡), 성임(成任, 1421~1484, 성염조의 아들, 의정부 좌참찬, 시호는 문안文安), 성간(成侃, 성임의 아우, 집현전 수찬集賢殿修撰, 문집『진일집(眞逸集)』이 남아있음), 조효문(曺孝門, ?~1462, 조석문의 당숙, 좌익공신, 예조참판, 창성군), 성건(成健, 성엄의 손자, 형조판서, 시호는 문혜文惠), 성준(成俊, 성엄의 손자, 영의정, 시호는 명숙明肅), 성현(成俔, 1439~1504, 성간의 아우, 예조판서, 대제학, 시호는 문재文戴, 문집『허백당집(虛白堂集)』이 남아있음), 성희안(成希顔, 1461~1513, 영의정, 창산부원군昌山府院君, 시호는 충정忠定), 성담년(成聃年, 성개의 손자, 공조정랑), 성몽정(成夢井, 성담년의 아들, 이조참판), 성운(成雲, 성개의 증손자, 병조판서), 성세정(成世貞, 개성부 留守), 성세순(成世純, 1469~1517, 성세정의 아우, 이조참판), 장계이(張繼弛, 성균관 사성), 성세창(成世昌, 1481~1548, 성현의 아들, 정승, 호는 둔재遯齋), 성수침(成守琛, 1493~1564, 성세순의 아들, 지평, 호는 청송聽松, 우의정에 추증, 시호는 文貞), 성혼(成渾, 1535~1598, 성수침의 아들, 좌의정, 시호는 文簡公, 호는 우계牛溪), 성윤(成倫, 성세정의 아들, 이조판서), 이장곤(李長坤, 1474~?, 우찬성, 호는 금헌琴軒), 성안의(成安義, 1561~1629, 조도사調度使, 제주목사, 승지), 성수경(成守慶, 진주 판관, 병조판서 추증, 진주 충렬사에서 제향), 손인갑(孫仁甲, 합천의 임시 수령, 병조판서 추증, 밀양 중봉서원中峯書院에 제향) 등이 그들이다.

여기에서 인물조와 우거(寓居)조에 등재된 인물들이 거의 대부분이 창녕성씨 인물들(30명 가운데 25명이 창녕성씨 인물)로 수록되어 있어 매우 주목된다. 마치 창녕성씨 가계도를 보는 것 같다. 이들 창녕성씨 대부분은 중앙과 지방에서 높은 벼슬을 함으로써 창녕지역에서의 창녕성씨의 영향력을 알 수 있다. 또한 창녕성씨 가문이 名族으로 성장할 수 있었음을 알 수 있다. 예컨대 성석린은 창녕부원군 성여완의 아들인데, 고려 공민왕 때 과거에 급제하여 사관에 뽑혔으며 여러 벼슬을 거쳐 예문관대제학문하찬성사(藝文館大提學門下贊成事)에 이르렀다.9) 조선에서는 좌명공신의 반열에 오르고 창녕부원군에 봉해졌다. 벼슬은 좌정승에 이르렀다. 성봉조는 성염조의 아우인데, 좌리공신의 반열에 올랐으며 창성부원군에 봉해졌다. 벼슬이 우의정에 이르렀다.10) 성준은 성엄의 손자인데 연산군때 영의정에 이르렀으나 죽임을 당하였다.11) 성희안은 연산군 말년에 나라가 장차 무너지려는 상황을 보고 박원종(朴元宗), 류순정(柳順汀)과 함께 계획을 세워 나라를 바로 잡았다. 벼슬이 영의정에 이르렀으며 창산부원군(昌山府院君)에 봉해졌다.12) 성안의는 임진왜란 때 조정에서 조도사(調度使)의 임무를 맡겼는데 언제나 군량이 부족하지 않았다. 타고난 성품이 편안하고 조용하였다. 여러 고을의 수령을 맡아 다스렸는데, 마치 물 흐르듯이 순리대로 처결하였다. 광해군 때 벼슬에서 물러나와 지냈다. 인조반정이 일어난 뒤에 제주목사에 임명되었는데, 그의 다스림 덕

---

9) 『국역 신증동국여지승람』 권27 창녕현 인물조 44쪽.
  『국역 여지도서』 창녕현 인물조 49쪽.
  『경상도읍지』 창녕현 인물조 908쪽
10) 『국역 신증동국여지승람』 권27 창녕현 인물조 45쪽.
  『국역 여지도서』 창녕현 인물조 50쪽.
  『경상도읍지』 창녕현 인물조 908쪽.
11) 위와 같음.
12) 『국역 신증동국여지승람』 권27 창녕현 인물조 46쪽.
  『국역 여지도서』 창녕현 인물조 50~51쪽.
  『경상도읍지』 창녕현 인물조 908쪽.

분에 많은 백성들이 소생할 수 있었으며, 벼슬이 승지에 이르렀다.13) 충신 성수경은 진주판관으로서 임진왜란을 맞았다. 1593년(선조 26) 봄에 왜적들이 진주성을 함락시키려고 하자 선을 지켜 싸움에서 승리를 거두었다. 같은 해 6월 진주성이 포위되어 성이 함락되자 힘껏 싸우다가 고경명(高敬命), 김천일(金千鎰)과 같이 전사하였다. 그 후 병조판서에 추증되었으며, 진주 충렬사에 제향되었다.14)

창녕성씨 이외의 인물로는 조석문, 조효문, 장계이, 이장곤, 손인갑을 들 수 있다. 조석문은 세조 때 좌익공신의 반열에 올랐다. 이시애 난을 정벌하여 승리를 거두고 돌아와서 적개공신이 되었다. 영의정에 임명되었으며 창녕부원군에 봉해졌다.15) 조효문은 조석문의 당숙인데, 좌익공신의 반열에 오르고 벼슬이 예조참판에 이르렀으며 창성군에 봉해졌다.16) 충신 손인갑은 임진왜란 때 합천의 임시 수령으로서 초계(草溪), 삼학(三鶴)에서 싸우다가 전사하였다. 병조판서에 추증되었으며, 밀양 중봉서원(中峯書院)에 제향되었다.17) 이장곤은 벼슬이 우찬성에 이르렀다. 연산군 때 섬으로 귀양가서 갖은 고생을 겪었다. 중종반정이 일어난 후에 관례를 뛰어넘어 제일 먼저 그를 발탁하였다.18) 그 밖에 고려인으로 장일(張鎰), 조광한(曹匡漢), 조자기(曹自奇), 조익청(曹益淸), 조계방(曹繼芳), 성송국

13)『국역 여지도서』창녕현 인물조 53쪽.
　『경상도읍지』창녕현 인물조 908~909쪽.
14)『국역 여지도서』창녕현 인물조 53쪽.
　『경상도읍지』창녕현 인물조 909쪽.
15)『국역 신증동국여지승람』권27 창녕현 인물조 45쪽.
　『국역 여지도서』창녕현 인물조 50쪽.
　경상도읍지』창녕현 인물조 908쪽.
16) 위와 같음.
17)『국역 여지도서』창녕현 인물조 53~54쪽.
　『경상도읍지』창녕현 인물조 909쪽.
18)『국역 여지도서』창녕현 인물조 53쪽.
　『경상도읍지』창녕현 인물조 908쪽.

(成松國), 성여완(成汝完), 성유득(成有得)이 보이고 있다.[19] 여기에서 고려시대에는 창녕 조씨가 대부분 중앙에 진출하였음을 알 수 있다.

창녕지역 성씨로는 昌寧 張, 成, 鄭, 曺, 韓, 表, 河, 六(卞), 崔가 있는데 모두 來姓이다.

2. 창녕지역의 효자, 효녀

<표 1> 창녕지역의 효자 효녀 열녀 기재수

	『신증동국여지승람』 창녕현(1531)	『여지도서』 창녕현(1757~1765)	『경상도읍지』 창녕현(1832)
효자	3	14	16
효녀	0	1	1
열녀	1	14	18
계	4	29	35

위의 표를 볼 때 효자의 경우 조선후기로 갈수록 그 수가 증가함을 알수 있다. 반면에 효녀는 1명이 보일 뿐이다. 열녀의 경우도 효자의 경우와 마찬가지로 조선후기로 갈수록 그 수가 증가하였다.

『신증동국여지승람(新增東國輿地勝覽)』 권27 창녕현 효자조에는 3명의 효자 사례가 수록되어 있으며, 『여지도서(輿地圖書)』에는 효자 14명, 효녀 1명의 사례가 실려있다. 그리고 『경상도읍지(慶尙道邑誌)』에는 효자 16명, 효녀 1명의 사례가 보인다. 이들의 효행 행적을 살펴보면 다음과 같다.

먼저 효자들의 사례를 유형별로 크게 나누어 보면, 부모가 병이 들었을

---

19) 『국역 신증동국여지승람』 권27 창녕현 인물조 44쪽.
　　『국역 여지도서』 창녕현 인물조 48~49쪽.
　　『경상도읍지』 창녕현 인물조 908쪽.

때 단지(斷指)하여 소생한 경우 5건, 부모가 호환(虎患), 화재, 도적 등의 위기에 처했을 때 생명의 위험을 무릅쓰고 부모를 구하거나 함께 죽은 경우 6건, 얼음이 무너져 물속에 빠진 아버지를 구하고 자신은 익사한 경우 1건, 임진왜란 때 왜적의 침입으로부터 부모를 구하려다 함께 해를 당한 경우 5건, 부모 사후 3년간 여묘살이한 경우 7건을 들 수 있다.[20]

斷指 효행의 사례 5건은 이성태(李聖泰), 장시행(張是行), 장익정(張翼禎), 장만(張滿), 박진한(朴震翰) 등의 사례를 들 수 있다.

박진한은 어머니가 병에 걸리자 손가락을 잘라 그 피를 어머니 입에 넣어 드리니 어머니가 다시 살아나 며칠 동안 더 살았다. 상을 당해서는 여묘살이를 하였다. 이 일이 나라에 알려져 영조 때 사헌부 지평(司憲府 持平, 정5품)에 추증되었다.[21]

어머니가 화재의 위기에 처했을 때 생명의 위험을 무릅쓰고 어머니를 구하려다 함께 목숨을 잃은 경우가 있다. 이성태의 경우가 그것이다. 이성태는 아버지가 병에 걸리자 손가락을 잘라 그 피를 드리니 아버지는 다시 살아났다. 그 후 아버지의 상을 당하자 여묘살이를 하였는데, 그 때 집에 계시는 늙은 어머니께 오가며 봉양하면서 여묘살이하였다. 도적들이 집안에 쳐들어와서 재물을 약탈하고 불을 질렀다. 어머니가 불길 속에 갇히자 불길을 무릅쓰고 뛰어들어 어머니를 껴안고서 함께 목숨을 잃었다. 이 일이 나라에 알려져 정려(旌閭)되었다.[22]

3대에 걸쳐 효자가 나온 집안도 있다. 장시행, 장익정, 장만 형제의 경우가 그것이다.

---

20) 효행사례의 경우 유형이 중복되어 나타나는 경우도 적지 않다
21) 『국역 여지도서』 창녕현 효자조 55쪽.
　　『경상도읍지』 창녕현 효자조 909쪽
22) 『국역 여지도서』 창녕현 효자조 54~55쪽.
　　『경상도읍지』 창녕현 효자조 909쪽.

장시행은 고려 시중(侍中) 장일(張鎰)의 후손이다. 대를 이어 효성을 다해 부모를 섬겼다. 부모가 병에 걸리자 직접 약을 달이고, 손가락을 깨물어 그 피를 입에 넣어 드리니 곧바로 부모가 다시 살아날 수 있었다. 그 후 부모의 상을 당해 거적을 베고 지내는데, 불이 나서 불길이 빈소까지 퍼져 나가자 널을 안고서 하늘을 부르며 소리치자 맞은편에서 바람이 불어와 불길을 껐다. 장례를 치르고서는 죽만 먹고 지내며 여묘살이를 하였다. 이 일이 나라에 알려져, 그가 살던 마을에 정문(旌門)을 세우고 의금부 도사(義禁府都事, 종6품, 종8품)를 추증했다.[23] 이처럼 불이 났을 때 별안간 바람이 불어 불을 끄는 기적이 효자에게는 나타났던 것이다.

장익정은 장시행의 아들이다. 아버지처럼 지극히 효성스러웠다. 손가락을 잘라 그 피를 입에 넣어 드리니 부모의 병이 조금 나았다. 아버지 장시행이 상을 치르고 있을 때 불이 나서 불길이 빈소까지 퍼져 나가자, 아버지를 따라 함께 불길 속으로 들어가 널을 감싸안아 온전히 지켰다. 3년 동안 여묘살이를 하였다. 이 일이 나라에 알려져 그가 살던 마을에 정문을 세워 표창하고 공조좌랑(工曹佐郎, 정6품)을 추증했다.[24]

장만은 효자 장시행의 손자이다. 대를 이어 하늘이 내린 듯한 효자였다. 어머니의 병이 위독하자 손가락을 깨물어 그 피를 입에 넣어 드렸다. 상을 당하자, 장례를 치르고 난 뒤에 목 놓아 울며 여묘살이를 하였는데 보릿가루로 목숨을 연명하였지만 얼굴 모습이 평상시와 같았다. 땔나무 하는 아이가 땔나무를 도와주며 날마다 보살펴 주었다. 도적이 옷가지를 빼앗으려고 하다가, 그의 효성에 감동하여 내버려 두고 떠나갔다. 형과 한 집에서 함께 살았다. 고을 사람들이 경상 감사에게 글을 바쳐 이 일이

---

23) 『국역 여지도서』 창녕현 효자조 55쪽.
　　『경상도읍지』 창녕현 효자조 909쪽
24) 『국역 여지도서』 창녕현 효자조 55쪽.
　　『경상도읍지』 창녕현 효자조 909쪽.

나라에 알려지자, 형제의 부역과 조세를 면제해 주는 급복(給復)의 포상을 내려주었다.[25]

이와 같이 장시행과 그의 아들 장익정 그리고 손자 장만 형제는 대를 이어 효행을 하였다. 즉 부모가 병에 걸렸을 때 모두 한결같이 단지효행(斷指孝行)을 하였고, 부모 사후에는 여묘살이를 했다. 특히 장만 형제의 경우에는 도적이 그들 형제의 효성과 우애에 감동하기도 하였던 것이다.

아버지가 호랑이에게 물려가자 아버지의 생명을 구하거나 혹은 시신을 빼앗아오는 경우가 2건이다.

박운(朴雲)은 나이 14세 때 아버지가 호랑이에게 물려가자 조그만 도끼를 들고 아우 雲山(8세)과 함께 30여 걸음을 쫓아가면서 하늘을 부르며 소리 내어 울자 이에 호랑이가 아버지를 버리고 갔다. 박운은 아버지의 시신을 등에 업었으며, 아우 운산은 도끼를 들고서 그 뒤를 따랐다. 이 일이 나라에 알려져 정려(旌閭)되었다.[26]

사노(私奴) 석송(石松)은 아버지가 호랑이에게 깔리자 돌로 호랑이를 내려쳤다. 아버지가 말하기를, "내 배 밑에 도끼가 있다."라고 하자, 도끼로 호랑이를 내려찍으니 호랑이는 죽고 아버지는 목숨을 건지게 되었다. 이 일이 나라에 알려져 광해조 때 정문되었다.[27]

임진왜란 때 왜적의 침입으로부터 부모를 구하려다 함께 해를 당한 경우가 4건이다. 급제(及第) 손약허(孫若虛)는 임진왜란 때 아버지 손인갑의

---

25) 위와 같음.
26) 『국역 신증동국여지승람』 권27 창녕현 인물조 46쪽.
　　『속삼강행실도』 <二朴追虎>.
　　『동국신속삼강행실』 효자도 20쪽 <二朴追虎>.
　　『국역 여지도서』 창녕현 효자조 52쪽.
　　『경상도읍지』 창녕현 효자조 909쪽.
27) 『동국신속삼강행실』 효자도 410쪽 <石松斫虎>.
　　『국역 여지도서』 창녕현 효자조 54쪽.
　　『경상도읍지』 창녕현 효자조 909쪽.

상을 당하였다. 복수를 다짐하고 왜적을 토벌하러 나갔다가 왜적에게 사로잡히고 말았다. 왜적들이 그의 몸을 묶고 항복시키려고 했으나 굴하지 않고 왜적을 꾸짖다가 목숨을 잃었다. 이 일이 나라에 알려져 광해조 때 부자가 함께 忠孝로 旌門되었으며 중봉서원(中峯書院)에 제향되었다.28)

유학(幼學) 장효원(張孝遠)은 임진왜란 때 왜적이 아버지를 죽이려고 하자, 자신의 몸으로 아버지를 감싸다가 아버지와 함께 목숨을 잃었다. 이 일이 나라에 알려져 광해조 때 정문되었다.29)

유학 노홍언(盧弘彦)은 임진왜란 때 왜적이 어머니를 죽이려고 하자, 칼날을 무릅쓰고 자신의 몸으로 어머니를 감싸다가 어머니와 함께 목숨을 잃었다. 왜적들이 그의 효성에 감동하여 푯말을 세워 두고 떠나갔다. 이 일이 나라에 알려져 광해조 때 정문되었다.30)

조진남(曺鎭南)은 임진왜란 때 대산(臺山)의 싸움에서 패배하자, 적진 속으로 마구 뛰어들어가 부모를 껴안고서 함께 목숨을 잃었다. 이 일이 나라에 알려져 정려되었다.31)

유학 황명일(黃命一)은 왜적이 아버지를 잡아 죽이려고 하자 명일이 몸

---

28) 『동국신속삼강행실』효자도 310쪽 <若虛復讎>에는 손약허의 신분이 及第로 밝혀져 있다.
　　『국역 여지도서』창녕현 효자조 54쪽.
　　『경상도읍지』창녕현 효자조 909쪽.
29) 『동국신속삼강행실』효자도 318쪽 <昭遠蔽父>에는 효자이름이 張昭遠이라 되어있고, 신분이 幼學이라고 밝혀져 있다.
　　『국역 여지도서』창녕현 효자조 54쪽.
　　『경상도읍지』창녕현 효자조 909쪽.
30) 『동국신속삼강행실』효자도 324쪽 <弘彦蔽母>에는 노홍언의 신분이 幼學으로 밝혀져 있다.
　　『국역 여지도서』창녕현 효자조 54쪽.
　　『경상도읍지』창녕현 효자조 909쪽.
31) 『국역 여지도서』창녕현 효자조 54쪽.
　　『경상도읍지』창녕현 효자조 909쪽.

으로 가리우다가 마침내 해를 입었다. 아버지는 죽음을 면하였다. 이에 광해조 때 정문되었다.[32]

손말질세(孫末叱世)는 나이 14세 때 임진왜란을 만나 아버지가 적에게 잡혔는데, 적이 죽이려고 하자 말질세가 크게 소리쳐 말하기를 "차라리 나를 죽일지언정 원컨대 아버지를 죽이지말라" 고 하였으나 적은 다 죽였다. 이에 광해조 때 정문되었다.[33]

부모 사후 여묘살이를 한 사례를 들면, 성균진사 박근인(朴近仁)은 부모상을 당하자 3년 동안 여묘살이를 하였다. 태종 10년(1410)에 그가 살던 마을에 정문을 세워 표창했다.[34]

인산군(麟山郡) 郡守 박주(朴冑)는 부모상을 당하자 3년 동안 여묘살이를 하였다. 이 일이 나라에 알려져 정려되었다.[35]

김정철(金廷喆)은 뜻을 잘 받들어 부모를 섬겼으며, 예를 다하여 3년상을 치렀다. 그의 효성에 하늘이 감동하였다. 이 일이 나라에 알려져 그가 살던 마을에 정문을 세워 표창하고 의금부 도사(義禁府 都事)를 추증하였다.[36]

얼음이 깨져 물속에 빠진 아버지를 구하고 자신은 익사한 경우가 있다.

---

32) 『동국신속삼강행실』효자도 336쪽 <命一蔽父>.
33) 『동국신속삼강행실』효자도 378쪽 <末叱世同死>.
34) 『국역 신증동국여지승람』권27 창녕현 효자조 46쪽.
  『동국신속삼강행실』효자도 87쪽 <近仁廬墓>.
  『국역 여지도서』창녕현 효자조 51쪽.
  『경상도읍지』창녕현 효자조 909쪽.
  『성종실록』권3, 성종 1년 2월 병진조에는 前 郡事 朴冑라고 나와있으며 부모상에 6년간 여묘살이하였음을 알 수 있다.
35) 『국역 신증동국여지승람』권27 창녕현 효자조 46쪽.
  『동국신속삼강행실』효자도 110쪽 <朴冑居廬>.
  『국역 여지도서』창녕현 효자조 51~52쪽.
  『경상도읍지』창녕현 효자조 909쪽.
36) 『국역 여지도서』창녕현 효자조 54쪽.
  『경상도읍지』창녕현 효자조 909쪽.

한악지(韓岳只)는 아버지와 함께 땔감을 짊어지고 강을 건너 오다가 얼음이 깨져 아버지가 얼음물속에 빠졌다. 악지는 겨우 12세의 나이로 통곡하면서 문득 긴 나무를 얻게되어 아버지를 구하고 자신은 익사하였다. 이 일이 알려져 급복(給復)되었다.[37]

한편 효녀에 대한 기록으로는 1건이 보일 뿐이다. 효녀 백이랑(白二娘)은 만호(萬戶, 종4품 무관) 백수(白璲)의 딸이다. 임진왜란 때 왜적이 부모를 죽이고 백이랑을 붙잡아 데려가려고 하자, 백이랑이 자신의 몸으로 부모를 감싸안았다가 왜적의 칼날 아래 부모와 함께 목숨을 잃었다. 이 일이 나라에 알려져 그녀가 살았던 마을에 정문을 세워 표창했다.[38]

이상에서 창녕의 효자, 효녀의 사례들을 정리해보면 임란 때의 효행 사례가 적지 않음으로써 임란 때의 인명 피해를 엿볼 수 있다. 그리고 3대에 걸쳐 효자가 나온 장씨 집안이 주목된다. 특히 도적이 형제의 효성과 우애에 감동하기도 하였으며, 효자의 집 빈소에 불이 났을 때 갑자기 바람이 불어 불을 끄는 기적이 나타나기도 하였다. 그리고 부모생시에는 모두 한결같이 단지효행을 하였고, 부모 사후에는 여묘살이를 했다. 신분이 밝혀진 효자의 신분으로는 군수 1명, 급제(及第) 1명, 성균진사(成均進士) 1명, 유학(幼學) 3명, 증사헌부지평(贈司憲府持平) 1명, 증공조좌랑(贈工曹佐郞) 1명, 증도사(贈都事) 2명, 사노(私奴) 1명이 있다. 효녀 1명은 만호(萬戶, 종4품 무관)의 딸이다.

포상내용으로는 정문 또는 정려가 대부분이고 그 외에 의금부도사 추증, 공조좌랑추증, 사헌부 지평 추증, 복호, 급복 등이 보인다.

---

37)『경상도읍지』창녕현 효자조 909쪽.
38)『국역 여지도서』창녕현 효녀조 56쪽.
　　『경상도읍지』창녕현 효녀조 910쪽.

순서	지명	인명	가계 및 신분	사례 내용	포상 내용	비고
1	진주	車恂	좌사간대부 (세종조)	어머니의 종기를 빨아내어 병을 낫게 함, 어머니의 변을 맛보아 병의 상태를 살핌.	정려	여지도서
2		朴蒕	字子馥, 泰安人	부친상을 만남. 연산군 때는 단상법이 엄하였다. 그러나 3년상을 마침.(여묘 3년)	정려 (중종 4년, 1509)	여지도서
3		姜應台	字大臨, 밀양부사 사천현감 王官의 子	아버지가 병에 걸리자 손가락을 잘라 그 피를 약에 타서 드리니 병이 나음.	정려 (중종 11년, 1516)	여지도서
4		得妃	효녀, 金繼南의 女	아버지의 정신병에 산사람의 골육이 치료될 수 있다하여 단지효행하여 왼손의 넷째 손가락으로 드려 병이 나음.	정려 (성종 3년, 1472)	여지도서
5		金白山		16세 때에 아버지가 호랑이에게 물려가자, 김백산이 낫을 휘둘러 호랑이를 쳐서 아버지가 죽음을 면함.	정려 (성종 9년, 1478)	여지도서
6		申尙溶	淳昌人	사람됨이 온화하고 단아하며 하늘이 내린 듯이 효성스러웠다. 부친상을 당하여 죽만 먹고 지내며 3년상을 치렀는데, 밤낮없이 피눈물을 흘리다 눈이 멀 지경에 이르렀다.	정려	여지도서
7		李敬訓	참봉 逸民의 자	아버지가 중풍에 걸려 다리 한쪽이 마비되니, 지극한 효성으로 모심. 선조 26년(1593, 계사) 왜란 때 아버지를 업고 산속에 숨었는데, 왜적이 갑자기 닥쳐와 아버지를 해치려고 함. 이경훈이 제 몸으로 아버지를 감싸 안으니, 왜적이 아버지와 아들을 모두 죽였다.	정려	여지도서

8	尹忠寬	部將 春蘭의 자	집에 불이 났는데, 늙은 어머니가 미쳐 빠져 나오지 못하고 방 안에 있었다. 윤충관이 곧장 뜨거운 불길 속으로 뛰어 들어가 어머니를 들쳐 업고 나오다가 뜨거운 불에 데여, 어머니와 아들이 함께 목숨을 잃었다.	정려 (인조조)	여지도서
9	河鏡輝	王子師傅 洛의 孫 生員	타고난 성품이 지극히 효성스러웠다. 임진왜란 때 왜적이 먼저 아버지를 해치려고 하자 두 손으로 시퍼런 칼날과 맞섰다. 왜적이 아버지와 아들을 모두 죽였다.	정려 (선조조)	여지도서 三綱錄 孝子傳에 실림
10	姜涵		지극한 효성으로 어머니를 섬겼다. 죽음을 눈앞에 둔 어머니가 이르기를, "나는 틀림없이 죽을 것인데 지붕 위에서 세 번의 곡소리가 나서 너의 효성을 드러낼 것이다." 라고 했다. 어머니가 꿩고기를 즐겼으므로 매달 초하루와 보름날의 제사상에 올렸다.	정려	여지도서
11	趙璛	조지서의 증손자	10세 때 아버지가 병에 걸리자, 손가락을 잘라 그 피를 드리니 아버지의 병이 나았다. 아버지를 여의자 슬픔에 겨워 몸이 야윈 상태에서 죽만 먹고 지내며 3년간 시묘살이를 하였다.	정려, 증 戶曹參判 (숙종조)	여지도서
12	姜敏孝		아버지가 병에 걸리자, 제 손가락을 잘라 그 피를 드렸다. 8세 때 어머니의 상을 당했었는데, 나이 70세가 되어서 뒤늦게나마 어머니를 위한 상복을 입고 죽만 먹고 지내며 3년상을 치렀다. 선조와 인목왕후의 국상 때 모두 3년 동안 상복을 입었다.	정려 (효종조)	여지도서

3. 창녕지역의 열녀

『신증동국여지승람』권27 창녕현 열녀조에는 2명의 열녀사례가 실려 있다. 『여지도서』와 『경상도읍지』에는 각각 16명과 19명의 열녀사례가 수록되어 있다. 이들의 열행을 소개하면 다음과 같다.

임진왜란 때 절개를 지키려다 피살되거나 자결한 경우가 8건이 보인다.

유학(幼學) 백유정(白惟精)의 처 주씨(周氏)는 임진왜란 때 왜적에게 사로잡혔는데 절개를 더럽히지 않기 위해 반항하다가 마침내 왜적에 의해 해를 당하였다. 이 일이 나라에 알려져 광해조 때 정문되었다.[39]

유학 성원춘(成遠春)의 처 윤씨는 임진왜란 때 왜적에게 결박당하자 깊은 연못에 몸을 던져 자결하였다. 이 일이 나라에 알려져 광해조 때 정문되었다.[40]

유학 곽재흠(郭再欽)의 처 강씨(姜氏)는 항상 작은 칼을 몸에 차고 다녔다. 임진왜란 때 남편과 함께 숲 속에 숨었는데 왜적들이 강씨를 붙잡아 데려가려고 하자, 강씨가 칼을 빼 스스로 목을 찔렀다. 왜적들이 감동하여 부부를 내버려 두고 떠나갔다. 이 일이 나라에 알려져 정려되었다.[41]

---

39) 『동국신속삼강행실』열녀도 715쪽 <周氏搏賊>.
　　『국역 여지도서』창녕현 열녀조 56쪽.
　　『경상도읍지』창녕현 열녀조 909쪽.
40) 『동국신속삼강행실』열녀도 695쪽 <尹氏投水>에는 幼學 成遠慶의 처라고 나와 있다.
　　『국역 여지도서』창녕현 열녀조 56쪽.
　　『경상도읍지』창녕현 열녀조 909쪽.
41) 『동국신속삼강행실』열녀도 <姜氏溺死>에는 곽재흠의 신분이 幼學으로 나와있고, 내용상에 있어서도 약간의 차이가 있다. 즉 "임진왜란에 왜적이 창녕현에 들어오니 동네부인들이 분주하게 적을 피하였는데, 강씨 혼자 서두르지 않으므로 사람들이 모두 의심하였다. 적이 핍박하니 강씨는 두 젊은 종을 거느리고 조용히 강위로 가 강물에 빠졌다. 한 종이 따라 나아가 같이 빠져 죽었다. 광해조에 정문하였다" 라고 되어있다.

유학 김월(金越)의 처 신씨(辛氏)는 임진왜란 때 왜적에게 붙잡혔는데, 왜적이 그녀를 욕보이려고 하자 물에 몸을 던져 자결하였다. 이 일이 나라에 알려져 광해조 때 정문되었다.[42]

유학 조덕성(曺德成)의 처 장씨(張氏)는 임진왜란 때 왜적에게 쫓기자 마륜천(馬輪川)에 몸을 던져 자결했다. 이 일이 나라에 알려져 광해조 때 정문되었다.[43]

유학 배몽서(裵夢瑞)의 처 전씨(田氏)는 임진왜란 때 갑자기 왜적과 마주치게 되자 스스로 목숨을 끊으려고 했으나 방법이 없었다. 조용히 순종하는 것처럼 보여 왜적이 다그치지 않자 작은 칼을 구해 갑자기 목을 찔러 자결하였다. 이 일이 나라에 알려져 정려되었다.[44]

유학 성안례(成安禮)의 처 朴氏는 임진왜란 때 남편이 왜적과 마주쳐 장차 해를 당하려고 하자, 박씨가 아이를 업고 용감하게 왜적에게 달려갔다가 남편과 함께 목숨을 잃었다. 이 일이 나라에 알려져 광해조 때 정문되었다.[45]

---

42) 『동국신속삼강행실』열녀도 636쪽 <金氏溺水>에는 辛氏가 아니라 金氏로 나와 있다.
  『국역 여지도서』창녕현 열녀조 57쪽.
  『경상도읍지』창녕현 열녀조 909쪽.
43) 『동국신속삼강행실』열녀도 664쪽 <張氏投水>.
  『국역 여지도서』창녕현 열녀조 57쪽.
  『경상도읍지』창녕현 열녀조 909쪽.
44) 『동국신속삼강행실』열녀도 637쪽 <金氏投水>에는 田氏가 아니라 金氏로 나와 있고, 배몽서의 신분이 幼學으로 나와있으며, 내용상에 있어서도 약간의 차이가 있다. 즉 "임진왜란에 적에게 핍박당하자 물에 빠져 죽었다" 라고 되어있다.
  『국역 여지도서』창녕현 열녀조 57쪽.
  『경상도읍지』창녕현 열녀조 909쪽.
45) 『동국신속삼강행실』열녀도 715쪽 <母女同縊>에는 "박씨가 왜적에게 잡히자 스스로 목을 매어 죽었으며 그 때 딸이 16세로서 함께 죽었다" 라고 나와있다. 그리고 성안례의 신분이 幼學으로 나와있다.
  『국역 여지도서』창녕현 열녀조 57쪽과 『경상도읍지』창녕현 열녀조 909쪽에는

유학 김현(金鉉)의 처 李氏는 금헌(琴軒) 이장곤(李長坤)의 딸이다. 임
진왜란 때 왜적이 남편을 죽이려고 하니, 자신의 몸으로 남편을 감싸안았
다가 남편과 함께 목숨을 잃었다. 이 일이 나라에 알려져 광해조 때 정문
되었다.46)

이상에서 볼 때 임진왜란으로 왜적에 의해 피살되거나 혹은 목을 찌르거나
물에 빠져 자결함으로써 창녕지역 여성의 수난이 매우 컸음을 알 수 있다.

남편이 병사한 후 재가하지 않고 수절한 경우가 2건 있다. 유학 성돈(成
墩)의 처 배씨(裵氏)는 계사왜란(癸巳倭亂) 때 남편이 병들어 죽자, 예를
다하여 장례를 치르고 더욱 공경히 제사를 올렸다. 여생을 마칠 때까지
머리에 기름칠을 하지 않았으며 화려한 비단 옷을 몸에 걸치지 않았다.
슬피 울부짖으며 세월이 흘러도 죽은 남편을 기리는 마음이 더욱 독실하
였다. 이 일이 나라에 알려져 광해조 때 정문되었다.47) 善士 하호(河澔)의
처 姜氏는 남편이 여러 해 동안 중풍을 앓았는데, 매우 정성스럽게 약을
달이며 돌보았다. 그러나 남편이 죽자 슬픔에 겨워 몸이 야윈 채 예를 다
하였다. 3년상을 마친 뒤에도 상복을 벗지 않았다. 이 일이 나라에 알려져
중종 때 정려되었다.48)

남편이 중병에 걸리자 자신을 희생하여 남편을 살리고 자신은 결국 죽

이름이 成禮安이라고 나와있다.
46) 『동국신속삼강행실』열녀도 590쪽 <李氏蔽夫>에는 김현의 신분이 幼學으로 나
　와있다.
　『국역 여지도서』창녕현 열녀조 57쪽.
　『경상도읍지』창녕현 열녀조 909쪽.
47) 『동국신속삼강행실』열녀도 670쪽 <裵氏守喪>.
　『국역 여지도서』창녕현 열녀조 56쪽.
　『경상도읍지』창녕현 열녀조 909쪽.
48) 『동국신속삼강행실』열녀도 489쪽 <姜氏守喪>.
　『국역 신증동국여지승람』권27 창녕현 열녀조 47쪽.
　『국역 여지도서』창녕현 열녀조 52쪽.
　『경상도읍지』창녕현 열녀조 909쪽.

은 드문 사례가 있다. 部將 문형수(文亨秀)의 처 金氏는 남편이 몹쓸 병에 걸려 거의 숨이 넘어가려고 하는데 어떤 사람이 말하기를, "산 사람의 피를 먹으면 나을 수 있다."고 했다. 김씨는 스스로 작은 칼을 가지고 자신의 피를 받아서 남편에게 복용하게 하니, 남편의 병이 곧 나았다. 김씨 자신은 결국 죽음에 이르렀다. 이 일이 나라에 알려져 광해조 때 정문되었다.[49]

남편이 병에 걸리자 정성껏 간병하다가 어느 날 도적의 침입으로 위기에 처하자 먼저 남편을 구하고 자신이 대신 죽은 경우가 있다. 성완(成琓)의 처 吳氏는 현종 때 남편이 문둥병에 걸려서 남편과 집을 나가 산골짜기에 움막을 짓고 정성을 다해 간호하였다. 어느 날 밤에 도적이 곧바로 남편을 죽이고 오씨를 빼앗아 데려가려고 했다. 오씨가 속여 말하기를, "내 남편을 죽이지 않는다면 내 마땅히 순순히 따르겠으나, 그렇지 않다면 반드시 남편과 함께 죽겠다."하니, 도적이 그 말을 믿고 과연 남편을 죽이지 않았다. 말에 올라타고서 함께 길을 나서 20여 걸음에 이르자, 오씨가 말 위에서 몰래 목을 졸라 스스로 목숨을 끊어 말에서 떨어졌다. 도적이 내버려 두고 떠나가니, 남편은 그에 힘입어 화를 면할 수 있었다. 이일이 나라에 알려져 정려되었다.[50]

남편이 병사하자 따라 죽어 합장되고자 목매어 죽은 경우도 보인다. 學生 노대하(盧大河)의 처 金氏는 어렸을 때 어머니가 병에 걸리자, 손가락을 잘라 그 피를 드리니 어머니가 다시 살아났다. 시집을 갔는데 남편이 병에 걸려 일찍 세상을 떠나자, 초상과 빈소의 설치 및 염습을 한결같이 예법에 따라 행하였다. 장례 날짜가 이미 정해지자 남편과 한 무덤에 묻

---

49) 『동국신속삼강행실』 열녀도 637쪽 <金氏自臏>에는 部將 文亨秀의 처 김씨라고 신분이 분명하게 밝혀져 있다.
　　『국역 여지도서』 창녕현 열녀조 56~57쪽.
　　『경상도읍지』 창녕현 열녀조 909쪽.
50) 『국역 여지도서』 창녕현 열녀조 57~58쪽.
　　『경상도읍지』 창녕현 열녀조 909쪽.

히고 싶어서, 남편에게 올리는 글을 갖추어 몰래 상자 속에 넣어 장사를
지내고 빈소 안에서 끈으로 목을 매달아 스스로 목숨을 끊었다. 이 일이
나라에 알려져 현종 때 정려되었다.[51]

성효열(成孝悅)이 처 孫氏는 남편이 일찍 죽자 따라 죽고자 했으나 남겨
진 아이가 있고 시부모가 막아서 죽지를 못했다. 그러나 아이가 일찍 죽자
목을 매어 죽었다. 이때 나이가 24세였다. 이 일이 알려져 정려되었다.[52]

학생 이안세(李安世)의 처 노씨(盧氏)는 어렸을 때 효행이 있어 아버지
의 다리병에 입으로 종기를 빨아내서 낫게 하였다. 그리고 시집간 지 5개
월만에 남편이 일찍 병사하였다. 빈렴장제(殯殮葬祭)를 한결같이 禮制에
맞게 하였다. 절명사(絶命詞)를 지어 상자에 넣고 상중에 목매어 죽었다.
士林이 여러차례 글을 올렸고 관찰사가 아뢰어 정려되었다.[53]

남편이 물에 빠져죽자 남편의 시체를 껴안고 함께 물에 빠져죽은 경우
가 2건 있다. 육군 김승화(金承化)의 처 양녀 李召史는 남편이 물에 빠져
죽자, 뒤쫓아 물에 몸을 던져 남편의 시신을 껴안고서 죽었다. 이 일이 나
라에 알려져 정려되었다.[54]

良人 김계운(金戒云)의 처 양녀 朴召史는 남편과 함께 땔나무를 해서
한 배를 타고 돌아오다가, 물살에 휩쓸려 배가 뒤집어져서 부부가 함께
물에 빠졌다. 밖으로 나와보니 남편은 물에 빠져 밖으로 나오지 못한 상
태였다. 가슴을 두드리고 하늘을 소리쳐 부르며 곧바로 물속에 몸을 던져
남편의 시신을 껴안고서 죽었다. 이일이 나라에 알려져 정려되었다.[55]

---

51) 『국역 여지도서』 창녕현 열녀조 58쪽.
  『경상도읍지』 창녕현 효자조 909쪽.
52) 『경상도읍지』 창녕현 열녀조 910쪽.
53) 『경상도읍지』 창녕현 열녀조 910쪽.
54) 『국역 여지도서』 창녕현 열녀조 57쪽.
  『경상도읍지』 창녕현 열녀조 909쪽.
55) 『국역 여지도서』 창녕현 열녀조 58쪽
  『경상도읍지』 창녕현 열녀조 909-910쪽

외간남자로부터 정조를 지키기 위해 자결한 경우가 보인다. 문옥지(文玉只)는 양인 必長의 딸이다. 처녀로서 이웃집 목동에게 협박당하자 자결하였다. 이 일이 알려져 정려되었다.56)

이상에서 창녕지역의 열녀 행적을 정리해 보면 도적으로부터 남편을 구하고 정조를 지키기 위하여 자결한 경우, 남편이 병사하자 합장되고자 목을 매어 따라죽은 경우, 남편이 물에 빠져죽자 남편의 시체를 껴안고 함께 죽은 경우, 남편이 죽은 후 재가하지 않고 수절한 경우, 임진왜란 때 절개를 지키려다 피살되거나 물에 빠져 자결한 경우 등이 있다. 여기에서 임진왜란 때의 열녀 사례가 가장 많이 보여 주목된다. 임진왜란 때 왜적의 만행으로 정절을 지키다 죽은 창녕지역 여성들의 큰 피해를 엿볼 수 있다. 신분이 밝혀진 열녀의 신분으로는 良女 2명, 幼學의 처 9명, 學生의 처 2명, 部將의 처 1명, 良人의 여 1명이 보여 幼學의 처가 가장 많은 비중을 차지함을 알 수 있다.

포상내용을 보면 열녀 모두가 정문, 정려의 포상을 받았음이 주목된다.

<표 2> 조선시대 창녕지역의 효자, 효녀, 열녀

구분	인명	가계 및 신분	포상내용	비고
효자	朴近仁	성균진사	정려(태종10년, 1410)	『신증동국여지승람』, 『여지도서』, 『경상도읍지』, 『동국신속삼강행실도』에 실림

---

56) 『경상도읍지』 창녕현 열녀조 910쪽.
   영조실록』권45, 영조 13년 9월 무신조에 의하면 창녕의 여자 文玉伊의 旌閭를 명하였다고 실려있다. 그 내용을 보면 文玉只의 사례와 비슷하다. 문옥이는 그의 8촌 文仲甲과 함께 나이 17세인데, 함께 나무를 하다가 문중갑이 음란한 행위를 하려 하였다. 이에 문옥이가 몰래 독약을 구해 마시고 죽었다. 道臣이 奏聞해 정려를 명하였다. 문중갑은 律에 의거하면 강간미수에 해당되어 杖流해야하나 너무 가볍기 때문에 감사도배(減死島配)하라고 명하였다.

〃	朴冑	麟山郡守	정려	〃
〃	朴云		정려	〃
〃	孫若虛	及第, 仁甲의 아들	정려(충효)	『여지도서』, 『경상도읍지』, 『동국신속삼강행실도』에 실림
〃	張孝遠	幼學	정려	〃
〃	盧弘彦	幼學	정려	〃
〃	石松	私奴	정려	〃
〃	曹鎭南		정려	『여지도서』, 『경상도읍지』에 실림
〃	金廷哲		정려, 증의금부도사	〃
〃	李聖泰		정려	〃
〃	張是行	고려 시중 張鎰의 후손	정려, 증의금부도사	〃
〃	張翼楨	是行의 아들	정려, 증공조좌랑	〃
〃	張滿	시행의 손자	형제에게 給復	〃
〃	張涑	시행의 손자	〃	〃
〃	朴震翰		증사헌부지평	〃
〃	韓岳只	石才의 아들	급복	『경상도읍지』에 실림
효녀	白二郎	만호 璿의 딸	정려	『여지도서』, 『경상도읍지』에 실림
열녀	姜氏	善士 河濩의 처	정려	『신증동국여지승람』, 『여지도서』, 『경상도읍지』, 『동국신속삼강행실도』에 실림
〃	姜氏	유학 郭再欽의 처	정려	『여지도서』, 『경상도읍지』, 『동국신속삼강행실도』에 실림
〃	裵氏	유학 成墩의 처	정려	〃
〃	周氏	유학 白惟精의 처	정려	〃
〃	尹氏	유학 成遠春의 처	정려	〃
〃	金氏	部將 文亨秀의 처	정려	〃
〃	辛氏	유학 金鍼의 처	정려	〃

〃	張氏	유학 曹德成의 처	정려	〃
〃	田氏	유학 裵夢瑞의 처	정려	〃
〃	朴氏	유학 成禮安의 처	정려	〃
〃	李氏	유학 金鉉의 처	정려	〃
〃	李召史	良女, 陸軍 金承化의 처	정려	『여지도서』,『경상도읍지』에 실림
〃	吳氏	成琬의 처	현종조 정려	〃
〃	金氏	학생 盧大河의 처	정려	〃
〃	朴召史	良女, 양인 金戒云의 처	정려	〃
〃	孫氏	成孝悅의 처	정려	『경상도읍지』에 실림
〃	文玉只	양인 必長의 딸	정려	〃
〃	盧氏	학생 李安世의 처	정려	〃

맺음말

이상에서 조선시대 창녕지역의 인물과 효자, 효녀 그리고 열녀에 대하여 살펴보았았다. 이제 그 내용을 요약정리함으로써 맺음말에 대신하고자 한다.

경상도 창녕은 본래 비자화군(比自火郡)(비사벌, 比斯伐)이었으나 고려 태조 때 지금의 이름인 창녕이 되었다. 조선시대 이 지역 인물로는 좌정승 성석린(成石璘, 성여완의 아들), 보문각 대제학 성석용(成石瑢, 성석린의 아우), 예조판서 성석인(成石因, 성석용의 아우), 보문각 직제학 성사재(成思齊, 成有得의 아들), 동지중추원사 성엄(成揜, 성석인의 아들), 판중추원사 성억(成抑, 성엄의 아우), 경기관찰사 성개(成槪, 성석용의 아들), 지중추원사 성염조(成念祖, 성엄의 아들), 우의정 성봉조(成奉祖, 성염조의 아우), 영의정 조석문(曹錫文), 의정부 좌참찬 성임(成任, 성염조의 아들), 집현전 수찬 성간(成侃, 성임의 아우), 예조참판 조효문(曹孝門, 조석문의 당숙), 형조판서 성건(成健, 성엄의 손자), 영의정 성준(成俊, 성엄의 손자), 예조판서 성현(成俔, 성간의 아우), 영의정 성희안(成希顔, 성찬의 아들), 공조정랑 성담년(成聃年, 성개의 손자), 이조참판 성몽정(成夢井, 성담년의 아들), 병조판서 성운(成雲, 성개의 증손자), 개성부 유수 성세정(成世貞), 이조참판 성세순(成世純, 성세정의 아우), 성균관 사성 장계이(張繼弛), 정승 成世昌(성현의 아들), 지평 成守琛(성세순의 아들), 좌의정 성혼(成渾, 성수침의 아들), 이조판서 성윤(成倫, 성세정의 아들), 우찬성 이장곤(李長坤), 승지 성안의(成安義), 진주판관 성수경(成守慶), 합천 임시수령 손인갑(孫仁甲) 등이 수록되어있다. 따라서 인물조와 우거조에 등재된 인물들 거의 대부분이 창녕성씨 인물들로 수록되어 있어 매우 주목된다. 마치 창녕성씨 가계도를 보는 것 같다. 이들 창녕성씨 대부분은 중앙과 지방에서 높은 벼슬을 함으로써 창녕지역에서의 창녕성씨의 영향력과 아울러 창녕성씨 가문이 名族으로 성장할 수 있었음을 알 수 있다.

한편 조선시대 창녕지역 효자들의 사례유형을 보면, 부모가 병이 들었을 때 단지(斷指)하여 소생한 경우, 부모가 호환(虎患), 화재, 도적 등의 위기에 처했을 때 생명의 위험을 무릅쓰고 부모를 구하거나 함께 죽은 경우, 얼음이 무너져 물속에 빠진 아버지를 구하고 자신은 익사한 경우, 임진왜란 때 왜적의 침입으로부터 부모를 구하려다 함께 해를 당한 경우, 부모 사후 3년간 여묘살이한 경우 등을 들 수 있다. 여기에서 임란 때의 효행 사례가 적지 않음으로써 임란 때의 창녕지역의 인명 피해를 엿볼 수 있다. 그리고 3대에 걸친 효자가 나온 장씨 집안이 주목된다. 장시행과 그의 아들 장익정 그리고 손자 장만 형제는 부모가 병에 걸렸을 때 모두 한결같이 단지효행을 하였고, 부모 사후에는 여묘살이를 했다. 장만 형제의 경우에는 도적이 그들 형제의 효성과 우애에 감동하기도 하였다. 그리고 빈소에 불이 났을 때 갑자기 바람이 불어 불을 끄는 기적이 나타나기도

하였다. 신분이 밝혀진 효자의 신분으로는 군수(郡守) 1명, 급제(及第) 1명, 성균진사(成均進士) 1명, 유학(幼學) 3명, 증사헌부지평(贈司憲府持平) 1명, 증공조좌랑(贈工曹佐郞) 1명, 증도사(贈都事) 2명, 사노(私奴) 1명이 있다. 효녀 1명은 만호(萬戶, 종4품 무관)의 딸이다.

포상내용으로는 정문(旌門) 또는 정려(旌閭)가 대부분이고 그 외에 의금부도사(義禁府都事) 추증(追贈), 공조좌랑(工曹佐郞) 추증(追贈), 사헌부지평(司憲府持平) 추증, 복호(復戶), 급복(給復) 등이 보인다.

한편 창녕지역의 열녀들의 사례를 정리해 보면, 도적으로부터 남편을 구하고 정조를 지키기 위하여 자결한 경우, 남편이 병사하자 합장되고자 목을 매어 따라죽은 경우, 남편이 물에 빠져죽자 남편의 시체를 껴안고 함께 죽은 경우, 남편이 죽은 후 재가하지 않고 수절한 경우, 임진왜란 때 절개를 지키려다 피살되거나 물에 빠져 자결한 경우 등이 있다. 여기에서 임진왜란 때의 열녀 사례가 가장 많이 보여 창녕지역 여성의 피해를 엿볼 수 있다. 신분이 밝혀진 열녀의 신분으로는 良女 2명, 幼學의 처 9명, 學生의 처 2명, 部將의 처 1명, 良人의 여 1명이 보여 幼學의 처가 가장 많은 비중을 차지함을 알 수 있다.

포상내용을 보면 열녀 모두가 정문, 정려의 포상을 받았음이 주목된다.

제4편

효자에 대한 사례연구

제10장

18세기 후반 경상도 거창군 효자 3형제의 여묘생활

– 김근추의『여묘일기』를 중심으로 –

머리말

주지하듯이 여묘란 부모상을 당하여 장례를 치른 후 분묘 옆에 여막을 짓고 상주가 탈상할 때까지 3년동안 분묘를 돌보는 일이다. 여묘가 우리나라에 처음 나타나는 때는 고려시대이며, 조선시대에는 국가의 정표정책(旌表政策)으로 지극한 효행의 한 형태로 삼년상과 여묘살이가 계속 행해져왔다.

효자 김근추(1747~1814)는 1781년(정조 5) 7월 16일에 부친상을 당하자 그해 10월 2일부터 1783년(정조 7) 8월 16일까지 시묘생활을 하면서 여묘일기[1]를 남겼다.

효자 김근추를 비롯한 효자 3형제에 대한 기록은『거창군사』[2] 에 간략하게 다음과 같이 나와있다.

---

1) 김근추의 여묘일기는 (사)나라얼 연구소 이사장이신 조원경 목사님이 소장하고 있는 일기자료이다. 37쪽의 상당히 많은 분량의 한문 필사본이다. 복사자료를 제공해 주신 조원경 목사님께 이 지면을 빌어 감사드린다.
2)『居昌郡史』, 거창군사편찬위원회, 1997, 148~149쪽, 917쪽 참조.

김근추는 아버지가 병이 나서 붕어회를 원하므로 냇가에 가서 울고 있으니 붕어가 튀어나와 드릴 수 있었고, 임종하려하자 3형제 김원추(金元樞), 극추(極樞), 근추(謹樞)가 손가락 피를 드려 보름을 연명하였다. 그러나 끝내 돌아가시자 3년을 시묘하며 슬퍼하니 그 골짜기를 시묘곡이라고 했다. 연교리 막터 앞 구도로에 삼효각(三孝閣)이 있다.

경주김씨 김원추, 극추 · 근추 3형제가 시묘하던 자리에 서재를 짓고 임실에서 옮겨 살면서 서잿골(서재곡)이라는 마을이 생겼다. 덕봉사(德峰祠)는 고려말 예의판서를 지내고 두문동에 들어간 수은(樹隱) 김충한(金冲漢)과 그 12대손 원추, 극추, 근추 세 효자를 제향하기 위하여 1909년에 세워진 것이다.

위의 자료에서 볼 때 김원추, 극추, 근추 3형제는 부친이 위중할 때 단지효행을 하여 15일간 수명을 연장시켰다. 김근추는 부친이 병이 들어 붕어회를 원하므로 냇가에 가서 붕어를 구해 드렸음을 알 수 있다. 그러나 결국 부친이 세상을 떠나자 3년간 시묘생활을 하였다. 그 후 정려가 내려져 삼효각이 마을 앞에 세워졌음을 알 수 있다. 1909년에는 고려 말 경주김씨 수은 김충한과 그 12대손 원추, 극추, 근추 세 효자를 제향하는 덕봉사가 또한 세워졌음을 알 수있다.

효자 김근추가 작성한 여묘일기는 당시 선비의 여막에서의 상중생활에 대하여 생생하게 소개하고 있어 소중한 자료로 평가된다. 즉 여막 생활에서의 여러 가지 어려움(병으로 인한 고통, 날씨변동으로 인한 불편 등), 봉제사(조석상식, 삭망치전 등), 접빈객, 농사일, 가뭄, 기근, 전염병 유행으로 가족과 친척들의 연이은 죽음, 친척들의 대소사 방문, 독서 등이 생생하게 서술되어있다.

효자에 대한 기존의 연구가 적지않게 이루어졌으나[3] 고문서를 활용한

---

3) 박 주,『조선시대의 정표정책』, 일조각, 1990.
　　　　,『조선시대의 효와 여성』, 국학자료원, 2000.

연구는 그다지 많지 않다.[4] 또한 효자의 시묘살이를 조명한 사례연구는 극히 드물다.[5] 이에 본고에서는 김근추가 작성한 여묘일기를 통하여 18세기 후반 경상도 거창군[6]에 살았던 효자 3형제의 여묘생활을 생생하게 조명하고자 한다.

1. 경주김씨 집안의 효자 3형제 — 김원추 · 김극추 · 김근추

『경주김씨수은공파세보(慶州金氏樹隱公派世譜)』[7]에 의하면 효자 3형제의 부친 김광호(金光灝:1720, 숙종 46년~1781, 정조 5년)는 수은 김충한)[8]의 11대손으로 자는 성장(聖章), 호는 격암(格庵)이다. 그는 재예(才

_____,『조선시대의 여성과 유교문화』, 국학자료원, 2008.
4) 박 주,「조선시대 12정려와 8정려에 대한 사례연구」,『사학연구』55 · 56 합집호, 1998.
　　임선빈,「충청도 대흥, 덕산, 예산지역의 효행 포장」,『조선시대 사회의 모습』, 집문당, 2003.
　　김 혁,「19세기 김채상 집안의 효자정려 취득과정」,『장서각』12, 한국정신문화연구원, 2004.
　　박 주,「18.19세기 동래부 영양천씨 집안의 효자정려 청원과정 — 석대천씨오대육효고문서를 중심으로」,『사학연구』85, 2007.
　　_____,「조선후기 밀양부 김녕김씨 집안의 충효각과 탁삼재에 대한 사례연구」,『대구사학』104, 2011 등.
5) 김경숙,「16세기 사대부가의 상제례와 여묘생활 — 이문건의『묵재일기』를 중심으로 —」,『국사관논총』97, 국사편찬위원회, 2001.
6)『국역 여지도서』39 경상도IX 거창도호부 건치연혁에 의하면, 거창은 본래 신라의 居烈郡이다. 경덕왕 때 지금의 이름인 居昌으로 고쳤다. 고려 현종 때 합천에 소속시키고, 명종 때 비로소 감무를 두었다. 조선 태종 때 거제현과 합쳐서 濟昌이라고 부르다가 뒤에 다시 갈라서 거창현으로 만들고, 규정에 따라 현감으로 고쳤다. 연산군 초기에 왕비의 고향이라는 이유로 군으로 승격시켰다.
7)『경주김씨수은공파세보』권1, 권2, 경주김씨수은공파세보편찬위원회, 景杜齋, 1991
8)『경주김씨수은공파세보』권2, 1~2쪽에 의하면 김충한의 자는 통경(通卿), 호는 수은(樹隱)이다. 관직은 봉익대부예의판서를 지냈다. 포은 정몽주, 목은 이색, 야은 길재,

藝)가 명민하여 경사와 시서에 관통하였다. 그리고 대학을 더욱 궁구히 하였다. 일찍이 孝悌慈 석자를 크게 써 가훈을 삼았다. 여섯 아들을 학문에 나아가도록 하며 가훈을 바꾸지말라 일렀다. 그는 두번 혼인하였는데 전부인은 밀양박씨(1721~1751)로 준달(俊達)의 딸이고, 후부인은 동래 정씨(1738~1815)이며 태성(泰聖)의 딸이다. 슬하에 모두 6남(원추元樞, 극추極樞, 근추謹樞, 건추建樞, 우추宇樞, 국추國樞)을 두었다.9)

여묘일기를 쓴 김근추(1747, 영조 23년~1814, 순조 14년)의 자는 눌향(訥鄕), 호는 사통재(思通齋)이다. 경주김씨수은공파 수은 김충한의 12대손이며 장사랑숭혜전참봉(將仕郎崇惠殿參奉) 벼슬을 지냈다. 그는 학문과 시예(詩禮)에 뜻을 두고 처사 김인정(金仁亭) 문하에 출입하여 학업을 더욱 정숙하였다. 성효를 독경히 하였으며 부친상에 시묘 3년을 하였다. 어사 도류(道柳)가 지례현에 왔을 때 안부를 묻고 예물을 표하였다. 사림이 지극한 행실을 상계하였으며 1892년(고종 29)에 형들과 같이 정려의 은전을 받았다. 志山 김복한(金福漢: 1860~1924)10)이 정려기를 찬

농은 민안부 ,도은 이숭인과 더불어 도의로 교유하니 六隱이라 칭했다. 조선이 건국되자 林先昧 등 70여명과 송경 만수산에 입산함에 후인이 杜門洞 72현이라 하였다. 태조가 여러차례 불렀으나 굴하지 않고 두류산(지리산) 서쪽으로 피적(被謫)하여 나무로 짖고 살아 남원군 송동면 杜谷의 이름이 이에 근원하였다. 임종에 유계하기를 장례를 박하게 하고 입석을 하지말라 하였다. 태종 원년에 이조판서를 증작하고 문민공(文敏公) 시호를 내렸으나 유훈을 받들어 자손들이 받지않았다. 영조 42년(1766)에 남원 두곡서원(杜谷書院)에 배향되고 순조 23년(1823)에 개성 표절사에 임선미(林先昧), 조의생(曺義生), 맹호성(孟好性), 성사재(成思齊), 박문수(朴門壽), 민안부(閔安富), 김충한(金沖漢) 등 7위를 배향하였다. 황희(黃喜)와 홍재(洪載)와 목은 이색이 畵像贊을 하였고 황보인(黃甫仁)은 봉안문을 지었다. 문숙공 성현(成俔)이 지은 행록과 판서 엄도(嚴璹)가 찬한 행장이 있으며 우찬성 이용원(李容元)이 찬하고 대제학 김학진(金鶴鎭)이 쓴 신도비가 있다. 유사(遺事)는 해동충의록(海東忠義錄)과 송경지(松京誌)와 송양기구전(松陽耆舊傳)에도 실려있다. 배우자는 김씨인데 성균관사성봉환(鳳還)의 딸이다. 3남1녀를 두었다.

9) 위의 책 권2, 271쪽 참조.
10) 『국조방목』에 의하면 본관은 안동이고 거주지는 홍주이다. 고종 29년(1892)에 임

하였다. 아내는 남평문씨(1749~1818)로 영삼의 딸이며 슬하에 1남 1녀를
두었다.11)

백형 김원추(1742, 영조 18년~1809, 순조 9년)의 자는 태경(泰卿)이다.
천성이 지극히 효도하여 9세에 모친상을 당하자 소식하고 애통하였다.
사람들이 육식을 권유하여도 끝내 듣지않고 성인과 같은 상주가 되었다.
부친의 병세가 위중하자 두동생과 같이 정성껏 하늘에 기도하였다. 또 손
가락을 깨물어 선혈을 입에 넣어드려 15일을 연명케하니 향리사람들이
三孝라 칭하였다. 유림에서 그의 효행을 천거하여 상계하니 고종 29년
(1892)에 정려의 은전이 내렸다. 성균사성 김복한이 정려기에 이르기를,
병이 났을 때 하늘에 기도함은 금루(黔婁)의 지극한 행실이요 울음으로
고기를 얻음은 왕상(王祥)의 빙리(氷鯉)로서 예나 지금이나 이같은 효행
은 드문 일이라고 하였다.12)

중형 김극추(1745, 영조 21년~1827, 순조 27년)의 자는 정경(正卿), 호
는 태암(泰庵)이다. 그는 효성이 지극하여 부친 병세가 위중할 때 형제와
더불어 번갈아 손가락을 깨물어 관혈(灌血)하였다. 향유(鄕儒)의 천거로
형과 아우가 정려의 은전이 내리고 그만이 포양되지않음을 사림에서 탄
식하여 삼효를 일컬어 봉향화케하였다.13)

김복한이 찬한 <경주김공삼효정려비음기(慶州金公三孝旌閭碑陰記)>
를 살펴보면

　　　故학생 원추와 극추 참봉 근추 백중계(伯仲季) 삼공은 드문 효자이
　　며 경주김씨이다. 7, 8세 아이 때부터 이미 아름다운 기질이 있어 어버

진 별시 병과 9위에 급제하였다. 벼슬은 세자익위사좌시직(世子翊衛司左侍直)을
하였으며 부친은 김봉진(金鳳鎭)이다.
11)『경주김씨수은공파세보』권2, 272~273쪽.
12) 위의 책 권2, 271~272쪽.
13) 위의 책 권2, 271~272쪽.

이를 섬기고 定省의 節을 알아 맛난 고기로 봉양하기를 그 정성을 지극히 다하였다. 이웃마을에서 그 효를 칭찬하였다. 성장해서는 더욱 돈독히 하여 부친이 병에 걸리자 형제는 주야로 마음을 졸이며 급히 서둘러 옷과 허리띠를 풀지 않고 곁을 떠나지 않았다. 또한 상분하여 병의 경중을 살폈다. 그리고 목욕하고 하늘에 빌기를 제몸이 대신하기를 청하였다. 마침 암행어사가 이웃읍에 도착하여 이 사실을 들었다. 그리하여 식물로서 보상하고 안부를 물었다. 하루는 아버지가 붕어를 생각하므로 시장에서 구하고자 했으나 얻지못했다. 이 때 장마를 만나 물이 넘쳤는데 냇가에서 호읍하니 물에서 여러 꼬리가 뛰어오르는 것이 보이므로 붕어를 잡아 드렸다. 이에 효험이 있었다. 한편 아버지의 병이 위독해지자 삼공이 일시에 손가락을 끊어 피를 드리니 보름을 수명연장시켰다. 상중에는 날마다 묘에서 곡하였다. 伯公은 빈소를 지키고 궤전(饋奠)을 올렸다. 仲季 이공은 여막에 있으면서 새벽과 저녁에 절하고 곡하였는데 비록 바람이 세게 불고 비가 많이 와도 한번도 그만두지 않았다. 죽을 마시며 기년에 이르렀는데 잠시도 최질을 풀지않았다. 복이 끝나자 묘아래에서 살다가 몸을 마쳤다. 듣는 자들이 슬퍼하고 탄식하지않음이 없었다. 관찰사 이문원(李文源)이 이 사실을 조정에 들리게 하여 季公에게 특별히 신라경순왕묘참봉을 제수하였다. 삼공이 죽은 후 사림이 일제히 현부에 호소하여 입계함에 미쳐 우리 태황제 임진(고종 29년)에 정려를 명하였다. (생략) 난형난제(難兄難弟)라 할 수 있다.(생략)[14]

라고 하여 삼형제의 효성을 극찬하였음을 알 수 있다. 그리고 관찰사 이문원이 3형제의 효행사실을 조정에 보고함으로써 특별히 효자 김근추에게 신라경순왕묘참봉(종9품)벼슬을 제수하였으며, 1892년(고종 29)에는 정려를 명하였음을 알 수 있다.

---

14) 위의 책 권1, 518~519쪽.

2. 김근추의 여묘생활

경상도 거창군 주상면 연교리 사도동의 경주김씨 3형제는 1781년 7월 16일 부친상을 당하자 3년상을 지내게 된다. 6형제중 셋째인 김근추는 산중에서 여막을 짓고 문중의 반대에도 아랑곳하지않고 여묘살이를 하였다. 그러면서 여묘일기를 남기게 된다. 신축년(1781년) 10월 초2일에 시작된 여묘일기는 계묘년(1783년) 8월 16일에 이르기까지 1년 11개월의 나날을 기록하고 있다. 여묘일기는 경주김씨 김근추 개인의 여묘생활을 적은 것이지만 당시의 기후, 농사, 가뭄, 기근, 전염병의 유행, 마을 사람들의 생활도 엿볼 수 있는 살아있는 역사인 것이다.

여묘일기의 주인공 김근추는 1747년(영조 23)에 태어나 1814년(순조 14) 9월 2일에 67세로 세상을 떠나 시묘곡(侍墓谷) 덕이봉(德伊峰)아래에 안장되었다.[15] 아버지는 광호(1720~1781)이고 어머니는 밀양박씨로 박준달의 딸이다. 생모 밀양박씨는 김근추가 4세 때 30세의 젊은나이에 일찍 세상을 떠났다. 그의 일기에는 백중형과 아들, 조카, 사촌형 등 가족친지들이 자주 등장한다.

일기에는 많은 사람들이 여묘생활을 하는 김근추를 조문하러온다. 백중형은 삭망제사때마다 여묘살이를 하는 동생을 방문하여 곡하고 전(奠)을 올리며 정을 나누었다. 몸이 약한 동생에게 해소(解素)할 것을 권유하였다. 감기, 천식, 기침, 설사, 치질, 편두통 등으로 신음하며 고통스러워하였음이 일기에 자주 나온다.

김근추는 여묘하면서 제사를 정성껏 지내고 빈객을 자주 접대하였다. 그는 조문온 사람들의 이름과 그들이 갖고 온 물건 등을 상세히 기록했다. 그 내용을 살펴보면 다음과 같다.

---

15) 위의 책 권2, 272~273쪽.

큰형님이 닭과 술을 가져오셨다.16) 서면(西面)에 사는 족숙(族叔)이 미역을 가지고 와 음식 만드는 것을 도와주었는데 지극히 슬펐다.17)

보름에 큰 형님, 작은 형님이 술, 과일, 말린 고기, 젓갈을 가지고 와 산소에서 전을 올리고 곡하였다.18)

마을에 사는 성성손(成聖孫)이 와 산소에서 술과 포를 가지고 전을 올렸다. 그 정성을 느낄만하다19)

신자(愼子)가 항상 와서 조문하였다. 그에게서 『의례문해(疑禮問解)』 1부를 빌렸다.20)

친척 백동헌(白東憲)이 소매 속에 곶감을 넣어 가지고 와서 위로하였다21)

오산(鰲山)에 사는 생원 최세귀(崔世貴)가 김치 한 항아리를 가지고 와서 맛을 도왔다. 송구하고 매우 감사하였다.22) 가조(加祚)에 사는 종형이 술과 두부를 가지고 와 산소에 전을 올렸다. 같은 날 오산에 사는 친척 김일(金鎰)이 왔다. 사돈 김성우(金聲佑)가 술과 과일을 가지고 오셔서 또 산소에 전을 올렸다. 이 두 분은 초종(初終)때 나를 절절하게 도와주어 감동을 받았다.23) 마을에 사는 이재영(李再英)이 김치와 초장(椒醬) 여러 항아리를 보내왔다. 그 정성이 보통이 아님을 느꼈다. 지천(知川)의 종형이 포를 보내왔으며 북면(北面)에 사는 종형은 땔나무를 보내왔다. 비로소 산속의 부엌에서 연기가 남을 보고 아이 얼굴에 기쁨이 넘쳤다.24)

큰 형님이 또 술, 떡, 생선, 과일을 넉넉히 갖추어 와서 산소에서 곡하였다.25) 큰형님, 작은 형님이 눈고개에 넘어지면서 와 산소에서 곡

---

16) 『여묘일기』 1781년 10월 2일.
17) 『여묘일기』 1781년 10월 10일.
18) 『여묘일기』 1781년 10월 15일.
19) 『여묘일기』 1781년 10월 16일.
20) 『여묘일기』 1781년 10월 18일.
21) 『여묘일기』 1781년 10월 28일.
22) 『여묘일기』 1781년 11월 5일.
23) 『여묘일기』 1781년 11월 10일.
24) 『여묘일기』 1781년 11월 28일.
25) 『여묘일기』 1781년 12월 1일.

하였다. 또한 낙엽을 가지고 와서 연돌(煙突)을 도왔다.[26] 숙인(叔人) 백동헌(白東憲)이 백맹손(白孟孫)과 함께 김치를 보내와 매우 감사했다.[27] 서울의 생원 김성윤(金聲胤)이 초 1자루와 원추리 하나를 보내왔다. 멀리서 보낸 부의가 진실로 지극하다.[28] 마을에 거주하는 척숙 이인덕(李寅德)이 김치와 초장 세 항아리를 가지고 왔다.[29] 생원 김성우(金聲佑)가 꿩과 술을 전올렸다. 그 다음날 이춘광(李春光)이 술과 떡을 가지고 왔다. 또 명일에 종질 문오(文五)가 김을 올렸다. 이종형 백생원(白生員)이 장 한 항아리를 보내왔다.[30] 도림(道林)에 사는 고모와 강양(江陽)에 사는 종형이 다 와서 조부의 기제사에 참석했다. 김과 미역을 보냈으니 우리 문중의 두터움을 알수 있어 슬픈 가운데 정을 느낄 수 있었다.[31] 아이를 데리고 산에 올라가 송진을 채취해서 올렸다.

거천촌(炬川村)의 신창운(愼昌雲)이 담배 한 봉지를 보냈다. 많은 것을 느꼈다.[32]

하촌(下村)의 종 태숙(太叔)이 와서 술과 두부, 녹두와 채소를 올렸다. 이들은 원수집 노속(奴屬)이다. 일을 행함이 이상하다. 진실로 마음속에 내키지 않았으나 물리칠 수 없었다.[33]

처사 권득중(權得中)이 와서 조문하고 인하여 머물면서 밤새도록 예에 대해 담소했다.[34] 마을 사람 성성손(成聖孫)과 이이석(李以石)이 모내기하면서 들밥 두 그릇을 보내왔다. 농부들의 두터운 풍속을 볼 수 있다.[35] 고제(高梯)에 우거하고 있는 오두원(吳斗元)이 와서 조문했다. 오두원은 삼봉(三峰)아래에서 여묘한 두삼(斗三)의 큰형님이시다.[36]

---

26)『여묘일기』 1781년 12월 14일.
27)『여묘일기』 1781년 12월 25일.
28)『여묘일기』 1782년 1월 6일.
29)『여묘일기』 1782년 1월 14일.
30)『여묘일기』 1782년 2월 10일.
31)『여묘일기』 1782년 3월 7일.
32)『여묘일기』 1782년 5월 28일.
33)『여묘일기』 1782년 12월 8일.
34)『여묘일기』 1782년 12월 14일.
35)『여묘일기』 1782년 3월 15일.
36)『여묘일기』 1783년 3월 4일.

이상에서 볼 때 조문 온 사람들로 종형, 친척 김일, 사돈 생원 김성우, 이춘광, 백동헌, 백맹손, 생원 최세귀, 이재영, 생원 김성윤, 척숙 이인덕, 종질 문오, 이종형 백생원, 신창운, 처사 권득중, 성성손, 이이석, 오두원, 종 태숙 등의 이름이 자세히 기록되어있다. 그리고 이들이 갖고 온 물건으로는 술, 과일, 떡, 미역, 김, 말린 고기, 젓갈, 곶감, 김치, 산초장, 꿩, 간장, 녹두, 채소, 생선, 땔나무, 담배 등이었음을 알 수 있다. 조문하러 온 사람들이 살고있는 마을 이름도 자세히 적혀있다. 서면, 오산, 가조, 지천, 북면, 서울, 도림, 강양, 거구촌, 하촌, 고제, 삼봉 등의 지명이 그것이다.

김근추는 여묘생활중에도 제수로 사용할 외, 미나리, 채소, 콩, 박 등을 산소 아래 빈땅에 심었음을 알 수 있다.[37] 화창한 날 이른 시기에 산소 아래 빈땅에 채소를 심었다. 남보다 먼저 심어 빨리 새것을 제사상에 올릴 계획이었던 것이다.[38] 아이로 하여금 남산 아래에 외를 심게하고, 여묘 앞 습지에는 미나리를 심게했다.[39] 콩과 표주박, 박, 외 등을 심었다.[40] 새로 심은 외가 익게 되자 곡을 하면서 산소에 올렸다. 또한 외와 표주박 등을 큰형집에도 심게했으며, 비온 뒤에는 새로운 양지에 남초(담배) 세 움큼을 심어서 대상(大祥)에 쓰려고 했다. 심어서 잘익은 새 외를 산소와 빈소에도 올렸음을 알 수 있다.

그리고 여가를 내어 틈틈이 예서와 주역에 관한 서적들 예컨대 『역학계몽(易學啓蒙)』, 『의례문해(疑禮問解)』 4책, 『속의례(續疑禮)』 등을 빌려 열람했음을 알 수 있다.[41] 아이들과 같이 여묘생활을 하면서 아이들에

---

37) 『여묘일기』 1782년 2월 26일, 3월 12일, 5월 24일.
38) 『여묘일기』 1782년 2월 26일.
39) 『여묘일기』 1782년 3월 12일.
40) 『여묘일기』 1782년 7월 15일, 1782년 5월 24일, 1783년 2월 15일, 1783년 6월 1일.
41) 『여묘일기』 1781년 10월 7일, 1781년 10월 18일, 1781년 11월 7일.
　　『여묘일기』 1781년 11월 14일, 1782년 3월 15일, 1782년 8월 26일.
　　『여묘일기』 1782년 9월 26일, 1782년 11월 28일 등.

게 시부(詩賦)를 짓게 하기도 하였다.

1782년 5월부터 1783년 7월까지 전염병의 유행과 기근으로 가족과 친척, 마을사람들이 죽어가는 모습을 기록하여 당시 가뭄[42]과 기근, 전염병 특히 천연두의 유행 등을 엿볼 수 있다.

가족과 친척들이 전염병에 걸려 연이어 병사자가 많았다. 어린아들 영돌(永乭) 동생, 사촌형수, 종형의 어린 딸, 조카 철추, 재종형제, 어린 여종 월심이가 천연두에 걸려 죽었음을 알 수 있다.

1782년 5월 17일 어린 아들 영돌이가 병이나 오랫동안 배가 자라배처럼 되었는데, 아내가 학질이라고 말하여 걱정이 되어 문중의 부형들에게 치료할 뜻을 전했다.[43] 그 다음해 5월 6일에 그는 아들 영돌이가 천연두에 걸려 죽었다는 소식을 듣고 크게 소리치며 곡하였다.[44] 1782년 5월 29일에는 며칠 전에 동생에게 전염병 증세가 나타났다고 하여 매우 걱정하였는데, 6월 15일에는 큰형님과 둘째 형님이 산소에 와서 곡을 하고 전을 올린 뒤 동생이 위중하다는 소식을 전하였다. 그는 동생한테 가서 청심환을 먹게 해서 겨우 소생케했으나 사망했다. 여막에 돌아오니 입술이 다 헐었다고 한다. 또 이어서 둘째 동생과 셋째 동생이 병으로 누웠다는 소리가 들렸다. 급기야는 노비들이 신음하는 소리가 들렸다. 백모님과 숙모님은 서산으로 전염병을 피해 우거했다고 한다.[45] 1782년 7월 26일에 종형이 전염병으로 아내를 잃었다는 소식을 듣고 슬픔을 다하지 못해 통곡

---

42) 『정조실록』권13, 정조 6년 5월 9일 을사조에는 "극심한 가뭄 때문에 次對를 앞당겼다", 『정조실록』 권13, 정조 6년 10월 28일 신묘조에는 "하례시 기근으로 고생하는 기호, 영남의 方物 物膳을 올리지말 것을 명하였다." 『정조실록』 권13, 정조 6년 11월 3일 병신조에는 "올해 농사형편은 五道와 兩都는 다행히도 큰 흉년을 면하였으나 경기, 호서, 영남은 재해를 입었다"라고 되어있다.

43) 『여묘일기』 1782년 5월 17일.

44) 『여묘일기』 1783년 5월 6일.

45) 『여묘일기』 1782년 5월 29일.

하였다. 여막에서 밤새도록 잠잘 수가 없었으며 백가지 생각이 다 들었다. 벌레소리까지 슬프게 들린다고 하였다. 월동(越洞)에서 종수(從嫂) 장례에 곡을 했다. 두 어린아이가 어머니를 부르면서 상여를 따라가는 것을 차마 볼 수가 없었다고 한다.46) 그는 여묘살이 한지 이제 1년이 지났는데 시묘살이를 다 마칠 수 없을 것 같다는 좌절에 빠진다.47)

　　4월 초하루 돌아와 빈소에 전을 올렸다. 인하여 가묘(家廟)의 일을 감독했다. 가묘짓는 일을 끝내지 못했는데 이웃집에 천연두가 침범해서 번민하고 탄식했다.48)조카에게 천연두가 침범했다고 들으니 특별히 걱정이 더하다.49) 5월 초하루 제사에 집안형님이 천연두에 걸려 제사에 참예하지 못했으니 대단히 통탄할 일이다.50))집에 천연두의 근심이 바야흐로 치열하였다. 산소 옆에서 곡읍하니 병으로 인해 일어날 수 없었다.51)
　　종형 가조(加祚)댁에서 여식이 요절했다고 한다. 이 또한 천연두 때문이다. 하루만에 어린 여종 월심(月心)을 천연두 때문에 잃었다. 후에 수일 지나 조카 철추가 천연두에 걸려 죽었다고 한다.52) 큰형님, 둘째 형님이 산소에서 곡하면서 나에게 일러 말하기를, "천연두 근심이 깨끗해졌으니 내일부터 빈소를 열자"고 했다.53) 재종형제가 아울러 요절하여 슬퍼했다는 말을 듣고 놀라움을 이기지 못하고 "우리 집에 천연두로 인해 어찌 이와 같은 액운이 계속 있을 수 있겠는가"라고 말하였다.54)

---

46) 『여묘일기』1782년 7월 26일.
47) 『여묘일기』1782년 7월 1일.
48) 『여묘일기』1783년 4월 1일.
49) 『여묘일기』 1783년 4월 15일.
50) 『여묘일기』1783년 5월 1일.
51) 『여묘일기』1783년 5월 16일.
52)『여묘일기』1783년 6월 6일.
53)『여묘일기』1783년 6월 14일.
54)『여묘일기』 1783년 7월 17일.

이상에서 볼 때 김근추는 부친상으로 여묘살이하면서 어린 아들 영돌의 죽음, 동생의 죽음. 종질부의 요절, 조카의 요절, 큰어머니의 죽음, 종형의 어린 딸 요절, 어린 여종 월심의 죽음, 재종형제의 요절 등 잇달은 가족친지들의 죽음을 경험하여 더욱 고통이 컸으며 주체할 수 없는 슬픔에 젖었다. 1782년 5월부터 1783년 7월까지 천연두가 유행하여 가족친지들이 적지않게 사망했음을 알 수 있다.

한편 그는 아버지 꿈을 자주 꾸었다. 꿈속에서 돌아가신 아버지를 만나 대화를 나누었다. 꿈을 꾸고 나서는 더욱 보고싶고 그리운 나머지 산소곁에서 곡을 하였으며 밤새도록 자지못했다.

꿈에 아버지를 보았다. 아름다운 장부 2명과 담소하며 교유하였다. 아름다운 장부는 아버지를 돌아보며 말하기를 "그대는 걱정이 없다" 하며 크게 칭찬을 두세번하고 가버렸다. 깨어나서 큰형님, 둘째형님에게 꿈얘기를 하니 모두 눈물을 머금고 사모하며 말하기를 "아버지께서는 저승에서 반드시 좋은 친구를 만나 기쁘게 노실 것이다" 하였다. 이날 나는 꿈을 꾸고나서 병이 나 신음하면서 밤을 새웠다.[55] 저녁에 갑자기 비가 내려 여막에 물이 스며들었다. 밤늦게까지 누워 잘 수가 없었다. 살짝 잠이 들었는데 꿈에 아버지를 만났다. 천둥소리에 놀랐다. 사모함을 이기지 못하여 소리를 높여서 울었다.[56]
밤에 꿈속에서 아버지를 만났는데 아버지가 말씀하시기를 "네가 어찌해서 소리를 내 울며 괴로워하는가?" 놀라서 일어나 문을 열고 나가니 동방이 이미 밝았다. 거꾸러지고 엎어지면서 산소에 올라가 소리쳐 울고함이 일상보다 배가 되었다.[57] 이날 밤에 꿈속에서 아버지를 보았는데 가사를 처리하라고 명했다. 깨어나 놀라고 울음을 이기지 못했다. 넘어지면서 집에 돌아가 어머니께 꿈을 고했다. 과연 꿈속에서 명한 것이 딱 맞았다. 이에 상세하게 일처리하고 곡읍하고 여묘

55) 『여묘일기』 1781년 11월 16일.
56) 『여묘일기』 1782년 1월 30일.
57) 『여묘일기』 1783년 1월 27일.

로 돌아와 혼령이 훈계한 것을 외우고 읊으니 완연히 살아있을 때와
같았다. 전전긍긍해서 밤새도록 자지못했다.58) 이날 밤에 꿈속에서
아버지를 만났는데 아버지가 말씀하시기를 "내가 북국에 가서 반역자
를 목베고 돌아왔다"고 하였다. 또 천연두 근심에 대하여 물으셨다. 내
가 대답하여 말하기를 "지난번에 어린 손자가 요절했습니다." 하니 아
버지가 슬퍼하고 탄식하였다. 나는 깨어나 사모하는 감정을 이기지
못해 목메어 울었다.59)

　김근추는 고을 유생들이 3형제의 이름을 관청에 장정(章程)을 올리고
또 순영(巡營)에 소(訴)를 올렸다는 소식을 듣고 손가락을 자르고 여묘함
이 진실로 자식으로서 일상적인 일인데, 지금 이때에 효자를 표창하는 천
거를 하였으니 지극히 황송하고 부끄러운 처사이다. 죄인이 산중에 칩거
해있어 나다니지 못하는 까닭으로 사림들이 올린 장계를 진실로 막지 못
하였다. 집안어른들에게 장계를 저지해달라고 하였다.60)
　한편 여묘생활중에도 나라일에 대해 관심을 가지고 기뻐하고 걱정하
는 기록이 보여 주목된다.
　1782년 12월 15일에는 나라에 왕자가 책봉됨을 들으니 큰 경사라고 하
였다.61) 그해 9월 7일에 궁인 成氏가 문효세자를 탄생하여 나라의 경사가
있었으며, 12월 2일에는 임금이 원자의 호칭을 정하는 고유제를 태묘에서
거행하였던 것이다.62) 또한 역적을 목베었다는 윤음을 듣고 북산에 올라
가 이마를 조아리고 바라보면서 하례했다고 하였다.63) 천지간이 흉할 때

---

58) 『여묘일기』 1783년 4월 27일.
59) 『여묘일기』 1783년 5월 19일.
60) 『여묘일기』 1782년 3월 9일.
61) 『여묘일기』 1782년 12월 15일.
62) 『정조실록』 권14, 정조 6년 9월 7일(신축), 12월 2일(갑자).
63) 『여묘일기』 1783년 1월 24일.
　『정조실록』 권15, 정조 7년 1월 15일(정미)에 "역적토벌에 대한 하례를 받고 사면
령을 반포하였다. (생략) 역적 홍국영이 지극히 요망하고 지극히 참람한 꾀를 부렸

백성들을 구휼하라는 윤음이 반포되었음을 들었다. 일반백성들이 모두 성
덕을 칭송했다고 한다.64) 꿈속에서 선대왕을 여소(廬所)에서 만났으며 어
제(御製) 2句를 받들었다고 하였다. 내가 초야에 칩거하고 있는 죄인으로
꿈에 성상을 만나 뵈오니 황송하며 또한 어제를 받들어 더욱 심상치 않다.
감히 여기에 기록하여 종신토록 외우고 읊어 도움을 얻으리라 하였다.65)

한편 여막생활의 어려움과 병으로 인한 고통을 여러번 토로하고 있다.
먼저 1781년 10월 초2일부터 12월 29일까지의 여막생활의 어려움을
보면

> 1781년 11월 26일 눈이 내렸다. 솥이 얼어 깨졌다. 산골의 물이 얼
> 어 물 긷는 것도 막히고 땔나무하러 다니는 길도 눈이 내려 막혔다. 얼
> 고 굶주림이 걱정되어 아이를 집으로 돌려보냈다.66) 며칠 후 설사병
> 으로 고통스럽다.67) 1781년 12월 12일 진눈깨비가 내리다가 밤에 비
> 가 되어 많이 내렸다. 빗물이 여막안으로 모여 갑자기 방바닥이 물위
> 에 뜨게 되었다. 백가지 병이 서로 침입하여 늦은 밤에는 숨이 차서 고
> 통스럽고 또 비가 내려 슬퍼 부르짖었다. 음식을 끊고 오직 빨리 죽기
> 를 원할 뿐이다.68) 구름 안개 비 눈의 날씨가 어제와 같다. 아이를 불
> 러 죽을 끓였다. 눈맞은 땔나무와 물이 고인 부엌에서 죽을 끓였는데
> 밥이 되었다. 억지로 물과 같이 먹고 겨우 보존했다. 아이를 돌아보며
> 말하기를, "3년동안 죽을 먹는 사람은 효성이 지극하다고 말할 수 있
> 다" 나는 장례전에는 된죽을 먹고, 장례후에는 소식(疏食)하여 병이
> 났다. 또 이와 같이 하니 마음이 매우 슬펐다. 69)

다. 임금을 추대한 큰 공을 스스로 탐하여 오래도록 매우 엄한 侍衛의 자리에 있었
고, 끝없는 욕심을 한없이 부리며 세력을 믿고 권력을 마음대로 휘둘렀다. 중전까
지 죽이려 역모하였다. (생략)" 라고 되어있다.

64) 『여묘일기』 1783년 2월 1일.
65) 『여묘일기』 1783년 3월 29일.
66) 『여묘일기』 1781년 11월 26일.
67) 『여묘일기』 1781년11월 30일.
68) 『여묘일기』 1781년 12월 12일.

1781년 12월 15일 병을 무릅쓰고 눈을 밟고 돌아와 곡을 하고 보름
제사를 올렸다. 큰형님, 작은형님이 동생인 나를 부축하여 겨우 여소
(廬所)로 돌아왔다. 밤늦게까지 병으로 신음했다.[70]

라고 하여 눈과 추위로 솥이 얼어 깨지고 산골의 물이 얼어 물긷는 것도
어려웠을 뿐만아니라 땔나무하러 다니는 길도 막히는 당시의 겨울 여막
생활의 어려움을 생생하게 느낄 수 있다. 추위속에서 죽과 소식으로 건강
이 쇠약해져 설사와 천식으로 밤늦게까지 신음하였다. 그런 가운데 큰형
님, 작은 형님의 도움을 받아 곡을 하고 삭망제사를 지냈다.

1782년 1월 1일부터 12월 29일까지의 여막생활의 어려움과 병으로 인
한 고통을 살펴보면

1782년 1월 초2일 종질부의 죽음으로 종질부 빈렴(殯斂)을 의논하
여 5일장과 모든 절차를 의논하고 산으로 돌아와 산소에서 곡하였다.
고달픔으로 인하여 병이 나서 밤새도록 신음했다.[71] 1782년 1월 15일
돌아와 빈소에 전을 올렸다. 저녁에 아이가 고하기를 달이 떴다고 하
였다. 달이 높이 뜬다는 것은 풍년조짐으로 다행이라고 말하였다. 산
소에서 봄을 맞이하니 백가지 느낌이 서로 모였다. 혹한으로 거듭 숙
병이 서로 침범한 까닭에 책을 펴보는 공부를 하지못함을 반성하였
다. 하루종일 신음하면서 겨우 지냈다. 아침저녁으로 호곡할 뿐이
다.[72] 새벽에 천둥과 번개가 치고 소나기가 내리고 진눈깨비가 내렸
다. 이에 감기가 들었다.[73] 혹독한 추위를 느꼈다. 거적을 덮고 고통스
러워 신음을 하였다. 어린 아들이 옆에 있으면서 눈물을 흘렸다. 나는
땀을 내고 억지로 일어났다. 여묘뒤에서 새벽과 저녁에 곡하며 움직

---

69) 『여묘일기』 1781년 12월 13일.
70) 『여묘일기』 1781년 12월 15일.
71) 『여묘일기』 1782년 1월 2일.
72) 『여묘일기』 1782년 1월 15일.
73) 『여묘일기』 1782년 2월 1일.

었다. 문득 소리를 내지않고 눈물만 흘리며 울었다. 나를 따라서 온 아이가 혹 동상에 걸릴까봐 걱정이 되었다.[74)

내가 평소에 봄을 좋아했는데 몸이 찌르는 것 같이 아픈 것이 이미 여러 날이 되었다. 괴로움이 심했다.[75)] 슬퍼하고 칩거해서 기침하고 병들어 봄이라는 계절이 지나가는 것을 알지못해 울음이 그치지 않았다.[76)] 큰비가 내렸다. 여막에 빗물이 스며들어 무수히 물이 벽으로 스며들었다. 습기가 몸에 닿아서 병이 났다. 설사가 종일 나서 괴로움이 극심했다.[77)]

설사가 점점 심해져 제사에 참여못했다. 해가 중천에 떴을 때 억지로 병을 부지하면서 집에 돌아가서 곡을 하니 여러 부형 친척들이 모두 해소하기를 권했다. 형제들이 나를 부축하여 여막으로 돌아왔다.[78)] 저녁에 소나기가 내렸다. 나는 오래묵은 치질을 조심하였다.

지난 해 7월 2일 후에 홀연히 나았다가 지금에 와서 다시 발병하여 아픔이 대단했다.[79)]

여막에 할충(나무굼벵이벌레)이 생겨 사람을 깨문지가 오래 되었다. 그 고통을 다할 수가 없었다. 큰형님, 둘째 형님과 종형이 듣고 걱정하면서 몸소 진흙을 가지고 벽에 발랐다.[80)]

오늘은 말복이다. 큰비가 내려 여막에 물이 샜다. 빗물이 방에 가득 찼다. 자리를 말아가지고 지붕을 덮어 물속에 잠기는 것을 겨우 면했다.[81)] 병으로 추워서 몸이 오므라들었다.

밤새도록 매우 고통스러웠다. 어린 아들이 울면서 백비탕(白沸湯)을 올렸는데 나는 땀을 내려고 노력했다.[82)] 편두통이 있어 종일 고통스러웠다. 병이 죽을정도로 심했다. 울면서 번민함을 어찌 다하랴[83)]

---

74) 『여묘일기』 1782년 2월 6일.
75) 『여묘일기』 1782년 3월 1일.
76) 『여묘일기』 1782년 3월 29일.
77) 『여묘일기』 1782년 4월 13일.
78) 『여묘일기』 1782년 4월 15일.
79) 『여묘일기』 1782년 5월 21일.
80) 『여묘일기』 1782년 6월 3일.
81) 『여묘일기』 1782년 7월 5일.
82) 『여묘일기』 1782년 9월 25일.

큰바람이 불고 비가 뿌렸다. 여막의 지붕이 다 말려올라갔다.

별과 달이 집에서 보이니 매우 놀라워 탄식했다.[84) 큰바람이 불고 눈이 내렸다. 지붕이 말려 올라갔다. 상주가 쓰는 삿갓과 제사지내는 자리가 날아갔다. 부엌이 얼고 땔나무가 떨어졌다. 눈속에서 오르고 내리며 곡읍을 거두지 않았을 뿐이다.[85)

문중의 부형들이 밥을 가지고 왔고 큰형님, 작은 형님은 땔나무를 지고 눈내리는 고개를 넘어왔다. 궁한 산에 죄인이 칩거함이 여기에 이르렀으니 부형의 수고가 진실로 심하여 민망하여 눈물이 났다.[86) 큰비가 내렸다. 골짜기에서 물이 흘러내리는 사태가 나 여막이 갑자기 무너졌다. 불을 땔 땔나무가 없었다. 천식병이 있는 사람이 굶주려 죽더라도 애석할 것이 없다. 다만 산소에 상식을 올려야 하는데 혼자 어찌하리오. 바위 아래에 솥을 걸고 소나무위에 막을 설치하고 여막을 부수어 불을 때서 밥을 했다. 막을 설치해 상식을 올리고 밤새도록 비를 무릅쓰고 앉아서 기침하면서 울었다.[87) 눈이 내렸다. 천식이 심해서 차마 세모(歲暮)를 볼 수 없다. 슬프게 울어서 오랜 병이 골수에 들어온 것을 느끼지 못했다.[88)

위에서 볼 때 산골의 혹독한 겨울추위와 폭설, 진눈깨비, 그리고 여름의 장마비, 잦은 소나기, 세찬 바람, 할충벌레, 습기 등은 여막생활에 크나큰 불편을 가져왔다. 큰비가 내릴 때마다 여막에 빗물이 가득했다. 바람이 세게 불때는 여막의 지붕이 다 말려올라가고 상주가 쓰는 삿갓과 제사지내는 자리까지 날아갔던 것이다. 혹한으로 부엌의 물이 얼고 땔나무가 떨어졌을 때는 문중사람들이 밥을 가지고 오고 큰형님과 작은 형님이 눈덮인 고개를 넘어 땔나무를 지고 왔다. 이러한 악조건 환경의 여막속에서

---

83) 『여묘일기』 1782년 12월 10일.
84) 『여묘일기』 1782년 10월 3일.
85) 『여묘일기』 1782년 12월 14일.
86) 『여묘일기』 1782년 12월 18일.
87) 『여묘일기』 1783년 5월 18일.
88) 『여묘일기』 1782년 12월 29일.

지병인 천식과 치질에다가 감기, 기침, 설사, 편두통으로 자주 신음하였던 것이다. 설사가 심해져 제사참여를 못한 적도 있었다. 이에 큰형님, 작은 형님과 집안어른들은 해소(解素)할 것을 자주 권하였다.

1783년 1월 1일부터 8월 16일까지의 여막생활을 보면

천식이 든지 1년이 되었다. 새해 첫날에도 슬프게 울며 날을 지냈다. 종일 병으로 신음하면서 조객(弔客)을 맞이하였다.[89]

냉돌(冷突)이라 차워서 병을 돌보지 못해 하혈하였다. 마음이 절실히 걱정되고 염려스럽다.[90] 비가 왔다. 더운데도 불구하고 병든 몸으로 조석으로 산소에서 곡하고 절뚝거리며 걸었다. 정신이 혼미했다. 계단에 오를려고해도 오르지 못했다. 인하여 엎드려 섬돌아래에서 곡을 했다. 또한 일어나지 못했다.[91]

저녁에 소나기가 내렸다. 병을 부여안고 돌아와 곡을 했다. 농부들이 벼농사 김매면서 다투어 나에게 조문했다. 여러 부형들이 나의 병 상태를 보고 억지로 해소를 권했다. 내가 울며 말하기를 "그런 말 하지 마십시요." 진실로 완고하게 천식으로 있는 것이 오히려 한이 되고 또 실같은 명을 보존하고 있으니 어찌 바라리오. 곧 넘어지면서 여묘로 돌아왔다.[92] 병을 부지하면서 왕래하니까 남은 천식이 죽음을 드리워 조석으로 산소에 곡하는데 소리가 나지 않았다.[93] 큰형님과 작은 형님이 산소에서 곡을 하고 여막에 내려와 나의 얼굴이 상한 것을 보고 손을 잡고 울면서 말하기를 "네가 고집이 매우 세니 내가 어찌 빈말을 했겠는가?" 하고 다만 꾸짖고 돌아갔다. 이날 저녁 땅거미가 질 때 병을 안고 산소에 올라가 오랫동안 정신없이 우니까 한 노인이 있었는데 산꼭대기에서 내려와 산소 옆의 토지신단(土地神壇)에 앉았다.[94]

---

89) 『여묘일기』 1783년 1월 2일.
90) 『여묘일기』 1783년 1월 21일.
91) 『여묘일기』 1783년 6월 11일.
92) 『여묘일기』 1783년 6월 12일.
93) 『여묘일기』 1783년 6월 15일.
94) 『여묘일기』 1783년 6월 17일.

오늘은 입추 겸 말복이다. 큰비가 내렸다. 설사를 했다. 골짜기에
슬프게 칩거해있는데 갑자기 사방이 무너졌다. 탈상전에 죽지않기를
간절히 원했다.[95]

라고 하여 천식으로 새해 첫날부터 신음하고 울며 지냈음을 알 수 있다.
병든 몸으로 조석으로 산소에서 곡하고 제사를 지냈는데, 계단을 오르지
못할 정도로 건강이 악화되자 여러 부형들이 여묘살이를 그만둘 것을 적
극 권했다. 그러나 김근추는 완고하게 거절하였다.

한편 가뭄이 심하여 기우제를 지낸 일,[96] 지진이 일어난 일, 무지개가
뜬 일 등이 기록되어있어 주목된다.

1781년 12월 1일 새벽에 지진이 일어났다. 초저녁에 다시 지진이
일어났다. 돌아가 곡하고 초하루 제사를 지냈다.[97] 1782년 5월 초하
루 빈소에서 곡하고 전을 올렸다. 이때에 가뭄이 심해서 걱정되었
다.[98] 5월 15일 비가 내릴려 하다가 그치고 맑았다. 이때 가뭄이 심해
서 온 들이 갈라졌다. 보리가 다 말라서 모내기가 다소 늦어진다고 들
었다. 하지 때 모내기를 기대했는데 하지가 5일이나 지났다. 매우 걱
정되었다.[99] 5월 24일 관청에서 주관하여 삼봉(三峰)에서 기우제를
지냈다. 곧바로 비가 내렸는데 그치지 않아 모내기를 할 만큼 비가 내

---

95) 『여묘일기』 1783년 7월 11일.
96) 『정조실록』을 보면 정조 6년(1782)에 가뭄이 매우 극심하여 기우제를 여러차례 지
낸 기사가 보인다.
　　임금이 친히 비를 빌기위해 명정전에 나아가 남단 기우제의 축문에 친압하기도 하
였고, 비가 내리지 않자 減膳하고 求言하는 윤음을 내렸다. 諸道의 旱災가 매우 극
심하여 民情이 황급한 상황이라 하였다.
　　『정조실록』권13, 정조 6년 5월 9일(을사), 5월 10일(병오), 5월 11일(정미), 5월 17
일(계축), 5월 20일(병진), 5월 22일(무오), 5월 23일(기미), 5월 28일(갑자), 6월 3일
(무진), 6월 4일 (기사) 등에 기우제를 지낸 기사가 보인다.
97) 『여묘일기』 1781년 12월 1일.
98) 『여묘일기』 1782년 5월 1일.
99) 『여묘일기』 1782년 5월 15일.

렸다고 한다.[100] 가뭄 후에 비가 조금 내렸다. 그러나 흡족하지 못한 고로 모곡(毛谷)의 사람들이 와서 보(洑)의 물을 텄다고 하였다.[101] 11월 16일에 안개가 산 여막에 끼었다. 안개가 걷히고 밝으면서 무지개가 하늘에 보여 기이했다. 하늘의 재앙이다. 황급히 걱정됨이 평상보다 심했다.[102]

한편 1783년에는 마을에 흉년이 들고[103] 쌀값이 올라 굶어죽는 자가 많아지자 김근추는 큰형님, 작은 형님과 함께 여소에 저축했던 쌀을 가지고 굶주린 사람들에게 죽을 끓여 먹였다는 기사가 보인다.

1783년 정월 15일 오늘은 대설이다. 곡을 하며 제사를 드리고 돌아와 눈을 밟으니 한기가 느껴졌다. 종일 아파서 매우 괴롭고 고민스러웠다. 시장에서 현금 1貫(꿰미)[104]에 쌀 2말이어서 마을 사람들이 굶주린 기색이 있다고 들으니 놀랍고 근심이 깊어졌다.[105]

3월 25일에 큰형님, 둘째 형님이 와서 산소에서 곡을 하였다. 그리고 슬픈 얼굴빛을 하면서 말하기를, "마을에 쌀이 떨어져 부황(浮黃)에 걸려 죽음에 임박한자가 10여 명이라 했다. 우리 형제가 1곡(斛)의 빚을 얻어서 진제(賑濟)할 수 있는데, 상중에 곡식이 다 떨어져 아프고 걱정됨을 어찌하겠는가" 내가 듣고 놀람을 이기지 못하고 탄식하며 말하기를, "우리집에 혹 보리익을 때 올리는 쌀이 있지 않은가. 여묘 이후에 오히려 아내의 얼굴을 대면하지 못해서 바야흐로 도모할 방법이 없습니다. 그러나 다행히 내가 말하여 급히 빌려 배고픔을 도울수

---

100) 『여묘일기』 1782년 5월 24일.
101) 『여묘일기』 1782년 5월 26일.
102) 『여묘일기』 1782년 11월 16일.
103) 『정조실록』 권15, 정조 7년 1월 18일(경술)에 의하면 정조는 영남 도백에게 진휼을 잘 실행하도록 유시하였다. "영남의 농사는 재작년에 크게 흉년이 들었고 작년에 또 흉년이 들었다.(생략)"라고 되어있다.
104) 돈 1 꿰미란 10냥에 해당한다.(정해은, 「조선후기 여성의 빈곤과 가족해체양상」, 『제5회 여성주의 인문학 연합학술대회』, 38쪽, 2014 인용)
105) 『여묘일기』 1783년 1월 15일.

있다면 마땅히 내가 가야합니다." 형이 말하기를, "너의 부인이 여막에서 양식을 잇는것도 넉넉하지 못하여 한이 되거늘, 하물며 저축한 남은 쌀이 있겠는가?" 하고 형이 시험삼아 말을 하고 돌아갔다.106) 그 다음날 해뜰 때 산소에서 곡하고 여소에 저축했던 세 말의 쌀을 가지고 돌아와 먼저 죽을 끓여 먹일 계획을 세웠는데, 큰형님과 둘째 형님이 또 몇 말의 콩을 가져와 도왔다. 이에 솥에 죽을 끓여가지고 마을의 부황자 15명을 불러 배부르게 먹이고 죽을 나누어 주었다. 가까운 마을과 길가, 구렁에서 죽은 자에게 제사를 지냈다. 풍문을 듣고 온 사람들에게 옹기에 있는 것을 쏟았는데 오히려 부족하였다. 큰형님, 둘째 형님을 돌아보면서 말하기를, "베풀어주는 것이 자못 귀하나 부자 못된 것을 한스러워하지 마십시오. 만약 수백곡(數百斛)의 곡식을 얻는다면 가히 한 지역에서 굶주리는 자들에게 또 베풀 것입니다. 부자가 되지 못함을 한스러하지 마십시오" 라고 하였다. 해가 떨어지자 여묘에 돌아왔다.107)

한편 先祖 때부터 斷指 효행을 계속한 효자의 가문임을 알 수 있다.

1781년 12월 초5일에 큰어머님이 老病으로 편찮으시다는 소식을 듣고 놀랍고 염려스러웠다. 12월 17일에는 큰어머니의 병이 다시 재발했다고 들었다. 종질 文五의 아내가 産病이라고 하니 놀랍고 염려스럽다.108) 닭이 처음 울었을 때 산소에 올라가서 곡을 했다. 집에 돌아와 큰어머님의 병환을 물었다. 병세가 점점 깊어져 임종이 가까웠다. 종형이 통곡하며 나가 돌로 무명지를 찢어서 피를 입에 넣어드렸다. 나는 소매에서 생강 하나를 갈아서 아이편으로 보냈다. 아울러 피를 입에 대니 잠깐있다가 소생하셨다. 하늘이 효성에 감동한 것이다. 나는 좌우 부형들에게 말하기를, "종형의 혈지가 아니었으면 곧바로 지상의 염려에 이르렀을 것입니다. 무릇 菽水의 奉과 定省의 禮는 성품

---

106) 『여묘일기』 1783년 3월 25일.
107) 『여묘일기』 1783년 3월 26일.
108) 『여묘일기』 1781년 12월 17일.

이 지극하고 하늘에 근본하는 것이니 성효가 일찍 나타난 것입니다. 지금 이처럼 행하는 것이 하늘에 감동이 없었겠습니까? 우리 문중을 멸하게 하지 않는구나!"

증조(金益新)는 경전에 밝고 순수한 효성이 京鄕에 소문이 나있었다. 돌아가신 조부(金壽聃)는 효로서 소문이 나 주재관이 안부를 물었다. 돌아가신 부친(金光灝)은 늙어서 어버이를 사모하고 후손들에게 훈계를 내렸다. 재종조는 임종할 때 족숙이 손가락을 끊어서 반나절동안 수명을 연장시켰다. 작은 아버지는 임종할 때 종형이 손가락을 베어 하루를 소생케 했다. 이와 같이 종형의 효가 모두 선조로부터 유래되어왔다. 오늘의 일이 어찌 우연이겠는가. 부형들이 모두 "그렇다" 하고 승낙하였다. 저녁이 되어 산으로 돌아와 산소에 곡하고 고하였다.109)

돌아가신 아버지와 제비에 얽힌 일화도 보여 주목된다.

1782년 5월 5일 그는 저녁이 되어 산소에서 곡을 하는데, 제비 세 마리가 무덤위에 있었다. 그 우는 소리가 호소하는 듯 하였다. 황홀한 가운데 문득 깨달음이 있었다. 작년에 초당의 제비집에 있던 그 제비였던 것이다. 하루는 제비가 새끼 네 마리를 낳았는데 그 가운데 새끼 세 마리가 뱀에게 잡혀먹혔다. 이 때 아버지가 병상에 누워 계시면서 이 제비들을 보았다. 새끼의 슬픈 운명을 보고 뱀을 쫓아버리고 남은 새끼 한 마리를 거두어서 침상가에 두었다. 그리고 파리를 잡아서 먹여 기르니 털과 깃이 났다. 시렁위에 출입하였는데 가을이 되어 장차 새끼가 떠날 때가 되자, 암수제비와 새끼제비 모두 세 마리의 제비가 날개짓하며 돌아갔다. 은혜에 감사하듯 춤을 추며 날아갔다. 지금 여기 아버지를 쫓아와 산소 아래에 집을 지었는데, 과연 그때의 제비 세 마리가 아닌가. 가히 새들도 이와 같구나! 제비를 보니 감동하여 나도 모르게 눈물이 났다고 하였다.110)

---

109) 『여묘일기』 1781년 12월 20일.
110) 『여묘일기』 1782년 5월 5일.

요컨대 아버지가 병상에 있을 때 구해준 제비 새끼 한 마리와 암수제비
가 아버지 산소에 찾아왔다하여 그 은혜에 감동하였던 것이다.

한편 집에 송아지 한 마리가 있었는데 밤에 맹호가 탈취해갔다는 말을
듣고 상가에서 송아지를 잃었음은 탄식할 만하다 하였다.[111] 이 때 호랑
이의 피해가 매우 컸음을 엿볼 수 있다. 호랑이가 산소 근처에 나타난 기
사도 보인다.

새벽에 산소에 올라가니 큰 호랑이가 산소 둘레에 머무른 자취가
있었다. 여막으로 내려오니 호랑이가 여묘를 돌았던 자취가 무수히
많았다. 여막에 머무른 이후로 여우와 토끼 한 마리도 보지 못했는데
오늘 여기 호랑이 자취가 있으니 극도로 비상하다고 하였다.[112]

대상을 치르면서 가묘를 세우고 재실도 지을 계획을 세우며 기뻐하였
음을 알 수 있다.

1783년 6월 24일 그는 병으로 신음하며 돌아가 가묘 담장과 벽을
짓는 일을 감독했다.[113] 그는 빈소에 돌아와 전을 올리고 탈상의 여러
범절에 대해 의논하고 곧 여묘로 돌아갔다.[114] 밤에 큰형님, 둘째 형
님과 함께 지난해 이날 밤의 소상(小祥)에 대해 말하면서 서로 목놓아
울었다.[115] 돌아가서 사당 가운데 탁자 일을 감독했다.[116] 1783년 7
월 16일 대상을 행하고 빈소를 거두었다.[117] 3일 후 문중의 부형 및 인
척손님들이 와서 말하기를, "몸이 약한 사람이 3년동안 산소에 머물면

---

111) 『여묘일기』 1782년 10월 8일.
112) 『여묘일기』 1783년 3월 11일.
113) 『여묘일기』 1783년 6월 24일.
114) 『여묘일기』 1783년 7월 1일.
115) 『여묘일기』 1783년 7월 2일.
116) 『여묘일기』 1783년 7월 7일.
117) 『여묘일기』 1783년 7월 16일.

서 산소를 지키며 슬퍼하였는데, 소위 죽지않은 것은 정성을 돈독히 한 때문이다."하였다.118) 문중의 부형이 여막 거둘 것을 청했으나 나는 죽을 때까지 지키고 살필 계획을 세웠다.119) 여막의 주방에 돌연히 빗물이 새고 기둥이 부러져 이에 크게 놀라 산소에서 곡하며 말하기를, "하늘이 비를 내려 여막을 무너뜨리니 진실로 불효가 되었읍니다. 담제(禫祭) 전에도 묘를 지키려는 뜻 과연 어찌해야겠읍니까?" 문중의 부형들이 듣고 말하기를, "상제에 기한이 있는데 대상 후에 여묘가 무너졌으니 이 또한 우연이 아니다. 이는 진실로 하늘이 시키는 바이다. 이에 너는 임무를 마쳤으니 이제 돌아가자" 하였다. 한걸음에 다섯 번 돌아오며 애호하니 눈물을 흘리는 가운데 산길에서 넘어지고 골짜기와 구릉에 넘어짐이 여러 번이었다. 이에 돌아와 사당에 울며 고하였는데, 마치 밤에 여묘에 앉은 것 같이 불빛이 반짝거리는 것 같아 잠을 잘 수가 없었다. 이날로부터 한번 산소에 가 곡하니 여묘에 있을 때보다 슬픔이 더 심했다. 여묘가 비었는데 서책과 붓, 벼루가 아직도 여막에 있는 것 같았다. 남초(南草)와 외와 박이 밭사이에 가득했다.120) 산소에 가 곡하였다. 무너진 여막을 붙들고 혼자 앉았다가 날이 다해서 돌아왔다.121) 안의에 사는 생원 이운보(李澐甫)의 집에서 돈을 빌려 산소 아래에 재실을 지을 계획을 세웠다. 이생의 산소가 같은 골짜기에 있는 까닭에 크게 기뻐하며 허락하여 매우 다행이고 감사했다.122)

요컨대 김근추는 1783년 7월 16일 마침내 대상을 행하고 빈소를 거두었다. 그는 그동안 여묘생활을 하면서 죽을 고비를 여러번 넘기며 힘들게 여묘생활을 마쳤음에도 여묘생활을 그만두지 않으려 하였다. 그러나 마침 비가 몹시 내려 여막이 무너짐에 집으로 돌아오게 된다. 안의에 사는 생원 이운보와 함께 산소 아래에 재실을 짓기로 하면서 매우 기뻐하였다.

118) 『여묘일기』 1783년 7월 19일.
119) 『여묘일기』 1783년 7월 19일.
120) 『여묘일기』 1783년 7월 20일.
121) 『여묘일기』 1783년 8월 1일.
122) 『여묘일기』 1783년 8월 16일.

맺음말

지금까지 18세기 후반 경상도 거창군에 살았던 경주김씨 김근추의『여묘일기』를 살펴보았다. 이제 그 내용을 요약함으로써 맺음말을 대신하고자 한다.

김광호의 아들 6형제중 셋째인 김근추는 경주김씨수은공파 수은 김충한의 12대손이다. 그는 1781년 7월 16일에 부친상을 당하자 산중에서 여막을 짓고 문중의 반대에도 아랑곳하지않고 백중형의 도움을 받으며 여묘살이를 하였다. 그러면서 1781년 10월 2일부터 1783년 8월 16일까지 1년 11개월의 여묘일기를 남겼다.

김근추(1747~1814)는 아이 때부터 어버이를 맛난 고기로 정성껏 봉양하였다. 성장해서는 아버지가 병에 걸리자 주야로 마음을 졸이며 의대를 풀지않고 아버지 곁을 떠나지 않았다. 嘗糞하였으며 목욕하고 하늘에 빌어 제몸이 대신하기를 청하였다. 아버지가 붕어를 생각하자 냇가에 가서 소리쳐 울며 구하여 드려 효험을 얻었다. 병이 위독해지자 3형제가 일시에 손가락을 끊어 피를 드리니 보름을 수명연장시켰다. 그러나 아버지가 세상을 떠나자 날마다 산소에서 곡하고 여묘살이를 하였다. 3형제가 죽은 후 사림이 일제히 관청에 호소하여 고종 29년(1892)에 정려를 명하였다.

김근추의 여묘일기에는 당시의 기후, 농사, 가뭄, 전염병의 유행, 기근, 천연두 유행으로 잇달은 가족과 친족들의 죽음, 감기, 천식, 설사, 치질, 편두통 등의 병으로 인한 고통, 혹한, 폭설, 눈, 비, 소나기, 세찬 바람 등의 날씨변동으로 인한 여막생활의 크나큰 불편, 조문하러 온 사람들과 그들이 가져온 물건, 예서와 주역에 관한 독서, 흉년에 부황자들에게 죽을 끓여 돕는 일 등이 매우 생생하게 서술되어있다.

김근추의 여묘일기를 통해서 몇 가지 사실을 정리하면 다음과 같다.

첫째, 일기에는 많은 사람들이 여묘에 조문하러온다. 김근추는 여묘하면서 삭망제사를 지내고 빈객을 자주 접대하였다. 그는 조문 온 사람들의 이름과 그들이 갖고 온 물건, 마을 이름 등을 상세히 기록했다.

둘째, 김근추는 여묘생활중에도 제수로 사용할 외와 박, 미나리, 채소, 콩 등을 산소 아래에 심었음을 알 수 있다.

셋째, 틈틈이 예서와 주역에 관한 서적들을 열람했다. 아이들과 같이 있으면서 아이들에게 詩賦를 짓게 하기도 하였다.

넷째, 전염병의 유행과 기근으로 가족과 친척, 마을사람들이 죽어가는 모습을 기록하여 1782년(정조 6)과 1783년(정조 7)에 있었던 가뭄과 기근, 천연두의 유행 등을 엿볼 수 있다. 가족친지들이 천연두에 걸려 병사자가 연이어 나왔다. 어린 아들 영돌이, 동생, 사촌형수, 종형의 딸, 조카 철추, 재종형제, 어린 여종 월심이가 천연두에 걸려 죽었음을 알 수 있다. 여묘살이 중에 잇달은 가족의 죽음으로 더욱 고통이 컸다.

다섯째, 그는 아버지 꿈을 자주 꾸었다. 꿈속에서 돌아가신 아버지를 만나 대화를 나누었다. 더욱 보고싶고 그리운 나머지 산소곁에서 곡을 하고 잠을 이루지못하였다.

여섯째, 돌아가신 아버지와 제비에 얽힌 일화도 보여 주목된다. 산소 아래에 제비집을 보고 아버지가 병으로 누워계시면서 뱀으로부터 구한 제비 새끼 한 마리와 암수제비를 생각한 것이다. 세 마리의 제비들이 은혜에 감사하듯이 아버지 산소를 찾아왔다고 감동해하는 내용이다.

일곱째, 여막생활의 어려움과 병으로 인한 고통을 여러번 토로하고 있다. 숙병인 천식과 치질 외에 감기, 기침, 설사, 편두통 등으로 신음하며 고통스러워하였음이 일기에 자주 나온다. 건강의 악화로 고통스러워할 때에는 문중의 부형과 큰형님, 작은 형님이 여묘살이를 그만둘 것을 자주 권하였음을 알 수 있다. 산골의 혹독한 겨울추위와 폭설, 그리고 여름의 장마비와 잦은 소나기, 세찬 바람, 할충 등은 여막생활에 크나큰 불편을 주었다. 이러한 악조건의 환경속에서 병든 몸으로 아침저녁의 곡과 상식, 삭망제 등을 정성껏 거행할 수 있었던 것은 큰형님, 작은 형님의 도움과 우애가 컸음을 알 수 있다. 큰형님, 작은 형님은 삭망제사 때마다 여묘살이를 하는 동생을 자주 방문하여 哭奠을 올리며 정을 나누었다.

여덟째, 가뭄이 심하여 기우제를 지낸 일, 지진이 일어난 일, 무지개가 뜬 일 등이 기록되어있어 주목된다. 마을에 흉년이 들어 굶어죽는 자가 많자 큰형님, 작은 형님과 함께 여소에 저축했던 쌀을 가지고 죽을 끓여 굶주린 이웃사람들을 도왔다는 기사가 보인다.

아홉 번째, 先祖 때부터 단지 효행을 계속한 효자집안임을 알 수 있다.

열 번째, 대상을 치르면서 가묘를 세우고 산소 아래에 재실을 지을 계획을 세웠음을 알 수 있다. 김근추는 대상을 행하고 3년 여묘생활을 죽을 고비를 여러번 넘기면서 힘들게 마쳤음에도 여묘생활을 그만두지 않으려 하였다. 그러나 마침 비가 몹시 내려 여막이 무너지고 문중 부형들의 부탁으로 집으로 돌아오게 된다.

初二日伯兄持雞酒往謝宅村全威文栽宅之勞林

堂下文造主之恩

初七日祭壇塲于墓下以爲徘徊瞻慕之所躋隨

餘覽易學啓蒙

初十日晴廬舍突壁漸乾烟氣四氣難容呼吸命記

子泥土塗之一面族叔持海霍而來以作食飲之助

極衰感

十五日陰歸哭月半眞與伯仲兄玧持酒果脯醢而

哭于墓既聖村居成京聖孫柔眞酒泛于墓其誠誼

可感

十八日愼子常柔吊借得起禮問辭一部是夕門父

兄來見戒京毆強請用權解素對曰病則食肉差則

復素是在禮訓何敢悖拒從當量慶之計且休矣父

兄更勉曰慎戒皆帰去

二十八日夜風雪白戚東憲袖乾狶未慰詎非偶耳

廬舍偪側且吸烟彌寒成疾委呻甚惘

十一月一日己亥晴例行殯墓兩所哭奠

藏葬之所鰲山崔生世貴持沉菜一缸来以助山味

初五日有雪意登山斫木搆一間倚廬于壇上以為

是菜也京種味極踈湛誼甚感謝

初七日冬至晴哭粥奠于几遜起禮問解四册自坪

城来到

初十日晴加祚從兄以酒泡奠墓鰲山金戚鎰来查

人聲佑恃酒果文奠于墓凣兩人之初終優助已功

感銘而又此之爲哀謝

十四日雨兩中哭墓哀號倍常終日覽禮顧謂兒子

曰惟我箕封禮教有素而專門之學亦頗字見至於

臨事講行之際率多舛誤間有臆見塗說不免汰哉

之誚故金先生爲是之病門人朋友徃復問答愽考

旁采而其所致詳尤在意遽之地彙分品別各以類

從以便繙閱人有所起不待聚訟一開卷則漫然氷

釋也是書不可斯湏無也

十五日雨々中哭眞于几遂饋酒食于一村入以謝

初終積勞之誼

十六日夜夢拜先考與義丈夫二人談笑交游美文

夫顧謂先考曰君無憂矣嘖舌再三而去覺來翰夢

于伯仲兄皆舍涕感慕曰先考於寅漠之中必得好

朋友遊嬉也是日余感夢成疾呻吟度夜

二十六日雪土鼎凍破澗氷塞汲紫路雪塞凍餒可

憊送歸兒子

二十八日晴村居李再英送沉菜椒醬數缸而来可

感其誠欵之不尋常也知川從兄送汜业面從兄送

柴始見山厨烟生稚顔喜溢余顧謂兒子曰今比康

餒固居廬者常事而汝曹從我同其苦者可歡

三十日感傷風雪病水痢惆苦

十二月一日乙巳平明地震夜初更地震異哉歸哭

朔負伯兄又盛備酒餅魚果哭告于墓曰子鉄山於

先考前所受史略序一卷今已早讀於廬前故敢伸

謹吿 云感愴痛泣不知止焉

初五日聞伯母以老病㤼和 云驚應

十二日雨雪霧塞夜雨如注異㤼平常水會廬所房

突泛～百病交侵終夜苦喘胃雨悲號頓絕食飲惟

願速死也已

十三日雲霧雨雪又如昨呼兒作粥雪柴水竈煎粥

成飯調水強歙僅保頑命顧謂兒子曰三年啜粥者

可謂至孝余則癸前餐粥癸後蹴食而病又若是心

甚慨然

十四日陰伯仲兄雪峴顛倒来哭于墓又持穀草以

助燃突

十五日陰扶病踏雪歸哭望奠伯仲兄若辈扶我而

強歸廬一昕終夜吟病

十七日聞伯母患候更作從姪文五婦病産云驚應

二十日鷄初鳴哭墓歸問伯母患候病勢漸劇大命

幾殊末從兄痛哭而出以石碎右手無名指灌血而

適無醋余袖一薑而磨和童便并血灌口俄得回春

天也孝之感也余告左右父兄曰從兄之血指非卽

地上應到也夫嘗水之奉定省之禮至性根天誠孝

凤著矣今此昕爲者於無感于天吾門庶子其不滅

也戠曾祖之明經純孝有聞京鄉祖考之以孝面報

圭宰存問先考之臨老慕親盂訓後昆再從祖之臨

終族叔劘指以延半日之命仲父之告終從兄劋指

以四一日之甦其孝也皆有自先祖而來矣今日之

事豈其偶然哉父兄皆曰噫諸乃秉暮還山哭苦于墓

二十五日戚人自東憲寓戚白孟孫送沈菜深感

二十九日晦亥時聞從侄婦夭余不勝痛悼曰從侄

早孤吾所教育而娶婦寧在吾家矣今聞夭慽夢耶

真耶夫何運酷之若是耶即歸痛哭夜中還廬

壬寅日記抄

正月建壬寅朔戊戌陰歸哭兒筵而喪在同宮故曠

眞逢新衰號昊天罔涯而又見憐憾自廢食飲無望

生全

初二日朝風夕雪歸哭從侄婦殯歛因議五日癸丸

節還山哭墓因憶成疾終宵苦呻

初三日陰風歸哭奠兒筵又奠于墓終日悲號不已

初四日雪伯仲兄来哭墓因議從姪婦襲事九節余

日禮不可廢一門協力以當祭奠

初五日晴往哭從姪婦襲地襲地枉仲父墓後日合

四壬寅矣窆姑抱幼孫從喪呼婦見極憐悼故即痛

泣還廬

初六日微雨人穀二日晴京中金生負聲胤送一燭

一賞其遠方賻儀誠極衾感

十四日村居戚叔李寅德持沉茱振醫三缸而来以

助廬味其誼良感

十五日或陰或晴悄奠几筵夕後兒告月出其方太

高云豐兆可幸墓下逢春百感交集感傷峭寒衆病

相侵故省却繕閣工夫日呻吟而僅得扶杖晨夕

號哭而已

三十日夕驟雨廬舍滲漏終夜不能臥掘呰假寐夢

拜先考因驚雷聲不勝感慕泣號

二月朔戊辰曉暴雷電驟雨霽平常惶慮感氣成疾

初五日室人送酒果以我父母劬勞之日也哭籥于

墓哀慕倍常

初六日感觸峭寒袂苦呻稚子在傍潛泣余取汗

強趂廬墓後晨夕哭動輒泣隨余怕傷稚齡有或淩

晨潛出低聲哭墓則呼父于山谷松楸之中哭泣相

隨故余為之哭末盡哀而下或責之或誘之終不云

己祗憐其良心之不偶也是夕風呼兒試賦之時昧

成句即應口曰人耶舉窓槍習々春風去來時余喜

而拊背曰汝今十歲詩語奇妙能畵得屋上風窓也
乃提兒立于溪上兒又有詩曰水中置靑天半月水
中天頃之雨雪紛〻乃歸廬妣爲乃父喜色又吟一
句曰處〻夜色深其故兩雪紛〻来余曰奇哉詩出
性情詩語可見性情之眞實也稚姪鐵山和之曰東
君來不來山頭花未發余曰淸奇哉句語也吾家文翰
庶不泯哉汝曹去年春受學于先考而今能若是其
步就先考若在世則何等忻愛也莫非哀中感慕處也
十日金生馨佑奠雉酒厥明李袞春先持酒饌来又
明日從侄文五進海衣娛従兄白土負送醬一缸親
戚之数問且饋良感不已
十五日哭奠几筵而歸有客問殷奠余曰月半殷奠

乃大夫之禮而吾先祖之所行故減饌依禮姑不悖

喪祭從先之訓也

十七日甲申夕雨先妣幽宅以歲月滋久加土改莎

十九日北面從兄來奠燒酒是固先考之所嗜而臨

終所不廢者也感慕哭泣不覺失聲 從兄篤於孝者

也今此而奠哀感萬萬

二十五日晴歸哭先考初度次禮禮固無擾而其於

從先之訓奈何言念生時設宴為壽感愴同極

二十六日哭墓之暇見風日晴和種菜于墓下空地

尚早以為先於人篇新之詩

三月朔日戊陰例行几筵及墓哭奠之禮余素善

春惱刺痛體骸者已有日矣惘苦可勝

初五日晴命兒輩以莎土補墓下沙汰處

初七日晴送兒曹歸衆祖考忌祀道林姑母江陽従

兄俱来衆祀送海水海霍吾門厚誼哀中多感

初九日聞鄉儒以吾三兄名呈狀本官又訴巡營

云余不勝驚駭曰裂指廬墓是固人子之常事而今

此裵孝之舉者極為萬々惶愧處也罪蟄山中無可

擧頭抽身之道故不得固挽士林之状失色北歸泣

告父兄使挽執之

十二日晴使兒子種苽于南山之下種芥于廬前濕

地

十五日哭真于兩所暇閱禮易數册歟明崔哀興宗

来真于墓深感村人成聖孫序以石踏秋于此洞送

饎飯二椀農人厚俗亦可見也

二十五日雨夜夢拜先人宛然乎昔覺來哭墓感慕
益甚

二十九日兒告去念日野種木花見方麻麥得一雨青
青云哀蟄病端不知時序之卌々循序感泣百不能已

四月朔日丁卯晴哭真九遷而又真于墓兄爺坐於
階草上相向而泣日去年此日侍病有勿藥之望矣
今何到此之同極也時物方有更生之地而先君永
閟冥漠之中見物生感終日滂泣而各歸廬所

十三日大雨廬舍滲漏無數突壁盡濕々氣所徧病
成水廁終日苦劇

十五日病廁漸毒不能柔真日晚強扶病歸哭諸父

兄皆勸觧素余曰此是例症豈以么麼之症輒用不
忍之權也若此不已至於傷毁則何待强勸之命諸
兄爷扶余還廬
二十四日雨後移秩於洞中者更送午飯山中風俗
似近太古隨来而分餽兒子
五月朔丁酉晴哭奠于几筵是時旱甚爲峒
初五日帰哭節祀又奠于墓感時悲蹢昊天奚極有
三燕来巢苦其呷喃呼兒打起及又哭墓三燕在墻
上聲若有訴然恍然覺去年草堂之哷巢者也是燕
也生四雛而三雛爲蛇所噬先考時卧病狀見而衰
之命兒逐蛇卽收餘雛置于枕邊捉蠅哺養毛羽旣
成大燕雄雄將雛而去時々出入於架上而秋月將

帰三燕翩翩若謝恩而舞矣今玧從先考而来巢於

墓下者果非是三燕耶可以爲而能如是也見燕生

感不覺淚下也

十五日欲雨仍晴哭奠几筵歸哭墓所又後帰家仍

留是時旱甚四郊一赤年麥盡枯移秧頗晚云玧憂

以夏至爲移秧之期而夏至已過五日矣爲憫良深

十六日微雨是日乃祖妣及先妣忌祀也身在外廬

使傔服者替行祀事即還哭墓追感因極

十七日聞稚子永尼病䀒腹已久室人方病瘧疾云

憫慮以醫藥治療之意傳及于門父兄

二十一日夕驟雨余亦愼宿痔去年七月初二日闕

却之後因忽瘳矣今玧復毅極爲痛慮

二十四日官家祈雨于三峯即雨不已移秧垂了云

昕種新瓜熟哭薦于墓又薦于几筵見物感時痕號

倍常

二十六日晴旱餘微雨不能普洽故毛谷人未決洑

水云驚歎

二十八日牽兒登山採松供炬川村慎昌雲送南草

一封依受多感

二十九日晦微雨舍弟病輪症者已有日云心甚惆

憐

六月朔丙寅雨歸眞九筵見舍弟所愼症涉支雜心

甚驚慮

初三日晴廬舍鴂虫之鬧八者已有日矣不勝其苦

露宿墓砌終夜無寐只聞虫聲聒聒於山谷松楸之
中也哀至則哭哭泣無常伯仲及従兄聞而憫之躬
自泥土塗壁

初八日薦水瓢于墓及几遷見新感時哀號凩已舍
祭所慎轉甚門內傳染自今夕上食于墓

十三日陰哀號中重之以病兄憶病纏身萬無生全
之望矣

十五日陰伯仲兄来哭真于墓祭症危重云憫泣且
應翼日朝聞祭病至於難救扶病顛倒而往使服清
心九又用薑便真油僅絕僅甦弔客填門矣吟病還
廬齒唇皆毀傷神氣盡柴削而日々所聞三祭次弟
卧病以及諸族奴屬莫非呻吟之聲也伯叔母避寓

于西山之中云哀疚中是何憂兄之若是屢鱗耶罪
逆深重而尚不死滅故上天作孽殄滅吾家也耶

七月朔丙申晴伯仲兄來哭奠于墓兄曰誓曰奄追
而家憂若是奈何余曰上食既自廬所行之則祥事
亦將權行于墓者頗損禮意而搵以私情恐如何耶
終不得端的之議而歸

初二日晴是日乃去年閏初之日也追慕哭泣終日
不已

初五日末伏大雨廬舍渗漏雨水滿房捲度覆屋僅
免漂沒

十二日聞家憂由村人八葵主山之故也即使掘去
以見廓淨自是夕伯兄上食几筵云其間潦雨連日

不開漂突沉竈爨計艱窘既爨上食使兒子張油紙
于墓上從古居廬者之情境皆如是艱窘耶今聞几
遂上食庶有安饗之望耳
十五日晴持所種新太瓢丛等物而歸哭几遂翼日
質明行練祀衰躃靡違昊天罔極一是夕還廬賓客隨來
者數三十人矣是夜夢拜　主上殿下因奉　御製其詞曰
天機織以造化繡紅紫於春臺覺未不勝惺凜
二十六日陰是日中時加禮從兄喪其室云余不勝
驚悼痛哭曰是何家運之孔毛也翼日歸哭從姒而
来噫余以屡姿素多病有去年侍湯之勞又有今年
喪病之憾罪伏竆廬終夜無霖百感叢集一命縷殘
况是逢秋而虫聲唧唧者子居此過鬐尚無曠晨夕

號哭之誠目今瑿傷亦自無羾期闋制之望也

八月朔乙丑晴家中諸病稍々有廟淨之勢自是哭
奠庶無拘碍是月之望㱕哭節祀于几筵又奠于墓
循序感號穸壞冈涯是月之晦西成緒始而年事矣
登云聞甚惆歟

九月朔乙未夜雨例行奠禮還山刈薪以供梁政是
月之望扶病㱕奠既望哭從嫂葬禮于越洞其二稚
之呼毋随喪不忍觀也

二十五日病寒縮終夜苦劇稚子泣進白滯湯取汗
得間

二十六日晴是夜病不能就寢強起明燭技閱周易
毃册自去冬有志于易而衆病中不堪熟複夫理衆

穀辭性情知行須要熟讀評味又當自見得也不可

以涉獵披閱透得其精微之第一也

二十八日晴夕聞江陽從兄搬移之行無攽 云晩年

同居之好將如何哉

十月朔甲子雨例行哭奠于兩所道林寀生昇龍

采到村中送題霜竹欲試兒曹詩刀擢魁賞紙而稚

子險尼居魁其詩曰霜下十月天沼草皆紅邑萬物

搖葯時靑ㄴ竹君子又賦即景曰雨洗涓ㄴ溪風吹

蕭ㄴ葉霧鑽深深涧中有讀書聲余树其背曰奇哉

其將不墜瘟叅者非吾子耶

初三日大風雨霎廬常盡捲星月漏屋見甚驚歎

初八日晴聞家有一犢夜爲猛虎所舁去云喪家夫

物可歎

初九日子險厄病送歸本家惘慮殊切

十五日知川從兄以餕奠奠于几筵奠訖余感泣曰

從兄之曾事先考者无間於親父矣今此奠獻亦非

誠孝之推耶月半餕奠非徒 僭猥亦不稱於貪家從

兄掬涕泗曰辭痛此甚晚

十一月朔甲午晴哭奠兩疚家兜病蘇從學是月之

望此卤從兄以庶羞奠于几筵及墓吾門之喪祭相

助古矢感哭倍常既望霧鎖山廬廠明虹見于天異

戡天之災也惶廬不尋常

十八日冬至病不能歸哭粥奠扶病上墓感哭一陽

難抑靡逮之痛爾

二十二日夕雷時令平常之數之極涉驚駭歟

二十八日抵書于坪城又借續縗禮以作眼閱之資

十二月朔癸亥晴扶病哭奠越六日聞痘犯家隣云

心慮不淺

初八日下邨奴太叔來進酒泡綠豆菜是乃離家奴

屬也事涉異常而誠若由中故為之不却

初十日病偏頭終日苦劇死遑病數彌悶昌極

十四日大風雪捲屋茇喪笠祭席飛狂洞口之外

哭竆突凍塞柴絶爨阻命死遑雪中升降不撤哭

泣而已權厝士得中來吊因留終夜談禮

十五日晴哭奠而歸氷雪顚倒手足凍坼不對妻面

不告親庭廬所窘二其孰能知之閒 國哀卅封大慶也

十八日門父兄持飯伯仲兄貿榮雪峴逾來窮山罪蟄

致此父兄之勞苦者誠甚惆泣

二十九日雪病喘渙炎忍見歲暮悲泣莫遑痼入骨

髓不覺從徙婦之祥甚奄在今日也強歸哭即還廬

癸卯日記抄

正月建甲寅朔癸巳朝陰夕晴哭眞兩所喘經一朞

又見新元悲彌度日感吟終霄

二日朝陰夕晴三日微雪終日呻病廳接吊客心神

哀荒命若縷殘四日陰五日晴六日陰七日陰八日

陰聞家中病故連仍云惆應

十五日大雪哭眞而歸踏雪感寒終日呻吟甚苦惆

聞市直錢一貫米二斗村人多飢色云驚應不淺

二十一日風雪冷突失攝病下血心怵憂慮

二十四日聞 斬逆綸音登业山稽嶺望賀

二十七日晴夜拜先考々 曰甬何哭泣之苦耶驚

起出門東方己白顚倒上墓獅泣倍常

二月朔壬戌晴倒行哭奠越五日雨室入為吾晬日

送奠飯酒感慕劬勞穹壤罔涯聞眂民 綸音頒下

吾民咸戴 聖德是夜夢拜先考命送甚處而作詩

二句覺来一句忘未記一句血淚舍送晼蘆秋即

舉燈以記之

初六日家隣有産故自廬所上食于墓

十五日晴歸奠几筵二十五日歸哭先考初度次禮種

瓜瓢于廬前後

三月朔壬辰雨哭頁往來跋涉雨水終日夜苦呻

初四日晴營建家廟送兄請村于鰲山金戚丈家高

掃寓居吳斗元來吊此人乃三峯下廬墓者斗三之

伯兄也

十一日雨晨上墓有大帚環墓留迹及下廬又有帚

迹循廬無數異我居廬以後不見狐兔今此帚迹極

涉非常

二十五日晴伯仲兄未哭墓因有惻然之色而言曰

村閭絕火浮黃濱死者十有餘人也吾兄等若得一

斛債租可以賑濟而喪中躄立痛惘奈何余聞不勝

驚歎曰吾家或有麥節上來那廬墓以後尚不對妻

面方無謀諸之道也幸爲我說及以備眠饜之資則

卽當躬往之矣兄曰汝婦以廬所繼粮猶恨不贍況

有餘貯于試當言之卽歸去

二十六日昧爽哭墓持廬野三斗米而歸爲先作粥

饘餘之詠伯仲兄又助之以數斗太乃作粥三槩招

村中浮黃者十五人飽饘以粥分給以租近村及道

踣塡竪欲死者聞風而來亦參其中以至傾盜筐野

而猶有不乏之患笑顧謂伯仲兒曰賑施頻貴而眼

未爲富者也若得數百斛穀可施一境之餓饘也又

眼未爲富者也乘暮還廬

二十七日歸監家廟閒基之役

二十九日又監立廟之役秉夜還廬夢拜 先大王于

廬舍同奉 御製二句其詩曰踏時摹意抚見物一

心開覺來不勝惺懍曰異哉心心去年七月既望之

夜夢侍 今上殿下因奉二句詞心桎上録噫余以

草野罪蟄之人夢拜 聖上極涉惺懼又奉 御製

左非尋常敢錄于此以作終身誦詠之資焉

四月朔辛酉陰歸真几筵因鑑廟役心方未訖家隣

犯痘甚可惘歎

自此上食之計耳

十五日晴聞弟侄犯痘云為應殊切哭真于墓又為

二十七日晴是夜夢拜先考有家事多少慮萌之命

覺不勝驚泣顛倒歸家告夢于慈親果符夢中之命

也乃詳細虞寡哭泣而還廬誦詠灵訓宛然如生戰

兢終夜不能就寢

五月朔辛卯晴略備脯醢酒果茇奠于墓家兄以痘
故未能來叅甚痛歎墓上 食頮無供饌之道使兒
子出釣川魚無日不得不喜為助饌之幸先考平日
兩嗜之物也尤為幸甚
初六日聞稚子永尾犯痘化去云乃長聲而哭曰是
兒也生於先考回甲年而朔望兒遑之歸呼父而出
辛衣而笑問答知覺極為朗慧圓額秀眉亦起凡常
奄見其夭㱕中痛愕不可言也
十六日晴家中痘憂方熾故先妣忌祀使兒子權行
于墓上恐損禮意而惆曠香火以脯醢酒果替仲兒
獻追感罔極哭泣墓側因病不能起
十八日大雨㞖流溗涌廬突汰没梢無機之爨道病

喘者飢死不旦惜也墓上之食是獨奈何乃掛蠶于

巖下設帳于松上援取廬茅爇火炊飯而設帳上食

終夜冒雨坐廬喘泣

十九日雨是夜夢拜先考之曰余注业國斬迸而還

云又問痘惡對曰稚孫頃夭先考嗟歎辭色無異平

時覺来不勝感慕泣咽

二十五日雨晨多哭墓之餘又哭子左右或云不可余

曰辞此天乃下殤以下之兒鄭禮云以日易月兒年

其四則四十八日哭似合情禮爲是日暮又聞稚待

甲孫遘疲化去痛愕哉是何家運孔酷耶是旹也生

於先考回甲歲故先考錫之以是名矣忽至於此痛

梦之懷不曾岩頃日之夭也罪蟄中連見天戚精神

如失形骸徒存乃知定力不固遇境難了誠可恫也

六月朔辛百陰哭殯于墓前舊殯新仍循序感慕因病

暑氣沉吟終日

初六日從兄加祚宅見女夭云是亦痘故也居一日

又失稚婢愍焉痘後痱瘡越數日任子鈇推痘後化

去云是何家禍之稠疊耶痛泣囘揹積無生全之望

十一日雨病暑晨夕哭墓行步蹣跚精神迷荒欲陷

砌而不能因伏哭於砌下而又不能起不知自昏而

至夜自昏窒至朝也

十二日夕驟雨扶病歸哭子侄殯幕幕下田囤農人

方鋤禾而爭來吊我諸父兄見余病狀強勸觧素

余泣曰休矣我苟存頑喘是尚為恨且保縷命亦何

可望即顛倒還廬

十四日伯仲兄来哭墓謂余曰痘憂廓静自明日開

儿逶云

十五日雨持水瓢一塊歸真于几逶扶病注来殘喘

垂死晨夕哭墓不能作聲

十七日陰伯仲兄哭墓下廬見余容鬃握手泣涕曰

汝甚固執吾何空言促咄咄而歸是夕向曛扶病上

墓歸顛良久有一老人自後崗而下坐于墓左土地

神壇余欲問其誰人而方未哭她墓故未遑問答既

盡哀強問曰翁是失牛之人耶訪鷹之人耶其武失

路之人耶山深日暮胡為予来我老人嘿無言嘖吾

數三而起超超然而向北翩然而走東怳然若八廬而

余乃驚怪顚倒而下時兒輩坐壇塲誦詩矣急問客

八兒曰不知即平兒搜山訪谷招〻老人而果泛〻

然不見其蹝因就苫席坐卧思之怪我老人也兒輩

年雅心怕終夜不輟滕下矣

二十四日晴吟病而歸監家廟墻壁之役

二十九日晦陰母親来眞燒酒于墓乃畵哀而挽余

之哭曰婦女来哭似損禮而三年如一夢關制不

遠故持平日一所嗜庸仲感慕之懷兼問汝病之計汝勿

以爲如何也泣曰敬諾陪送南山之下

七月一日庚寅晴歸眞几遂議祥奈几節即還廬

初二日夜與伯仲兄坐說頃年此夜之事相向泣咽

不能言

初四日歸哭凡遷使工造白笠使子侄作布綱似平

禮教而酌從俗冒

初七日歸監廟中卓子之役

初十日大雨是夜聞水聲撼屋雷電撲窓千溪萬漏

壁額突落乃擧火穿壁以通水路雨吟風呻把經終夜

十一日立秋末伏大雨病水痢峽裏裛墊頓沒治

方惟劦祥基前不死之願也

十四日晴摘送所種加瓢等物于伯氏宅又曝南草

數三把於雨後新陽以備祥日之用夕間乃歸凡遷

十五日晴朝因上食真脯醢酒果夕真庶羞吊客涉

潦漲齊至賻賵忌窮鄮甚多是乃先考感人之深也

天又感先人之德使積潦廓晴以致吊賻之並礫感

辛天人却忘哀疾之苦劇也

十六日晴行祥祀撤几造廓然猶慕昊天罔極乃奉

筵因還廬

十七日聞再從舅兄并見夭慼云不勝驚悼曰痘

於吾家豈如是厄哉

十九日門父兄暨諸姻客來曰以殘稟弱質居憂三

年守墓哀毀而所以不死者以其志氣之精篤然且

撤廬廓然之日固未知其不生病也勿從禫後食肉

之禮伯仲兄又泣喻曰嗟我氣質此汝稍強而猶不

無早晚生病之慮方為汝食肉之計汝須慎我念我

對曰自料似難保禫前之命於不從藥石之命耶

十九日兩門父兄請撤廬余泣陳衰制始終日祥後

撤廬先君子曾或不無而余則木忍遽還而因營歠
間等屋于墓下以為終身守省之計練後撤朝夕之
哭祥後無展拜之文而夫不脫裏衣不撤哭泣是乃
守墓者之所不容已禮固出於情也禫亦喪之期也
禫前哭展雖或見責於禮家吾必不悖於人情也稅
喪一節於禮無擾故自初至今一依并喪倒哭伸追
稅之情幸值妣墓之在同岡也罪於禮家亦將奈何
吾非知禮者何乏責諸父兄曰汝素固執吾何能言
乃嗟歎而歸
二十日大雨歟明又大雨廬舍圂突泛水柱橾摧折
乃大驚俱哭墓曰天雨折廬是固不孝之致也禫前
守墓之意果安在我門父兄聞之曰喪制有期祥後

廬顇亦非偶然是固天之所使乃治任將歸一步五

顧哀彌若摧淚中山路顛倒溪至者數三矣及歸

泣告于廟夜坐于廬煒煒不能霖矣自此日一哭墓

哀甚於廬墓之時也曠廬有日矣書冊筆硯宛在可

上南草爪瓢淪在田間而竟無遺夫樵牧之厚風醇

俗亦可奇也

八月一日庚申雨徃哭墓扶撐頹廬獨坐窮日而帰

初六日陰哭墓而歸埋諸夭痛楚難言

十五日晴行節祀于墓廟兩所祥後感時曰極偣常

十六日土雨請債錢於安義李生負澐甫家以爲墓

下營齋之計李生之墓亦在同谷故大蕎快許甚幸

且謝

4. 김근추의『여묘일기』필사본 번역문*

1781년(정조 5) 신축년

10월 2일

큰형님이 닭과 술을 가지고 오셨다. 둔촌(屯村)에 사시는 친척 전(全)씨 어른의 묘 구덩이를 판 수고와 임당(林堂)에 사시는 변(卞)씨 어른의 신주(神主)를 만든 은혜에 감사하다.

7일

산소 아래에 제단(壇場)을 만들고 배회하였다. 우러러보며 그리워하는 곳에서 소리내어 울며 탄식하는 여가에 ≪역학계몽(易學啓蒙)≫을 열람했다.

10일 맑음

여사(廬舍)의 벽이 점점 말랐다. 연기가 사방에서 나 호흡이 힘들었다. 아이에게 진흙을 바르도록 명했다. 서면(西面)에 사는 족숙이 미역을 가지고 왔다. 음식 만드는 것을 도와주는데 지극히 슬픈 느낌이었다.

15일 흐림

돌아와 곡하였다. 15일에 전(奠)을 올렸다. 큰형님, 작은 형님과 함께 술, 과일, 말린 고기, 젓갈을 가지고 산소에서 곡하였다. 16일에는 마을에

---

* 필자의 직역으로 문장이 매끄럽지 못한 점 널리 양해 바란다.

사는 성성손(成聖孫)이 와 산소에서 술과 두부(泡)를 가지고 전을 올렸다.
그 정성을 느낄만하다.

18일

신(愼)선생이 항상 와서 조문하였다. ≪의례문해(疑禮問解)≫ 1부를 빌
렸다. 오늘 저녁 문중사람들이 와서 내가 너무 슬퍼하여 몸이 여윈 것을
보고 해소(解素: 素食의 계율을 해제하고 육식을 시작하는 것)를 강하게
청하였다. 내가 대답하기를, "병에는 고기를 먹어야 하고 차도가 있으면
평소대로 다시 소식을 함이 예훈(礼訓: 예의 가르침)에 있습니다. 어찌 감
히 어기겠습니까? 마땅히 헤아림을 좇아 처할 것이고 또한 그만둘 것입니
다." 父兄이 다시 힘써 말하기를 "신중하라" 하고 모두 돌아갔다.

28일 밤에 바람이 불고 눈이 내리다.

친척 백동헌(白東憲)이 소매에 곶감을 넣어 가지고 와서 위로하였다.
우연이 아니다. 여막에 닥쳐온 연기를 마시고 추운기운을 느끼자 병에 걸
렸다. 신음함이 매우 민망했다.

11월 1일 기해, 맑음

예행(例行)하다. 빈소와 산소 두 곳에서 곡전하였다.

5일 눈이 올것 같음

산에 올라가 나무를 베어내 단(壇) 위에 있는 여막에 한칸(一間)을 얽어
붙였다. 이로써 땔나무를 보관하는 장소로 삼았다. 오산(鰲山)에 사는 생

원 최세귀(崔世貴)가 김치 한 항아리를 가지고 와서 맛을 도왔다. 이 채소
는 서울에서 심은 것으로 맛이 매우 좋았다. 송구하고 매우 감사하다.

7일 동지, 맑음

곡하고 죽을 먹었다. 빈소에 전을 올렸다. ≪의례문해(疑禮問解)≫ 4책
이 평성(坪城)으로부터 도착했다.

10일 맑음

가조(加祚)에 사는 종형이 술과 두부(泡)로 산소에서 전을 올렸다. 오산
의 친척 김일(金鎰)이 왔다. 사돈(査人) 성우(聲佑)가 술과 과일을 가지고
와 또 산소에 전을 올렸다. 이 두사람이 초종(初終)때 더욱 나를 절절하게
도와주어 감명받았다. 또 슬퍼지고 감사하다.

14일 비

비오는 가운데 산소에서 곡하니 슬픔이 배가 되었다. 종일 禮에 관한
책을 보았다.(생략)

15일 비

비오는 가운데 곡하였다.
빈소에 전을 올리고 마을사람들에게 술과 음식을 보내어 초종(初終)때
일을 한 수고에 감사했다.

16일

밤에 꿈속에서 돌아가신 아버지를 보았다.

아름다운 장부 두분과 담소하며 교유하였다. 아름다운 장부는 아버지를 돌아보며 말하기를, "그대는 걱정이 없다."며 크게 칭찬을 두세 번하고 가버렸다. 깨어나서 큰형님과 작은 형님에게 가서 꿈이야기를 하니, 모두 눈물을 머금고 그리워하며 말하기를, "아버지는 저승에서 반드시 좋은 친구를 만나 기쁘게 노실 것이다." 이날 나는 꿈을 꾸고 나서 병이나 신음하면서 밤을 지새웠다.

26일 눈이 내림

솥이 얼어서 깨졌다. 산골 물이 얼어 물 긷는 것도 막히고 땔나무하러 다니는 길도 눈이 내려 막혔다. 얼고 굶주림이 걱정되어 아이를 돌려보냈다.

28일 맑음

마을에 사는 이재영(李再英)이 김치와 초장(椒醬) 여러 항아리를 보내왔다. 그 정성이 보통이 아님을 느낄만하다. 지천(知川)의 종형이 두부(泡)를 보내왔다. 북면(北面)의 종형이 땔나무를 보내왔다. 비로소 산의 부엌에 연기가 나는 것을 보고 아이들 얼굴에 기쁨이 넘쳤다. 내가 아이를 돌아보며 "지금 이렇게 얼고 굶주리며 여막에서 지내는 것이 일상사인데, 너희들이 나를 좇아서 그 고통을 같이함은 탄식할 만하다."라고 말하였다.

30일

바람과 눈을 느끼다.
설사병으로 고통스러웠다.

12월 1일 기사

해뜰 때 지진이 일어났는데 초저녁에 다시 지진이 일어났다. 이상하도
다. 돌아가 곡하고 초하루 전을 올렸다. 큰형님이 또 술, 떡, 생선, 과일을
넉넉히 갖추어 와서 산소에서 곡하고 고하여 말하기를 "아들 철산(鉄山)
이 돌아가신 아버지한테서 ≪사략(史略)≫ 제1권을 받았는데 이제 여막
에서 읽기를 마쳤읍니다." 라고 하였다. 감히 삼가 고한다고 하니 나는 슬
퍼서 통곡하며 울기를 그치지 않았다.

5일

큰어머님께서 노환으로 건강이 나빠졌음을 듣고 놀랍고 염려스럽다
라고 말하였다.

12일 진눈깨비

안개로 막히고 밤에 비가 오기를 물대는 것 같았다. 이상하도다. 괴상(乖
常)하여 물이 여막(여소)에 모여 방이 갑자기 물위에 뜨는것 같았다. 모든
병이 서로 침범하여 늦은 밤에는 숨이 차서 고통스러웠다. 비가 내려 슬퍼
하여 부르짖으며 넘어졌다. 음식을 끊고 오직 빨리 죽기를 원할 뿐이다.

13일 구름 안개 비 눈이 어제와 같다.

아이를 불러 죽을 끓였다. 눈 맞은 땔나무와 물 있는 부엌에서 죽을 끓
였는데 밥이 되었다. 물과 같이 억지로 먹고 겨우 보존했다. 완고하게 아
이를 돌아보며 말하기를 "3년 간 죽을 먹는 자는 가히 지극한 효성이 있
다고 일컬을 수 있다." 나는 장례전에는 죽을 먹고 장례후에는 소식(疏食)
하여 병이 났다. 또 이와 같이 하니 마음이 매우 슬프다.

14일 흐림

큰형님, 작은 형님이 눈고개에 넘어지면서 와 산소에서 곡하였다. 또 낙엽을 가지고 와서 불때는 것을 도우셨다.

15일 흐림

병을 무릅쓰고 눈을 밟고 돌아와 곡했다. 보름 제사를 올렸다. 큰형님과 작은 형님이 동생인 나를 붙들고 도와줘 억지로 여소(廬所)로 돌아왔다. 밤늦게까지 병으로 신음했다.

17일

큰어머니의 병이 재발했다고 들었다. 종질 문오(文五)의 부인이 산병(産病)이라 하니 놀랍고 염려스럽다.

20일

닭이 처음 울었다. 산소에서 곡하고 돌아와 큰어머니의 병세를 물었다. 병세가 점점 깊어져 거의 임종이 가까이 왔다고 한다. 종형이 통곡하며 나가 돌로 오른손 무명지를 찢어서 피를 입에 넣어 드렸다. 나는 소매에서 생강 하나를 갈아서 아이 편으로 보냈다. 아울러 피를 입에 넣으니 잠깐 있다가 소생하셨다. 하늘이 효성에 감동한 것이다. 나는 좌우 父兄에게 고해 말하기를 "종형의 혈지(血指)가 아니었으면 곧 지상의 염려에 이르렀을 것이다. 무릇 숙수(菽水)의 봉(奉)과 정성(定省)의 예가 성품이 지극하고 하늘에 근본하는 것이니 지극한 효성이 일찍 나타난 것이다. 지금 이처럼 행하는 것이 하늘에 감동이 없겠는가?. 우리 문중이 거의 멸하지 않는구나! 증조할아버지는 경전에 밝으시고 순수한 효성이 경향(京鄕)에 소문이 났었다. 할아버지는 효자로서 소문이나 면(面)에 알려져 주재관이 안부를 물었다. 아버지는 늙음에 임하여 어버이를 사모하고 후손들에게 훈계를 내리셨다. 재종조는 임종할 때 족숙이 손가락을 끊어 반나절을 연장하였다. 작은 아버지가 임종하실 때는 종형이 손가락을 베어 하루를 소생케했다. 이처럼 그 효성이 모두 선조로부터 내려왔다. 오늘의 일이 어찌 우연이겠는가?" 父兄이 모두 말하기를 "그렇다" 하고 승낙하였다. 저녁이 되어 산으로 돌아와 산소에서 곡하고 고하였다.

25일

숙인(叔人) 백동헌(白東憲)이 백맹손(白孟孫)과 같이 김치를 보내와 깊이 감사했다.

29일 그믐

해시(亥時)에 종질부가 요절했음을 듣고 나는 마음이 너무 아파 슬픔을 이기지 못하고 말하기를 "종질이 일찍 고아가 되어 내가 가르친 바 있고, 부인을 취해서는 우리집에서 지냈다. 그런데 종질부가 지금 요절함을 듣고 꿈인가 생시인가? 어찌 운명이 이렇게 혹독할수 있는가!" 곧바로 돌아와 통곡했다. 밤중에 여막으로 돌아왔다.

1782년(정조 6) 임인년

1월 1일 무술, 흐림

돌아와 빈소에서 곡했다. 상(喪)이 같은 집에 있는 까닭으로 전(奠)을 비우고 신년을 맞이하였다. 슬피 울며 하늘에 부르짖으니 흉한 생애에 또 참담함을 만났다. 스스로 음식을 폐하였다. 온전히 살 희망이 없다.

2일 아침에 바람 저녁에 눈

돌아와 곡하였다. 종질부의 빈렴(殯斂)을 의논하여 5일장과 모든 절차를 의논하고 산으로 돌아와 산소에서 곡하였다. 고달픔으로 인해 병이 나서 밤새도록 신음했다.

3일 흐리고 바람이 불다

돌아와 곡하고 빈소에 전을 올렸다. 또 산소에서 전을 올렸다. 종일 슬퍼 부르짖음이 그치지 않았다.

4일 눈

큰형님과 작은 형님이 오셔서 산소에서 곡을 하고 종질부 장례일과 여러 절차를 의논하였다. 나는 "예를 폐할 수 없으니 문중이 협력하여 마땅히 제사하고 전을 올려야할 것입니다." 라고 말했다.

5일 맑음

종질부 장지에 가서 곡하였다. 장지는 작은 아버지 산소 뒤에 있다. 과부 시어머니가 어린 손자를 안고 상여를 따라가며 며느리를 불렀다. 지극히 비통함을 보았다. 통곡하고 여막으로 돌아왔다.

6일 가랑비가 내리다가 개임

서울의 생원 김성윤(金聲胤)이 초 한자루와 원추리 하나를 보내왔다. 멀리서 보낸 부의가 진실로 지극하였다. 슬픔을 느끼다.

14일

마을에 거주하는 척숙 이인덕(李寅德)이 김치와 초장(椒醬) 세 항아리를 가지고 왔다. 여막을 도와 그 후의에 좋은 느낌이다.

15일 혹은 흐리고 혹은 맑음

돌아와 빈소에 전을 올렸다. 저녁에 아이가 고하기를 달이 떴다고 했다. 바야흐로 달이 높이 뜬다는 것은 풍년 조짐으로 행복하다고 말했다. 산소에서 봄을 맞이하니 백가지 느낌이 서로 모인다. 슬프다. 혹한으로 거듭 숙병이 서로 침범하는 까닭에 책을 펴보는 공부를 미루었는데 반성하였다. 하루 신음하면서 겨우 지냈다. 아침저녁으로 호곡할 뿐이다.

30일

저녁에 소나기가 내려 여막에 물이 스며들었다. 밤늦게까지 누워잘 수 없었다. 살짝 잠이 들었는데 꿈속에서 아버지를 만났다. 천둥소리에 놀랐다. 사모함을 이기지 못하고 소리내어 울었다.

2월 1일 무진

새벽에 천둥과 번개가 치며 소나기가 내리고 싸라기눈이 내렸다. 괴상하다. 두렵고 걱정된다. 감기가 들었다.

5일

집사람이 술과 과일을 보내었다. 나의 부모님이 고생해서 기른 것이다. 곡하며 산소에 술과 과일을 올렸다. 그리움이 평상시보다 배가 되었다.

6일

혹독한 추위를 느꼈다. 거적을 덮고 누웠는데 고통스러워 신음을 하였다. 어린 아들이 옆에 있으면서 눈물을 흘렸다. 나는 땀을 흘리며 억지로 일어났다. 여묘 뒤에서 아침저녁으로 곡하고 움직이니 문득 눈물이 났다. 나를 따라온 아이가 혹 동상에 걸릴까봐 걱정되었다. 새벽에 몰래 나가 낮은 목소리로 산소에서 곡하였는데, 산골짜기 소나무 사이에서 아버지를 부르면서 곡읍하니 메아리가 울렸다. 내가 곡을 해도 슬픔을 다할 수 없었다. 산소에서 내려와 자책했다. 오늘 저녁에 바람이 불어 아이를 불러 시험삼아 부(賦)를 짓게 했다. "사람들이 들창을 내버려두어도 (창을 수리안해도) 봄바람이 솔솔 불어오네" 이때 내가 기뻐서 등을 어루만지며 "너는 이제 10세인데 시어(詩語)가 기묘하니 능히 <옥상풍창(屋上風窓)>을 다 얻을 것이다. (시인이나 문학가가 될 것이다)"라고 말했다. 이에 아이를 끌고 시냇가에 섰다. 아이가 또 詩를 읊기를 "물속에 푸른 하늘이 있는데, 반달이 중천에 떠있음이 물속에 비치는구나" 라 했다. 中天이 기울고 잠깐 뒤에 눈비가 흩날리니 이에 여막으로 돌아왔다. 아이 때문에 아버지는 기쁜 안색이었다. 또 한 句를 읊었다. "곳곳에 밤이 깊으니 고로 눈비가 흩날리구나." 내가 말하기를 "기이하도다, 시가 성정(性情)에서 나오는데 시어를 통해서 성정의 진실함을 볼 수 있다." 어린조카 철산(鐵山)이 화답하여 말하기를 "동군(東君: 봄)이 오려고 하다가 오지 않으니, 산 꼭대기에 꽃이 피지 못하는구나." 내가 말하기를 "구어(句語)가 맑고 기이하구나. 우리집 문장이 거의 없어지지 않았구나. 너희들이 작년 봄에 돌아가신 아버지한테서 수학했는데 이제 능히 나아감이 이와 같구나. 아버지가 만약 이 세상에 계시면 어찌 기뻐하지 않으리오." 슬픔 가운데 그리움을 느끼지 않음이 없었다.

10일

생원 김성우(金聲佑)가 꿩과 술을 가지고 전을 올렸다. 그 다음날 이춘광(李春光)이 술과 떡을 가지고 왔다. 또 다음날에 종질 문오가 김을 올렸다. 이종형 백생원이 간장 항아리 하나를 보내왔다. 친척들이 여러번 문안하고 또 음식을 보내주니 좋은 느낌이 그치지 않는다.

15일

빈소에 곡전하고 돌아왔다. 손님이 있어 문안하고 넉넉하게 전을 올렸다. 보름에 넉넉하게 전을 올리니 곧 대부(大夫)의 예이다. 나의 선조가 행한 바이다. 반찬을 줄이고 예에 의거하였다. 아직 상제(喪祭)에 어긋나지 않고 선조의 교훈을 따랐다.

17일 갑신

저녁에 비가 내렸다. 돌아가신 어머니 유택(幽宅)이 세월이 오래됨에 흙을 더하고 띠를 고쳤다.

19일

북면에 사는 종형이 와서 소주를 올렸다. 소주는 아버지가 생전에 즐기시던 것으로 임종에도 그만두지 못하였던 바이다. 그리움을 느껴 소리내어 울며 곡을 하니 실성(失聲)을 깨닫지 못했다. 종형도 효가 돈독했다. 이제 이처럼 전을 올리니 슬픈 감정이 더욱 많아졌다.

25일 맑음

돌아와 곡을 했다. 첫번째 예, 두번째 예를 하니 예는 진실로 의지함이 없다. 선조의 가르침을 좇으니 무슨 말을 하리오. 살아계실 때 연회를 베풀어 장수를 위한 일을 생각하니 한없는 슬픔을 느낀다.

26일

산소에서 곡하는 여가에 바람을 맞았다. 화창한 날에 산소 아래 빈 땅에 채소를 심었는데 아직 시기가 일렀다. 새 것을 드리려는 계획으로 남보다 먼저 심었다.

3월 1일 무술, 흐림

여막의 빈소와 산소에서 곡전의 예를 관례대로 행했다. 내가 평소에 봄을 좋아했는데, 지금 몸을 찌르는 것 같이 아픈 것이 이미 여러 날이 되었다. 번민이 심했다.

5일 맑음

아이들에게 명해서 산소 아래 흙이 무너진 곳을 사토로 보충했다.

7일 맑음

아이들을 보내어 할아버지의 기제사에 참여하게 했다. 도림(道林)에 사시는 고모와 강양(江陽)에 사는 종형들이 다 와서 제사에 참석했다. 김과 미역을 보냈으니 우리 문중의 두터움을 알 수 있어 슬픈 가운데 정이 느껴졌다.

9일

들으니 고을 유생들이 우리 삼형제 이름을 본관청에 문서를 올렸다. 또 순영(巡營)에 소(訴)를 올렸다고 들었다. 내가 놀라움을 이기지 못해 말하기를 "손가락을 자르고 여묘함이 진실로 자식으로써의 일상적인 일이거늘 지금 이때에 효자를 표창하는 천거를 하였으니 지극히 대단히 황송하고 부끄러운 처사입니다." 죄인이 산중에 칩거해 있어 머리를 들고 몸을 뺄 수 있는 도가 없는 까닭으로 즉 상주의 몸으로 돌아다니지 못하는 까닭으로 사람들이 올린 문서를 막지 못하였기에 얼굴 빛을 잃어 집으로 황급히 돌아가 울며 父兄들에게 말해 장계를 막아 달라고 했다.

12일 맑음

아이로 하여금 남산 아래에 외를 심게 했다. 그리고 여묘 앞 습지에 미나리를 심게 했다.

15일

산소와 빈소에서 곡전했다. 여가있을 때 예에 관한 책과 주역에 관한 몇 가지 책을 읽었다. 날이 밝자 최홍종(崔興宗)이 와서 슬퍼하며 산소에서 전을 올리니 느낌이 깊었다. 마을사람 성성손(成聖孫)과 이이석(李以石)이 이 동네에서 모내기를 하면서 들밥 두 그릇을 보내왔다. 농부들의 두터운 풍속을 가히 볼 수 있다.

25일 비

꿈속에서 아버지를 만났다. 완연히 평소와 같았다. 깨어나서 산소에 가서 곡했다. 느끼고 사모함이 더욱 심해졌다.

29일

아이가 고하기를 지난 20일 들에 목화를 심고 나서 보리를 보니 보리가 비를 맞아 푸르고 푸르다고 했다. 슬픔에 칩거해서 기침하고 병들어 때의 차례가 빨리 지나가는 것을 알지 못하고 울음이 저절로 그치지 않았다.

4월 1일 정묘, 맑음

빈소에서 곡전하며 제사지내고 또 산소에서 전을 올렸다. 형제들이 계단의 풀 위에 앉아 서로를 향해 울면서 말하길 "지난 해 이 날 병수발을 했으나 약을 찾지 못하여 지금 이와 같은 망극에 이르렀구나!" 때가 바야흐로 만물이 다시 살아나는 때인데, 아버지는 영원히 번민하고 어둡고 아득한 가운데 계시니, 만물이 살아나는 것을 보고 종일 눈물을 흘리면서 각기 여소와 집으로 돌아갔다.

13일 큰비

여막에 빗물이 스며들어와 무수히 벽으로 스며들었다. 습기가 몸에 닿고 다 젖어서 병이 났다. 종일 설사를 해 괴로움이 극심했다.

15일

설사가 점점 심해져 제사에 참여 못했다. 해가 중천에 떴을 때 억지로 병을 부지하면서 가서 곡을 하니 여러 父兄들이 모두 해소(解素)하기를 권했다. 내가 말하길 "아는 병증세인데 어찌 작은 병으로서 차마 할 수 없는 권도를 하겠습니까? 만약 설사가 그치지 않아 몸을 상하게 한다 해도 어찌 억지로 권하는 命을 기다릴 수 있겠읍니까?" 하니 형제들이 나를 붙들고 여막으로 돌아왔다.

24일 비

비온 뒤에 동네 가운데 모내기를 했다. 다시 점심을 보내왔다. 산 중의 풍속이 옛날과 비슷해서 가져온 것을 아이에게 나누어 먹였다.

5월 1일 정유, 맑음

빈소에서 곡전했다. 이때에 가뭄이 심하여 걱정되었다.

5일

돌아가서 계절제사에 곡했다. 또 산소에서 절을 올리며 슬피 울었다. 하늘에 어찌 다 호소하리오! 제비 세 마리가 제비집에 들어와서 새끼를 부르니 새끼들이 일어나 기어 나왔다. 저녁이 되어 산소에서 곡하는데 제비 세 마리가 산소 위에 있었다. 우는 소리가 호소하는 듯했다. 황홀한 가운데 깨달았다. 작년에 살던 초당의 제비집에 있었던 그 제비였다. 이 제비가 새끼 4마리를 낳았는데 새끼 3마리가 뱀에게 잡힌 바 되었다. 그 때 아버지가 병상에 누워 있으면서 이 제비를 보았는데 새끼의 슬픈 운명을 보고 뱀을 쫓아버리고 남은 새끼를 거두어서 침상 가에 두었다. 파리를 잡아서 먹여 기르니 털과 날개가 크게 자랐다. 장차 새끼가 떠나갈 때 큰

제비 암수는 이때에 시렁 위에 출입하였는데, 마침내 가을이 되자 세 마리 제비가 날개짓하며 모두 다 돌아갔다. 마치 은혜에 감사하는 듯 춤추며 날아갔다. 지금 여기에 아버지를 쫓아와 산소 아래에 집을 지었는데 과연 이 세 마리의 제비가 아닌가? 가히 새로서 능히 이와 같구나. 제비를 보니 감동이 생겨 나도 모르게 눈물이 났다.

15일

비가 내리려 하다가 그치고 맑았다. 빈소에 곡전하고 산소에 가서 곡했다. 저녁에 집에 돌아가서 머물렀다. 이때 가뭄이 심해서 온 들이 갈라졌다. 보리가 다 말라서 모내기가 다소 늦어진다고 말했다. 이곳에선 하지(夏至)에 이앙(모내기)하기를 기대했는데, 하지가 5일이나 지났다. 매우 걱정이 되었다.

16일 조금 비가 내림

이날은 할머니와 어머니의 기제사이다. 몸이 여막 밖에 있으면서 거상(居喪)을 벗었다. 조용히 제사를 지내고 곧바로 돌아가 산소에서 곡을 하니 뒤따른 감정을 다할 수 없다.

17일

어린 아들 영돌(永乭)이가 병이 났는데 자라배가 된지 오래되었다. 집사람이 바야흐로 병이 학질이라고 말했다. 걱정이 되어 의약으로 치료할 뜻을 가졌다. 문중의 父兄들에게 전했다.

21일

저녁에 소나기가 내렸다. 내가 오래된 치질을 조심하였다. 지난 해 7월 2일 후 홀연히 나았다가 지금에 와서 다시 발병하여 아픔이 대단했다.

24일

관청에서 삼봉(三峯) 위에서 기우제를 지냈다. 곧바로 비가 내렸는데 그치지 않았다. 모내기를 마칠 만큼 비가 내렸다고 한다. 새로 심은 외가 익었다. 곡을 하면서 산소에 올랐다. 또한 빈소에도 올렸다. 외를 보니 슬픔이 배가 되었다.

26일 맑음

가뭄 후에 비가 조금 내렸다. 능히 흡족하지 못한 고로 모곡(毛谷)의 사람이 와서 저수지 보(洑)를 터서 물을 뺐다고 말하였다. 보의 물을 뺐다고 하니 놀랍다.

28일

아이를 거느리고 산에 올라가 소나무를 채취해서 올렸다. 炬川村의 신창운(愼昌雲)이 담배 한봉지를 보내와 받았다. 많은 것을 느꼈다.

29일 그믐, 비가 조금 내리다

동생이 돌림병으로 증세가 이미 며칠 되었다고 말하니 마음이 매우 걱정되고 슬프다.

6월 1일 병인, 비가 내리다

돌아와 빈소에 전을 올렸다. 동생을 보니 중세가 심하였다. 병을 조섭함이 오래 걸린다니 매우 놀랍고 걱정된다.

3일 맑음

여막에 할충 벌레가 생겨 사람을 깨문 지가 오래 되었다. 그 고통을 다 말할 수 없다. 이슬이 산소 계단에 내렸는데 밤새도록 잘 수 없었다. 다만 벌레소리가 산골짜기 소나무 사이에서 시끄럽게 우는 소리가 들릴 뿐이었다. 이제 슬픔이 지극하여 곡하니 곡읍이 무상이라! 큰형님, 작은 형님과 종형이 듣고 걱정하면서 몸소 진흙을 가지고 와 벽에 발랐다.

6일

산소와 빈소에 표주박으로 물을 떠 올렸다. 새로운 슬픔이 그치지 않았다. 동생이 삼가고 구르는 바가 심해서 문 안에 전염될까 동생 스스로 이 날 저녁에 산소에서 상식을 올렸다.

13일 흐림

슬픈 가운데서 병이 심해졌다. 몸이 전혀 살아나기를 바랄 수 없었다.

15일 흐림

큰 형님과 작은 형님이 오셔서 산소에서 곡전하며 아우의 병이 위중하다고 말하였다. 걱정되어 울고 또 염려하였는데, 다음 날 아침에 아우를 병에서 구하기가 어려움에 이르렀다고 들었다. 병을 붙잡고 넘어지고 엎어지며 가서 청심환을 먹게 했다. 또 생강 조각과 참기름을 복용하게 하니 기절했다가 겨우 소생했다. 조문객이 문에 가득 찼다. 병을 읊으며 여막에 돌아오니 입술이 다 헐어 정신의 기운이 다 사그라졌다. 날마다 들은 바가 세 번째 동생과 두 번째 동생이 병으로 누었다는 소리가 들렸다. 급기야 제족(諸族) 노비들의 신음하는 소리가 없지 않았다. 큰어머님과 작은 어머님께서 병을 피해 西山 중에 우거하셨다. 슬픈 병 가운데 이 무슨 근심인가? 층층이 애련한가? 죄가 깊고 무거운데도 오히려 죽지 못한 까닭으로 하늘이 재앙을 내리고 우리 집을 멸하려고 하는 것인가?.

7월 1일 비오는 가운데 맑음

큰 형님과 작은 형님이 오셔서 산소에서 곡전하였다. 형님이 말씀하시기를, "상기날에 갑자기 집안에 우환이 이와 같이 닥치니 어찌할고?" 내가 말하길 "상식(上食)을 이미 여막으로부터 행한 즉 상사(祥事) 또한 장차 산소에서 임시방편으로 행함이 자못 예에 안 맞는 뜻이 있으나 사정(私情)을 헤아려서 함이 어떻겠습니까?" 라고 하였다. 그러나 끝내 결정하지 못하고 돌아가셨다.

2일 맑음

이 날이 곧 지난 해 아버지께서 돌아가신 날이다. 추모하는 곡읍이 종일토록 그치지 않았다.

5일 말복

큰 비가 내려 여막에 물이 샜다. 빗물이 방에 가득 찼다. 자리를 말아가지고 지붕을 덮어 물 속에 잠기는 것을 겨우 면했다.

12일

집 안에 우환이 있어 마을사람으로 하여금 장례를 지내게 했는데(이장을 함) 주인이 있는 산이었기 때문이다. 곧 땅을 파니 곽이 깨끗함을 볼 수 있었다. 이 날 저녁부터 큰 형님이 빈소에 상식을 했다고 들었다. 그 사이에 비가 연일 내려 열 수 없었다.

돌연히 부엌이 물에 잠겨 불 때기가 어려웠으나 이미 불을 때어 아이에게 상식하게 했다. 산소 위에 기름종이를 펼치게 해 옛날 사람이 여묘하는 정경을 좇으니, 다 이와 같이 어렵고 군색하지 않았겠는가? 지금 빈소의 상식을 들으니 편안히 흠향하기를 바랄 따름이다.

15일 맑음

새로 콩과 표주박, 외 등을 심었다. 돌아와서 빈소에 곡을 하였다. 다음 날 해 뜰 무렵 연제사(練祀)를 행하고 슬피 우니 호천망극(昊天罔極)에 미치지 못했다. 이날 저녁에 여묘에 돌아와 손님맞이를 했다. 따라온 사람이 30여 명이었다. 이날 밤에 주상전하를 꿈속에서 뵈었다. 인하여 어제(御製)를 받드니 그 말씀에 가로대, "천기(天機)가 짜여 조화를 이룸이 춘대(春臺: 봄집)에 붉은 수를 놓은 것 같구나" 깨고 나니 황급하고 늠름함을 이길 수 없었다.

26일 흐림

이날 신시(申時)에 가례(加禮)에 사는 종형이 아내를 잃었다고 말했다. 내가 놀라고 슬픔을 다하지 못해 통곡하며 말하기를, " 어찌 집의 운이 이렇게 많이 막히는가?" 다음 날 종형집에 돌아가서 종수(從嫂)에게 곡하고 돌아왔다. 내가 남아있는 모습으로 평소에 병이 많아 지난 해 탕약을 드리는 수고로움이 있었는데, 금년에 병으로 돌아가시는 슬픔이 있으니 죄를 이루다 말할 수 없다. 여묘에서 밤새도록 잠잘 수 없었는데 백 가지 생각이 다 들었다. 한 목숨이 실같이 남아있어 하물며 이 가을을 만나니 벌레 소리들까지 슬프게 들린다. 여기에 거처함이 1년이 지났어도 아직 헛됨이 없었는데, 아침저녁으로 호곡하는 정성으로 눈이 또한 상했다. 또한 대상, 소상의 상기 기간을 스스로 마치기를 바랄 수 없을 것 같다.

8월 1일 을축, 맑음

집안의 여러 병들이 점점 더 커지나 이로인해 곡을 하며 제사지내는데 구애는 없을 것 같다. 이달 보름에는 돌아가서 빈소에 절사(節祀:계절제사)를 할 수 있을 것 같다. 또 산소에서 전을 드리고 차례를 따라 느끼고 울었는데, 하늘과 땅 사이에 흉한 생애이다. 이 달 그믐날에 西成에서 겨우 시작했는데 연사(年事)를 올리지 못했다고 하니, 듣고 매우 번민하고 탄식했다.

9월 1일 을미

밤에 비가 내리다. 평소대로 전례(奠禮)를 행했다. 산으로 돌아와 땔나무를 베어 시정(柴政)하는데 제공했다. 이 달 보름에 병을 부지하고 돌아와 전을 올렸다. 16일에 월동(越洞)에서 종수의 장례에 곡을 했다. 두 어린 아이가 어머니를 부르면서 상여를 따라가는 것을 차마 볼 수 없었다.

25일

병으로 추워서 오므라들었다. 밤새도록 매우 고통스러웠다. 어린 아들이 울면서 백비탕(白沸湯)을 올려서 땀을 내려고 노력했다.

26일 맑음

이날 밤 병이 나서 잠잘 수가 없었다. 억지로 일어나 촛불을 밝히고 주역에 관한 여러 책을 열람했다. 지난 겨울부터 易에 뜻을 두었으나 슬픈 병중에 익숙하게 반복할 수 없었다. 대체로 여러 말을 다스림에 성정(性情)과 지행(知行)에는 모름지기 숙독이 요구되는데, 상세한 맛은 마땅히 오래되어야 저절로 얻어 볼 수 있다. 가히 섭렵하지 못하고 대충 보니, 통해서 얻는 것을 대략 열람했으니 그 정미(精微)한 뜻은 만분의 일이다.

28일 맑음

저녁에 들으니 강양(江陽)의 종형이 이사를 갔다고 한다. 만년에 함께 좋게 살려고 했는데 장차 어찌 하겠는가?

10월 1일 갑자, 비

산소와 여묘에서 평소대로 곡전하였다. 도림에 사는 생원 채승룡(蔡昇龍)이 마을에 도착했다. "서리와 대나무" 제목을 보내왔다. 아이들에게 시의 재능(詩才)을 시험하고자 했다. 그리고 1등을 뽑아 종이를 상 주려고 했다. 어린아이 험돌(險乭)이 1등에 뽑혔다. 그 시에 말하길 "서리 아래 10월의 하늘에 이슬 젖은 풀이 모두 홍색이라! 만물이 다 낙엽으로 물들 때 푸르고 푸른 대나무는 군자의 기상이라" 하였다. 또 卽景(즉흥적으로 경치를 읊음)이라는 賦를 지었는데 "빗방울이 땅에 떨어지는데 바람은 소소히 낙엽에 분다." "안개가 깊이 깊이 드리어 있는데, 마을에서는 독서하는 소리가 들린다." 내가 그 등을 어루만지며 말했다. "기이하다. 그 장함이 전구(甋裘: 무식한 사람을 뜻함))에 떨어지지 않는구나. 과연 내 아들이 아닌가"

3일 큰 바람이 불고 비가 뿌리다

여묘의 지붕이 다 말려올라갔다. 별과 달이 집에서 보이니 매우 놀라워 탄식했다.

8일 맑음

집에 송아지 한 마리가 있었는데 밤에 큰 호랑이가 나타나 탈취해갔다고 하니, 상가에서 송아지를 잃었음은 탄식할 만하다.

9일

아들 험돌이 병이 나 집으로 돌려보냈다. 특별히 더 절실히 걱정된다.

15일

지천(知川)에 사는 종형이 빈소에 성대하게 전을 올렸다. 제사를 마치자 내가 울면서 말하길, " 종형이 일찍이 우리 아버지 섬기기를 친아버지 섬기듯이 했다. 지금 또한 전 올리는 것을 보니 정말 정성을 다하여 제사 지내지 않음이 없다." 보름에 성대하게 전을 올리니 참람되고 외람될 뿐만 아니라 또한 가난한 집에 맞지않는다. 종형이 눈물을 훔치면서 애통하게 말하기를 "너무 늦게 왔다" 하였다.

11월 1 갑오, 맑음

빈소와 산소에서 곡전하였다. 집의 아이가 병이 나아서 공부하다. 이달 보름에 북면에 사는 종형이 많은 제수를 차려 빈소와 묘소에서 전을 올렸다. 우리 집 안의 喪祭를 서로 도운지 오래되었다. 느껴서 우는 것이 평소보다 배가 되었다.

16일에 안개가 산 여막에 끼었다. 그 밝음에 무지개가 하늘에 보였으니 기이하다. 하늘의 재앙이다. 황급하고 걱정됨이 평상시보다 심하였다.

18일 동지

병으로 돌아가서 곡을 할 수 없었다. 죽으로 전을 올렸다. 병을 부지하면서 산소에 올라가 곡을 하니, 태양을 우러러보기 어렵고 미치지 못하는 아픔이 있었다.

22일

저녁에 천둥이 칠 때 평상시에서 어그러짐이 여러 번이었다. 지극히 놀라워 탄식하였다.

28일

평성(坪城)에서 편지가 도착했다. 또 「속의례(續疑礼)」를 빌려 여가를 내어 읽었다.

12월 1일 계해, 맑음

병을 부지하면서 곡하고 전을 올렸다. 지난 6일에 천연두가 이웃집을 침범했다고 들으니 마음의 근심됨이 깊다.

8일

하촌(下邨)에 사는 종 태숙(太叔)이 와서 술과 두부, 녹두와 채소를 올렸다. 이들은 원수집 종들이다. 일을 행함이 이상하다. 진실로 마음속에 내키지 않았으나 물리칠 수 없었다.

10일

편두통이 있어 종일 고통스러웠다. 병이 죽을 정도로 심했다. 울면서 번민함을 어찌 다하랴!

14일

큰바람과 눈으로 지붕이 말려 걷어졌다. 상주가 쓰는 삿갓과 제사지내는 자리가 동구 밖으로 날아갔다. 부엌이 갑자기 얼고 막혀서 땔나무가 막혔다. 목숨이 완고하고 죽음이 더디니 눈 속에서 오르고 내리며 곡읍을 거두지 않을 따름이다. 처사 권득중(權得中)이 와서 조문하고 머물면서 밤새도록 예에 대해 담소했다.

15일 맑음

곡전을 하고 돌아왔다. 얼음눈에 엎어지고 수족이 얼고 터져 집사람 얼굴을 대하지 못했다. 여소가 궁굼한데 그 누가 아리오! 나라의 왕자가 책봉됨을 들으니 큰 경사다.

18일

문중의 父兄이 밥을 가지고 왔다. 큰 형님과 둘째 형님은 눈 내리는 고개를 땔나무를 지고 넘어왔다. 궁한 산에 죄인이 칩거함이 여기에 이르렀으니 父兄의 수고가 진실로 심하고 민망하여 눈물이 났다.

29일 눈내림

천식이 심해서 차마 세모(歲暮)를 볼 수 없다. 슬프게 울다보니 오랜 병이 골수에 들어온 것을 느끼지 못했다. 종질부의 상기(祥期)가 문득 오늘임을 깨닫지 못했다. 억지로 돌아가서 곡을 하고 여묘로 돌아왔다.

1783년(정조 7) 계묘년

1월 1일 갑인, 아침에 흐리고 저녁에 맑음

양소에서 곡전하였다. 천식이 들은 지 1년이 되었다. 또 새해 첫 날인데도 슬프게 울며 날을 지냈다. 밤새도록 느껴서 소리내어 읊었다.

2일 아침에 흐리고 저녁에 맑음

3일에는 눈이 조금 내리다.

종일 병으로 신음하면서 조문객을 맞이했다. 마음이 슬프고 목숨의 실이 끊어지는 것과 같았다. 4일은 흐렸다. 5일은 맑았다. 6일 흐리고 7일도 흐리고 8일도 흐렸다.

집 안에 병고가 계속되고있다는 말을 듣고 걱정되고 염려되었다.

15일 큰눈

곡을 하며 제사를 드리고 돌아와 눈을 밟으니 한기가 느껴졌다. 종일 아파서 울면서 괴롭고 매우 고민스러웠다. 시장에서 현금 1관(貫)에 쌀 2말이어서 시골사람들이 굶주린 기색이 있다고 들으니 놀랍고 근심함이 깊다.

21일 바람과 눈

찬 방이라 하혈하였다. 병을 돌보지 못해 절실히 걱정되고 염려스럽다.

24일

역적을 목 베었다는 윤음을 듣고 북산에 올라가 이마를 조아리고 바라보며 하례했다.

27일 맑음

밤에 아버지를 만났는데 아버지가 말씀하시기를 "네가 어찌해서 곡읍하며 괴로워하는가?" 놀라서 일어나 문을 나가니 동방이 이미 밝았다. 거꾸러지고 엎어지면서 산소에 올라가 소리쳐 우는 것이 평소보다 배가 되었다.

2월 1일 임술, 맑음

예행대로 곡전하였다.

5일 지나 비가 내렸는데 집사람이 내 생일에 반주(飯酒)를 보내서 애씀을 느꼈다. 천지 간에 흉한 생애에 백성을 구휼하라는 윤음이 반포되었음을 들었다. 일반 백성들이 모두 성덕(聖德)을 칭송했다. 이날 밤에 꿈속에서 아버지를 만났다. 아버지가 명해서 모르는 장소로 보내졌다. 詩 2句를 지었는데, 깨어나서 돌아왔는데 1句는 잊어버려 기록을 못했고 1句는 "피눈물을 머금고 늦은 갈대 가을을 보낸다" 라고 하였다. 곧 등불을 켜서 이를 기록했다.

6일

이웃집에서 아이를 낳은 고로 여묘에서 산소에 상식을 올렸다.

15일 맑음

돌아가서 빈소에 전을 올렸다. 25일에 돌아가 아버지께 곡을 했다. 첫 번째 예와 두 번째 예에 외와 박을 여묘 앞뒤에 심었다.

3월 1일 임진, 비

곡전을 드리고 왕래하며 빗물을 건넜다. 종일 밤새도록 신음했다.

4일 맑음

가묘를 세웠다. 형을 보내 오산(鰲山)의 친척 김씨 어른 집에 재목을 청했다. 고제(高梯)에 우거하고 있는 오두원(吳斗元)이 와서 조문했다. 이 사람은 삼봉(三峯) 밑에서 여묘살이한 오두삼(吳斗三)의 큰 형님이시다.

11일 비

새벽에 산소에 올라가니 큰 호랑이가 묘 둘레에 머무른 자취가 있었다. 여묘로 내려오니 또한 호랑이 자취가 여묘를 돌았던 것이 무수히 많았다. 이상하도다. 여묘에 머문 이후로 여우와 토끼도 보지 못했는데 오늘 여기 호랑이 자취가 있으니 극도로 비상하다.

25일 맑음

큰 형님과 작은 형님이 와서 산소에서 곡을 하였다. 슬픈 얼굴빛을 하

고 말하기를, 마을에 쌀이 떨어져 굶주려 얼굴이 부어서 죽음에 임박한
자가 10여 명이라 했다. 우리 형제가 만약 쌀 10말 빚을 얻어가지고 구제
할 수 있으나, 상중에 있으니 마음이 아프고 걱정됨을 어찌하겠는가? 내
가 듣고 놀람을 이기지 못하고 탄식하며 말했다. "우리 집에 혹 보리가 익
을 때 올릴 쌀이 있지 않는가? 여묘하는 이후로 아직 집사람의 얼굴을 대
면하지 못해서 바야흐로 어떻게 도모할 방법이 없다. 다행히 내가 말하여
급기야 빌려서 배고픔을 도울 수 있다면 마땅히 내가 가야합니다." 하니,
형님이 말하길 "너의 부인이 여묘에 계속 양식을 대느라 넉넉하지 못하여
오히려 한이 될텐데, 하물며 남음이 있어 저축한 쌀이 있겠는가?" 형님이
시험 삼아 말을 하고 돌아갔다.

26일

해 뜰 때 산소에서 곡하였다. 여묘에 저축했던 3말의 쌀을 가지고 돌아
와 먼저 죽을 끓여 먹일 계획을 세웠는데, 큰형님과 작은 형님이 또 몇 말
의 콩을 가지고 와 도왔다. 이에 솥에 죽을 끓여가지고 마을안의 부황자
15명을 불러 배부르게 먹이고 죽을 나누어 주었다. 가까운 마을과 도로와
골짜기에서 죽은 자에게 먼저 제사를 지내고, 풍문을 듣고 온 사람들에게
옹기에 저축한 것을 쏟아서 주었는데 오히려 부족하였다. 큰 형님과 작은
형님을 돌아보면서 말하기를, " 베풀어주는 것이 자못 귀하나 부자 못됨
을 한스럽게 생각하지 마십시오. 만약 수백 말의 곡식을 얻는다면 가히
한 지역 경계에서 굶주리는 자들에게 또 베풀 것입니다. 부자가 되지 못
함을 한스럽게 여기지 마십시오". 라고 하였다. 해가 떨어지자 여묘에 돌
아왔다.

27일

돌아와 가묘를 세우려고 터를 닦는 일을 감독했다.

29일

또 사당 세우는 일을 감독했다. 밤을 타 여묘에 돌아왔다. 꿈속에서 선대왕을 여소에서 만났는데 어제(御製) 2句를 받들었다. 그 시에 말하기를 "답청 때에 뭇 뜻을 의탁했는데 사물을 보니 한마음이 열리더라." 깨어나 황송함을 이기지 못해 "이상하다 지난 해 7월 16일 밤 꿈에 주상전하를 뵙고 그때 2句詞를 받들었는데 詞는 앞에 기록되어 있다." 아! 내가 초야에 묻혀있는 죄인으로 꿈에 성상을 만나 뵈오니 황송하고 황송 또 어제를 받들어 더욱 심상치 않다." 감히 여기에 기록하여 종신토록 외우고 읊어 가지고 도움을 얻으리라.

4월 1일 신유, 흐림

돌아와 빈소에 전을 올렸다. 그리고 가묘의 일을 감독했다. 가묘 짓는 일을 끝내지 못했는데 이웃집에 천연두가 침범해 매우 번민하고 탄식했다.

15일 맑음

조카에게 천연두가 침범했다고 들으니 걱정이 특별히 더하다. 산소에서 곡전하고 또 이로부터 상식할 계획이다.

27일 맑음

이날 밤에 아버지를 꿈속에서 만났는데 많고 적은 가정일을 잘 처리하라고 명하셨다. 깨어나 놀라서 울음을 이기지 못했다. 엎어지고 하면서 집에 돌아가 어머니께 꿈을 고했다. 과연 꿈속에서 명한 것이 딱 맞았다. 이에 상세하게 일을 처리했다. 곡읍하면서 여묘로 돌아와 혼령이 훈계한 것을 외우고 읊으니 완연히 살아있을 때와 같았다. 두려워하고 전전긍긍해서 밤새도록 자지 못했다.

5월 1일 신묘, 맑음

간략하게 두부와 장, 술과 과일을 갖추어 산소에서 울면서 전을 올렸다. 집안 형님이 천연두에 걸려 능히 와서 참예하지 못했으니 대단히 통탄할 일이다. 산소에 올라가 밥을 올리니 갑자기 반찬을 올릴 길이 없었다. 아이가 냇가에서 낚시하여 물고기를 얻을 수 있었다. 반찬을 드리는 행운이 있을 뿐아니라 아버지가 평소 즐기던 물고기이니 더욱 다행이었다.

6일

어린아이 영돌(永乭)이가 천연두에 걸려 죽었다고 말하는 것을 들었다. 이에 크게 소리치고 곡하며 말하기를 "이 아이가 아버지 회갑 되는 해에 태어나서 빈소에서 삭망을 같이 했는데, 아버지를 부르면서 나가 옷을 잡아당기며 웃으며 문답을 했고, 지각이 지극히 똑똑했고 이마가 둥글고 눈썹도 빼어나 일반 아이보다 뛰어났다." 문득 하늘의 슬픔을 보니 부르짖는 가운데 아프고 놀라서 더 이상 말을 할 수 없었다.

16일 맑음

바야흐로 집에 천연두의 근심이 치열한고로 어머니의 기제사를 아이로 하여금 산소 위에서 권행하여 禮의 뜻을 손상시킬까 두려웠다. 말린 고기와 젓갈, 술과 과일로서 제사지내니 미루어 느낌이 망극하였다. 산소 옆에서 곡읍하니 병으로 인해 일어날 수 없었다.

18일 큰비

골짜기에 물이 크게 흘러 갑자기 사태가 일어나 여묘가 무너졌다. 갑자기 불 땔 나무도 없었다. 천식이 있는 사람이 굶주려 죽더라도 족히 애석할 것은 없었다. 묘위에 올라가 상식해야 되는데 홀로 어찌하리오. 바위 밑에 솥을 걸고 소나무 위에 막을 설치하고 여막을 부수어 불을 때서 밥을 했다. 막을 설치해 상식하고 밤새도록 비를 무릅쓰고 앉아서 기침하면서 울었다.

19일 비

이날 밤에 꿈속에서 아버지를 만났는데 아버지가 말씀하시기를 "내가 북국에 가서 반역자를 목 베어 돌아왔다"고 하였다. 또 천연두 근심에 대해 물으셨다. 내가 대답해 말하기를 "지난번에 어린 손자가 요절했습니다." 하니, 아버지가 매우 슬퍼하시고 탄식하셨으나 얼굴빛이 평시와 같았다. 깨어난 후 사모하는 감정을 이기지 못해 목메어 울었다.

25일 비

아침저녁으로 산소에서 곡을 한 여가에 또한 자식이 좌우에서 곡을 했다고 혹자가 말하였다. 그렇지 않다고 내가 말하기를, "요절했는데 어린 아이 죽음보다 더 일찍 죽었다.

鄭禮에 말하기를, 날로서 달을 바꾸어 아이 나이가 4살인즉 46일 곡하니 정례(情禮)에 합한다는 것이 이것이다." 해가 저물어 또 어린 동생 갑손(甲孫)이 돌림병에 걸려 죽었다고 들었다. 슬프고 애통한 일이다. 어찌 가정의 운이 이렇게 크게 혹독한가? 이 아우는 아버지 회갑 때 태어나 아버지가 이 이름을 지어주셨다. 홀연히 이런 지경에 이르니 아픈 생각이 지난 날에 요절한 것과 같을 뿐만이 아니다. 칩거하고 있는 죄인이 계속해서 요절하는 친척을 보니 정신을 잃을 것 같고, 모습만 다만 존재해 있는 것 같다. 이에 定力이 견고하지 못함을 안다. 어려운 지경을 만나니 진실로 번민스럽다.

6월 1일 신유, 흐림

산소에서 곡전하고 겸하여 새 외를 올리니 그리움을 느낀다. 병으로 더운 기운이 침범해 종일 신음했다.

6일

종형 가조(加祚)댁에서 여식이 요절했다고 한다. 이 또한 천연두 때문이었다. 하루 만에 어린 여종 월심(月心)을 천연두로 잃었는데, 후에 종기가 수일 지나면서 조카 철추(銕椎)가 천연두에 걸려 죽었다고 한다. 이 어찌 가정의 복이 이렇게까지 시들었는가? 아파서 울었는데, 흉한 일로 갑자기 온전히 살기를 바랄 수 없다.

11일 비

병으로 더운데도 조석으로 산소에서 곡하고 비틀거리며 걸었다. 정신이 혼미하여 계단에 오르려고 해도 오르지 못했다. 그래서 엎드려 섬돌아래에서 곡을 했다. 또한 일어나지 못했다. 스스로 혼미함을 알지 못하고 새벽부터 밤까지 이르고 또 밤에서 아침까지 이르렀다.

12일 저녁 소나기

병을 부여안고 돌아와 곡을 했다. 아들과 조카들이 빈소 여막 밑에 있었다. 전원의 농민들이 바야흐로 벼농사 김매면서 다투어 나에게 조문했다. 여러 부형이 나의 병상을 보고 강하게 해소를 권했다. 내가 울며 말했다. "그런 말 하지마시오" 진실로 완고한 천식이 있는 것이 오히려 한이 되고 또한 실같은 목숨을 보존하고 있으니 어찌 바라리오. 곧 넘어지면서 여묘로 돌아왔다.

14일

큰 형님과 작은 형님이 오셔서 산소에서 곡하면서 나에게 일러 말하기를 천연두 근심이 깨끗해졌으니 다음 날부터 빈소를 열자고 하였다.

15일 비

물바가지에 흙덩어리를 가지고 돌아와 빈소에 전을 올렸다. 병을 부여안고 왕래하니까 남은 천식이 죽음을 드리워 조석으로 산소에서 곡하는데 소리가 나지 않았다.

17일 흐림

큰 형님과 작은 형님이 산소에서 곡을 하시고 여묘에 내려와 나의 얼굴이 상한 것을 보고 손을 잡으면서 울면서 말하기를 "네가 고집이 세니 내가 어찌 빈말을 하겠는가." 다만 꾸짖고 돌아가셨다. 이 날 저녁 땅거미가 질 때 병을 부축하며 산소에 올라가서 오랫동안 정신없이 우니까 한 노인이 있었는데, 산 꼭대기에서 내려와 산소 옆의 토지 신단(神壇)에 앉아있었다. 내가 누구인지 묻고자 했는데 어머니 산소에서 곡을 하지 않은 까닭으로 황급하여 묻지 못했다. 슬픔을 다한 후 억지로 물어 말하기를 "옹이 소를 잃은 사람인가?" "매를 찾는 사람인가?" 혹은 "길을 잃은 사람인가?" 산은 깊고 날은 저문데 어찌해서 여기까지 왔습니까? 노인이 묵묵히 말을 하지 않다가 입을 열어 서너번 칭찬하는 말을 하고 일어나 초연히 북쪽을 향하여 날아가는 것 같은데, 황연히 동쪽으로 가 여막으로 들어가는 것 같았다. 엎어지고 넘어지면서 내려오니 아이들이 제단에 앉아서 시를 외우고 있었다. 급하게 손님이 들어오셨냐고 물으니 아이가 말하길 "모르겠습니다." 하였다. 곧바로 아이를 거느리고 산을 더듬어 골짜기를 찾아 노인을 부르니 아득하여 그 곳을 볼 수 없었다. 거적 자리에 나아가 앉았다가 누워서 생각하니 이상하였다. 노인이여! 아이들이 나이가 어려서 겁을 내어 종일토록 무릎에서 떨어지려 하지 않았다.

24일 맑음

신음하며 돌아가 가묘 담장과 벽 짓는 일을 감독했다.

29일 그믐, 흐림

모친이 와서 산소에 소주를 올렸다. 이에 슬픔을 다한 후 내가 곡을 끌며 말하기를 "며느리가 와서 곡을 하니 예를 손상시키는 것과 같다. 3년이 하루밤 꿈과 같으니, 제도를 마침이 멀지 않은 까닭으로 평일에 즐기던 바를 가지고 와 사모하는 회포를 풀었다." 겸하여 묻기를 "너의 병세가 저번과 같지 않으니 어찌된 일인가" 울면서 공손히 "그렇습니다."라고 대답했다. 어머니를 모시고 남산 아래에서 보냈다.

7월 1일 경인, 맑음

빈소에 돌아와 전을 드리고 상제(祥祭, 탈상)의 여러 범절에 대해 의논하고 곧 여묘로 돌아갔다.

2일

밤에 큰형님, 작은 형님과 더불어 지난 해 이날 밤 소상에 대해 말하면서 서로 향해 목 놓아 우느라 말을 할 수 없었다.

4일

돌아가서 빈소에서 곡하였다. 장인(工人)으로 하여금 흰 삿갓을 만들게 하고 조카로 하여금 포망(布綱)을 만들도록 하였다. 예교에는 어긋나는 것 같으나 습속을 따른 것이다.

7일

돌아가서 사당 가운데 탁자 일을 감독하였다.

10일 큰비

이날 밤에 빗물소리를 들었다. 집을 흔드는 천둥번개가 창문을 두드리고 천 번 침범하고 만 번 물이 새어 갑자기 벽이 무너졌다. 이에 불을 들고 뚫어진 벽에 수로를 통하게 했다. 비와 바람이 마치 신음하는 것 같았다. 경전책을 안고 밤을 샜다.

11일 입추 겸 말복, 큰비

설사를 했다. 슬픈 마음으로 골짜기에 칩거했는데 갑자기 사방이 무너졌다. 바라건대 상기전에(탈상 전에) 죽지 않기를 간절히 원하였다.

14일 맑음

적(樀)을 보내 외와 박 등을 큰 형님댁에 심게했다. 비온 뒤 새로운 양지에 남초(南草:담배) 세 움큼을 심어서 대상 때에 쓰려고 했다. 저녁사이에 빈소에 돌아왔다.

15일 맑음

아침에 상식하고 말린 고기와 젓갈, 술과 과일로 전을 올렸다. 저녁에는 여러 가지 제수를 갖추어 지냈다. 조문객이 물을 건너 도착하여 부의로 제사를 드렸다. 궁핍해 절차를 잊음이 많았다. 이는 곧 아버지가 사람들을 깊이 감동시킨 것이다. 하늘이 또한 아버지 덕에 감동하였다. 슬퍼하여 병들음의 고통을 잊었다.

16일 맑음

대상을 행하고 빈소를 거두었다. 확연히 부르짖고 사모하니 하늘 끝까지 해도 다할 수 없다. 이에 탁자를 받들고 여묘로 돌아왔다.

17일

재종제 형제가 아울러 요절하여 슬퍼했다는 말을 듣고 놀라움을 이기지 못하고 말하기를, "나의 집에 천연두 액운이 어찌 이와 같이 있을 수 있겠는가?"라고 하였다.

19일

문중의 부형 및 인척들이 와서 말하길 "몸이 약한 사람이 3년 동안 산소를 지키며 슬퍼하였는데, 이른바 죽지 않은 것은 업에 뜻을 두어 정성을 돈독히 한 때문일 것이다. 여묘를 거둔 확연한 날에 진실로 병이 생기지 않음을 알지 못했다. 담제(26개월에 지내는 제사) 후에 고기먹는 예를 좇지 마라." 큰 형님과 작은 형님이 또 울며 말하기를, "아! 나의 기질이 너보다 조금 강한데 오히려 조만간에 병이 날 염려가 있으니 바야흐로 너는 식육(食肉)할 계획을 하고 모름지기 삼가고 새길 지어다" 하였다. 나는 "스스로 헤아리건대 담전에 목숨을 보존하기 어려울 것 같으니 약석(藥石)이 되는 명을 좇지 않겠는가."라고 답했다.

19일 비

문중의 부형이 여막 거둘 것을 청했다. 내가 울면서 말했다. 상제(喪制) 있을 때 처음부터 끝까지 말하기를, "대상 후에 여묘를 거둔다해도 아버지가 일찍이 계실 것인데, 나는 차마 갑자기 돌아갈 수 없습니다. 그래서 수 칸의 띳집을 산소 아래에 지어 죽을 때까지 산소를 지키고 살필 계획을 세웠읍니다. 연제사 후에 조석으로 하는 곡을 거두고 대상 후에는 전배(展拜)한다는 글이 없으니, 무릇 상복을 벗지 않고 곡읍을 거두지 않는다면 이는 곧 산소를 지키는 자가 용납하지 않을 따름으로, 예는 진실로 정에서 나오는 것이고 담제 또한 喪의 기간입니다. 담 전에 곡전하나 비록 혹 禮家에 책망을 당한다해도 나는 반드시 인정에서 어그러지지 않을 것입니다. 추복의 모든 절차가 예에 근거가 없는 까닭에 처음부터 지금까지 상례에 의거했는데, 추복의 정이 다행히 어머니 묘소가 같은 언덕에 있음을 만난다면 예에 죄가 되더라도 또한 장차 어떠하겠읍니까?" 우리가 예를 알지 못하고 어찌 족히 책망하겠는가? 부형들이 말하기를 "네가 평소에 고집이 있으니 우리가 어찌 뭐라고 말하겠는가." 이에 탄식하며 돌아갔다.

20일 큰비, 그 다음 날에도 큰비

여막의 주방에 갑자기 물이 새고 기둥이 부러졌다. 이에 크게 놀라 산소에서 곡하며 말하기를, "하늘이 비를 내려 여막을 무너뜨리니 이는 진실로 불효를 하는 것이다. 담제 전에 산소를 지키려는 뜻을 과연 어찌해야겠습니까?" 문중의 부형들이 듣고 말하기를, "상제에는 기한이 있고 대상 후에 여묘가 무너졌으니 이 또한 우연이 아니다. 이는 진실로 하늘이 시키는 바이다. 이에 자네는 임무를 마쳤으니 장차 돌아가자." 하였다. 나는 한 걸음에 다섯 번 돌아보고 슬퍼하니 눈물을 뿌리는 가운데 산길에서 넘어지고 골짜기와 구름이 넘어짐이 여러 번이었다. 이에 돌아와 사당에 울며 고하니, 밤에 여묘에 앉은 것 같이 불빛이 반짝거리는 것 같아 잠을 잘 수가 없었다. 이 날부터 한번 산소에 가 곡하였는데, 여묘에 있을 때 보다 슬픔이 더 심했다. 여묘가 비었는데 서책과 붓, 벼루가 완연히 위에 있는 것 같았다. 남초와 외, 박이 밭 사이에 가득했다. 끝내 유실됨이 없었고 나무하는 목동을 두텁게 하고 바람이 풍속을 순하게 하니 또한 기이하다.

8월 1일 경신, 비

산소에 가 곡하다. 무너진 여묘를 붙들고 혼자 앉아있다가 날이 다하여 돌아왔다.

6일 흐림

산소에서 곡하고 돌아왔다. 요절한 이를 묻은 곳에서는 마음이 아프고 해서 말할 수가 없다.

15일 맑음

산소와 사당 두곳에서 절사(節祀:계절제사)를 행했다. 대상 후 느낄 때 흥극함이 평상시보다 배가 되었다.

16일 흙비 내림

안의(安義)에 사는 생원 이운보(李潗甫)집에서 돈을 빌려 산소 아래에 재실을 지을 계획을 세웠다. 이생의 산소가 같은 골짜기에 있는 까닭에 크게 기뻐하며 허락하여 매우 다행이고 감사하다.

제11장

조선후기 밀양부 金寧金氏 집안의 충효각과 탁삼재

머리말

주지하듯이 조선왕조는 국가적인 차원에서 삼강오륜을 보급하기 위하여 정표정책을 적극적으로 실시하였다. 사회적 신분의 고하, 귀천, 남녀의 구별없이 충, 효, 열의 사적이 탁이한 자에게는 그 행적에 따라 정문, 정려, 복호, 급복, 상직, 상물 등으로 나누어 포상함으로써 후손들로 하여금 본받도록 하였던 것이다.

정려의 청원과 결정에 있어서는 먼저 백성이 수령에게 청원하면 관찰사, 예조, 의정부의 순서로 보고가 올라가 마지막으로 국왕의 재가를 받았다.

지금까지 조선시대의 정표정책이나 효자, 열녀에 대한 연구는 주로 조선왕조실록, 유교윤리 교화서, 전국지리지, 읍지 등의 분석을 통해서 이루어졌으며,[1] 고문서를 활용한 연구는 그다지 많지 않았다.[2] 이에 본고

---

1) 박　주,『조선시대의 정표정책』, 일조각, 1990.
　　진단학회,「『삼강행실도』의 종합적 검토」, 제25회 한국고전연구심포지움,『진단학
　　　　보』85, 1998.
　　조　광,「조선조 효인식의 기능과 그 전개」,『한국사상사학』10, 1998.
　　박　주,『조선시대의 효와 여성』, 국학자료원, 2000.

는 고문서를 활용한 사례연구 작업의 일환으로 밀양의 충효각(忠孝閣)과 탁삼재(卓三齋) 사례에 대해 주목하고자 한다. 오늘날 밀양시 산내면(山內面) 봉의리(鳳儀里)의 金寧金氏 집안에서는 3명의 충신 효자, 2명의 효부 열녀가 연달아 배출되었다. 밀양 의병장 김유부(金有富)와 그의 아들 기남(起南), 난생(蘭生) 형제 그리고 기남의 처 경주 최씨와 난생의 처 은진 송씨가 그들이다. 한 가문에서 양대에 걸쳐 三忠五孝二烈의 삼강행실 사적이 나옴은 드문 일이라 할 수 있다. 충효각은 김유부의 충효를 표창하기 위해 세워진 정려각(旌閭閣)이다. 영조 30년(1754)에 김유부의 충효 정려의 명이 나라에서 내리고 영조 32년(1756) 특명에 의해 마을 앞에 세

이희환, 「조선말기 정려와 가문의 숭상 풍조」, 『조선시대사학보』 17, 2001.

김항수, 「조선전기 삼강행실도와 소학의 편찬」, 『한국사상과 문화』 19, 2003.

이재두, 「『동국여지승람』의 효행기록과 효인식」, 경북대학교 석사학위논문, 2005.

이정주, 「전국지리지를 통해 본 조선시대 忠. 孝. 烈 윤리의 확산 양상」, 『한국사상 사학』 28, 2007.

이광렬, 「광해군대 ≪동국신속삼강행실도≫ 편찬의 의의」, 『한국사론』 53, 서울대학교 국사학과, 2007.

박 주, 「『동래부지』의 편찬과 효자, 열녀」, 『조선사연구』 16, 2007.

_____, 『조선시대의 여성과 유교문화』, 국학자료원, 2008.

_____, 「조선 중기 『밀양지』의 편찬과 효자, 열녀」, 『조선사연구』 17, 2008.

_____, 「조선시대 경북지역의 효자. 효녀. 효부 사례분석」, 『한국사상과 문화』 49, 2009.

_____, 「조선시대 경남지역의 효자. 효녀. 효부 사례분석」, 『한국사상과 문화』 54, 2010 등.

2) 박 주, 「조선시대 12정려와 8정려에 대한 사례연구」, 『사학연구』 5 · 56 합집호, 1998.

임선빈, 「충청도 대흥. 덕산. 예산 지역의 효행포장」, 『조선시대 사회의 모습』, 집문당, 2003.

김 혁, 「19세기 김채상 집안의 효자정려 취득과정」, 『장서각』 12, 한국정신문화연구원, 2004.

박 주, 「17세기 후반 경상도 의성현의 禹氏 열녀의 삶과 생활─신덕함의 『禹烈女傳』을 중심으로─」, 『사학연구』 83, 2006.

_____, 「18.19세기 동래부 穎陽千氏 집안의 효자정려 청원과정─『石臺千氏五代六孝古文書』를 중심으로─」, 『사학연구』 85, 2007 등.

위졌다. 철종 13년(1862)에는 사우(祠宇)가 창건되었으며 이어서 고종 1년(1864)에는 탁삼재를 창건하였다. 탁삼재에는 상서(上書), 완문(完文), 서목(書目), 호구단자(戶口單子) 등 모두 43점의 고문서가 소장되어 있다. 이들 고문서들은 순조 30년(1830)부터 고종 31년(1894)까지 64년에 걸쳐 작성된 것으로 19세기 향촌사회의 일면을 이해하는데 도움을 준다. 그리고 고종 31년(1894)에는 『어초와양세삼강록(漁樵窩兩世三綱錄)』이 발간되었다.

본고에서는 한 가문에서 충효열 삼강행실의 사적이 나온 경상도 밀양부 김유부 가문의 삼강(三綱) 사례를 먼저 살펴보고 이어서 충효각과 탁삼재의 유래와 성격 그리고 정려와 추증급복의 취득 과정 등에 대해 자세히 검토하고자 한다. 이에 본고에서는 탁삼재 소장의 고문서, 『어초와양세삼강록』,3) 『김녕김씨직제학공후어초와공파세보(金寧金氏直提學公后漁樵窩公派世譜)』,4) 『조선왕조실록』, 『여지도서』, 『경상도읍지』, 『밀주읍지』, 『밀양부읍지』, 『밀양군읍지』, 밀양지5), 족보 등의 자료를 참조하였다.

---

3) 『漁樵窩兩世三綱錄』4권 2책은 1894년(고종31년)~1898년(고종35년)에 후손 10세손 金漢栢, 11세손 金璣淳, 12세손 金秉洛, 13세손 金奎煥에 의해 발간되었으며, 1997년에는 이를 번역하여 출간하였다. 여기에서는 金寧金氏卓三宗會, 『漁樵窩兩世三綱錄』(국역), 1997을 이용하였다.

4) 『金寧金氏直提學公后漁樵窩公派世譜』는 2006년에 金寧金氏卓三齋宗親會에서 발행하였다.

5) 「密陽志」는 경상도 밀양의 사찬읍지이다. 密陽志는 효종 3년(1652)에 申翊全(1605, 선조38-1660, 현종1)이 밀양부사로 부임하여 편찬한 읍지이다. 읍지가 책으로 독립되어 있지않고 신익전의 문집인 『東江遺集』권16 別錄에 수록되어있다. (박주, 「조선중기 密陽志의 편찬과 효자, 열녀」, 『조선사연구』17, 2008 참조)
『밀양지』, 밀양지편찬위원회편, 밀양문화원, 1987 참조.

1. 金有富 一門의 三綱 사례

경상도 밀양의 金寧金氏 집안은 2대에 걸쳐 3명의 충신 효자, 2명의 효부 열녀를 배출함으로써 5정려가 내려졌다. 김유부(金有富), 김기남(金起南), 김난생(金蘭生) 삼부자의 충효정려, 김기남의 처 경주 최씨, 김난생의 처 은진 송씨의 효열정려가 그것이다.

먼저 이들의 충, 효, 열의 행적을 표로 만들면 다음과 같다.

<표 1>

성명	신분	나이	충효열 행적	포상내용
金有富 (1549∼ 1621)	밀양의병장, 軍資監正 尢의 자	4세 44세 45세 54세	부친상을 당함 임진왜란이 일어나자 90세된 노모를 등에 업고 왜적과 싸움 慶州, 蔚山의 陣에서 대첩을 거둠 어머니 密城朴氏의 喪을 당함	宣武二等功臣에 녹훈, 龍驤衛 將軍에 제수, 通政大夫 司僕寺正에 행직제수됨 忠孝旌閭(영조30년, 1754), 후손들에게 復戶(영조35년, 1759), 贈職(철종13년, 1862)
金起南 (1589∼ 1637)	金有富의 장자	48세 49세	병자호란이 일어나자 兵使 李義培의 陣에 아우와 함께 나가 전투에 참가 경기도 廣州 雙嶺의 전장에서 형제가 장렬하게 순절	贈職(철종13년, 1862), 旌閭(철종14년, 1863)
金蘭生 (1592∼ 1637)	金有富의 차자	45세 46세	병자호란이 일어나자 兵使 李義培의 陣에 형과 함께 나가 전투에 참가 경기도 광주 쌍령 전장에서 형제가 장렬하게 순절	贈職(철종13년, 1862), 旌閭(철종14년, 1863)
慶州 崔氏	金起南의 처, 僉使(종3품) 崔雲立의 女		쌍령 전지에 가서 남편의 시신을 찾아 고향으로 운구하여 안장하는 준비를 마친 뒤 하관하는 자리에서 자결, 합장됨	旌閭(철종14년, 1863)

恩津 宋氏	金蘭生의 처, 學生 宋永均의 女	쌍령 전지에 가서 남편의 시신을 찾아 고 향으로 운구하여 안장하는 준비를 마친 뒤 하관하는 자리에서 자결, 합장됨	旌閭(철종14년, 1863)

*『漁樵窩兩世三綱錄』(국역본)에 의하여 작성되었음

1) 金有富(1549, 명종 4년 ~ 1621, 광해 13년)의 충효[6]

김유부의 본관은 金寧이며 자는 성노(性老), 호는 어초와(漁樵窩)[7]이다. 그는 명종 4년(1549)에 밀양부 오치현(烏峙峴)의 동쪽 벌원리(伐院里)에서 출생하였으며 광해 13년(1621) 73세에 별세하였다. 신라 경순왕의 8세손인 김시흥(金時興)이 고려 평장사(平章事, 정2품)로 金寧君에 봉해짐으로써 후손들이 金寧을 본관으로 삼았으며 김시흥이 곧 중시조이다. 그는 중시조 김시흥의 14세손이고 고려조 직제학 김문엽(金文燁)의 10세손이다. 고조는 조선조 현감(종6품)을 지낸 원승(元承)이며, 증조는 좌부승지(정3품) 동명(東明)으로 호가 효우당(孝友堂)이며 연산군 때 벼슬을

---

6) 『국역 여지도서』 경상도 밀양도호부 효자조 238쪽을 보면 "김유부는 임진왜란 때 어머니를 등에 업고 적진으로 들어가 왜적의 머리를 베었는데, 어머니와 아들이 모두 온전히 목숨을 건졌다. 그의 충성과 효성이 나라에 알려져 그가 살던 마을에 정문을 세워 표창했다."라고 실려있으며, 『경상도읍지』(밀양부읍지) 밀양부 효자조 500쪽을 보면 "金有富는 임진난에 90세된 노모를 등에 업고 전중에 들어가 한 칼로 적의 머리를 베었다. 낮에는 몸소 키斗(구리로 만든 솥같은 기구)를 잡고 陣에 나갔으며 밤에는 몸소 맛있는 음식으로 어머니를 봉양하였다. 모자가 모두 온전하였다. 적의 머리를 벤 공으로 旌閭하였으며 또한 錄券에 실려있다. 그의 아들 기남과 난생 형제가 병자난을 당하여 함께 쌍령전투에 나갔다가 전사하였다."라고 수록되어 있다. 『密州邑誌』(편찬연대 미상)효자조, 『密陽府邑誌』(奎17444, 정조5년~정조9년 편찬) 밀양도호부 효자조, 『密陽郡邑誌』(奎10867, 1899년 편찬)효자조에도 "金有富壬亂負老母 入戰陣中斬賊首母子兩全以忠孝事 聞旌閭 在新誌"라고 하는 내용이 보인다.

7) 『漁樵窩兩世三綱錄』 권2 행장 84쪽을 참조하면 "비록 태풍과 심한 비가 와도 밭 갈고 김매는 일을 피하지 아니하고, 산에 나무하고 물에 고기 잡아 맛있는 음식을 다 갖추어 봉양하며 호를 漁樵窩라 하였다."

버리고 남하하여 상주 화대면(火岱面)을 거쳐 밀양 봉촌으로 옮겨 살면서 자연을 즐기며 시를 읊으니 세상사람들이 산운거사(山雲居士)라 일컬었다. 祖는 훈련원첨정(訓練院僉正, 종4품) 시성(時盛)이며 父는 군자감정(軍資監正, 정3품) 윤(允)이다.8)

김유부는 4세에 아버지를 여의고 어머니를 지극한 효성으로 봉양하여 낮에는 고기잡고 나무하는 일을 하고 밤에는 經史를 읽어 어머니를 기쁘게 함으로써 사람마다 그 효행에 감복하였다. 44세 때 임진왜란이 일어나자 90세 노모를 등에 업고 출전하여 효평(孝坪)과 황산(黃山)에서 공을 세웠다. 45세 때는 유천(楡川), 경주, 울산의 陣에서 대첩을 거두었다. 적의 머리를 베어 공을 세우니 도원수 권율(權慄)과 어사 한준겸(韓浚謙)이 치계하여 선무원종이등공신(宣武原從二等功臣)에 녹훈(錄勳)되고 용양위장군(龍驤衛將軍)에 제수되었으며 통정대부(通政大夫) 사복시정(司僕寺正)에 행직제수되었다. 선조가 환도하자 곧 옛 고을로 돌아가 노모를 효양하고 두문불출하였다. 두 아들을 충효로써 교육하며 일생을 마침으로써 후인이 사시(私諡)하여 충효공이라 하였다. 김유부의 5세손 유학 김태원(金泰遠)이 임금의 수레 앞에 탄원하여 1754년(영조 30) 4월에 충효 정려의 명이 나라에서 내리고9), 9월에 <忠孝閣板文>을 행승정원동부승지(行承政院同副承旨) 임박(任璞)이 지었다.10)

영조 32년(1756)에는 특명으로 그가 살던 마을 앞에 충효정려를 세웠다. 영조 35년(1759)에는 경상도 관찰사가 밀양부사에게 김유부 후손들의 복호실지(復戶實誌)를 보냈다.11) 철종 13년(1862)에는 통정대부승정원좌승지겸경연참찬관(通政大夫承政院左承旨兼經筵參贊官)에 증직되었다.

---

8) 『漁樵窩兩世三綱錄』(국역본), 82~83쪽.
9) 위의 책 권2 關文 119~121쪽.
10) 위의 책 권2 忠孝閣 板文 122~123쪽.
11) 위의 책 권4 復戶實誌 160~162쪽.

규장각 직제학 김병필(金炳弼)이 행장을 지었고[12] 관찰사 조재응(趙在應)
이 묘갈명을 지었다. [13]부인은 분성(盆城) 허씨(許氏)이며 증숙부인(贈
淑夫人)으로 참봉(종9품) 희원(希遠)의 딸이다.

2) 金起南(1589, 선조 22년~1637, 인조 15년)의 충효

김기남은 김유부의 장자이며 중시조 김시흥의 15세손이다. 그의 자는
진익(進益)이며 호는 대암(臺巖)이다. 아버지가 일찍이 등창을 앓았을 때
기남은 동생 난생과 함께 입으로 빨아서 아버지의 등창을 낫게 하였다.
장성하여서는 학당에 나아가서 널리 경서와 사서를 읽었고, 항상 말하기
를, 선비가 이 세상에 나서 유익한 일을 한 것이 없으면 죽고난 뒤에 들릴
것이 없고, 죽고난 뒤에 들릴 것이 없으면 이는 스스로 자신을 포기하는
것이라 하고, 절절히 스승을 좇으라 하였다. 48세 때 병자호란이 일어나
자 아우와 함께 병사(종2품) 이의배(李義培)[14]의 陣에 나아가 인조 15년

---

12) 위의 책 권2 行狀 82~89쪽.
13) 위의 책 권2 墓碣銘并序 91~95쪽.
14) 『숙종실록』 권35, 숙종 27년 6월 5일 신유조에 의하면, 숙종은 "父子(이의배, 이목)
가 死節하는 경우는 세상에서 드문 일로 병사 李義培(1576~1637)를 議政으로 추
증하고 賜祭할 것이며, 許完, 閔栐과 함께 旌閭하도록 하라" 하였다. 그리고 李穆
(이의배의 아들)과 曹丑生(營奴)도 정려토록 하였으며, 조축생의 아들은 錄用의 규
례에 따라 加資하라 하였다. 이의배의 아들 李穆은 李适의 변을 당하여 그 외삼촌
완풍부원군 李曙를 따라 行陣에 있다가 적에게 사로잡혔는데 조금도 굽힘없이 적
을 꾸짖다가 죽은 烈士였기 때문이다. 또 이의배가 죽었을 때 영노 曹丑生은 軍中
에 있으면서 끝내 도망가지 않고 적에게 붙들려 죽었다. 조축생의 妻가 조축생의
시신을 거두고 아울러 이의배의 시신도 거두었다. 曹信은 조축생의 손자인데 이의
배의 손자 李汝發이 막하에 데리고 있었고, 오랜 벼슬살이에서 萬戶까지 이르렀다.
『숙종실록』 권36, 숙종 28년 6월 8일 무오조에 보면, 병자 호란 때 죽은 전 참봉 李
慶昌의 아비 李檍에게 旌閭와 贈職하게 하였다. "前 參奉 李慶昌이 上言하여 그의
아비 李檍이 병자년의 난을 당하여 兵使 李義培와 함께 적에게 죽었으니, 褒嘉의
恩典입기를 청하였는데, 예조에서 覆奏하여 旌閭와 贈職을 청하니, 윤허하였다."

(1637)에 경기도 광주 쌍령진(雙嶺陣) 싸움에서 함께 전사하였다. 숙종 14년(1688) 2월의 기사를 보면 병자호란 때 여러 도의 군사들이 근왕병으로서 경기도 광주(廣州) 쌍령전투에 참가하였다가 크게 패하여 전사한 자가 매우 많았음을 알 수 있다.[15] 김기남. 난생 형제도 이 쌍령전투에 참가했다가 전사하였던 것이다. 철종 13년(1862)에 통훈대부(通訓大夫) 사복시정(司僕寺正)으로 증직되었으며, 철종 14년(1863)에는 정려의 명이 내렸다. 규장각직제학 김병필(金炳弼)이 행장을 짓고[16]관찰사 조재응(趙在應)이 묘갈명을 지었다.[17]

3) 金蘭生(1592, 선조 25년~1637, 인조 15년)의 충효

김난생은 어초와 충효공 김유부의 둘째 아들이며 중시조 김시홍의 15세손이다. 그의 자는 진교(進敎)이며 호는 두암(竇巖)이다. 임진왜란 때 출

라고 나와 있다

15) 『숙종실록』권19, 숙종 14년 2월 29일 임신조에 보면 雙嶺에서 전사한 경상병사 閔栐과 許完의 자손에게 녹용하라고 명하였다. "임금이 雙嶺을 지나다가 말[馬]을 멈추고 묻기를,"여기가 바로 丙子年에 싸우다가 패망한 곳인가?"하니, 金壽興이 아뢰기를,"慶尙兵使 閔栐·許完 등이 군사를 거느리고 勤王하다가, 여기에 와서 賊의 습격을 받아 하나도 생존한 자가 없었으니, 비록 사람의 꾀가 훌륭하지 못하여 끝내 패망하게 되었지만, 그 忠義의 절개만은 높일 만합니다." 하니, 임금이 그 자손을 錄用하라고 명하였다. 『숙종실록』권19, 숙종 14년 2월 26일 기사조에 보면 병자년에 죽은 전사자들에게 제사를 지내게 하였다. "領府事 金壽興 등이 임금에게 아뢰기를,"병자년 난리에 여러 道의 勤王兵으로서 雙嶺에서 戰死한 자가 매우 많으니, 또한 마땅히 제사를 지내야 합니다."하고, 正言 金洪福은 아뢰기를,"險川의 전쟁에서 士卒로서 죽은 자가 雙嶺에 못지 않고 北門의 싸움에서 날랜 장수와 강한 병졸이 태반이나 돌아오지 못했다는 것을 옛 노인들이 傳하여 오므로 슬퍼하지 않는 이가 없으니, 제사를 下賜하는 典禮를 마땅히 다름이 없게 하소서." 하니, 임금이 모두 그대로 따랐다.

16) 앞의 책 권3 臺巖公 行狀 128~132쪽.

17) 위의 책 권3 墓碣銘 134~137쪽.

생하였기 때문에 처음에는 난(難)자로 이름자를 하였다가 뒤에 가서 란(蘭)자로 개명하였다. 45세 때 병자호란이 일어나자 출전하여 청군을 격살하였는데, 청군은 많고 아군은 적어 형세가 불리하였으나 후원군이 오지 않아 결국 적을 공격하지 못하고 힘을 다하여 죽기로 싸우다가 드디어 전사하였다. 후손 10세손 김한백(金漢栢)이 아뢰어서 철종 13년(1862)에 통훈대부 사복시정을 증직하고 철종 14년(1863)에 예조판서 김학성(金學性)이 다시 계를 올려 김기남. 난생 형제와 김기남의 처 최씨, 김난생의 처 송씨를 함께 정려하도록 명하였다. 두암공 행장은 규장각 직제학 김병필(金炳弼)이 지었고[18] 좌승지(정3품) 홍종학(洪鍾學)이 묘갈명을 지었다.[19]

4) 金起南의 처 경주 최씨의 효열

경주 최씨는 김기남의 처이며 첨사(종3품) 최진립(崔雲立)의 딸로 두 아들 일선(日先)과 대선(大先)을 두었다. 시어머니 허씨가 일찍이 이질로 여러 달 고생할 때 동서 송씨와 더불어 바꾸어가며 상분하여 소생시켰다. 초종 상사를 당하여서도 예절을 다하며 규중범절을 잘지켜 사람들이 효부라 일컬었다. 남편의 쌍령전투 전사 소식을 듣고 드디어 종들을 인솔하여 직접 전쟁한 장소로 달려가 시체를 찾아 돌아와서 임고정(林古亭) 뒷산 건지봉(乾芝峰) 갑좌원(甲坐原)에 장례를 치르고 남편을 좇아 순절하여 합장되었다. 이에 철종 12년(1861)에 증숙인(贈淑人)이 되고 철종 14년(1863)에 정려하였다. [20]

---

18) 위의 책 권3 竇巖公 行狀 144~148쪽.
19) 위의 책 권3 墓碣銘 150~153쪽.
20) 위의 책 권3 墓碣銘 142쪽.

5) 金蘭生의 처 은진 송씨의 효열

은진 송씨는 김난생의 처이며 학생 송영균(宋永均)의 딸로 세 아들 신룡(新龍), 신립(新立), 신명(新命)을 두었다. 일찍이 부덕이 있어 시부모를 섬기는데 효도를 극진히 하여 사람들이 효부라고 칭찬하였다. 남편이 병자호란에 전사하자 동서 최씨와 함께 종들을 인솔하여 직접 쌍령 전쟁터로 달려가서 시체를 찾아 돌아와서 장례를 치르는 날에 이내 남편을 따라 순절하였다. 1863년에 예조판서 김학성이 계를 올려 정려를 명하였다.[21]

2. 忠孝閣과 卓三齋의 유래와 성격

1) 충효각

은 어초와 김유부의 충효를 표창하기 위해 세워진 정려각이다. 영조 30년(1754)에 김유부의 충효 정려의 명이 나라에서 내리고, 영조 32년(1756) 특명에 의해 마을 앞에 세워졌다. 충효각 현판의 앞면은 "忠臣 宣武原從 功臣 孝子 金有富之閭"이고, 뒷면은 충효각 판문(板文)인데 "甲戌 九月 日 行承政院同副承旨 西河 任璞序"라 적혀있다.

철종 13년(1862)에는 고을 사림이 김유부와 아들 김기남, 김난생 형제를 추모하여 사우를 창건하였다. 고종 4년(1867)에는 사림이 삼부자의 추모봉안을 朝令에 의해 못하게 되자 어초와공 사적비를 대추나무로 만들어서 충효각 정려 안에 세웠다. 고종 5년(1868) 9월에는 미사액서원 철폐령에 의해 충효사우가 훼철되었다.[22]

---

21) 위의 책 권3 墓碣銘 152~153쪽.
22) 앞의 책 27쪽.

고종 19년(1882)에는 김유부의 6세손 복룡(復龍)이 충효각을 중수하였다.[23] 충효각은 현재 밀양시 산내면 봉의리 봉촌에 있다.

2) 탁삼재[24]

밀양시 산내면 봉의리 봉촌에 있는 탁삼재는 임진왜란 때의 의병장 김유부의 충효와 병자호란 때 전사한 그 아들 김기남과 김난생 형제의 충효, 남편을 따라 순절한 최씨, 송씨의 효열을 추숭하기 위하여 고종 1년(1864)에 사림에 의해 창건되었다. 그 옆에는 김유부의 충효각이 있다.

탁삼재란 재호는 한 집안에서 양대에 걸쳐 충효열을 갖춘 위업을 달성한 것을 추장(推獎)하여 탁이한 삼강(三綱)의 뜻으로 탁삼 두 글자를 취하여 나라에서 내린 것이다.[25]

탁삼재 창건문은 1864년 통훈대부 전집의(前執義) 이승덕(李承德)이 찬하였으며,[26] 상량문은 규장각 직각 신석희(申錫禧)가 찬하였다.[27] 탁삼재의 현판은 1862년 규장각 직제학 예조판서 김병필(金炳弼)이 썼다. 탁삼재 實記는 두암공 후손 한백(漢栢)이 글을 짓고 선산후인(善山後人) 김재규(金在奎)가 글을 썼다.[28]

어초와공의 현판[29]은 1862년 참판(종2품) 송석(松石) 심승택(沈承澤)이 썼으며. 대암공의 현판[30]은 1862년 판서(정2품) 석농(石農) 이종우(李鍾

---

23) 위의 책 권4, 충효각 중수문 192~193쪽.
24) 卓三齋 1棟은 1997년에 경상남도 문화재자료 제257호로 지정되었다.
25) 『漁樵窩兩世三綱錄』18쪽.
26) 위의 책 권4, 탁삼재 병건문 200~202쪽.
27) 위의 책 권4 상량문 203~206쪽.
28) 위의 책 230쪽.
29) 현판 내용을 보면 "孝子壬辰功臣行司僕寺正 贈通政大夫承政院左承旨兼知經筵參贊官忠孝公金有富之閭 英廟甲戌 命旌五世孫泰遠上言 純廟壬午七世孫福龍重建 顯廟乙巳八世孫上言重建立祠 哲廟壬戌 贈職承 傳十世孫漢栢擊錚"라고 되어있다.

愚)가 썼다. 그리고 두암공의 현판[31]은 1862년 형조판서 위사(韋史) 신석희(申錫禧)가 썼다.

한편 교지는 1861년 1월 3일 동부승지(同副承旨) 이규석(李奎奭)이 계사를 올려 1862년(철종 13) 5월에 김유부와 부인 허씨,[32] 그의 큰 아들 기남과 큰 며느리 최씨,[33] 작은 아들 난생과 작은 며느리 송씨[34] 등에게 내려졌다.

3. 金有富 一門의 旌閭, 追贈給復 취득과정

김유부 집안의 2대에 걸친 충효열 관련 고문서는 모두 43건으로 후손들이 잘 보존하였다.[35] 고문서 43건 가운데 상서 29건, 완문 6건, 서목 1건, 호구단자 4건, 전령(傳令) 1건, 청조문(請助文) 1건, 기타 완의(完議) 1

---

30) 현판 내용은 "孝子丙子殉節忠臣 贈通訓大夫司僕寺正 臺巖公金起南之閭 哲廟朝壬戌忠節卓異 贈職承 傳癸亥 命旌九世孫漢栢擊錚" "孝婦烈女 贈司僕寺正金基南之妻 贈淑人慶州崔氏之閭 哲廟朝壬戌從夫職承 傳癸亥 命旌九世孫漢栢擊錚"이다.

31) 현판 내용을 보면 "孝子丙子殉節忠臣 贈通訓大夫司僕寺正 寶巖公金蘭生之閭 哲廟朝壬戌忠節卓異 贈職承 傳癸亥 命旌九世孫漢栢擊錚" "孝婦烈女 贈司僕寺正金蘭生之妻 贈淑人恩津宋氏之閭 哲廟朝壬戌從夫職承 傳癸亥 命旌九世孫漢栢擊錚"이다.

32) 教旨 贈通訓大夫司僕寺正金有富贈通政大夫承政院左承旨兼經筵參贊官者 同治元年五月 日
　　教旨 贈淑人許氏贈淑夫人者 同治元年五月 日

33) 教旨 學生金起南贈通訓大夫司僕寺正者 同治元年五月 日
　　教旨 孺人崔氏 贈淑人者 同治元年五月 日

34) 教旨 學生金蘭生贈通訓大夫司僕寺正者 同治元年五月 日
　　教旨 孺人宋氏 贈淑人者 同治元年五月 日

35) 탁삼재 소장 유물 총 49점 즉 古文書 및 三綱錄 2책 등 44점, 木碑(대추나무) 1점, 編額(漁樵窩, 臺巖, 寶巖) 3점, 錄券(공신록)1점이 1993년에 경상남도 유형문화재 제289호로 지정되었다. 2011년 3월 13일 필자는 金寧金氏 卓三齋 보존회장이신 후손 金鉉基씨와의 면담에서 탁삼재 소장 고문서가 2010년에 밀양 시립박물관에 기증되었음을 들었다.

건 등이 있다. 여기에서 상서가 29건으로 가장 많았고, 그 다음이 완문으로 6건이다.

상서에 참여한 사족들과 수취자를 정리해보면 <표 2>와 같다.

<표 2> 上書에 참여한 사족들과 수취자

순서	작성연도	발급자와 인원수	수취자
1	1832. 8. 13	金尙憲	
2	1834. 2. 29	金尙彦	城主
3	1835. 11. 16	후손 金尙彦 외 5인	"
4	1852. 1. 15	朴三泰 등 밀양 幼學 32인 連名	"
5	1852. 1. 22	朴三泰등 밀양 幼學 25인 連名	巡相國
6	1852. 2. 8	후손 金尙任 외 4인 連名	城主
7	1852. 2. 17	후손 金尙任 등 5인 連名	"
8	1852. 3. 23	경상도 7읍 21인 連名	巡相國
9	1852. 5. 12	밀양 幼學 29인 連名	城主
10	1854. 3. 24	후손 金漢栢 등 7인	繡衣使
11	1854. 5. 19	밀양 幼學 32인 連名	"
12	1854. 12. 14	밀양 幼學 30인 連名	城主
13	1856. 3. 11	밀양 幼學 27인 連名	巡相國
14	1857. 2. 10	밀양 幼學 24인 連名	"
15	1861. 4. 4	밀양 幼學 42인	"
16	1861. 4. 25	경상도 38읍 74인 連名	"
17	1861. 9. 3	밀양 幼學 54인 連名	"
18	1863. 2. 7	경상도 42읍 幼學 109인 連名	"
19	1865. 2. 13	경상도 27읍 55인 連名	"
20	1865. 4	경상도 27읍 58인 連名	巡相國
21	1865. 5. 21	후손 김한우 등	城主
22	1866. 3	경상도 27읍 幼學 57인 連名	巡相國
23	1867. 2. 20	후손 金漢栢 등 11인	繡衣使
24	1868. 5	경상도 35읍 幼學 62인 連名	"
25	1868. 7. 6	후손 金漢柄	城主
26	1869. 1. 9	후손 金漢栢 외 7인	"
27	1875. 4. 5	金漢栢 외 2인	"
28	1884. 11. 28	金德均	"
29	1888. 12. 26	후손 金漢柄, 金德均, 金道均 등	"

<표 2>를 통하여 상서의 경우를 좀더 구체적으로 살펴보면 밀양의 유림들 뿐만 아니라 경상도 도내 유림들이 여러 차례 적극적으로 상서를 올리고 있는 점이 주목된다. 밀양부 유학이 참여한 경우 총인원수는 295명이며, 경상도 도내 유학이 참여한 총인원수는 436명이었다. 적지않은 인원이 상서에 참여하였음을 알 수 있다. 후손들이 13차례, 밀양부 유학이 9차례, 도내 유학이 7차례에 걸쳐 순상국(관찰사), 성주(밀양부사), 수의사(암행어사)에게 상서를 올렸다. 성주에게 올린 횟수가 13회로 가장 많고 다음으로 관찰사에게 11회, 암행어사에게 4회의 순이다. 이 때 암행어사에게 직접 상서한 것은 여러 가지 복잡한 행정절차를 생략하고 국왕에게 직접 도달하게 되어 있었으므로 가장 신속하게 해결할 수 있는 기회였기 때문이다.

『漁樵窩兩世三綱錄』(국역본)에 실려있는 「탁삼재 소장 유물. 고문서 일람」에 의거하여 고문서 현황을 표로 만들면 <표 3>과 같다.

<표 3> 탁삼재 소장 고문서 현황표36)

순서	작성연도	출처	발급자	수취자	문서내용
1	연대미상 (1862년)	懸板記文 초고			『鳳村五位旌閭懸板記』 壬辰功臣 金有富 집안의 충신. 효자. 열녀 5위의 旌閭 내용을 懸板記文으로 정리한 초고, 효자충신각 3間, 효부열녀각 1間이 후록되어있다.
2	연대미상	記文 초고			『金門忠孝閣序』 金有富 一門의 三綱 실적을 포상한 忠孝閣의 유래를 적은 記文의 초고, 일부 소실

36) 『漁樵窩兩世三綱錄』(國譯)에 의해 고문서 현황표를 작성하되 고문서 원본과 『金寧金氏直提學公后漁樵窩公派世譜』를 참조하여 보완하였음.

3	1830. 11. 15	完文	洞民 16명	金尙彦 등	壬辰兵亂 忠孝公 金有富의 후손 金尙彦이 본동에 거접하면서 본동의 白骨布 騎兵과 御營資保 軍畓 5斗3刀落을 갈아먹고 그 군포를 감당하기로 하였는데 충효공의 후손이기에 계해년에 일동이 모여 軍畓과 軍布 2명분을 동중에서 담당하기로 완문을 만들었던 바 丁亥年 동중 화재에 불탔기에 다시 일동이 회합하여 完文을 만들어 지급한다는 것. 동민 16員의 着名 手決이 있다.(金有富 후손 김상언에게 군포부담을 경감해주기로 했다는 조처 내용)
4	1832. 8. 13	上書	金有富의 8대손 金尙憲		『壬辰宣武二等功臣金有富云云』 金有富의 8대손 金尙憲이 조상의 戰功實績과 후대 復戶行關의 실적을 보고한 것임
5	1834. 2. 29	上書	金尙彦	城主	『化民金尙彦』 上東鳥谷의 金尙彦 소유 田畓 4斗落을 소작하던 정우종이라는 자가 소작권을 뺏기자 이인석이라는 다른 사람에게 盜買하였으므로 이를 엄히 다스려달라는 청원(김상언이 토지소작권을 몰래 처분한 소작인을 처벌해달라는 청원)
6	1834. 12. 31	完文	密陽府使	嚴志錫	抄上軍 資裝錢으로 각군보증 6명에서 일 명당 전74량을 願納治送하도록 하는데 烏谷里 騎兵 吳夫壬으로부터 74량을 받고 그 대신할 閑丁은 관에서 代定한다는 취지로 完文성급. 좌수, 별감, 행수군관, 호장, 이방

					의 착명수결이 있음(軍保 대납 비용을 받고 騎兵 吳夫王을 代定하도록 한 내용)
7	1835. 11. 16.	上書	金尙彦,尙琪,尙連,德文,喜祖,孝祖等	城主	『穿火面鳳村里居化民金尙彦尙琪尙連德文喜祖孝祖等上書』 충효공 金有富의 旌閭 근처에 金興龍이라는 자가 偸葬하였으므로 이를 엄벌해 달라는 소장
8	1836. 12. 18	完文	密陽府使	金有富의 후손 金尙彦. 金尙興	金有富의 8대손 金尙彦, 金尙興 등에게 原從後裔 更勿有雜役侵及의 의미로 密陽府使가 成給한 烟戶免役完文(김상언, 김상흥 등에게 8대조 김유부의 임란공로를 인정하여 잡역을 면하는 조처)
9	1850[37]. 1. 30 (1880)	請助文	후손 金漢柄. 金漢均	門中	『請助文』 漁樵窩와 臺巖. 寶巖 등 一門 三綱의 旌閭를 수리하기 위하여 후손 金漢柄. 金漢均의 명의로 각 문중에 助錢을 청한 글
10	1852. 1. 15	上書	密陽幼學 32명 連名	城主	『密陽幼學朴三泰等上書』 金有富 三父子의 忠孝烈行에 대한 旌閭가 있었으니 마땅히 있어야 할 追贈給復을 觀察使에게 소청한 密陽儒林의 소장, 題音은 『益採公議向事』로 되어있음
11	1852. 1. 22	上書	密陽幼學 25명 連名	城主	『密陽幼學朴三泰. 李輔根蔣俊一孫紆遠等上書』 金有富 三父子의 忠孝烈行에 대한 旌閭가 있었으나 追贈과 給復이 없으므로 追贈給復을 營門에 傳報하고 三統戶例減을 시행해달라고 밀양부사에게 소청한 밀양유림의 소장(김유부

				삼부자의 정려에 대해 추증급복해달라는 청원)
12	1852. 2. 8	上書	金尙任. 金尙業. 金學龍. 金學忠. 金致圭 등 후손 連名	城主	『金大瑀等(下缺)』 金起南의 殉節을 포상해 달라는 士林의 소청에 대하여 그 문적을 갖추어 올리라는 본부의 지시에 따라 후손들이 문적을 갖추어 올린다는 내용(병자년 공신 김기남의 공적을 다시 갖추어 올리는 내용)
13	1852. 2. 17	上書	金尙任. 金尙業. 金大瑀, 金敬瑀, 金致夏 등	城主	『金尙任等上書(序頭缺落)』 金有富 一門 三綱의 일로 인한 상서에 대하여 감영에 보고하겠다는 題音이 있었으니 즉시 보고해 달라는 후손들의 소청 (임진년과 병자년 金有富 집안의 충신들의 공적을 감영에 보고해달라는 청원)
14	1852. 3. 23	上書	경상도 7읍 21인의 連名 상소	巡相國	『道內幼學李奎祥柳敬睦李暉楨等上書』 丙子振武一等功臣 金起南 蘭生 형제의 부인 최씨와 송씨의 열행 등 一門 三綱에 대한 可贈을 경상도 觀察使 앞으로 요구한 경상도 7읍 21인의 連名 상소
15	1852. 5. 12	上書	밀양 幼學29명 의 連名	城主	『密陽幼學朴三泰李輔根孫紆遠等上書』金有富 삼부자의 충효 열행의 정려가 있었으나 追贈과 給復이 없으므로 이를 밀양부사에게 소청한 密陽 儒林의 소장
16	1854. 3. 24	上書	본손들 (후손 金漢栢등 7인)	繡衣使	壬辰 宣武二等功臣 金有富의 아들 金起南 蘭生 형제와 부인 최씨와 송씨의 열행 등에 대한 旌閭를 繡衣使에게 요구한 본손들의 상소

17	1854. 5. 19.	上書	밀양 幼學 32명 連名	繡衣使	『密陽幼學朴三泰等上書』 金有富 삼부자의 충효열행에 대한 旌閭가 있었으니 追贈給復을 繡衣使에게 소청한 밀양 유림의 소장, 題音은 '己有題事'로 되어있음
18	1854. 12. 14	上書	(幼學 朴世浩등) 밀양 幼學 30명連名	城主	『幼學朴(中缺)上書』 金有富 삼부자의 충효열행의 추증급복을 밀양부사에게 소청한 밀양 유림의 소장
19	1856. 3. 11	上書	밀양 幼學 27명 連名	巡相國	『密陽幼學朴三泰李柄緒孫鍾泰等上書』 金有富 삼부자의 충효열행의 정려가 있었으나 追贈과 給復이 없으므로 이를 觀察使에게 소청한 밀양 유림의 소장
20	1857. 2. 10	上書	밀양 幼學 24명 連名	巡相國	『密陽幼學朴三泰李柄緒孫鍾泰等上書』 金有富 삼부자의 충효열행의 정려가 있었으나 추증과 급복이 없으므로 이를 觀察使에게 소청한 밀양 유림의 소장
21	1861. 4. 4	上書	朴三泰 등 3인 외에 밀양 幼學 39인	巡相國	『密陽幼學朴三泰李柄緒孫鍾泰等上書』 영조때 정려를 받은 바 있는 鳳村의 선무원종이등공신 金有富 부자 一門 三綱에 대한 贈諡의 은전을 순찰사에게 청원함
22	1861. 4. 25	上書	경상도 38읍 74인의 連名상소	巡相國	『道內幼學李奎祥柳敬睦李晩相等上書』 丙子 振武一等功臣 金起南 蘭生 형제의 부인 崔氏와 宋氏의 烈行 등 一門 三綱에 대한 襃贈을 경상도 觀察使 앞으로 요구한

				경상도 38읍 74인의 連名 상소, 褒揚非時惟竢後式이라는 題音이 있음
23	1861. 9. 3	上書	朴三泰등 3인 외에 密陽幼學 52인	巡相國	『密陽幼學朴三泰李柄緒孫鍾泰等上書』 영조때 정려를 받은 바 있는 봉촌의 선무원종이등공신 金有富 부자 일문 삼강에 대한 贈謚의 은전을 순찰사에게 청원함
24	1863. 2. 7	上書	경상도 42읍 幼學 109인의 連名 상소	巡相國	『道內幼學李奎祥柳敬睦李晩相等上書』 丙子 振武一等功臣 金起南 蘭生 형제의 부인 崔氏와 宋氏의 烈行을 포상해 달라고 경상도 觀察使 앞으로 요구한 경상도 42읍 109인의 連名 상소, '卓行曾稔聞 聯訴又出公議誠極 斂歎是矣 但登聞體重姑竢? 時宜當' 이라는 題音이 있음
25	1863. 10. 20	完議			洞中의 飢民 救恤에 대한 完議 조목
26	1863. 12. 22	傳令			『傳令各面草』 김기남 처 최씨와 김난생 처 송씨의 열행에 대해 旌閭의 명이 내렸으므로 關文에 의거하여 그 旌閭閣을 짓는데 材木과 匠手를 該邑에서 助發하여 助役할 것을 명한 傳令
27	1865. 2. 13	上書	경상도 27읍 幼學 55인의 連名 상소	巡相國	『道內幼學李奎祥柳敬睦李暉楨等上書』 병자진무일등공신 김기남. 난생 형제의 부인 최씨와 송씨의 열행 등 一門三綱에 대한 加贈을 경상도 觀察使 앞으로 요구한 경상도 27읍 55인의 連名 상

					소, 題音에는 '襃揚之方自有其時'라고 하였다.
28	1865. 4	上書	경상도 27읍 幼學 58인의 連名 상소	巡相國	『道內幼學李奎祥柳敬睦李暉楨 等上書』 金有富의 8세손이자 김기남의 7세손인 밀양 학생 金尙彦과 그 부인의 효행에 대해 포상해 줄 것을 경상도 觀察使 앞으로 요구한 경상도 27읍 58인의 連名 상소
29	1865. 5. 21	上書	金有富 후손들 (13인)	城主	『穿火面鳳村居(中決)學涇金學 (下缺)』 巡營의 題辭에 의거 忠烈 자손에게 煙役을 蠲減한다는 국전대로 各里에 傳令하여 후손들에게 피해가 없도록 해 달라는 鳳村, 詩禮, 九成洞, 雁亭 등에 거주하는 金有富 후손들의 소청 (金有富 후손들이 煙役 蠲減의 혜택을 입도록 해달라는 청원)
30	1866. 3	上書	경상도 27읍 幼學 57인의 連名 상소	巡相國	『道內幼學李奎祥柳敬睦李暉楨 等上書』 金有富의 8세손이자 김기남의 7세손인 밀양 김상언과 그 부인의 효행에 대해 포상해 줄 것을 경상도 觀察使 앞으로 요구한 경상도 27읍 57인의 連名 상소
31	1867. 2. 20	上書	후손 金學孝, 金學琯, 金學元, 金在瑀, 金周瑀, 金尙任, 金永澤,	繡衣使	『密陽鳳村幼學金漢栢金漢(中缺)等上書』 영조 때 정려와 증직을 받은 임란 선무이등 金有富와 병자난 때 진무일등을 받은 김기남. 난생 형제 그리고 그 형제의 처 최씨와 송씨도 계해에 정려를 받았으니 一旋一戶의 煙役蠲減

			金學涇, 金漢瑀, 金漢睦 등의 소청	規例에 의하여 煙役을 견감받아야 함에도 一戶의 혜택에만 그치고 있으니 이를 시정해 달라고 繡衣使에게 올린 후손 金學孝, 金學琯, 金學元, 金在瑀, 金周瑀, 金尙任, 金永澤, 金學涇, 金漢瑀, 金漢睦 등의 소청(金有富 삼부자와 부인들의 공적에 대해 煙役蠲減 해달라는 청원)
32	1868. 5	上書	경상도 35읍 幼學 62인의 連名 상소	繡衣使	『道內幼學李奎祥柳敬睦李暉楨 等上書』 金有富의 8세손이자 김기남의 7세손인 밀양 金尙彦과 그 부인의 효행에 대해 포상해 줄 것을 경상도 繡衣史 앞으로 요구한 경상도 35읍 62인의 連名 상소
33	1868. 7. 6	上書	9대손 (후손 金漢栢)	城主	『穿火面鳳村幼學(下缺)』 영조 때 정려와 증직을 받은 壬亂 宣武二等 金有富와 丙子亂 때 振武一等을 받은 金起南. 蘭生 형제 그리고 그 형제의 처 崔氏와 宋氏도 哲宗 癸亥에 정려를 받았으니 一旌一戶의 煙役蠲減 規例에 의하여 연역을 견감받아야 함에도 一戶의 혜택에만 그치고 있으니 이를 시정해 달라는 9대손의 소청(김한백이 선조의 공로를 인정해 煙役蠲減 해달라는 청원)
34	1869. 1. 5	書目	동존위 (穿火面鳳村洞首)	城主	『穿火面鳳村洞首書目』 書院毁撤 朝令으로 인하여 本里의 壬亂功臣 漁樵窩 金有富의 祠宇와 旌閭를 어떻게 처리할 것인가를 동존위가 부사에게 문의한 것임

35	1869. 1. 9	上書	金尙任. 金學涇. 金學忠. 金漢栢. 金漢桔. 金漢橄. 金永澤 등의 자손 連名	城主	『穿火面鳳村化民金漢栢等上書』 書院毁撤令에 의거 英祖 甲戌에 旌閭를 받은 8대조 金有富와 哲宗 壬戌 癸亥에 旌閭를 받은 7대조 金起南. 蘭生 형제 및 부인 崔氏. 宋氏의 旌閭에 대해 강당이 있는 일반 祠宇와 旌閭를 구별하여 毁撤되지 않도록 해 달라는 자손들의 소청. 金尙任. 金學涇. 金學忠. 金漢栢. 金漢桔. 金漢橄. 金永澤 등의 자손 連名과 旌閭閣置之向事의 題音이 있다.
36	1875. 4. 5	上書	金漢柄, 金漢喆, 金漢柱 等	城主	『穿火面鳳村金漢柄金漢喆金漢柱等上言』 旌閭 後裔에게 煙戶雜役을 감면하는 법전에 따라 감면을 받도록 되어 있으나 風憲尊頭民 등이 4호 중 1호만 감면하고 나머지는 감면하지 않는데 대한 당사자들의 소청. 전의 題音대로 시행하라는 제사 부기됨(임진, 병자년 공신 후손들이 연호잡역을 모두 면제받도록 해달라는 청원)
37	1876 (고종13년)	戶口單子	과부김씨	密陽都護 府使	『同治十五年丙子式密陽府穿火面九成洞第一統第五戶口單子』 金學龍家 戶口單子, 과부 김씨가 호주로 되어 있다.(과부김씨가 41세되던 해 밀양부에 제출한 호구단자)
38	1882 (고종19년)	戶口單子	金漢柄	密陽都護 府使	『光緒年月日密陽府考壬午式成籍戶口帳內中初同烏峙里第一統三戶』金漢柄家 戶口單子(김한병이 61세 되던 해 밀양부에 제출한 호구단자)

39	1882. 5. 17	完文	尊位 鄭興烈 등	金再福	본동거주 金再福에게서 騎兵對 쓤으로 懲布해 오다가 그가 죽 은 뒤 壬午年에 아들 쑥孫에게 서 皮车田 2곳 11두락과 錢10 냥을 받고 동중에서 영세토록 代懲하며 재복의 후손은 침탈 하지 않는다는 요지로 穿火面 鳳村洞中尊位 洞首 曺澤文, 公 司員 金青云, 首洞員 鄭興蔓, 朴宗勳, 金興獜 등이 착명 수결한 완문(騎兵 대신 徵布하던 김재 복 사망후 아들에게 代徵하여 후손을 침탈하지 말도록함)
40	1884. 11. 19	完文		金德均	鳥谷里 金德均이 그의 10대조 金有富와 9代祖妣 최씨와 송씨 의 殉節을 포상한 교지 등이 화 재에 의해 滅失되었다는 송장 에 의거 증거 자료로 완문을 성 급함(김덕균 선조 金有富의 공 을 적은 교지 등이 불타버린 것 을 인정하는 글)
41	1881. 11. 28	上書	金德均	城主	『上東面鳥谷里居金德均』 金德均의 집에 화재가 발생, 先 代의 譜牒, 籍單, 啓下事目 등이 불탔으므로 立旨完文을 성극해 줄 것을 요청한 민장
42	1888. 12. 26	上書	후손 金漢柄, 金德均, 金道均, 金喆均等	城主	『上東面鳥谷里居化民金漢柄金 德均金道均金喆均等上書』 영조 때 정려와 증직을 받은 임 란 선무이등 金有富와 병자난 때 진무일등을 받은 김기남. 난 생 형제, 그리고 그 형제의 처 최씨와 송씨도 계해에 정려를 받았으니 일정일호의 연역견감 규례에 의하여 연역을 견감받

					아야 함에도 일호의 혜택에만 그치고 4호는 혜택을 받지 못하고 있으니 이를 시정해 달라고 밀양부사에게 올린 후손의 소청, 烏谷里 2호, 鳳村里 1호, 新旨里 1호 등 未減戶가 후기되어 있다.
43	1889. 1. 27	完文	金漢柄, 金德均		上東面 烏谷里 金漢柄, 金德均 등의 上書에 의거 勳裔雜役蠲減의 조처로 更減1戶로 성급한 완문(후손 김한병, 김덕균 등이 상소한 내용에 대해 잡역 등을 감면하도록 한 처분)
44	1891	戶口單子	金德均	密陽都護府使	『光緖17年辛卯式密陽府上東面烏谷里第5統第1戶戶口單子』 金德均(改名德淵)家 戶口單子(김덕균이 44세 되던 해 밀양부에 제출한 호구단자)
45	1894	戶口單子	金漢柄	密陽都護府使	『光緖20年甲午式密陽府上東面烏谷里第3統第2戶戶口單子』 金漢柄家 戶口單子(幼學 김한병이 73세 되던 해 밀양부에 제출한 호구단자)

위의 표를 살펴보면 김상언(金尙彦) 등 후손 6인이 충효공 김유부의 정려 근처에 투장(偸葬)한 김흥룡(金興龍)을 엄벌해달라는 소장[38](7)[39], 김유부 삼부자의 정려에 대해 추증(追贈)과 급복(給復)을 순상국(巡相國), 성주(城主), 繡衣使(암행어사)에게 소청한 밀양 유림의 소장(10, 11, 15, 17,

---

37) 고문서에는 庚辰 正月로 기록되어 있어 1880년으로 수정되어야 할 것임.
38) 박 주,「18.19세기 東萊府 潁陽千氏 집안의 효자정려 청원과정」,『사학연구』85, 92쪽을 보면 효자 千禹炯의 처 김해김씨는 남편이 여묘살이 하던 곳에 다른 사람이 偸葬하자 스스로 가서 투장한 분묘를 파해치고 관가에 자수하였다고 한다.
39) ( )속의 숫자는 <표 3>의 순서 번호이다.

18, 19, 20), 김유부 부자에 대한 증시(贈諡)의 은전을 관찰사에게 청원 (21, 23), 김기남. 난생 형제와 부인 최씨와 송씨의 열행에 대한 포증(褒贈) 을 경상도 관찰사 앞으로 요구한 경상도 유림들의 연명상서(14, 22, 24, 27), 김유부의 8세손이자 김기남의 7세손인 밀양 학생 김상언(金尙彦, 1780~1845)과 부인 청도 김씨의 효행에 대해 포상해 줄 것을 경상도 관찰사, 암행어사 앞으로 요구한 경상도 유학 수십명의 연명상서(28, 30, 32), 영조 때 정려와 증직을 받은 임란 선무이등공신 김유부와 병자난 때 충신 김기남, 김난생 형제 그리고 형제의 처 최씨와 송씨는 철종 14년 (1863)에 정려를 받았으나 一旌一戶의 연역견감(煙役蠲減) 규례에 의하여 연역을 견감받아야 함에도 4호의 혜택을 받지 못하고 1호의 혜택에만 그치고 있으니 이를 시정해달라고 암행어사에게 올린 후손들의 소청(31, 33, 36, 42)등이 보이는데, 그 내용에 있어서 중복되는 부분이 적지 않다. 서목은 1건이 보이는데, 그 내용은 서원훼철 朝令으로 인하여 임란공신 김유부의 사우(祠宇)와 정려(旌閭)를 어떻게 처리할 것인가를 동존위가 밀양부사에게 문의한 것이었다.(34) 이에 대해 자손들은 서원훼철령에 의거 영조 30년(1754)에 정려를 받은 김유부와 철종 14년(1863)에 정려를 받은 김기남, 난생 형제 및 부인 최씨, 송씨의 정려에 대해 보존할 수 있게 해 달라는 소청으로 김상임(金尙任), 김학경(金學涇), 김학충(金學忠), 김한백(金漢栢), 김한길(金漢桔), 김한악(金漢樂), 김영택(金永澤) 등의 자손 연명(連名)이 있었다.(35)

完文으로는 6건이 보이는데 그 가운데 김유부의 8대손 김상언(金尙彦)에게 군포 부담을 경감해 주기로 한 완문(3)과 김상언, 김상흥(金尙興) 등에게 김유부 후손으로서 잡역을 면제하는 조처로 밀양부사가 성급한 연호면역완문(烟戶免役完文)이 보인다.(8) 그리고 김한병(金漢柄), 김덕균(金德均) 등의 상서에 의거 훈예잡역견감(勳裔雜役蠲減)의 조처로 更減 1

호로 성급한 完文(43)과 김덕균의 10대조 김유부와 9대조비 최씨와 송씨의 순절을 포상한 교지 등이 불타버린 것을 인정하는 완문도 보인다.(40)

한편 傳令이 1건 보여 주목된다.(26) 김기남의 처 최씨와 김난생의 처 송씨의 烈行에 대해 정려의 명이 내렸으므로 관문(關文)에 의거하여 그 정려각을 짓는데 재목과 장수(匠手)를 해당읍에서 조발하여 助役하라는 명령이다. 여기에서 1863년 2월 7일에 김기남, 난생 형제의 부인 최씨와 송씨의 열행을 포상해달라고 경상도 42읍의 109인의 연명상서가 있은지(24) 10개월만인 그 해 12월 22일에 정려의 명이 내려 정려각을 짓도록 하였음이 주목된다.(26) 고종 17년(1880)에는 김유부와 김기남. 김난생 등 일문 삼강의 정려를 수리하기 위하여 후손 김한병. 김한균의 명의로 각 문중에 助錢을 청한 글도 보인다.(9)

그 밖에 김학룡가(37), 김한병가(38, 45), 김덕균가(44)의 호구단자가 보인다. 김학룡가의 경우 과부 김씨가 호주로 되어 있어 주목된다.

요컨대 위의 고문서들을 통해 김기남, 김난생 형제 그리고 형제의 처 최씨와 송씨에 대한 정려와 추증급복을 위해 경상도 관찰사, 밀양부사 앞으로 후손들의 소청과 밀양 유학, 경상도내 유학 수백명의 연명상서가 여러 차례 올려졌으며, 그 결과 철종 14년(1863) 12월에 정려의 명이 내려져 정려각을 짓도록 하였음을 알 수 있다. 그리고 고종 17년(1880)에는 후손 김한병, 김한균이 정려를 수리하기 위해 각 문중에 조전(助錢)을 청하였음도 알 수 있다. 또한 " 충렬(忠烈)자손에게 연역(煙役)을 견감(蠲減)한다는 국전"(29), "一旗一戶의 煙役蠲減 規例에 의하여 연역)을 견감받아야함"(31, 42), "정려 후예에게 연호잡역을 감면하는 법전에 따라 감면을 받도록 되어있음"(36)에 의하여 김유부 후손인 김상언, 김상홍, 김한병, 김덕균 등은 연역견감의 혜택을 받았음을 알 수 있다.

맺음말

　지금까지『어초와양세삼강록(漁樵窩兩世三綱錄)』과 탁삼재 소장 고문서를 통하여 밀양의 김유부 일문(一門)의 삼강 행적, 충효각과 탁삼재의 유래와 성격 그리고 정려, 추증급복 취득 과정 등에 대해 살펴보았다. 이제 그 내용을 요약 정리하는 것으로 결론에 대신하고자 한다.

　경상남도 밀양시 산내면 봉의리 봉촌의 金寧金氏 집안에서는 2대에 걸쳐 5명의 정표자가 연달아 배출되었다. 한 가문에서 양대에 걸쳐 충, 효, 열 삼강행실의 사적이 나오기는 드문 일이라 할 수 있다. 밀양 의병장 김유부와 그의 아들 김기남. 김난생 형제 그리고 김기남의 처 경주 최씨와 김난생의 처 은진 송씨가 그들이다.

　김유부는 임진왜란 때 90세된 노모를 봉양하면서 세운 전공으로 선조 때 선무원종이등공신으로 녹훈되고 용양위장군으로 제수되었다. 영조 30년(1754)에는 충효정려가 내려져 영조 32년(1756)에 충효각이 세워졌다. 철종 13년(1862)에는 좌승지겸경연참찬관으로 증직되었으며 녹권(錄券)이 하사되었다. 아들 기남과 난생 형제는 각각 48세와 45세의 나이 때 병자호란이 일어나자 경기도 광주(廣州) 쌍령(雙嶺)전투에 출정하여 싸우다가 전사하였다. 철종 13년(1862년)에 이 두 형제에게 통훈대부(通訓大夫) 사복시정(司僕寺正)으로 증직하였으며 철종 14년(1863)에는 정려하였다. 장남 기남(호: 대암)의 처 경주 최씨와 차남 난생(호: 두암)의 처 은진 송씨는 평소 시부모를 효성으로 모셔 세상사람들이 모두 효부라고 일컬었다. 남편들이 경기도 광주 쌍령전투에서 전사했다는 소식을 듣고 전쟁터로 찾아가 남편들의 시신을 간신히 찾아서 고향까지 운구하여 안장하는 준비를 마친 뒤 하관하는 자리에서 자결하여 합장되었다. 이에 철종 14년(1863)에 정려를 내렸다.

한편 고을 사림은 철종 13년(1862)에 三公을 추모하여 사우를 창건하였다. 그리고 고종 1년(1864)에는 김유부, 김기남, 김난생 삼부자의 충효와 최씨, 송씨의 열행 즉 한 가문 양대의 충효열을 추모하기 위해 탁삼재(卓三齋)를 창건하였던 것이다. 또한『어초와양세삼강록』4권 2책이 고종 31년(1894)~고종 35년(1898)에 후손 김한백(金漢栢), 김기순(金璣淳), 김병락(金秉洛), 김규환(金奎煥)에 의해 발간되었다.

한편 탁삼재 소장 고문서들은 순조 30년(1830)부터 고종 31년(1894)까지 작성된 것이다. 이 고문서를 통해 김기남, 김난생 형제 그리고 형제의 처 경주 최씨와 은진 송씨에 대한 정려와 추증급복의 취득과정에 대해서 알 수 있었다. 이 때 밀양 유학 뿐만 아니라 경상도 도내 유학 수십명의 연명상서가 경상도 관찰사, 밀양부사 앞으로 수 차례 올려졌으며, 그 결과 정려와 추증급복이 이루어졌음을 알 수 있다. 철종 14년(1863)에는 정려각을 짓는 역을 해당읍에서 조달하라는 명과 고종 17년(1880)에는 정려를 수리하기 위해 후손 김한병, 김한균 등이 문중에 조전(助錢)을 청하였음을 알 수 있다. 또한 후손들이 김유부 원종공신의 후예라는 사실로서 여러 차례 면역을 청원한 결과 순조 30년(1830)에는 김유부의 8대손 김상언(金尙彦)이 군포 부담을 견감받았다. 헌종 2년(1836)에는 김상언, 김상홍 등이 잡역을 면제받았으며, 고종 26년(1889)에는 후손 김한병, 김덕균 등이 잡역을 감면받게 되었음을 알 수 있다.

한편 헌종 1년(1835)에는 후손들이 김유부 정려 근처에 투장한 김흥룡(金興龍)을 엄벌해달라는 소장을 올렸으며, 고종 6년(1869)에는 서원훼철 朝令으로 인하여 김유부 집안의 사우(祠宇)가 훼철되었음을 알 수 있다. 고종 18년(1881)에는 후손 김덕균(金 집의 화재로 김유부와 최씨, 송씨의 교지, 선대의 보첩(譜牒), 적단(籍單), 계하사목(啓下事目) 등이 불탔음을 알 수 있다. 그리고 1865년, 1866년, 1868년 세 차례에 걸쳐 김유부의 8세손인 김상언과 부인의 효행에 대해 포상해 줄 것을 경상도 관찰사, 암행어사 앞으로 경상도 유학 수십 명의 연명상서가 올려졌으나 결국 포상되지 않았음을 알 수 있다.

앞으로도 이러한 효자, 열녀 집안의 고문서가 더 많이 발굴되어 정려와 추증급복(追贈給復)의 취득 과정, 정려각 조성 및 수리 과정, 연역견감(煙役蠲減) 과정 등이 생생하게 밝혀지기를 기대해본다.

참고 문헌

1. 자료

『조선왕조실록』,『경국대전』,『승정원일기』,『신증동국여지승람』,『여지
도서』,『경상도읍지』(奎.666),『속삼강행실도』,『이륜행실도』,『동국신속
삼강행실도』,『오륜행실도』,『함주지(咸州志)』,『영가지(永嘉誌)』,『일선
지(一善誌)』,『상산지(商山誌)』,『동경잡기(東京雜記)』,『진양지(晉陽志)』,
『천령지(天嶺誌)』,『동래부지(東萊府誌)』,『성산지(星山誌)』,『성산군읍지
(星山郡邑誌)』(奎10837),『오산지(鰲山志)』,『청도군지』,『역주 오산지』,
(청도문화원, 2003),『단성지(丹城誌)』,『운창지(雲牕誌)』,『단성군읍지(丹
城郡邑誌)』(奎.10881),『밀양지(密陽志)』,『밀주지(密州誌)』,『밀주구지(密
州舊志)』,『밀주읍지(密州邑誌)』,『밀양부읍지(密陽府邑誌)』(奎.17444),『밀
양군읍지』(奎.10867),『밀양누정록(密陽樓亭錄)』(밀양문화원, 1984),『어
초와양세삼강록(漁樵窩兩世三綱錄)』,『김녕김씨직제학공후어초와공파세
보(金寧金氏直提學公后漁樵窩公派世譜)』,『창녕군읍지(昌寧郡邑誌)』(奎.10858),
『창녕군지』(창녕군지편찬위원회,1984),『경산현읍지』(奎.17440),『경산
군읍지』(奎.10849),『경산시지』(경산시지편찬위원회, 1997), 김근추(金謹
樞)의『여묘일기』(필사본),『만성대동보(萬姓大同譜)』,『경주김씨수은공

파세보(慶州金氏樹隱公派世譜)』, 『국조문과방목 (國朝文科榜目)』, 『증보
문헌비고(增補文獻備考)』, 『연려실기술(燃藜室記述)』, 『거창군사(居昌郡
史)』(거창군사편찬위원회, 1997),『향토사료집』(밀양문화원, 1986),『조선
각도읍지(朝鮮各道邑誌)』(태학사, 1978),『강도지(江都誌)』,『삼강록』(奎.
9923, 의정부편),『삼강록속(三綱錄續)』(奎.3069, 의정부편),『동강집(東江
集)』(신익전),『수암집(修嚴集)』(류진)

2. 저서

강명관,『열녀의 탄생』, 돌베개, 2009.

금장태,『유교의 사상과 의례』, 예문서원, 2000.

고영진,『조선중기 예학사상사』, 한길사, 1995.

김강식,『임진왜란과 경상우도의 의병운동』, 혜안, 2001.

김동진,『조선전기 捕虎정책연구』, 선인, 2009.

김준형,『조선후기 단성 사족층연구』, 아세아문화사, 2000.

도현철,『고려말 사대부의 정치사상연구』, 일조각, 1999.

마크 피터슨 지음, 김혜정 옮김,『유교사회의 창출 −조선 중기 입양제와
        상속제의 변화−』, 일조각, 2000.

마르티나 도이힐러 지음, 이훈상 옮김,『한국 사회의 유교적 변환』, 아카
        넷, 2003.

박병호,『한국의 전통사회와 법』, 서울대학교 출판부, 1985.

박 주,『조선시대의 정표정책』, 일조각, 1990.

박 주,『조선시대의 효와 여성』, 국학자료원, 2000.

박 주,『조선시대의 여성과 유교문화』, 국학자료원, 2008.

박 주,『여성과 한민족』, 학문사, 1996, 공저.

박　주,『옛사람들의 삶과 윤리』, 국립민속박물관, 1996, 공저.

박　주,『한국사』31, 국사편찬위원회, 1998, 공저.

박　주,『조선시대 대구의 모습』, 계명대학교 출판부, 2002, 공저.

박　주,『조선시대 대구 사람들의 삶』, 계명대학교 출판부, 2002, 공저.

박　주,『63인의 역사학자가 쓴 한국사 인물열전』Ⅰ,Ⅱ,Ⅲ, 돌베개, 2003, 공저.

박　주,『경북여성사』, 경북여성정책개발원, 2004, 공저.

박　주,『五代六孝 古文書』, 부산박물관, 2006, 공저.

박　주,『한국인의 효사상』, 수덕문화사, 2009, 공저.

박　주,『한국의 효사상과 정신문화(2)』, 수덕문화사, 2012, 공저.

박홍갑,『병재 박하징연구』, 경인문화사, 2006.

이능화,『조선여속고』, 학문각, 1968.

이배용 외,『우리나라 여성들은 어떻게 살았을까 1』, 청년사, 1999.

이병휴,『조선전기 기호사림파연구』, 일조각, 1984.

이병휴,『조선전기 사림파의 현실인식과 대응』, 일조각, 1999.

이수건,『영남사림파의 형성』, 영남대학교 민족문화연구소, 1980.

이수건,『조선시대 지방행정사』, 민음사, 1989.

이성무,『조선초기 양반연구』, 일조각, 1980.

이준구,『조선후기 신분직역변동연구』, 일조각, 1993.

이중환 저, 이익성 역,『택리지』, 을유문화사, 2004.

이태진,『한국사회사연구』, 지식산업사, 1986.

이희덕,『고려유교정치사상의 연구』, 일조각, 1984.

이혜순, 김경미,『한국의 열녀전』, 월인, 2002.

이혜순 외,『조선시대의 열녀담론』, 월인, 2002.

우인수,『조선시대 울산지역사 연구』, 국학자료원, 2009.

우인수,『조선후기 영남남인 연구』, 경인문화사, 2015.

장복추 편저, 장세완, 박미경 역,『국역 삼강록』, 사미헌선생기념사업회, 2005.

장병인,『조선전기 혼인제와 성차별』, 일지사, 1997.

정약용,『다산논총』, 을유문화사, 1972.

주희(임민혁 옮김),『주자가례』, 예문서원, 1999.

최효식,『임진왜란기 영남의병연구』, 국학자료원, 2003.

최효식,『임란기 경상좌도의 의병항쟁』, 국학자료원, 2004.

한영우,『조선전기 사회사상연구』, 자식산업사, 1983.

홍현국,『성씨 족보 양반』, 국학자료원, 2014.

『한국인의 족보』, 일신각, 1977.

3. 논문

강주진,「임진왜란과 청도14의사론」,『한국학논집』7, 1980.

고두행,「『동국여지승람』효자, 열녀조의 분석」, 전북대학교 교육대학원, 1980.

고영진,「15.16세기 주자가례의 시행과 그 의의」,『한국사론』21, 1989.

고영진,「16세기후반 상제예서의 발전과 그 의의」,『규장각』14, 1991.

권순성,「조선시대 강릉지방의 정표자 분석」,『영동문화』8, 2001.

권영배,「성주지역의 3.1운동과 파리장서운동」,『계명사학』23집, 2012.

김경수,「정구의『함주지』연구」,『우강권태원교수정년기념논총』, 1994.

김경숙,「16세기 사대부가의 상제례와 여묘생활－이문건의『묵재일기』를 중심으로－」,『국사관논총』97, 1998

김경숙,「16세기 사대부 집안의 제사설행과 그 성격」,『한국학보』98, 2000.

김경진,「조선왕조실록에 기재된 효녀, 절부에 관한 소고 －태조실록~중종실록을 중심으로—」,『아세아여성연구』16, 1977.

김남윤,「심양일기와 소현세자의 볼모살이」,『규장각』29, 1991.

김무진,「조선전기 성주향촌사회의 구조와 지배층 동향」,『한국학논집』18, 계명대학교 한국학연구원, 1991.

김무진,「조선시대 성주의 교육체제」,『한국학논집』24, 계명대학교, 1997.

김무진,「조선후기 성주 향촌사회 재지사족층의 동향」,『한국사연구』105, 1999.

김문택,「상례와 시묘살이」,『조선시대 생활사』2, 역사비평사, 2000.

김미영,「조선후기 상례의 미시적 연구」,『실천민속학연구』12, 2008.

김미영,「혈통과 사회적 위세에 따른 종가의 위상」,『역사민속학』21, 한국역사민속학회, 2005.

김석희, 김강식,「임진왜란과 청도지역의 창의활동—청도 밀성박씨 14의 사를 중심으로—」,『부산사학』23, 1992.

김성우,「밀성박씨 소고공파의 청도정착과 종족활동」,『진단학보』91, 2001.

김용덕,「부녀수절고」,『아세아여성연구』3, 1964.

김항수,「한강 정구의 학문과 ≪歷代紀年≫」,『한국학보』45, 1986.

김항수,「조선 전기 삼강행실도와 소학의 편찬」,『한국사상과 문화』19, 2003.

김항수,「삼강행실도 편찬의 추이」,『진단학보』85, 1998.

김 혁,「19세기 김채상 집안의 효자 정려 취득과정」,『장서각』12, 2004.

김훈식,「16세기『이륜행실도』보급의 사회사적 고찰」,『역사학보』107, 1985.

김훈식,「조선초기『삼강행실도』보급의 대상」,『인제논총』12권 1호, 1996.

김훈식,「『삼강행실도』보급의 사회사적 고찰」,『진단학보』85, 1998.

변주승,「여지도서의 성격과 도별 특성」,『한국사학보』25, 2006.

박순진,「임진왜란기 청도 의병진의 조직과 활동 —체우당 박경전 의병진을 중심으로—」,『경주사학』36, 2012.

박용옥,「정묘난 조선피로인 쇄.속환고」,『사학연구』18, 1964.

박용옥, 「병자난피로인 속환고」, 『사총』 9, 1964.

박 주, 「조선시대 12정려와 8정려에 대한 사례연구」, 『사학연구』 55·56 합집호, 1998.

박 주, 「조선중기 단성지역의 효자, 열녀 -『단성지』를 중심으로-」, 『한국사학보』 13, 2002.

박 주, 「김일손의 생애와 무오사화」, 『조선사연구』 12, 2003.

박 주, 「조선시대 경북지역의 열녀 사례분석」, 『조선사연구』 13, 2004.

박 주, 「조선시대 경남지역의 열녀 사례분석」, 『여성과 역사』 4, 2006.

박 주, 「『동래부지』의 편찬과 효자, 열녀」, 『조선사연구』 16, 2007.

박 주, 「18.19세기 동래부 영양천씨 집안의 효자정려 청원과정 -『석대천씨오대육효고 문서』를 중심으로-」, 『사학연구』 85, 2007.

박 주, 「조선중기 『밀양지』의 편찬과 효자, 열녀」, 『조선사연구』 17, 2008.

박 주, 「조선시대 경북지역의 효자, 효녀, 효부 사례분석 -『경상도읍지』를 중심으로-」, 『한국사상과 문화』 49, 2009.

박 주, 「조선시대 경남지역의 효자, 효녀, 효부 -『경상도읍지』를 중심으로-」, 『한국사상과 문화』 53, 2010.

박 주, 「조선시대 경산지역의 효자, 열녀」, 『조선사연구』 20, 2011.

박 주, 「조선후기 밀양부 김녕김씨 집안의 충효각과 탁삼재에 대한 사례연구」, 『대구사학』 104, 2011.

박 주, 「조선시대 창녕지역의 효자, 효녀, 열녀」, 『한국사상과 문화』 67, 2013.

박 주, 「조선후기 『성산지』의 편찬과 효자, 열녀」, 『한국사상과 문화』 69, 2013.

박 주, 「18세기 후반 경상도 거창군 효자 3형제의 여묘생활 -김근추의 『여묘일기』를 중심으로-」, 『한국사상과 문화』 73, 2014.

박 주, 「조선후기 청도 『오산지』의 편찬과 효자. 열녀」, 『한국사상과 문화』 74, 2014.

박홍갑,「16세기초 청도지역 사림의 활동-병재 박하징을 중심으로-」,
『민족문화논총』28, 영남대민족문화연구소, 2003.

박홍갑,「조선초기 밀양 재지세력의 청도이주와 정착과정-밀양박씨소고
공파를 중심으로-」,『백산학보』70, 2004.

박홍갑,「청도 사찬읍지「오산지」(1673)의 편목과 특징」,『중앙사론』21,
2005.

신병주,「16세기 초 처사형 학자의 학풍과 현실관-김대유와 박하담을 중
심으로 -」,『남명학연구논총』5, 1997.

양보경,「16~17세기 읍지의 편찬배경과 그 성격」,『지리학』27, 1983.

양보경 ,「조선시대 읍지의 성격과 지리적 인식에 관한 연구」, 서울대 대학
원 지리학과 박사학위논문, 1987.

양보경,「조선 중기 사찬읍지에 관한 연구」,『국사관논총』81, 국사편찬위
원회, 1998.

우인수,「1749년(영조 25)울산읍지『학성지』의 편찬과 그 의미」,『한국사
연구』119, 2002.

이광규,「효자」,『한국가족의 사적 연구』, 일지사, 1977.

이광렬,「광해군대『동국신속삼강행실도』편찬의 의의」,『한국사론』53,
서울대학교 국사학과, 2007.

이석규,「조선전기 삼년상제의 확립과 민의 성장」,『한국사연구』161, 2013.

이성무,「한국의 관찬지리지」,『규장각』6, 1982.

이수건,「한국에 있어서 지방사연구의 회고와 현황」,『대구사학』20,21합
집, 1982.

이순구,「조선초기 주자학의 보급과 여성의 사회적 지위」,『청계사학』3,
1986.

이숭녕,「임진왜란과 민간인 피해에 대하여」,『역사학보』17,18합집, 1962.

이우석,「여말선초의 여묘제」, 건국대 대학원 사학과, 1996.

이완재,「긍정적 측면에서 본 유교윤리」,『한국인의 윤리관』, 한국정신문

화연구원, 1983.

이장희, 「정묘, 병자호란에 있어서의 호남의병」, 『건대사학』 4, 1974.

이장희, 「정묘, 병자호란시 의병연구」, 『국사관논총』 30, 1991.

이정주, 「전국지리지를 통해 본 조선시대 충, 효, 열 윤리의 확산양상」, 『한국사상사학』 28, 2007.

이재두, 「『신증동국여지승람』 효자편의 효행사례와 정표 유형」, 『조선사연구』 24, 2015.

이태진, 「15세기 후반기의 거족과 명족의식―『신증동국여지승람』의 인물조의 분석을 통하여―」, 『한국사론』 3, 서울대학교 국사학과, 1976.

이 현, 「조선시대 마산·창원지역의 효자,열녀 사례분석」, 『가라문화』 15, 경남대학교 가라문화연구소, 2001.

이희덕, 「조선초기 유교의 실천윤리에 대한 일고찰」, 『고려유교정치사상의 연구』, 일조각, 1984.

이희환, 「조선 말기의 정려와 가문 숭상의 풍조」, 『조선시대사학보』 17, 2001.

임선빈, 「충청도 대흥, 덕산, 예산 지역의 효행포장」, 『조선시대 사회의 모습』, 집문당, 2003.

임세권, 「영가지 편찬 및 간행의 의의」, 『안동문화의 재인식』, 안동문화연구회, 1986.

염정섭, 「조선시대 일기류 자료의 성격과 분류」, 『역사와 현실』 24, 1997.

장동표, 「16,17세기 청도지역 재지사족의 향촌지배와 그 성격」, 『부대사학』 22, 1998.

진단학회, 「『삼강행실도』의 종합적 검토」, 『진단학보』 85, 1998.

조 광, 「조선조 효인식의 기능과 그 전개」, 『한국사상사학』 10, 1998.

정구복, 「조선조 일기의 자료적 성격」, 『정신문화연구』 통권65호, 1996.

정구선, 「조선전기의 효행천거제」, 『경주사학』 11, 1992.

정구선, 「고려시대의 유교윤리 장려정책에 관한 일고찰: 효행자. 열녀 포상제도를 중심으로 -」, 『인문학연구』1, 관동대학교, 1998..

정두희, 「조선초기 지리지의 편찬 (I),(II .완)」, 『역사학보』69,70, 1976.

정일영, 「임진왜란 이후 '教化'의 양상 - 광해군대 『동국신속삼강행실도』
　　　를 중심으로 -」, 『한국사상사학』34, 2010.

정지영, 「조선후기 과부의 또 다른 선택」, 『역사와 문화』5, 2002.

정창권, 「일기를 통한 우리생활사 엿보기」, 『한국학연구』18, 고려대학교
　　　한국학연구소, 2003.

주웅영, 「가묘의 설립배경과 그 기능」, 『역사교육논집』7, 1985.

지두환, 「조선초기 주자가례의 이해과정 -국상의례를 중심으로」, 『한국
　　　사론』8, 1982.

최윤진, 「16,17세기에 편찬된 경상도의 사찬읍지」, 『전북사학』17, 1994.

평목실, 「조선왕조초기의 정표교화정책에 대하여」, 『조선학보』81, 1976.

하우봉, 「세종대의 유교윤리 보급에 대하여-『효행록』과 『삼강행실도』를
　　　중심으로 -」, 『전북사학』7, 1983.

한충희, 「선산과 조선전기 성리학 및 사림파」, 『한국학논집』24, 계명대학
　　　교 한국학연구소, 1997.

찾아보기

ㄱ

가례(加禮) 457

가묘 154, 162, 163, 164, 185, 190,
  396, 400, 465, 467, 472

가조(加祚) 380, 382, 384, 440, 470

강덕우(姜德佑) 154

강돌녀(姜乭女) 184

강만희(姜萬熙) 339

강민효(姜敏孝) 247

강서(姜瑞) 251

강선귀(姜選龜) 32

강성교(姜聖喬) 132

강수제(姜壽齊)의 처 梁氏 263

강씨(康氏) 185

강아지(姜阿只) 113

강양(江陽) 381, 450, 459

강우(姜瑀) 252

강은(姜隱)의 처 83

강재호(姜載浩)의 처 60

강처문(姜處文) 235

강한중(姜漢中) 58

거구촌 382

거여동(居廬洞) 171

거창군 375, 379, 398

『거창군사』 373

경산(慶山) 48, 168, 172, 325, 326,
  327, 328, 329, 332, 340, 343, 346,
  347

경산부(京山府) 16

『경상도읍지』 16, 20, 21, 37, 47,
  55, 56, 59, 68, 73, 79, 84, 86, 87,
  90, 94, 95, 108, 117, 118, 124,
  128, 133, 135, 143, 144, 172, 179,
  183, 188, 189, 190, 226, 227, 259,
  263, 266, 268, 325, 326, 327, 329,
  341, 349, 350, 361, 480

경일(慶一) 38

경주 최씨　486

경주　15, 36, 46, 53, 58, 75, 81, 89,
　　120, 152, 153, 156, 159, 160, 161,
　　164, 170, 172, 175, 184, 188, 244,
　　326, 334, 338, 339, 374, 379, 398,
　　479, 481, 483, 486, 504, 505

경주김씨　375, 379

『경주김씨수은공파세보(慶州金氏樹
　　隱公派世譜)』　375

계사왜란(癸巳倭亂)　363

고령　79, 81, 148, 170, 183, 189

고제(高梯)　381, 465

곽결, 곽청, 곽호, 곽형 4형제　158

곽기견　24, 25

곽영길(郭永吉)의 처 呂氏　42

곽재흠(郭再欽)의 처 강씨(姜氏)　361

곽준(郭䞭)의 딸 곽씨　84

곽헌의 딸 곽씨　42

곽현문(郭玄聞)　25, 35, 36

곽희수(郭希壽)의 처 이씨　41

관직제수(官職除授)　324, 348

광주(廣州)　485, 504

광평군(廣平郡)　16

구일생(具逸生)　36

구주성(具周星)　132

구침(仇琛)　249

『국담집(菊潭集)』　97

권강(權杠)　163

권건리(權件里)　103, 106, 253

권계민(權啓敏)　171

권규(權逵)　71

권득중(權得中)　381, 382, 462

권득평(權得平)　164

권목(權穆)　154

권문언　79, 81

권문임(權文任)　72

권문현(權文顯)　72

권봉길(權鳳吉)의 처 박씨　183

권상하　253

권세륜(權世倫)　71, 73, 76

권유망(權有望)　165

권을(權乙)　247

권응정(權應井)　159

권일(權佾)　50

권정호의 처 정씨　43

권중화(權仲和)　154

권직형(權直衡)　168

권택(權澤)　82

권택만(權澤萬)　147, 172, 186

권형　252

권호인(權好仁)　152

권홍(權澋)　73, 76, 82

권홍(權澋)의 형수　82

金白山　238

금산　151, 159, 168, 172

金是泗　148, 170

金寧金氏　481

금일춘(今日春)　182

今之(혹은 金枝)　106, 260

給米　165, 177

급복(給復) 34, 98, 99, 102, 107, 113, 114, 118, 134, 151, 152, 154, 155, 164, 178, 183, 184, 187, 226, 253, 258, 262, 263, 264, 266, 270, 348, 357, 360, 370, 478, 501

기남(起南) 243, 479

기우제 392

김경복(金景福) 334

김경순 27, 30

김계남(金繼南) 259

김계운(金戒云)의 처 양녀 朴召史 365

김계하(金戒河)의 처 문덕(文德) 40

김관석(金關石) 35

김광윤(金光潤) 34, 185

김광윤(金光潤)의 처 185

김광호(金光灝) 375, 398

김구성(金九成) 151

김군산(金君山) 60

김귀생(金貴生) 131

김극일(金克一) 53, 55, 63, 64, 331, 341, 347

김극추 375, 377

김근추 373, 374, 375, 376, 378, 379, 382, 385, 386, 392, 393, 397, 398, 399, 400

김기남(金起南) 481

김난발 229

김난생(金蘭生) 481

김덕균(金德均) 502

김덕봉(金德奉) 156

김두망(金斗望) 152

김득인(金得仁) 130, 239, 241, 247

김려택(金麗澤) 233

김련(金鍊)의 처 姜氏 264

김련 231, 264

김맹성(金孟性) 27, 151

김몽룡(金夢龍) 331

김문상(金文尙) 22

김방계(金邦啓) 22, 164

김보문(金寶文)의 딸 김씨 131, 262

김복한(金福漢) 376, 377

김불수(金不受) 96

김사리(金士利) 164, 176, 190

김상언(金尙彦) 501, 502, 505

김상흥(金尙興) 502

김석호(金錫昊) 334

김석홍(金碩興) 107, 265

김석홍(金碩興)의 처 魯召史 265

김성우(金聲佑) 381, 382, 448

김성윤(金聲胤) 381, 382, 446

김성익 25

김세한 249

김수 35

김승낙 235

김승득 22, 23

김승락(金承樂) 235

김승화(金承化)의 처 양녀 李召史 365

김시우(金時佑) 164, 167, 190

김시좌(金時佐) 167

김신탁(金信鐸) 154

김신환 22
김언건(金彦健) 150
김여흡(金汝翕) 25, 35
김용정(金用貞) 72
김우옹(金宇顒) 18, 43, 44, 45, 48
김우옹(金宇顒)의 후손인 종택(宗澤)
　의 처 43
김원추 374, 375, 377
김월(金越)의 처 신씨(辛氏) 362
김유부(金有富) 104, 243, 244, 479,
　480, 481, 482, 483, 484, 485, 487,
　488, 489, 501, 502, 503, 504, 505
김유식(金有軾) 99
김윤도(金潤道) 25
김윤산(金允山) 156
김응벽(金應璧) 153
김이륜(金以鑰) 152
김이음(金爾音) 172
김일(金鎰) 380, 440
김일(金鎰)의 딸 181
김일손(金馹孫) 53, 54, 55, 63, 64
김자강 22, 23
김재영(金在永) 339
김정근(金正根) 145
김정미(金庭美) 327
김정철(金廷喆) 359
김종직 55, 148, 176, 265
김종직의 딸 265
김지대(金之岱) 53, 63
김진순(金振順) 32

김창호(金昌鎬) 58
김춘립(金春立) 233
김치수(金致粹) 25, 35
김칠득(金七得) 231, 234
김한병(金漢柄) 502
김한영(金漢英) 151
김현(金鉉)의 처 李氏 363
김홍진(金鴻晉) 335
김효문(金孝文)의 처 134
김흥룡(金興龍) 501, 505
김희보(金熙普) 164
김희정(金希禎) 167

ⓝ

나유문(羅有文) 73, 75, 81, 82, 249
나유문의 처 82
난비(卵非) 109
난생(蘭生) 105, 243, 479
남두방(南斗房) 248
남명 조식 71, 75, 86, 251, 252
남순길의 처 112
남초(南草:담배) 382, 474
노개방(盧盖邦)의 처 111
노대하(盧大河)의 처 金氏 364
노덕현(魯德玄) 36
노한보(盧漢輔) 230
노홍언(盧弘彦) 245, 358
눌덕(訥德) 40

ⓒ

단성현 68, 70, 71, 73, 83, 84, 86, 87

『단성지』 68, 69, 70, 72, 73, 78, 81,
82, 83, 85, 86, 87

단지(斷指) 21, 23, 24, 25, 26, 29, 30,
35, 37, 42, 44, 45, 63, 76, 80, 86,
95, 105, 118, 131, 132, 137, 144,
145, 146, 151, 162, 168, 170, 171,
175, 181, 182, 185, 186, 228, 229,
249, 259, 263, 264, 268, 329, 331,
333, 334, 340, 342, 343, 344, 346,
347, 355, 360, 369, 374, 394, 400

달계서원(達溪書院) 168

담제(禫祭) 397

대구 41, 148, 164, 170, 185, 188, 326

덕이봉(德伊峰) 379

덕지(德之) 341

도균(都均) 35

도림 382, 449, 459

도명화 27, 30

도봉규(都鳳奎) 336, 337

도성유(都聖兪)의 처 김씨 42

도세옹 33

도영정(都永鼎) 35

도주(道州) 48

도처대(都處大) 57

도처형(都處亨) 35

도희령(都希齡) 72

『동강집(東江集)』 92

동경잡기(東京雜記) 120

『동국신속삼강행실도』 47, 55, 141,
349

동래 121, 136, 239, 241, 247, 262

『동래부지(東萊府誌)』 46, 120, 121,
122, 123, 124, 125, 128, 129, 136

동몽교관 25, 36, 45, 57, 59, 63, 103,
230, 234, 258, 332, 336, 339, 340,
341, 347

둔촌(屯村) 438

득비(得妃) 259

득어(得魚) 21, 23, 144, 145, 150, 228,
232, 329, 331, 336

득육(得肉) 21, 23, 144, 145, 150,
228, 232, 329, 331, 336

ⓡ

류관(柳寬) 29, 35

류몽정(柳夢禎) 73, 79

류문빈(柳文彬)의 처 韓氏 261

류성명 79, 80

류세번(柳世藩) 27, 29

류식(柳軾) 149

류우(柳宇), 류주(柳宙) 형제 77

류포(柳砲) 172

ⓜ

만호(萬戶) 41, 43, 45, 131, 133, 137,
146, 261, 262, 263, 360, 370
맹종(孟宗) 147
면천(免賤) 226, 257, 324, 348
모곡(毛谷) 393
모선당(慕先堂) 147
묘을동(卯乙同) 145
무첨당(無添堂) 161
문경현지(聞慶縣誌) 120
문소지(聞韶志) 120
문오(文五) 381
문옥지(文玉只) 366
문익점 73, 74
문잉질금(文仍叱金) 153
문팔기(文八起) 235
문효세자 386
민성(敏省)의 처 38
『밀양누정록(密陽樓亭錄)』 90
『밀양지(密陽誌)』 46, 89, 90, 91, 92,
93, 94, 108, 117, 118, 120
『밀주구지』 90, 94, 108, 117, 118
『밀주부읍지』 90
『밀주읍지』 90, 480
『밀양군읍지』 90, 94, 117, 118, 480

ⓑ

박가권(朴可權) 24, 35
박경명(朴敬明)의 처 112
박계원(朴桂源) 58
박광인(朴光仁) 24
박구(朴矩) 22
박규 22, 35
박규호(朴圭鎬)의 처 김씨 342
박근인(朴近仁) 359
박기구(朴耆龜) 35
박덕윤(朴德潤)의 처 梁氏 342
박도림(朴道林) 333, 347
박도성(朴道城)의 처 이씨 342
박랑 자매 179
박류성 35
박민학(朴敏學)의 딸 181
박사창(朴師昌) 122
박상남(朴尙男) 41
박성민(朴聖民) 233
박수원(朴壽遠)의 처 39
박수춘(朴壽春) 97
박수하(朴壽河) 36
박시순 27, 28, 36, 150, 176
박시평(朴始平)의 처 박씨 39
박신손(朴信孫) 24, 28, 36, 150, 176
박심(朴尋) 96
박심원(朴潘源) 36
박안련(朴安連) 35
박약지(朴約之) 152

박양춘(朴陽春)　98, 104, 107, 243, 257, 269
박연수　238
박운(朴云)　239, 357
박원형(朴元亨)　35, 179
박윤경(朴潤卿)　35
박윤손(朴潤孫)　56
박이응(朴以凝)　37
박인(朴氤)　249
박인백(朴仁伯)의 처　135
박인손　35
박인홍(朴仁弘)　79, 80, 185
박인홍(朴仁弘)의 처　185
박정우(朴正佑)　338
박조수(朴祖壽)의 처 정씨　40
박종현(朴鐘鉉)　335
박주(朴冑)　359
박지화(朴之華)　100
박진한(朴震翰)　355
박춘목(朴春睦)　330
박춘흥(朴春興)의 처　135
박팽년(朴彭年)　25, 27, 35, 41, 43
박하담(朴河淡)　48, 53, 63
박학수(朴鶴壽)의 처　112
박해종(朴海宗)　26
박해필　25, 27
박형룡(朴亨龍)　251
박홍록(朴弘祿)　172, 329
박환　33
박효랑(朴孝娘)　181

박희량(朴希良)의 처　111
반석철(潘碩撤)　233
반석철(潘碩徹)의 외손녀　259
반유(潘濡)　168, 190
반충(潘冲)　168, 172, 190
배경　158
배경동(裵敬同)　24
배두질겁(裵斗叱劫)　182
배몽서(裵夢瑞)의 처 전씨(田氏)　362
배상경(裵尙絅)　104
배성학(裵聖學)의 아내 신씨(申氏)　343
배세중(裵世重)　57
배여경(裵汝慶)　250
배영세(裵永世)　100
배이인(裵爾仁)　334, 337
백동헌(白東憲)　380, 381, 382, 439, 444
백맹손(白孟孫)　381, 382, 444
백생원　382, 448
백수(白璲)의 딸　261, 360
백유정(白惟精)의 처 주씨(周氏)　361
백이랑(白二娘)　261, 360
백추(白鶖)　36
백후채(白後采)의 처 呂氏　265
벽진군(碧珍郡)　16
변극태(邊克泰)　157
邊中一　158, 167
복호(復戶)　24, 31, 32, 34, 36, 39, 45, 59, 63, 79, 80, 141, 148, 150, 156, 162, 165, 172, 177, 178, 179,

180, 181, 182, 183, 184, 186, 187,
226, 229, 230, 235, 237, 238, 241,
248, 249, 253, 257, 258, 259, 261,
263, 265, 270, 324, 331, 334, 339,
341, 343, 344, 347, 348, 360, 370,
478, 483
본피현(本彼縣) 16, 17
部將 문형수(文亨秀)의 처 金氏 364
비리동(飛鯉洞) 171
비자화군(비사벌) 350

사노 개돌형제 31
사노 세걸 246
사노(私奴) 357, 360, 370
사도동 379
사물(賜物) 36
사미헌(四未軒) 17
사인(학생) 응녕(應寧)의 女 110
사찬읍지(私撰邑誌) 15, 44, 46, 47,
    48, 62, 67, 68, 70, 86, 89, 90, 91,
    117, 120, 121, 124, 227, 267, 270
산청현 70, 86
『삼강록』 55, 56, 59, 60, 329, 341
『삼강행실도』 141, 142
삼봉(三峰) 381, 392, 454, 465
상물(賞物) 59, 63, 141, 177, 226, 257,
    324, 348, 478

상분(嘗糞) 21, 25, 27, 29, 34, 35,
    37, 42, 43, 45, 63, 95, 105, 118,
    144, 145, 146, 147, 148, 151, 158,
    162, 170, 181, 182, 185, 186, 228,
    229, 230, 231, 232, 240, 251, 264,
    265, 268, 329, 331, 334, 337, 486
상산지(商山誌) 120
상주 15, 46, 89, 120, 146, 148, 150,
    154, 159, 160, 161, 164, 167, 170,
    171, 172, 179, 180, 181, 188, 191,
    373, 377, 390, 450, 462, 483
상직 141, 177, 226, 257, 478
생원 하경휘 159, 160
서광하(徐光河) 336, 339
서달숭(徐達崇) 165, 190
서도기(徐道璣) 334
서렴(徐濂) 333
서막동(徐莫同) 155
서병린(徐病麟) 343
서사선(徐思選) 327, 334, 339
서승운(徐勝雲) 22, 32, 167
서시립(徐時立) 165, 185, 190
서씨 109
서일상(徐日祥) 155
서즐(徐騭) 169
서필원 27, 30
『석대천씨오대육효고문서(石臺千氏
    五代六孝古文書)』 132
석송(石松) 238, 357
석수도(石守道) 98, 102

석조영(石祖榮) 26

석종(石琮) 36

선무원종이등공신(宣武原從二等功
臣) 243, 483

설총 328, 346

성간(成侃) 351, 368, 369

성개(成槩) 351, 368, 369

성건(成健) 351, 369

性女 182

성담년(成聃年) 351, 369

성몽정(成夢井) 351, 369

성봉조(成奉祖) 351, 352, 368

성사재(成思齊) 350, 368

성산군(星山郡) 16

『성산지(星山誌)』 15, 16, 18, 19, 20,
21, 37, 44, 45, 46, 120

성서(成瑞) 2, 32

성석린(成石璘) 350, 352, 368

성석용(成石瑢) 350, 351, 368

성석인 350, 351, 368

성성손(成聖孫) 380, 381, 438, 450

성세순 351, 369

성세정(成世貞) 351, 369

성세창(成世昌) 351

성수경(成守慶) 351, 353, 369

성수침(成守琛) 351, 369

성안례(成安禮)의 처 朴氏 362

성안의 351, 352, 369

성억(成抑) 351, 368

성엄(成揜) 351, 352, 368, 369

성여완(成汝完) 350, 352, 354, 368

성완(成琉)의 처 吳氏 364

성운(成雲) 351, 369

성원춘(成遠春)의 처 윤씨 361

성임(成任) 351, 368

성주 15, 16, 17, 18, 21, 35, 44, 45,
46, 57, 70, 89, 120, 150, 151, 156,
164, 167, 179, 185, 188, 189, 261,
343, 491, 501

성진선(成晉善) 121

성창의(成昌義)의 처 배씨(裴氏) 183

성풍세(成豊世) 22, 23, 33

성혼(成渾) 351, 369

성효열(成孝悅)이 처 孫氏 365

성희안(成希顔) 351, 352, 369

세진(世眞), 세춘(世春), 세륜(世倫), 세
인(世仁) 4형제 77

『소학』 142, 163, 251, 330

『속삼강행실도』 47, 55, 141

『속의례(續疑禮)』 382

손기륜(孫起倫) 103

손기후(孫起後)의 처 110

손말질세(孫末叱世) 359

손석후(孫錫後) 170

손시일(孫諟一)의 처 112

손약허(孫若虛) 245, 357

손인갑(孫仁甲) 245, 256, 351, 353,
357, 369

손일선(孫日宣) 335

손지겸(孫智謙) 105

손하(孫厦) 79

손홍은의 처 鄭召史 264

송계(宋啓) 35

송발(宋潑)의 처인 이씨 41

송이회(宋以誨)와 송이필(宋以弼) 형제
　160

송인하(宋寅夏) 27, 34

송재수(宋在壽)의 처 김해김씨 343

송환기(宋煥箕) 234

송희규(宋希奎) 35

수옥(守玉) 341

수은 김충한 374, 375, 376, 398

순비 노씨 328, 346

시금(是今) 179, 180

시랑(是娘) 186

시묘곡(侍墓谷) 379

시약(施藥) 21, 23, 63, 144, 145, 148,
　228, 231, 331

신경휴(申景休) 26

신계성(申季誠) 102, 107, 257

신권(愼權) 234

신달정(辛達庭) 170

신동현(申東顯) 101, 102, 107

신두병(申斗柄)의 딸 179

신명윤(申命胤) 106

신수침(愼守沈) 234

신안(新安) 16

신원록(申元祿) 169

신익전(申翊全) 91, 92, 93, 117

신정(申晸) 93

『신증동국여지승람』 16, 21, 37, 47,
　55, 59, 60, 68, 73, 74, 79, 83, 84,
　86, 87, 90, 94, 117, 118, 124, 125,
　128, 133, 136, 141, 143, 187, 227,
　325, 326, 327, 329, 341, 349, 350,
　361

신창운(愼昌雲) 381, 382, 454

신탁(申晫) 163

신해(申瀣) 26, 35

신효랑 179

심무정(沈武丁) 260

심치(沈致)의 처 石氏 263

쌍령전투 166, 244, 485, 486, 504

◎

안근(安近) 108

안대훈(安大勛) 180

안동 15, 34, 46, 70, 81, 89, 120,
　145, 146, 148, 151, 154, 157, 158,
　163, 164, 165, 167, 171, 172, 183,
　188, 191

안상의(安尙義) 252

안신갑(安信甲) 244

안옥(安鈺) 248

안의(安義) 477

안인석(安仁碩) 335

안학진(安學鎭) 59

안헌(安爔)의 딸 180

압량소국(押梁小國) 326, 346

양말손(梁末孫) 97

양사리(梁士利) 73, 77

양사리의 두 딸 83

양세홍(梁世鴻) 73, 79

양욱(梁郁) 234

어영하(魚泳河) 96

어제(御製) 387, 457, 467

『어초와양세삼강록(漁樵窩兩世三綱
    錄)』 243, 480, 504

업유(業儒) 이인망(李仁望) 252

여낙규(呂洛奎) 27, 29

여대익(呂大翊) 168, 331, 339, 340,
    346

여동재 · 동해 · 동보 3형제 29

여묘 21, 22, 28, 32, 35, 44, 63, 74,
    80, 86, 96, 97, 98, 99, 103, 107,
    137, 144, 145, 147, 148, 149, 152,
    153, 157, 158, 161, 162, 163, 164,
    165, 166, 167, 168, 169, 170, 171,
    175, 190, 228, 229, 232, 246, 252,
    253, 269, 329, 331, 332, 334, 335,
    336, 337, 338, 340, 346, 373, 375,
    379, 386, 399, 447, 450, 457, 458,
    459, 460, 463, 465, 466, 467, 468,
    469, 471, 473, 474, 475, 476

여묘살이 21, 22, 23, 24, 27, 29, 30,
    32, 55, 57, 73, 76, 78, 95, 96, 98,
    99, 118, 147, 153, 162, 163, 229,
    249, 330, 335, 337, 338, 355, 356,

357, 359, 360, 369, 373, 379, 384,
    385, 392, 398, 399, 400, 465

여묘생활 373, 379, 382, 386, 397,
    399, 400

『여묘일기』 373, 374, 375, 376, 379,
    398

여빙거(呂聘擧) 35

여사현(呂師賢) 23

여서규(呂瑞奎) 26

여소 387, 393, 400, 442, 443, 451,
    462, 467

여영길(呂榮吉) 330

여제강(呂齊綱)의 처 이씨 38

여중화(呂中和) 24

『여지도서』 20, 21, 37, 47, 55, 56,
    59, 60, 68, 73, 79, 84, 86, 87, 90,
    94, 95, 117, 118, 124, 128, 133,
    136, 143, 187, 227, 325, 326, 327,
    329, 341, 349, 350, 361, 480

여창주(呂昌周) 22, 27, 28

여팔학(呂八學) 29, 35

여효주(呂孝周) 29, 35

여훈(呂燻) 35

여희림(呂希臨) 36

≪역학계몽(易學啓蒙)≫ 382, 438

연역견감(煙役蠲減) 502, 506

연종(吮腫) 21, 23, 27, 37, 45, 63,
    144, 145, 148, 185, 186, 228, 230,
    331

열녀 15, 16, 21, 37, 43, 44, 45, 47,

59, 60, 61, 62, 64, 67, 68, 70, 72,
73, 80, 82, 83, 84, 85, 86, 87, 89,
90, 92, 93, 94, 108, 114, 117, 118,
119, 121, 129, 133, 135, 136, 137,
142, 145, 178, 226, 236, 240, 244,
261, 324, 325, 329, 341, 343, 344,
346, 347, 348, 349, 354, 361, 366,
368, 370, 478, 479, 481, 506

염응칠(廉應七) 57

염행검(廉行儉) 171

영가지(永嘉誌) 120

영돌(永乭) 383, 399, 453, 468

영양 132, 149, 156, 157, 171, 182,
188

영일 154, 188, 333

예귀주(芮歸周) 168

예안 149, 182, 184, 188, 189

예취신(芮就新) 230

오두원(吳斗元) 381, 382, 465

『오륜행실도』 142

오산(鰲山) 48, 49, 380, 382, 440,
439, 465

『오산지(鰲山誌)』 46, 47, 48, 49, 50,
51, 53, 55, 59, 62, 63, 64, 120

오삼성 156, 157

오영달(吳英達) 98

오철조(吳哲祖) 166

옥석견(玉石堅) 250

옥종손(玉從孫) 131

왕상(王祥) 29, 147, 152, 377

용양위장군(龍驤衛將軍) 483

우광남(禹光男) 240

우립(友立)의 처 天女 264

우저적(禹底績) 162

우징의 처 박씨 262

운봉산 131, 262, 263

운창지(雲窓誌) 120

원효 328, 346

월동(越洞) 384, 458

月良 261

월심(月心) 384, 470

유진 50, 62

윤갑생(尹甲生) 100

윤동열(尹東說) 79, 80, 239, 240

윤득종(尹得宗)의 처 김씨 179, 180

윤면(尹勔)의 처 59

윤선치(尹善致) 98

윤세무(尹世茂)의 처 이씨 84

윤은보 169

윤음 386, 387, 464

윤인경(尹仁鏡) 35

윤자화(尹自花) 113

윤충관(尹忠寬) 235

윤흥신(尹興莘) 103

은진 송씨 244, 479, 481, 487, 504,
505

읍지 18, 19, 44, 53, 63, 67, 89, 92,
94, 117, 118, 119, 121, 122, 123,
136, 137, 141, 142, 478

김응벽(金應璧), 응규(應奎), 응정(應井)
3형제 153

≪의례문해(疑禮問解)≫ 382, 439,
440

이건희(李乾熙)의 처 박씨(박팽년 후
손) 43

이경명(李景明) 36

이경옥(李慶沃)의 딸 111

이경훈(李敬訓) 242

이계상(李戒相) 33

이관명(李官明) 55

이기옥(李璣玉) 48

이달운(李達雲) 35

이덕삼(李德三)의 처 권씨 259

이도증(李道曾)의 처 40

이동인(李東璘)의 처 60

이득록(李得祿) 48

이랑(李娘) 181

『이륜행실도』 141, 142

이만경(李萬慶) 22, 32

이명신(李明信)의 처 109

이명억(李命億)의 처 38, 110

이사징(李士澄) 36

이삼노(李三老) 78

이상요(李相堯)의 처 달성 서씨 343

이서소국(伊西小國) 47

이서우(李瑞雨) 122

이석구(李碩九) 38

이석동(李錫東) 343

이석린(李錫鱗)의 처 113

이석문(李碩文) 35

이성태(李聖泰) 235, 236, 355

이세걸(李世傑) 146

이승중 156, 157, 172

이시분(李時馩) 68, 69, 72, 78, 81,
86

이식(李植) 22, 164

이신(李申) 95

이심옥(李心玉)의 처 42

이씨 110

이안세(李安世) 38, 365

이안세(李安世)의 처 노씨(盧氏) 365

이약여 33

이양(李良) 35

이언부(李彦富) 35

이언적(李彦迪) 161, 190

이우춘(李遇春) 246

이운보(李澐甫) 397, 477

이원(李源) 71

이원기(李源驥) 57

이원량(李元良) 166

이원룡(李元龍) 27, 29

이원보(李元輔) 102

이원삼(李元三) 155

이원성 250, 257, 269

이원정(李元禎) 18, 44

이유구(李悠久) 36

이유의(李惟毅) 56

이육(李堉) 25, 35
이윤현(李胤玄) 79, 80, 341
이은손(李恩孫) 235, 237
이의배(李義培) 484
이의윤(李宜潤) 161, 162, 170, 176, 190
이의징(李宜澄) 162, 170, 176, 190
이의표 27
이이석(李以石) 381, 450
이이전(李爾銓) 25
이인덕(李寅德) 381, 382, 446
이장곤(李長坤) 351, 353, 363, 369
이재영(李再英) 380, 382, 441
이정간(李貞幹) 48
이정현(李廷賢) 35
이제화(李齊華)의 딸 181
이조년(李兆年) 35
이종렬(李種烈) 26
이종택(李宗澤)의 처인 박씨 41
이중경(李重慶) 48, 50, 51, 62, 63
이중광(李重光)의 딸 265
이중화(李重華) 29, 35
이지명 27, 30
이지보(李之寶) 73, 76, 237
이지화(李之華) 36
이진광(李震光)의 처 權召史 264
이진상(李震相) 17
이진채(李晉彩) 27, 28
이천경(李天慶) 71

이춘광(李春光) 381
이탁영(李擢英) 147
이핵(李覈)의 처 金氏 265
이홍휴(李鴻休)의 처 37
이효원(李孝遠) 146
이홍문(李興門) 28, 35
이희연 231
이희채(李希采) 338
이희필 246
이희현(李希賢) 231
인수(麟壽) 37
일선지(一善誌) 120
일연 326, 328, 346
임기선(林基善) 156
임석규 27, 30
임우춘 161
임운 236, 256
임진왜란 15, 19, 21, 33, 41, 42, 44, 45, 54, 60, 67, 69, 70, 71, 72, 84, 86, 95, 97, 101, 103, 104, 108, 110, 111, 112, 114, 118, 119, 131, 136, 145, 148, 158, 159, 160, 161, 176, 181, 182, 185, 190, 242, 243, 244, 245, 247, 261, 262, 263, 326, 340, 344, 346, 347, 352, 353, 355, 357, 358, 359, 360, 361, 362, 363, 366, 369, 370, 483, 485, 488, 504
임한신(林翰臣) 235, 236

ㅈ

자계서원(紫溪書院) 55
자인(慈仁) 326
장계이 351, 353, 369
장만(張滿) 239, 257, 269, 355, 356, 357, 369
장복추(張福樞) 17
장시행(張是行) 235, 236, 239, 257, 355, 356, 357, 369
장시행, 장익정, 장만 형제 355
장씨(張氏) 110
장익정(張翼禎) 257, 269, 355, 356, 357, 369
장지도(張志道) 169
장천경(張天經)의 처 185
장해붕(蔣海鵬) 336
장현광(張顯光) 18, 49
장홍구(張洪矩)의 처 순천인 박씨 39
장효원(張孝遠) 358
재실 396, 397, 400, 477
재악산(載岳山) 104
전경익(全敬翊) 332
전백영(全伯英) 327
전불산(全佛山) 101, 102
田召史 133
전염병 22, 131, 132, 134, 149, 164, 230, 235, 238, 264, 374, 379, 383, 398, 399
전응상(田應祥)의 처 134

전창항(全昌恒) 148
정곤수(鄭昆壽) 18, 44
정광필(鄭光弼) 128
정구(鄭逑) 17, 18, 35, 44, 48, 248
정구(鄭構) 72, 75
정기원(鄭期遠) 128
정난종(鄭蘭宗) 128
정대익(鄭大益). 정대유(鄭大有) 형제 245
정도동(鄭道東) 253
정도창(鄭道昌) 157, 176, 190
정동구(鄭東龜) 332
정동필(鄭東弼) 333
정두홍(鄭斗弘) 330
정려(旌閭) 22, 23, 24, 25, 26, 31, 32, 33, 34, 36, 37, 38, 39, 40, 41, 42, 43, 45, 55, 59, 60, 61, 63, 64, 74, 75, 80, 82, 83, 84, 85, 87, 95, 96, 97, 99, 101, 102, 103, 105, 106, 107, 109, 110, 113, 114, 118, 119, 131, 132, 133, 134, 135, 137, 141, 145, 146, 147, 152, 153, 154, 156, 157, 158, 159, 160, 161, 163, 164, 165, 166, 167, 168, 169, 170, 176, 177, 178, 179, 180, 181, 182, 183, 184, 185, 186, 187, 226, 227, 229, 231, 233, 234, 235, 236, 237, 238, 239, 240, 241, 242, 243, 244, 245, 246, 247, 248, 249, 250, 251, 252, 253, 257, 258, 259, 260, 261,

262, 263, 264, 265, 266, 270, 324,
330, 333, 334, 336, 338, 341, 342,
343, 344, 347, 348, 355, 357, 358,
359, 360, 361, 362, 363, 364, 365,
366, 370, 374, 376, 377, 378, 398,
478, 479, 480, 481, 483, 485, 486,
487, 501, 502, 503, 504, 505, 506
정몽주 157, 176, 190, 253
정문(旌門) 36, 43, 45, 56, 57, 60,
82, 103, 111, 114, 128, 130, 133,
137, 141, 155, 158, 166, 167, 169,
177, 178, 226, 238, 239, 240, 249,
257, 258, 263, 270, 324, 335, 341,
347, 348, 356, 357, 358, 359, 360,
361, 362, 363, 364, 370, 478
정백빙(鄭白氷) 231
정병 김순강(金順江)의 처 109
정삼효 159
정선행(鄭善行) 151
정소근연(鄭小斤連) 260
정승우(鄭承雨) 241
정여성(鄭汝成)의 딸 260
정연(鄭珚) 327, 334, 346
정원동(鄭元同) 73, 78
정원택 27
정유묵(鄭惟黙)의 처 박씨 42
정유열(鄭惟悅)의 처 全氏 261
정유재란 41, 78, 82, 83, 84, 85, 87,
161, 242, 243, 245, 261, 263

정일 161, 172
정잠(鄭埁) 37
정조(鄭慥) 130
정종(鄭種) 27, 36
정진규(鄭鎭圭) 338, 347
정창손(鄭昌孫) 128
정칠발(丁七發)의 처 113
정탁(廷鐸) 32
정태주(鄭泰周) 334
정태화(鄭太和) 129
정표 77, 83, 141, 142, 178, 226, 324,
348, 373, 478, 504
이정환(李挺煥)의 처 양씨(梁氏) 113
정흠조(鄭欽祖)의 처 60
정홍세 159
제비 395, 396, 399, 452, 453
조검(趙儉) 149, 171
조경하(趙鏡夏) 19
조광립(趙光立)·조광헌(趙光獻)·조
광덕(趙光德)·조광건(趙光建)·
조광성(趙光成) 5형제 242
조광익(曺光益) 99, 100, 107, 253
조귀협(趙龜協) 170
조규승(曺奎承) 34
조덕성(曺德成)의 처 장씨(張氏) 362
조도사(調度使) 351, 352
조령(趙寧) 149
조만창(曺萬昌)의 처 113
조상벽(趙相壁)의 처 林氏 38

조석문(曺錫文)　351, 353, 368

조수총(趙壽聰)과 수창(壽昌) 형제　165

曺氏　43, 259

조영(曺英)의 처 이씨　184

조정필(趙廷弼)의 처 河氏　39

조진남(曺鎭南)　358

조천민(曺天民)　159

조하진(曺夏璡)　99, 253

조효문(曺孝門)　351, 353, 368

주경　73, 74, 81

주담수(朱聃壽)　164

주복신(周復信)의 딸　83

중봉서원(中峯書院)　351, 353, 358

증직(贈職)　22, 25, 28, 36, 45, 57, 59,
63, 80, 100, 102, 103, 107, 118,
164, 171, 177, 178, 191, 226, 243,
244, 257, 258, 270, 324, 333, 334,
336, 338, 339, 340, 341, 347, 348,
485, 486, 502, 504

지천(知川)　382, 441, 460

지평　24, 28, 36, 45, 58, 63, 95, 107,
148, 149, 150, 161, 163, 164, 168,
176, 178, 251, 256, 258, 270, 351,
355, 360, 369

진번(震蕃)　60

진양지(晉陽誌)　120

『진일집(眞逸集)』　351

ㅊ

창녕(昌寧)　15, 53, 89, 120, 235, 236,
237, 238, 239, 245, 261, 267, 332,
348, 349, 350, 351, 352, 353, 354,
360, 363, 366, 368, 369, 370

창산지(昌山志)　120

『창의록(倡義錄)』　71

채규하(蔡奎夏)　171

채형(蔡泂)　171

처사　381

천곡서원(川谷書院)　28, 151

천년(千年)　73, 79, 237

천령지(天嶺誌)　120

천상연　132

천성태　132

천세모　132

천연두　383, 384, 385, 398, 399, 461,
467, 468, 469, 470, 471, 474

천우형　132

철산(鐵山)　447

철추　383, 399, 470

청도　15, 46, 47, 48, 49, 51, 53, 54,
55, 60, 62, 63, 64, 89, 120, 502

최련(崔鍊)　34

최발(崔潑)　244

최병수(崔秉洙)　31

최삼갑(崔三甲)　58

최성문(崔聖文)　253

최성준(崔成峻)　132

최세귀(崔世貴) 380, 382, 439

최억석(崔億石) 166

최의준(崔義俊) 133

최진간(崔震幹) 160

최천강(崔天綱) 36

최태상(崔泰尙)의 처 趙氏 342

최홍종(崔興宗) 450

추복(追服) 21, 44, 118, 165, 247, 339

추증(追贈) 370, 501

충렬사 128, 351, 353

충렬왕 16, 17, 328

충비(忠婢) 186

충선왕 16, 326, 327, 346

충효 105, 171, 175, 190, 243, 244, 479, 482, 483, 487, 488, 505

충효각(忠孝閣) 105, 479, 480, 487, 488, 504

ⓣ

탁삼재(卓三齋) 244, 479, 505

태숙(太叔) 381

투장(偸葬) 501

ⓟ

평성(坪城) 440, 461

ⓗ

하경휘(河鏡輝) 159, 242

하대용(河大容) 72

하득천(河得千) 35

하맹보(河孟寶) 232

하세진(河世晋)의 처 鄭氏 263

하세희(河世熙) 229

하양(河陽) 326

하촌(下村) 381

하호(河濩)의 처 姜氏 363

하홍도(河弘度) 69

학생 한(僴)의 제3녀 111

학성지(鶴城誌) 120

한극검(韓克儉) 251

한시회(韓時晦)의 처 이씨 265

한악지(韓岳只) 237, 360

한필수 148

할고(割股) 21, 23, 24, 34, 37, 42, 45, 144, 145, 146, 181, 182, 228, 229, 259, 263

할충(나무굼벵이벌레) 389

함주지(咸州誌) 120

함창의 안씨 179, 180

해소(解素) 379, 391, 439, 452

허굉(許宏) 243

허동엄(許東曮) 229, 231

허륜(許綸)의 딸 40

허몽대(許夢大)의 처 134

『허백당집(虛白堂集)』 351

허소유(許少游) 73, 74

허오만(許五萬) 241

허초흥(許初興) 170

험돌(險乭) 459

현풍 25, 36, 158

형경상(邢景商) 231

형율 231

형희(亨禧) 38

홍계현(洪繼玄) 27, 40, 151

홍언수(洪彦修) 36

홍현복(洪玄福)의 딸 배씨 42

황령산(荒嶺山) 130, 241

황명일(黃命一) 358

황보업(皇甫業)의 처 134

회연서원(檜淵書院) 17

효감천(孝感泉) 232

효녀 박씨자매(朴娘 兄弟) 33

효녀 15, 16, 20, 21, 33, 44, 45, 47,
58, 63, 64, 93, 94, 106, 107, 117,
118, 129, 130, 131, 133, 136, 137,
143, 178, 179, 181, 182, 183, 188,
189, 191, 226, 227, 259, 260, 261,
262, 263, 265, 266, 267, 268, 270,
329, 341, 347, 349, 354, 360, 368,
370

효부 15, 16, 21, 33, 34, 44, 45, 47,
55, 58, 59, 62, 63, 64, 94, 106,
107, 118, 132, 135, 143, 178, 183,
184, 185, 186, 188, 189, 191, 226,
227, 231, 259, 263, 264, 265, 266,

267, 268, 270, 479, 481, 486, 487,
504

효자 3형제 373, 375

효자 권택만(權澤萬)의 비(婢) 186

효자 15, 16, 20, 21, 22, 24, 25, 27,
28, 29, 31, 34, 35, 36, 44, 45, 47,
55, 56, 58, 62, 63, 64, 67, 68, 70,
71, 72, 73, 76, 79, 80, 81, 82, 83,
86, 87, 89, 90, 92, 93, 94, 95, 98,
99, 101, 102, 103, 106, 107, 117,
118, 119, 121, 129, 130, 132, 133,
136, 137, 141, 142, 143, 144, 145,
149, 150, 152, 153, 156, 157, 158,
160, 164, 167, 171, 172, 175, 176,
177, 185, 186, 188, 189, 190, 191,
226, 227, 228, 229, 231, 232, 234,
237, 239, 240, 244, 245, 250, 252,
253, 256, 257, 264, 266, 267, 268,
269, 270, 324, 325, 329, 330, 331,
332, 333, 335, 336, 337, 339, 340,
341, 346, 347, 348, 349, 354, 355,
356, 360, 368, 369, 370, 373, 374,
375, 378, 386, 394, 400, 444, 450,
478, 479, 481

孝子路 165, 190

『효행록』 142

박 주 朴 珠

· 주요경력

고려대학교 사학과 졸업
서울대학교 석사. 박사 졸업(문학박사)
국사편찬위원회 교육연구사
미국 오하이오 주립대학교 Visiting Scholar
미국 UCLA 대학교 Visiting Scholar
제16대 국사편찬위원회 위원 역임
경상북도 문화재위원회 위원 역임
(현) 대구가톨릭대학교 역사교육과 교수
(현) 대구가톨릭대학교 역사 박물관 관장
(현) 대구광역시 문화재위원회 위원
(현) 한국여성사학회 회장
(현)(사) 역사 · 여성 · 미래 이사
(현) 조선시대사학회 연구이사
(현) 고려사학회 평의원
(현) 대구사학회 기획이사

· 주요저서

『조선시대의 정표정책』(일조각, 1990)

『조선시대의 효와 여성』(국학자료원, 2000)

『조선시대의 여성과 유교문화』(국학자료원, 2008)

『여성과 한민족』(학문사, 1996, 공저)

『옛사람들의 삶과 윤리』(국립민속박물관, 1996, 공저)

『한국사』31, (국사편찬위원회, 1998, 공저)

『조선시대 대구의 모습』(계명대학교출판부, 2002, 공저)

『조선시대 대구 사람들의 삶』(계명대학교출판부, 2002, 공저)

『63인의 역사학자가 쓴 한국사 인물열전』I,II,III(돌베개, 2003, 공저)

『경북여성사』(경북여성정책개발원, 2004, 공저)

『여성, 천주교와 만나다』(한국가톨릭여성연구원, 2008, 공저)

『한국인의 효사상』(수덕문화사, 2009, 공저)

『한국의 효사상과 정신문화(2)』(수덕문화사, 2012, 공저) 등

韓國史研究叢書 78

조선시대 읍지와 유교문화

| 초판 1쇄 인쇄일 | 2016년 8월 29일 |
| 초판 1쇄 발행일 | 2016년 8월 30일 |

지은이	박 주
펴낸이	정진이
편집장	김효은
편집/디자인	김진솔 우정민 박재원 백지윤
마케팅	정찬용 정구형
영업관리	한선희 이선건 최인호 최소영
책임편집	우정민
인쇄처	국학인쇄사
펴낸곳	국학자료원 새미(주)

등록일 2005 03 15 제25100-2005-000008호
서울특별시 강동구 성안로 13 (성내동, 현영빌딩 2층)
Tel 442-4623 Fax 6499-3082
www.kookhak.co.kr
kookhak2001@hanmail.net

| ISBN | 979-11-87488-16-3 *93910 |
| 가격 | 39,000원 |

* 이 도서의 국립중앙도서관 출판예정도서목록(CIP)은 서지정보유통지원시스템 홈페이지(http://seoji.nl.go.kr)와 국가자료공동목록시스템 (http://www.nl.go.kr/kolisnet)에서 이용하실 수 있습니다.(CIP제어번호: CIP2016020585)

* 저자와의 협의하에 인지는 생략합니다.
 잘못된 책은 구입하신 곳에서 교환하여 드립니다.
 국학자료원 · 새미 · 북치는마을 · LIE는 국학자료원 새미(주)의 브랜드입니다.